DIREITO CONSTITUCIONAL

PARA OS CONCURSOS DE TÉCNICO E ANALISTA DE TRIBUNAIS E MPU

PAULO LÉPORE

COLEÇÃO
TRIBUNAIS E MPU

COORDENADOR
HENRIQUE CORREIA

DIREITO CONSTITUCIONAL

PARA OS CONCURSOS DE TÉCNICO E ANALISTA DE TRIBUNAIS E MPU

9ª EDIÇÃO

revista, atualizada e ampliada

2024

EDITORA JusPODIVM
www.editorajuspodivm.com.br

EDITORA *Jus*PODIVM
www.editorajuspodivm.com.br

Rua Canuto Saraiva, 131 – Mooca – CEP: 03113-010 – São Paulo – São Paulo
Tel: (11) 3582.5757
• Contato: https://www.editorajuspodivm.com.br/central-de-relacionamento

Diagramação: Isabella Giordano

Capa: Ana Caquetti

L598t Lépore, Paulo
Tribunais e MPU - Direito Constitucional - Para Técnico e Analista (2024) – Paulo Lépore – 9. ed. rev. atual. e ampl.- São Paulo: Editora Juspodivm, 2024.
688 p. (Coleção Tribunais e MPU – Técnico e Analista)

Inclui Bibliografia
ISBN: 978-85-442-4758-7

1.Direito Constitucional. 2. Normas Constitucionais. 3. Organização dos Poderes. I. Lépore, Paulo. II. Título.

CDD 341.2

BIBLIOTECÁRIA RESPONSÁVEL

Ana Carolina Ribeiro Mois – CRB7 – RJ 007348/0

Dedico esta obra a todos
os bravos estudantes
que almejam a aprovação
nos difíceis concursos para
Tribunais e MPU.

Este livro foi escrito
especialmente para vocês!
Vamos com tudo! Até a posse!

AGRADECIMENTOS

Meus mais sinceros agradecimentos a:

- Luciano Alves Rossato: coautor de outras obras e amigo de todas as horas;
- Leandro Bortoleto: dileto amigo e competentíssimo coautor de tantos outros livros;
- Henrique Correia: amigo e profissional exemplar, o coordenador da pioneira e vitoriosa Coleção Tribunais e MPU;
- Ricardo Didier: amigo e grande companheiro das incansáveis horas que compõem as jornadas editoriais.

APRESENTAÇÃO DA COLEÇÃO

Olá, concurseiro(a)!

Meu nome é **Henrique Correia** e sou o Coordenador desta coleção.

Atuo como Procurador do Trabalho em Ribeirão Preto (SP). Leciono há mais de 20 anos. Comecei bem jovem, na cidade de Ibiraci (MG), onde dava aulas de inglês. Já estive em cursos de graduação e pós-graduação, bem como em vários cursos preparatórios para concursos públicos, sendo que meus preferidos são os voltados à preparação para Técnico e Analista do TRT. Além disso, sou autor de diversos livros jurídicos pela Editora Juspodivm e coordenador de algumas coleções, como Revisaço e Revisão Final.

Tenho muito orgulho de ter sido concurseiro e sei muito bem que não é fácil organizar os estudos e manter uma rotina de preparação. As dificuldades são muitas: falta de tempo, baixa autoestima, quantidade de matérias, tarefas domésticas, família, trabalho, pouca grana etc.

Materiais que não passavam segurança foram um dos meus maiores problemas durante minha preparação. As apostilas específicas para concursos de Analista e Técnico mostram-se, na maioria das vezes, insuficientes diante do alto grau de exigência das provas, o que ocorria também com as obras clássicas do Direito, por abordarem inúmeras matérias diferentes no concurso.

Foi então que surgiu, **há mais de 10 anos**, a ideia desta coleção, que contempla as principais matérias exigidas em concursos de Técnico e Analista do TRT, TRE, TRF e Tribunais Superiores, como português, raciocínio lógico ou matemática, informática, direito constitucional, direito administrativo, direito do trabalho e processo do trabalho.

Nosso objetivo é proporcionar uma **preparação direcionada** e **completa** para seu concurso. Em todos os livros, você encontrará **teoria específica prevista nos editais**, **questões recentes comentadas** e **questões de concurso com gabarito fundamentado**.

Além da **linguagem clara** utilizada, os **quadrinhos de resumo**, **esquemas** e **gráficos** estão presentes em todos os livros da coleção, possibilitando a memorização mais rápida da matéria.

Portanto, com os livros da coleção, você conseguirá uma preparação **direcionada** e **completa** para os concursos de Técnico e Analista do TRT, TRE, TRF e Tribunais Superiores.

Temos certeza de que esta coleção irá ajudá-lo a alcançar o tão sonhado cargo público.

HENRIQUE CORREIA

Site: www.henriquecorreia.com.br

Twitter: @profcorreia

Instagram: Prof_correia

Periscope: @henrique_correia

Nota do Autor

Caro amigo leitor,

Este é um livro de direito constitucional que tem uma missão muito clara: auxiliá-lo na árdua tarefa de preparação para aprovação nos concursos para Tribunais e MPU.

Por essa razão, nossa obra tem as seguintes características:

a) linguagem direta;

b) destaques em negrito;

c) apontamentos de "atenções" e "cuidados" que o leitor deve ter;

d) tabelas; quadros; fluxogramas e expressões mnemônicas;

e) questões comentadas;

f) questões de concursos para teste de conhecimento; e

g) contempla todo o texto da Constituição.

Nossa ideia é que você consiga resolver toda e qualquer questão de direito constitucional que apareça em provas para Tribunais e MPU.

Também escrevemos o livro de modo que o amigo leitor não precise estudar com o apoio de uma Constituição "seca". Isso porque a abordagem de cada item foi feita de modo a esgotar todos os dispositivos constitucionais e súmulas pertinentes.

Ademais, não passamos páginas e mais páginas discutindo temas polêmicos e criando teses jurídicas. Se o tema é polêmico e tem chance de cair nas provas para Tribunais e MPU, vamos direto ao ponto: falamos sobre os posicionamentos predominantes na doutrina e no STF, pois é o que se cobra nos concursos.

Assim, espero que você goste do formato proposto e extraia deste livro tudo o que precisa para alcançar a tão sonhada aprovação nos concursos para Tribunais e MPU!

Vamos com tudo! Até a posse!

Cordialmente,

PAULO LÉPORE

Site: www.paulolepore.com.br | E-mail: paulolepore@hotmail.com
Facebook: Paulo Lépore | Twitter: @paulolepore

SUMÁRIO

Capítulo X

Capítulo XIII

EDITAL SISTEMATIZADO

(Para facilitar a pesquisa e otimizar seu estudo)

▸ Itens dos editais	▸ Tópicos do livro	▸ Páginas
1. Constituição.	Cap. I	27-64
1.1. Conceito. Objeto. Supremacia.	Cap. I. Item 1.	27-29
1.2. Classificação.	Cap. I. Itens 1.1 a 1.5 e 3.	27-29, 33-37
1.3. Elementos.	Cap. I. Item 7.2.	41-42
2. Poder Constituinte.	Cap. I. Item 2.	29-33
2.1. Características.	Cap. I. Item 2.	29-32
2.2. Poder Constituinte Originário	Cap. I. Item 2.2.1.	30
2.3. Poder Constituinte Derivado.	Cap. I. Itens 2.2.2 a 2.3.	30-32
3. Eficácia e aplicabilidade das normas constitucionais. Vigência das normas constitucionais.	Cap. I. Item 8.	42-44
4. Hermenêutica constitucional. Interpretação das normas constitucionais.	Cap. I. Itens 9 a 10.	44-47
4.1. Princípios e limites.	Cap. I. Item 9.	44-46
4.2. Métodos.	Cap. I. Item 10.	46-47
5. Controle de constitucionalidade	Cap. IX.	553-624
5.1. Conceito. Natureza.	Cap. IX. Itens 1 e 2.	553-555
5.2. Espécies.	Cap. IX. Itens 3 e 4.	555-559
5.2.1. Exame *in abstractu* da constitucionalidade de proposições legislativas.	Cap. IX. Item 3.3.	555-558
5.3. Sistemas difuso e concentrado.	Cap. IX. Itens 4 a 8.	559-597
5.4. Ação direta de inconstitucionalidade. Ação direita de inconstitucionalidade por omissão. Ação direta de inconstitucionalidade interventiva.	Cap. IX. Itens 6.1 a 6.3.	565-579
5.5. Ação declaratória de constitucionalidade.	Cap. IX. Item 6.4.	579-581
5.6. Arguição de descumprimento de preceito fundamental.	Cap. IX. Item 6.5.	581-583
5.7. Controle estadual. Controle concreto e abstrato de constitucionalidade do direito municipal.	Cap. IX. Item 6.6.	584-585
6. Princípios fundamentais.	Cap. II. Item 1.	65-68

▶ Itens dos editais	▶ Tópicos do livro	▶ Páginas
7. Direitos e garantias fundamentais.	Cap. II. Itens 2 a 5. Cap. III. Cap. IV. Cap. V.	68-72, 159-194, 195-216, 217-254
7.1. Direitos e deveres individuais e coletivos.	Cap. II. Itens 4.	72-109
7.1.1. Habeas corpus.	Cap. II. Item 5.1.	109-110
7.1.2. Mandado de segurança.	Cap. II. Itens 5.2 e 5.3.	111-113
7.1.3. Mandado de injunção.	Cap. II. Item 5.4.	113-116
7.1.4. Habeas data.	Cap. II. Item 5.5.	116-117
7.2. Direitos sociais.	Cap. III.	159-194
7.3. Direitos de nacionalidade.	Cap. IV.	195-216
7.4. Direitos políticos.	Cap. V.	217-254
7.4.1. Partidos políticos.	Cap. V. Item 12.	230-233
8. Organização do Estado. Organização político-administrativa. Estado federal brasileiro.	Cap. VI.	255-332
8.1. União. Estados. Municípios. Distrito Federal. Territórios.	Cap. VI. Itens 1 a 6.	255-263
8.2. Competências.	Cap. VI. Item 7.	263-299
8.3. Intervenção Federal.	Cap. VI. Itens 8.1 a 8.3.	299-303
8.4. Intervenção dos Estados nos Municípios.	Cap. VI. Item 8 (8.1, 8.2 e 8.4.).	299-305
9. Administração Pública.	Cap. VII.	333-382
9.1. Disposições gerais.	Cap. VII. Itens 1 a 4, 6 e 7.	333-337, 351-353
9.2. Servidores públicos.	Cap. VII. Item 5.	337-351
9.3. Militares dos Estados, do Distrito Federal e dos Territórios.	Cap. VII. Item 5.	337-351
10. Organização dos Poderes. Mecanismos de freios e contrapesos.	Cap. VIII. Itens 1 a 3.	384-519
10.1. Poder Legislativo.	Cap. VIII. Item 1.	384-467
10.1.1. Estrutura. Funcionamento. Atribuições. Atribuições do Congresso Nacional.	Cap. VIII. Item 1.2 (1.2.1 a 1.2.2).	385-393
10.1.2. Comissões parlamentares de Inquérito.	Cap. VIII. Item 1.2.3.	393-395
10.1.3. Prerrogativas parlamentares.	Cap. VIII. Item 1.2.4.	395-396

▶ Itens dos editais	▶ Tópicos do livro	▶ Páginas
10.1.4. Processo legislativo.	Cap. VIII. Itens 1.2.5, 1.3.2 e 1.5.2.	401-426, 432-433, 437
10.1.5. Fiscalização contábil, financeira e orçamentária.	Cap. VIII. Itens 1.2.6, 1.3.3 e 1.5.3.	427-431, 433, 437
10.1.5.1. Tribunal de Contas da União (TCU)	Cap. VIII. Item 1.2.6.2.	428-431
10.2. Poder Executivo.	Cap. VIII. Item 2.	467-498
10.2.1. Presidente da República. Prerrogativas. Atribuições. Responsabilidades.	Cap. VIII. Item 2.2.	467-475
10.2.2. Ministros de Estado.	Cap. VIII. Item 2.3.	475
10.2.3. Conselho da República. Conselho de Defesa Nacional.	Cap. VIII. Itens 2.4 e 2.5.	476, 476-477
10.3. Poder Judiciário.	Cap. VIII. Item 3.	499-519
10.3.1. Disposições gerais.	Cap. VIII. Item 3.2.	516-519
10.3.2. Órgãos do Poder Judiciário. Organização. Competências.	Cap. VIII. Itens 3.1. e 3.3.	499-515 519
10.3.2.1. Supremo Tribunal Federal.	Cap. VIII. Item 3.1.1.	500-503
10.3.2.2. Superior Tribunal de Justiça.	Cap. VIII. Item 3.1.3.	505-508
10.3.2.3. Tribunais Regionais Federais e dos Juízes Federais.	Cap. VIII. Item 3.1.4.	508-509
10.3.2.4. Tribunais e Juízes do Trabalho.	Cap. VIII. 3.1.5.	509-512
10.3.2.5. Tribunais Eleitorais.	Cap. VIII. 3.1.6.	512-514
11. Funções essenciais à Justiça.	Cap. VIII. Item 4.	520-524
11.1. Ministério Público.	Cap. VIII. Item 4.1.	520-523
11.1.1. Princípios. Garantias. Vedações. Organização. Competências.	Cap. VIII. Item 4.1.	520-523
11.2. Advocacia Pública.	Cap. VIII. Item 4.2.	523-524
11.3. Advocacia.	Cap. VIII. Item 4.3.	524
11.4. Defensoria Pública.	Cap. VIII. Item 4.4.	524
12. Defesa do Estado e das instituições democráticas.	Cap. X.	625-636
13. Tributação e Orçamento.	Cap. XI.	637-660
13.1. Do sistema tributário nacional.	Cap. XI. Item 3.	638
13.2. Princípios gerais.	Cap. XI. Itens 3 e 4.	638-645
13.3. Limitações do poder de tributar.	Cap. XI. Itens 5 e 6.	645-651

▶ Itens dos editais	▶ Tópicos do livro	▶ Páginas
13.4. Impostos da União, dos Estados e dos Municípios.	Cap. XI. Item 4.1.	639-642
13.5. Repartição das receitas tributárias.	Cap. XI. Item 7.	651-653
13.6. Finanças públicas. Normas gerais.	Cap. XI. Item 8 (8.1 e 8.2).	653-654
13.7. Orçamentos.	Cap. XI. Item 8.3.	654-656
15. Ordem econômica e financeira.	Cap. XII.	661-672
15.1. Princípios gerais da atividade econômica.	Cap. XII. Item 1.	661-664
15.2. Política urbana, agrícola e fundiária e da reforma agrária.	Cap. XII. Itens 2 e 3.	664-667
15.3. Sistema financeiro nacional.	Cap. XII. Item 4.	667-668
16. Ordem social.	Cap. XIII.	673-686
16.1. Disposição geral.	Cap. XIII. Item 1.	673
16.2. Seguridade social.	Cap. XIII. Item 2.	673-675
16.3. Educação.	Cap. XIII. Item 3.	675-676
16.4. Cultura.	Cap. XIII. Item 4.	676
16.5. Desporto.	Cap. XIII. Item 5.	676-677
16.6. Ciência e tecnologia.	Cap. XIII. Item 6.	677
16.7. Comunicação social.	Cap. XIII. Item 7.	677-678
16.8. Meio ambiente.	Cap. XIII. Item 8.	678-679
16.9. Família.	Cap. XIII. Item 9.	679-680
16.10. Criança, adolescente e jovem.	Cap. XIII. Item 10.	680-681
16.11. Idoso.	Cap. XIII. Item 11.	681
16.12. Índio.	Cap. XIII. Item 12.	681

Capítulo I

Teoria da Constituição e das Normas Constitucionais

1. CONCEITO DE CONSTITUIÇÃO E SUPREMACIA CONSTITUCIONAL

Basicamente pode-se dizer a Constituição é a **norma suprema que rege a organização de um Estado Nacional.**

Entretanto, não há na doutrina um consenso sobre o conceito de Constituição.

Nesse sentido, todas as concepções que traduzem diferentes conceitos de Constituição devem ser estudadas.

1.1. Constituição sociológica

Idealizada por Ferdinand Lassalle, em 1862, Constituição sociológica é aquela que deve traduzir a **soma dos fatores reais de poder** que rege determinada nação, sob pena de se tornar mera folha de papel escrita, que não corresponde à Constituição real. Só é legítima se representar o efetivo poder social.

1.2. Constituição política

Desenvolvida por Carl Schmitt em 1928, Constituição política é aquela que decorre de uma **decisão política fundamental** e se traduz na estrutura do Estado e dos Poderes e na presença de um rol de direitos fundamentais. As normas que não traduzirem a decisão política fundamental não serão Constituição propriamente dita, mas meras leis constitucionais.

Ligado à concepção política de Constituição de Carl Schmitt está o conceito de **Constituição material**, que se traduz no arcabouço de normas que tratam da organização do poder, da forma de governo, da distribuição da competência, dos direitos da pessoa humana (considerados os sociais e individuais) e do exercício da autoridade, ou seja, refere-se à composição e ao funcionamento da ordem política.

1.3. Constituição jurídica

Fundada nas lições de Hans Kelsen, nos idos de 1934, Constituição jurídica é aquela que se constitui em **norma hipotética fundamental pura**, que traz fundamento transcendental para sua própria existência (sentido lógico-jurídico), e que, por se constituir no conjunto de normas com mais alto grau de validade, deve servir de pressuposto para a criação das demais normas que compõem o ordenamento jurídico (sentido jurídico-positivo).

Na concepção jurídico-positiva de Hans Kelsen, a Constituição ocupa o ápice da pirâmide normativa, servindo como **paradigma máximo de validade** para todas as demais normas do ordenamento jurídico. Em outras palavras: as leis e os atos infralegais são hierarquicamente inferiores à Constituição e, por isso, somente serão válidos se não contrariarem as normas da Constituição.

PIRÂMIDE NORMATIVA

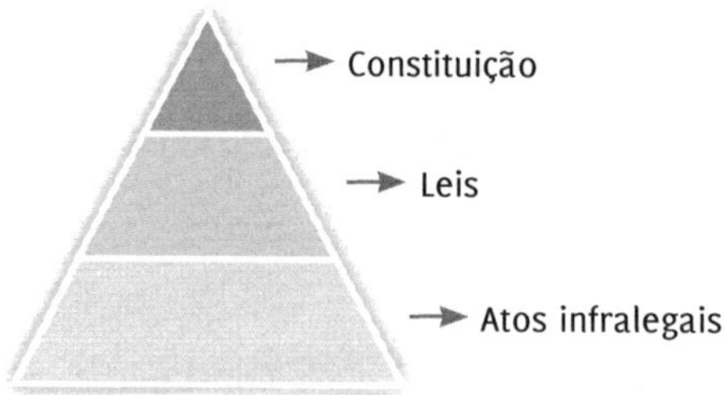

1.4. Constituição culturalista

Identificada por Michele Ainis, em 1986, Constituição culturalista é aquela que representa o **fato cultural**, ou seja, que disciplina as relações e direitos fundamentais pertinentes à cultura, tais como a educação, o desporto e a cultura em sentido estrito.

1.5. Constituição aberta

Idealizada por Peter Häberle, em 1975, Constituição aberta é aquela **interpretada por todo o povo** e em qualquer espaço, e não apenas pelos juristas nos bojos dos processos.

2. PODER CONSTITUINTE

2.1. Ideia ou teoria clássica de poder constituinte

A mais famosa obra sobre o poder constituinte se intitula "Que é o terceiro Estado?", e foi escrita por Emmanuel Joseph Sieyès à época da Revolução Francesa. Nesse escrito defende-se a ideia que **a nação é a verdadeira titular do poder na sociedade**.

Por nação deve-se entender como a entidade que traduz a organização pessoal e social de um povo. Assim, ao longo dos anos, **a ideia inicial de Sieyès foi se aprimorando no pensamento doutrinário, até que se passasse a afirmar que a titularidade do poder constituinte é, em verdade, do povo.** O fato é que, apesar de titular do poder político, o povo nem sempre consegue exercê-lo de forma direta. Assim, **no exercício do poder constituinte, o povo cria uma Constituição**, documento que organiza o modo como o poder do povo deve ser exercido em uma determinada sociedade, notadamente por meio de instituições, órgãos e representantes políticos.

Em resumo, pode-se afirmar que o poder constituinte é uma **energia ou forma política que se funda em si mesma, expressando a sublime vontade de um povo quanto à organização de um Estado.**[1] Por essa razão é que cabe ao poder constituinte criar a Constituição de um determinado Estado e zelar por ela, o que eventualmente significa até mesmo alterá-la, emendá-la.

Ao legitimar e participar da criação de uma Constituição, o povo atribui parcelas de poder a órgãos estatais especializados, que passam a ser denominados de Poderes (Executivo, Legislativo e Judiciário).

Portanto, o poder constituinte é de titularidade do povo, mas é o Estado, por meio de seus órgãos especializados, que o exerce.

Sobre o tema, é esclarecedora a redação do art. 1º, parágrafo único, da CF: "Todo o poder emana do povo, que o exerce por meio de representantes eleitos ou diretamente, nos termos desta Constituição".

> ▸ **ATENÇÃO!**
> **O Cespe** já exigiu conhecimento sobre a ideia original de Sieyès no sentido de que a titularidade do poder constituinte é da nação e não do povo.

1. MASSON, Nathalia. *Manual de direito constitucional*. 4 ed. Salvador: Juspodivm, 2015, p. 101.

2.2. Espécies de poder constituinte

Três são as espécies de poder constituinte: originário, derivado reformador e derivado decorrente.

2.2.1. *Poder constituinte originário (também denominado como genuíno, primário ou de primeiro grau)*

É aquele que cria a primeira ou a nova Constituição de um Estado.

Para atingir seu objetivo, ele é **inicial** (não existe outro poder anterior ou superior a ele) **autônomo** (o poder constituinte determina a estrutura da nova Constituição), **ilimitado** (tem autonomia para escolher o Direito que irá viger, ou seja, não se subordina a nenhuma ideia jurídica preexistente), **incondicionado** (é dotado de liberdade quanto aos procedimentos adotados para a criação da Constituição, ou seja, não precisa seguir nenhuma formalidade preestabelecida) e **permanente** ("[...] já que o poder constituinte originário não se esgota com a edição da nova Constituição, sobrevivendo a ela e fora dela como forma de expressão da liberdade humana, em verdadeira ideia de subsistência."[2]).

> ▶ ATENÇÃO!
>
> **Alguns internacionalistas e constitucionalistas contemporâneos defendem que o direito internacional, especialmente dos direitos humanos, teria o condão de limitar juridicamente o poder constituinte.** Para essa corrente, os preceitos estabelecidos em uma ordem jurídica supranacional sempre precisariam ser respeitados, de modo que nenhum poder constituinte seria absolutamente ilimitado sob o ponto de vista jurídico. Nessa linha se, por acaso, um Estado criasse uma nova Constituição, ele deveria respeitar o que já estivesse consignado no direito internacional. **Entretanto, esse não é o entendimento prevalente no Brasil. Na doutrina constitucional pátria, continua predominando a ideia no sentido de que o poder constituinte originário é juridicamente ilimitado.** Aliás, **esse é o entendimento adotado pela banca Cespe.**

2.2.2. *Poder constituinte derivado reformador (também denominado de reforma, secundário, de segundo grau, instituído ou constituído)*

É o responsável pela **reforma da Constituição**, que no Brasil se dá via emenda constitucional (art. 60 da CF) ou por meio da incorporação de tratados internacionais de direitos humanos (art. 5º, § 3º, da CF).

Vale notar que a CF de 1988 não prevê expressamente o poder constituinte derivado, mas este se encontra implícito e se extrai, por exemplo, da norma constitucional que prevê a edição de emendas à Constituição (art. 60 da CF).

---

2. LENZA, Pedro. *Direito constitucional esquematizado*. 16. ed. São Paulo: Saraiva, 2012, p. 186.

2.2.3. *Poder constituinte derivado decorrente*

É aquele exercido pelos Estados-membros na **construção das Constituições Estaduais**, consoante art. 25 da CF.

Tal prerrogativa decorre da capacidade de auto-organização que têm os Estados, mas que sempre está limitada pelo dever de respeito às normas contidas na Constituição Federal.

Encerrando a disciplina das espécies de poder constituinte, destacamos que não há manifestação de poder constituinte (originário, derivado, ou decorrente) nos Municípios, pois estes têm sua estruturação jurídica dada por meio de Lei orgânica, não de Constituição (art. 29 da CF).

2.3. Limitações ao poder constituinte derivado reformador

O poder constituinte derivado reformador é o que merece ser estudado com mais afinco, pois seu tratamento tem inúmeros desdobramentos no texto constitucional, gerando vasta produção doutrinária e inúmeras manifestações judiciais sobre o tema.

Um dos tópicos mais importantes é aquele referente às limitações ao poder constituinte derivado reformador. Segundo a doutrina, as limitações se subdividem em: **1. temporais; 2. circunstanciais; 3. formais; e 4. materiais e 5. implícitas.**

1. **Temporais:** são as que impedem a alteração da Constituição por um determinado período de tempo. A CF/88 não prevê nenhuma limitação temporal.
2. **Circunstanciais:** são aquelas que impedem a alteração da Constituição em momentos de extrema gravidade, nos quais a livre manifestação do poder reformador possa estar ameaçada, o que se dá, por exemplo, na intervenção federal, no estado de defesa e no estado de sítio (c.f. art. 60, § 1º da CF).

> ▶ CUIDADO!
> Não confunda as limitações circunstancias com as temporais!

3. **Formais/processuais/procedimentais:** podem ser de duas espécies: subjetiva ou objetiva.
   - 3.1. **Formal subjetiva:** refere-se à existência de legitimados específicos para a propositura de emendas constitucionais, consoante art. 60, *caput*, da CF.
   - 3.2. **Formal objetiva:** traduz a necessidade de quórum qualificado de três quintos, em dois turnos, em cada Casa do Congresso Nacional, com promulgação pelas mesas do Senado Federal e da Câmara dos Deputados, para a edição de emendas constitucionais (art. 60, § 2º, da CF).
4. **Materiais/substanciais:** versam sobre matérias que não podem ser objeto de emenda, o que a doutrina denomina de cláusulas pétreas.

As cláusulas pétreas (de pedra, duras) estão dispostas no art. 60, § 4º, da CF: I – a forma federativa de Estado; II – o voto direto, secreto, universal e periódico; III – a separação dos Poderes; IV - os direitos e garantias individuais. Não será objeto de deliberação a proposta de emenda constitucional tendente a aboli-las.

Vale ressaltar que o STF entende que os direitos e garantias individuais considerados cláusulas pétreas **não** se restringem àqueles expressos no elenco do art. 5º da CF, ou seja, estão presentes também em outros dispositivos constitucionais.

Isso porque o Supremo Tribunal Federal **admitiu** interpretação extensiva para a definição de **direitos análogos**, que são aqueles que têm a natureza de direitos e garantias individuais mesmo estando fora do art. 5º da CF, o que restou claro na ADI 939, julgada em 1993 e relatada pelo Ministro Sydney Sanches, que considerou direito e garantia individual a anterioridade tributária, consoante art. 5º, § 2º, art. 60, § 4º, IV, e art. 150, III, "b", todos da CF.

Ademais, o STF considera que os limites materiais ao poder constituinte de reforma **não significam a intangibilidade literal da disciplina dada ao tema pela Constituição originária**, mas sim a proteção do núcleo essencial dos princípios e institutos protegidos pelas cláusulas pétreas, consoante ADI 2.024, julgada em 2007 e relatada pelo Ministro Sepúlveda Pertence.

5. **Implícitas:** são aquelas que se referem à vedação para alteração das regras pertinentes ao processo para modificação da Constituição. Por exemplo: não se pode alterar a titularidade do poder constituinte (art. 1º, parágrafo único, c.c. art. 60, *caput*, ambos da CF) e nem revogar o dispositivo constitucional que impõe a limitação material (art. 60, § 4º, da CF).

▸ LIMITAÇÕES AO PODER CONSTITUINTE DERIVADO	
1. Temporais	
2. Circunstanciais	
3. Formais	Formal subjetiva Formal objetiva
4. Materiais	
5. Implícitas	

2.4. Mutação Constitucional

Entende-se por mutação constitucional o **processo informal de alteração da Constituição** que se dá pela **alteração da norma constitucional por meio de interpretação, sem reforma do texto normativo.**

Em sede de doutrina e também na sua atuação como Ministro do STF, Gilmar Mendes defende a mutação constitucional do art. 52, X, da CF. Entretanto, sua tese não encontrou guarida no Supremo Tribunal Federal, restando vencida.[3]

3. Para aprofundamento sobre essa temática da mutação constitucional, remete o leitor ao tópico a respeito da abstrativização ou objetivação do controle difuso, dentro dos temas especiais do capítulo sobre o controle de constitucionalidade do presente livro.

3. CLASSIFICAÇÃO DAS CONSTITUIÇÕES

Inúmeros são os critérios a partir dos quais pode ser realizada a classificação das Constituições. Estudaremos cada critério separadamente e depois faremos a classificação da Constituição Federal de 1988.

3.1. Quanto à origem

Quanto à origem, a Constituição pode ser: **a) democrática ou promulgada ou popular; b) outorgada; c) cesarista, bonapartista, plebiscitária** referendária ou d) pactuada ou dualista.

a) **Democrática, promulgada, popular ou votada:** elaborada por legítimos representantes do povo, normalmente organizados em torno de uma Assembleia Constituinte.

   ✦ *Exemplos: Constituições brasileiras de 1891, 1934, 1946 e 1988.*

b) **Outorgada:** é aquela elaborada sem a presença de legítimos representantes do povo, imposta pela vontade do governante, que titulariza o poder constituinte originário.

   ✦ *Exemplos: Constituições brasileiras de 1824, 1937 e 1967.*

c) **Cesarista, bonapartista, plebiscitária ou referendária:** é aquela criada por um ditador ou imperador e posteriormente submetida à aprovação popular por plebiscito ou referendo.

   ✦ *Exemplos: Constituições Bonapartistas (submetidas a plebiscitos elaborados por Napoleão I) e Cartas Plebiscitárias do Chile (com plebiscitos capitaneados por Pinochet).*

d) **Pactuada ou dualista:** formada a partir de um acordo de vontades entre o soberano e alguns grupos sociais. Trata-se de espécie que remonta a algumas Constituições da Idade Média, em que, diante de disputas de poder envolvendo as classes mais favorecidas, optava-se por combinar, pactuar um texto constitucional, de modo a restarem atendidos os interesses de todos os grupos socialmente privilegiados, com a vantagem de se manter uma aparente estabilidade política.[4]

   ✦ *Exemplo: Magna Carta de 1215 (pactuada entre os barões ingleses e o monarca João Sem Terra).*

---

4. BULOS, Uadi Lammêgo. *Curso de direito constitucional*. 8 ed. São Paulo: Saraiva, 2014, p. 114.

3.2. Quanto ao conteúdo

Quanto ao conteúdo a Constituição pode ser: **a) formal/procedimental**; ou **b) material/substancial**.

a) **Formal/procedimental:** compõe-se do que consta em documento solene, independentemente do conteúdo.

+ *Exemplos: todas as Constituições brasileiras.*

b) **Material/substancial:** composta apenas por regras que exteriorizam a forma de Estado, organizações dos Poderes e direitos fundamentais. Portanto, suas normas são aquelas essencialmente constitucionais, mas que podem ser escritas ou costumeiras, pois a forma tem importância secundária.

+ *Exemplo: a Constituição brasileira de 1824 considerava materialmente constitucional apenas o que dissesse respeito aos limites e atribuições dos poderes e direitos políticos, inclusive os individuais dos cidadãos.*[5]

▶ **ATENÇÃO!**

As Constituições formais normalmente estão repletas de normas materialmente constitucionais, o que torna possível afirmar-se que, em regra, as Constituições formais trazem conteúdo de Constituição material. É o caso da Constituição brasileira de 1988, em que os títulos I (princípios fundamentais), II (direitos e garantias fundamentais), III (organização do Estado) e IV (organização dos Poderes) revelam normas materialmente constitucionais.

3.3. Quanto à forma

Quanto à forma, a Constituição pode ser: **a) Escrita/Instrumental**; ou **b) Não escrita**.

a) **Escrita/instrumental:** formada por um texto.

a.i) **Escrita legal:** formada por texto oriundo de documentos esparsos ou fragmentados.

+ *Exemplos: Constituições belga de 1830 e francesa de 1875.*

a.ii) **Escrita codificada:** formada por texto inscrito em documento único.

+ *Exemplos: todas as Constituições brasileiras.*

b) **Não escrita/costumeira/consuetudinária:** formada pela reunião dos costumes, da jurisprudência predominante e até mesmo por documentos escritos (por mais contraditório que possa parecer). Mas, como esclarece Dirley da Cunha Júnior, "[...] não existe Constituição inteiramente não escrita ou costumeira, pois sempre haverá normas escritas compondo o seu conteúdo. A Constituição

5. BULOS, Uadi Lammêgo. *Curso de direito constitucional*. 2 ed. São Paulo: Saraiva, 2008, p. 44.

inglesa, por exemplo, compreende importantes textos escritos, mas esparsos no tempo e no espaço, como a Magna Carta (1215), o Petition of Rights (1628), o Habeas Corpus Act (1679), o Bill of Rights (1689), entre outros".[6]

✦ *Exemplo: Constituição inglesa.*

3.4. Quanto à estabilidade/mutabilidade/alterabilidade

Quanto à estabilidade/mutabilidade/alterabilidade, a Constituição pode ser: **a) imutável; b) fixa; c) Super-rígida; d) rígida; e) flexível; f) semirrígida/semiflexível/ mista.**

a) **Imutável:** não prevê nenhum processo para sua alteração.

✦ *Exemplo: a Constituição brasileira de 1824 foi provisoriamente imutável por um período de 4 anos após a sua outorga, "tendo em vista o que previa o seu art. 174: 'Se passados quatro anos, depois de jurada a Constituição do Brasil, se conhecer, que algum dos seus artigos merece reforma, se fará a proposição por escrito, a qual deve ter origem na Câmara dos Deputados, e ser apoiada pela terça parte deles'".*[7]

b) **Fixa:** só pode ser alterada pelo poder constituinte originário, "[...] circunstância que implica, não em alteração, mas em elaboração, propriamente, de uma nova ordem constitucional [...]".[8]

✦ *Exemplos: Carta espanhola de 1876 e Estatuto do Reino da Sardenha de 1848.*

c) **Super-rígida:** aquela que conta com uma parte imutável e outra parte rígida. Em outras palavras, é a Constituição que contém trechos que não podem ser alterados, e outros trechos que só podem ser alterados por um processo mais difícil do que o utilizado para alterar leis.

✦ *Exemplos: Constituição brasileira de 1988 (as cláusulas pétreas do art. 60, § 4º seriam a parte imutável, e os demais dispositivos seriam a parte rígida).*

d) **Rígida:** aquela em que o processo para a alteração de qualquer de suas normas é mais difícil do que o utilizado para alterar leis.

✦ *Exemplos: Constituições brasileiras de 1891, 1934, 1937, 1946, 1967 e 1988.*

> ▶ **ATENÇÃO!**
>
> A existência da espécie "super-rígida" não é predominante nem na doutrina nem nas provas para concursos. Prevalece o entendimento que a Constituição Federal de 1988 é rígida. Mas, acaso apareça em alguma prova a expressão "super-rígida", é sinal que o examinador adota essa classificação, o que deve ser seguido pelo candidato ao assinalar a alternativa certa.

---

6. CUNHA JÚNIOR, Dirley da. *Curso de direito constitucional*. 6. ed. Salvador: Juspodivm, 2012, p. 120.
7. CUNHA, JÚNIOR, Dirley da. *Op. Cit.* p. 122.
8. CUNHA JÙNIOR, Dirley da. *Op. Cit.*, p. 122-123.

e) **Flexível:** aquela em que o processo para sua alteração é igual ao utilizado para criar leis.

✦ *Exemplos: Constituições da Inglaterra, da Finlândia e da Nova Zelândia.*

f) **Semirrígida/semiflexível/mista:** é aquela dotada de parte rígida (em que somente pode ser alterada por processo mais difícil do que o utilizado para criar leis), e parte flexível (em que pode ser alterada pelo mesmo processo utilizado para criar leis).

✦ *Exemplos: Constituições brasileira de 1824 e irlandesa de 1922.*

3.5. Quanto à extensão

Quanto à extensão, a Constituição pode ser: **a) sintética /concisa/sumária/reduzida**; ou **b) analítica**.

a) **Sintética/Concisa/Sumária/Reduzida:** é a Constituição que regulamenta apenas os princípios básicos de um Estado, organizando-o e limitando seu poder, por meio da estipulação de direitos e garantias fundamentais.

✦ *Exemplo: Constituição dos Estados Unidos da América de 1787 (com apenas 7 artigos).*

b) **Analítica /Prolixa/Longa:** é a Constituição que vai além dos princípios básicos e dos direitos fundamentais, detalhando também outros assuntos, como ordem econômica e social.

✦ *Exemplo: Constituição brasileira de 1988.*

3.6. Quanto à finalidade

Quanto à finalidade, a Constituição pode ser: **a) garantista/liberal/defensiva/negativa**; ou **b) dirigente**.

a) **Garantia/liberal/defensiva/negativa:** contém proteção especial às liberdades públicas. Prescreve um Estado-mínimo.

b) **Dirigente:** confere atenção especial à implementação de programas pelo Estado. Prescreve um Estado intervencionista.

> ▸ **ATENÇÃO!**
> A Constituição brasileira é, ao mesmo tempo, garantia/liberal/defensiva/negativa e dirigente.

c) **Balanço:** apenas descreve e registra a organização política estabelecida, fazendo um balanço da situação vivenciada em dado momento histórico.

✦ *Exemplos: Constituições soviéticas de 1924, 1936 e 1977.*

3.7. Quanto ao modo de elaboração

Quanto ao modo de elaboração, a Constituição pode ser: **a) dogmática** ou; **b) histórica**.

a) **Dogmática:** sistematizada a partir de ideias fundamentais.

+ *Exemplo: Constituição brasileira de 1988.*

b) **Histórica:** de elaboração lenta, pois se materializa a partir dos costumes, que se modificam ao longo do tempo.

+ *Exemplo: Constituição inglesa.*

3.8. Quanto à ideologia

Quanto à ideologia, a Constituição pode ser: **a) ortodoxa**; ou **b) eclética**.

a) **Ortodoxa:** forjada sob a ótica de somente uma ideologia.

+ *Exemplos: Constituições soviéticas de 1923, 1936 e 1977.*

b) **Eclética:** fundada em valores plurais.

+ *Exemplos: Constituições brasileira de 1988 e portuguesa de 1976.*

3.9. Quanto ao valor/essência/ontologia ou correspondência com a realidade (Karl Loewenstein)

Quanto ao valor/essência/ontologia ou correspondência com a realidade, a Constituição pode ser: **a) normativa; b) nominal/nominativa**; ou **c) semântica/nominativa**.

a) **Normativa:** dotada de valor jurídico legítimo, que corresponde à realidade político-social.

+ *Exemplo: Constituição Americana de 1787.*

b) **Nominal/Nominativa:** uma Constituição que está muito distante, normalmente mais à frente e evoluída em relação à realidade político-social. Uma Constituição "de fachada".[9]

+ *Exemplos: Constituições brasileiras de 1891, 1934, 1946 e 1988.*

c) **Semântica/Simulacro:** uma Constituição que nunca pretendeu atingir coerência com a realidade político-social. Típica de conjunturas e governos ditatórias.

+ *Exemplos: Constituições brasileiras de 1937 e 1967.*

9. CUNHA JÚNIOR, Dirley da. Op. Cit. p. 127.

4. MÁXIMAS QUANTO ÀS CLASSIFICAÇÕES DAS CONSTITUIÇÕES

Como o tema é muito explorado nos concursos para Tribunais e MPU, elaboramos algumas máximas para facilitar o aprendizado e a resolução das questões.

a) Toda Constituição rígida é escrita, pois não há rigidez em uma Constituição não escrita ou costumeira.

b) Nem toda Constituição escrita é rígida, pois a Constituição formada por um texto pode ser imutável, fixa, rígida, flexível ou semiflexível.

c) Toda Constituição costumeira é, ao menos conceitualmente, flexível, pois seu processo de alteração não se diferencia do que se utiliza para a alteração de qualquer outra norma que discipline o convívio social.

5. CLASSIFICAÇÃO DA CONSTITUIÇÃO DA REPÚBLICA FEDERATIVA DO BRASIL DE 1988

Após o estudo dos diversos critérios de classificação das Constituições e do estabelecimento de máximas relativas ao tema, passamos à classificação da Constituição da República Federativa do Brasil de 1988, pois é matéria comumente cobrada nos concursos. Para facilitar a memorização, elaboramos o seguinte quadro:

▸ CLASSIFICAÇÃO DA CONSTITUIÇÃO DA REPÚBLICA FEDERATIVA DO BRASIL DE 1988	
1. Democrática ou promulgada ou popular	Elaborada por legítimos representantes do povo
2. Formal	Documento solene
3. Escrita codificada	Formada por texto inscrito em documento único
4. Rígida ou super-rígida	Rígida: seu processo de alteração é mais difícil do que o utilizado para criar leis; Super-rígida: além de o seu processo de alteração ser mais difícil do que o utilizado para criar leis, ela tem uma parte imutável (cláusulas pétreas)
5. Analítica	Vai além dos princípios básicos, trazendo detalhamento também de outros assuntos
6. Garantia/liberal/defensiva/negativa e Dirigente	Contém proteção especial às liberdades públicas e confere atenção especial à implementação de programas pelo Estado
7. Dogmática	Sistematizada a partir de ideias fundamentais
8. Eclética	Fundada em valores plurais
9. Nominal/Nominativa	Está muito distante, mais à frente e evoluída em relação à realidade político-social, representando uma Constituição "de fachada"

6. CONSTITUCIONALISMO E NEOCONSTITUCIONALISMO

Constitucionalismo pode ser compreendido como o **movimento evolutivo de criação e transformação das Constituições.**

Doutrinariamente são apontados alguns ciclos, etapas, estágios, ou fases de desenvolvimento do constitucionalismo. São eles:

1. **Constitucionalismo Antigo** (de 30.000 a.c. até Século XVIII): em seus primórdios, revelou a existência de normas supremas e divinas, emanadas de entidades espirituais e, posteriormente, reveladas por líderes humanos religiosos e políticos. Posteriormente, se caracterizou pela existência dos primeiros documentos escritos de limitação aos poderes dos Monarcas, a exemplo da Magna Carta de 1215.
2. **Constitucionalismo Clássico, Liberal, Moderno, Norte-Americano e Francês** (Século XVIII até Século XIX): marcado pelas constituições formais liberais, assim reconhecidas como documentos escritos e que versam sobre a separação de Poderes, organização política e direitos fundamentais em um determinado Estado Nacional. As disposições constantes nas constituições desse período têm reafirmada sua força normativa destacada em relação às prescrições de outras fontes jurídicas (leis e demais atos estatais). São exemplos a Constituição dos Estados Unidos da América de 1787 e a Constituição Francesa de 1791.
3. **Constitucionalismo Social ou Contemporâneo** (Século XX até Século XXI): caracterizado pela disseminação de constituições garantistas (calcadas na defesa dos direitos fundamentais igualitários) e dirigentes (que prescrevem programas a serem implementados pelos Estados, normalmente por meio de normas programáticas) e, em seu desenvolvimento, pelo surgimento de direitos transindividuais, difusos ou coletivos. Vale destacar que, apesar de não ser a regra, durante essa etapa, são identificados alguns momentos de ruptura democrática em certos e determinados Estados Nacionais, especialmente durante governos militares que praticamente ignoravam as Constituições então vigentes ou impunham documentos constitucionais que não correspondiam aos anseios sociais (a exemplo do que se viveu no Brasil, durante a Era Vargas, de 1930 a 1945, especialmente com a edição da rígida Constituição de 1937, apelidada de Carta Polaca, pois inspirada na constituição ditatorial polonesa). Esses momentos de Estado de exceção caracterizam o denominado **constitucionalismo semântico.**

Em sede doutrinária, e também em decisões do Supremo Tribunal Federal, vem se desenvolvendo e ganhando força um pensamento constitucional identificado como **neoconstitucionalismo.**

O neoconstitucionalismo se revela como um aprimoramento do constitucionalismo contemporâneo, pregando a **importância destacada da moral e dos valores**

sociais, garantidos especialmente por meio de princípios, que tem densidade normativa e, por essa razão, devem ser aplicados independentemente de qualquer outra fonte normativa. Não se conforma com as normas programáticas e as constituições dirigentes, afirmando que **as constituições devem ser dotadas de força normativa.** Para conferir normatividade à Constituição, destaca o **Poder Judiciário como garantidor de direitos,** colocando a atividade legislativa em segundo plano. Em resumo: **trabalha com a ideia de extração da máxima efetividade do Texto Constitucional, pois a Constituição deve ocupar o centro do sistema jurídico.**[10]

▸ ATENÇÃO!

O **neoconstitucionalismo** vem sendo cobrado nas provas para tribunais elaboradas pelo **Cespe.** A temática foi abordada nos concursos para o TRE-MT/2015 e o TRE-PI/2016 e certamente deve aparecer em muitas outras provas. Fique ligado!

7. ESTRUTURA E ELEMENTOS DA CONSTITUIÇÃO

7.1. Estrutura da Constituição

A Constituição da República Federativa do Brasil tem os seguintes componentes estruturais: a) **preâmbulo**; b) **corpo ou articulado**; e c) **ADCT**.

7.1.1. *Preâmbulo*

Designa o texto introdutório à Constituição.

Segundo posição exarada pelo STF no bojo da ADI 2.076, julgada em 2002, o preâmbulo da Constituição da República não tem força normativa, figurando como mero vetor interpretativo. Em seu voto, Celso de Mello sustentou que **o preâmbulo não se situa no âmbito do direito,** mas no domínio da política, refletindo posição ideológica do constituinte. Ademais, ele conteria proclamação ou exortação no sentido dos princípios inscritos na Constituição Federal.

---

10. Em 2011, no julgamento do RE 477.554, sobre o reconhecimento da união estável homoafetiva como entidade familiar, o STF fez expressa menção ao neoconstitucionalismo. *In verbis:* "A força normativa de que se acham impregnados os princípios constitucionais e a intervenção decisiva representada pelo fortalecimento da jurisdição constitucional exprimem aspectos de alto relevo que delineiam alguns dos elementos que compõem o marco doutrinário que confere suporte teórico ao neoconstitucionalismo, em ordem a permitir, numa perspectiva de implementação concretizadora, a plena realização, em sua dimensão global, do próprio texto normativo da Constituição. Nesse contexto, o postulado constitucional da busca da felicidade, que decorre, por implicitude, do núcleo de que se irradia o princípio da dignidade da pessoa humana, assume papel de extremo relevo no processo de afirmação, gozo e expansão dos direitos fundamentais, qualificando-se, em função de sua própria teleologia, como fator de neutralização de práticas ou de omissões lesivas cuja ocorrência possa comprometer, afetar ou, até mesmo, esterilizar direitos e franquias individuais".

Quanto à natureza jurídica do preâmbulo, **a posição do STF filia-se à tese da irrelevância jurídica**, afastando-se da tese da plena eficácia (que defende ter o preâmbulo a mesma eficácia das normas que constam da parte articulada da CF) e da tese da relevância jurídica indireta (para a qual o preâmbulo é parte da Constituição, mas não é dotado das mesmas características normativas da parte articulada). Por essa razão, também não serve de parâmetro para controle de constitucionalidade.

Esse posicionamento do STF serviu para definir que a invocação à proteção de Deus, constante do preâmbulo da Constituição da República vigente, somente denota inspiração do constituinte, não violando a liberdade religiosa que permeia o Estado brasileiro.

7.1.2. *Corpo ou articulado*

Como a própria denominação esclarece, é a parte densa da Constituição que se encontra **disposta em artigos e que tem vigência perene**, ou seja, que tende a vigorar e ter eficácia por um longo espaço de tempo.

Refere-se aos Títulos I a X da CF, compostos pelos artigos 1º a 250.

7.1.3. *ADCT*

Trata-se do ato das disposições constitucionais **transitórias**, composto por **normas de eficácia exaurível**. Exaurível porque seus dispositivos tendem a ter eficácia temporária, pois são normas que servem apenas à transição e depois perdem a função.

> ✦ *Ex.: art. 2º do ADCT: "No dia 7 de setembro de 1993 o eleitorado definirá, através de plebiscito, a forma (república ou monarquia constitucional) e o sistema de governo (parlamentarismo ou presidencialismo) que devem vigorar no País".*

Assim, o ADCT é a parte da Constituição destinada a realizar a transição do regime constitucional anterior para o atual.

A respeito do ADCT, entendeu o STF que: "(...) o alcance de normas constitucionais transitórias há de ser demarcado pela medida da estrita necessidade do período de transição, que visem a reger, de tal modo a que, tão cedo quanto possível, possa ter aplicação a disciplina constitucional permanente da matéria (...)." [ADI 644 MC, rel. min. Sepúlveda Pertence, j. 4-12-1991, P, DJ de 21-2-1992.]

7.2. Elementos da Constituição

Segundo José Afonso da Silva, a Constituição tem os seguintes elementos:[11]

---

11. SILVA, José Afonso da. *Curso de direito constitucional positivo*. 6. ed. São Paulo: Malheiros, 1990, p. 43-44.

a) **Elementos orgânicos:** regulam a estrutura do Estado e do Poder.

✦ *Ex.: art. 2º da CF: "São Poderes da União, independentes e harmônicos entre si, o Legislativo, o Executivo e o Judiciário".*

b) **Elementos limitativos:** referem-se aos direitos fundamentais, que limitam a atuação do Estado, protegendo o povo.

✦ *Ex.: art. 5º, caput, da CF: "Todos são iguais perante a lei, sem distinção de qualquer natureza, garantindo-se aos brasileiros e aos estrangeiros residentes no País a inviolabilidade do direito à vida, à liberdade, à igualdade, à segurança e à propriedade, nos termos seguintes".*

c) **Elementos socioideológicos:** revelam o compromisso do Estado em equilibrar os ideais liberais e sociais ao longo do Texto constitucional.

✦ *Ex.: art. 1º, IV, da CF: "A República Federativa do Brasil, formada pela união indissolúvel dos Estados e Municípios e do Distrito Federal, constitui-se em Estado Democrático de Direito e tem como fundamentos: [...] IV – os valores sociais do trabalho e da livre iniciativa".*

d) **Elementos de estabilização constitucional:** asseguram a solução de conflitos institucionais entre Poderes e também protegem a integridade do Estado e da própria Constituição.

✦ *Ex.: art. 34, I, da CF: "A União não intervirá nos Estados nem no Distrito Federal, exceto para: I – manter a integridade nacional".*

e) **Elementos formais de aplicabilidade:** referem-se às regras de interpretação e aplicação da Constituição, a exemplo do preâmbulo, do ADCT, e da aplicabilidade imediata dos direitos e garantias fundamentais.

✦ *Ex.: art. 5º, § 1º, da CF.*

8. EFICÁCIA E APLICABILIDADE DAS NORMAS CONSTITUCIONAIS

No que tange à eficácia e à aplicabilidade, segundo classificação de José Afonso da Silva, as normas constitucionais podem ser: plenas, contidas e limitadas.

> ▶ ATENÇÃO!
>
> Esse tema é campeão de incidência em provas para tribunais, aparecendo em certames elaborados pelas principais bancas examinadoras (FCC, Cespe e Consulplan). Praticamente todas as provas de constitucional trazem ao menos uma questão sobre essa classificação. Assim, é tema de compreensão e memorização obrigatórias!

8.1. Classificação das normas constitucionais quanto à eficácia e aplicabilidade

a) **Normas de eficácia plena:** são aquelas dotadas de aplicabilidade direta, imediata e integral, pois **não necessitam de lei infraconstitucional para torná-las aplicáveis** e nem admitem lei infraconstitucional que lhes restrinja o conteúdo. Em outras palavras: elas trazem todo o conteúdo necessário para a sua materialização prática. São entendidas como de aplicabilidade direta, imediata e integral, pois não necessitam de lei infraconstitucional.

✦ *Ex.: Brasília é a capital federal (art. 18, § 1º, da CF).*

b) **Normas de eficácia contida, restringível ou prospectiva:** são aquelas que têm aplicabilidade direta, imediata, mas não integral, pois **admitem que seu conteúdo seja restringido por outras normas, constitucionais ou infraconstitucionais.** Em outras palavras, pode-se dizer que são aquelas em que o constituinte regula suficientemente os interesses concernentes a determinada matéria, mas deixa margem à atuação restritiva por parte da competência discricionária do Poder Público, nos termos que a lei estabelecer ou nos termos de conceitos gerais nelas enunciados. Trata-se do que ocorre, por exemplo, com o enunciado que garante o livre exercício de qualquer trabalho, ofício ou profissão, atendidas as qualificações profissionais que a lei estabelecer (art. 5º, XIII, da CF).

✦ *Para ilustrar: a função de advogado somente pode ser exercida se atendida a qualificação profissional de ser bacharel em direito, aprovado no exame da Ordem dos Advogados do Brasil (art. 8º, IV, da Lei 8.906/94).*

c) **Normas de eficácia limitada:** são aquelas que possuem aplicabilidade indireta, mediata e reduzida (não direta, não imediata e não integral), pois **exigem norma infraconstitucional para que se materializem na prática.** Elas podem ser de princípio programático ou princípio institutivo ou organizativo.

c.1) **Normas de eficácia limitada de princípio programático (também referidas apenas como normas programáticas):** são aquelas que não regulam diretamente interesses ou direitos nelas consagrados, mas **se limitam a traçar alguns preceitos a serem cumpridos pelo Poder Público,** como programas das respectivas atividades, pretendendo unicamente a consecução dos fins sociais pelo Estado. Pode-se citar como exemplo a determinação de organização de um regime de colaboração dos sistemas de ensino dos entes da Federação (art. 211 da CF).

c.2) **Normas de eficácia limitada de princípio institutivo ou organizativo:** são aquelas **responsáveis pela estruturação do Estado** como, por exemplo, a norma segundo a qual os territórios federais integram a União, e sua criação, transformação em Estado ou reintegração ao Estado de origem serão reguladas em lei complementar (art. 18, § 2º, da CF).

▸ CLASSIFICAÇÃO DAS NORMAS CONSTITUCIONAIS QUANTO À EFICÁCIA	
a) Eficácia plena	
b) Eficácia contida	
c) Eficácia limitada	c.1) Princípio programático (Programáticas) c.2) Princípio institutivo ou organizativo

8.2. Eficácia mínima, negativa, impeditiva ou paralisante

Por integrarem uma constituição, documento que apresenta força normativa, **todas as normas constitucionais são dotadas de eficácia, ainda que mínima, negativa, impeditiva ou paralisante.**

Essa constatação é especialmente importante na análise das normas constitucionais de eficácia limitada que, a despeito de apresentarem aplicabilidade indireta, mediata e não integral, são dotadas de normatividade e eficácia.

A denominada eficácia mínima, negativa ou paralisante significa que todas as normas constitucionais têm as seguintes aptidões:

a) **revogam/paralisam normas que as contrariem;**

b) **servem como parâmetro ou paradigma no controle de constitucionalidade;**

c) **fundamentam interpretação baseada na Constituição;**

d) **são invocáveis por cidadãos para exigir que órgãos estatais se abstenham de infringi-las.**

9. PRINCÍPIOS DE INTERPRETAÇÃO CONSTITUCIONAL

Os princípios de interpretação constitucional normalmente tratados pela doutrina e que são cobrados em provas dos concursos para Tribunais e MPU são os arrolados por Canotilho.[12] Faremos abordagem pontual de cada um.

9.1. Princípios de interpretação constitucional enunciados por Canotilho

a) **Princípio da unidade da Constituição:** preceitua que a interpretação constitucional deve ser realizada tomando-se as normas constitucionais em conjunto, como um **sistema unitário de princípios e regras**, de modo que sejam evitadas contradições (antinomias aparentes) entre elas.

b) **Princípio do efeito integrador ou da eficácia integradora:** traz a ideia de que as normas constitucionais devem ser interpretadas com objetivo de **integrar política e socialmente o povo** de um Estado Nacional a partir de valores constitucionais e extraconstitucionais.

c) **Princípio da máxima efetividade ou eficiência:** exige que o intérprete **otimize a norma constitucional** para dela extrair a maior efetividade, evitando, sempre que possível, soluções que impliquem a não aplicabilidade da norma, guardando estreita relação com o princípio da força normativa.

d) **Princípio da conformidade/correção/exatidão funcional ou da justeza: limita o intérprete** na atividade de concretizador da Constituição, pois impede

12. CANOTILHO, José Joaquim Gomes. *Op. Cit.*, p. 1.223 e s.s.

que ele atue de modo a subverter o esquema organizatório-funcional da Constituição.

e) **Princípio da concordância prática ou da harmonização:** a interpretação de uma norma constitucional exige a **harmonização dos bens e valores jurídicos colidentes em um dado caso concreto**, de forma a se evitar o sacrifício total de um em relação a outro.

f) **Princípio da força normativa:** a partir dos valores sociais, o intérprete, em atividade criativa, deve extrair **aplicabilidade e eficácia de todas as normas da Constituição**, conferindo-lhes sentido prático e concretizador, em clara relação com o princípio da máxima efetividade ou eficiência. Por meio dele, a Constituição tem força ativa para alterar a realidade.

▶ ATENÇÃO!

A banca do Cespe frequentemente testa o candidato misturando os princípios da unidade, da máxima efetividade ou eficiência, e da concordância prática ou harmonização. Memorize bem o significado de cada um e garanta a pontuação!

Além desses enunciados por Canotilho, outros princípios de interpretação constitucional também são cobrados. Passemos, então, a analisá-los.

9.2. Outros princípios de interpretação constitucional

a) **Princípio da razoabilidade ou da proporcionalidade:** exige a tomada de **decisões racionais**, não abusivas, e que respeitem os núcleos essenciais de todos os direitos fundamentais. Por meio dele, analisa-se se as condutas são adequadas, necessárias e trazem algum sentido em suas realizações.

b) **Princípio da interpretação conforme**[13]**:** consiste em conferir a um **ato normativo polissêmico ou equívoco** (que admite vários sentidos ou significados)[14] a interpretação que mais se adapte ao que preceitua a Constituição, sem que essa atividade se constitua em atentado ao próprio texto constitucional. Aplicável ao controle de constitucionalidade, a interpretação conforme permite que se mantenha um texto legal, conferindo-se a ele um sentido ou interpretação de acordo com os valores constitucionais.

c) **Princípio da presunção de constitucionalidade das leis:** traz a ideia de que todas as normas infraconstitucionais criadas estão de acordo com a Constituição. **Toda lei é válida e constitucional até que se prove o contrário,** portanto a presunção de constitucionalidade é relativa (*juris tantum*). Esse

---

13. **Atenção!** O Cespe utiliza "técnica da interpretação conforme" em vez de "princípio da interpretação conforme", mas considera o mesmo significado.
14. Portanto, não incide sobre ato normativo unívoco, que é aquele que admite apenas um sentido ou significado.

princípio ainda tem por missão orientar o judiciário a que declare a inconstitucionalidade de uma norma apenas se ela for patente ou chapada (com vício evidente e irremediável, ou seja, que não permita uma interpretação conforme a Constituição).

10. MÉTODOS DE INTERPRETAÇÃO CONSTITUCIONAL

O tema dos métodos de interpretação constitucional normalmente está presente nos editais para TRF e TRE, não sendo costumeiramente cobrado para as provas de TRT. Entretanto, como o perfil das provas para TRT está mudando nos últimos anos, exigindo mais conteúdo doutrinário e jurisprudencial, vale a pena ficar atento e verificar se essa matéria não está sendo cobrada em concursos mais novos.

Para facilitar a apreensão do conteúdo, trataremos de cada um dos métodos isoladamente, identificando, entre parênteses, os doutrinadores responsáveis pelo desenvolvimento de cada um.

a) **Método Jurídico ou Hermenêutico Clássico (Ernest Forsthoff):** parte de uma tese da identidade que existiria entre a Constituição e as demais leis, ou seja, ao se considerar a Constituição como uma lei, não haveria porque criar-se um método específico para interpretá-la. Este método se vale basicamente dos seguintes elementos interpretativos: ***i. genético*** (origem do ato); ***ii. gramatical ou filológico*** (análise textual e literal); ***iii. histórico*** (momento e contexto de criação do ato); ***iv. lógico*** (não contradição); ***v. sistemático*** (análise do todo ou conjunto); e **vi. teleológico** (finalidade social do ato).

b) **Método Científico-espiritual, Valorativo ou Sociológico (Rudolf Smend):** tem como norte o espírito constitucional, ou seja, os valores consagrados nas normas constitucionais. Além dos valores, levam-se em conta também outros fatores extraconstitucionais, como a realidade social e cultural do povo, exigindo-se uma interpretação elástica do texto constitucional, alçando a Constituição a instrumento de integração e solução de conflitos em busca da construção e da preservação da unidade social.

c) **Método Tópico-problemático (Theodor Viehweg):** trata-se de uma teoria de argumentação jurídica em torno do problema, que atua sobre as aporias por meio dos topoi. Aporia significa a dificuldade de se escolher entre duas opiniões contrárias e igualmente racionais sobre um dado problema. Topos, que no plural se escreve "os topoi", representa as formas de pensamento, raciocínios, argumentações, pontos de vista ou lugares comuns. Os topoi são retirados da jurisprudência, da doutrina, dos princípios gerais de direito e até mesmo do senso comum. Identificado o problema (aporia) busca-se uma solução por meio dos topoi. Assim, a partir do problema expõem-se os argumentos favoráveis e contrários e consagra-se como vencedor aquele capaz de convencer o maior número de interlocutores. Esse método tem aplicabilidade nos casos de difícil solução, denominados como *hard cases*.

d) **Método Hermenêutico-concretizador (Konrad Hesse):** é aquele em que o intérprete se vale de suas pré-compreensões valorativas para obter o sentido da norma e então aplicá-la à resolução de determinado problema. O conteúdo da norma somente é alcançado a partir de sua interpretação concretizadora, dotada do caráter criativo que emana do exegeta. Nesse sentido, o método de Hesse possibilita que a Constituição tenha força ativa para compreender e alterar a realidade. Mas, nesse mister, o texto constitucional apresenta-se como um limite intransponível para o intérprete, pois se o exegeta passar por cima do texto, ele estará modificando ou rompendo a Constituição, não interpretando-a.

e) **Método Normativo-estruturante (Friedrich Müller) ou Concretista (Paulo Bonavides):** é aquele em que o intérprete parte do direito positivo para chegar à estruturação da norma, muito mais complexa que o texto legal. Nesse caminho, há influência da jurisprudência, da doutrina, da história, da cultura e das decisões políticas. Em outras palavras: o exegeta colhe elementos da realidade social para estruturar a norma que será aplicada.

f) **Método Concretista da Constituição Aberta (Peter Häberle):** traz a ideia de que a Constituição deve ser interpretada por todas as pessoas e em quaisquer espaços (abertura interpretativa), e não apenas pelos juristas no bojo de procedimentos formais.

g) **Método da Comparação Constitucional (Peter Häberle):** prega a interpretação a partir da comparação entre diversas Constituições.

Por fim, vale destacar que não **existe hierarquia entre os métodos de interpretação constitucional**. Segundo Gilmar Ferreira Mendes, Inocêncio Mártires Coelho e Paulo Gustavo Gonet Branco: "Não por acaso Gustavo Zagrebelsky afirma que **não existe na literatura, nem na jurisprudência, uma teoria de métodos interpretativos da Constituição que nos esclareça se é possível e mesmo necessário adotar um método previamente estabelecido ou uma ordem metodológica concreta**, um dado de realidade que, se não configura lacuna inexplicável, por certo reflete a consciência de que não tem maior significado nos aproximarmos da interpretação através dos seus métodos, ainda que a palavra método, como todos sabem, signifique, precisamente, o caminho a ser percorrido para se alcançar a verdade". (Curso de direito constitucional. 2. ed. São Paulo: Saraiva, 2008, p. 98).

11. COLISÃO DE DIREITOS FUNDAMENTAIS

O embate entre normas ocorrido em âmbito constitucional não pode ser considerado na mesma perspectiva do conflito entre leis (também chamadas de "regras"), ou seja, como um "conflito aparente de normas" para cuja solução seriam utilizados os critérios cronológico, hierárquico ou da especialidade, na forma do "tudo ou nada" ("all or nothing"), em que só se aplica um documento normativo daqueles que aparentemente conflitavam.

Assim, **em toda colisão entre normas constitucionais deve ser respeitado o núcleo intangível dos direitos fundamentais concorrentes, mas sempre se deve chegar a uma posição em que um prepondere, mas não elimine o outro.**

A colisão em âmbito constitucional deve ser resolvida por meio de **ponderação**. Em cada situação concreta o intérprete e julgador analisará qual norma deve prevalecer. A ideia é sempre essa, mas as provas podem exigir que o candidato conheça os termos técnicos que se relacionam à matéria.

Assim, basta que o candidato saiba que a ponderação realizada para a solução da colisão entre normas constitucionais se opera a partir de uma atividade de **concordância prática** (do doutrinador Konrad Hesse), com aplicação do **princípio da proporcionalidade** (teoria alemã) ou pela **dimensão de peso e importância** (do doutrinador Ronald Dworkin), com aplicação do **princípio da razoabilidade** (teoria norte-americana).

12. DERROTABILIDADE DAS NORMAS CONSTITUCIONAIS

A derrotabilidade das normas constitucionais é tema com alta densidade teórica, ainda em desenvolvimento na doutrina.

Apresenta como pressuposto o fato de que **nenhuma norma jurídica é capaz de incidir sobre todas as situações da temática por ela tratada, especialmente sobre as exceções que delas possam ser extraídas**. Se reconhece que nenhuma norma pode ser tão perfeita e completa a ponto de se aplicar para toda e qualquer situação referente ao objeto que se propõe a disciplinar. Assim, se em um caso concreto, se constatar que a norma não tem aptidão para incidir, pois o legislador não conseguiu antever eventuais exceções ao seu emprego, reconhece-se a sua derrota.

A **consequência da derrota ou derrotabilidade da norma constitucional é sua não incidência no caso concreto, mas sua permanência no ordenamento jurídico** para eventualmente ser aplicada a outras situações.

> ▸ **ATENÇÃO!**
>
> **Essa temática é muito cobrada pelo Cespe** e já apareceu em concurso para Tribunais (TRE-PI/2016).

13. QUESTÕES DISCURSIVAS

> ▸ **NOTA DO AUTOR:**
>
> Nos últimos editais, os concursos para Tribunais vêm prevendo a cobrança de questões discursivas e estudos de caso. Assim, resolvemos trazer algumas questões para ilustrar que tipo de pergunta poderia ser feita e também como deveria ser a resposta do candidato.
>
> Considerando-se o fato de que a exigência de questões discursivas e estudos de caso é nova e que, portanto, não há questões anteriores de provas para analista e técnico de

Tribunais, nos vários capítulos de nosso livro trazemos questões que já foram cobradas em outros concursos e no Exame de Ordem, mas cujos conteúdos se alinham aos editais das provas para analista e técnico de Tribunais. Assim, o candidato pode treinar para provas futuras e também conferir se suas respostas se aproximam dos padrões que aqui trazemos. Bom treino e vamos em frente!

(MPE-MG – Promotor de Justiça – MG/2007) Discorrer sobre Poder Constituinte.

a) Poder Constituinte Originário: Definição, Titularidade e Características.
b) Poder Constituinte Derivado: Definição, Titularidade e Características.
c) Apontar e comentar as limitações explícitas ao Poder Constituinte Derivado em vigor na Constituição Brasileira de 1988.

Obs. 1: *Não se limite a transcrever dispositivos constitucionais. Comente-os.*

Obs. 2: *A dissertação não deve ultrapassar 60 linhas.*

RESPOSTA

Conforme lições de Sieyès, na famosa obra "Que é o terceiro Estado?", a soberania popular consiste essencialmente no poder constituinte da nação. Canotilho afirma que o poder constituinte tem suas raízes em uma força geral da nação. Com o passar dos anos, a ideia de titularidade da nação evoluiu na doutrina, e o povo passou a ser considerado o verdadeiro titular do poder constituinte. Munido do poder constituinte, o povo atribui parcela dele a órgãos estatais especializados, que passam a ser denominados de Poderes (Executivo, Legislativo e Judiciário).

Portanto, o poder constituinte é de titularidade do povo, mas é o Estado, por meio de seus órgãos especializados, que o exerce. Sobre o tema, é esclarecedora a redação do art. 1º, parágrafo único, da CF: "Todo o poder emana do povo, que o exerce por meio de representantes eleitos ou diretamente, nos termos desta Constituição".

Três são as espécies de poder constituinte: originário, derivado reformador e derivado decorrente.

O Poder constituinte originário (também denominado como genuíno, primário ou de primeiro grau) é aquele que cria a primeira ou a nova Constituição de um Estado. Para atingir seu objetivo, ele é inicial (não existe outro poder anterior ou superior a ele) autônomo (o poder constituinte determina a estrutura da nova Constituição), ilimitado (tem autonomia para escolher o Direito que irá viger, ou seja, não se subordina a nenhuma ideia jurídica preexistente), incondicionado (é dotado de liberdade quanto aos procedimentos adotados para a criação da Constituição, ou seja, não precisa seguir nenhuma formalidade preestabelecida) e permanente pois ele não se esgota com a edição da nova Constituição).

Já o Poder constituinte derivado reformador (também denominado de reforma, secundário, de segundo grau, instituído ou constituído) é o responsável pela reforma da Constituição, que no Brasil se dá via emenda constitucional (art. 60 da CF) ou por meio da incorporação de tratados internacionais de direitos humanos (art. 5º, § 3º, da CF). Vale notar que a CF de 1988 não prevê expressamente o poder constituinte derivado, mas este se encontra implícito e se extrai, por exemplo, da norma constitucional que prevê a edição de emendas à Constituição (art. 60 da CF).

A seu turno, o Poder constituinte derivado decorrente é aquele exercido pelos Estados-membros na construção das Constituições Estaduais, consoante art. 25 da CF. Tal prerrogativa decorre da capacidade de auto-organização que têm os Estados, mas que sempre está limitada pelo dever de respeito às normas contidas na Constituição Federal.

Dentre essas três espécies de poder constituinte arroladas, merece destaque o tema das limitações ao poder constituinte derivado reformador que, segundo a doutrina, as limitações se subdividem em: 1. Temporais; 2. Circunstanciais; 3. Formais; 4. Materiais; e 5. Implícitas.

Limitações temporais são as que impedem a alteração da Constituição por um determinado período de tempo. A Constituição Federal de 1988 não prevê nenhuma limitação temporal.

As limitações circunstanciais são aquelas que impedem a alteração da Constituição em momentos de extrema gravidade, nos quais a livre manifestação do poder reformador possa estar ameaçada, o que se dá, por exemplo, na intervenção federal, no estado de defesa e no estado de sítio (c.f. art. 60, § 1º da CF).

A seu turno, as limitações formais (também chamadas de limitações processuais ou procedimentais) podem ser de duas espécies: subjetiva ou objetiva. A limitação formal subjetiva refere-se à existência de legitimados específicos para a propositura de emendas constitucionais, consoante art. 60, *caput*, da CF. Já a limitação formal objetiva traduz a necessidade de quórum qualificado de três quintos, em dois turnos, em cada Casa do Congresso Nacional, com promulgação pelas mesas do Senado Federal e da Câmara dos Deputados, para a edição de emendas constitucionais (art. 60, § 2º, da CF).

Também existem as limitações materiais ou substanciais, que versam sobre matérias que não podem ser objeto de emenda, assim denominas como cláusulas pétreas.

As cláusulas pétreas (de pedra, duras) estão dispostas no art. 60, § 4º, da CF: "I – a forma federativa de Estado; II – o voto direto, secreto, universal e periódico; III – a separação dos Poderes; IV – os direitos e garantias individuais". Não será objeto de deliberação a proposta de emenda constitucional tendente a aboli-las.

Vale ressaltar que o STF entende que os direitos e garantias individuais considerados cláusulas pétreas não se restringem àqueles expressos no elenco do art. 5º da CF, ou seja, estão presentes também em outros dispositivos constitucionais. Isso porque o Supremo Tribunal Federal admitiu interpretação extensiva para a definição de direitos análogos, que são aqueles que têm a natureza de direitos e garantias individuais mesmo estando fora do art. 5º da CF, o que restou claro na ADI 939, julgada em 1993 e relatada pelo Ministro Sydney Sanches, que considerou direito e garantia individual a anterioridade tributária, consoante art. 5º, § 2º, art. 60, § 4º, IV, e art. 150, III, "b", todos da CF.

Ademais, o STF considera que os limites materiais ao poder constituinte de reforma não significam a intangibilidade literal da disciplina dada ao tema pela Constituição originária, mas sim a proteção do núcleo essencial dos princípios e institutos protegidos pelas cláusulas pétreas, consoante ADI 2.024, julgada em 2007 e relatada pelo Ministro Sepúlveda Pertence.

Por fim, ainda há que se comentar sobre as limitações implícitas ao poder constituinte derivado reformador, que são aquelas que se referem à vedação para alteração das regras pertinentes ao processo para modificação da Constituição. Por exemplo: não se pode alterar a titularidade do poder constituinte (art. 1º, parágrafo único, c.c. art. 60, *caput*, ambos da CF) e nem revogar o dispositivo constitucional que impõe a limitação material (art. 60, § 4º, da CF).

(FGV - XIV Exame Unificado - 2014) Tício ajuizou demanda em face do Estado "X", postulando determinada prestação estatal. A sentença proferida pelo Juízo da Vara de Fazenda Pública da Comarca da Capital, entretanto, julgou improcedente o pedido, apontando, no fundamento da decisão, os diferentes graus de eficácia das normas constitucionais, que impedem todos os efeitos pretendidos por Tício.

Com base no fragmento acima, responda, fundamentadamente, aos itens a seguir.

A) Em que medida as normas constitucionais de eficácia plena se diferenciam das normas de eficácia contida? (Valor: 0,65)

B) As normas constitucionais de eficácia limitada de princípio programático, antes da intermediação legislativa, geram algum efeito jurídico? (Valor: 0,60)

RESPOSTA

A) As normas de eficácia plena e de eficácia contida têm aplicabilidade imediata, porém diferem na amplitude da eficácia futura. As normas de eficácia plena são aquelas que, desde que entram em vigor, têm aplicabilidade imediata, direta e integral. Elas têm em si o potencial para produzirem e atingirem todos os efeitos pretendidos, além de não admitirem restrição quanto à sua aplicabilidade integral. As normas de eficácia contida, por sua vez, são aquelas que também nascem com aplicabilidade imediata, direta e integral, porém com alcance reduzido em relação às normas de eficácia plena, ou seja, elas têm aplicabilidade possivelmente não integral. Isto porque contém em si potencial para futura atuação restritiva, o que se dá, em regra, pelo Poder Público por meio de legislação infraconstitucional. Por essa razão é que as normas de eficácia contida também podem ser denominadas como de eficácia restringível.

B) Sim, tais normas geram efeitos jurídicos, apesar de dependerem de lei posterior para produzirem todos os efeitos pretendidos. Servem para o controle de constitucionalidade, como parâmetro de normas infraconstitucionais que lhe contrariem ou de prestação negativa ou omissão por parte do Poder Público. Portanto, têm o efeito de impedir que normas contrárias a ela permaneçam no ordenamento jurídico, além de terem a função interpretativa para demais normas.

PADRÃO DE RESPOSTA DA BANCA EXAMINADORA

A) O examinando deve identificar que, apesar de ambas possuírem aplicabilidade imediata, se diferenciam pela possibilidade de futura restrição em seu âmbito de eficácia. As normas de eficácia plena são aquelas que produzem a plenitude dos seus efeitos, independentemente de complementação por norma infraconstitucional. São revestidas de todos os elementos necessários à sua executoriedade, tornando possível sua aplicação de maneira direta, imediata e integral. De outro lado, as normas de eficácia contida são aquelas que, de início, produzem a plenitude dos seus efeitos, mas podem ter o seu alcance restringido pela legislação infraconstitucional. Tais normas também possuem aplicabilidade direta, imediata e integral, mas o seu alcance poderá ser reduzido, em razão da existência, na própria norma, de uma cláusula expressa de redutibilidade.

B) O examinando deve identificar que as normas constitucionais de eficácia limitada de princípio programático, apesar de dependerem da integração da lei para a produção da plenitude de seus efeitos, geram de imediato, efeitos jurídicos. Assim, apesar de não se poder extrair de imediato, da norma, a plenitude de seus efeitos, em especial a eficácia positiva, capaz de amparar a pretensão de produção da consequência jurídica prevista na norma, é possível extrair, da norma, uma eficácia interpretativa, capaz de reger a interpretação das normas de hierarquia inferior, bem como uma eficácia negativa, isto é, a capacidade de servir de parâmetro ao controle de constitucionalidade das normas de hierarquia inferior que vierem a lhe contrariar ou ao controle de constitucionalidade das omissões do Poder Público.

14. QUESTÕES OBJETIVAS COMENTADAS

01. **(Cespe – Analista Judiciário – Direito – TJ – PA/2020)** A Constituição Federal de 1988 prevê o uso do mandado de injunção como uma garantia constitucional sempre que a falta de norma regulamentadora tornar inviável o exercício dos direitos e das liberdades constitucionais e das prerrogativas inerentes à nacionalidade, à soberania e à cidadania. Nesse sentido, segundo o STF, o cabimento do mandado de injunção pressupõe a demonstração da existência de omissão legislativa relativa ao gozo de liberdades ou direitos garantidos constitucionalmente pelas normas constitucionais de eficácia

A) plena *lato sensu*
B) contida *lato sensu.*
C) plena *stricto sensu.*
D) contida *stricto sensu.*
E) limitada *stricto sensu.*

COMENTÁRIOS

Alternativa "e" (responde todas as alternativas): Normas de eficácia limitada, segundo José Afonso da Silva, são aquelas que apenas produzem efeitos após terem sido regulamentadas por norma infraconstitucional. Ou seja, há um mandamento na Constituição para que se edite eventual norma, mas enquanto não for editada, a norma constitucional não pode produzir seus efeitos. O que ocorre na prática é uma inércia do legislador, que acarreta a ineficácia de determinados dispositivos constitucionais (de eficácia limitada). Para sanar essa ineficácia, sobretudo quando a inércia do legislador impede o gozo de liberdades ou direitos constitucionalmente previstos, pode-se usar do mecanismo do mandado de injunção. Nesse sentido é a jurisprudência do STF: "1. O cabimento do mandado de injunção pressupõe a demonstração clara e precisa acerca da existência de omissão legislativa relativa ao gozo de direitos ou liberdade garantidos constitucionalmente pelas **normas constitucionais de eficácia limitada stricto sensu** [...]"(MI 6858, Relator(a): Min. EDSON FACHIN, julgado em 12/03/2018, publicado em PROCESSO ELETRÔNICO DJe-049 DIVULG 13/03/2018 PUBLIC 14/03/2018).

Alternativa correta: "e".

02. **(Cespe / Analista Judiciário / STJ / 2018)** Considerando a legislação, a doutrina e a jurisprudência dos tribunais superiores acerca dos direitos e das garantias fundamentais e da aplicabilidade das normas constitucionais, julgue o item a seguir.

A disposição constitucional que determina que lei complementar regularmente a criação de território e a sua transformação em estado-membro é exemplo de norma de eficácia contida.

COMENTÁRIOS

Item errado. A determinação de que lei complementar regule a criação de território e a sua transformação em estado-membro é exemplo de norma de eficácia limitada, pois exige norma infraconstitucional para que se materialize na prática.

03. **(FGV – Técnico Judiciário – Área Administrativa – TRT 12/2017)** Álvaro, Deputado Federal, solicitou à sua assessoria jurídica um parecer a respeito da aplicabilidade do disposto no art. 5º, XIII, da Constituição Federal de 1988, que assegura, aos brasileiros e aos estrangeiros residentes no País, o livre "exercício de qualquer trabalho, ofício ou profissão, atendidas as qualificações profissionais que a lei estabelecer".
De acordo com sua assessoria, esse tipo de comando, que dispõe sobre a possibilidade de o seu alcance ser restringido pela legislação infraconstitucional, é considerado uma norma:
A) de eficácia plena;
B) programática;
C) de eficácia limitada, de princípio institucional;
D) de eficácia variável;
E) de eficácia contida.

COMENTÁRIOS

Alternativa correta: letra "e": o comando trazido pelo art. 5º, inciso XIII, da CF, classifica-se como uma norma de eficácia contida porque tem **aplicabilidade imediata, porém não integral,** e seu conteúdo pode ser restringido pela legislação infraconstitucional.

Alternativa "a": normas de eficácia plena são aquelas de aplicabilidade imediata e que produzem, ou têm capacidade de produzir, todos os seus efeitos esperados.

Alternativa "b": normas de eficácia programática são aquelas que remetem apenas a princípios e diretrizes, não havendo comandos diretos e imediatos, de modo que se constituem como mero direcionamento para os órgãos dos Poderes constituídos se orientarem.

Alternativa "c": normas de eficácia limitada de princípio institucional são normas generalizantes e que são estruturadas de forma definitiva em lei posterior.

Alternativa "d": não corresponde a espécie de nenhuma classificação doutrinariamente reconhecida.

04. **(FCC – Analista Judiciário – Área Administrativa – TRF 3ª Região/2016)** Uma das classificações das normas constitucionais quanto a sua aplicabilidade foi proposta por José Afonso da Silva.
Segundo a classificação desse autor, entende-se por norma constitucional de eficácia contida aquela que possui aplicabilidade

(A) direta e imediata, produzindo de logo todos os seus efeitos, os quais, no entanto, podem ser limitados por outras normas jurídicas, constitucionais ou infraconstitucionais.
(B) direta, imediata e integral, não estando sujeita a qualquer tipo de limitação infraconstitucional.
(C) indireta e mediata, vez depender a sua plena efetividade de regulamentação infraconstitucional.
(D) direta, imediata e integral, competindo ao Poder Público apenas regrar a forma de seu exercício por meio de normas administrativas infralegais, vedada qualquer limitação.
(E) indireta e mediata, vez depender a sua plena efetividade da aplicação de outras normas constitucionais.

COMENTÁRIOS

Nota do Autor: no que tange à eficácia, segundo classificação de José Afonso da Silva, as normas constitucionais podem ser: plenas, contidas e limitadas. **Normas de eficácia plena** são aquelas dotadas de aplicabilidade direta, imediata e integral, pois não necessitam de lei infraconstitucional para torná-las aplicáveis e nem admitem lei infraconstitucional que lhes restrinja o conteúdo. Em outras palavras: elas trazem todo o conteúdo necessário para a sua materialização prática. São entendidas como de aplicabilidade direta, imediata e integral, pois não necessitam de lei infraconstitucional. Exemplo: Brasília é a Capital Federal (art. 18, § 1º, da CF). **Normas de eficácia contida ou restringível** são aquelas que têm aplicabilidade direta, imediata, mas não integral, pois admitem que seus conteúdos sejam restringidos por normas infraconstitucionais, o que ocorre, por exemplo, com o enunciado que garante o livre exercício de qualquer trabalho, ofício ou profissão, atendidas as qualificações profissionais que a lei estabelecer (art. 5º, XIII, da CF). Para ilustrar: a função de advogado, somente pode ser exercida atendida a qualificação profissional de ser bacharel em direito, aprovado no Exame da Ordem dos Advogados do Brasil (art. 8º, IV, da Lei 8.906/94). **Normas de eficácia limitada ou reduzida** são aquelas que possuem aplicabilidade indireta, mediata e reduzida (não direta, não imediata e não integral), pois exigem norma infraconstitucional para que se materializem na prática. Entretanto, apesar de não se realizarem sozinhas na prática, elas são dotadas de eficácia jurídica, pois revogam as leis anteriores com elas incompatíveis; vinculam o legislador, de forma permanente, à sua realização; condicionam a atuação da administração pública e informam a interpretação e aplicação da lei pelo Poder Judiciário.

Alternativa correta: letra "a": normas de **eficácia contida** ou **restringível** são aquelas que têm **aplicabilidade direta, imediata, mas não integral**, pois **admitem que seus conteúdos sejam restringidos por normas infraconstitucionais,** o que ocorre, por exemplo, com o enunciado que garante o livre exercício de qualquer trabalho, ofício ou profissão, atendidas as qualificações profissionais que a lei estabelecer (art. 5º, XIII, da CF). Para ilustrar: a função de advogado, somente pode ser exercida atendida a qualificação profissional de ser bacharel em direito, aprovado no Exame da Ordem dos Advogados do Brasil (art. 8º, IV, da Lei 8.906/94).

Alternativa "b": as normas que possuem aplicabilidade direta, imediata e integral, não estando sujeita a qualquer tipo de limitação infraconstitucional, são as **de eficácia plena** (e não contida).

Alternativa "c": as normas de aplicabilidade indireta e mediata, que dependem de regulamentação infraconstitucional, são as **normas de eficácia limitada ou reduzida.**

Alternativa "d": as normas de aplicabilidade direta, imediata e integral são as normas de eficácia **plena.**

Alternativa "e": as normas que possuem aplicabilidade indireta e mediata são as normas de **eficácia limitada ou reduzida.**

05. (Cespe / Analista Judiciário – Área Judiciária – Oficial de Justiça Avaliador / TRT 8/ 2016) Acerca do poder constituinte e dos princípios fundamentais da CF, assinale a opção correta.

a) Nas relações internacionais, o Brasil rege-se, entre outros princípios, pela soberania, pela dignidade da pessoa humana e pelo pluralismo político.

b) O preâmbulo da CF constitui vetor interpretativo para a compreensão do significado de suas prescrições normativas, de modo que também tem natureza normativa e obrigatória.

c) O titular do poder constituinte é aquele que, em nome do povo, promove a instituição de um novo regime constitucional ou promove a sua alteração.

d) Embora seja, em regra, ilimitado, o poder constituinte originário pode sofrer limitações em decorrência de ordem supranacional, sendo inadmissível, por exemplo, uma nova Constituição que desrespeite as normas internacionais de direitos humanos.

e) O poder constituinte derivado reformador efetiva-se por emenda constitucional, de acordo com os procedimentos e limitações previstos na CF, sendo passível de controle de constitucionalidade pelo Supremo Tribunal Federal (STF).

COMENTÁRIOS

Alternativa correta: letra "e": o Poder Constituinte Derivado Reformador (também denominado por Secundário, de Segundo Grau, Instituído, Constituído, ou de Reforma) é responsável pela reforma da Constituição (no Brasil, por meio de Emendas Constitucionais ou da incorporação de tratados internacionais de direitos humanos). Vale notar que a CF de 1988 não prevê expressamente o poder de reforma, que materializa o poder constituinte derivado, mas este se encontra implícito, e se extrai, por exemplo, da norma constitucional que prevê propostas de emendas à Constituição. As emendas constitucionais podem ser objeto de controle de constitucionalidade, ou em outras palavras: admite-se a existência de normas constitucionais inconstitucionais, desde que não sejam originárias, mas oriundas de emendas constitucionais (vide ADIs 4357, 4372, 4400 e 4425, que versam sobre a inconstitucionalidade da EC 62/2009, que criou um regime especial de pagamento de precatórios).

Alternativa "a": a soberania, a dignidade da pessoa humana e o pluralismo político constituem fundamentos da República Federativa do Brasil (art. 1º da CF).

Alternativa "b": o preâmbulo da CF não possui valor normativo e obrigatório. O preâmbulo é o texto introdutório da Constituição. Segundo posição exarada pelo STF no bojo da ADI 2076, julgada em 2002, o Preâmbulo da Constituição da República não tem força normativa, figurando como mero vetor interpretativo. Em seu voto, Celso de Mello sustentou que o

Preâmbulo não se situa no âmbito do direito, mas no domínio da política, refletindo posição ideológica do constituinte. Ademais, ele conteria proclamação ou exortação no sentido dos princípios inscritos na Constituição Federal. Quanto à natureza jurídica do Preâmbulo, a posição do STF filia-se à Tese da Irrelevância Jurídica, afastando-se da Tese da Plena Eficácia (que defende ter o Preâmbulo a mesma eficácia das normas que consta da parte articulada da CF) e da Tese da Relevância Jurídica Indireta (para a qual o Preâmbulo é parte da Constituição, mas não é dotado das mesmas características normativas da parte articulada). Por essa razão, também não serve de parâmetro para controle de constitucionalidade. Esse posicionamento do STF serviu para definir que a invocação à proteção de Deus, constante do Preâmbulo da Constituição da República vigente, somente denota inspiração do constituinte, não violando a liberdade religiosa que permeia o Estado brasileiro.

Alternativa "c": a **titularidade do Poder Constituinte é do povo**, mas é o **Estado quem o exerce.**

Alternativa "d": o Poder Constituinte Originário (também denominado por Genuíno, Primário ou de Primeiro Grau) cria a primeira ou nova constituição de um Estado. Para atingir seu objetivo, ele é **inicial** (não existe outro poder anterior ou superior a ele), **autônomo** (o poder constituinte determina a estrutura da nova Constituição), **ilimitado** (tem autonomia para escolher o Direito que irá viger, ou seja, não se subordina a nenhuma ideia jurídica preexistente) e **incondicionado** (é dotado de liberdade quanto aos procedimentos adotados para a criação da Constituição, ou seja, não precisa seguir nenhuma formalidade preestabelecida). (LÉPORE, Paulo. *Direito constitucional*. 2. Ed. Salvador: Juspodivm, 2014, p. 25).

06. (FCC / Analista Judiciário – Área Administrativa / TRT 3/2015) O dispositivo da chamada "PEC da Bengala" (Emenda Constitucional no 88/2015), que prevê que os servidores públicos em geral, com exceção dos Ministros do Supremo Tribunal Federal, dos Tribunais Superiores e Tribunal de Contas da União, serão aposentados "compulsoriamente, com proventos proporcionais ao tempo de contribuição, aos 70 (setenta) anos de idade, ou aos 75 (setenta e cinco) anos de idade, na forma de lei complementar", é classificado pela doutrina como norma constitucional de

a) eficácia contida.
b) eficácia plena.
c) eficácia limitada.
d) conteúdo programático.
e) integração restringível.

COMENTÁRIOS

Nota do Autor: a questão aborda a classificação das normas constitucionais quanto à eficácia, apontada por José Afonso da Silva. Dessa forma, é imperioso que o candidato conheça a classificação e a entenda, já que é bastante comum a questão apontar determinado dispositivo, exigindo que se faça a devida classificação.

Alternativa correta: letra "c" (responde a todas as alternativas): normas de eficácia limitada ou reduzida são aquelas que possuem aplicabilidade indireta, mediata e reduzida (não direta, não imediata e não integral), pois exigem norma infraconstitucional para que se materializem na prática. Como o dispositivo em questão exige edição de lei complementar, trata-se de norma de eficácia limitada, necessitando de lei infraconstitucional para que se materialize na prática.

07. **(FCC / Analista Judiciário - Área Judiciária - Oficial de Justiça / TRT 16/ 2014)** Analise a seguinte norma constitucional inerente aos direitos sociais:
Art. 8º: É livre a associação profissional ou sindical, observado o seguinte:
(...)
IV - a assembleia geral fixará a contribuição que, em se tratando de categoria profissional, será descontada em folha, para custeio do sistema confederativo da representação sindical respectiva, independentemente da contribuição prevista em lei.
Trata-se de norma de eficácia
a) exaurida.
b) limitada.
c) plena.
d) contida.
e) programática.

COMENTÁRIOS

Alternativa correta: letra "c" (responde a todas as alternativas): o conteúdo do art. 8º, IV, da CF espelha uma norma constitucional de eficácia plena, que se caracteriza por ter aplicabilidade direta, imediata e integral, não necessitando de lei infraconstitucional para torná-la aplicável e nem admitindo lei infraconstitucional que lhe restrinja o conteúdo.

(Cespe - Analista Judiciário - Exec. Mandados - TRT 10/2013) Em determinado país, como resultado de uma revolução popular, os revolucionários assumiram o poder e declararam revogada a Constituição então em vigor. Esse mesmo grupo estabeleceu uma nova ordem constitucional consistente em norma fundamental elaborada por grupo de juristas escolhido pelo líder dos revolucionários.
Com base nessa situação hipotética, julgue o item a seguir.

08. A nova Constituição desse país não pode ser considerada uma legítima manifestação do poder constituinte originário, visto que sua outorga foi feita sem observância a nenhum procedimento de aprovação predeterminado.

COMENTÁRIOS

Errado. A nova Constituição desse país **pode** ser considerada uma legítima manifestação do poder constituinte originário, pois foi elaborada por **grupo** de juristas, ainda que tenham sido escolhidos pelo líder do grupo de revolucionários. Ademais, foi o próprio grupo que estabeleceu a nova ordem constitucional, não o líder dos revolucionários, de modo que houve **promulgação** (aprovação democrática) e não outorga (imposição).

(Cespe - Técnico Judiciário - Administrativa - TRT 10/2013) Acerca de constituição e de direitos e garantias, julgue o item a seguir à luz da norma constitucional e da interpretação doutrinária sobre a matéria.

09. Conceitua-se a Constituição, quanto ao aspecto material, como o conjunto de normas pertinentes à organização do poder, à distribuição da competência, ao exercício da autoridade, à forma de governo e aos direitos individuais e sociais da pessoa humana.

COMENTÁRIOS

Certo. Conceitua-se a Constituição, quanto ao aspecto material, como o conjunto de normas pertinentes à organização do poder, à distribuição da competência, ao exercício da autoridade, à forma de governo e aos direitos individuais e sociais da pessoa humana, **ou seja, refere-se à composição e ao funcionamento da ordem política.** A ideia de constituição material liga-se à **concepção política de Constituição de Carl Schmitt,** segundo a qual o Texto Constitucional decorre de uma decisão política fundamental e se traduz na estrutura do Estado e dos Poderes e na presença de um rol de direitos fundamentais.

10. **(FGV / Analista Judiciário / TRE-PA / 2011)** As constituições imutáveis são aquelas que não comportam modificação de nenhuma espécie, enquanto as rígidas exigem um processo de alteração mais rigoroso do que aquele previsto para a legislação infraconstitucional. A Constituição de 1988 é considerada super-rígida, isto é, ela possui uma parte imutável e uma parte rígida.
Para que se altere a CRFB de 1988 na sua parte rígida, é necessário que

a) haja proposta de emenda por, no mínimo, metade dos membros da Câmara dos Deputados ou do Senado Federal.
b) a proposta de emenda seja discutida e votada em cada Casa do Congresso Nacional, em dois turnos.
c) a proposta de emenda seja aprovada se obtiver, em pelo menos uma das casas, três quintos dos votos.
d) a emenda seja promulgada pelo Senado Federal, que detém competência privativa para tanto.
e) a proposta de emenda tenha iniciativa do Presidente da República ou dos Governadores dos Estados ou do Distrito Federal.

COMENTÁRIOS

Alternativa correta: "b" (responde a todas as alternativas). O texto constitucional brasileiro somente pode ser alterado por meio de emendas constitucionais, que devem observar o procedimento previsto no art. 60, responsável por estabelecer os limites para o exercício do poder reformador. Nesse aspecto, diz-se que a Constituição Federal é imutável no que toca às cláusulas pétreas, previstas no art. 60, § 4º. Entretanto, tal limitação deve ser entendida apenas no sentido de restringir direitos, de modo que a emenda constitucional não encontra óbice para ampliá-los. Os legitimados para a propositura das emendas constitucionais estão previstos no *caput* do art. 60 e são os seguintes: 1/3, no mínimo, dos membros da Câmara dos Deputados ou do Senado Federal; o Presidente da República e mais de metade das Assembleias Legislativas das unidades da Federação, manifestando-se, cada uma delas, pela maioria relativa de seus membros. **A proposta será discutida e votada em cada casa do Congresso Nacional, em dois turnos,** considerando-se aprovada se obtiver, em ambos, 3/5 dos votos dos respectivos membros. Após a aprovação, o texto será promulgado pelas Mesas da Câmara dos Deputados e do Senado Federal, com o respectivo número de ordem.

11. **(FCC – Analista Judiciário / TRT da 4ª Região / 2011)** Analise:

I. A União, os Estados, o Distrito Federal e os Municípios organizarão em regime de colaboração seus sistemas de ensino.

II. É livre o exercício de qualquer trabalho, ofício ou profissão, atendidas as qualificações profissionais que a lei estabelecer.

Em conformidade com o aspecto doutrinário, as referidas disposições caracterizam-se, respectivamente, como normas constitucionais de

a) eficácia plena e de eficácia negativa.
b) princípio programático e de eficácia contida.
c) eficácia restringível e de eficácia absoluta.
d) princípio programático e de eficácia plena.
e) eficácia relativa e de princípio programático.

COMENTÁRIOS

Alternativa correta: "b".

Item I. As normas de eficácia limitada de princípio programático são aquelas que estabelecem programas de ação estatal e de governo, no intuito de alcançar metas ou objetivos. Essas normas são típicas do Estado social e tornam a Constituição classificável, quanto aos fins, em dirigente, planejando a atuação do Estado, e são dotadas de eficácia jurídica, ainda que tão somente para fixar programas para o Estado.

Item II. José Afonso da Silva propôs a classificação das normas constitucionais em normas de eficácia plena, normas de eficácia contida e normas de eficácia limitada. Todas elas são aptas à produção de efeitos, em maior ou menor intensidade, reconhecendo-se que todas são dotadas, ao menos, de eficácia jurídica, já que servem como parâmetro para o controle de constitucionalidade, seja em relação à legislação já em vigor, seja para as futuras normas. Não obstante, diz-se que as normas de eficácia plena são aquelas aptas a produzir imediatamente a integralidade de seus efeitos, dotadas, portanto, de aplicabilidade direta, imediata e integral. Já as normas de eficácia contida ou restringível são aquelas que têm aplicabilidade direta, imediata, mas não integral, pois admitem que seu conteúdo seja restringido por norma infraconstitucional. Por fim, as normas de eficácia limitada possuem aplicabilidade indireta, mediata e reduzida, e só produzem todos os seus efeitos essenciais depois de regulamentadas.. Essas normas são eficazes, embora carecedoras de efetividade social. O direito previsto no item é um clássico exemplo de norma constitucional de eficácia contida, já que o exercício profissional será livre e incondicionado até que lei regulamente a profissão, como o caso do Estatuto da OAB, ao prever os requisitos necessários para o exercício da função de advogado.

12. **(FCC – Analista Judiciário / TRE do Acre / 2010)** Sobre a interpretação das normas constitucionais, analise:

I. O órgão encarregado de interpretar a Constituição não pode chegar a um resultado que subverta ou perturbe o esquema organizatório-funcional estabelecido pelo legislador constituinte.

II. O texto de uma Constituição deve ser interpretado de forma a evitar contradições (antinomias) entre suas normas, e sobretudo, entre os princípios constitucionais estabelecidos.

Os referidos princípios, conforme doutrina dominante, são denominados, respectivamente, como

a) da força normativa e da justeza.
b) do efeito integrador e da harmonização.
c) da justeza e da unidade.
d) da máxima efetividade e da unidade.
e) do efeito integrador e da forma normativa.

COMENTÁRIOS

Alternativa correta: "c".

Item I. O princípio da justeza ou da conformidade funcional limita o intérprete na atividade de concretizador da Constituição, pois impede que ele atue de modo a desestruturar as premissas de organização política previstas no texto constitucional.

Item II. O princípio da unidade da Constituição preceitua que a interpretação constitucional deve ser realizada tomando-se as normas constitucionais em conjunto, como um sistema unitário de princípios e regras, de modo a se evitarem contradições (antinomias aparentes) entre elas.

13. **(FCC – Analista Judiciário / TRT da 22ª Região / 2010)** No tocante à aplicabilidade, as normas constitucionais que não regulam diretamente interesses ou direitos nelas consagrados, mas que se limitam a traçar alguns preceitos a serem cumpridos pelo Poder Público, como programas das respectivas atividades, pretendendo unicamente a consecução dos fins sociais pelo Estado, são classificadas como

a) análogas.
b) hermenêuticas.
c) andrógenas.
d) programáticas.
e) satisfativas.

COMENTÁRIOS

Alternativa correta: "d" (responde a todas as alternativas). As normas programáticas são justamente aquelas que não regulam diretamente interesses ou direitos nelas consagrados, mas que se limitam a traçar alguns preceitos a serem cumpridos pelo Poder Público, como programas das respectivas atividades, pretendendo unicamente a consecução dos fins sociais pelo Estado.

15. QUESTÕES OBJETIVAS PARA TREINAR

01. **(FCC / Técnico Judiciário – Área Administrativa / TRE-PR / 2017)** À luz do direito vigente, as emendas à Constituição Federal, aprovadas pela Câmara dos Deputados e pelo Senado Federal, são atos normativos que decorrem do poder

a) constituinte originário, podendo alterar a Constituição sem encontrar limites jurídicos para tanto, uma vez que o poder constituinte, cujo titular é o povo, é soberano e ilimitado.
b) constituinte derivado, podendo alterar a Constituição desde que sejam respeitados os limites jurídicos nela originariamente previstos.
c) constituinte originário, podendo alterar a constituição desde que sejam respeitados os limites nela previstos.
d) legislativo, mas não do poder constituinte, uma vez que os parlamentares que as aprovam não são especialmente eleitos para o fim de alterarem a Constituição, motivo pelo qual as emendas constitucionais são hierarquicamente inferiores às normas constitucionais originariamente editadas pelo poder constituinte.
e) legislativo, estando sujeitas aos mesmos limites jurídicos que devem ser observados no processo de elaboração das leis complementares e ordinárias.

(Cespe / Analista Judiciário - Área Judiciária / TRT 8 / 2016) Acerca do poder constituinte e dos princípios fundamentais da CF, julgue os itens a seguir.

02. O titular do poder constituinte é aquele que, em nome do povo, promove a instituição de um novo regime constitucional ou promove a sua alteração.

03. Embora seja, em regra, ilimitado, o poder constituinte originário pode sofrer limitações em decorrência de ordem supranacional, sendo inadmissível, por exemplo, uma nova Constituição que desrespeite as normas internacionais de direitos humanos.

04. **(FCC / Analista Judiciário - Área Administrativa / TRT 4/ 2015)** O direito de greve no serviço público, a inadmissibilidade de provas obtidas por meios ilícitos no processo e a liberdade de exercício de qualquer profissão constituem, respectivamente, normas constitucionais de eficácia
a) limitada, contida e plena.
b) contida, plena e limitada.
c) contida, limitada e plena.
d) limitada, plena e contida.
e) plena, limitada e contida.

05. **(FCC / Analista Judiciário - Área Administrativa / TRT 12/ 2013)** Considerando a capacidade de produção de efeitos das normas constitucionais, a previsão constante do artigo 5º, XIII, da Constituição Federal, segundo a qual "é livre o exercício de qualquer trabalho, ofício ou profissão, atendidas as qualificações profissionais que a lei estabelecer", é norma de eficácia
a) contida.
b) plena.
c) exaurida.
d) programática.
e) limitada.

06. **(FCC / Analista Judiciário / TRE do Amazonas / 2010)** Com relação aos princípios interpretativos das normas constitucionais, aquele segundo o qual a interpretação deve ser realizada de maneira a evitar contradições entre suas normas é denominado de

a) conformidade funcional.
b) máxima efetividade.
c) unidade da constituição.
d) harmonização.
e) força normativa da constituição.

07. **(FCC / Analista Administrativo / TRT da 8ª Região / 2010)** As normas que o legislador constituinte regulou suficientemente os interesses relativos a determinada matéria, mas deixou margem à atuação restritiva por parte da competência discricionária do Poder Público, nos termos que a lei estabelecer ou nos termos de conceitos gerais nelas enunciados, são classificadas de eficácia

a) programática.
b) plena.
c) limitada.
d) contida.
e) objetiva.

(Cespe / Analista Judiciário / TRT da 21ª Região / 2010) Julgue os itens a seguir, acerca da Constituição Federal de 1988 (CF).

08. As normas constitucionais de eficácia contida ou relativa restringível têm aplicabilidade plena e imediata, mas podem ter eficácia reduzida ou restringida nos casos e na forma que a lei estabelecer.

09. Pelo princípio da máxima efetividade ou da eficiência, a interpretação constitucional deve ser realizada de maneira a se evitarem contradições entre as normas da CF.

10. **(Ferreira de Moura / Analista Judiciário / TRE de Santa Catarina / 2009)** Em análise aos princípios de interpretação das normas constitucionais, é INCORRETO afirmar que:

a) O princípio da interpretação conforme a Constituição deverá ser utilizado para compatibilizar ao texto constitucional aquelas normas que possuem sentido unívoco.
b) Em razão do princípio da eficiência deve ser atribuído a uma norma constitucional o sentido que lhe confira maior eficácia social.
c) O princípio da unidade da Constituição estabelece que o intérprete deverá considerar o texto constitucional como um todo, um sistema unitário de regras e princípios, para evitar contradições.
d) É inadmissível qualquer interpretação que venha alterar ou subverter a organização funcional constitucionalmente estabelecida pelo Constituinte Originário, em virtude do princípio da justeza.

(Cespe - Analista Administrativo / TRE da Bahia / 2009) Acerca do conceito e da classificação das constituições, assim como dos direitos e das garantias fundamentais, julgue o item a seguir.

11. Toda Constituição é necessariamente escrita e representada por um texto solene e codificado.

(Cespe / Analista Judiciário / TRE da Bahia / 2009) Quanto à aplicabilidade e interpretação das normas constitucionais, julgue os itens subsequentes.

12. No tocante à aplicabilidade, de acordo com a tradicional classificação das normas constitucionais, são de eficácia limitada aquelas em que o legislador constituinte regula suficientemente os interesses concernentes a determinada matéria, mas deixa margem à atuação restritiva por parte da competência discricionária do Poder Público, nos termos em que a lei estabelecer ou na forma dos conceitos gerais nela previstos.

13. A técnica da interpretação conforme a Constituição permite a manutenção, no ordenamento jurídico, de leis e atos normativos que possuam valor interpretativo compatível com o texto constitucional.

14. **(FCC / Execução de Mandados / TRT da 7ª Região / 2009)** A Constituição que prevê somente os princípios e as normas gerais de regência do Estado, organizando-o e limitando seu poder, por meio da estipulação de direitos e garantias fundamentais é classificada como:

a) sintética.
b) pactuada.
c) analítica.
d) dirigente.
e) dualista.

15. **(FCC / Execução de Mandados / TRT da 16ª Região / 2009)** A doutrina constitucional tem classificado a nossa atual Constituição Federal (1988) como escrita, legal,

a) formal, pragmática, outorgada, semirrígida e sintética.
b) material, pragmática, promulgada, flexível e sintética.
c) formal, dogmática, promulgada, rígida e analítica.
d) substancial, pragmática, promulgada, semirrígida e analítica.
e) material, dogmática, outorgada, rígida e sintética.

16. **(FCC / Execução de Mandados / TRT da 16ª Região / 2009)** Em tema de Poder Constituinte Originário, é INCORRETO afirmar que

a) é limitado pelas normas expressas e implícitas do texto constitucional vigente, sob pena de inconstitucionalidade.
b) é incondicionado, porque não tem ele que seguir qualquer procedimento determinado para realizar sua obra de constitucionalização.
c) é autônomo, pois não está sujeito a qualquer limitação ou forma prefixada para manifestar sua vontade.

d) caracteriza-se por ser ilimitado, autônomo e incondicionado.

e) se diz inicial, pois seu objeto final – a Constituição, é a base da ordem jurídica.

▸ **GABARITO**

Questão	Resposta	Fundamento	Item deste capítulo em que abordamos o tema da questão
01	b	Doutrina	2.2
02	Errado	Doutrina	2.1
03	Errado	Doutrina	2.2.1
04	d	Doutrina	7
05	a	Doutrina	7
06	c	Doutrina	6.1
07	d	Doutrina	7
08	Certo	Doutrina	7
09	Errado	Doutrina	8.1
10	a	Doutrina	6.2
11	Errado	Doutrina	3.3
12	Errado	Doutrina	7
13	Certo	Doutrina	8.2
14	a	Doutrina	3.5
15	c	Doutrina	5
16	a	Doutrina	2.2.1

CAPÍTULO II

PRINCÍPIOS FUNDAMENTAIS, DIREITOS FUNDAMENTAIS E DIREITOS E DEVERES INDIVIDUAIS E COLETIVOS

Depois de abordarmos a Teoria da Constituição no primeiro capítulo, passamos, agora, ao estudo do texto constitucional.

É verdade que grande parte das questões cinge-se à literalidade dos comandos constitucionais, principalmente nas provas da banca FCC. Por outro lado, outras vezes o examinador aprofunda o nível de exigência, notadamente nos certames organizados pelo Cespe.

Assim, nossa missão será organizar e sistematizar o texto constitucional para facilitar o aprendizado e a memorização, mas também trazer contribuições doutrinárias e jurisprudenciais em alguns pontos.

1. PRINCÍPIOS FUNDAMENTAIS

Os princípios fundamentais compõem o Título I, da Constituição Federal, que abrange os artigos 1º a 4º.

Cada um desses quatro artigos introdutórios à CF tem o seu papel, compondo **categorias de valores constitucionais.**

O art. 1º, *caput*, da CF, versa sobre os fundamentos da República Federativa do Brasil.

Já o art. 2º da CF enuncia a separação de Poderes.

Ao seu lugar, o art. 3º arrola os objetivos fundamentais da República Federativa do Brasil.

Por fim, o art. 4º traz os princípios que regem a República Federativa do Brasil em suas relações internacionais.

O grande desafio para as provas de Tribunais e MPU é memorizar esses artigos, sabendo exatamente em qual artigo/categoria cada valor se encaixa.

Sendo assim, abordaremos os artigos/as categorias e passaremos dicas para memorização.

1.1. Fundamentos da República Federativa do Brasil

> Art. 1º da CF: "A República Federativa do Brasil (RFB), formada pela união indissolúvel dos Estados e Municípios e do Distrito Federal, constitui-se em Estado Democrático de Direito e tem como **fundamentos:** I – a soberania; II – a cidadania; III – a dignidade da pessoa humana; IV – os valores sociais do trabalho e da livre iniciativa; V – o pluralismo político".

Para memorizar os fundamentos da RFB, o amigo leitor pode se valer da expressão mnemônica: **SO-CI-DI-VA-PLU.**

▸ FUNDAMENTOS DA REPÚBLICA FEDERATIVA DO BRASIL	
SO:	Soberania
CI:	Cidadania
DI:	Dignidade da pessoa humana
VA:	Valores sociais do trabalho e da livre iniciativa
PLU:	pluralismo político
	SO-CI-DI-VA-PLU

Vale destacar que o parágrafo único do art. 1º da CF enuncia ainda: "Todo o poder emana do povo, que o exerce por meio de seus representantes eleitos ou diretamente, nos termos desta Constituição".

Trata-se do que a doutrina denomina de **princípio democrático**.

1.2. Poderes da União

> Art. 2º da CF: "São **Poderes** da União, independentes e harmônicos entre si, o Legislativo, o Executivo e o Judiciário".

Fundado na ideia de Aristóteles e na fórmula política de Montesquieu, o princípio da separação de poderes enuncia que o poder político do Estado não pode ficar nas mãos de apenas um governante, pois deve haver uma difusão das decisões estatais em prol dos interesses do povo.

Nesse ponto, merece destaque a lição de Uadi Lammêgo Bulos: "Veja-se que, em rigor, o poder político é uno e indecomponível. Por isso, quando falamos em separação de Poderes estamos nos reportando a uma separação de funções estatais, conferidas a órgãos especializados para cada atribuição".[1]

> ► **ATENÇÃO PARA A PEGADINHA!**
> O Ministério Público é uma função essencial à justiça (art. 127 da CF), não um Poder.

1.3. Objetivos fundamentais da República Federativa do Brasil

> Art. 3º da CF: "Constituem **objetivos fundamentais** da República Federativa do Brasil (RFB): I - construir uma sociedade livre, justa e solidária; II - garantir o desenvolvimento nacional; III - erradicar a pobreza e a marginalização e reduzir as desigualdades sociais e regionais; IV - promover o bem de todos, sem preconceitos de origem, raça, sexo, cor, idade e quaisquer outras formas de discriminação".

Para auxílio na tarefa de memorização dos objetivos da RFB, trazemos mais uma expressão mnemônica: **CO-GA-ERRA-PRO.**

► OBJETIVOS DA REPÚBLICA FEDERATIVA DO BRASIL	
CO:	Construir uma sociedade livre, justa e solidária
GA:	Garantir o desenvolvimento nacional
ERRA:	Erradicar a pobreza e a marginalização e reduzir as desigualdades sociais e regionais
PRO:	Promover o bem de todos, sem preconceitos de origem, raça, sexo, cor, idade e quaisquer outras formas de discriminação
CO-GA-ERRA-PRO	

1.4. Princípios que regem a República Federativa do Brasil em suas relações internacionais

> Art. 4º da CF: "A República Federativa do Brasil (RFB) rege-se, nas suas **relações internacionais**, pelos seguintes princípios: I - independência nacional; II - prevalência dos direitos humanos; III - autodeterminação dos povos; IV - não intervenção; V - igualdade entre os Estados; VI - defesa da paz; VII - solução pacífica dos conflitos; VIII - repúdio ao terrorismo e ao racismo; IX - cooperação entre os povos para o progresso da humanidade; X - concessão de asilo político".

Perceba que dentre os princípios fundamentais, os que regem a RFB em suas relações internacionais são os que estão em maior número e, por isso, são de mais difícil memorização.

1. BULLOS, Uadi Lammêgo. *Curso de direito constitucional*. 2. ed. São Paulo: Saraiva, 2008, p. 396.

Sendo assim, a dica é: memorize os artigos 1º, 2º e 3º. Dessa forma você terá condições de acertar os princípios que regem a RFB em suas relações internacionais quase que por eliminação.

Entretanto, é importante que você esteja ao menos familiarizado com as expressões, para não cair nos famosos jogos de palavras e expressões que o examinador costuma fazer. Por exemplo: ao invés de colocar que a RFB rege-se em suas relações internacionais pelo princípio da **não intervenção**, o examinador pode apontar o princípio da **intervenção**, induzindo-o a assinalar uma alternativa errada. Portanto, fique ligado!

Para a memorização, podemos utilizar duas expressões mnemônicas: IN-PRE-AUTO-NÃO IGUAL e **DE-SO-RE-CO-CO**.

▸ PRINCÍPIOS QUE REGEM A REPÚBLICA FEDERATIVA DO BRASIL EM SUAS RELAÇÕES INTERNACIONAIS	
IN	I - Independência nacional
PRE	II - Prevalência dos direitos humanos
AUTO	III - Autodeterminação dos povos
NÃO	IV - Não intervenção
IGUAL	V - Igualdade entre os Estados
DE	VI - Defesa da paz
SO	VII - Solução pacífica dos conflitos
RE	VIII - Repúdio ao terrorismo e ao racismo
CO	IX - Cooperação entre os povos para o progresso da humanidade
CO	X - Concessão de asilo político
IN-PRE-AUTO-NÃO-IGUAL	**DE-SO-RE-CO-CO**

Destacamos, ainda, o art. 4º, parágrafo único, da CF: "A República Federativa do Brasil (RFB) buscará a integração econômica, política, social e cultural dos povos da América Latina, visando à formação de uma comunidade latino-americana de nações".

▸ **ATENÇÃO PARA A PEGADINHA!**

O examinador costuma modificar o texto desse dispositivo e afirmar que os povos são da América (suprimindo o "Latina"), ou dizer que a formação será de um bloco econômico de nações (em vez de comunidade latino-americana de nações). Não caia nessas pegadinhas clássicas. Vamos em frente!

2. DIREITOS FUNDAMENTAIS

Os direitos e garantias fundamentais estão formalmente alocados nos **artigos 5º a 17**, que compõem o Título II da Constituição Federal.

Denominam-se direitos fundamentais os **direitos humanos que são positivados nas Constituições.**

Sobre esses direitos, destacamos a seguinte súmula do STJ:

> Súmula 647: São imprescritíveis as ações indenizatórias por danos morais e materiais decorrentes de atos de perseguição política com violação de direitos fundamentais ocorridos durante o regime militar.

2.1. Dimensões ou gerações dos Direitos Fundamentais

A doutrina costuma dividir os direitos humanos e fundamentais em gerações ou dimensões de direitos.

a) **Primeira geração/dimensão de direitos:** é composta pelos direitos civis e políticos, orientados pelo valor liberdade, e que pressupõem uma postura negativa (absenteísta) do Estado.

b) **Segunda geração/dimensão de direitos:** tem como elementos os direitos econômicos, sociais e culturais, fundados no valor da igualdade, garantidos por um comportamento positivo (ativo) do Estado, que os garantem mediante a efetivação de políticas públicas.

c) **Terceira geração/dimensão de direitos:** abarca os direitos difusos e coletivos e é informada pelos valores da solidariedade e da fraternidade.

Nesses termos, pode-se afirmar que os **direitos civis e políticos** (de primeira geração ou dimensão, caracterizados pelo valor liberdade) juntamente com os **direitos econômicos, sociais e culturais** (de segunda geração ou dimensão, caracterizados pelo valor igualdade) e também com os **direitos difusos e coletivos** (de terceira geração ou dimensão, caracterizados pelo valor solidariedade ou fraternidade), formam um conjunto indivisível de direitos fundamentais, entre os quais não há nenhuma relação hierárquica.

2.2. Características dos Direitos Fundamentais e vedação ao retrocesso

Os direitos humanos e fundamentais são caracterizados pela **indivisibilidade** (devem ser garantidos em conjunto), **irrenunciabilidade** (ninguém pode abrir mão deles, apesar de ser possível não exercê-los), **incaducabilidade** (não prescrevem ou decaem) e **essencialidade** (são imprescindíveis à manutenção da condição humana), que decorrem da exigência de atendimento do princípio da dignidade da pessoa humana (art. 1º, III, da CF).

Atualmente também se tem afirmado que os direitos humanos e fundamentais se submetem ao **Princípio da Vedação ao Retrocesso**. Também chamado de ***"efeito cliquet"***[2], esse princípio preceitua que, uma vez garantido em um ordenamento

2. Trata-se de uma metáfora baseada no uso do verbete francês *cliquet* por praticantes de alpinismo. A expressão designa situações fáticas de um percurso técnico em que somente é possível avançar, subir.

jurídico, notadamente no texto constitucional, um direito humano (que se torna fundamental pela positivação na Constituição) não pode mais deixar de existir naquela sociedade ou Estado. Tal princípio está implícito nos ordenamentos jurídicos de todos os Países que reconhecem a importância e a validade do direito internacional dos direitos humanos.

2.3. Aplicação e eficácia dos Direitos Fundamentais

Voltando a atenção ao texto constitucional, vale destacar o art. 5º, § 1º, da CF: "As normas definidoras dos direitos e garantias fundamentais têm **aplicação imediata**". (grifos nossos)

Além disso, o art. 5º, § 2º, da CF estabelece que: "os direitos e garantias expressos nesta Constituição **não excluem outros** decorrentes do regime e dos princípios por ela adotados, ou dos tratados internacionais em que a República Federativa do Brasil seja parte". (grifos nossos). Essa norma é conhecida como **cláusula de expansividade do catálogo de direitos fundamentais.**

Vale destacar que, em sede doutrinária, há importantes estudos sobre a **eficácia dos direitos fundamentais.**

Tradicionalmente sempre se afirmou a **eficácia vertical** dos direitos fundamentais, assim entendida sua aplicação nas relações entre o Estado e os particulares.

Nos dias de hoje também se vem sustentando a **eficácia horizontal** dos direitos fundamentais. Também chamada de **eficácia privada, externa ou em relação a terceiros,** trata da aplicação dos direitos fundamentais nas relações entre particulares.

O STF já reconheceu a eficácia horizontal em pelo menos três oportunidades: a) Exclusão de cooperado: cooperados não poderiam ter sido excluídos sem que fosse respeitado o devido processo legal (RE 158.215, julgado em 1996 e relatado pelo Ministro Marco Aurélio); **b) Caso Air France:** os franceses não poderiam conceder aumento salarial apenas aos seus funcionários franceses, discriminado os brasileiros que exerciam as mesmas funções (RE 161243-6, julgado em 2006 e relatado pelo Ministro Carlos Velloso); **c) Expulsão de associado:** associado não poderia ter sido expulso da União Brasileira de Compositores sem que lhe fosse garantido a ampla defesa (RE 201819, julgado em 2005 e relatado para acórdão pelo Ministro Gilmar Mendes).

2.4. Posição hierárquico-normativa dos Direitos Fundamentais

Complementando a disciplina geral dos direitos humanos e fundamentais, surge o art. 5º, § 3º, da CF, incluído no texto constitucional pela Emenda Constitucional (EC), de 30 de dezembro de 2004.

Segundo o art. 5º, § 3º, da CF: "os tratados e convenções internacionais sobre direitos humanos que forem aprovados, em cada Casa do Congresso Nacional, em dois turnos, por três quintos dos votos dos respectivos membros, **serão equivalentes às emendas constitucionais**".

Nesse sentido, os tratados e convenções internacionais sobre direitos humanos que se submeterem a esse processo de incorporação terão força de norma constitucional. Esse novo trâmite já foi concretamente aplicado para a incorporação ao ordenamento jurídico brasileiro da Convenção Internacional sobre os Direitos das Pessoas com Deficiência, aprovada pelo Congresso Nacional em 2008 e promulgada pelo Presidente da República em 2009 que goza, pois, de status constitucional. Foi também aplicado para a Convenção Interamericana contra o Racismo, a Discriminação Racial e Formas Correlatas de Intolerância, com o Decreto 10.932/22.

O grande problema é que, antes da inclusão do § 3º ao art. 5º da CF, o Brasil já havia incorporado inúmeros tratados de direitos humanos, a exemplo da Convenção Americana sobre Direitos Humanos (também conhecida como Pacto de San José da Costa Rica), cuja aprovação no Brasil se realizou em 1992. Assim, restou a dúvida: qual seria o status normativo dos tratados aprovados antes da EC 45/2004 e, portanto, sem a observância do novo procedimento de incorporação?

O Supremo Tribunal Federal (STF) acabou decidindo que **os tratados internacionais sobre direitos humanos incorporados sem a observância da nova regra do art. 5º, § 3º, da CF gozam de *status* supralegal**[3], gerando a formação de uma "nova" pirâmide normativa, pois difere um pouco da noção clássica de Hans Kelsen (vide primeiro capítulo deste livro).

"NOVA" PIRÂMIDE NORMATIVA
(baseada no posicionamento do STF)

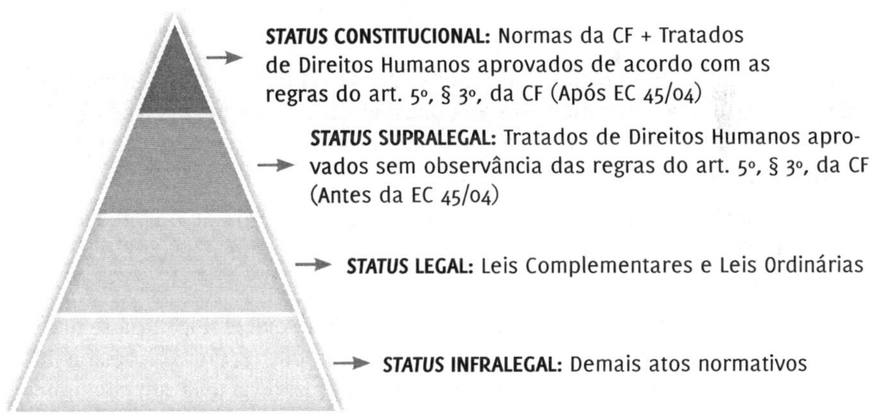

3. A esse respeito vale destacar julgado do STF, "Sem prejuízo da supremacia da Constituição sobre os tratados e convenções internacionais, a norma convencional internacional em vigor e aplicável no Brasil e que disponha acerca de direitos humanos, não tendo sido objeto de processo legislativo que a equiparasse a emenda constitucional (art. 5º, § 3º, da CF, nos termos da EC 45/04), tem força jurídico-normativa suficiente para restringir a eficácia e indiretamente obstar a aplicabilidade da norma constitucional paradigma, gozando de status supralegal. (RE 466.343, julgado em 2008 e relatado pelo Ministro Cezar Peluso).

Apesar de não estar alocado no título relativo aos direitos fundamentais, vale destacar o conteúdo do art. 109, § 5º, da CF: "Nas hipóteses de **grave violação de direitos humanos**, o Procurador Geral da República, com a finalidade de assegurar o cumprimento de obrigações decorrentes de tratados internacionais de direitos humanos dos quais o Brasil seja parte, poderá suscitar, perante o **Superior Tribunal de Justiça**, em qualquer fase do inquérito ou processo, incidente de deslocamento de competência para a Justiça Federal". *(grifos nossos)*

3. TRIBUNAL PENAL INTERNACIONAL – TPI

O art. 7º do ADCT prevê: "O Brasil propugnará pela formação de um tribunal internacional dos direitos humanos".

Tal dispositivo gerou eficácia com a incorporação ao direito brasileiro do Tratado de Roma, o que se aperfeiçoou pelo Decreto nº 4.388/02, responsável pela criação do Tribunal Penal Internacional.

A incorporação desse tratado motivou até mesmo a inclusão do § 4º ao art. 5º da CF, por força da EC 45/04, que pronuncia: "O Brasil se submete à jurisdição de Tribunal Penal Internacional a cuja criação tenha manifestado adesão".

4. DIREITOS E DEVERES INDIVIDUAIS E COLETIVOS

Os direitos e deveres individuais e coletivos estão concentrados no **art. 5º da CF**, compondo um capítulo próprio do título da Constituição Federal que versa sobre os direitos e garantias fundamentais.

O *caput* do art. 5º da CF enuncia: "Todos são iguais perante a lei, sem distinção de qualquer natureza, garantindo-se **aos brasileiros e aos estrangeiros residentes no País** a inviolabilidade do direito à vida, à liberdade, à igualdade, à segurança e à propriedade, nos termos seguintes: [...]".

Segundo posição doutrinária pacífica, o *caput* do art. 5º da CF reconhece a igualdade formal (tratar a todos da mesma forma, independente de qualquer situação de desigualdade de fato).

Entretanto, **implícita ao texto constitucional também existe a igualdade material**, que significa conferir tratamento desigual a pessoas que estão em desigualdade, com o objetivo de garantir a igualdade. A igualdade material leva em consideração os sujeitos e valores envolvidos e busca equilibrar as relações de fato.

Apesar de o *caput* do art. 5º garantir os direitos e deveres individuais e coletivos apenas a brasileiros e estrangeiros residentes no Brasil, a doutrina e o STF os estendem também para **estrangeiros em trânsito no território nacional**, a exemplo dos turistas. (HC 94.016, julgado em 2008 e relatado pelo Ministro Celso de Mello).

Ademais, segundo entendimento pacífico do Supremo Tribunal Federal, **as pessoas jurídicas também são titulares de direitos fundamentais** (AC 2.032-QO/SP, relatada pelo Ministro Celso de Mello e julgada em 2008).

Além do *caput*, o art. 5º da CF é composto por setenta e oito incisos. Sendo assim, entendemos que a melhor forma de estudá-lo é seguindo a ordem disposta no próprio texto constitucional, dando destaque adequado a ele e tecendo, na sequência, os comentários pertinentes.

Por acreditarmos ser o mais didático, pularemos os incisos LXVIII a LXXIII do art. 5º da CF. Isso porque esses dispositivos versam sobre as ações constitucionais, que têm disciplina particular e que, por essa razão, serão abordadas em tópico próprio no fim deste capítulo.

- **Igualdade de gêneros**

Art. 5º, I, da CF: "**homens e mulheres são iguais** em direitos e obrigações, nos termos desta Constituição;"

Trata-se do dispositivo que garante a igualdade de gêneros. Esse direito também é reforçado pelo art. 226, § 5º, da CF: "Os direitos e deveres referentes à sociedade conjugal são exercidos igualmente pelo homem e pela mulher".

Em 2014 o STF fez expressa referência ao art. 5º, I, da CF, ao firmar que o Estado deve intervir nas situações de violência doméstica, principalmente naquelas ligadas à Lei Maria da Penha (Lei 11.340/2006).[4]

Vale observar, contudo, que o STF entende que é inconstitucional a tese de legítima defesa da honra em casos de feminicídio ou violência contra a mulher, pois é contrária à dignidade da pessoa humana e à igualdade de gênero (STF. Plenário. ADPF 779 MC-Ref/DF, Rel. Min. Dias Toffoli, julgado em 13/3/2021 - Info 1009).

---

4. "No tocante à violência doméstica, há de considerar-se a necessidade da intervenção estatal. (...) No caso presente, não bastasse a situação de notória desigualdade considerada a mulher, aspecto suficiente a legitimar o necessário tratamento normativo desigual, tem-se como base para assim se proceder a dignidade da pessoa humana - art. 1º, III -, o direito fundamental de igualdade - art. 5º, I - e a previsão pedagógica segundo a qual a lei punirá qualquer discriminação atentatória dos direitos e liberdades fundamentais - art. 5º, XLI. A legislação ordinária protetiva está em fina sintonia com a Convenção sobre a Eliminação de Todas as Formas de Violência contra a Mulher, no que revela a exigência de os Estados adotarem medidas especiais destinadas a acelerar o processo de construção de um ambiente onde haja real igualdade entre os gêneros. Há também de se ressaltar a harmonia dos preceitos com a Convenção Interamericana para Prevenir, Punir e Erradicar a Violência contra a Mulher - a Convenção de Belém do Pará -, no que mostra ser a violência contra a mulher uma ofensa aos direitos humanos e a consequência de relações de poder historicamente desiguais entre os sexos. (...) Procede às inteiras o pedido formulado pelo procurador-geral da República, buscando-se o empréstimo de concretude maior à CF. Deve-se dar interpretação conforme à Carta da República aos arts. 12, I, 16 e 41 da Lei 11.340/2006 - Lei Maria da Penha - no sentido de não se aplicar a Lei 9.099/1995 aos crimes glosados pela lei ora discutida, assentando-se que, em se tratando de lesões corporais, mesmo que consideradas de natureza leve, praticadas contra a mulher em âmbito doméstico, atua-se mediante ação penal pública incondicionada. (...) Representa a Lei Maria da Penha elevada expressão da busca das mulheres brasileiras por igual consideração e respeito. Protege a dignidade da mulher, nos múltiplos aspectos, não somente como um atributo inato, mas como fruto da construção realmente livre da própria personalidade. Contribui com passos largos no contínuo caminhar destinado a assegurar condições mínimas para o amplo desenvolvimento da identidade do gênero feminino." (ADI 4.424, voto do rel. min. Marco Aurélio, julgamento em 9-2-2012, Plenário, DJE de 1º-8-2014.)

- **Legalidade**

Art. 5º, II, da CF: "ninguém será obrigado a fazer ou deixar de fazer alguma coisa senão em virtude de lei;"

Este princípio é uma das bases do ordenamento jurídico brasileiro, que privilegia a lei como fonte primaz do direito. Pela simplicidade da redação, não costuma ser muito explorado em provas para Tribunais e MPU.

- **Vedação à tortura e a tratamento desumano ou degradante**

Art. 5º, III, da CF: "ninguém será submetido a tortura nem a tratamento desumano ou degradante;"

Trata-se de uma garantia que decorre da **dignidade da pessoa humana**, fundamento da República Federativa do Brasil, nos termos do art. 1º, III, da CF.

Liga-se a esse direito a Súmula Vinculante 11: "Só é lícito o **uso de algemas** em casos de resistência e de fundado receio de fuga ou de perigo à integridade física própria ou alheia, por parte do preso ou de terceiros, justificada a excepcionalidade por escrito, sob pena de responsabilidade disciplinar, civil e penal do agente ou da autoridade e de nulidade da prisão ou do ato processual a que se refere, sem prejuízo da responsabilidade civil do Estado."

- **Liberdade de manifestação do pensamento**

Art. 5º, IV, da CF: "é livre a manifestação do pensamento, sendo **vedado** o anonimato;"

▸ **ATENÇÃO PARA A PEGADINHA!**

Os examinadores costumam induzir o candidato a erro dizendo que é permitido o anonimato, o que contraria de forma expressa o art. 5º, IV, da CF.

- **Direito à resposta e à indenização diante de dano**

Art. 5º, V, da CF: "é assegurado o direito de resposta, proporcional ao agravo, **além da** indenização por dano material, moral ou à imagem;"

▸ **ATENÇÃO PARA A PEGADINHA!**

Inciso muito explorado em provas, normalmente o examinador afirma que "é assegurado o direito de resposta, proporcional ao agravo **ou** eventual indenização por dano material, moral ou à imagem". Não erre. O direito de resposta **não exclui** eventual indenização por dano material, moral ou à imagem.

- **Liberdade de consciência e de crença**

> Art. 5º, VI, da CF: "é inviolável a liberdade de consciência e de crença, sendo assegurado o livre exercício dos cultos religiosos e garantida, na forma da lei, a proteção aos locais de culto e a suas liturgias;"

A liberdade de consciência e de crença apresenta-se como ilustração da laicidade do Estado, ou seja, deixa claro que a RFB não tem uma crença oficial.

A **liberdade de consciência** é um direito de foro íntimo do ser humano que abrange tudo aquilo que ele entende como certo, real e verdadeiro. Por sua vez, a **liberdade de crença** se dá no âmbito da espiritualidade, traduzindo-se no direito de acreditar ou não em algo e, por conseguinte, de profetizar (ou não) qualquer religião.[5] Finalmente, **a liberdade de culto (livre exercício dos cultos religiosos)** protege qualquer manifestação religiosa, englobando, inclusive, os locais de culto (profetização da fé) e suas liturgias (rituais).

Nesse contexto, o STF decidiu, no **RE 494601**, ser constitucional lei de proteção animal que, a fim de resguardar a **liberdade religiosa**, permite o sacrifício ritual de animais em cultos de religiões de matriz africana. No entendimento do Supremo, o sacrifício de animais é essencial aos rituais de religiões de matriz africana, bem como seria irracional proibir o sacrifício, quando a população consome diariamente carne de animais. Por fim, segundo essas religiões, não se admite nenhum tipo de crueldade com o animal e são empregados procedimentos e técnicas para que sua morte seja rápida e indolor.

- **Assistência religiosa**

> Art. 5º, VII, da CF: "é assegurada, nos termos da lei, a prestação de assistência religiosa nas entidades **civis e militares** de internação coletiva;"

Em razão do fato de a RFB adotar a liberdade de crença, também é assegurada a assistência religiosa nas entidades civis e militares de internação coletivas.

> ► ATENÇÃO!
> Não há que se falar em direito a assistência religiosa em entidades **privadas ou particulares** de internação coletiva.

- **Escusa ou objeção de consciência**

> Art. 5º, VIII, da CF: "ninguém será privado de direitos por motivo de crença religiosa **ou de convicção filosófica ou política**, salvo se as invocar para eximir-se de obrigação legal a todos imposta e recusar-se a cumprir prestação alternativa, fixada em lei;"

5. BULOS, Uadi Lammêgo. *Op. Cit.* p. 576.

▶ ATENÇÃO PARA AS PEGADINHAS!

Existem dois pontos nesse dispositivo que são muito explorados em prova. Não é apenas a crença religiosa que não pode privar as pessoas de direitos. **A convicção filosófica ou política também é protegida.**

Ademais, para facilitar a compreensão, explicaremos o dispositivo de outra forma. Se as pessoas invocarem crença religiosa ou convicção filosófica ou política para eximirem-se de obrigação legal a todos imposta, deverão cumprir prestação alternativa fixada em lei. **Apenas diante da negativa de cumprimento da prestação alternativa é que restará a consequência da privação de direitos.**

Complementando e exemplificando a aplicação do dispositivo constitucional que assegura a escusa de consciência, temos a **Lei Federal nº 8.239/91**, segundo a qual será atribuído serviço alternativo ao serviço militar obrigatório aos que, em tempo de paz, após alistados, alegarem imperativo de consciência decorrente de crença religiosa ou de convicção filosófica ou política, para se eximirem de atividades de caráter essencialmente militar.

- **Liberdade de expressão**

Art. 5º, IX, da CF: "é livre a expressão da atividade intelectual, artística, científica e de comunicação, **independentemente de censura ou licença;**"

A liberdade de expressão é um dos valores mais caros do texto constitucional brasileiro, o que se justifica levando-se em consideração que a Constituição Federal de 1988 sucedeu a um período de vinte e um anos de ditadura militar, situação em que a liberdade de expressão esteve claramente limitada.

O STF afirma: "A liberdade de expressão constitui-se em direito fundamental do cidadão, envolvendo o **pensamento, a exposição de fatos atuais ou históricos e a crítica**". (HC 83.125, julgado em 2003 e relatado pelo Ministro Marco Aurélio).

Vale ainda anotar que o **Plenário do STF**, no julgamento da ADPF 130, declarou como **não recepcionado pela Constituição de 1988 todo o conjunto de dispositivos da Lei de Imprensa** (Lei 5.250/1967), e, no julgamento do RE 511.961, declarou como **não recepcionado pela Constituição de 1988 o art. 4º, V, do DL 972/1969, que exigia diploma de curso superior para o exercício da profissão de jornalista.**

- **Direito à privacidade: intimidade, vida privada, honra e imagem**

Art. 5º, X, da CF: "são invioláveis a intimidade, a vida privada, a honra e a imagem das pessoas, assegurado o direito a indenização pelo dano material ou moral decorrente de sua violação;"

Como sustenta Dirley da Cunha Júnior, o inciso consagra o direito à privacidade, "tomada essa em sentido amplo para abranger todas as manifestações da esfera íntima, privada e da personalidade das pessoas. Assim, a novel ordem constitucional oferece, expressamente, guarida ao direito à privacidade, que consiste fundamentalmente na faculdade que tem cada indivíduo de obstar a intromissão de estranhos na sua vida particular e familiar. [...] Nesse sentido, a privacidade corresponde ao direito de ser deixado em paz, ao direito de estar só (*right to be alone*)".[6]

Em outros termos, pode-se afirmar que esse inciso protege os direitos da personalidade, "que são aqueles que têm por objeto os atributos físicos, psíquicos e morais da pessoa em si e em suas projeções sociais".[7]

> ▸ ATENÇÃO!
>
> Conforme lição de Uadi Lammêgo Bulos[8], "esse dispositivo é para proteger a **pessoa física**, porque a pessoa jurídica já encontrou o seu amparo constitucional no inciso V deste artigo 5º".

- **Inviolabilidade do domicílio**

Art. 5º, XI, da CF: "a casa é asilo inviolável do indivíduo, ninguém nela podendo penetrar sem consentimento do morador, salvo em caso de flagrante delito ou desastre, ou para prestar socorro, ou, durante o dia, por determinação judicial;"

Como esse dispositivo é muito explorado nos concursos para Tribunais e MPU, preparamos o seguinte quadro:

▸ INVIOLABILIDADE DO DOMICÍLIO

Regra	Exceções: hipóteses em que se pode penetrar em casa mesmo sem o consentimento do morador
A **casa** (englobando escritórios, motéis, hotéis e estabelecimentos congêneres, barcos, barracas de acampamento, dentre outros compartimentos habitados, compartimentos não abertos ao público onde alguém exerce profissão ou atividades pessoais) **é asilo inviolável do indivíduo e nela ninguém pode penetrar sem consentimento do morador.**	a) **a qualquer horário**: em caso de flagrante delito ou desastre, ou para prestar socorro.
	b) **somente durante o dia**: por determinação judicial.

De acordo com a posição do STF no HC 93.050, julgado em 2008 e relatado pelo Ministro Celso de Mello, para os fins da proteção jurídica a que se refere o art. 5º, XI, da CF, **"o conceito normativo de 'casa' revela-se abrangente** e, por estender-se a qualquer compartimento privado não aberto ao público, onde alguém

6. CUNHA JÚNIOR, Dirley da. *Op. Cit.*, p. 720.
7. GAGLIANO, Pablo Stolze; PAMPLONA FILHO, Rodolfo. *Novo curso de direito civil. Parte geral.* 12. ed. São Paulo: Saraiva, 2010, p. 182.
8. BULOS, Uadi Lammêgo. Op. Cit.

exerce profissão ou atividade (CP, art. 150, § 4º, III), **compreende**, observada essa específica limitação espacial (área interna não acessível ao público), **os escritórios profissionais, inclusive os de contabilidade**. Sem que ocorra qualquer das situações excepcionais taxativamente previstas no texto constitucional (art. 5º, XI), nenhum agente público, ainda que vinculado à administração tributária do Estado, poderá, contra a vontade de quem de direito (*invito domino*), ingressar, durante o dia, sem mandado judicial, em espaço privado não aberto ao público, onde alguém exerce sua atividade profissional, sob pena de a prova resultante da diligência de busca e apreensão assim executada reputar-se inadmissível, porque impregnada de ilicitude material. O atributo da autoexecutoriedade dos atos administrativos, que traduz expressão concretizadora do *privilège du preálable*, não prevalece sobre a garantia constitucional da inviolabilidade domiciliar, ainda que se cuide de atividade exercida pelo Poder Público em sede de fiscalização tributária".

Em outro julgado, o STF apreciou a questão de forma ainda mais específica: "O sigilo profissional constitucionalmente determinado não exclui a possibilidade de cumprimento de mandado de busca e apreensão em escritório de advocacia. **O local de trabalho do advogado, desde que este seja investigado, pode ser alvo de busca e apreensão, observando-se os limites impostos pela autoridade judicial. Tratando-se de local onde existem documentos que dizem respeito a outros sujeitos não investigados, é indispensável a especificação do âmbito de abrangência da medida, que não poderá ser executada sobre a esfera de direitos de não investigados.** Equívoco quanto à indicação do escritório profissional do paciente, como seu endereço residencial, deve ser prontamente comunicado ao magistrado para adequação da ordem em relação às cautelas necessárias, sob pena de tornar nulas as provas oriundas da medida e todas as outras exclusivamente delas decorrentes. Ordem concedida para declarar a nulidade das provas oriundas da busca e apreensão no escritório de advocacia do paciente, devendo o material colhido ser desentranhado dos autos do Inq 544 em curso no STJ e devolvido ao paciente, sem que tais provas, bem assim quaisquer das informações oriundas da execução da medida, possam ser usadas em relação ao paciente ou a qualquer outro investigado, nesta ou em outra investigação." (HC 91.610, Rel. Min. Gilmar Mendes, julgamento em 8-6-2010, Segunda Turma, DJE de 22-10-2010.)

Curiosamente e em clara afronta ao texto constitucional, **o STF já admitiu a possibilidade de se instalar escuta ambiental, durante a noite, sem o consentimento do "morador", em escritório de advocacia utilizado como reduto para a prática de crimes**: "Escuta ambiental e exploração de local. Captação de sinais óticos e acústicos. Escritório de advocacia. Ingresso da autoridade policial, no período noturno, para instalação de equipamento. Medidas autorizadas por decisão judicial. Invasão de domicílio. Não caracterização. (...) Inteligência do art. 5º, X e XI, da CF; art. 150, § 4º, III, do CP; e art. 7º, II, da Lei 8.906/1994. (...) Não opera a inviolabilidade do escritório de advocacia, quando o próprio advogado seja suspeito da prática de crime, sobretudo concebido e consumado no âmbito desse local de trabalho, sob pretexto de exercício da profissão". (Inq 2.424, julgado em 2008 e relatado pelo Ministro Cezar Peluso).

> ▶ ATENÇÃO!
>
> A exemplo do STF, **o CESPE também associa a amplitude da proteção constitucional à casa com o direito penal.** Isso porque, ele já se valeu da definição de casa prevista no art. 150, § 4º, do Código Penal, para dizer que a inviolabilidade do domicílio abrange qualquer compartimento habitado, compartimento não aberto ao público onde alguém exerce profissão ou atividades pessoais, e aposento de habitação coletiva, podendo ser um trailer ou um barco.

Ante o exposto, resta claro que o conceito normativo de casa é abrangente, e qualquer compartimento privado onde alguém exerce profissão ou atividade está protegido pela inviolabilidade do domicílio.

> ▶ ATENÇÃO!
>
> A FCC já elaborou questões englobando o conceito abrangente de casa, para, por Exemplo, considerar aplicável a proteção constitucional a situação em que um sujeito residia em um barco. Assim, para futuras provas dessa banca, fique atento para todos os ambientes que podem ser considerados como "casas" para fins de proteção constitucional (vide tabela acima, logo após o inciso XI, do art. 5º da CF).

- **Inviolabilidade do sigilo da correspondência e das comunicações**

Art. 5º, XII, da CF: "é inviolável o sigilo da correspondência e das comunicações telegráficas, de dados e das comunicações telefônicas, salvo, no último caso, por ordem judicial, nas hipóteses e na forma que a lei estabelecer para fins de investigação criminal ou instrução processual penal;"

> ▶ ATENÇÃO PARA A PEGADINHA!
>
> **Apenas a inviolabilidade das comunicações telefônicas** cede diante de ordem judicial nas hipóteses e na forma que a lei estabelecer, e apenas para fins de **investigação criminal ou instrução processual penal,** não para investigação ou instrução processual civil.

O **STF** já firmou posicionamento no sentido de que **a interceptação telefônica** (gravações de conversas presentes e futuras) **se submete à reserva de jurisdição, sem exceção.** Isso significa que ela somente pode ser determinada por uma autoridade judicial com poder jurisdicional, ou seja, um juiz.

Vale ressaltar que, **se a gravação for feita por um dos interlocutores, desconfigura-se a interceptação telefônica,** restando mera gravação ambiental (RE 453.562-AgR, julgado em 2008 e relatado pelo Ministro Joaquim Barbosa).

Importante destacar que a **interceptação** (gravações de conversas presentes e futuras) **não se confunde com a quebra de sigilo** (acesso a dados passados). Tal distinção é relevante, pois as CPIs (órgãos que não são investidos de poderes jurisdicionais) até podem determinar a quebra de sigilo de dados telefônicos (registro de chamadas recebidas e efetuadas), mas não a interceptação telefônica. Segundo o STF, "**O princípio constitucional da reserva de jurisdição - que incide sobre as hipóteses de busca domiciliar (CF, art. 5º, XI), de interceptação telefônica (CF, art. 5º, XII) e de decretação da prisão, ressalvada a situação de flagrância penal (CF, art. 5º, LXI) - não se estende ao tema da quebra de sigilo, pois, em tal matéria, e por efeito de expressa autorização dada pela própria CR (CF, art. 58, § 3º)**, assiste competência à CPI, para decretar, sempre em ato necessariamente motivado, a excepcional ruptura dessa esfera de privacidade das pessoas." (MS 23.652, julgado no ano 2000 e relatado pelo Ministro Celso de Mello).

Nessa linha, o Supremo também entende que **a análise dos registros telefônicos** e da agenda de contatos **em aparelhos celulares apreendidos após a efetuação de prisão em flagrante** se configura como quebra de sigilo de registros/dados telefônicos e **é constitucional**. Assim restou decidido no HC 91.867, julgado em 2012 e relato pelo Ministro Gilmar Mendes: "Não se confundem comunicação telefônica e registros telefônicos, que recebem, inclusive, proteção jurídica distinta. Não se pode interpretar a cláusula do artigo 5º, XII, da CF, no sentido de proteção aos dados enquanto registro, depósito registral. A proteção constitucional é da comunicação de dados e não dos dados".

Ainda de acordo com essa vertente, o STJ, no bojo do RHC 51.131/RO, firmou posicionamento no sentido de que as **conversas do aplicativo "WhatsApp"** (assim como por SMS, e-mail ou quaisquer outras formas de se trocar mensagens de texto) são **comunicação telefônica**, que somente podem ser quebradas/acessadas mediante **autorização judicial**, consoante proteção constitucional inscrita no art. 5º, XII, da CF.

Por fim, destaca-se que, apesar de não estarem expressos no texto constitucional, os **sigilos bancário e fiscal estão incluídos na proteção ao sigilo de dados.**

- **Liberdade de trabalho, ofício ou profissão**

> Art. 5º, XIII, da CF: "é livre o exercício de qualquer trabalho, ofício ou profissão, atendidas as **qualificações profissionais que a lei estabelecer;**"

Esse inciso é o exemplo clássico de norma constitucional de eficácia contida[9], ou seja, aquela que tem aplicabilidade direta, imediata, mas não integral, pois **admite (mas não exige) que seu conteúdo seja restringido por norma infraconstitucional.**

Por exemplo: a função de advogado somente pode ser exercida atendida a qualificação profissional de ser bacharel em direito, aprovado no Exame da Ordem dos

9. STF. "O art. 5º, XIII, da CR é norma de aplicação imediata e eficácia contida que pode ser restringida pela legislação infraconstitucional. Inexistindo lei regulamentando o exercício da atividade profissional dos substituídos, é livre o seu exercício." (MI 6.113-AgR, rel. min. Cármen Lúcia, julgamento em 22-5-2014, Plenário, DJE de 13-6-2014.)

Advogados do Brasil (art. 8º, IV, da Lei 8.906/94) e essa é a **qualificação profissional que a lei estabelece.**[10]

Em sentido oposto, se não houver restrição legal, é absolutamente livre o exercício de qualquer trabalho, ofício ou profissão. Este é o entendimento do STF: "Nem todos os ofícios ou profissões podem ser condicionadas ao cumprimento de condições legais para o seu exercício. A regra é a liberdade. Apenas quando houver potencial lesivo na atividade é que pode ser exigida inscrição em conselho de fiscalização profissional. A atividade de músico prescinde de controle. Constitui, ademais, manifestação artística protegida pela garantia da liberdade de expressão". (RE 414.426, julgado em 2011 e relatado pela Ministra Ellen Gracie.)

- **Liberdade de informação e sigilo da fonte**

Art. 5º, XIV, da CF: "é assegurado a todos o acesso à informação e **resguardado o sigilo da fonte, quando necessário ao exercício profissional;"**

▶ ATENÇÃO PARA A PEGADINHA!

Por vezes o examinador diz que "o sigilo da fonte sempre deve ser resguardado. Não erre. O sigilo da fonte somente deve ser resguardado quando necessário ao exercício **profissional.**

O sigilo da fonte é um dos elementos mais caros à Constituição Federal, pois protege o profissional de imprensa, responsável pela divulgação das informações.

Nas palavras de Uadi Lammêgo Bulos: "Quem protege o titular do segredo é o próprio direito de intimidade, pois o profissional está impedido, inclusive pela ética que norteia a sua respectiva atividade, de pronunciar-se, mantendo sigilo das confidências do seu entrevistado, cliente, paciente ou consulente. Liberar o segredo confidenciado acarreta sanções civis e criminais, porque a esfera íntima do indivíduo faz parte do seu direito à privacidade, o qual lhe confere o poder de resguardar a sua *rizervatezza*, na expressão de Adriano de Cupis (*I diritti della personalità*, passim)".[11]

O STF, tomando como pressuposto tal disposição constitucional, entendeu que a ideia de um direito ao esquecimento seria incompatível com a Constituição Federal. Nesse sentido:

> "É incompatível com a Constituição a ideia de um direito ao esquecimento, assim entendido como o poder de obstar, em razão da passagem do tempo, a divulgação de fatos ou dados verídicos e licitamente obtidos e publicados em meios de comunicação social analógicos ou digitais. Eventuais excessos ou abusos no exercício da liberdade de expressão e de informação devem ser analisados caso a caso, a partir

---

10. "Alcança-se a qualificação de bacharel em direito mediante conclusão do curso respectivo e colação de grau. (...) O Exame de Ordem (...) mostra-se consentâneo com a CF, que remete às qualificações previstas em lei." (RE 603.583, julgado em 2011 e relatado pelo ministro Marco Aurélio).
11. BULLOS, Uadi Lammêgo. *Constituição Federal anotada*. 8. ed. São Paulo: Saraiva, 2008, p. 176.

dos parâmetros constitucionais - especialmente os relativos à proteção da honra, da imagem, da privacidade e da personalidade em geral - e das expressas e específicas previsões legais nos âmbitos penal e cível."

[STF RE 1.010.606, rel. min. Dias Toffoli, j. 11-2-2021, P, DJE de 20-5-2021. Tema 786.]

- **Liberdade de locomoção**

Art. 5º, XV, da CF: "é livre a locomoção no território nacional **em tempo de paz**, podendo qualquer pessoa, nos termos da lei, nele entrar, permanecer ou dele sair **com seus bens;**"

▶ ATENÇÃO PARA A PEGADINHA!

O examinador costuma afirmar que é livre a locomoção no território nacional em qualquer tempo. Memorize: é livre a locomoção no território nacional **em tempo de paz** (pois durante estado de defesa ou de sítio pode haver restrição). Outras vezes a banca afirma que a liberdade de sair do território nacional não abarca os bens. Guarde: a livre locomoção engloba o direito de sair do território nacional **com seus bens.**

- **Direito de reunião pacífica**

Art. 5º, XVI, da CF: "todos podem reunir-se pacificamente, sem armas, em locais abertos ao público, independentemente de autorização, desde que não frustrem outra reunião anteriormente convocada para o mesmo local, sendo apenas exigido prévio aviso à autoridade competente;"

▶ ATENÇÃO PARA A PEGADINHA!

É livre o direito de reunião pacífica, não sendo necessária autorização, mas exige-se **prévio aviso** (que não se confunde com pedido de autorização) à autoridade competente, para que não frustre outra reunião anteriormente convocada para o mesmo local.

Em 2011, no julgamento da famosa **Marcha da Maconha**, o STF frisou a importância do direito de reunião: **"A utilização do § 3º do art. 33 da Lei 11.343/2006 como fundamento para a proibição judicial de eventos públicos de defesa da legalização ou da descriminalização do uso de entorpecentes ofende o direito fundamental de reunião, expressamente outorgado pelo inciso XVI do art. 5º da Carta Magna**. Regular exercício das liberdades constitucionais de manifestação de pensamento e expressão, em sentido lato, além do direito de acesso à informação (...). Nenhuma lei, seja ela civil ou penal, pode blindar-se contra a discussão do seu próprio conteúdo. Nem mesmo a Constituição está a salvo da ampla, livre e aberta discussão dos seus defeitos e das suas virtudes, desde que sejam obedecidas as condicionantes ao direito constitucional de reunião, tal como a prévia comunicação às autoridades competentes. Impossibilidade de restrição ao direito fundamental de reunião que não se contenha nas duas situações excepcionais que a própria Constituição prevê: o estado de defesa e o estado de sítio (...). Ação direta julgada procedente para dar ao § 2º do art. 33 da Lei 11.343/2006 'interpretação conforme à Constituição' e dele excluir qualquer significado que enseje a proibição de manifestações e debates públicos acerca da descriminalização ou legalização do uso de drogas ou de qualquer substância que leve o ser humano ao entorpecimento episódico, ou então viciado, das suas faculdades psicofísicas". (ADI 4.274, julgada em 2011 e relatado pelo Ministro Ayres Britto). (grifos nossos)

Ainda, em 2020, manifestou o STF que: "A interpretação, segundo a qual é ilegal a reunião se não precedida de notificação, afronta o direito previsto no art. 5º, XVI, da Constituição Federal (CF). Isso porque **a exigência constitucional de aviso prévio relativamente ao direito de reunião é satisfeita com a veiculação de informação** que permita ao poder público zelar para que seu exercício se dê de forma pacífica ou para que não frustre outra reunião no mesmo local". (Tema 855 da repercussão geral - RE 806339/SE, relator Min. Marco Aurélio, redator do acórdão Min. Edson Fachin, julgamento virtual finalizado em 14.12.2020 - Info 1003)

Sobre o mesmo tema, vide: ADPF 187, julgada em 2011 e relatada pelo Ministro Celso de Mello.

- **Associações**

Art. 5º, XVII, da CF: "é plena a liberdade de associação para fins lícitos, **vedada a de caráter paramilitar**;"

Art. 5º, XVIII, da CF: "a criação de associações e, na forma da lei, a de cooperativas **independem de autorização**, sendo vedada a interferência estatal em seu funcionamento;"

Art. 5º, XIX, da CF: "as associações só poderão ser compulsoriamente dissolvidas ou ter suas atividades suspensas por **decisão judicial**, exigindo-se, no primeiro caso, o trânsito em julgado;"

Art. 5º, XX, da CF: **"ninguém poderá ser compelido** a associar-se ou a permanecer associado;"

Art. 5º, XXI, da CF: "as entidades associativas, **quando expressamente autorizadas**, têm legitimidade para representar seus filiados judicial ou extrajudicialmente;"

Consoante art. 53 do Código Civil, constituem-se as associações pela **união de pessoas que se organizam para fins não econômicos**.

Entretanto, conforme destaque da doutrina, **"a associação não está impedida de gerar renda que sirva para a mantença de suas atividades e pagamento do seu**

quadro funcional. Pelo contrário, o que se deve observar é que, em uma associação, os seus membros não pretendem partilhar lucros ou dividendos, como ocorre entre os sócios nas sociedades civis e mercantis. A receita gerada deve ser revertida em benefício da própria associação visando à melhoria de sua atividade. Por isso, **o ato constitutivo da associação (estatuto) não deve impor, entre os próprios associados, *direitos e obrigações recíprocos***, como aconteceria se se tratasse de um contrato social, firmado entre sócios (art. 53, parágrafo único, do CC)" (grifos nossos).[12]

A disciplina referente às associações é tema clássico das provas para Tribunais e MPU. O texto constitucional é praticamente autoexplicativo, de modo que a alta incidência nos concursos se deve ao fato de o texto constitucional conter muitos detalhes. Passemos, então, a destacar os trechos que normalmente são explorados pelos examinadores.

> **▸ ATENÇÃO PARA AS PEGADINHAS!**
>
> A criação de associações e, na forma da lei, a de cooperativas **não depende** de autorização do Poder Público. Somente **decisão judicial** (e não administrativa ou do Poder Público) tem o condão de suspender ou dissolver as atividades das associações. Para a dissolução exige-se **sentença judicial com trânsito em julgado**, mas para suspensão das atividades apenas sentença judicial. As entidades associativas somente têm legitimidade para representar seus filiados judicial e extrajudicialmente **se expressamente autorizadas** (e não independentemente de autorização).

Para organizar ainda mais o estudo e facilitar a memorização, elaboramos a seguinte tabela:

▸ ASSOCIAÇÕES

Objetivo	**Regras/exigências**
1. Criação	Não depende de autorização do Poder Público É vedada a criação de associações de caráter paramilitar
2. Suspensão das atividades	Somente por decisão judicial
3. Dissolução	Somente por decisão judicial com trânsito em julgado
4. Interferência estatal	Vedada
5. Compelir associados	Ninguém poderá ser compelido a associar-se ou a permanecer associado
6. Representação dos associados	As entidades associativas somente têm legitimidade para representar seus filiados judicial ou extrajudicialmente quando expressamente autorizadas[13]

12. GAGLIANO, Pablo Stolze; PAMPLONA FILHO, Rodolfo. *Op. Cit.*, p. 254.

- **Direito de propriedade, função social e desapropriação**

Art. 5º, XXII, da CF: "é garantido o **direito de propriedade;**"

Art. 5º, XXIII, da CF: "a propriedade atenderá a sua **função social;**"

Art. 5º, XXIV, da CF: "a lei estabelecerá o procedimento para **desapropriação por necessidade ou utilidade pública, ou por interesse social, mediante justa e prévia indenização em dinheiro**, ressalvados os casos previstos nesta Constituição;"

O direito de propriedade mereceu atenção especial do texto constitucional, haja vista ter sido disciplinada expressamente em inúmeros incisos do art. 5º da CF.

A primeira informação que deve ser frisada é que, na atual ordem constitucional, o direito de propriedade (art. 5º, XXII, da CF) **não é garantido de modo absoluto** - mesmo porque nenhum direito fundamental o é -, haja vista estar **vinculado ao atendimento da função social** (art. 5º, XXIII, da CF).

Na lição de Dirley da Cunha Júnior: "[...] não é absurdo afirmar-se que a Constituição só garante o direito de propriedade se esta atender a sua função social [...] Assim, o caráter absoluto de propriedade foi relativizado em face da exigência do cumprimento de sua função social".[14]

Prova disso é que o texto constitucional disciplina a desapropriação por necessidade ou utilidade pública, ou por interesse social (art. 5º, XXIV, da CF).

A desapropriação representa uma das mais severas formas de interferência na propriedade privada, pois implica sua perda independentemente da vontade do proprietário. Até por isso o texto constitucional fez menção à **indenização**, que, no caso da **desapropriação por necessidade ou utilidade pública, ou por interesse social**, deve ser **prévia e em dinheiro.**

Contudo, vale ressaltar que **a Constituição** traz outras hipóteses de desapropriação (como a parte final do art. 5º, XXIV, da CF enuncia: "ressalvados os casos previstos nesta Constituição") e cada uma tem disciplina própria quanto à indenização.

---

13. Vale destacar a Jurisprudência do STF quanto ao alcance da expressão "quando expressamente autorizados" constante da cláusula inscrita no mencionado inciso XXI do art. 5º da CF. No bojo do RE 573.232 (rel. p/ o ac. min. Marco Aurélio, julgamento em 14-5-2014, Plenário, Informativo 746, com repercussão geral.), o Supremo Tribunal Federal asseverou que esse requisito específico acarretaria a distinção entre a legitimidade das entidades associativas para promover demandas em favor de seus associados (CF, art. 5º, XXI) e a legitimidade das entidades sindicais (CF, art. 8º, III). O Colegiado reputou não ser possível, na fase de execução do título judicial, alterá-lo para que fossem incluídas pessoas não apontadas como beneficiárias na inicial da ação de conhecimento e que não autorizaram a atuação da associação, como exigido no preceito constitucional em debate. Ademais, a simples previsão estatutária de autorização geral para a associação seria insuficiente para lhe conferir legitimidade. Por essa razão, ela própria tivera a cautela de munir-se de autorizações individuais."
14. CUNHA JÚNIOR, Dirley da. *Op. Cit.*, p. 732.

O art. 182, § 4º, III, prevê a desapropriação **de área urbana não edificada, subutilizada ou não utilizada** com pagamento de indenização **em títulos da dívida pública** de emissão previamente aprovado pelo Senado Federal, com prazo de resgate de até dez anos, em parcelas anuais, iguais e sucessivas, assegurado o valor real de indenização e os juros legais.

Por sua vez, o art. 184, *caput*, traz **a desapropriação por interesse social, para fins de reforma agrária, de "imóvel rural que não esteja cumprindo a sua função social, mediante prévia e justa indenização em títulos da dívida agrária,** com cláusula de preservação do valor real, resgatáveis no prazo de até vinte anos, a partir do segundo ano de sua emissão, e cuja utilização será definida em lei".

Arroladas as diferentes formas de indenização por desapropriação, não é difícil imaginar o quanto o tema é explorado em provas de concursos públicos. Sendo assim, elaboramos um quadro comparativo para facilitar a compreensão.

▶ DESAPROPRIAÇÃO	▶ INDENIZAÇÃO	▶ PREVISÃO
1. Por necessidade ou utilidade pública, ou por interesse social	Prévia e em dinheiro	Art. 5º, XXIV, da CF
2. De área urbana não edificada, subutilizada ou não utilizada	Títulos da dívida pública de emissão previamente aprovado pelo Senado Federal, com prazo de resgate de até 10 anos, em parcelas anuais, iguais e sucessivas, assegurado o valor real de indenização e os juros legais	Art. 182, § 4º, III, da CF
3. Por interesse social, para fins de reforma agrária, de imóvel rural que não esteja cumprindo a sua função social	Prévia e justa indenização em títulos da dívida agrária, com cláusula de preservação do valor real, resgatáveis no prazo de até 20 anos, a partir do segundo ano de sua emissão, e cuja utilização será definida em lei	Art. 184, *caput*, da CF

> ▶ ATENÇÃO!
>
> Nos termos do art. 243 da CF, as propriedades rurais e urbanas de qualquer região do País onde forem localizadas **culturas ilegais de plantas psicotrópicas ou a exploração de trabalho escravo na forma da lei serão expropriadas** e destinadas à reforma agrária e a programas de habitação popular, **sem qualquer indenização ao proprietário** e sem prejuízo de outras sanções previstas em lei, observado, no que couber, o disposto no art. 5º.

- **Uso de propriedade particular**

Art. 5º, XXV, da CF: "no caso de iminente perigo público, a autoridade competente poderá usar de propriedade particular, assegurada ao proprietário **indenização ulterior, se houver dano;**"

Como estudado nos comentários aos incisos anteriores, o direito de propriedade não é absoluto e, por isso, no caso de iminente perigo público, a autoridade competente poderá usar de propriedade particular.

> ▶ **ATENÇÃO PARA AS PEGADINHAS!**
>
> Somente será devida indenização **se houver dano** (não em qualquer caso), e, por lógica, ela será **ulterior/posterior** (não prévia).

- **Pequena propriedade rural**

> Art. 5º, XXVI, da CF: "a pequena propriedade rural, assim definida em lei, desde que trabalhada pela família, **não será objeto de penhora** para pagamento de débitos decorrentes de sua atividade produtiva, dispondo a lei sobre os meios de financiar o seu desenvolvimento;"

Esse dispositivo constitucional traz a garantia da impenhorabilidade da pequena propriedade rural que esteja atendendo à sua função social (trabalhada pela família).

Entretanto, vale ressaltar que **a impenhorabilidade não é absoluta**, pois cede diante de despesas condominiais. Assim decidiu o STF: "Bem de família. Penhora. Decorrência de despesas condominiais. A relação condominial é, tipicamente, relação de comunhão de escopo. **O pagamento da contribuição condominial (obrigação *propter rem*) é essencial à conservação da propriedade, vale dizer, à garantia da subsistência individual e familiar – a dignidade da pessoa humana. Não há razão para, no caso, cogitar-se de impenhorabilidade**". (RE 439.003, julgado em 2007 e relatado pelo Ministro Eros Grau). (grifos nossos).

- **Propriedade intelectual**

> Art. 5º, XXVII, da CF: "aos autores pertence o **direito exclusivo de utilização**, publicação ou reprodução de suas obras, **transmissível aos herdeiros** pelo tempo que a lei fixar;"

> Art. 5º, XXVIII, da CF: "são assegurados, nos termos da lei: a) a proteção às participações individuais em obras coletivas e à reprodução da imagem e voz humanas, **inclusive nas atividades desportivas**; b) o **direito de fiscalização** do aproveitamento econômico das obras que criarem ou de que participarem aos criadores, aos intérpretes e às respectivas representações sindicais e associativas;"

> Art. 5º, XXIX, da CF: "a lei assegurará aos autores de inventos industriais **privilégio temporário** para sua utilização, bem como proteção às criações industriais, à propriedade das marcas, aos nomes de empresas e a outros signos distintivos, tendo em vista o **interesse social e o desenvolvimento tecnológico e econômico do País**;"

Os incisos supracitados referem-se à **propriedade intelectual**, que tem como espécies os **direitos autorais** e a **propriedade industrial**.

Além dos dispositivos constitucionais, os direitos autorais são disciplinados pela Lei 9.610/98 e a propriedade industrial pela Lei 9.279/96.

Conforme enunciado pelo art. 5º, XXVII, da CF, aos autores pertence o direito exclusivo de utilização de suas obras. Entretanto, nada obsta que seja realizada uma cessão de direitos autorais para que outrem os explore.

Por sua vez, o art. 5º, XXVIII, da CF traz uma série de detalhes sobre os direitos autorais.

A proteção às participações individuais em obras coletivas e à reprodução da imagem e voz humanas, inclusive nas atividades desportivas refere-se ao que se denomina por **direito de arena**[15].

Sobre o tema, a Súmula 386 do STF: "Pela execução de obra musical por artistas remunerados é devido direito autoral, não exigível quando a orquestra for de amadores".

Já quanto aos inventos industriais, os autores terão mero **privilégio temporário** para sua utilização, nos termos do art. 5º, XXIX, da CF.

▸ ATENÇÃO PARA A PEGADINHA!

Garante-se proteção às criações industriais, à propriedade das marcas, aos nomes de empresas e a outros signos distintivos, tendo em vista o **interesse social e o desenvolvimento tecnológico e econômico do País** (não o interesse do criador, o interesse coletivo, ou o desenvolvimento cultural do País).

- **Herança e sucessão**

Art. 5º, XXX, da CF: "é garantido o **direito de herança;**"

Art. 5º, XXXI, da CF: "a **sucessão de bens de estrangeiros situados no País** será **regulada pela lei brasileira** em benefício do cônjuge ou dos filhos brasileiros, **sempre que não lhes seja mais favorável a lei pessoal do 'de cujus';**"

Por herança entende-se o patrimônio deixado pela pessoa que morreu e que será distribuído a quem tenha direito porque é herdeiro legítimo ou testamentário.

A redação do art. 5º, XXXI, da CF é um pouco truncada, sendo assim explicamos o dispositivo de outra forma: na sucessão de bens de estrangeiros situados no País **aplica-se a lei brasileira em benefício do cônjuge ou dos filhos brasileiros, salvo se a do morto for mais favorável**.

15. BULLOS, Uadi Lammêgo. *Constituição Federal anotada*. 8. ed. São Paulo: Saraiva, 2008, p. 209.

- **Defesa do consumidor**

Art. 5º, XXXII, da CF: "o Estado promoverá, na forma da lei, **a defesa do consumidor**;"

O dispositivo constitucional pede que o Estado promova, na forma da lei, a **defesa do consumidor**. Portanto, a CF considera que o consumidor é a parte vulnerável na relação de consumo, de modo que a lei deverá protegê-lo. Em outras palavras: a CF não pede uma lei para regular as relações de consumo, mas sim para defender o consumidor.

A lei pedida pela CF já existe e é o Código de Defesa do Consumidor, Lei 8.078/90, que já em seu artigo reforça o ideal de proteção: "O presente código estabelece normas de proteção e defesa do consumidor, de ordem pública e interesse social".

- **Direito à informação**

Art. 5º, XXXIII, da CF: "todos têm direito a receber dos órgãos públicos informações de seu interesse particular, ou de interesse coletivo ou geral, que serão prestadas no prazo da lei, sob pena de responsabilidade, **ressalvadas aquelas cujo sigilo seja imprescindível à segurança da sociedade e do Estado**;"

O direito à informação é valor caro ao ordenamento jurídico brasileiro e se liga ao acesso à informação já estudado neste capítulo (art. 5º, XIV, da CF).

Novamente fica patente que a garantia de informação não é absoluta. Enquanto na liberdade à informação (art. 5º, XIV, da CF) fica resguardado o sigilo da fonte, no direito à informação ficam ressalvadas as situações cujo sigilo seja imprescindível à segurança da sociedade e do Estado (art. 5º, XXXIII, da CF).

Diante do descumprimento do direito à informação serão cabíveis o *habeas data* (se as informações forem a respeito da pessoa do impetrante) ou o mandado de segurança (se as informações forem de interesse do impetrante), conforme veremos em detalhes no item 5 deste capítulo.

Vale ainda destacar que o direito à informação está regulamentado infraconstitucionalmente pela Lei 9.507/97.

- **Direitos de petição e certidão**

Art. 5º, XXXIV, da CF: "são a todos assegurados, **independentemente do pagamento de taxas**: a) o **direito de petição** aos Poderes Públicos em defesa de direitos ou contra ilegalidade ou abuso de poder; b) a **obtenção de certidões em repartições públicas**, para defesa de direitos e esclarecimento de situações de interesse pessoal;"

Em razão da precisão, citamos o conceito de direito de petição da lavra de Uadi Lammêgo Bulos: "Consiste o direito de petição no poder de dirigir à autoridade um **pedido de providências, ou de intervenção**, em prol de interesses individuais ou coletivos, próprios ou de terceiros, de pessoa física ou jurídica, que estejam sendo violados por ato ilegal ou abusivo de poder" (grifos nossos).[16]

Não se pode, pois, confundir o direito de petição com o direito de ação. Pedro Lenza esclarece: "[...] o objetivo do direito de petição nada mais é do que, em nítido exercício de prerrogativas democráticas, levar ao conhecimento do Poder Público a informação ou notícia de um ato ou fato ilegal, abusivo ou contra direitos, para que este tome as medidas necessárias. Nesse sentido, diferentemente do direito de ação, não tem o peticionário de demonstrar lesão ou ameaça de lesão a interesse, pessoal ou particular. Trata-se de nítida participação política por intermédio de um processo".[17]

Sobre o direito de petição e os processos administrativos, foi editada a **Súmula Vinculante 21**: "É inconstitucional a exigência de depósito ou arrolamento prévios de dinheiro ou bens para admissibilidade de recurso administrativo".

Veja-se, pois, que a súmula reafirma que o direito de petição deve ser garantido independentemente do pagamento de taxas[18].

Já o direito à obtenção de certidões para a defesa de direitos e esclarecimento de situações de interesse pessoal é regulamentado pela Lei 9.051/95.

Sobre o tema, vale a leitura do seguinte julgado do STF: "**O direito à certidão traduz prerrogativa jurídica, de extração constitucional, destinada a viabilizar, em favor do indivíduo ou de uma determinada coletividade (como a dos segurados do sistema de previdência social), a defesa (individual ou coletiva) de direitos ou o esclarecimento de situações**. A injusta recusa estatal em fornecer certidões, não obstante presentes os pressupostos legitimadores dessa pretensão, autorizará a utilização de instrumentos processuais adequados, como o mandado de segurança ou a própria ação civil pública. O Ministério Público tem legitimidade ativa para a defesa, em juízo, dos direitos e interesses individuais homogêneos, quando impregnados de relevante natureza social, como sucede com o direito de petição e o direito de obtenção de certidão em repartições públicas". (RE 472.489-AgR, julgado em 2008 e relatado pelo Ministro Celso de Mello). (grifos nossos).

- **Acesso ao Poder Judiciário/Inafastabilidade da jurisdição**

Art. 5º, XXXV, da CF: "a lei não excluirá da **apreciação do Poder Judiciário** lesão ou ameaça a direito;"

16. BULOS, Uadi Lammêgo. *Op. Cit.*, p. 217.
17. LENZA, Pedro. *Op. Cit.*, p. 1000-1001.
18. Nota-se, pois, que a expressão "taxas" deve ser compreendida em sentido amplo, e não como uma das modalidades de tributo.

O acesso ao Poder Judiciário é de fundamental importância para a manutenção da justiça nas relações sociais. Não se pode afastar dos indivíduos o direito de provocarem a jurisdição (prerrogativa de dizer o direito), cujo exercício se dá pelos órgãos do Poder Judiciário (à exceção do Conselho Nacional de Justiça – CNJ – que não exerce poder jurisdicional).

Inúmeras são as manifestações do STF no que tange à inafastabilidade da Jurisdição.

A **Súmula Vinculante 28** enuncia: "É inconstitucional a exigência de **depósito prévio como requisito de admissibilidade de ação judicial** na qual se pretenda discutir a exigibilidade de crédito tributário".

Por sua vez, a **Súmula 667 do STF** proclama: "Viola a garantia constitucional de acesso à jurisdição a **taxa judiciária calcada sem limite sobre o valor da causa"**.

Ademais, pode-se afirmar que **o duplo grau de jurisdição** (direito de acesso a uma segunda instância julgadora) **consubstancia garantia constitucional implícita** que decorre da previsão da existência e competência dos tribunais para apreciação de decisões proferidas em instâncias inferiores. Em 2002, no bojo do RHC 79.785, o STF até se pronunciou no sentido de que o duplo grau não seria uma garantia constitucional. Entretanto, em 2007, no HC 88.420, a Suprema Corte relativizou a negativa, passando a entender aplicável o duplo grau de jurisdição.

> ▸ **MAS, ATENÇÃO!**
>
> **O Cespe se vincula ao que foi exarado pelo STF em 2002** e, em prova anterior (TRT 21, Analista Judiciário, 2010), considerou que o **duplo grau de jurisdição não é uma garantia constitucional.**

- **Direito à segurança jurídica: irretroatividade, direito adquirido, ato jurídico perfeito e coisa julgada**

> Art. 5º, XXXVI, da CF: **"a lei não prejudicará** o direito adquirido, o ato jurídico perfeito e a coisa julgada;"

Como ensina Dirley da Cunha Júnior, "a **garantia da segurança jurídica** impõe aos poderes públicos o respeito à estabilidade das relações jurídicas já constituídas e a obrigação de antecipar os efeitos das decisões que interferirão nos direitos e liberdades individuais e coletivas. **Ela visa tornar segura a vida das pessoas e instituições"**[19] (grifos nossos).

No ordenamento jurídico brasileiro a segurança jurídica tem três componentes:

a) **Direito adquirido:** é aquele já incorporado ao patrimônio jurídico do titular.

19. CUNHA JÚNIOR, Dirley da. *Op. Cit.*, p. 737.

b) **Ato jurídico perfeito**: é aquele que se formou e gerou efeitos sob um determinado regime jurídico.

c) **Coisa julgada**: é uma característica de imutabilidade que reveste a sentença contra a qual não caiba mais recurso.

Em interessante fórmula normativa, o art. 5º, XXXVI da CF, enunciou a **garantia da irretroatividade da lei para proteger a segurança jurídica**, determinando que a lei não prejudicará (não retroagirá para atingir) o direito adquirido, o ato jurídico perfeito e a coisa julgada.

Sobre o tema, destacamos algumas súmulas do STF que podem ser cobradas nas provas dos concursos para Tribunais e MPU:

- Súmula Vinculante 1: "Ofende a garantia constitucional do ato jurídico perfeito **a decisão que, sem ponderar as circunstâncias do caso concreto, desconsidera a validez e a eficácia de acordo constante de termo de adesão instituído pela LC 110/2001**".
- Súmula Vinculante 9: "**O disposto no art. 127 da Lei 7.210/1984 (LEP) foi recebido pela ordem constitucional vigente**, e não se lhe aplica o limite temporal previsto no *caput* do art. 58".
- Súmula 654 do STF: "A **garantia da irretroatividade da lei**, prevista no art. 5º, XXXVI, da Constituição da República, **não é invocável pela entidade estatal que a tenha editado**".

Também vale o estudo de um julgado do STF: "A **garantia de preservação do direito adquirido**, prevista no art. 5º, XXXVI, da CF **assegura ao seu titular também a faculdade de exercê-lo. Mas de exercê-lo sob a configuração com que o direito foi formado e adquirido e no regime jurídico no âmbito do qual se desenvolveu a relação jurídica correspondente, com seus sujeitos ativo e passivo, com as mútuas obrigações e prestações devidas**. As vantagens remuneratórias adquiridas no exercício de determinado cargo público não autorizam o seu titular, quando extinta a correspondente relação funcional, a transportá-las para o âmbito de outro cargo, pertencente a carreira e regime jurídico distintos, criando, assim, um direito de *tertium genus*, composto das vantagens de dois regimes diferentes. Por outro lado, considerando a vedação constitucional de acumulação remunerada de cargos públicos, não será legítimo transferir, para um deles, vantagem somente devida pelo exercício do outro. A vedação de acumular certamente se estende tanto aos deveres do cargo (= de prestar seus serviços) como aos direitos (de obter as vantagens remuneratórias). Assim, não encontra amparo constitucional a pretensão de acumular, no cargo de magistrado ou em qualquer outro, a vantagem correspondente a 'quintos', a que o titular fazia jus quando no exercício de cargo diverso." (RE 587.371, rel. min. Teori Zavascki, julgamento em 14-11-2013, Plenário, DJE de 24-6-2014, com repercussão geral.)

- **Vedação a juízo ou tribunal de exceção**

> Art. 5º, XXXVII, da CF: "**não haverá** juízo ou tribunal de exceção;"

Trata-se de um reforço ao princípio do juiz natural, insculpido no art. 5º, LIII, da CF, segundo o qual todos têm direito a ser julgados pelas autoridades competentes, ou seja, aquelas cujas competências estejam previamente determinadas.

- **Instituição do júri**

> Art. 5º, XXXVIII, da CF: "é reconhecida a instituição do júri, com a organização que lhe der a lei, assegurados: a) a plenitude de defesa; b) o sigilo das votações; c) a soberania dos veredictos; d) a competência para o julgamento dos crimes dolosos contra a vida;"

A instituição do júri também pode ser denominada por tribunal do júri ou tribunal popular.

De acordo com a lição de Nestor Távora e Rosmar Rodrigues Alencar, "a ideia do tribunal popular é a de que os casos importantes sejam julgados por pessoas que formam a comunidade a qual pertence o acusado, tal como o acusado seja parte desta, vale dizer, a noção que se tem do júri popular é a de que o julgamento se dê pelos pares do réu".[20]

Nas provas, o que mais se explora é o rol dos princípios que regem o tribunal do júri. Para facilitar a memorização do amigo leitor, segue tabela com expressão mnemônica.

► PRINCÍPIOS DA INSTITUIÇÃO DO JÚRI	
PLE:	Plenitude de defesa
SI:	Sigilo das votações
SO:	Soberania dos veredictos
CO:	Competência para julgamento dos crimes dolosos contra a vida[21]
PLE-SI-SO-CO	

Por fim, vale memorizar o conteúdo da **Súmula Vinculante 45**: "A competência constitucional do Tribunal do Júri prevalece sobre o foro por prerrogativa de função estabelecido exclusivamente pela Constituição estadual".

20. ALENCAR, Rosmar Rodrigues; TÁVORA, Nestor. *Curso de direito processual penal*. 7 ed. Salvador: Juspodivm, 2012, p. 834.
21. Segundo a **Súmula Vinculante 45**: "A competência constitucional do Tribunal do Júri prevalece sobre o foro por prerrogativa de função estabelecido exclusivamente pela constituição estadual".

- **Anterioridade penal**

> Art. 5º, XXXIX, da CF: "não há crime **sem lei anterior** que o defina, nem pena **sem prévia cominação legal**;"

Trata-se de tradução do brocardo *"nullum crimen, nulla poena sine praevia lege"*, e que também se encontra reproduzido no art. 1º do Código Penal: "Não há crime sem lei anterior que o defina. Não há pena sem prévia cominação legal".

Vale destacar a advertência de Rogério Sanches Cunha: "O que se proíbe é apenas a anterioridade maléfica, podendo a lei retroagir para beneficiar o réu. Nesse sentido: Art. 5º, XL, da CF: "A lei não retroagirá, salvo para beneficiar o réu".[22]

- **Irretroatividade da lei penal**

> Art. 5º, XL, da CF: "**a lei penal não retroagirá, salvo** para beneficiar o réu"

Esse importante princípio homenageia a segurança jurídica, na medida em que uma lei penal não pode atingir ato passado, a não ser que traga algum tipo de benefício ao réu. Assim, por exemplo, se uma lei estabelece crime novo, em regra ela não poderá ser usada para punir alguém que tenha, no passado, incidido no comportamento que somente passou a ser crime a partir da nova lei.

- **Punição à discriminação atentatória dos direitos e liberdades fundamentais**

> Art. 5º, XLI, da CF: "a lei punirá qualquer discriminação atentatória dos direitos e liberdades fundamentais;"

Referida norma é dirigida ao legislador infraconstitucional, que deverá estabelecer punições às graves violações aos direitos e liberdades fundamentais.

Uadi Lammêgo Bulos esclarece: "A ordem estatal não poderá subjugar liberdades públicas. Ao contrário, deverá reprimir, nos termos legais, injunções e atentados aos direitos humanos. O dispositivo constitucional penal, encartado nesse inciso XLI, confirma a linha seguida pela manifestação constituinte originária de 1988: tutelar a liberdade e a integridade física dos cidadãos, para deixá-los imunes às práticas dos regimes totalitários".[23]

- **Crimes especiais e suas consequências**

> Art. 5º, XLII, da CF: "a prática do racismo constitui crime inafiançável e imprescritível, sujeito à pena de reclusão, nos termos da lei;"

---

22. CUNHA, Rogério Sanches. *Código penal para concursos*. 5. ed. Salvador: Juspodivm, 2012, p. 9.
23. BULOS, Uadi Lammêgo. *Op. Cit.*, p. 259.

Art. 5º, XLIII, da CF: "a lei considerará crimes inafiançáveis e insuscetíveis de graça ou anistia a prática da tortura, o tráfico ilícito de entorpecentes e drogas afins, o terrorismo e os definidos como crimes hediondos, por eles respondendo os mandantes, os executores e os que, podendo evitá-los, se omitirem;"

Art. 5º, XLIV, da CF: "constitui crime inafiançável e imprescritível a ação de grupos armados, civis ou militares, contra a ordem constitucional e o Estado Democrático;"

Esses dispositivos são campeões de incidências nas provas para Tribunais e MPU. Sendo assim, estabeleceremos algumas premissas e, depois, traremos uma tabela comparativa para auxílio na memorização.

a) **Crime inafiançável:** é aquele que não admite o pagamento de fiança para a concessão de liberdade provisória para quem foi preso cautelarmente (urgentemente, sem sentença penal condenatória transitada em julgado).

b) **Crime imprescritível:** é aquele em que o direito de punir do Estado não sofre nenhuma influência pelo decurso do tempo.

c) **Graça:** é um benefício individual, concedido ou delegado pelo Presidente da República, via decreto presidencial (art. 84, XII, da CF), mediante provocação do interessado, e que atinge apenas os efeitos executórios penais da condenação, subsistindo o crime, a condenação irrecorrível e seus efeitos secundários (penais e extrapenais).

d) **Anistia:** é hipótese em que o Estado, em razão de clemência, posição política ou por motivação social, esquece um fato criminoso, apagando seus efeitos penais. Os efeitos extrapenais, no entanto, são mantidos, podendo a sentença condenatória definitiva ser executada no juízo cível, por exemplo. Ela é concedida por meio de uma lei penal criada para tanto.[24]

▶ ATENÇÃO PARA AS PEGADINHAS!

Somente os crimes de racismo e de ações de grupos armados, civis ou militares, contra a ordem constitucional e o Estado democrático são **imprescritíveis** (além de inafiançáveis). Já os crimes de tortura, tráfico ilícito de entorpecentes e drogas afins, terrorismo e os definidos em lei como hediondos são **insuscetíveis de graça ou anistia** (além de inafiançáveis).

Para as provas, é imprescindível a memorização da tabela abaixo, o que pode se tornar mais fácil com a utilização de duas expressões mnemônicas: **"RA"** e **"TTTH"**.

24. CUNHA, Rogério Sanches. *Op. Cit.*, p. 188.

	▸ CRIME	▸ INAFIANÇÁVEL	▸ IMPRESCRITÍVEL	▸ INSUSCETÍVEL DE GRAÇA OU ANISTIA
R	**Racismo**	Sim	Sim	**Não**
A	**Ações de grupos armados, civis ou militares contra a ordem constitucional e o Estado democrático**	Sim	Sim	**Não**
T	**Tortura**	Sim	**Não**	Sim
T	**Tráfico ilícito de entorpecentes e drogas afins**	Sim	**Não**	Sim
T	**Terrorismo**	Sim	**Não**	Sim
H	**Hediondo**	Sim	**Não**	Sim

Especialmente quanto ao crime de racismo, vale destacar decisão do **STF** no primeiro semestre de 2019, tomada no bojo da ADO 26 e do MI 4733, em que a Corte enquadrou a **homofobia** e a **transfobia** como crimes de **racismo** ao reconhecer a mora do Congresso Nacional para incriminar atos atentatórios a direitos fundamentais dos integrantes da comunidade LGBT.

Para o Ministro Celso de Mello, relator da ADO 26, raça é uma construção social arbitrária para criar hierarquias artificiais entre grupos sociais. Desse modo, o conceito geral e abstrato de racismo tem caráter amplo e inclui homotransfobia conceito geral e abstrato de racismo tem caráter amplo e abarca homotransfobia, o que inclusive vai ao encontro de dispositivos e organismos internacionais.

- **Penas**

Art. 5º, XLV, da CF: "**nenhuma pena passará da pessoa do condenado,** podendo a obrigação de reparar o dano e a decretação do perdimento de bens ser, nos termos da lei, estendidas aos sucessores e contra eles executadas, até o limite do valor do patrimônio transferido;"

Art. 5º, XLVI, da CF: "a lei regulará a **individualização da pena** e adotará, entre outras, as seguintes: a) privação ou restrição da liberdade; b) perda de bens; c) multa; d) prestação social alternativa; e) suspensão ou interdição de direitos;"

Art. 5º, XLVII, da CF: "não haverá penas: a) de morte, **salvo em caso de guerra declarada,** nos termos do art. 84, XIX; b) de **caráter** perpétuo; c) de trabalhos forçados; d) de banimento; e) cruéis;"

Art. 5º, XLVIII, da CF: "a pena será cumprida em **estabelecimentos distintos**, de acordo com a natureza do delito, a idade e o sexo do apenado;"

O artigo 5º, XLV, da CF traz o **princípio da responsabilidade pessoal**.

> ATENÇÃO!

A pena não passará da pessoa do condenado, mas a obrigação de reparar o dano e a decretação do perdimento de bens **podem ser estendidas aos sucessores e ser contra eles executadas até o limite do patrimônio transferido**, ou seja, até o esgotamento do valor transmitido pela herança deixada pelo morto.

Já o artigo 5º, XLVI, da CF, traz o **princípio da individualização da pena** e ainda arrola os tipos de pena a serem adotados pelo ordenamento jurídico brasileiro.

Sobre a individualização da pena, diz a Súmula Vinculante 26: "Para efeito de progressão de regime no cumprimento de pena por crime hediondo, ou equiparado, o juízo da execução observará a inconstitucionalidade do art. 2º da Lei 8.072, de 25 de julho de 1990, sem prejuízo de avaliar se o condenado preenche, ou não, os requisitos objetivos e subjetivos do benefício, podendo determinar, para tal fim, de modo fundamentado, a realização de exame criminológico".

> ATENÇÃO!

Ainda sobre o Princípio da Individualização da Pena, em 2016 foi editada a **Súmula Vinculante** 56, cujo conteúdo é muito propício para questões de provas objetivas: "A falta de estabelecimento penal adequado não autoriza a manutenção do condenado em regime prisional mais gravoso, devendo-se observar, nessa hipótese, os parâmetros fixados no RE 641.320/RS".

No famoso art. 5º, XLVII, da CF, está a determinação de que não haverá penas: a) de morte, **salvo em caso de guerra declarada**; b) **de caráter perpétuo** (que é mais abrangente do que uma pena de prisão perpétua; assim, não se pode, por exemplo, fixar uma pena de 100 anos e que não admita algum tipo de progressão ou benefício, pois ela seria revestida de caráter perpétuo e, por essa razão, o art. 75 do CP já estabelece que o tempo de cumprimento de penas privativas de liberdade não pode ser superior a 30 anos); c) de trabalhos forçados; d) de banimento (**ou degredo,** que se refere ao envio compulsório de um nacional ao estrangeiro, sem possibilidade de retorno, como forma de punição); e e) cruéis.

Por fim, no art. 5º, XLVIII, da CF, existe mais um elemento de individualização da pena, pois considera as diferenças quanto ao delito cometido, a idade e o sexo do apenado.

Uadi Lammêgo Bullos vislumbra ainda: "O objetivo do dispositivo em destaque foi contribuir para a reabilitação do criminoso, garantindo-lhe cumprir a pena em estabelecimento compatível com o crime por ele cometido. Para tanto, são considerados a natureza do delito, a idade e o sexo do apenado, porque essas especificações, ao menos em tese, servem para resguardar as diferenças que existem entre pessoas menos resistentes fisicamente daquelas outras mais avantajadas em força física. A observância desse dispositivo serviria para evitar que indivíduos inexperientes ficassem em contato com outros de maior potencial físico, sendo necessária a existência de edificações autônomas, dentro de um dado complexo carcerário".[25]

- **Integridade física e moral dos presos e o direito à amamentação para as mães presidiárias**

Art. 5º, XLIX, da CF: "é assegurado aos presos **o respeito à integridade física e moral**"

Art. 5º, L, da CF: "às presidiárias serão asseguradas condições para que possam permanecer com seus filhos durante o período de **amamentação**"

O indivíduo preso já está recebendo o devido castigo do Estado pela prática do delito. Sendo assim, a ele deve ser assegurado respeito à integridade física e moral.

Novamente merece destaque a Súmula Vinculante 11: "Só é lícito o uso de algemas em casos de resistência e de fundado receio de fuga ou de perigo à integridade física própria ou alheia, por parte do preso ou de terceiros, justificada a excepcionalidade por escrito, sob pena de responsabilidade disciplinar, civil e penal do agente ou da autoridade e de nulidade da prisão ou do ato processual a que se refere, sem prejuízo da responsabilidade civil do Estado."

Às presidiárias garante-se o direito à amamentação, o que em análise mais detida atinge também os direitos da criança que, nos termos do art. 227 da CF, devem ser garantidos com absoluta prioridade.

- **Extradição**

Art. 5º, LI, da CF: "nenhum brasileiro será extraditado, **salvo** o naturalizado, em caso de crime comum, praticado **antes** da naturalização, ou de **comprovado** envolvimento em tráfico ilícito de entorpecentes e drogas afins, na forma da lei"

Art. 5º, LII, da CF: "não será concedida extradição de estrangeiro por crime **político ou de opinião**"

Os dispositivos constitucionais são bastante densos, o que faz com que sejam objetos de frequentes questionamentos nas provas para Tribunais e MPU.

Desse modo, para prepará-lo para a prova, sistematizamos o regramento sobre extradição e, na sequência, apresentamos uma tabela comparativa:

25. BULOS, Uadi Lammêgo. *Op. Cit.*, 275.

a) O brasileiro nato **nunca** será extraditado (por crime comum ou de opinião).

b) O brasileiro naturalizado somente poderá ser extraditado em caso de crime comum (praticado **antes** da naturalização), ou de comprovado envolvimento em tráfico ilícito de entorpecentes e drogas afins (**antes ou depois** da naturalização), na forma da lei, mas **não** por crime político.

c) O estrangeiro pode ser extraditado pela prática de crime comum, mas **não** por crime político.

d) O Brasil não extradita **ninguém** pela prática de crime político.

▶ POSSIBILIDADE DE EXTRADIÇÃO		
	Crime comum	**Crime político**
1. Brasileiro nato	Não	Não
2. Brasileiro naturalizado	Sim, desde que seja por: a) crime praticado antes da naturalização b) comprovado envolvimento em tráfico ilícito de entorpecentes e drogas afins, na forma da lei	Não
3. Estrangeiro	Sim	Não
REGRA GERAL	O Brasil não extradita ninguém pela prática de crime político	

Encerrando este tópico, destacamos a **Súmula 421 do STF**: "**Não impede a extradição** a circunstância de ser o extraditando casado com brasileira ou ter filho brasileiro".

- **Juiz natural**

Art. 5º, LIII, da CF: "ninguém será processado nem sentenciado senão pela **autoridade competente**"

Esse direito está ligado ao art. 5º, XXXVII, da CF, segundo o qual "não haverá juízo ou tribunal de exceção".

Sendo assim, fica garantido que todo indivíduo tem direito a ser julgado por uma autoridade cuja competência já esteja atribuída antes da ocorrência do fato que deu origem ao julgamento.

- **Devido processo legal**

Art. 5º, LIV, da CF: "ninguém será privado da liberdade ou de seus bens sem o devido processo legal"

Valendo-nos da lição de Fredie Didier Júnior, podemos afirmar que o devido processo legal é, basicamente, o direito a ser processado e a processar de acordo com normas previamente estabelecidas.[26]

A disciplina constitucional do instituto do devido processo legal se completa com o contraditório e a ampla defesa, que passamos a analisar na sequência.

- **Contraditório e ampla defesa**

> Art. 5º, LV, da CF: "aos litigantes, em processo judicial ou administrativo, e aos acusados em geral são assegurados o contraditório e a ampla defesa, com os meios e recursos a ela inerentes"

Entende-se por **contraditório** a garantia de ter ciência e poder manifestar-se sobre todos os termos e atos de um processo.

Já a **ampla defesa** autoriza que sejam levadas ao processo todas as manifestações e provas admitidas em direito.

Sobre o tema, destacamos cinco Súmulas Vinculantes.

- **Súmula Vinculante 5:** "A **falta de defesa técnica** por advogado no processo administrativo disciplinar **não ofende a Constituição**".
- **Súmula Vinculante 14:** "É **direito do defensor**, no interesse do representado, ter **acesso amplo aos elementos de prova** que, já documentados em procedimento investigatório realizado por órgão com competência de polícia judiciária, digam respeito ao exercício do direito de defesa".
- **Súmula Vinculante 28:** "**É inconstitucional a exigência de depósito prévio** como requisito de admissibilidade de ação judicial na qual se pretenda discutir a exigibilidade de crédito tributário".
- **Súmula Vinculante 21:** "**É inconstitucional a exigência de depósito ou arrolamento prévios de dinheiro ou bens** para admissibilidade de recurso administrativo".

> ▸ **ATENÇÃO!**
>
> Cuidado com a Súmula Vinculante 5, pois ela prega uma regra que é absolutamente contrária ao que preceituam o contraditório e a ampla defesa.

- **Súmula Vinculante 3:** "Nos processos perante o **TCU asseguram-se o contraditório e a ampla defesa quando da decisão puder resultar anulação ou revogação de ato administrativo que beneficie o interessado,** excetuada

26. DIDIER JÚNIOR, Fredie. *Curso de direito processual civil*. 11 ed. Salvador: Juspodivm, 2009, p. 39.

a apreciação da legalidade do ato de concessão inicial de aposentadoria, reforma e pensão".

> ▸ **ATENÇÃO PARA A PEGADINHA!**
>
> O contraditório e a ampla defesa não são garantidos apenas em processo judicial. Contraditório e ampla defesa **também são garantidos em processo administrativo.**

- **Provas obtidas por meios ilícitos**

Art. 5º, LVI, da CF: "são **inadmissíveis,** no processo, as **provas obtidas por meios ilícitos**"

A vedação às provas obtidas por meios ilícitos é uma consequência das garantias do devido processo legal, do contraditório e da ampla defesa.

Vale ainda destacar que o Supremo Tribunal Federal entende que decorre da regra que veda a utilização no processo de provas obtidas por meios ilícitos a **proibição de utilização também das provas derivadas das ilícitas** – teoria que se tornou conhecida pela alcunha de **"frutos da árvore envenenada".**

Entretanto, a jurisprudência do STF **admite a utilização das provas derivadas das ilícitas em processo penal, quando a acusação demonstrar que as provas derivadas advêm de uma fonte independente** (RHC 90.376, julgado em 2007 e relatado pelo Ministro Celso de Mello).

> ▸ **ATENÇÃO!**
>
> A FCC já cobrou, em prova para analista, tema que relaciona a inadmissibilidade de provas obtidas por meios ilícitos com a inviolabilidade do domicílio. A banca exigiu que o candidato tivesse conhecimento do posicionamento adotado pelo STF no HC 93.050, julgado em 2008 e relatado pelo Ministro Celso de Mello, segundo o qual a apreensão de livros contábeis e documentos fiscais realizada em escritório de contabilidade, por agentes fazendários e policiais federais, sem mandado judicial ou anuência do responsável pelo escritório, se constitui em prova ilícita, pois realizada em espaço privado, não aberto ao público, sujeito à proteção constitucional da inviolabilidade domiciliar.

- **Estado/Presunção de inocência**

Art. 5º, LVII, da CF: "**ninguém será considerado culpado** até o trânsito em julgado de sentença penal condenatória"

O estado ou presunção de inocência é direito que se alinha ao regime democrático do Estado brasileiro. Isso porque, se garante que os indivíduos exerçam livremente seus direitos sem que possam sofrer pressões ou represálias ao serem considerados culpados pelas autoridades constituídas.

O magistério de Uadi Lammêgo Bulos esclarece: "Com o advento da Constituição de 1988, todos são inocentes até existir prova em contrário, porque até o transitar em julgado da sentença condenatória o réu terá o direito público subjetivo de não ostentar o *status* de condenado. Trata-se de uma projeção do Estado Democrático, que se conecta com outros corolários, tais como o devido processo legal, o contraditório, a ampla defesa, o *in dubio pro reo* e o *nulla poena sine culpa*".[27]

- **Identificação criminal**

> Art. 5º, LVIII, da CF: "**o civilmente identificado não será submetido a identificação criminal**, salvo nas hipóteses previstas em lei"

Trata-se de direito que limita a identificação criminal, que tem a tendência de estigmatizar o investigado, notadamente pelo exame dactiloscópico (impressões digitais).

As exceções que atendem ao comando "salvo nas hipóteses previstas em lei" estão regulamentadas fundamentalmente na Lei 12.037/2009.[28]

---

27. BULOS, Uadi Lammêgo. *Op. Cit.*, 312.
28. Lei 12.037/2009: "Art. 1º O civilmente identificado não será submetido a identificação criminal, salvo nos casos previstos nesta Lei. Art. 2º A identificação civil é atestada por qualquer dos seguintes documentos: I - carteira de identidade; II - carteira de trabalho; III - carteira profissional; IV - passaporte; V - carteira de identificação funcional; VI - outro documento público que permita a identificação do indiciado. Parágrafo único. Para as finalidades desta Lei, equiparam-se aos documentos de identificação civis os documentos de identificação militares. Art. 3º Embora apresentado documento de identificação, poderá ocorrer identificação criminal quando: I - o documento apresentar rasura ou tiver indício de falsificação; II - o documento apresentado for insuficiente para identificar cabalmente o indiciado; III - o indiciado portar documentos de identidade distintos, com informações conflitantes entre si; IV - a identificação criminal for essencial às investigações policiais, segundo despacho da autoridade judiciária competente, que decidirá de ofício ou mediante representação da autoridade policial, do Ministério Público ou da defesa; V - constar de registros policiais o uso de outros nomes ou diferentes qualificações; VI - o estado de conservação ou a distância temporal ou da localidade da expedição do documento apresentado impossibilite a completa identificação dos caracteres essenciais. Parágrafo único. As cópias dos documentos apresentados deverão ser juntadas aos autos do inquérito, ou outra forma de investigação, ainda que consideradas insuficientes para identificar o indiciado. Art. 4º Quando houver necessidade de identificação criminal, a autoridade encarregada tomará as providências necessárias para evitar o constrangimento do identificado. Art. 5º A identificação criminal incluirá o processo datiloscópico e o fotográfico, que serão juntados aos autos da comunicação da prisão em flagrante, ou do inquérito policial ou outra forma de investigação. Parágrafo único. Na hipótese do inciso IV do art. 3º, a identificação criminal poderá incluir a coleta de material biológico para a obtenção do perfil genético. (Incluído pela Lei nº 12.654, de 2012). Art. 5ºº-A. Os dados relacionados à coleta do perfil genético deverão ser armazenados em banco de dados de perfis genéticos, gerenciado por unidade oficial de perícia criminal. (Incluído pela Lei nº 12.654, de 2012). § 1º As informações genéticas contidas nos bancos de dados de perfis genéticos não poderão revelar traços somáticos ou comportamentais das pessoas, exceto determinação genética de gênero, consoante as normas constitucionais e internacionais sobre direitos humanos, genoma humano e dados genéticos. (Incluído pela Lei nº 12.654, de 2012). § 2º Os dados constantes dos bancos de dados de perfis genéticos terão caráter sigiloso, respondendo civil, penal e administrativamente

- **Ação penal**

Art. 5º, LIX, da CF: "será **admitida ação privada** nos crimes de ação pública, se esta não for intentada no prazo legal"

Em regra, o processo penal se inicia mediante ação pública, cujo titular é o Ministério Público.

Entretanto, se não intentada no prazo legal, será cabível ação privada, chamada pela doutrina de **subsidiária** ou **supletiva**.

Na lição da doutrina especializada, a ação privada subsidiária ou supletiva "tem cabimento diante da inércia do MP, que, nos prazos legais, deixa de atuar, não promovendo a denúncia ou, em sendo o caso, não se manifestando pelo arquivamento dos autos do inquérito policial, ou ainda, não requisitando novas diligências. [...] É uma mera faculdade, cabendo ao particular optar entre manejar ou não a ação, gozando como regra do prazo de seis meses, iniciados, contudo, do encerramento do prazo que o MP dispõe para atuar", ou seja, normalmente cinco dias (se preso o investigado) ou quinze dias (se o investigado estiver em liberdade.[29]

- **Publicidade dos atos processuais**

Art. 5º, LX, da CF: "a lei **só poderá restringir a publicidade** dos atos processuais quando a **defesa da intimidade ou o interesse social o exigirem"**

Nesse dispositivo há uma clara ponderação de valores, o que é desejável que ocorra em um contexto constitucional que não elenca nenhum direito como absoluto. Equilibram-se a publicidade e a defesa da intimidade ou o interesse social.

Sobre o tema, é precisa a lição de Uadi Lammêgo Bulos: "[...] é sempre válido lembrar que o sigilo não deve e nem pode ser absoluto, porque os atos judiciais são complexos. É o caso da consulta aos autos e do pedido de certidões, que, embora limitados às partes e a seus patronos, são direitos públicos subjetivos e de caráter político, invadindo até a esfera discricionária do Poder Judiciário".

- **Prisão e demais direitos do preso**

Art. 5º, LXI, da CF: "ninguém será preso senão em **flagrante delito ou por ordem escrita e fundamentada de autoridade judiciária competente, salvo** nos casos de transgressão militar ou crime propriamente militar, definidos em lei"

---

aquele que permitir ou promover sua utilização para fins diversos dos previstos nesta Lei ou em decisão judicial. (Incluído pela Lei nº 12.654, de 2012). § 3º As informações obtidas a partir da coincidência de perfis genéticos deverão ser consignadas em laudo pericial firmado por perito oficial devidamente habilitado. (Incluído pela Lei nº 12.654, de 2012)".

29. ALENCAR, Rosmar Rodrigues; TÁVORA, Nestor. *Op. Cit.*, p. 183.

Art. 5º, LXII, da CF: "a prisão de qualquer pessoa e o local onde se encontre serão **comunicados imediatamente ao juiz competente e à família do preso ou à pessoa por ele indicada**"

Art. 5º, LXIII, da CF: "o **preso será informado de seus direitos**, entre os quais o de permanecer calado, sendo-lhe assegurada a assistência da família e de advogado"

Art. 5º, LXIV, da CF: "o preso tem direito à **identificação dos responsáveis** por sua prisão ou por seu interrogatório policial"

Art. 5º, LXV, da CF: "a **prisão ilegal será imediatamente relaxada** pela autoridade judiciária"

Art. 5º, LXVI, da CF: "ninguém será levado à prisão ou nela mantido, quando a lei admitir a **liberdade provisória, com ou sem fiança**"

Esses dispositivos estabelecem um verdadeiro rol de direitos para os presos. Além disso, há um fino detalhamento[30], o que acaba gerando uma constante cobrança em provas de concursos.

Passaremos, pois, a destacar como esses dispositivos são cobrados pelas bancas examinadoras.

▸ ATENÇÃO!

Nos casos de **transgressão militar ou crime propriamente militar**, definidos em lei, **admite-se a prisão fora das hipóteses de flagrante delito ou ordem escrita e fundamentada da autoridade competente.**

▸ ATENÇÃO!

A prisão de qualquer pessoa e o local onde se encontre serão comunicados imediatamente ao juiz competente **e** (não ou) **à família do preso ou** (não e) **à pessoa por ele indicada.**

▸ ATENÇÃO!

O preso tem direito à identificação dos responsáveis por sua prisão **e também por seu interrogatório policial.**

30. Para um estudo aprofundado do Processo Penal, voltado a outros concursos ou à atuação profissional, recomendamos a seguinte obra: ALENCAR, Rosmar Rodrigues; TÁVORA, Nestor. *Op. Cit.*

▸ ATENÇÃO!

Ninguém será levado à prisão ou nela mantido, quando a lei admitir a liberdade provisória[31], **com ou sem** fiança.

- **Prisão civil por dívida**

Art. 5º, LXVII, da CF: "**não haverá prisão civil por dívida, salvo** a do responsável pelo inadimplemento voluntário e inescusável de obrigação alimentícia e a do depositário infiel"

Apesar de o texto constitucional admitir a prisão civil tanto no caso do inadimplemento voluntário e inescusável (não desculpável) de obrigação alimentícia, quanto na situação do depositário infiel, esta última não gera mais efeitos práticos.

Isso porque, no bojo do RE 466.343 e do HC 87.588, o STF declarou inaplicável a prisão civil do depositário infiel: "A subscrição pelo Brasil do Pacto de São José da Costa Rica, limitando a prisão civil por dívida ao descumprimento inescusável de prestação alimentícia, implicou a derrogação das normas estritamente legais referentes à prisão do depositário infiel." (HC 87.585, julgado em 2008 e relatado pelo Ministro Marco Aurélio).

Portanto, apesar de a prisão ser possível à luz do texto constitucional, ela não pode se materializar na prática, pois as regras infraconstitucionais que a tornavam aplicável (Decreto-Lei 911/69 e artigo 652 do Código Civil) foram revogadas pelo Pacto de São José da Costa Rica.

O posicionamento tomado pelo STF acabou gerando a edição da **Súmula Vinculante 25: "É ilícita a prisão civil de depositário infiel, qualquer que seja a modalidade do depósito".**

- **Assistência jurídica integral e gratuita**

Art. 5º, LXXIV, da CF: "o Estado prestará assistência jurídica integral e gratuita aos que comprovarem insuficiência de recursos"

A assistência judiciária é regulada pela Lei 1.060/50. **Na prática a comprovação de insuficiência de recursos** (condição para se fazer jus à assistência judiciária) **se equipara à ideia de necessitado da legislação infraconstitucional.**

Nos termos do art. 1º, parágrafo único, da Lei 1.060/50, "Considera-se necessitado, para os fins legais, todo aquele cuja situação econômica não lhe permita pagar as custas do processo e os honorários de advogado, sem prejuízo do sustento próprio ou da família".

31. Vale notar que a liberdade provisória foi profundamente alterada pela Lei 12.403/11, que estabeleceu um regramento detalhado sobre a matéria.

▶ **ATENÇÃO PARA A PEGADINHA!**

O Estado prestará **assistência jurídica integral e gratuita** (apenas) aos que comprovarem **insuficiência de recursos** (e não aos reconhecidamente pobres).

- **Indenização ao condenado**

Art. 5º, LXXV, da CF: "**o Estado indenizará o condenado** por erro judiciário, assim como o que ficar preso além do tempo fixado na sentença"

Trata-se de garantia importante para assegurar que o Estado atue de modo diligente no exercício da função jurisdicional e também na condução da execução das penas.

Como apontado pela doutrina, "a responsabilidade do Estado é objetiva, fundando-se na **teoria do risco integral**. Logo, ocorrendo danos morais ou materiais ao condenado, não se poderá invocar nenhuma causa de exclusão do dever estatal de indenizá-lo. Isso também vale para a prisão que excede o tempo previsto na sentença".[32] (grifo nosso)

- **Registro de nascimento e certidão de óbito**

Art. 5º, LXXVI, da CF: "são gratuitos para os reconhecidamente pobres, na forma da lei: a) o registro civil de nascimento; b) a certidão de óbito"

▶ **ATENÇÃO!**

Para a prova objetiva dos concursos, lembre-se que o registro civil de nascimento e a certidão de óbito são gratuitos **apenas aos reconhecidamente pobres** (e não aos que comprovarem insuficiência de recursos).[33]

- **Gratuidade de atos necessários ao exercício da cidadania**

Art. 5º, LXXVII, da CF: "são gratuitas as ações de 'habeas corpus' e 'habeas data', e, na forma da lei, os atos necessários ao exercício da cidadania".

Os reflexos da gratuidade nas ações de *habeas corpus* e *habeas data* serão estudados no item 4 deste capítulo.

Já a gratuidade dos atos necessários ao exercício da cidadania foi regulamentada pela Lei 9.265/96, que, em seu art. 1º, determina: "são gratuitos os atos necessários

32. BULOS, Uadi Lammêgo. *Op. Cit.*, p. 394.

33. Nos comentários ao próximo inciso veremos que, nos termos do art. 1º, da Lei 9.256/96, o registro civil de nascimento e o assento de óbito são considerados atos necessários ao exercício da cidadania e, por isso, gratuitos a todos, e não apenas aos reconhecidamente pobres. Entretanto, as bancas dos concursos continuam exigindo o conhecimento apenas do texto seco da Constituição Federal, sem levar em consideração a Lei 9.256/96.

ao exercício da cidadania, assim considerados: I – os que capacitam o cidadão ao exercício da soberania popular, a que se reporta o art. 14 da Constituição; II – aqueles referentes ao alistamento militar; III – os pedidos de informações ao Poder Público, em todos os seus âmbitos, objetivando a instrução de defesa ou a denúncia de irregularidades administrativas na órbita pública; IV – as ações de impugnação de mandato eletivo por abuso do poder econômico, corrupção ou fraude; V – quaisquer requerimentos ou petições que visem as garantias individuais e a defesa do interesse público; VI – O registro civil de nascimento e o assento de óbito, bem como a primeira certidão respectiva".

- **Razoável duração do processo**

> Art. 5º, LXXVIII, da CF: "a todos, no âmbito judicial e administrativo, são assegurados a razoável duração do processo e os meios que garantam a celeridade de sua tramitação".

Trata-se de princípio inserido na Constituição pela EC 45/04, que ficou popularmente conhecida como Emenda de Reforma do Poder Judiciário.

A inclusão do princípio da razoável duração do processo buscou atacar o grave problema da morosidade que afeta o Poder Judiciário brasileiro.

> ► **ATENÇÃO!**
> A razoável duração do processo é garantida em âmbito tanto judicial quanto **administrativo!**

- **Direito à proteção de dados**

> Art. 5º, LXXIX, da CF: "é assegurado, nos termos da lei, o direito à proteção de dados pessoais, inclusive nos meios digitais".

Seguindo uma tendência de proteção aos dados inaugurada pela lei geral de proteção de dados (lei nº 13.709/2018), **a EC 115/2022 conferiu à proteção de dados status de direito fundamental, com a inserção do inciso LXXIX no art. 5º da CF/88**:. A emenda ainda estabeleceu, no art. 21, como competência da União, organizar e fiscalizar a proteção e o tratamento de dados pessoais, bem como, no art. 22, estabeleceu a competência privativa da União para disciplinar a proteção e o tratamento de dados pessoais.

Sobre a necessidade de tal proteção, vale ressaltar o recente julgamento proferido pelo STF, a respeito da possibilidade de autoridades nacionais solicitarem dados diretamente a provedores de internet estrangeiros com sede ou representação no Brasil:

> "AÇÃO DECLARATÓRIA DE CONSTITUCIONALIDADE. NORMAS DE COOPERAÇÃO JURÍDICA INTERNACIONAL. OBTENÇÃO DE DADOS. EMPRESAS LOCALIZADAS NO EXTERIOR. DECRETO Nº 3.810/2001; ART. 237, II DO CPC; ARTS. 780 E 783

DO CPP; ART. 11 DO MARCO CIVIL DA INTERNET; ART. 18 DA CONVENÇÃO DE BUDAPESTE. CONSTITUCIONALIDADE. ADC CONHECIDA. PEDIDO JULGADO PARCIALMENTE PROCEDENTE. 1. A controvérsia constitucional veiculada na ADC é, a rigor, mais ampla do que a simples declaração de validade do uso das cartas rogatórias e dos acordos MLAT para fins de investigação criminal. O escopo da ação declaratória compreende não apenas o exame de constitucionalidade dos dispositivos invocados pelos requerentes, como também da norma prevista no art. 11 do Marco Civil da Internet e art. 18 da Convenção de Budapeste. 2. O art. 11 do Marco Civil da Internet, que encontra respaldo no art. 18 da Convenção de Budapeste, é norma específica em relação às regras gerais do MLAT. O referido dispositivo assegura a aplicação da legislação brasileira em relação a atividades de coleta, armazenamento, guarda e tratamento de registros, dados e comunicações eletrônicas ocorridas em território nacional, desde que pelo menos um dos atos ou terminais se encontrem em território nacional, mesmo que a pessoa jurídica portadora dessas informações esteja localizada ou armazene tais informações no exterior. 3. As hipóteses de requisição direta previstas no art. 11 do Marco Civil da Internet e no art. 18 da Convenção de Budapeste reafirmam os princípios da soberania e da independência nacional, concretizando o dever do Estado de proteger os direitos fundamentais e a segurança pública dos cidadãos brasileiros ou residentes no país. 4. Constitucionalidade dos dispositivos do MLAT, do CPC e do CPP que tratam da cooperação jurídica internacional e da emissão de cartas rogatórias, nos casos em que a atividade de comunicação ou a prestação de tais serviços não tenham ocorrido em território nacional. 5. Dispositivos que convivem com a possibilidade de solicitação direta de dados, registros e comunicações eletrônicas nas hipóteses do art. 11 do Marco Civil da Internet e do art. 18 da Convenção de Budapeste. (...)".

(ADC 51, Relator(a): GILMAR MENDES, Tribunal Pleno, julgado em 23-02-2023, PROCESSO ELETRÔNICO DJe-s/n DIVULG 27-04-2023 PUBLIC 28-04-2023)

5. AÇÕES CONSTITUCIONAIS OU REMÉDIOS CONSTITUCIONAIS

As ações constitucionais dispostas no art. 5º da CF também são conhecidas como remédios constitucionais[34], porque servem para "curar a doença" do descumprimento de direitos fundamentais.

34. Alguns autores, como José Afonso da Silva, entendem haver distinção entre as ideias de remédios constitucionais e ações constitucionais. Os remédios seriam meios postos à disposição dos indivíduos e cidadãos para provocar a intervenção das autoridades competentes, visando sanar, corrigir, ilegalidade e abuso de poder em prejuízo de direitos e interesses individuais. Por sua vez, as ações seriam os remédios postos como meios de provocar a atividade jurisdicional. Nesse sentido, consideram que o direito de petição, insculpido no art. 5º, XXXIV, da CF, é um remédio constitucional, mas não faz parte das ações constitucionais. Entretanto, na prática, segundo a maioria da doutrina, e as bancas examinadoras, os remédios constitucionais designam as ações constitucionais, sendo expressões sinônimas, não englobando, portanto, o direito de petição.

Em outras palavras, são instrumentos colocados à disposição dos indivíduos para garantir o cumprimento dos direitos fundamentais.

Para fins didáticos, analisaremos cada ação em separado, mas na sequência em que são abordadas pela CF.

5.1. *Habeas corpus*

> Art. 5º, LXVIII, da CF: "conceder-se-á ***habeas corpus*** sempre que alguém **sofrer ou se achar ameaçado de sofrer violência ou coação em sua liberdade de locomoção**, por ilegalidade ou abuso de poder".
>
> [...]
>
> Art. 5º, LXXVII, da CF: "são **gratuitas as ações de *habeas corpus*** e *habeas data*, e, na forma da lei, os atos necessários ao exercício da cidadania"

O *habeas corpus* é a ação constitucional que tutela o direito fundamental à **liberdade ambulatorial**, ou seja, o direito de ir, vir e estar em determinado local.

De acordo com o texto constitucional, o *habeas corpus* pode ser **preventivo** ("sempre que alguém se achar ameaçado de sofrer...") ou **repressivo** ("sempre que alguém sofrer..."), em relação a violência ou coação em sua liberdade de locomoção, por ilegalidade ou abuso de poder.

Segundo o STF, o *habeas corpus* pode ser impetrado por **nacional ou estrangeiro, residente ou não no país**. Para ilustrar, colacionamos o seguinte julgado: "O súdito estrangeiro, mesmo o não domiciliado no Brasil, tem plena legitimidade para impetrar o remédio constitucional do habeas corpus, em ordem a tornar efetivo, nas hipóteses de persecução penal, o direito subjetivo, de que também é titular, à observância e ao integral respeito, por parte do Estado, das prerrogativas que compõem e dão significado à cláusula do devido processo legal. A condição jurídica de não nacional do Brasil e a circunstância de o réu estrangeiro não possuir domicílio em nosso país não legitimam a adoção, contra tal acusado, de qualquer tratamento arbitrário ou discriminatório. (HC 94.016, julgado em 2009 e relatado pelo Ministro Celso de Mello)

Por tutelar a liberdade ambulatorial, o *habeas corpus* **não pode ser proposto em favor de pessoa jurídica**. Nesse sentido, o STF: "Habeas corpus. Negativa de seguimento. (...) Na concreta situação dos autos, a pessoa jurídica da qual o paciente é representante legal se acha processada por delitos ambientais. Pessoa Jurídica que somente poderá ser punida com multa e pena restritiva de direitos. Noutro falar: a liberdade de locomoção do agravante não está, nem mesmo indiretamente, ameaçada ou restringida". (HC 88.747-AgR, julgado em 2009 e relatado pelo Ministro Ayres Britto).

Entretanto, a liberdade ambulatorial, por vezes, é vista de modo um pouco mais amplo pela jurisprudência. Veja o seguinte julgado: "O *habeas corpus* é **medida idônea**

para impugnar decisão judicial que autoriza a quebra de sigilos fiscal e bancário em procedimento criminal, haja vista a possibilidade destes resultarem em constrangimento à liberdade do investigado. Com base nesse entendimento, a Turma, resolvendo questão de ordem, deu provimento a agravo de instrumento interposto pelo Ministério Público Federal para, convertendo-o em recurso extraordinário, negar-lhe provimento. Alegava-se, na espécie, ofensa ao art. 5º, LXVIII, da CF, ao fundamento de que a decisão que determinara a quebra de sigilos não ameaçaria o imediato direito de locomoção do paciente, consoante exigido constitucionalmente". (STF. AI 573623 QO/RJ, julgado em 2006 e relatado pelo Ministro Gilmar Mendes).

Destacamos, ainda, que a restrição à liberdade de locomoção que enseja o *habeas corpus* pode emanar de **ato ilegal ou abusivo praticado pelo Poder Público ou por um particular**. Assim é a lição da doutrina, que traz hipóteses em que cabe habeas corpus contra ato de particular: "contra o médico que ilegalmente promove a retenção de paciente no hospital ou contra o fazendeiro que não libera o colono da fazenda". (CUNHA, Rogério Sanches; LORENZATO, Gustavo Müller; FERRAZ, Maurício Lins e PINTO, Ronaldo Batista. *Processo penal prático*. 2. ed. Salvador: Juspodivm, 2007, p. 180).

Por fim, lembramos que **a ação de *habeas corpus* é gratuita.**

5.2. Mandado de segurança individual

> Art. 5º, LXIX – conceder-se-á mandado de segurança para proteger **direito líquido e certo, não amparado por *habeas corpus* ou *habeas data*,** quando o responsável pela ilegalidade ou abuso de poder for autoridade pública ou agente de pessoa jurídica no exercício de atribuições do Poder Público

O mandado de segurança individual é a ação constitucional impetrada por pessoa física ou jurídica, ou ente despersonalizado[35], que busca a tutela de **direito líquido e certo, não amparado por *habeas corpus* ou *habeas data*,** quando o responsável pela ilegalidade ou abuso de poder for autoridade pública ou agente de pessoa jurídica no exercício de atribuições do Poder Público.

Veja, portanto, que o mandado de segurança tem **cabimento subsidiário.** Ele somente será admitido se não couber *habeas corpus* ou *habeas data* para a defesa do direito líquido e certo.[36]

Entende-se por direito líquido e certo aquele que pode ser demonstrado de plano por meio de prova pré-constituída, isto é, sem que haja necessidade de dilação probatória. Na dicção de conceituada doutrina de Hely Lopes Meirelles, **é o direito**

35. Órgãos públicos (Mesas das Casas Legislativas, por exemplo) ou Universalidades (espólio, condomínio ou massa falida, por exemplo).

36. Para mais detalhes, veja o item 5.5 deste capítulo.

"manifesto na sua existência, delimitado na sua extensão e apto a ser exercitado no momento da impetração".[37]

Vale ainda destacar que não **cabe mandado de segurança contra ato de particular, salvo** na hipótese de o sujeito praticar ilegalidade ou abuso de poder como agente de pessoa jurídica no exercício de atribuições do Poder Público. A Súmula 510 do STF ainda esclarece: "Praticado o ato por **autoridade, no exercício de competência delegada,** contra ela cabe o mandado de segurança ou a medida judicial".

Por ser o mandado de segurança um dos remédios mais utilizados e também porque tem cabimento subsidiário, além da Súmula 510, outros enunciados também foram editados pelo STF para discipliná-lo. Destacamos as mais importantes súmulas para as provas dos concursos voltados aos cargos de analista e técnico nos Tribunais e no MPU:

- Súmula 101 do STF: "O mandado de segurança **não substitui a ação popular**".
- Súmula 266 do STF: "**Não** cabe mandado de segurança **contra lei em tese**".
- Súmula 268 do STF: "**Não** cabe mandado de segurança contra **decisão judicial com trânsito em julgado**".
- Súmula 512 do STF: "**Não cabe condenação em honorários de advogado** na ação de mandado de segurança".
- Súmula 267 do STF: "**Não** cabe mandado de segurança contra **ato judicial passível de recurso ou correição**". Em que pese o teor da súmula 267, é certo que o próprio STF, abrandando a rigidez da referida Súmula, tem admitido o mandado de segurança quando, do ato judicial impugnado, puder resultar dano irreparável, desde logo cabalmente demonstrado. Tal posicionamento restou assentado no MS 22.623-AgR, julgado em 1996 e relatado pelo Ministro Sydney Sanches.
- Súmula 624 do STF: "**Não** compete ao Supremo Tribunal Federal conhecer originariamente de mandado de segurança contra **atos de outros Tribunais**".
- Súmula 625 do STF: "**Controvérsia sobre matéria de direito** não impede concessão de mandado de segurança".
- Súmula 430 do STF: "**Pedido de reconsideração** na via administrativa não interrompe o prazo para o mandado de segurança".

Ademais, atualmente o mandado de segurança é disciplinado também pela Lei 12.016/09. Entretanto, não se exige conhecimento detalhado desse ato normativo para os concursos de Tribunais e MPU.

37. MEIRELLES, Hely Lopes. *Mandado de segurança*. 22. ed. São Paulo: Malheiros, 2000. p. 21-22.

5.3. Mandado de segurança coletivo

Art. 5º, LXX, da CF: o mandado de segurança coletivo pode ser impetrado por: a) partido político com representação no Congresso Nacional; b) organização sindical, entidade de classe ou associação legalmente constituída e em funcionamento há pelo menos um ano, em defesa dos interesses de seus membros ou associados.

O mandado de segurança coletivo é a ação constitucional impetrada por partido político com representação no Congresso Nacional, organização sindical, **entidade de classe ou associação legalmente constituída** e em funcionamento há **pelo menos um ano** (em defesa dos interesses de seus membros ou associados), que busca a tutela de **direito líquido e certo, não amparado por *habeas corpus* ou *habeas data*,** quando o responsável pela ilegalidade ou abuso de poder for autoridade pública ou agente de pessoa jurídica no exercício de atribuições do Poder Público.

Perceba, pois, que sob o ponto de vista do texto constitucional (que é o que se cobra nos concursos para Tribunais e MPU), a única diferença do mandado de segurança individual para o coletivo é que nesse último há um rol taxativo de legitimados.

Entende-se que a **legitimação do partido político** com representação no Congresso Nacional fica satisfeita se o partido político tiver **ao menos um representante no Congresso Nacional**, ou seja, pelo menos um Senador ou Deputado Federal eleito e exercendo mandato.

Já a legitimação da associação somente fica satisfeita se ela estiver legalmente constituídas e em funcionamento há pelo menos um ano, em defesa dos interesses de seus membros ou associados. Segundo o STF, o requisito temporal de funcionamento há pelo menos um ano só se aplica para as associações, não valendo para as organizações e entidades de classe.[38]

> ▸ **ATENÇÃO!**
>
> A FCC já adotou dois posicionamentos sobre o tema. Em 2012 a FCC considerou que o requisito de pré-constituição há pelo menos um ano também se aplica para as organizações sindicais, conferindo a interpretação diversa daquela reconhecida pelo STF. Entretanto, em provas de 2014 e 2015, a FCC alterou seu entendimento para afirmar que a exigência de pré-constituição há pelo menos um ano somente se aplica para as associações. Vale a pena adotar esse segundo entendimento para as provas futuras.

Complementando a disciplina essencial sobre a matéria, apontamos as seguintes Súmulas do STF:

- Súmula 629 do STF: "A impetração de mandado de segurança coletivo por entidade de classe em favor dos associados **independe da autorização destes**".

38. STF. Informativo 163. RE N. 198.919-DF. RELATOR : MIN. ILMAR GALVÃO. EMENTA: LEGITIMIDADE DO SINDICATO PARA A IMPETRAÇÃO DE MANDADO DE SEGURANÇA COLETIVO INDEPENDENTEMENTE DA COMPROVAÇÃO DE UM ANO DE CONSTITUIÇÃO E FUNCIONAMENTO. Acórdão que, interpretando desse modo a norma do art. 5º, LXX, da CF, não merece censura. Recurso não conhecido.

- Súmula 630 do STF: "A entidade de classe tem legitimação para o mandado de segurança **ainda quando a pretensão veiculada interesse apenas a uma parte da respectiva categoria**".

Por fim, vale destacar que, conforme entendimento do STF, **os partidos políticos não têm legitimidade ativa *ad causam* para impetrar mandado de segurança coletivo em defesa de terceiros**, com vistas a impugnar direito individual disponível, como a incidência de imposto. Tal posicionamento restou evidenciado em 2004, no julgamento do RE 196.184, relatado pela Ministra Ellen Gracie: "Uma exigência tributária configura interesse de grupo ou classe de pessoas, só podendo ser impugnada por eles próprios, de forma individual ou coletiva. Precedente: RE 213.631, rel. min. Ilmar Galvão, DJ de 7-4-2000. **O partido político não está, pois, autorizado a valer-se do mandado de segurança coletivo para, substituindo todos os cidadãos na defesa de interesses individuais, impugnar majoração de tributo**".

5.4. Mandado de injunção

> Art. 5º, LXXI, da CF: "conceder-se-á mandado de injunção sempre que a **falta de norma regulamentadora torne inviável o exercício dos direitos e liberdades constitucionais e das prerrogativas inerentes à nacionalidade, à soberania e à cidadania**"

O mandado de injunção é a ação constitucional impetrada por pessoa física ou jurídica, ou ente despersonalizado,[39] que objetive **sanar a falta de norma regulamentadora que torne inviável o exercício dos direitos e liberdades constitucionais e das prerrogativas inerentes à nacionalidade, à soberania e à cidadania.**

Basicamente, pode-se dizer que o mandado de injunção **é ajuizado em face das normas de eficácia limitada**, que são aquelas que possuem aplicabilidade indireta, mediata e reduzida (não direta, não imediata e não integral), pois exigem norma infraconstitucional para que se materializem na prática.[40]

O exemplo clássico quanto ao cabimento do mandado de injunção é em relação à norma do art. 37, VII, da CF, que traz o direito de greve dos servidores públicos. Esse dispositivo constitucional é uma norma de eficácia limitada, portanto, para que o direito de greve dos servidores públicos seja exercido, faz-se necessária a edição de norma infraconstitucional, que, até hoje, não existe.

O grande problema é que a edição de norma regulamentadora depende do Poder Legislativo e, em razão do princípio fundamental da separação dos Poderes

39. Não há julgados que limitem a legitimidade para ajuizamento do mandado de injunção. Sendo assim, adota-se o posicionamento da legitimação mais ampla possível, a exemplo do mandado de segurança individual.

40. Remetemos o amigo leitor ao item 7 do capítulo 1, deste livro, ponto em que explicamos com mais detalhes a classificação das normas constitucionais.

(art. 2º, da CF), o Poder Judiciário, ao julgar mandado de injunção, não pode obrigar o Poder Legislativo a suprir a omissão.

Nesse sentido, por muito tempo, o mandado de injunção padeceu de absoluta ineficiência prática. Entretanto, o STF resolveu atuar de forma mais efetiva, conferindo efeito concreto ao mandado de injunção.

No caso do mandado de injunção ajuizado para sanar a omissão relativa ao direito de greve do servidor público, o STF determinou que, enquanto não for criada a lei pertinente, deverá ser aplicada a lei de greve da iniciativa privada no que for cabível aos servidores públicos.

Assim, diz-se que o STF adotou a **tese/teoria concretista geral** sobre as omissões constitucionais, pois determinou a concretização do direito com eficácia para todos (*erga omnes*) mesmo sem a edição da lei infraconstitucional regulamentadora.

Dada a importância do tema, destacamos o julgamento do STF em que esse posicionamento restou consolidado: "Mandado de injunção. Garantia fundamental (CF, art. 5º, LXXI). Direito de greve dos servidores públicos civis (CF, art. 37, VII). Evolução do tema na jurisprudência do STF. [...] **Mandado de injunção deferido para determinar a aplicação das Leis 7.701/1988 e 7.783/1989. Sinais de evolução da garantia fundamental do mandado de injunção na jurisprudência do STF.** No julgamento do MI 107/DF, Rel. Min. Moreira Alves, DJ de 21-9-1990, **o Plenário do STF consolidou entendimento que conferiu ao mandado de injunção os seguintes elementos operacionais**: **i)** os direitos constitucionalmente garantidos por meio de mandado de injunção apresentam-se como direitos à expedição de um ato normativo, os quais, via de regra, não poderiam ser diretamente satisfeitos por meio de provimento jurisdicional do STF; **ii)** a decisão judicial que declara a existência de uma omissão inconstitucional constata, igualmente, a mora do órgão ou poder legiferante, insta-o a editar a norma requerida; **iii)** a omissão inconstitucional tanto pode referir-se a uma omissão total do legislador quanto a uma omissão parcial; **iv)** a decisão proferida em sede do controle abstrato de normas acerca da existência, ou não, de omissão é dotada de eficácia *erga omnes*, e não apresenta diferença significativa em relação a atos decisórios proferidos no contexto de mandado de injunção; **iv)** o STF possui competência constitucional para, na ação de mandado de injunção, determinar a suspensão de processos administrativos ou judiciais, com o intuito de assegurar ao interessado a possibilidade de ser contemplado por norma mais benéfica, ou que lhe assegure o direito constitucional invocado; **v) por fim, esse plexo de poderes institucionais legitima que o STF determine a edição de outras medidas que garantam a posição do impetrante até a oportuna expedição de normas pelo legislador**. Apesar dos avanços proporcionados por essa construção jurisprudencial inicial, o STF flexibilizou a interpretação constitucional primeiramente fixada para conferir uma compreensão mais abrangente à garantia fundamental do mandado de injunção. **A partir de uma série de precedentes, o Tribunal passou a admitir soluções 'normativas' para a decisão judicial como alternativa legítima de tornar a proteção judicial efetiva** (CF, art. 5º, XXXV). Precedentes: MI 283, Rel. Min. Sepúlveda Pertence, DJ de 14-11-1991; MI 232/RJ, Rel. Min. Moreira Alves, DJ de 27-3-1992; MI 284, Rel. Min. Marco Aurélio, Rel. p/ o ac. Min. Celso de Mello, DJ de 26-6-1992; MI 543/DF,

Rel. Min. Octavio Gallotti, DJ de 24-5-2002; MI 679/DF, Rel. Min. Celso de Mello, DJ de 17-12-2002; e MI 562/DF, Rel. Min. Ellen Gracie, DJ de 20-6-2003. (...) **Mandado de injunção conhecido e, no mérito, deferido para, nos termos acima especificados, determinar a aplicação das Leis 7.701/1988 e 7.783/1989 aos conflitos e às ações judiciais que envolvam a interpretação do direito de greve dos servidores públicos civis.** (MI 708, Rel. Min. Gilmar Mendes, julgamento em 25-10-2007, Plenário, DJE de 31-10-2008). No mesmo sentido: MI 670, Rel. p/ o ac. Min. Gilmar Mendes, e MI 712, Rel. Min. Eros Grau, julgamento em 25-10-2007, Plenário, DJE de 31-10-2008".

No dia 24 de junho de 2016 foi publicada a Lei 13.300, que finalmente disciplinou infraconstitucionalmente o processo e o julgamento do mandado de injunção. A grande novidade ficou por conta da previsão do **mandado de injunção coletivo**, o que, a bem da verdade, simplesmente trouxe um alinhamento à jurisprudência pacífica do STF, que há muitos anos já o admitia[41].

Consoante art. 12 da Lei 13.300/2016, **o mandado de injunção coletivo pode ser promovido**:

I - **pelo Ministério Público**, quando a tutela requerida for especialmente relevante para a defesa da ordem jurídica, do regime democrático ou dos interesses sociais ou individuais indisponíveis;

II - **por partido político com representação no Congresso Nacional**, para assegurar o exercício de direitos, liberdades e prerrogativas de seus integrantes ou relacionados com a finalidade partidária;

III - **por organização sindical, entidade de classe ou associação legalmente constituída e em funcionamento há pelo menos 1 (um) ano**, para assegurar o exercício de direitos, liberdades e prerrogativas em favor da totalidade ou de parte de seus membros ou associados, na forma de seus estatutos e desde que pertinentes a suas finalidades, dispensada, para tanto, autorização especial;

IV - **pela Defensoria Pública**, quando a tutela requerida for especialmente relevante para a promoção dos direitos humanos e a defesa dos direitos individuais e coletivos dos necessitados, na forma do inciso LXXIV do art. 5º da Constituição Federal.

5.5. *Habeas data*

Art. 5º, LXXII, da CF: "conceder-se-á ***habeas data***: a) para assegurar o conhecimento **de informações relativas à pessoa do impetrante, constantes de registros ou bancos de dados de entidades governamentais ou de caráter público**; b) para a **retificação de dados**, quando não se prefira fazê-lo por processo sigiloso, judicial ou administrativo".

[...]

41. Vide MI 102, julgado em 1998 e relatado para o acórdão pelo Ministro Carlos Velloso.

Art. 5º, LXXVII, da CF: "são **gratuitas as ações** de "habeas-corpus" e "**habeas-data**", e, na forma da lei, os atos necessários ao exercício da cidadania".

O habeas data é a ação constitucional impetrada por pessoa física ou jurídica, que tenha por objetivo assegurar o conhecimento de informações sobre si, constantes de registros ou bancos de dados de entidades governamentais ou de caráter público, ou para a retificação de dados, quando não se prefira fazê-lo por processo sigiloso, judicial ou administrativo.

Esse remédio constitucional está **regulamentado pela Lei 9.507/97**, que disciplina o direito de acesso a informações e o rito processual do *habeas data*.

As **duas principais características** do *habeas data* são:

a) objetiva assegurar o conhecimento de **informações sobre a pessoa do impetrante**[42], ou retificar dados;

b) as informações devem estar **armazenadas em registros ou bancos de dados governamentais ou de caráter público**[43].

▸ **ATENÇÃO PARA AS PEGADINHAS!**

Não confunda o mandado de segurança com o *habeas data*. São comuns as questões que desafiam os candidatos quanto ao cabimento dessas duas ações constitucionais. Para facilitar a compreensão, elaboramos a seguinte tabela.

▸ MANDADO DE SEGURANÇA	▸ HABEAS DATA
1. Conhecimento de informações de **interesse pessoal** do impetrante	1. Conhecimento de informações **relativas/referentes à pessoa** do impetrante
2. Obtenção de **certidão** que contenha informações de interesse pessoal do impetrante	2. Obtenção de **informações constantes em registros ou bancos de dados** (não em certidões)[44]

42. Portanto, a ação é personalíssima, não sendo admitida para a tutela de direito de terceiros. Assim entende o STF: "O *habeas data* não se presta para solicitar informações relativas a terceiros, pois, nos termos do inciso LXXII do art. 5º da CF, sua impetração deve ter por objetivo 'assegurar o conhecimento de informações relativas à pessoa do impetrante'". (HD 87-AgR, julgado em 2009 e relatado pela Ministra Cármen Lúcia).

43. Nos termos do art. 1º, parágrafo único, da Lei 9.507/97: "Considera-se de caráter público todo registro ou banco de dados contendo informações que sejam ou que possam ser transmitidas a terceiros ou que não sejam de uso privativo do órgão ou entidade produtora ou depositária das informações".

44. **O *habeas data* também não se presta para obtenção de vista em processo administrativo**, consoante posicionamento do STF: "A ação de *habeas data* visa à proteção da privacidade do indivíduo contra abuso no registro e/ou revelação de dados pessoais falsos ou equivocados. O *habeas data* não se revela meio idôneo para se obter vista de processo administrativo". (HD 90-AgR, julgado em 2010 e relatado pela Ministra Ellen Gracie).

Ainda sobre o cabimento do *habeas data*, merece lembrança a Súmula 2 do STJ: **"Não cabe o *habeas data* (CF, art. 5º, LXXII, letra a) se não houve recusa de informações por parte da autoridade administrativa"**.

Desta feita, para que o *habeas data* seja processado, deve haver a comprovação do pedido e da recusa/negativa quanto ao conhecimento das informações pela via administrativa.

Por fim, a exemplo do *habeas corpus*, lembramos que a **ação** de *habeas data* é **gratuita**.

5.6. Ação popular

> Art. 5º, LXXIII, da CF: "qualquer **cidadão** é parte legítima para propor ação popular que vise a **anular ato lesivo ao patrimônio público ou de entidade de que o Estado participe, à moralidade administrativa, ao meio ambiente e ao patrimônio histórico e cultural**, ficando o autor, **salvo comprovada má-fé**, isento de custas judiciais e do ônus da sucumbência"

A ação popular é o remédio constitucional ajuizado por qualquer cidadão, que tenha por objetivo anular ato lesivo ao patrimônio público ou de entidade de que o Estado participe, à moralidade administrativa, ao meio ambiente e ao patrimônio histórico e cultural, ficando o autor, **salvo comprovada má-fé**, isento de custas judiciais e do ônus da sucumbência.

Como o requisito para a propositura é ser cidadão, e formalmente isso significa ter **título de eleitor**, aquele que, **a partir dos 16 anos**, estiver munido desse documento, poderá ajuizar ação popular.

> ▶ **ATENÇÃO PARA A PEGADINHA!**
>
> Se a lei exige que a propositura seja realizada por um cidadão, então **é errado dizer que qualquer pessoa poderá** ajuizar ação popular (como fazem algumas bancas examinadoras para testar a memorização e a atenção do candidato).

Nesse sentido, é tranquila a compreensão da Súmula 365 do STF: **"Pessoa jurídica não tem legitimidade** para propor ação popular".

Importante, ainda, destacarmos a Súmula 101 do STF: **"O mandado de segurança não substitui** a ação popular". Ou seja, se o objetivo for a anulação de ato lesivo ao patrimônio público ou de entidade de que o Estado participe, à moralidade administrativa, ao meio ambiente e ao patrimônio histórico e cultural, deve ser ajuizada ação popular, não sendo admissível mera opção pelo mandado de segurança.

> ▶ **ATENÇÃO!**
>
> A ação popular tem objeto restrito à anulação de ato lesivo ao patrimônio público ou de entidade de que o Estado participe, à moralidade administrativa, ao meio

ambiente e ao patrimônio histórico e cultural. Portanto, **ela não se presta a nenhum outro objetivo**!

Vale anotar que, nos casos de **ação popular movida contra o Presidente da República, a competência originária para o seu julgamento não é do Supremo Tribunal Federal**, pois não há previsão no art. 102 da CF, que conta com rol taxativo (regime de direito estrito). Nesse sentido, a jurisprudência do STF: "**A competência para julgar ação popular contra ato de qualquer autoridade, até mesmo do Presidente da República, é, via de regra, do juízo competente de primeiro grau**. Precedentes. Julgado o feito na primeira instância, se ficar configurado o impedimento de mais da metade dos Desembargadores para apreciar o recurso voluntário ou a remessa obrigatória, ocorrerá a competência do STF, com base na letra n do inciso I, segunda parte, do art. 102 da CF". (AO 859-QO, julgado em 2001 e relatado pelo Ministro Maurício Corrêa).

Por fim, registramos que a ação popular está regulamentada infraconstitucionalmente pela Lei 4.717/65.

6. QUESTÕES DISCURSIVAS

(MPE-SP – Promotor de Justiça - SP/2008) Aponte, de forma sucinta, as principais controvérsias sobre a hierarquia normativa dos tratados internacionais de direitos humanos antes e depois da Emenda Constitucional 45/2004. Atualmente qual é a orientação predominante no STF? Já houve aplicação concreta da nova regra constitucional pelo Poder Legislativo? Exemplifique.

RESPOSTA

Segundo o art. 5º, § 3º, da CF, incluído no texto constitucional pela EC 45/2004: "os tratados e convenções internacionais sobre direitos humanos que forem aprovados, em cada Casa do Congresso Nacional, em dois turnos, por três quintos dos votos dos respectivos membros, serão equivalentes às emendas constitucionais". Nesse sentido, os tratados e convenções internacionais sobre direitos humanos que se submeterem a esse processo de incorporação terão força de norma constitucional.

Esse novo trâmite já foi concretamente aplicado para a incorporação ao ordenamento jurídico brasileiro da Convenção Internacional sobre os Direitos das Pessoas com Deficiência, aprovada pelo Congresso Nacional em 2008 e promulgada pelo Presidente da República em 2009 que goza, pois, de *status* constitucional.

O grande problema é que, antes da inclusão do § 3º ao art. 5º da CF, o Brasil já havia incorporado inúmeros tratados de direitos humanos. Assim, restou a dúvida: qual seria o status normativo dos tratados aprovados antes e, portanto, sem a observância do novo procedimento de incorporação?

No bojo do RE 466.343 e do HC 87.585, julgados em 2008, que tinham como objeto a prisão civil de depositário infiel, o Supremo Tribunal Federal (STF) acabou decidindo que, os tratados internacionais sobre direitos humanos que foram incorporados sem a observância da regra do art. 5º, § 3º, da CF, gozam de *status* supralegal, ou seja, valem menos do que as normas constitucionais, mas são superiores a quaisquer outras normas infraconstitucionais.

(FGV – XIX Exame Unificado - 2016) A Associação Antíqua, formada por colecionadores de carros antigos, observando que Mário, um de seus membros, supostamente teria infringido regras do respectivo Estatuto, designou comissão especial para a apuração dos fatos, com estrita observância das regras estatutárias. A Comissão, composta por membros de reconhecida seriedade, ao concluir os trabalhos, resolveu propor a exclusão de Mário do quadro de sócios, o que foi referendado pela Direção da Associação Antíqua.

Questionada por Mário sobre o fato de não ter tido a oportunidade de contraditar os fatos ou apresentar defesa, a Associação apresentou as seguintes alegações: em primeiro lugar, não seria possível a Mário contraditar os fatos ocorridos, já que as provas de sua ocorrência eram incontestáveis; em segundo lugar, os trâmites processuais previstos no Estatuto foram rigorosamente respeitados; em terceiro lugar, tratando-se de uma instituição privada, a Associação Antíqua tinha plena autonomia para a elaboração de suas regras estatutárias, que, no caso, permitiam a exclusão sem oitiva do acusado. Por fim, a Associação ainda alegou que Mário, ao nela ingressar, assinara um documento em que reconhecia a impossibilidade de solucionar possíveis litígios com a referida Associação pela via judicial.

Inconformado, Mário o procurou para, como advogado(a), orientá-lo sobre as questões a seguir.

A) O direito à ampla defesa e ao contraditório podem ser alegados quando regras convencionais não os preveem? (Valor: 0,80)

B) É possível que o Estatuto da Associação Antíqua possa estabelecer regra que afaste a apreciação da causa pelo Poder Judiciário? (Valor: 0,45)

Obs.: *o examinando deve fundamentar suas respostas. A mera citação do dispositivo legal não confere pontuação.*

RESPOSTA

A) Sim, o direito à ampla defesa e ao contraditório pode ser alegado, mesmo sem previsão estatutária para tanto. Tal direito encontra fundamento no art. 5º, inciso LV, da CF, e pode ser objeto de tutela em relações privadas, visto que a garantia do contraditório e da ampla defesa é decorrente do devido processo legal e, portanto, é preceito de ordem pública. Assim, deve ser observado mesmo em relações de âmbito particular. Justifica-se a observância desse preceito com base na eficácia horizontal dos direitos fundamentais, entendimento segundo o qual os direitos fundamentais não apenas devem ser respeitados nas relações indivíduo-Estado, mas também nas relações indivíduo-indivíduo. A eficácia horizontal é, portanto, o que vincula os particulares em relações privadas, decorrente do reconhecimento de que não apenas na relação indivíduo-Estado existem assimetrias, mas também nas relações indivíduo-indivíduo.

B) O estatuto da Associação Antígua não pode estabelecer regra que afaste a apreciação da causa pelo Poder Judiciário, porque constitui direito e garantia fundamental contido no texto constitucional, positivado no art. 5º, inciso XXXV, da CF: "a lei não excluirá da apreciação do Poder Judiciário lesão ou ameaça a direito".

PADRÃO DE RESPOSTA DA BANCA EXAMINADORA

A) No caso em tela, o direito à ampla defesa e ao contraditório, previsto no Art. 5º, LV, da CRFB, consubstancia preceito de ordem pública e não poderia ser desobedecido, mesmo no âmbito das relações privadas, configurando verdadeiro direito subjetivo de Mário. Afinal, direitos fundamentais dessa natureza devem ser observados tanto pelo Poder Público como pelos particulares. Nessa linha, o sistema jurídico-constitucional brasileiro tem reconhecido a possibilidade de aplicação da teoria da eficácia horizontal dos direitos fundamentais. Em consequência, as violações aos direitos fundamentais não ocorrem somente no âmbito das relações entre o particular e o Estado, mas igualmente nas relações estabelecidas entre pessoas físicas e jurídicas de direito privado. Assim, em casos análogos ao descrito, em que um ente submete uma pessoa ao seu poder decisório, os direitos fundamentais assegurados pela Constituição vinculam, diretamente, não apenas os poderes públicos, como também estão direcionados à proteção dos particulares em face do poder privado.

B) Não. Se o inciso XXXV do Art. 5º da Constituição Federal estabelece que "a lei não excluirá da apreciação do Poder Judiciário lesão ou ameaça a direito", por muito maior razão, diploma normativo sublegal certamente também não poderá fazê-lo. Acrescente-se que o dispositivo em referência tem natureza de direito fundamental, o que aumenta ainda mais sua densidade normativa.

(FGV - XI Exame Unificado - 2013) Morales, de nacionalidade cubana, participante de reality show produzido e divulgado por emissora de televisão brasileira, alega que teve o seu direito fundamental à intimidade violado, ao serem amplamente divulgadas imagens suas em ato de convulsão, decorrentes de disfunção epilética que possui. Assim, após sua saída do programa, ingressa com demanda em face da emissora de televisão.

Considerando o fato acima descrito, responda fundamentadamente:

A) É possível invocar um direito fundamental, previsto na Constituição, em uma demanda movida contra um particular?

B) Seria correto o argumento, posto em sede de defesa, que a norma constitucional que resguarda o direito à intimidade não pode ser invocado, tendo em vista a ausência de lei disciplinando o dispositivo constitucional?

RESPOSTA

A) Sim, é possível invocar um direito fundamental em demanda movida contra particular. Em primeiro lugar cumpre salientar duas características dos direitos fundamentais que devem ser levadas em consideração no caso em questão: universalidade e essencialidade. Esta se refere à inerência dos direitos fundamentais aos seres humanos, destacando-se sua dignidade. Aquela diz respeito ao fato de os direitos fundamentais alcançarem todos os seres humanos, sem distinção. Portanto, considerando essas características, é perfeitamente possível que Morales ingresse com demanda em face da emissora brasileira, ainda que seja cubano, posto que, de acordo com a interpretação dada pelo STF ao *caput* do art. 5º da CF, os estrangeiros também são titulares de direitos fundamentais no Brasil. Em segundo lugar, mesmo que seja uma demanda contra um particular, é possível invocar um direito fundamental com base na teoria da eficácia horizontal dos direitos fundamentais. Além da eficácia vertical, entendida como aquela que vincula o

Poder Público aos direitos fundamentais, a doutrina também reconhece a existência da eficácia horizontal, como sendo a que vincula os particulares em relações privadas, decorrente do reconhecimento de que não apenas na relação indivíduo-Estado existem assimetrias, mas também nas relações indivíduo-indivíduo. A eficácia horizontal dos direitos fundamentais se fundamenta na dimensão objetiva dos direitos fundamentais, que exige a proteção do Estado em caso de ameaça aos direitos (verticalidade), ameaça esta que pode ser decorrente de atos de particulares (horizontalidade).

B) Não, o argumento da defesa é completamente equivocado. Os direitos individuais têm aplicação imediata, e, portanto, eficácia direta e independente de legislação infraconstitucional, consoante art. 5º, § 1º, da CF.

PADRÃO DE RESPOSTA DA BANCA EXAMINADORA

O objetivo da questão é verificar se o candidato tem conhecimento das características dos direitos fundamentais, bem como das teorias acerca de sua aplicação.

A) Deve ser respondido que é possível a demanda, explicando o que vem a ser eficácia horizontal dos direitos fundamentais, bem como esclarecendo que esta eficácia horizontal decorre da dimensão objetiva dos direitos fundamentais.

B) Não é correto o argumento da defesa. Os direitos individuais, nos termos do Art. 5º, § 1º, da Constituição Federal, têm aplicabilidade imediata, prescindindo de edição de norma regulamentadora, salvo quando a própria Constituição assim o exigir expressamente.

7. QUESTÕES COMENTADAS

01. (FGV – Exame de Ordem XXXVI – 2022) Antônio foi condenado em definitivo pela prática de diversos crimes em concurso material. Além da privação da liberdade, também foi condenado, cumulativamente, à pena de multa e à obrigação de ressarcir os danos causados às vítimas das práticas criminosas.

Em caso de falecimento de Antônio, com base no texto constitucional, é correto afirmar que,

a) à exceção das penas privativas de liberdade, todas as demais podem ser estendidas aos sucessores de Antônio até o limite do valor do patrimônio transferido.
b) pelo princípio da intransmissibilidade da pena, nenhuma das obrigações ou penas decorrentes da prática criminosa pode ser transferida aos sucessores de Antônio.
c) apenas a pena de multa e obrigações de cunho patrimonial podem ser estendidas aos sucessores de Antônio até o limite do valor do patrimônio transferido.
d) a obrigação de reparar os danos causados às vítimas pode ser estendida aos sucessores de Antônio e contra eles executada até o limite do valor do patrimônio transferido.

COMENTÁRIOS

Alternativa "d" (responde todas as alternativas): O art. 5º, XLV da CF/88 determina que: "XLV - nenhuma pena passará da pessoa do condenado, podendo a obrigação de reparar o dano e a decretação do perdimento de bens ser, nos termos da lei, estendidas aos sucessores e contra eles executadas, até o limite do valor do patrimônio transferido;".

Alternativa correta: "d".

02. **(FGV – Exame de Ordem XXXVI – 2022)** Um órgão público, detentor de banco de dados com informações passíveis de serem transmitidas a terceiros, possuía informações inexatas a respeito de João. Em razão disso, ele dirige petição ao referido órgão solicitando que providenciasse a devida retificação. A petição seguiu acompanhada dos documentos que informavam os dados corretos sobre a pessoa de João.

Como o órgão público indeferiu tanto o pedido inicial quanto o recurso administrativo interposto, João contratou você, como advogado(a), para ajuizar a medida judicial cabível.

Agindo em conformidade com o sistema jurídico-constitucional brasileiro, você

A) ajuizou um Habeas Data, esclarecendo que o Mandado de Segurança, por ser um remédio de caráter residual, não seria o instrumento adequado para aquela situação específica, em que se almejava retificar informações pessoais.
B) ajuizou uma Ação Ordinária, informando a João ser esta a única solução processual passível de atingir os objetivos pretendidos, já que a comprovação do direito líquido e certo pressupõe a dilação probatória.
C) impetrou Mandado de Segurança, tendo o cuidado de observar que a impetração se desse dentro do prazo decadencial de 120 dias do conhecimento, por João, do improvimento do recurso.
D) informou a João que a situação em tela é uma exceção à possibilidade de resolução no âmbito da esfera judicial, sendo que sua solução obrigatoriamente se esgota na esfera administrativa.

COMENTÁRIOS

Alternativa "a" (Responde todas as alternativas): O habeas data encontra previsão no art. 5º, LXXII da CF/88, sendo uma das hipóteses que admitem seu cabimento a retificação de dados. Já o mandado de segurança, que tem previsão no art. 5º, LXIX da CF/88, tem caráter residual, pois o próprio texto constitucional estabelece que somente será concedido para proteger direito **não amparado por *habeas corpus* e *habeas data*.** No caso, o habeas data é cabível, o que afasta a possibilidade de impetrar o mandado de segurança. Vale ainda observar que, com base no texto constitucional, sequer é necessário o prévio pedido administrativo, pois o art. 5º, LXXII, "b" da CF/88 prevê ser cabível o habeas data para a retificação de dados "quando não se **prefira** fazê-lo por processo sigiloso, judicial ou administrativo".

Alternativa correta: "a".

03. **(Cespe – Analista Judiciário – Direito – TJ – PA/2020)** Um grupo de pais apresentou requerimento a determinado município, solicitando autorização para realizar manifestação pacífica na praça pública onde está sediada a prefeitura, a fim de protestar contra políticas públicas municipais. A autoridade pública competente negou o pedido, sob o fundamento de que frustraria outra reunião anteriormente convocada para o mesmo horário e local.

Nessa situação hipotética, para realizar a referida manifestação, o grupo de pais utilizou o instrumento

a) inadequado, porque o direito de reunião não requer autorização, mas apenas prévio aviso.
b) inadequado, entretanto a autoridade competente não poderia ter negado o direito com base no fundamento utilizado.
c) adequado, porque o direito de reunião requer prévia autorização administrativa, cabendo ao grupo ajuizar ação popular contra a decisão que negou o referido pedido.
d) adequado, porque o direito de reunião requer prévia autorização administrativa, cabendo ao grupo impetrar *habeas corpus* contra a decisão que negou o referido pedido.
e) adequado, porque o direito de reunião requer prévia autorização administrativa, cabendo ao grupo impetrar mandado de segurança contra a decisão que negou o referido pedido.

COMENTÁRIOS

Alternativa "a" (responde todas as alternativas): Segundo disposição do art. 5º, XVI: "XVI - todos podem reunir-se pacificamente, sem armas, em locais abertos ao público, **independentemente de autorização**, desde que não frustrem outra reunião anteriormente convocada para o mesmo local, **sendo apenas exigido prévio aviso à autoridade competente**;". Ao fazer **requerimento**, o grupo de pais estava pedindo **autorização**, o que é **desnecessário** segundo o texto constitucional. O correto seria fazer **prévio aviso**, a fim de não frustrar outra reunião. Logo, o instrumento utilizado pelo grupo de pais foi **inadequado**. Vale ainda observar que a autoridade agiu corretamente, pois já havia outra reunião anteriormente convocada para o mesmo horário e local.

Alternativa correta: "a".

04. **(Cespe - Técnico Judiciário - TJ - PR/2019)** As normas definidoras dos direitos e das garantias fundamentais
a) são programáticas.
b) têm aplicação imediata.
c) estabelecem hierarquia entre os direitos previstos.
d) vedam a ampliação de seu conteúdo por tratados internacionais.
e) são listadas em rol taxativo na Constituição Federal de 1988 (CF).

COMENTÁRIOS

Alternativa "a": Normas programáticas são as que dependem da instituição de políticas públicas para serem efetivadas, constituindo mandamentos ao legislador. As normas definidoras de direitos e garantias fundamentais, embora possam ser programáticas, são, em sua maioria, normas de eficácia plena, e algumas, normas de eficácia contida.

Alternativa "b": Trata-se da disposição do art. 5º, §1º da CF/88: "§ 1º As normas definidoras dos direitos e garantias fundamentais têm aplicação imediata.".

Alternativa "c": Não há hierarquia entre os direitos fundamentais.

Alternativa "d": É possível a ampliação de seu conteúdo por tratados internacionais, pois estabelece o art. 5º, §2º da CF/88: "§ 2º Os direitos e garantias expressos nesta Constituição

não excluem outros decorrentes do regime e dos princípios por ela adotados, ou dos tratados internacionais em que a República Federativa do Brasil seja parte."

Alternativa "e": O rol não é taxativo, mas sim exemplificativo, pois, conforme o §2º do art. 5º, mencionado no comentário da alternativa anterior, podem existir outros previstos em tratados internacionais, por exemplo.

Alternativa correta: "b".

05. **(FGV / Analista Jurídico / TJ-SC /2018)** Pedro, servidor público estadual, respondeu a processo administrativo disciplinar e recebeu, ao final, a sanção de suspensão de 10 (dez) dias, o que também lhe acarretou outros prejuízos estatutários, como a impossibilidade de ser promovido por merecimento nos dois anos seguintes. Apesar da gravidade das consequências, Pedro não foi defendido por advogado. Considerando as garantias constitucionais asseguradas aos brasileiros em geral, a ausência de defesa por advogado:

a) não afronta a ordem constitucional, desde que tenham sido assegurados o contraditório e a ampla defesa;
b) não afronta a ordem constitucional, desde que Pedro tenha renunciado ao direito à defesa por advogado;
c) afronta a garantia constitucional do devido processo legal;
d) afronta a garantia constitucional da ampla defesa;
e) afronta a garantia constitucional do contraditório.

COMENTÁRIOS

Alternativa correta: letra "a" (responde a todas as alternativas): no processo administrativo disciplinar de Pedro, conforme se extrai da súmula vinculante nº 5, a ausência de defesa por advogado não afronta a ordem constitucional, desde que tenham sido assegurados o contraditório e a ampla defesa.

06. **(FGV / Analista Judiciário – Área Judiciária / TJ-AL / 2018)** Jean, nacional francês residente no território brasileiro, procurou um advogado e solicitou que fosse esclarecido que direitos a ordem jurídica brasileira lhe assegurava, mais especificamente se possuía direitos fundamentais e direitos políticos. À luz da sistemática constitucional, o advogado deve afirmar que Jean:

a) possui direitos políticos e fundamentais idênticos aos dos brasileiros naturalizados;
b) não possui direitos políticos e fundamentais de qualquer natureza;
c) possui direitos fundamentais em extensão inferior aos dos brasileiros, mas não direitos políticos;
d) possui direitos fundamentais idênticos aos dos brasileiros, mas direitos políticos inferiores;
e) possui direitos políticos e fundamentais em extensão inferior aos dos brasileiros.

COMENTÁRIOS

Alternativa correta: letra "c" (responde a todas as alternativas): Jean, nacional francês residente no território brasileiro, possui direitos fundamentais, conforme art. 5º, caput, da CF. Mas tais direitos são conferidos em extensão inferior aos dos brasileiros, uma vez que Jean não pode votar, por exemplo, já que não tem direitos políticos.

07. **(FCC – Analista Judiciário – Oficial de Just. Avaliador – TRT 24/2017)** Marinete ficou extremamente chateada ao chegar na sua empregadora, a empresa H, para mais um dia normal de trabalho e encontrar seu computador com uma nova tela de descanso. Esta tela possuía diversos macacos segurando placas com dizeres racistas. Inconformada com o fato, resolveu descobrir tudo a respeito do racismo do qual foi vítima. Assim, começando pela Constituição Federal, Marinete descobriu que a prática do racismo

A) constitui crime inafiançável e imprescritível, previsto no capítulo inerente aos direitos e deveres individuais e coletivos.
B) constitui crime inafiançável com prazo prescricional de dez anos, previsto no capítulo inerente aos direitos e deveres individuais e coletivos.
C) constitui crime inafiançável com prazo prescricional de vinte anos, previsto no capítulo inerente aos direitos e deveres individuais e coletivos.
D) não está prevista na Carga Magna.
E) constitui crime imprescritível, mas afiançável mediante condições prevista no capítulo inerente aos direitos e deveres individuais e coletivos.

COMENTÁRIOS

Alternativa correta: letra "a": a única alternativa que encontra respaldo na CF é a alternativa "a", visto que em conformidade com o disposto no art. 5º, inciso XLII, da CF: "A prática do racismo constitui crime **inafiançável** e **imprescritível**, sujeito à pena de reclusão, nos termos da lei". O art. 5º está disposto no Capítulo I – Dos Direitos e Deveres Individuais e Coletivos, inserido no Título II – Dos Direitos e Garantias Fundamentais, da CF.

08. **(Cespe – Analista Judiciário – Área Judiciária – TRE – PI/2016)** A respeito dos princípios fundamentais e dos direitos e das garantias fundamentais, assinale a opção correta.

A) Por constituírem direitos relativos às pessoas naturais, os direitos e garantias fundamentais não são extensíveis às pessoas jurídicas.
B) Enquanto os direitos civis e políticos se baseiam em abstenções por parte do Estado, os direitos sociais pressupõem prestações positivas do Estado.
C) De acordo com o STF, um direito fundamental constitucionalmente previsto possui caráter absoluto e se sobrepõe a eventual interesse público.
D) A adoção da Federação como forma de Estado pela CF é embasada na descentralização política e na soberania dos Estados-membros, que são capazes de se auto-organizar por meio de suas próprias constituições.
E) Em relação aos direitos políticos, o mandado de segurança coletivo e o *habeas corpus* são formas de exercício direto da soberania popular, como previsto na CF.

COMENTÁRIOS

Nota do autor: uma importante questão que merece destaque é a classificação doutrinária das gerações (ou dimensões) dos direitos fundamentais. A doutrina classifica os direitos humanos e os fundamentais em gerações ou dimensões de direitos. Os direitos civis e políticos seriam os de primeira geração ou dimensão, caracterizados pelo valor liberdade. Já os direitos econômicos, sociais e culturais seriam os de segunda geração ou dimensão, caracterizados pelo valor igualdade. Por fim, os direitos de solidariedade ou fraternidade seriam os de terceira geração ou dimensão, caracterizados pelo valor solidariedade ou fraternidade. Estes direitos formariam, assim, um conjunto indivisível de direitos fundamentais, entre os quais não há qualquer relação hierárquica.

Alternativa correta: letra "b": os direitos civis e políticos (típicos direitos de primeira geração ou dimensão) se baseiam em abstenções por parte do Estado. Já os direitos sociais (classificados como de segunda geração ou dimensão) pressupõem prestações positivas do Estado. Os direitos sociais, econômicos, e culturais são direitos humanos de segunda geração, realizáveis por meio de políticas públicas estatais, e normalmente descritos em normas programáticas, mas isso não significa que não podem ser exigidos juridicamente. Isso porque, todos os direitos humanos são juridicamente exigíveis, e os direitos fundamentais expressos na Constituição têm aplicabilidade imediata.

Alternativa "a": segundo entendimento pacífico do Supremo Tribunal Federal, as pessoas jurídicas também são titulares de direitos fundamentais (AC 2.032-QO/SP, relatada pelo Ministro Celso de Mello e julgada em 2008).

Alternativa "c": segundo o STF, "**Os direitos e garantias individuais não têm caráter absoluto. Não há, no sistema constitucional brasileiro, direitos ou garantias que se revistam de caráter absoluto, mesmo porque razões de relevante interesse público ou exigências derivadas do princípio de convivência das liberdades legitimam, ainda que excepcionalmente, a adoção, por parte dos órgãos estatais, de medidas restritivas das prerrogativas individuais ou coletivas, desde que respeitados os termos estabelecidos pela própria Constituição.** O estatuto constitucional das liberdades públicas, ao delinear o regime jurídico a que estas estão sujeitas - e considerado o substrato ético que as informa- permite que sobre elas incidam limitações de ordem jurídica, destinadas, de um lado, a proteger a integridade do interesse social e, de outro, a assegurar a coexistência harmoniosa das liberdades, pois nenhum direito ou garantia pode ser exercido em detrimento da ordem pública ou com desrespeito aos direitos e garantias de terceiros." (MS n.º 23.452, julgado no ano 2000 e relatado pelo Ministro Celso de Mello).

Alternativa "d": os Estados-membros não possuem **soberania**. A soberania é de titularidade da República Federativa do Brasil, que será exercido por meio da União no plano internacional. Em outras palavras, a União é quem exerce a soberania em nome do Estado Federado, mas quem é a verdadeira detentora da soberania é a República Federativa do Brasil. Os Estados-membros, nos termos do art. 18 da CF, possuem autonomia.

Alternativa "e": conforme estipula o art. 14 da Constituição, a soberania popular será exercida pelo sufrágio universal e pelo voto direto e secreto, com valor igual para todos, e, nos termos da lei, mediante: I - plebiscito; II - referendo; III - iniciativa popular.

09. **(Cespe – Técnico Judiciário – Área Administrativa – TRT 8/2016)** Assinale a opção correta com relação aos direitos e deveres individuais e coletivos assegurados e garantidos pela CF.

A) É absolutamente proibida a aplicação de pena de morte ou de prisão perpétua em todo o território nacional e a qualquer tempo.

B Diferentemente do direito de propriedade, o direito de herança não é garantido pelas normas constitucionais.

C) É dever do Estado promover a defesa dos direitos do consumidor na forma da lei.
D) O habeas data é o instituto adequado para a garantia da liberdade de acusados de prática criminal se não configurado flagrante delito.
E) É vedada a concessão de asilo político para nacionais de Estados com os quais o Brasil tenha relação diplomática.

COMENTÁRIOS

Alternativa correta: letra "c": consoante art. 5º, XXXII, da CF.

Alternativa "a": em regra, é proibida a aplicação de pena de morte no Brasil. No entanto, a própria Constituição estabelece em seu art. 5º, XLVII, *a*, a exceção nos casos de guerra declarada, nos termos do art. 84, XIX, da CF.

Alternativa "b": o direito de herança é garantido no art. 5º, XXX, da CF.

Alternativa "d": o remédio constitucional cabível para garantia de liberdade é o *habeas corpus*. O *habeas data*, nos termos do art. 5º, LXVIII, da CF, será concedido: a) para assegurar o conhecimento de informações relativas à pessoa do impetrante, constantes de registros ou bancos de dados de entidades governamentais ou de caráter público; b) para a retificação de dados, quando não se prefira fazê-lo por processo sigiloso, judicial ou administrativo;

Alternativa "e": não há vedação a concessão de asilo político para nacionais de Estados com os quais o Brasil tenha relação diplomática. Ademais, a concessão de asilo político configura um dos princípios que regem o Brasil nas suas relações internacionais (art. 4º, X, da CF).

10. **(FCC – Analista Judiciário – Oficial de Justiça Avaliador – TRT 3/2015)** Em que pese a Constituição Federal assegure a inviolabilidade de domicílio, é constitucional o ingresso

I. da autoridade policial em escritório de advocacia particular, de dia, sem o consentimento do responsável, munida de autorização judicial para realizar busca e apreensão de bens e documentos necessários à investigação de prática de crime cometido pelo advogado titular da banca, não recaindo a busca e apreensão sobre a esfera de direito de terceiros.
II. da autoridade administrativa de fiscalização tributária na sede de empresa privada, de dia, sem o consentimento do responsável e sem autorização judicial, para realizar apreensão de livros, documentos e equipamentos necessários à lavratura de auto de infração e imposição de multa.
III. da autoridade policial em residência familiar, de noite, sem o consentimento do responsável e sem autorização judicial, para realizar prisão em flagrante delito.
IV. de Oficial de Justiça em residência familiar, de noite, sem o consentimento do morador, munido de autorização judicial para a realização de penhora e avaliação de bens.

Está correto o que consta APENAS em

a) I, II e III.
b) I, II e IV.
c) I e III.

d) II e IV.
e) III e IV.

COMENTÁRIOS

Nota do Autor: a inviolabilidade de domicílio é tema recorrente em provas de concurso público, mormente envolvendo jurisprudência do STF.

Alternativa correta: letra "c": os itens I e III estão certos.

Item "I": certo. "O sigilo profissional constitucionalmente determinado não exclui a possibilidade de cumprimento de mandado de busca e apreensão em escritório de advocacia. O local de trabalho do advogado, desde que este seja investigado, pode ser alvo de busca e apreensão, observando-se os limites impostos pela autoridade judicial. Tratando-se de local onde existem documentos que dizem respeito a outros sujeitos não investigados, é indispensável a especificação do âmbito de abrangência da medida, que não poderá ser executada sobre a esfera de direitos de não investigados" (HC 91.610, julgado em 2010 e relatado pelo Ministro Gilmar Mendes).

Item "II": errado. É **inconstitucional** o ingresso da autoridade administrativa de fiscalização tributária na sede de empresa privada, de dia, sem o consentimento do responsável e sem autorização judicial, para realizar apreensão de livros, documentos e equipamentos. Isso porque, de acordo com o STF, o atributo da autoexecutoriedade dos atos administrativos não prevalece sobre a garantia constitucional da inviolabilidade domiciliar, ainda que se cuide de atividade exercida pelo Poder Público em sede de fiscalização tributária (HC 93050, julgado em 2008 e relatado pelo Ministro Celso de Mello).

Item "III": certo. É constitucional o ingresso da autoridade policial em residência familiar, de noite, sem o consentimento do responsável e sem autorização judicial, para realizar prisão em flagrante delito, conforme art. 5º, XI, da CF.

Item "IV": errado. É **inconstitucional** o ingresso de oficial de justiça em residência familiar, de noite, sem o consentimento do morador, ainda que munido de autorização judicial para a realização de penhora e avaliação de bens, pois neste caso o art. 5º, XI, da CF, autoriza o ingresso apenas durante o dia.

11. **(FCC – Analista Judiciário – Área Administrativa – TRT 2/2014)** Considere as seguintes afirmativas:

I. Lei federal que condicione o exercício da profissão de músico à inscrição regular na Ordem dos Músicos do Brasil e ao pagamento das respectivas anuidades não ofende a Constituição, pois cabe ao legislador estabelecer qualificações profissionais a serem exigidas como condição ao exercício do direito fundamental à liberdade de profissão.
II. É assegurada às entidades associativas, desde que expressamente autorizadas, legitimidade para representar seus filiados judicialmente, inclusive em sede de ação civil pública e de mandado de segurança coletivo.
III. A inviolabilidade da intimidade, da honra e da imagem, bem como o direito à indenização por danos morais decorrentes de sua violação são constitucionalmente assegurados às pessoas naturais e não às pessoas jurídicas.

Está correto o que consta em

a) I, II e III.

b) I, apenas.
c) III, apenas.
d) I e III, apenas.
e) II, apenas.

COMENTÁRIOS

Nota do Autor: essa questão demonstra uma nova tendência nas provas da FCC para Tribunais, a cobrança de jurisprudência do STF, sumulada ou não. Vale a pena ficar ligado nos principais julgados sobre direitos fundamentais.

Alternativa correta: letra "c": III, apenas.

Item I: o STF já se manifestou sobre a questão: "Nem todos os ofícios ou profissões podem ser condicionadas ao cumprimento de condições legais para o seu exercício. A regra é a liberdade. Apenas quando houver potencial lesivo na atividade é que pode ser exigida inscrição em conselho de fiscalização profissional. A **atividade de músico prescinde de controle**. Constitui, ademais, manifestação artística protegida pela garantia da liberdade de expressão." (RE 414.426, Rel. Min. Ellen Gracie, julgamento em 1º-8- 2011, Plenário, DJE de 10-10-2011.) Nesses termos, lei federal que condicione o exercício da profissão de músico à inscrição regular na Ordem dos Músicos do Brasil e ao pagamento das respectivas anuidades **ofende** a Constituição.

Item II: de acordo com a Súmula 629 do STF, a impetração de mandado de segurança coletivo por entidade de classe em favor de associados **independe** de autorização destes.

Item III: o art. 5º, X, da CF aduz que, são invioláveis a intimidade, a vida privada, a honra e a imagem das pessoas, assegurado o direito a indenização pelo dano material ou moral decorrente de sua violação. Conforme lição de Uadi Lammêgo Bulos, "esse dispositivo é para proteger a **pessoa física**, porque a pessoa jurídica já encontrou o seu amparo constitucional no inciso V deste artigo 5º".

12. **(FCC – Analista Judiciário – Área Administrativa – TRT 19/2014)** Astolpho Lucio Gregório Coragem, jornalista de um dos mais importantes veículos de comunicação do País, denuncia, de forma veemente, em longa reportagem, atos de corrupção praticados em órgão público da alta Administração federal, sem revelar a sua fonte. De acordo com a norma constitucional vigente,

a) o jornalista sofrerá processo disciplinar e ação de improbidade por se utilizar de informações de fonte não revelada.
b) por se tratar de crime contra a Administração pública, o jornalista é obrigado a revelar sua fonte de informações.
c) o jornalista não é obrigado a revelar sua fonte de informações.
d) o jornalista tem o dever de revelar ao Ministério da Defesa e ao Poder Judiciário sua fonte de informações em processo protegido pelo segredo de justiça.
e) em razão da prerrogativa de foro das autoridades envolvidas nos atos de corrupção noticiados, o jornalista é obrigado a revelar sua fonte de informações.

COMENTÁRIOS

Alternativa correta: letra "c" (responde a todas as alternativas): o art. 5º, XIV, da CF é claro ao determinar que é assegurado a todos o acesso à informação e resguardado o sigilo da fonte, quando necessário ao exercício profissional. Como Astolpho é jornalista por profissão, não está obrigado a revelar a fonte.

13. **(FCC – Analista Judiciário – Área Judiciária – TRT 12/2013)** Diante da disciplina constitucional dos direitos e garantias fundamentais, a busca e apreensão de documentos em escritório de advocacia, sendo o advogado investigado,

a) independe de autorização judicial, na medida em que o local de trabalho não goza da proteção constitucional conferida ao domicílio dos indivíduos.
b) dependerá de determinação judicial que especifique o âmbito de abrangência da medida, a fim de que não recaia sobre a esfera de direitos de não investigados.
c) somente é admitida na hipótese de flagrante delito.
d) poderá ser executada mediante determinação judicial que determine a quebra do sigilo profissional, embora sem restrição de horário para cumprimento, por não se tratar do domicílio do investigado.
e) não é admitida em hipótese alguma, em virtude da extensão da inviolabilidade de domicílio ao local de trabalho do advogado, qualificado que é pela garantia constitucional do sigilo profissional.

COMENTÁRIOS

Alternativa correta: letra "b" (responde a todas as alternativas): o art. 5º, XI, da CF aduz que a casa é asilo inviolável do indivíduo, ninguém nela podendo penetrar sem consentimento do morador, salvo em caso de flagrante delito ou desastre, ou para prestar socorro, ou, durante o dia, por determinação judicial. Ainda, de acordo com a posição do STF no HC 93.050, julgado em 2008 e relatado pelo ministro Celso de Mello, para os fins da proteção jurídica a que se refere o art. 5º, XI, da CF, "o conceito normativo de 'casa' revela-se abrangente e, por estender-se a qualquer compartimento privado não aberto ao público, onde alguém exerce profissão ou atividade (CP, art. 150, § 4º, III), compreende, observada essa **específica limitação espacial** (área interna não acessível ao público), os escritórios profissionais. Em outro julgado, o STF apreciou a questão de forma ainda mais específica: "O sigilo profissional constitucionalmente determinado não exclui a possibilidade de cumprimento de mandado de busca e apreensão em escritório de advocacia. **O local de trabalho do advogado, desde que este seja investigado, pode ser alvo de busca e apreensão, observando-se os limites impostos pela autoridade judicial. Tratando-se de local onde existem documentos que dizem respeito a outros sujeitos não investigados, é indispensável a especificação do âmbito de abrangência da medida, que não poderá ser executada sobre a esfera de direitos de não investigados.** Equívoco quanto à indicação do escritório profissional do paciente, como seu endereço residencial, deve ser prontamente comunicado ao magistrado para adequação da ordem em relação às cautelas necessárias, sob pena de tornar nulas as provas oriundas da medida e todas as outras exclusivamente delas decorrentes. Ordem concedida para declarar a nulidade das provas oriundas da busca e apreensão no escritório de advocacia do paciente, devendo o material colhido ser desentranhado dos autos do Inq 544 em curso no STJ e devolvido ao paciente, sem que tais provas, bem assim quaisquer das informações oriundas da execução da medida, possam ser usadas em relação ao paciente ou a qualquer outro investigado, nesta ou em outra investigação." (HC 91.610, Rel. Min. Gilmar Mendes, julgamento em 8-6-2010, Segunda Turma, DJE de 22-10-2010.)

14. **(Cespe - Analista Judiciário - Área Judiciária - TRT 8/2013)** Acerca dos princípios fundamentais, da aplicabilidade e interpretação das normas constitucionais e dos direitos e garantias fundamentais, assinale a opção correta.

a) é possível a ocorrência de antinomias entre as normas constitucionais, que devem ser resolvidas pela aplicação dos critérios cronológico, da especialidade e hierárquico.

b) conforme previsão constitucional, o exercício do direito de greve, no âmbito do serviço público, depende de regulamentação infraconstitucional.

c) segundo entendimento do STF, os direitos e as garantias fundamentais são assegurados ao estrangeiro somente se ele for domiciliado no Brasil.

d) de acordo com a jurisprudência do STF, é inconstitucional a fixação de limite de idade para a inscrição em concurso público, independentemente de justificativa.

e) são fundamentos da República Federativa do Brasil a soberania, a cidadania, o pluralismo político e a prevalência dos direitos humanos.

COMENTÁRIOS

Alternativa correta: letra "b": de acordo com o art. 37, VII, da CF, "o direito de greve será exercido nos termos e nos limites definidos em lei específica". Segundo a maioria da doutrina e o STF, esse dispositivo constitucional traduz norma constitucional de eficácia limitada. Aliás, vale destacar que, a norma infraconstitucional que disciplinaria o direito de greve do servidor até hoje não foi criada, mas, com o objetivo de concretizar o direito estabelecido na Constituição, em 2007, no bojo dos Mandados de Injunção (MIs) 670, 708 e 712, o STF autorizou a aplicação da lei de greve da iniciativa privada (Lei 7.783/89), no que for cabível para garantir o exercício grevista regular dos servidores públicos (LÉPORE, Paulo. *Direito Constitucional*. 2. ed. Salvador: Juspodivm, 2014, p. 232).

Alternativa "a": a colisão ocorrida em âmbito constitucional **não pode ser considerada na mesma perspectiva do conflito entre leis** (também chamadas de "regras"), ou seja, como um "conflito aparente de normas" para cuja solução seriam utilizados os critérios cronológico, hierárquico ou da especialidade, na forma do "tudo ou nada" ("all or nothing"), em que só se aplica um documento normativo daqueles que aparentemente conflitavam. Essa solução é inaplicável aos princípios, que não se sujeitam a esses critérios apontados pela doutrina, tampouco podem ser afastados um em razão de outro. Assim, em toda colisão de princípios deve ser respeitado o núcleo intangível dos direitos fundamentais concorrentes, mas sempre se deve chegar a uma posição em que um preponedere sobre outro (mas, sem eliminá-lo). A colisão deve ser resolvida por **concordância prática** (Konrad Hesse), com aplicação do **princípio da proporcionalidade** (tradição alemã) ou pela **dimensão de peso e importância** (Ronald Dworkin), com aplicação do **princípio da razoabilidade** (tradição norte-americana).

Alternativa "c": apesar do *caput* do artigo 5º garantir os direitos fundamentais, em especial os individuais e coletivos, apenas a brasileiros e estrangeiros residentes no Brasil, **a doutrina e o STF os estendem também para estrangeiros em trânsito e pessoas jurídicas** (HC 94.016, julgado em 2008 e relatado pelo Ministro Celso de Mello).

Alternativa "d": quanto a concurso público e o princípio da igualdade, segundo entendimento do STF, **é possível**: a) **fixação limites etários máximos** para a admissão de pessoal no serviço público em atenção à natureza das atribuições do cargo a ser preenchido; e b) estabelecimento de limites mínimos de altura para candidatos em concurso público. Vale ainda destacar o conteúdo da **Súmula 683 do STF**: "O limite de idade para a inscrição em concurso público só se legitima em face do art. 7º, XXX, da Constituição, quando possa ser justificado pela natureza das atribuições do cargo a ser preenchido."

Alternativa "e": nos termos do art. 1º da CF são fundamentos da República Federativa do Brasil a soberania, a cidadania, a dignidade da pessoa humana, os valores sociais do trabalho e a livre iniciativa e o pluralismo político. A **prevalência dos direitos humanos** é um **princípio que rege a República Federativa do Brasil em suas relações internacionais.**

(Cespe – Analista Judiciário – Exec. Mandados – TRT 10/2013) À luz da Constituição Federal de 1988 (CF), julgue o item a seguir, acerca dos direitos fundamentais.

15. Considere que um indivíduo tenha sido denunciado por crime contra o patrimônio há mais de dez anos e que, em razão da quantidade de processos conclusos para sentença na vara criminal do município, ainda não tenha havido sentença em relação ao seu caso. Essa situação retrata hipótese de flagrante violação ao direito fundamental à duração razoável do processo, expressamente previsto na CF.

COMENTÁRIOS

Certo. A EC 45/04 foi a responsável pela constitucionalização do princípio da razoável duração do processo. Nos termos do art. 5º, LXXVIII, da CF, a todos, no âmbito judicial e administrativo, são assegurados a razoável duração do processo e os meios que garantam a celeridade de sua tramitação. Assim, a situação em que um processo se arrasta por 10 anos sem que tenha ao menos havido sentença em primeiro grau, viola flagrantemente o princípio da razoável duração do processo.

16. (FCC – Analista Judiciário – Exec. Mandados – TRT 1/2013) Ao disciplinar o direito de propriedade como um direito fundamental, a Constituição da República prevê que

a) a desapropriação por necessidade ou utilidade pública, ou por interesse social, procede-se, em regra, mediante justa e prévia indenização em dinheiro, ressalvados os casos previstos em lei complementar.

b) no caso de iminente perigo público, a autoridade competente poderá usar de propriedade particular, assegurada ao proprietário indenização posterior, se houver dano.

c) a pequena propriedade rural, assim definida em lei, não será objeto de penhora para pagamento de débitos decorrentes de sua atividade produtiva, dispondo a lei sobre os meios de financiar o seu desenvolvimento.

d) a lei assegurará aos autores de inventos industriais privilégio vitalício para sua utilização, além de proteção temporária para criações industriais, propriedade das marcas, nomes de empresas e outros signos distintivos, tendo em vista o interesse social e o desenvolvimento tecnológico e econômico do País.

e) o direito de herança é garantido, sendo a sucessão de bens de estrangeiros situados no País sempre regulada pela lei brasileira em benefício do cônjuge ou dos filhos brasileiros.

COMENTÁRIOS

Alternativa correta: "b": consoante art. 5º, XXV, da CF, no caso de iminente perigo público, a autoridade competente poderá usar de propriedade particular, assegurada ao proprietário indenização ulterior (posterior), se houver dano.

Alternativa "a": nos termos do art. 5º, XXIV, a desapropriação por necessidade ou utilidade pública, ou por interesse social, procede-se, em regra, mediante justa e prévia indenização em dinheiro, ressalvados os casos previstos **na Constituição Federal** (e não em lei complementar).

Alternativa "c": o examinador suprimiu um trecho do dispositivo constitucional para tentar confundir o candidato. Isso porque de acordo com o art. 5º, XXVI, da CF, a pequena propriedade rural, assim definida em lei, **desde que trabalhada pela família**, não será objeto de penhora para pagamento de débitos decorrentes de sua atividade produtiva, dispondo a lei sobre os meios de financiar o seu desenvolvimento.

Alternativa "d": segundo o art. 5º, XXIX, da CF, a lei assegurará aos autores de inventos industriais privilégio **temporário** (não vitalício) para sua utilização, bem como proteção às criações industriais, à propriedade das marcas, aos nomes de empresas e a outros signos distintivos, tendo em vista o interesse social e o desenvolvimento tecnológico e econômico do País.

Alternativa "e": de fato, conforme o Texto Constitucional, o direito de herança é garantido (art. 5º, XXX), **mas** a sucessão de bens de estrangeiros situados no País será **regulada pela lei brasileira** em benefício do cônjuge ou dos filhos brasileiros **apenas se a lei do *de cujus* não for mais favorável** (art. 5º, XXXI).

17. **(FCC – Analista Judiciário – Exec. Mandados – TRT 11/2012)** Eriberto, cidadão que habitualmente aprecia a fachada de um prédio público antigo, que foi construído no ano de 1800, soube que, apesar de tombado por ser considerado patrimônio histórico e cultural, a autoridade pública resolveu demoli-lo ilegalmente para, no local, edificar um prédio moderno. Eriberto imediatamente procurou a autoridade pública suplicando que não o demolisse, mas seus pleitos não foram atendidos, então, para anular ato lesivo, segundo a Constituição Federal, poderá

a) impetrar mandado de segurança individual.
b) impetrar mandado de segurança coletivo, desde que apoiado por abaixo assinado com, no mínimo, trezentas assinaturas.
c) impetrar mandado de segurança coletivo, desde que apoiado por abaixo assinado com, no mínimo, quinhentas assinaturas.
d) impetrar mandado de segurança coletivo, desde que apoiado por abaixo assinado com, no mínimo, setecentas assinaturas.
e) propor ação popular.

COMENTÁRIOS

Alternativa correta: "e" (responde a todas as alternativas): a ação popular é o remédio constitucional ajuizado por qualquer cidadão, que tenha por objetivo anular ato lesivo ao patrimônio público ou de entidade de que o Estado participe, à moralidade administrativa, ao meio ambiente e ao patrimônio histórico e cultural, ficando o autor, salvo comprovada má-fé, isento de custas judiciais e do ônus da sucumbência (consoante art. 5º, LXXIII, da CF, propor ação popular). Seu cabimento, portanto, é bastante claro, pois o que o cidadão Eriberto almeja é anular ato lesivo ao patrimônio público (prédio público tombado por se constituir patrimônio histórico e cultural). Uma dica: ao expressamente identificar Eriberto como cidadão, a questão já demonstrava tendência no sentido de que a resposta seria a ação popular, pois a cidadania do autor é requisito para a sua propositura. Sendo cabível a ação popular, não há que se ventilar a hipótese de mandado de segurança, conforme a Súmula 101 do STF: "O mandado de segurança não substitui a ação popular". Ou seja, se o objetivo for a anulação de ato lesivo ao patrimônio público ou de entidade de que o Estado participe, à moralidade administrativa, ao meio ambiente e ao patrimônio histórico e cultural, deve ser ajuizada ação popular, não sendo admissível mera opção pelo mandado de segurança.

18. **(FCC – Técnico Judiciário – Administrativa – TRT 1 / 2013)** Dentre os direitos assegurados na Constituição Federal que regem os processos judiciais está o direito

a) à inafastabilidade do controle jurisdicional de lesão ou ameaça a direito.
b) de a parte formular pedido e deduzir defesa independentemente de constituir advogado.
c) à produção de quaisquer provas, em qualquer tempo e procedimento, ainda que obtidas por meios ilícitos, em decorrência do princípio constitucional da ampla defesa.
d) de deduzir pedido e apresentar defesa, por via oral, independentemente do tipo de procedimento aplicado ao caso.
e) a juízo ou tribunal de exceção.

COMENTÁRIOS

Alternativa correta: "a". Nos termos do art. 5º, XXXV, da CF, a lei não excluirá da apreciação do Poder Judiciário lesão ou ameaça a direito. Trata-se do princípio da **inafastabilidade do controle jurisdicional**, que salvaguarda qualquer lesão ou ameaça a direito.

Alternativa "b". Não há, no texto constitucional, nenhum direito no sentido de que a parte pode formular pedido e deduzir defesa independentemente de constituir advogado.

Alternativa "c". O direito à produção de quaisquer provas, em qualquer tempo e procedimento, **não pode se dar por meios ilícitos.** Assim dispõe o art. 5º, LVI, da CF: "são inadmissíveis, no processo, as provas obtidas por meios ilícitos".

Alternativa "d". Não há, no texto constitucional, nenhum direito no sentido de que a parte pode deduzir pedido e apresentar defesa, por via oral, independentemente do tipo de procedimento aplicado ao caso.

Alternativa "e". O art. 5º, XXXVII, da CF é claro no sentido de que **não haverá** juízo ou tribunal de exceção.

19. **(FCC – Técnico Judiciário – Administrativa – TRT 1 / 2013)** Suponha que uma empresa tenha requerido ao Poder Executivo a emissão de certidão em que constem os dados e a situação atual do processo administrativo de que é parte. Indeferido o pedido sob o argumento de que o processo seria sigiloso, a empresa pretende obter ordem judicial para que a certidão seja expedida. Deverá deduzir sua pretensão por meio de

a) habeas data.
b) habeas corpus.
c) ação popular.
d) mandado de injunção.
e) mandado de segurança.

COMENTÁRIOS

Alternativa correta: "e" (responde a todas as alternativas). O ponto fundamental da questão é a identificação do que realmente a empresa espera obter com o ajuizamento da pretensão. Isso porque os objetos do *habeas data* e do mandado de segurança individual são muito próximos. O *habeas data* é a ação constitucional impetrada por pessoa física ou jurídica, que tenha por objetivo assegurar o conhecimento de informações sobre si, constantes de registros ou bancos de dados de entidades governamentais ou de caráter público, ou para a retificação de dados, quando não se prefira fazê-lo por processo sigiloso, judicial ou administrativo. Já o mandado de segurança individual é a ação constitucional impetrada por pessoa física ou jurídica, ou ente despersonalizado, que busca a tutela de direito líquido e certo, não amparado por *habeas corpus* ou *habeas data*, quando o responsável pela ilegalidade ou abuso de poder for autoridade pública ou agente de pessoa jurídica no exercício de atribuições do Poder Público. O que se deve observar é que **o *habeas data* é mais específico, pois tem por objetivo assegurar o conhecimento de informações sobre a pessoa do impetrante, que constem em registros ou banco de dados. Se a informação não for sobre a pessoa do impetrante, ou não estiver em registro ou banco de dados, será cabível o mandado de segurança.** Na questão, o que a empresa almeja é a emissão de uma certidão em que constem os dados e a situação atual do processo administrativo de que é parte, ou seja, que não está armazenada em registro ou banco de dados. Daí ser possível afirmar que a ação cabível é o mandado de segurança. Por fim, destacamos que o **STF** já se pronunciou especificamente sobre essa questão: "A ação de *habeas data* visa à proteção da privacidade do indivíduo contra abuso no registro e/ou revelação de dados pessoais falsos ou equivocados. **O *habeas data* não se revela meio idôneo para se obter vista de processo administrativo"**. (HD 90-AgR, julgado em 2010 e relatado pela Ministra Ellen Gracie). Os remédios constitucionais arrolados nas demais alternativas têm objeto bastante diferente do que foi proposto no enunciado.

20. **(FCC – Analista Judiciário – Exec. Mandados – TRT 1 / 2013)** Ao disciplinar o direito de propriedade como um direito fundamental, a Constituição da República prevê que

a) a desapropriação por necessidade ou utilidade pública, ou por interesse social, procede-se, em regra, mediante justa e prévia indenização em dinheiro, ressalvados os casos previstos em lei complementar.
b) no caso de iminente perigo público, a autoridade competente poderá usar de propriedade particular, assegurada ao proprietário indenização posterior, se houver dano.
c) a pequena propriedade rural, assim definida em lei, não será objeto de penhora para pagamento de débitos decorrentes de sua atividade produtiva, dispondo a lei sobre os meios de financiar o seu desenvolvimento.
d) a lei assegurará aos autores de inventos industriais privilégio vitalício para sua utilização, além de proteção temporária para criações industriais, propriedade

das marcas, nomes de empresas e outros signos distintivos, tendo em vista o interesse social e o desenvolvimento tecnológico e econômico do País.

e) o direito de herança é garantido, sendo a sucessão de bens de estrangeiros situados no País sempre regulada pela lei brasileira em benefício do cônjuge ou dos filhos brasileiros.

COMENTÁRIOS

Alternativa correta: "b". Nos termos do art. 5º, XXV, da CF, no caso de iminente perigo público, a autoridade competente poderá usar de propriedade particular, assegurada ao proprietário indenização ulterior, se houver dano.

Alternativa "a". De acordo com o art. 5º, XXIV, da CF, a lei estabelecerá o procedimento para desapropriação por necessidade ou utilidade pública, ou por interesse social, mediante justa e prévia indenização em dinheiro, ressalvados os casos previstos **na Constituição** (e não em lei complementar). O art. 182, § 4º, III, prevê a desapropriação **de área urbana não edificada, subutilizada ou não utilizada** com pagamento de indenização **em títulos da dívida pública** de emissão previamente aprovado pelo Senador Federal, com prazo de resgate de até dez anos, em parcelas anuais, iguais e sucessivas, assegurado o valor real de indenização e os juros legais. Por sua vez, o art. 184, *caput* traz **a desapropriação por interesse social, para fins de reforma agrária, de imóvel rural que não esteja cumprindo a sua função social, mediante prévia e justa indenização em títulos da dívida agrária,** com cláusula de preservação do valor real, resgatáveis no prazo de até vinte anos, a partir do segundo ano de sua emissão, e cuja utilização será definida em lei.

Alternativa "c". A pequena propriedade rural, assim definida em lei, **desde que trabalhada pela família,** não será objeto de penhora para pagamento de débitos decorrentes de sua atividade produtiva, dispondo a lei sobre os meios de financiar o seu desenvolvimento (art. 5º, XXVI, da CF).

Alternativa "d". Consoante art. 5º, XXIX, da CF, a lei assegurará aos autores de inventos industriais privilégio **temporário** (não vitalício) para sua utilização, além de proteção temporária para criações industriais, propriedade das marcas, nomes de empresas e outros signos distintivos, tendo em vista o interesse social e o desenvolvimento tecnológico e econômico do País.

Alternativa "e". O direito de herança é garantido (art. 5º, XXX, da CF), sendo a sucessão de bens de estrangeiros situados no País regulada pela lei brasileira em benefício do cônjuge ou dos filhos brasileiros, **sempre que não lhes seja mais favorável a lei pessoal do "de cujus"** (art. 5º, XXXI, da CF).

21. (FCC – Analista Judiciário – Área Judiciária – TRE-SP / 2012) Suponha que, num processo judicial, após a constatação do desaparecimento injustificado de bem que estava sob a guarda de depositário judicial, o magistrado decretou a prisão civil do depositário.

Considerando a jurisprudência do Supremo Tribunal Federal sobre a matéria, a prisão civil foi decretada

a) regularmente, uma vez que a essa pena está sujeito apenas o depositário judicial, e não o contratual.

b) regularmente, uma vez que a essa pena está sujeito o depositário infiel, qualquer que seja a modalidade do depósito.

c) irregularmente, uma vez que a pena somente pode ser aplicada ao depositário infiel que assuma contratualmente o ônus da guarda do bem.
d) irregularmente, uma vez que é ilícita a prisão civil de depositário infiel, qualquer que seja a modalidade do depósito.
e) irregularmente, uma vez que é inconstitucional a prisão civil por dívida, qualquer que seja seu fundamento.

COMENTÁRIOS

Alternativa correta: letra "d" (responde a todas as alternativas). A prisão civil foi decretada irregularmente, uma vez que é ilícita a prisão civil de depositário infiel, qualquer que seja a modalidade do depósito, consoante determinação da Súmula Vinculante 25. Vale ressaltar que continua sendo possível a prisão civil por dívida para o responsável pelo inadimplemento voluntário e inescusável de obrigação alimentícia.

22. **(FCC - Analista Administrativo / TRE-SP / 2012)** Em reconhecimento à internacionalização da matéria relativa a direitos e garantias fundamentais, a Constituição da República estabelece que
a) competem originariamente aos Tribunais Regionais Federais processar e julgar as causas relativas a graves violações de direitos humanos.
b) a República Federativa do Brasil submete-se à jurisdição de qualquer Tribunal Internacional a cuja criação tenha manifestado adesão, salvo do Tribunal Penal Internacional.
c) tratados internacionais, em matéria de direitos humanos, serão equivalentes a emendas constitucionais se forem aprovados, em cada Casa do Congresso Nacional, em dois turnos, por três quintos dos votos dos respectivos membros.
d) compete ao Superior Tribunal de Justiça julgar, mediante recurso especial, as causas decididas em única ou última instância, quando a decisão recorrida declarar a inconstitucionalidade de tratado internacional.
e) o Procurador-Geral da República, com a finalidade de assegurar o cumprimento de obrigações decorrentes de tratados internacionais de direitos humanos dos quais o Brasil seja parte, poderá suscitar, perante o Supremo Tribunal Federal, incidente de deslocamento de competência para a Justiça Federal.

COMENTÁRIOS

Alternativa correta: "c". A possibilidade de incorporação de tratados internacionais com o status de emenda constitucional foi introduzida no ordenamento jurídico brasileiro com a Emenda Constitucional 45/04, que inseriu o § 3º ao art. 5º do texto vigente. Com isso, caso o tratado internacional que verse sobre direitos humanos obedeça ao procedimento especial de aprovação em cada Casa do Congresso Nacional, em dois turnos, por três quintos dos votos de seus membros, adquirirão o *status* de emenda constitucional.

Alternativa "a". A competência originária para julgar os casos que versem sobre grave violação dos direitos humanos é dos juízes federais, nos termos do art. 109, V-A da CF, podendo haver seu deslocamento para a Justiça Federal, na forma do § 5º do mesmo artigo.

Alternativa "b". O art. 7º do ADCT prevê que "o Brasil propugnará pela formação de um tribunal internacional dos direitos humanos" o que ocorreu com a incorporação ao direito brasileiro do Tratado de Roma, pelo Decreto nº 4.388/02, que cria o Tribunal Penal Internacional. Com isso, por força do art. 5º, § 4º da CF/88, desde a EC 45/04, submete-se à jurisdição do Tribunal Penal Internacional.

Alternativa "d". A competência para julgamento do STJ em grau de recurso especial limita-se ao julgamento de única ou última instância que contrariar tratado ou lei federal ou negar-lhes vigência (art. 105, III, a da CF).

Alternativa "e". O incidente para deslocamento de competência, de acordo com o disposto no art. 109, § 5º da CF, deverá ser suscitado perante o STJ.

(Cespe – Analista Administrativo / TRE-ES / 2011) A respeito dos princípios, dos direitos e das garantias fundamentais previstos no texto da Constituição Federal de 1988 (CF), julgue os itens a seguir.

23. Se um indivíduo, depois de assaltar um estabelecimento comercial, for perseguido por policiais militares e, na tentativa de fuga, entrar em casa de família para se esconder, os policiais estão autorizados a entrar na residência e efetuar a prisão, independentemente do consentimento dos moradores.

COMENTÁRIOS

Item certo. De acordo com o disposto no art. 5º, XI, da CF, a casa é asilo inviolável do indivíduo, ninguém nela podendo penetrar sem o consentimento do morador. Ocorre que o próprio dispositivo estabelece uma exceção à regra prescrita, afirmando ser possível a violação do domicílio no caso de flagrante delito (caso narrado na assertiva) ou desastre, ou para prestar socorro, ou durante o dia, por determinação judicial.

24. Constituem fundamentos da República Federativa do Brasil a dignidade da pessoa humana, a independência nacional e a igualdade entre as nações.

COMENTÁRIOS

Item errado. Os fundamentos da República Federativa do Brasil estão inscritos no art. 1º do texto constitucional e são os seguintes: soberania, cidadania, dignidade da pessoa humana, os valores sociais do trabalho e da livre iniciativa e o pluralismo político.

25. **(Pontua Concursos – Analista Judiciário / TRE-SC / 2011)** Analise os itens abaixo:

I. O direito fundamental individual de receber dos órgãos públicos informações refere-se apenas às informações de interesse particular; informações de interesse coletivo ou geral somente poderão ser requeridas e acessadas por entidades, associações ou sindicatos na representação do interesse do conjunto de seus associados ou filiados.

II. O *habeas data* é uma ação constitucional adequada para a retificação de dados existentes em bancos de dados governamentais ou de caráter público.

III. Sendo a República Federativa do Brasil um Estado Democrático de Direito, é vedado aos órgãos públicos negar acesso, a pessoas ou entidades representativas de grupo, a uma determinada informação com a justificativa de que o sigilo é indispensável à segurança do Estado.

Está(ão) **CORRETO(S)**:

a) Apenas os itens II e III.
b) Apenas o item II.
c) Apenas os itens I e III.
d) Todos os itens.

COMENTÁRIOS

Alternativa correta: "b".

Item I. Incorreto. O texto constitucional, ao assegurar o direito à informação no art. 5º, XXXIII, afirma que todos têm direito a receber dos órgãos públicos informações não apenas de seu interesse particular, **mas também as de seu interesse coletivo ou geral,** que serão prestadas no prazo da lei, sob pena de responsabilidade, ressalvadas aquelas cujo sigilo seja imprescindível à segurança da sociedade e do Estado.

Item II. Correto. O habeas data, de acordo com o disposto no art. 5º, LXXII, da CF, terá lugar para assegurar o conhecimento de informações relativas à pessoa do impetrante, constantes de registros ou banco de dados de entidades governamentais ou de caráter público, e para a retificação de dados, quando não se preferir fazê-lo por processo sigiloso, judicial ou administrativo.

Item III. Incorreto. Os direitos fundamentais não são absolutos e, portanto, comportam limitações, como é o caso do direito à informação, previsto no art. 5º, XXXIII, da CF, que **pode ser restringido quando justificar a segurança do Estado** e da sociedade.

26. **(FCC – Analista Judiciário / TRT 20 / 2011)** Com o fim de instalar fábrica de válvulas para venda no mercado consumidor da região, a empresa BBBOY licitamente iniciou o desmatamento de parte da floresta existente em sua propriedade munida de prévias autorizações dos órgãos competentes. Isidoro, cidadão brasileiro, dono da empresa IAIEE que até então era a única fabricante de válvulas na região, ficou temeroso com a futura queda do faturamento da sua empresa quando sua concorrente terminasse as instalações da fábrica. Então, Isidoro propôs ação popular visando anular ato lesivo ao meio ambiente sob a falsa alegação de que as licenças de desmatamento expedidas pelos agentes administrativos teriam sido obtidas pela empresa BBBOY mediante o pagamento de propina.

De acordo com a Constituição Federal, Isidoro

a) é parte legítima para propor ação popular e se, comprovada a sua má-fé, será condenado ao pagamento das custas judiciais e dos ônus da sucumbência.
b) deveria ter ingressado com *habeas data* ao invés de ação popular, que será extinta e ele será condenado nas penas por litigância de má-fé.
c) é parte ilegítima para propor ação popular e será condenado ao pagamento das custas processuais e do ônus da sucumbência independentemente de má-fé.
d) é parte ilegítima para propor ação popular e só será condenado ao pagamento das custas processuais e do ônus da sucumbência se provada a sua má-fé.

e) é parte ilegítima para propor ação popular porque é sócio de pessoa jurídica concorrente da empresa BBBOY, sendo manifesto o seu interesse na interrupção do processo de instalação da fábrica.

COMENTÁRIOS

Alternativa correta: "a". Consoante art. 5º, LXXIII, da CF, qualquer cidadão é parte legítima para propor ação popular que vise a anular ato lesivo ao meio ambiente, ficando o autor, salvo comprovada má-fé, isento de custas judiciais e do ônus da sucumbência. No caso narrado, a ação popular foi proposta por um cidadão para a defesa do meio ambiente, **mas o autor agiu comprovadamente com má-fé**, o que gerará condenação ao pagamento das custas judiciais e dos ônus da sucumbência.

Alternativa "b". O *habeas data* não é remédio idôneo para a tutela do meio ambiente, pois seu objeto é o conhecimento ou retificação de dados relativos à pessoa do impetrante, o que não se aplica ao caso narrado (art. 5º, LXXII, da CF).

Alternativa "c". Isidoro é parte legítima para propor ação popular e será condenado ao pagamento das custas processuais e do ônus da sucumbência **somente se comprovada** sua má-fé (art. 5º, LXXIII, da CF).

Alternativa "d". Isidoro é parte **legítima** para propor ação popular e só será condenado ao pagamento das custas processuais e do ônus da sucumbência se provada a sua má-fé (art. 5º, LXXIII, da CF).

Alternativa "e". Isidoro é parte **legítima** para propor ação popular porque é **cidadão**, não tendo relevância a sua relação com as empresas envolvidas (art. 5º, LXXIII, da CF).

27. **(FCC – Analista Administrativo / TRT 23 / 2011)** No tocante aos Direitos e Deveres Individuais e Coletivos, conforme prevê o artigo 5º da Constituição Federal,

a) não poderá ser restringida a publicidade dos atos processuais, inexistindo exceções.
b) será admitida ação privada nos crimes de ação pública, se esta não for intentada no prazo legal.
c) nos casos de transgressão militar ou crime propriamente militar, definidos em lei, o militar só será preso em flagrante delito ou por ordem escrita e fundamentada de autoridade judiciária competente.
d) a prisão de qualquer pessoa e o local onde se encontre não serão comunicados imediatamente à família do preso ou à pessoa por ele indicada, cuja comunicação só será realizada após o preso prestar depoimento perante a autoridade policial.
e) o preso será informado de seus direitos, entre os quais o de permanecer calado, sendo-lhe assegurada apenas a assistência de advogado, vedada à da família.

COMENTÁRIOS

Alternativa correta: "b". Será admitida ação privada nos crimes de ação pública, se esta não for intentada no prazo legal, conforme prescreve o art. 5º, LIX da CF.

Alternativa "a". De acordo com o disposto no art. 5º, LX, da CF, **poderá ser restringida** a publicidade dos atos processuais quando a defesa da intimidade ou o interesse social o exigirem.

Alternativa "c". De acordo com o art. 5º, LXI, da CF, ninguém será preso senão em flagrante delito ou por ordem escrita e fundamentada de autoridade judiciária competente, **salvo nos casos de transgressão militar ou crime propriamente militar, definidos em lei.**

Alternativa "d". Preceitua o art. 5º, LXII, da CF, que a prisão de qualquer pessoa e o local onde se encontre **serão** comunicados imediatamente ao juiz competente **e à família** do preso ou à pessoa por ele indicada.

Alternativa "e". O preso será informado de seus direitos, entre os quais o de permanecer calado, sendo-lhe assegurada a **assistência da família** e de advogado, conforme dispõe o art. 5º, LXIII, da CF.

28. **(FCC – Analista Judiciário / TRT 23 / 2011)** As associações

a) poderão ser compulsoriamente dissolvidas por decisão administrativa de autoridade competente, desde que tenha sido exercido o direito de defesa.
b) não poderão ser compulsoriamente dissolvidas em nenhuma hipótese tratando-se de garantia constitucional indisponível.
c) só poderão ser compulsoriamente dissolvidas por decisão judicial que haja transitado em julgado.
d) só poderão ser compulsoriamente dissolvidas por decisão judicial não sendo o trânsito em julgado requisito indispensável para a sua dissolução.
e) poderão ser compulsoriamente dissolvidas por decisão administrativa desde que proferida em segunda instância por órgão colegiado.

COMENTÁRIOS

Alternativa correta: "c". Nos termos do art. 5º, XIX, da CF, as associações só poderão ser compulsoriamente dissolvidas ou ter suas atividades suspensas por decisão judicial, exigindo-se, no primeiro caso (dissolução compulsória), o trânsito em julgado.

Alternativa "a". As associações **não** poderão ser compulsoriamente dissolvidas por decisão **administrativa de autoridade competente**, pois se exige decisão judicial transitada em julgado.

Alternativa "b". Consoante art. 5º, XIX, da CF, as associações **poderão** ser compulsoriamente dissolvidas, exigindo-se, para tanto, sentença judicial com trânsito em julgado.

Alternativa "d". As associações só poderão ser compulsoriamente dissolvidas por decisão judicial, e o trânsito em julgado **é** requisito indispensável para a sua dissolução (art. 5º, XIX, da CF).

Alternativa "e". As associações **não** poderão ser compulsoriamente dissolvidas por decisão administrativa em nenhuma circunstância.

29. **(FCC – Analista Judiciário / TRF 4 / 2010)** A inviolabilidade do direito à vida, à liberdade, à igualdade, à segurança e à propriedade são garantias previstas na Constituição Federal

a) aos brasileiros e aos estrangeiros residentes no País.
b) aos brasileiros, não estendidas às pessoas jurídicas.
c) aos brasileiros natos, apenas.
d) aos brasileiros natos e aos estrangeiros com residência fixa no País.
e) aos brasileiros, natos ou naturalizados.

COMENTÁRIOS

Alternativa correta: "a" (responde a todas as alternativas). De acordo com o *caput* do art. 5º, da CF, todos são iguais perante a lei, sem distinção de qualquer natureza, garantindo-se **aos brasileiros e aos estrangeiros residentes no País** a inviolabilidade do direito à vida, à liberdade, à igualdade, à segurança e à propriedade.

30. **(FCC - Analista Judicário /TRF 4 / 2010)** São direitos fundamentais classificados como de *segunda geração*

a) os direitos econômicos e culturais.
b) os direitos de solidariedade e os direitos difusos.
c) as liberdades públicas.
d) os direitos e garantias individuais clássicos.
e) o direito do consumidor e o direito ao meio ambiente equilibrado.

COMENTÁRIOS

Alternativa correta: letra "a": a doutrina classifica os direitos humanos e os fundamentais e em gerações ou dimensões de direitos. Os **direitos civis e políticos** seriam os de primeira geração ou dimensão, caracterizados pelo valor liberdade. Já os **direitos econômicos, sociais e culturais** seriam os de segunda geração ou dimensão, caracterizados pelo valor igualdade. Por fim, os **direitos de solidariedade ou fraternidade** seriam os de terceira geração ou dimensão, caracterizados pelo valor solidariedade ou fraternidade. Estes direitos formariam, assim, um conjunto indivisível de direitos fundamentais, entre os quais não há qualquer relação hierárquica.

Alternativa "b": os direitos de solidariedade e os direitos difusos são de **terceira geração.**

Alternativa "c": as liberdades públicas são essencialmente de **primeira geração**. Fica, contudo, a advertência no sentido de que alguns autores se utilizam da expressão liberdades públicas como gênero, ou seja, como um rótulo cabível a todos os direitos humanos e fundamentais. Uadi Lammêgo Bulos é um dos doutrinadores que adota este posicionamento: "Sugerimos o uso de *liberdades públicas* em sentido amplo - conjunto de normas constitucionais que consagram limitações jurídicas aos Poderes Públicos, projetando-se em três dimensões: **civil** (direitos da pessoa humana), **política** (direitos de participação na ordem democrática) e **econômico-social** (direitos econômicos e sociais) (*Curso de Direito Constitucional*. 2 ed. São Paulo: Saraiva, 2008, p. 404).

Alternativa "d": os direitos e garantias individuais clássicos **são de primeira geração.**

Alternativa "e": o direito do consumidor e o direito ao meio ambiente equilibrado **são direitos de terceira geração.**

31. **(FCC - Analista Judiciário / TRE-RS / 2010)** Em matéria de direitos e garantias fundamentais assinale a alternativa correta.

a) O mandato eletivo poderá ser impugnado ante a Justiça Eleitoral no prazo de dez dias, contados da posse, instruída a ação com as provas apontadas pelo autor.
b) São brasileiros naturalizados os que, na forma da lei, adquiram a nacionalidade brasileira, exigidas aos originários de Países de língua portuguesa a residência por dois anos, idoneidade e emprego fixo.

c) A sucessão de bens estrangeiros situados no País será regulada pela lei brasileira em benefício do cônjuge ou dos filhos brasileiros, sempre que não lhes seja mais favorável a lei pessoal do *de cujus*.
d) Os partidos políticos adquirem a personalidade jurídica, na forma da lei eleitoral, devendo efetivar o registro dos respectivos estatutos junto ao Tribunal Regional Eleitoral competente.
e) Nas empresas com mais de cento e cinquenta empregados é assegurada a eleição de dois representantes com a finalidade de promover-lhes o entendimento direto com os empregadores.

COMENTÁRIOS

Alternativa correta: "c". A sucessão de bens estrangeiros situados no País será regulada pela lei brasileira em benefício do cônjuge ou dos filhos brasileiros, sempre que não lhes seja mais favorável a lei pessoal do *de cujus*, nos exatos termos do art. 5º, XXXI, da CF.

Alternativa "a". O mandato eletivo poderá ser impugnado ante a Justiça Eleitoral no prazo de **quinze** (não dez) dias, contados da **diplomação** (não da posse), instruída a ação com as provas **de abuso do poder econômico, corrupção ou fraude** (e não das apontadas pelo autor), consoante art. 14, § 10, da CF.

Alternativa "b". São brasileiros naturalizados os que, na forma da lei, adquiram a nacionalidade brasileira exigida aos originários de Países de língua portuguesa **apenas** residência por **um ano ininterrupto** (não por dois), nos termos do art. 12, II, "a", da CF.

Alternativa "d". Os partidos políticos adquirem a personalidade jurídica, na forma da lei **civil** (não eleitoral), devendo efetivar o registro dos respectivos estatutos no **Tribunal Superior Eleitoral** (e não Regional Eleitoral Competente), consoante art. 17, § 2º, da CF.

Alternativa "e". Nas empresas com mais de **duzentos** (não cento e cinquenta) empregados é assegurada a eleição de **um representante** (não dois representantes) **destes** com a finalidade **exclusiva** de promover-lhes o entendimento direto com os empregadores (art. 11 da CF).

32. (FCC – Analista Judiciário / TRE-AC / 2010) No que se refere aos direitos e deveres individuais e coletivos, é correto que
a) a lei assegurará aos autores de inventos industriais privilégio permanente para sua utilização.
b) aos autores pertence o direito exclusivo de reprodução de suas obras, transmissível aos herdeiros pelo tempo que a lei fixar.
c) é livre o exercício de qualquer trabalho ou profissão, independentemente das qualificações legais.
d) as reuniões pacíficas, sem armas, em locais abertos ao público sempre dependem de autorização do órgão competente.
e) a lei não poderá, em qualquer hipótese, restringir a publicidade de atos processuais por ser prerrogativa das partes.

COMENTÁRIOS

Alternativa correta: letra "b". Aos autores pertence o direito exclusivo de reprodução de suas obras, transmissível aos herdeiros pelo tempo que a lei fixar, consoante art. 5º, XXVII, da CF.

Alternativa "a". A lei assegurará aos autores de inventos industriais privilégio **temporário** (não permanente) para sua utilização (art. 5º, XXIX, da CF).

Alternativa "c". É livre o exercício de qualquer trabalho ou profissão, **atendidas as** (e não independentemente das) qualificações **profissionais que a lei estabelecer** (art. 5º, XIII, da CF).

Alternativa "d". As reuniões pacíficas, sem armas, em locais abertos ao público **não dependem** de autorização do órgão competente, mas exigem **prévio aviso** (art. 5º, XVI, da CF).

Alternativa "e". A lei **só poderá** restringir a publicidade dos atos processuais **quando a defesa da intimidade ou o interesse social o exigirem** (art. 5º, LX, da CF).

8. QUESTÕES OBJETIVAS PARA TREINAR

01. **(FGV – Técnico Judiciário - Área Judiciária – TJ-RN/2023)** Ao ter negada a obtenção de um empréstimo bancário em razão de, alegadamente, ter pendências fiscais com o Município Alfa, maria compareceu à repartição competente e solicitou uma certidão de inteiro teor das informações concernentes à sua pessoa. O requerimento, no entanto, foi negado de maneira arbitrária e ilegal, sob o argumento de que as informações eram sigilosas, o que foi confirmado pelas instâncias superiores, após a interposição dos recursos administrativos cabíveis. Em situações dessa natureza, a ação constitucional passível de ser ajuizada por Maria, preenchidos os requisitos exigidos, é o(a):

A) habeas data;
B) direito de petição;
C) mandado de injunção;
D) mandado de segurança;
E) reclamação constitucional.

02. **(FCC – Técnico Judiciário – Área Judiciária – TRF 4/2019)** Adão desmaiou no jardim de sua casa no momento em que Adelina transitava na frente do imóvel. A pedestre então empurrou o portão e adentrou o imóvel, durante a noite, para prestar socorro a Adão. De acordo com a Constituição Federal, Adelina

A) não agiu corretamente, pois não podia ter entrado no imóvel de Adão, já que a casa é asilo inviolável do indivíduo, ninguém nela podendo penetrar sem consentimento do morador.
B) agiu corretamente, pois podia ter penetrado no imóvel de Adão, já que o fez para lhe prestar socorro.
C) não agiu corretamente, pois podia ter entrado no imóvel de Adão apenas no caso de flagrante delito, já que a casa é asilo inviolável do indivíduo, ninguém nela podendo penetrar sem consentimento do morador.
D) agiu corretamente, pois é permitida a penetração no imóvel de Adão sem o seu consentimento apenas para prestar socorro e por determinação judicial em qualquer horário, seja durante o dia ou à noite.
E) não agiu corretamente, pois podia ter entrado no imóvel de Adão apenas com a sua permissão ou, durante o dia, por determinação judicial, já que a casa é asilo

inviolável do indivíduo, ninguém nela podendo penetrar sem consentimento do morador.

03. **(FCC – Analista Judiciário – Área Administrativa – TRT 2/2018)** Considere que tratado internacional que veda a prisão civil do depositário infiel seja aprovado em cada Casa do Congresso Nacional, em dois turnos, por três quintos dos votos dos respectivos membros. À luz das disposições da Constituição Federal, trata-se de tratado

A) incompatível com o direito brasileiro, uma vez que não poderia vedar a prisão civil do depositário infiel, já que prevista na Constituição Federal.
B) incompatível com o direito brasileiro, apenas porque teria sido aprovado através de procedimento não previsto no texto constitucional, embora no mérito não haja óbice à vedação de prisão civil do depositário infiel.
C) compatível com o direito brasileiro no que toca ao procedimento adotado para a sua aprovação, mas incompatível ao vedar a prisão civil do depositário infiel, já que prevista na Constituição Federal.
D) incompatível com o direito brasileiro no que toca ao procedimento de aprovação, mas compatível ao vedar a prisão civil do depositário infiel, por se tratar de norma de direito fundamental mais protetiva do que aquela acolhida no texto da Constituição Federal.
E) compatível com a Constituição Federal no que toca ao procedimento adotado para a sua aprovação, ademais de não haver óbice material à vedação da prisão civil do depositário infiel, sendo referido tratado equivalente à emenda constitucional.

04. **(FCC / Técnico Ministerial – Administrativa / MPE-PE / 2018)** Segundo a Constituição Federal, NÃO haverá penas: I. de caráter perpétuo. II. de perda de bens e valores. III. de banimento. IV. cruéis. V. de interdição temporária de direitos. Está correto o que se afirma APENAS em:

a) I, II e III
b) II e IV
c) I, IV e V
d) II, III e V
e) I, III e IV

(Cespe / Técnico do MPU / MPU / 2018) Com base nas disposições constitucionais acerca de princípios, direitos e garantias fundamentais, julgue o item a seguir.

05. ( ) Os tratados internacionais sobre direitos humanos possuem *status* de emendas constitucionais, de maneira que a autoridade pública que a eles desobedecer estará sujeita a responsabilização.

06. **(Consulplan – Técnico Judiciário – Sem Especialidade – TRF 2 – 2017)** "Iliel e Anel travaram intenso debate a respeito da relevância da distinção, para a República Federativa do Brasil, do conceito de nacionalidade, em especial sob o prisma da fruição de direitos e garantias individuais. Para Iliel, os direitos e garantias

individuais são privativos dos brasileiros, natos ou naturalizados. Anel, por sua vez, acresceu que somente quem tem direitos políticos possui direitos e garantias individuais." À luz do disposto na Constituição da República, é correto afirmar que

a) somente a afirmação de Iliel está incorreta.
b) as afirmações de Iliel e Anel estão totalmente incorretas.
c) somente a afirmação de Anel está incorreta.
d) as afirmações de Iliel e Anel estão totalmente corretas.

07. **(FGV – Técnico Judiciário– Área Administrativa – TRT 7/2017)** Osmar estava em sua residência e foi informado de que deveria permitir a entrada de um policial que estava portando um mandado judicial de busca e apreensão, a ser cumprido justamente em sua residência. À luz da sistemática constitucional, é correto afirmar que o ingresso na residência de Osmar, sem o seu consentimento, para o cumprimento do referido mandado:

A) poderia ocorrer em qualquer dia ou horário;
B) deveria ocorrer em certo horário, que deve ser indicado pela autoridade judicial;
C) deveria ocorrer à noite, se autorizado pela autoridade judicial;
D) não poderia ser realizado à noite, ainda que Osmar seja muito perigoso;
E) não poderia ocorrer no final de semana.

08. **(FCC – Analista Judiciário – Área Judiciária – TRT 23/2016)** Um grupo de populares sem vinculação partidária avisou previamente as autoridades administrativas competentes a respeito da manifestação pública que pretendem realizar, informando o dia, a via pública a ser utilizada para tanto e o horário do evento. Após ter sido dada publicidade a essa manifestação pelas redes sociais, partido político organizou a realização de um comício no mesmo dia, local e horário da aludida manifestação, sem, no entanto, comunicar o fato às autoridades administrativas competentes. Considerando o texto constitucional,

a) a realização da manifestação e do comício pode ser impedida pela autoridade administrativa competente, por falta de autorização prévia, requisito expressamente previsto pela Constituição Federal para que seja garantido o exercício da liberdade de reunião.
b) a autorização prévia dada pela autoridade administrativa competente não é requisito para o exercício da liberdade de reunião, sendo que a realização do comício pode ser impedida pela autoridade competente caso o comício frustre a realização da manifestação anteriormente convocada para o mesmo local.
c) caso haja incompatibilidade de realização da manifestação e do comício, a manifestação deve ser impedida pela autoridade competente em benefício do comício político, uma vez que as manifestações públicas de partidos políticos devem prevalecer sobre as demais.
d) deve ser garantida pela autoridade administrativa competente a realização da manifestação e do comício, ainda que o comício possa frustrar a manifestação, uma vez que a Constituição Federal assegura a liberdade de reunião sem exigir o prévio aviso à autoridade competente.

e) a autoridade administrativa competente não pode interferir na realização do comício, nem da manifestação, ainda que o comício frustre a manifestação, uma vez que todos têm direito de exercer a liberdade de reunião em lugares abertos ao público e para fins pacíficos.

09. (FCC - Analista Judiciário - OJAF - TRT 20/2016) Fausto, empregado da empresa X, exerce a função de operador de máquinas. Na semana passada, seu chefe hierárquico, chamou todos os empegados no pátio da fábrica e ofereceu bananas aos macacos que não estavam atingindo as metas, apontando como exemplo Fausto. Fausto, sentiu-se humilhado e chegando em sua residência, consultou a Constituição Federal sobre a prática de racismo e verificou que a Carta Magna

a) prevê dentre os direitos sociais que a prática de racismo constitui crime inafiançável, mas prescritível, sujeito à pena de reclusão, nos termos da lei.
b) prevê dentre os direitos e deveres individuais e coletivos que a prática de racismo constitui crime inafiançável, mas prescritível, sujeito à pena de reclusão, nos termos da lei.
c) prevê dentre os direitos e deveres individuais e coletivos que a prática de racismo constitui crime inafiançável e imprescritível, sujeito à pena de reclusão, nos termos da lei.
d) prevê dentre os direitos e deveres individuais e coletivos que a prática de racismo constitui crime inafiançável e imprescritível, sujeito à pena de detenção, nos termos da lei.
e) não prevê em nenhum capítulo específico, o racismo, mencionando apenas dentre os direitos fundamentais a garantia da dignidade da pessoa humana.

10. (FCC - Analista Judiciário - Área Administrativa - TRT 4/2015) O direito de associação assegurado constitucionalmente

a) é sinônimo do direito de reunião, pressupondo a liberdade da pessoa de agregar-se a outras de forma permanente ou transitória.
b) pode sempre ser limitado por atuação do Administrador público, em face de seu poder de polícia.
c) possui um viés positivo, consistente no livre arbítrio de o indivíduo juntar-se a uma associação, assim como um negativo, consubstanciado na liberdade de retirar-se da associação a seu talante, independentemente de qualquer justificativa formal.
d) é sempre livre, independentemente dos objetivos associativos, somente cabendo ao Estado fiscalizar a respectiva organização, sem poder intervir em sua constituição ou funcionamento, ressalvada decisão judicial transitada em julgado.
e) somente pode ter seu exercício suspenso em situações excepcionais, como a de estado de sítio.

11. (FCC - Analista Judiciário - Área Administrativa - TRT 2/2014) Entre as atribuições conferidas pelo texto constitucional ao Presidente da República está o poder de "conceder indulto e comutar penas". O indulto implica extinção de punibilidade-liberando o condenado por sentença criminal do cumprimento da pena ou do seu restante. Já a comutação de pena consiste em substituição da sanção judicial aplicada por outra, em geral, mais branda. O exercício dessa atribuição presidencial não é cabível, nos termos da Constituição Federal, para beneficiar os condenados pela prática das infrações criminais de

a) terrorismo, tortura, a ação de grupos armados, civis ou militares, contra a ordem constitucional e o Estado Democrático, bem como tráfico ilícito de entorpecentes e drogas afins.
b) terrorismo, tortura, racismo e tráfico ilícito de entorpecentes e drogas afins.
c) terrorismo, racismo, os delitos qualificados como crimes hediondos e a ação de grupos armados, civis ou militares, contra a ordem constitucional e o Estado Democrático.
d) tortura, racismo, os delitos qualificados como crimes hediondos e tráfico ilícito de entorpecentes e drogas afins.
e) terrorismo, tortura, os delitos qualificados como crimes hediondos e tráfico ilícito de entorpecentes e drogas afins.

12. **(FCC – Técnico Judiciário – Área Administrativa – TRT 2/2014)** No que diz respeito aos direitos e garantias fundamentais do sistema jurídico brasileiro, é

a) permitida a dissolução compulsória de associações, após trâmite do devido processo legal administrativo.
b) livre o exercício de qualquer trabalho, ofício ou profissão, independentemente de exigências profissionais previstas em lei.
c) ampla e irrestrita a liberdade de associação para fins lícitos em todo território nacional, inclusive no caso de sindicatos e partidos políticos.
d) permitida a reunião pacífica em locais públicos, mediante prévia autorização das autoridades competentes.
e) garantida a liberdade de associação para fins lícitos porém, ninguém é obrigado a associar-se ou a permanecer associado.

13. **(IESES – Analista Judiciário – Área Administrativa – TRT 14/2014)** Após a leitura das assertivas I a IV, assinale a alternativa correta:

I. O Mandado de Segurança Coletivo pode ser impetrado por qualquer partido político.
II. É hipótese de cabimento do Mandado de Injunção, a falta de norma regulamentadora que torne inviável o exercício das prerrogativas inerentes à soberania.
III. É hipótese de cabimento de Habeas-Corpus, a existência de ameaça de violência à liberdade de locomoção, praticada por abuso de poder.
IV. Também cabe Mandado de Segurança para proteger direito líquido e certo não amparado por "habeas- corpus" ou "habeas-data", quando o responsável pela ilegalidade ou abuso de poder for agente de pessoa jurídica de direito privado, no exercício de atribuições do Poder Público.

Assinale a alternativa correta:

a) Apenas as assertivas I e IV são verdadeiras.
b) Apenas as assertivas I, II e III são verdadeiras.

c) Todas as assertivas são verdadeiras.
d) Apenas as assertivas II e III são verdadeiras.
e) Apenas as assertivas II, III e IV são verdadeiras.

(Cespe – Analista Judiciário – Área Judiciária – TRT 17/2013) Julgue os itens que se seguem, a respeito dos princípios fundamentais.

14. Os valores sociais do trabalho e da livre iniciativa constituem fundamentos da República Federativa do Brasil.

15. A Constituição Federal de 1988 (CF) não prevê expressamente o princípio da concessão de asilo político.

16. (FCC – Analista Judiciário – Área Administrativa – TRT 5/2013) A Constituição Federal de 1988 é conhecida como "cidadã", uma vez que estabeleceu grandes avanços no que diz respeito às relações sociais. Nessa lei maior, os valores sociais do trabalho são considerados para a República Federativa do Brasil um

a) fundamento.
b) objetivo fundamental.
c) princípio de relação internacional.
d) direito supranacional.
e) dever supranacional.

17. (FCC – Técnico Judiciário – Administrativa – TRT 9/2013) A respeito dos Direitos e Garantias Fundamentais, considere as seguintes assertivas:

I. As normas definidoras dos direitos e garantias fundamentais têm aplicação imediata.
II. São gratuitas as ações de *habeas corpus* e *habeas data*, e, na forma da lei, os atos necessários ao exercício da cidadania.
III. A pequena propriedade rural, assim definida em lei, trabalhada pela família, será, excepcionalmente, objeto de penhora para pagamento de débitos decorrentes de sua atividade produtiva.
IV. O Brasil se submete à jurisdição de Tribunal Penal Internacional a cuja criação tenha manifestado adesão.

Nos termos da Constituição Federal, está correto o que consta em

a) I, II, III e IV.
b) II e III, apenas.
c) I e III, apenas.
d) I, II e IV, apenas.
e) II e IV, apenas.

18. (Cespe – Analista Judiciário – Exec. Mandados – TRT 10/2013) À luz da Constituição Federal de 1988 (CF), julgue o item a seguir, acerca dos direitos fundamentais.

( ) A CF admite a prisão por dívida do responsável pelo inadimplemento voluntário e inescusável de obrigação alimentícia.

19. **(FCC – Analista Judiciário / TRE-PR / 2012)** Considere os seguintes dispositivos da Lei Federal nº 12.016, de 7 de agosto de 2009, que disciplina o mandado de segurança individual e coletivo:

Art. 21. O mandado de segurança coletivo pode ser impetrado por partido político com representação no Congresso Nacional, na defesa de seus interesses legítimos relativos a seus integrantes ou à finalidade partidária, ou por organização sindical, entidade de classe ou associação legalmente constituída e em funcionamento há, pelo menos, 1 (um) ano, em defesa de direitos líquidos e certos da totalidade, ou de parte, dos seus membros ou associados, na forma dos seus estatutos e desde que pertinentes às suas finalidades, dispensada, para tanto, autorização especial.

Art. 23. O direito de requerer mandado de segurança extinguir-se-á decorridos 120 (cento e vinte) dias, contados da ciência, pelo interessado, do ato impugnado.

Considerada a disciplina constitucional da matéria, tem-se que o disposto no artigo

a) 21 é incompatível com a Constituição da República, ao exigir que o mandado de segurança coletivo tenha por objeto a defesa de direito líquido e certo, o que somente se aplica ao mandado de segurança individual.
b) 21 é incompatível com a Constituição da República, pois promove uma restrição no rol de legitimados para a propositura do mandado de segurança coletivo, ao exigir das associações tempo mínimo de constituição e funcionamento, além de pertinência temática.
c) 23 é incompatível com a Constituição da República, na medida em que impede a impetração de mandado de segurança em caráter preventivo, assim como é inconstitucional a exigência do artigo 21 de o partido político ter representação no Congresso Nacional para estar legitimado à propositura de mandado de segurança coletivo.
d) 23 é incompatível com a garantia constitucional do mandado de segurança, que não pode se sujeitar a prazo decadencial.
e) 21 é compatível com a Constituição da República, no que se refere à exigência de tempo mínimo de constituição e funcionamento de associações para a propositura de mandado de segurança coletivo, assim como é constitucional a fixação de prazo de decadência para impetração de mandado de segurança, pelo artigo 23.

20. **(FCC – Analista Administrativo / TRE-PR / 2012)** Ao disciplinar a liberdade de associação, a Constituição da República

a) assegura autonomia para criação e organização de associações, sendo vedada a interferência estatal em seu funcionamento, ressalvada a exigência, para partidos políticos, de que haja vinculação entre candidaturas nacionais, estaduais e municipais.
b) veda a possibilidade de a associação ter caráter paramilitar, prevendo, especificamente em relação a partidos políticos, a proibição de se utilizarem de organizações dessa natureza.

c) estabelece que a criação de associações independe de autorização, ressalva feita às cooperativas e aos partidos políticos, cabendo a estes registrar seus estatutos no Tribunal Regional Eleitoral da capital do Estado em que estiverem sediados.
d) proíbe às associações, em geral, o recebimento de recursos financeiros de entidades estrangeiras e aos partidos políticos, em especial, a vinculação ou subordinação a entidades ou governos estrangeiros.
e) ninguém poderá ser compelido a associar-se ou permanecer associado, salvo disposição contrária dos atos constitutivos, especialmente em relação aos partidos políticos, conforme previsão constitucional expressa.

21. **(FCC – Analista Judiciário / TRE-TO / 2011)** Segundo a Constituição Federal, os tratados e convenções internacionais sobre direitos humanos que forem aprovados, em cada Casa do Congresso Nacional, em dois turnos, por
a) um terço dos votos dos respectivos membros, serão equivalentes às emendas constitucionais.
b) dois terços dos votos dos respectivos membros, serão equivalentes às leis complementares.
c) um quarto dos votos dos respectivos membros, serão equivalentes às leis ordinárias.
d) três quintos dos votos dos respectivos membros, serão equivalentes às emendas constitucionais.
e) metades dos votos dos respectivos membros, serão equivalentes às leis complementares.

22. **(FCC – Analista Judiciário / TRT-20ª Região / 2011)** Herculano presenciou Humberto torturar Plínio e não o impediu. De acordo com o disposto na Constituição Federal, Herculano
a) não responderá pelo crime de tortura, porém poderá testemunhar em juízo contra Humberto.
b) não responderá pelo crime de tortura mas, em razão da sua omissão, terá que indenizar solidariamente o dano.
c) não responderá pelo crime de tortura e não indenizará Plínio.
d) responderá pelo crime de tortura, que é imprescritível e insuscetível de graça ou anistia.
e) responderá pelo crime de tortura, que é inafiançável e insuscetível de graça ou anistia.

23. **(Cespe – Analista Judiciário / TRT-21ª Região / 2010)** No que concerne aos direitos e às garantias fundamentais, julgue o item que se segue.

( ) Certa vez, em discurso no Parlamento britânico, Lord Chatan afirmou: "O homem mais pobre desafia em sua casa todas as forças da Coroa. Sua cabana pode ser muito frágil, seu teto pode tremer, o vento pode soprar entre as portas mal ajustadas, a tormenta pode nela penetrar, mas o rei da Inglaterra não pode nela entrar". Essa assertiva desnuda o direito fundamental da inviolabilidade de domicílio que, no Brasil, somente admite exceção – permitindo que se adentre na casa do indivíduo, sem seu consentimento – no caso de flagrante delito ou desastre ou para prestar socorro, ou, ainda, por determinação judicial durante o dia, e, à noite, na hipótese de flagrante delito ou desastre ou para prestar socorro.

24. **(FCC – Execução de Mandado / TRT-8ª Região / 2010)** A empresa pública federal Y inscreveu os dados de Tício no órgão de proteção ao crédito governamental, sendo que ele, ao ter acesso às informações no banco de dados, notou que estavam incorretas. Para retificar as informações restritivas Tício terá que

a) impetrar mandado de injunção.
b) impetrar *habeas data*.
c) impetrar mandado de segurança repressivo.
d) impetrar mandado de segurança preventivo.
e) propor ação popular.

25. **(FCC – Analista Judiciário – Execução de Mandados / TRF 4ª Região / 2010)** No que diz respeito ao direito à inviolabilidade de domicílio, é correto afirmar que

a) a casa, à noite, torna-se violável nas hipóteses de flagrante, desastre e prestação de socorro, porém é necessária autorização judicial.
b) a casa é violável no caso de flagrante, desastre ou para prestar socorro.
c) ninguém pode violar a casa, à noite, mesmo que munido de autorização judicial.
d) a casa é asilo inviolável e em nenhuma hipótese se pode nela ingressar sem o consentimento do morador.
e) o conceito de casa é restrito e abrange, apenas, a residência com ânimo definitivo.

26. **(Cespe – Analista Judiciário / TRT-21ª Região / 2010)** No que concerne aos direitos e às garantias fundamentais, julgue o item que se segue.

( ) O duplo grau de jurisdição consubstancia garantia constitucional.

27. **(Cespe – Execução de Mandados / TRT-17ª Região / 2009)** Diante dos requisitos legais, o juiz de direito de determinada comarca decretou a prisão preventiva do Vereador Galego, suspeito de tráfico de drogas, bem como autorizou a realização de busca e apreensão em sua residência. A polícia, de posse dos mandados judiciais, dirigiu-se até a câmara municipal, não logrando êxito em encontrar o Vereador. Às 20 h, a polícia localizou Galego em sua residência.

    Considerando as informações apresentadas na situação hipotética acima, julgue o item que se segue.

    Galego tem o direito constitucional à identificação dos responsáveis por sua prisão ou por seu interrogatório policial.

28. **(FCC – Analista Administrativo / TRT-3ª Região / 2009)** No que diz respeito à liberdade de reunião, é certo que

a) o instrumento jurídico adequado para a tutela da liberdade de reunião, caso ocorra lesão ou ameaça de lesão, ocasionada por ilegalidade ou arbitrariedade, é o *habeas corpus*.

b) essa liberdade, desde que atendendo aos requisitos de praxe, não está sujeita a qualquer suspensão por conta de circunstâncias excepcionais como no estado de defesa.
c) o prévio aviso à autoridade para realizar uma reunião limita-se, tão-somente, a impedir que se frustre outra reunião anteriormente convocada para o mesmo local.
d) na hipótese de algum dos manifestantes, isoladamente, estiver portando arma de fogo, o fato não autoriza a dissolução da reunião pelo Poder Público.
e) a autoridade pública dispõe de competência e discricionariedade para decidir pela conveniência, ou não, da realização da reunião.

29. **(Cespe - Analista Judiciário / TRE-MT / 2009)** Quanto aos direitos e garantias individuais, assinale a opção correta.
a) O direito à duração razoável do processo, tanto no âmbito judicial quanto no âmbito administrativo, é um direito fundamental previsto expressamente na CF.
b) A CF garante a todos o direito de reunir-se pacificamente, sem armas, em locais abertos ao público, independentemente de autorização ou prévio aviso à autoridade competente.
c) Segundo a CF, cabe mandado de injunção para assegurar o conhecimento de informações relativas à pessoa do impetrante, constantes de registros ou bancos de dados de entidades governamentais ou de caráter público.
d) Os direitos e garantias fundamentais estão previstos de forma taxativa na CF.
e) A CF permite que seja constituído tribunal penal especial para o julgamento de crimes hediondos que causem grande repercussão na localidade em que foram cometidos.

30. **(Ferreira de Moura - Analista Judiciário / TRE-SC /2009)** Aponte a alternativa correta.
a) De acordo com a Emenda Constitucional nº 45/2004, todos os tratados e convenções internacionais sobre direitos humanos passaram a ter natureza de norma constitucional.
b) A revisão ou cancelamento de Súmula Vinculante somente poderá ser realizada de ofício pelo Supremo Tribunal Federal ou por provocação do Procurador Geral da República ou dos Presidentes dos Tribunais Superiores.
c) A impetração de mandado de segurança coletivo por entidade de classe em favor dos associados depende de autorização destes.
d) O mandado de segurança coletivo poderá ser impetrado por partido político com representação no Congresso Nacional, desde que, na defesa de seus interesses legítimos relativos a seus integrantes ou à finalidade partidária.

31. **(Cespe - Analista Judiciário / TRE-BA / 2009)** Com relação aos direitos e às garantias fundamentais e aos direitos políticos, julgue o item seguinte.

( ) Os sigilos bancário e fiscal são consagrados como direitos individuais constitucionalmente protegidos que podem ser excepcionados por ordem judicial fundamentada. Nesse sentido, é válida a quebra de sigilo bancário de membros do Congresso Nacional quando decretada por um TRE em investigação criminal destinada à apuração de crime eleitoral.

32. **(FCC – Analista Judiciário / TRT-7ª Região / 2009)** Os princípios da ampla defesa e do contraditório
a) são garantidos por Lei Complementar especialmente editada para esse fim.
b) são inerentes aos processos judicial e administrativo.
c) só se aplicam aos processos judiciais na área penal e na área civil.
d) não se aplicam aos processos administrativos não punitivos.
e) não se aplicam em nenhuma espécie de processo administrativo.

33. **(FCC – Analista Administrativo / TRT-15ª Região / 2009)** Considere as assertivas abaixo, relacionadas aos direitos e deveres individuais e coletivos.
I. As normas definidoras dos direitos e garantias fundamentais têm aplicação imediata.
II. Dentre outras, são gratuitas as ações de *habeas data*, e, na forma da lei, os atos necessários ao exercício da cidadania.
III. Será, em qualquer hipótese, concedida a extradição de estrangeiro por crime político.
IV. Admitir-se-á, nos termos da lei, juízo ou tribunal de exceção.

Está correto o que consta SOMENTE em
a) I e II.
b) II e III.
c) III e IV.
d) I, II e III.
e) II, III e IV.

34. **(FCC / Analista Administrativo / TRT-15ª Região / 2009)** Nos termos da Constituição Federal, serão equivalentes às emendas constitucionais, os tratados e convenções internacionais sobre direitos humanos que forem aprovados,
a) pelo Senado Federal, em único turno, por três quartos dos votos dos respectivos membros.
b) pelo Congresso Nacional, em dois turnos, por dois terços dos votos dos respectivos membros.
c) em cada Casa do Congresso Nacional, em dois turnos, por três quintos dos votos dos respectivos membros.
d) pela Câmara dos Deputados, em único turno, por dois terços dos votos dos presentes à sessão.
e) pelo Congresso Nacional, em único turno, por maioria absoluta dos presentes à sessão.

(Cespe / Analista Administrativo / TRT-17ª Região / 2009) Acerca dos princípios, dos direitos e das garantias fundamentais previstos na CF, julgue os itens seguintes.

35. ( ) Segundo a CF, a República Federativa do Brasil deve buscar a integração econômica, política, social e cultural dos povos da América Latina, com vistas à formação de uma comunidade latino-americana de nações.

36. ( ) A CF prevê que não se concede extradição de estrangeiro por crime político ou de opinião, porém os brasileiros naturalizados podem ser extraditados em caso de crime comum, praticado antes da naturalização.

37. ( ) Segundo a CF, deve ser concedido *habeas data* sempre que a ausência de norma regulamentadora torne inviável o exercício dos direitos e das liberdades constitucionais e das prerrogativas inerentes à nacionalidade, à soberania e à cidadania.

(Cespe / Analista Judiciário / TRT-17ª Região / 2009) Julgue o item que se seguem, relativo aos direitos e às garantias fundamentais.

38. ( ) O estrangeiro sem domicílio no Brasil não tem legitimidade para impetrar *habeas corpus*, já que os direitos e as garantias fundamentais são dirigidos aos brasileiros e aos estrangeiros aqui residentes.

39. **(FCC / Execução de Mandados / TRT-3ª Região / 2009)** Considere os mandamentos constitucionais:

I. Nenhuma pena passará da pessoa do condenado, podendo a obrigação de reparar o dano e a decretação do perdimento de bens ser, nos termos da lei, estendidas aos sucessores e contra eles executadas, até o limite do valor transferido.

II. A aplicação da pena deve ajustar-se à situação de cada imputado adotando-se, dentre outras, a prestação social alternativa, a suspensão ou interdição de direitos e a multa.

Essas hipóteses dizem respeito a garantias relativas à aplicação da pena, denominadas, respectivamente, como

a) seguranças processuais penais e vedação de tratamento desumano e degradante.
b) individualização da pena e personalização da pena.
c) proibição da prisão civil por dívida e proteção da incolumidade física e moral.
d) personalização da pena e individualização da pena.
e) tratamento desumano e degradante e individualização da pena.

40. **(FCC – Execução de Mandados / TRT-3ª Região / 2009)** O conjunto de condições que tornam possível às pessoas o conhecimento antecipado e reflexivo das consequências diretas de seus atos e de seus fatos à luz da liberdade reconhecida e o enunciado de que a lei não prejudicará o direito adquirido, o ato jurídico perfeito e a coisa julgada, dizem respeito, tecnicamente,

a) à legalidade e ao poder regulamentar.
b) aos remédios decorrentes de ações constitucionais.
c) à segurança jurídica.
d) ao monopólio judiciário do controle jurisdicional.
e) à normatividade dos direitos sociais.

▶ **GABARITO**

Questão	Resposta	Fundamento	Item deste capítulo em que abordamos o tema da questão
01	a	Art. 5º, LXXII, da CF	5.5
02	b	Art. 5º, XI, CF	4
03	e	Art. 5º, §3º, da CF	2.4.
04	e	Art. 5º, XLVII, da CF	4
05	Errado	Art. 5º, § 3º, da CF	2.4
06	b	Art. 5º, *caput*, da CF	4
07	d	Art. 5º, XI, da CF	4
08	b	Art. 5º, XVI, da CF	4
09	C	Art. 5º, XLII, da CF	4
10	c	Art. 5º, XX, da CF	4
11	e	Art. 5º, XLIII, da CF	4
12	e	Art. 5º, XVII e XXI, da CF	4
13	e	Art. 5º, LXX, LXXI, LXVIII e LXIX da CF	4 e 5
14	Certo	Art. 1º da CF	1.1
15	Errado	Art. 4º, X, da CF	1.4
16	a	Art. 1º da CF	1.1
17	d	Art. 5º, § 2º, da CF	2 e 4
18	Certo	Art. 5º, LXVII, da CF	4
19	e	Art. 5º, LXX, da CF	5.3
20	b	Art. 5º, XVII, da CF	4
21	d	Art. 5º, § 3º, da CF	2
22	e	Art. 5º, XLIII, da CF	4
23	Certo	Art. 5º, XI, da CF	4
24	b	Art. 5º, LXXII, "b", da CF	5.5
25	b	Art. 5º, XI, da CF	4
26	Errado	Art. 5º, LV, da CF	4
27	Certo	Art. 5º, LXIV, da CF	4
28	d	Art. 5º, XVI, da CF	4
29	a	Art. 5º, LXXVIII, da CF	4
30	d	Art. 5º, LXX, da CF	5.3

▸ GABARITO

Questão	Resposta	Fundamento	Item deste capítulo em que abordamos o tema da questão
31	Errado	Art. 5º, XII, da CF	4
32	b	Art. 5º, LV, da CF	4
33	a	Art. 5º, § 1º c.c. art. 5º, LXXVII, da CF	2 e 5.5
34	c	Art. 5º, § 3º, da CF	2
35	Certo	Art. 4º, parágrafo único, da CF	1.4
36	Certo	Art. 5º, LII, da CF	4
37	Errado	Art. 5º, LXXI e LXXII, da CF	5.4
38	Errado	Doutrina e STF	4
39	d	Art. 5º, XLV e XLVI, da CF	4
40	c	Art. 5º, XXXVI, da CF, e Doutrina	4

Capítulo III

Direitos Sociais

Sumário: 1. Conceito de direitos sociais, ativismo judicial e reserva do possível – 2. Direitos sociais do art. 6º da CF – 3. Direitos trabalhistas; 3.1. Direitos dos trabalhadores urbanos e rurais; 3.1.1. Direito à segurança no emprego; 3.1.2. Seguro-desemprego; 3.1.3. Fundo de garantia; 3.1.4. Direitos relativos ao salário; 3.1.5. Duração do trabalho, remuneração do serviço extraordinário e férias; 3.1.6. Licenças; 3.1.7. Proteção à mulher; 3.1.8. Aviso-prévio; 3.1.9. Riscos e adicionais; 3.1.10. Aposentadoria; 3.1.11. Assistência aos filhos; 3.1.12. Convenções e acordos coletivos; 3.1.13. Proteção em face da automação; 3.1.14. Seguro contra acidentes de trabalho; 3.1.15. Reclamação trabalhista; 3.1.16. Proibições à discriminação; 3.1.17. Idade para o trabalho; 3.1.18. Trabalhador avulso; 3.1.19. Trabalhador doméstico; 3.2. Associação profissional ou sindical; 3.2.1. Liberdade de constituição; 3.2.2. Liberdade de inscrição; 3.2.3. Direito de auto-organização; 3.2.4. Direito de exercício da atividade sindical na empresa; 3.2.5. Direito democrático; 3.2.6. Direito de independência e autonomia; 3.2.7. Direito de relacionamento ou de filiação em organizações sindicais internacionais; 3.2.8. Direito de proteção especial dos dirigentes eleitos dos trabalhadores; 3.3. Direito de greve – 4. Questões objetivas comentadas – 5. Questões objetivas para treinar.

1. CONCEITO DE DIREITOS SOCIAIS, ATIVISMO JUDICIAL E RESERVA DO POSSÍVEL

Como visto no segundo capítulo, os direitos sociais são parte dos direitos e garantias fundamentais.

Eles são classificados como direitos de segunda geração ou dimensão, pois **têm como finalidade garantir o valor da igualdade**.

Em regra, os direitos sociais são efetivados por meio de políticas públicas capitaneadas pelo Estado, mas também podem se materializar como direitos subjetivos que impõem condutas nas relações exclusivamente particulares.

Assim, por exemplo, ao garantir a saúde pelo Sistema Único de Saúde (SUS), o Estado está implementando direitos sociais ao passo que, ao conceder férias a um empregado, o empregador está respeitando um direito subjetivo previsto na Constituição.

> ▸ **ATENÇÃO!**
>
> A FCC costuma afirmar que os direitos sociais são **imperativos e invioláveis**.

Sob o ponto de vista crítico, atualmente, diante de flagrante inoperância tanto do Poder Legislativo quanto do Poder Executivo no que tange à previsão e efetivação de direitos, o Poder Judiciário tem atuado de forma mais ativa na garantia dos direitos dos cidadãos, o que se convencionou chamar de **ativismo judicial e judicialização de políticas públicas.**

Esse fenômeno de interferência do Judiciário nos demais Poderes tem ocorrido especialmente no âmbito dos direitos sociais, a exemplo de decisões que determinam o fornecimento de medicamentos ou a oferta de vagas em creches. Nesse cenário se vem discutindo quais são os **limites da atuação do Judiciário**, haja vista que no Estado Democrático de Direito deve haver respeito tanto ao Princípio da Separação dos Poderes quanto às demais normas previstas na Constituição.

Os elementos que compõem as discussões sobre essa questão são seguintes:

a) **Princípio da Separação de Poderes** (cada Poder deve exercer sua função);

b) **Discricionariedade Legislativa e Administrativa** (Legislativo e Executivo atuam a partir de critérios de conveniência e oportunidade, de modo que a atuação de cada Poder deve ser respeitada);

c) **Reserva do Possível** (os recursos do Estado são finitos, de modo que nem todas as demandas por direitos podem ser implementadas);

d) **Mínimo Existencial** (as pessoas precisam de um mínimo de direitos para poderem viver com dignidade).

O **STF** já teve oportunidade de se manifestar sobre essa problemática envolvendo ativismo judicial e judicialização de políticas públicas, especialmente envolvendo direitos sociais, com destaque para os seguintes trechos de julgados:

> "Embora resida, primariamente, nos Poderes Legislativo e Executivo, a prerrogativa de formular e executar políticas públicas, **revela-se possível, no entanto, ao Poder Judiciário, determinar, ainda que em bases excepcionais, especialmente nas hipóteses de políticas públicas definidas pela própria Constituição, sejam estas implementadas pelos órgãos estatais inadimplentes**, cuja omissão – por importar em descumprimento dos encargos político-jurídicos que sobre eles incidem em caráter mandatório – mostra-se apta a comprometer a eficácia e a integridade de direitos sociais e culturais impregnados de estatura constitucional. A questão pertinente à 'reserva do possível'." (STF. RE 436.996, julgado em 2005 e relatado pelo Ministro Celso de Mello).
>
> "**A cláusula da reserva do possível – que não pode ser invocada, pelo Poder Público, com o propósito de fraudar, de frustrar e de inviabilizar a implementação de políticas públicas definidas na própria Constituição – encontra insuperável limitação na garantia constitucional do mínimo existencial**, que representa, no contexto de nosso ordenamento positivo, emanação direta do postulado da essencial dignidade da pessoa humana. (...) A **noção de 'mínimo existencial'**, que resulta, por implicitude, de determinados preceitos constitucionais (CF, art. 1º, III, e art. 3º, III), compreende um complexo de prerrogativas cuja concretização revela-se capaz de garantir condições adequadas de existência digna, em ordem a assegurar, à pessoa, acesso efetivo ao direito geral de liberdade e, também, a prestações positivas originárias do Estado, viabilizadoras da plena fruição de direitos sociais básicos, tais como o direito à educação,

o direito à proteção integral da criança e do adolescente, o direito à saúde, o direito à assistência social, o direito à moradia, o direito à alimentação e o direito à segurança. Declaração Universal dos Direitos da Pessoa Humana, de 1948 (Artigo XXV)." (STF. ARE 639.337, julgado em 2011 e relatado pelo Ministro Celso de Mello).

Quanto aos medicamentos, a mais recente decisão tomada pela Suprema Corte, em maio de 2019, no bojo do RE 657.718, com reconhecimento de repercussão geral, fixou a seguinte tese: "1. **O Estado não pode ser obrigado a fornecer medicamentos experimentais**. 2. A ausência de registro na ANVISA impede, como regra geral, o fornecimento de medicamento por decisão judicial. 3. **É possível, excepcionalmente, a concessão judicial de medicamento sem registro sanitário, em caso de mora irrazoável da ANVISA em apreciar o pedido (prazo superior ao previsto na Lei nº 13.411/2016), quando preenchidos três requisitos**: (i) a **existência de pedido de registro** do medicamento no Brasil (salvo no caso de medicamentos órfãos para doenças raras e ultrarraras);(ii) a **existência de registro do medicamento em renomadas agências de regulação no exterior**; e (iii) **a inexistência de substituto** terapêutico com registro no Brasil. 4. As **ações que demandem fornecimento de medicamentos sem registro na ANVISA deverão necessariamente ser propostas em face da União"**, vencido o Ministro Marco Aurélio. Ausente, justificadamente, o Ministro Celso de Mello. Plenário, 22.05.2019.

2. DIREITOS SOCIAIS DO ART. 6º DA CF

Nos termos do art. 6º da CF, **são direitos sociais:** a educação, a saúde, a alimentação, o trabalho, a moradia, o transporte, o lazer, a segurança, a previdência social, a proteção à maternidade e à infância, a assistência aos desamparados, na forma dessa Constituição.

O parágrafo único, por sua vez, estabelece que todo brasileiro em situação de vulnerabilidade social terá direito a uma renda básica familiar, garantida pelo poder público em programa permanente de transferência de renda, cujas normas e requisitos de acesso serão determinados em lei, observada a legislação fiscal e orçamentária.

Vale notar que esse artigo já foi objeto de quatro emendas constitucionais (EC 26/2000, EC 64/2010 , EC 90/2015 e EC 114/2021). A primeira emenda incluiu a moradia, a segunda inseriu a alimentação, a terceira adicionou o transporte e a quarta incluiu o parágrafo único, que instituiu a renda básica familiar.

> **▸ PORTANTO, ATENÇÃO!**
>
> Como o dispositivo já foi alterado quatro vezes, as bancas examinadoras o cobram com bastante frequência. Estude todo o art. 6º da CF, mas preste mais atenção e procure não se esquecer dos direitos à moradia, à alimentação e ao transporte.

3. DIREITOS TRABALHISTAS

Os direitos trabalhistas estão arrolados fundamentalmente nos artigos 7º a 11 da CF.

A maioria dos cursos e manuais de direito constitucional restringe-se a reproduzir esses dispositivos, sem explicá-los. A justificativa é sempre a mesma: são temas mais bem explorados nos livros de direito do trabalho.

Essa escusa é plausível, mas não reflete de modo fiel os concursos para Tribunais e MPU.

Além de detalhes sobre os direitos arrolados nos artigos 7º a 11, da CF, as provas da FCC e do Cespe vêm pedindo algumas classificações relativas aos direitos sociais trabalhistas, notadamente as criadas por Alexandre de Moraes. Nesse sentido, abordaremos os dispositivos constitucionais seguindo as lições desse autor.

3.1. Direitos dos trabalhadores urbanos e rurais

O *caput* do art. 7º da CF abre espaço para a enunciação de vários direitos aos **trabalhadores urbanos e rurais.**

Os direitos arrolados neste artigo têm por objetivo alcançar a **melhoria da condição social** dos trabalhadores urbanos e rurais e, por isso, são exemplificativos, admitindo ampliação por meio de normas constitucionais ou atos infraconstitucionais.

3.1.1. Direito à segurança no emprego

Segundo Alexandre de Moraes, "consagra a Constituição Federal o direito à segurança no emprego, que compreende a proteção da relação de emprego contra despedida arbitrária ou sem justa causa, nos termos de lei complementar, que preverá indenização compensatória, entre outros direitos, impedindo-se, dessa forma, a dispensa injustificada, sem motivo socialmente relevante". Destacamos que esse é o direito contido no art. 7º, I, da CF.

3.1.2. Seguro-desemprego

Nos termos do art. 7º, II, da CF, é direito do trabalhador urbano e rural o seguro-desemprego, em caso de desemprego involuntário.

> ▸ ATENÇÃO!
>
> O seguro-desemprego apenas é devido se o desemprego for **involuntário!**

3.1.3. Fundo de garantia

Consoante art. 7º, III, da CF, deve ser garantido ao trabalhador urbano e rural o fundo de garantia por tempo de serviço.

O FGTS é um direito e ao mesmo tempo um dever: é um dever do empregador e um direito do empregado, funcionando como uma verdadeira poupança forçada.

Na lição de Uadi Lammêgo Bulos:

> O FGTS funciona como pecúlio acumulado, uma espécie de reserva do trabalhador ou poupança particular, com o fito de suprir despesas excepcionais não acobertadas pelo salário, v.g., casos de doenças graves, aquisição de casa própria etc. É, em si mesmo, uma massa de recursos, sem lograr personalidade própria.[1]

3.1.4. Direitos relativos ao salário

O art. 7º, IV, da CF, garante ao trabalhador o salário-mínimo, **fixado em lei, nacionalmente unificado**, capaz de atender a suas necessidades vitais básicas e às de sua família com moradia, alimentação, educação, saúde, lazer, vestuário, higiene, transporte e previdência social, **com reajustes periódicos que lhe preservem o poder aquisitivo**, sendo **vedada sua vinculação** para qualquer fim[2].

> ▸ ATENÇÃO!
>
> Os reajustes periódicos têm o condão de preservar o poder aquisitivo do empregado, **não a sua condição social ou o seu padrão de vida.**

Também fica garantido ao trabalhador o **piso salarial proporcional à extensão e à complexidade do trabalho** (art. 7º, V, da CF).

Sobre o tema, vale destacar o seguinte julgado do STF:

> Consubstanciam institutos diversos o piso salarial e o salário-mínimo – incisos IV e V do artigo 7º da Carta Federal. Ao primeiro exame, conflita com os textos constitucionais lei estadual que, a pretexto de fixar piso salarial no respectivo âmbito geográfico, acaba instituindo, por não levar em conta as peculiaridades do trabalho – extensão e complexidade –, verdadeiro salário mínimo estadual (STF, MC-ADI 2385, julgada em 2004 e relatada pelo Ministro Marco Aurélio).

Outro direito de suma importância é a **irredutibilidade do salário**, salvo o disposto em convenção ou acordo coletivo (art. 7º, VI, da CF).

> ▸ ATENÇÃO!
>
> Esse dispositivo é muito explorado nas provas. Atenta-se para o fato de que **o salário pode ser reduzido por convenção ou acordo coletivo.**

1. BULOS, Uadi Lammêgo. *Op. Cit.*, 432.
2. Súmula Vinculante 6: "Não viola a Constituição o estabelecimento de remuneração inferior ao salário mínimo para as praças prestadoras de serviço militar inicial".

Ademais, nos termos do art. 7º, VII, da CF, há a **garantia de salário, nunca inferior ao mínimo**, para os que percebem **remuneração variável.**

Como ensina Uadi Lammêgo Bulos, "o mínimo na remuneração variável é próprio daqueles trabalhadores que recebem comissões, gorjetas, percentagens, prêmios ou tarefas".[3]

Outra grande conquista dos trabalhadores é o **décimo terceiro salário,** com base na remuneração integral ou no valor da aposentadoria, consoante art. 7º, VIII, da CF.

Segundo Maurício Godinho Delgado:

> O 13º salário consiste na parcela contraprestativa paga pelo empregador ao empregado, em caráter de gratificação legal, no importe da remuneração devida em dezembro de cada ano ou no último mês contratual, caso rompido antecipadamente a dezembro o pacto.[4]

Retribuindo o trabalhador que labora em condições incomuns, o art. 7º, IX, da CF prevê que a **remuneração do trabalho noturno será superior à do diurno.**

De acordo com os ensinamentos de Henrique Correia, deve-se diferenciar o trabalhador urbano do rural. Isso porque, embora ambos tenham adicional noturno, os percentuais serão diferentes:

a) Empregado urbano: jornada noturna inicia-se às 22h e termina às 5h. Adicional de, no mínimo, **20%** sobre a hora diurna. Ademais, a hora noturna será reduzida, ou seja, terá 52 minutos e 30 segundos.

b) Empregado rural: jornada noturna inicia-se às 20h e termina às 4h na pecuária. Na lavoura, será das 21h até as 5h. Adicional noturno é de, no mínimo, **25%** superior à hora diurna. Por fim, a hora noturna não é reduzida, ou seja, possui 60 minutos.[5]

Visando impedir abusos por parte dos empregados, a CF, por meio do art. 7º, X, traz a **proteção do salário** na forma da lei, **constituindo crime sua retenção dolosa.**

Com o objetivo de envolver o empregado com o trabalho que desempenha, o art. 7º, XI, da CF garante a **participação nos lucros ou resultados,** desvinculada da remuneração, e, excepcionalmente, **participação na gestão da empresa,** conforme definido em lei.

> ▶ **ATENÇÃO!**
>
> A participação nos lucros ou resultados é **desvinculada da remuneração.** Por sua vez, a participação na gestão da empresa é **excepcional, conforme definido em lei.**

3. BULOS, Uadi Lammêgo. *Op. Cit.*, 432.
4. DELGADO, Maurício Godinho. *Curso de direito do trabalho*. 11. ed. São Paulo: LTR, 2012, p. 765.
5. CORREIA, Henrique. *Direito do trabalho*. 4. ed. Salvador: Juspodivm, 2013, p. 349.

A partir de redação dada pela EC 20/98, o art. 7º, XII, da CF, garante o **salário-família** pago em razão do dependente do trabalhador de baixa renda nos termos da lei.

Maurício Godinho Delgado ensina que o salário-família é:

> [...] de origem (e natureza) previdenciária. [...] Constitui-se de parcelas monetárias devidas pela Previdência Oficial ao trabalhador de baixa renda **(a restrição à renda sedimentou-se com a EC 20/98)**, em função do número de seus dependentes, sejam pessoas inválidas, sejam menores de 14 anos. Tais parcelas são repassadas ao empregado pelo empregador, que se ressarce do custo correspondente através da compensação de valores no montante de recolhimentos previdenciários sob encargo da empresa. (grifo nosso)

3.1.5. Duração do trabalho, remuneração do serviço extraordinário e férias

Nos termos do art. 7º, XIII, da CF, os trabalhadores urbano e rural têm direito a **duração do trabalho normal não superior a 8 horas diárias e 44 semanais,** facultada a compensação de horários e a redução da jornada, mediante acordo ou convenção coletiva de trabalho.

Entretanto, no caso de trabalho realizado em **turnos ininterruptos de revezamento,** a jornada será de **6 horas, salvo negociação coletiva** (art. 7º, XIV, da CF).

Ao trabalhador será devida remuneração do **serviço extraordinário,** superior, no mínimo, em 50% à do normal (art. 7º, XVI, da CF).

Para o descanso, os trabalhadores urbano e rural têm direito a **repouso semanal remunerado,** preferencialmente aos domingos (art. 7º, XV, da CF) e ao gozo de **férias anuais** remuneradas com, pelo menos, um terço a mais do que o salário normal.

> ▸ ATENÇÃO!
> O repouso semanal remunerado deve ocorrer **preferencialmente** (e não obrigatoriamente) aos domingos.

3.1.6. Licenças

A proteção à maternidade e à infância são direitos sociais (art. 6º da CF) e, nesse sentido, acabam refletindo em algumas normas de proteção ao trabalhador.

Segundo o art. 7º, XVIII, da CF, é devida a **licença à gestante,** sem prejuízo do emprego e do salário, com a duração de 120 dias.

> ▸ ATENÇÃO!
> A licença à gestante **não implica prejuízo ao emprego ou ao salário!**

A CF também garante a licença-paternidade, nos termos fixados em lei, consoante art. 7º, XIX. A lei específica ainda não foi criada, de modo que ainda vale a regra do art. 10 do ADCT:

> Até que seja promulgada a lei complementar a que se refere o art. 7º, I, da Constituição: (...) § 1º – Até que a lei venha a disciplinar o disposto no art. 7º, XIX, da Constituição, o prazo da licença-paternidade a que se refere o inciso é de cinco dias.
>
> No entanto, em casos de pai solo (famílias sem a figura materna), entende o STF que o servidor público terá direito à licença maternidade e ao salário maternidade pelo prazo de 180 dias (STF- Plenário, RE 1.348.854-SP, rel. Min. Alexandre de Moraes, julgado em 12/05/2022)

3.1.7. Proteção à mulher

De acordo com o art. 7º, XX, da CF, é garantida a **proteção do mercado de trabalho da mulher**, mediante incentivos específicos, nos termos da lei.

A Lei 9.799/99 inseriu, na Consolidação das Leis do Trabalho, regras sobre o acesso da mulher ao mercado de trabalho e deu outras providências. Vale destacar alguns trechos do art. 373-A da CLT:

> Ressalvadas as disposições legais destinadas a corrigir as distorções que afetam o acesso da mulher ao mercado de trabalho e certas especificidades estabelecidas nos acordos trabalhistas, é vedado: [...] IV – exigir atestado ou exame, de qualquer natureza, para comprovação de esterilidade ou gravidez, na admissão ou permanência no emprego; [...] VI – proceder o empregador ou preposto a revistas íntimas nas empregadas ou funcionárias. Parágrafo único. O disposto neste artigo não obsta a adoção de medidas temporárias que visem ao estabelecimento das políticas de igualdade entre homens e mulheres, em particular as que se destinam a corrigir as distorções que afetam a formação profissional, o acesso ao emprego e as condições gerais de trabalho da mulher.

3.1.8. Aviso-prévio

Consoante art. 7º, XXI, da CF, é direito dos trabalhadores urbano e rural o aviso-prévio proporcional ao tempo de serviço, sendo no mínimo de trinta dias, nos termos da lei.

Por meio do aviso-prévio garante-se que tanto o empregado quanto o empregador tenham tempo para se organizarem e não sofrerem consequências tão severas com o término do contrato de trabalho.

Henrique Correia leciona:

> O aviso-prévio tem como finalidade indicar a data do término do contrato de trabalho. O período do aviso possibilita ao trabalhador procurar

outro emprego, e, ainda, ao empregador buscar um substituto para o cargo vago. Dessa forma, torna-se possível que uma parte não seja surpreendida com a ruptura do contrato por ato unilateral da outra. Afasta-se, portanto, o evento surpresa.[6]

▶ ATENÇÃO!

O art. 7º, XXI, da CF foi regulamentado pela Lei 12.506/11, que estabeleceu o **aviso-prévio proporcional**. Vale destacar o art. 1º do referido diploma:

Art. 1º. O aviso-prévio, de que trata o Capítulo VI do Título IV da Consolidação das Leis do Trabalho - CLT, aprovada pelo Decreto-Lei 5.452, de 1º de maio de 1943, **será concedido na proporção de 30 (trinta) dias aos empregados que contem até 1 (um) ano de serviço na mesma empresa.** Parágrafo único. Ao aviso-prévio previsto neste artigo **serão acrescidos 3 (três) dias por ano de serviço prestado na mesma empresa, até o máximo de 60 (sessenta) dias, perfazendo um total de até 90 (noventa) dias.**(grifo nosso)

3.1.9. Riscos e adicionais

O mote da Constituição Federal é proteger o trabalhador. Nesse sentido, o art. 7º, XXII, do texto constitucional garante aos trabalhadores urbano e rural a **redução dos riscos inerentes ao trabalho**, por meio de normas de saúde, higiene e segurança.

Independentemente da redução dos riscos, será devido **adicional de remuneração** para as atividades penosas, insalubres ou perigosas, na forma da lei (art. 7º, XXIII, da CF).

Nos termos do art. 193, § 1º, da CLT, o trabalho em condições de periculosidade assegura ao empregado um adicional de 30% sobre o salário sem os acréscimos resultantes de gratificações, prêmios ou participações nos lucros da empresa.

Sobre o adicional de insalubridade, vale destacar a lição de Henrique Correia:

> O adicional de insalubridade era calculado com base no salário-mínimo, variando de acordo com a agressividade do agente nocivo. [...] Ocorre, entretanto, que o Supremo Tribunal Federal - STF -, em recente julgamento (30 de abril de 2008), proibiu que o salário-mínimo sirva de base de cálculo (indexador) do adicional de insalubridade. Após essa decisão, o art. 192 da CLT não mais pode ser utilizado. [...] De acordo com a **Súmula Vinculante 4**: Salvo nos casos previstos na Constituição, o salário-mínimo não pode ser usado como indexador de base de cálculo de vantagem de servidor público ou de empregado, nem ser substituído por decisão judicial.[7] (grifo nosso)

6. CORREIA, Henrique. *Op. Cit.*, p. 463.
7. CORREIA, Henrique. *Op. Cit.*, p. 354.

3.1.10. *Aposentadoria*

Os trabalhadores urbano e rural terão direito à aposentadoria (art. 7º, XXIV, da CF), o que representa respeito às condições que limitam a continuidade do trabalho (notadamente a idade avançada). A aposentadoria está detalhada no art. 201 da CF.

3.1.11. *Assistência aos filhos*

O art. 7º, XXV, da CF, garante assistência gratuita aos filhos e dependentes dos trabalhadores urbanos e rurais desde o nascimento até 5 (cinco) anos de idade em creches e pré-escolas.

Referido dispositivo tem redação muito semelhante ao art. 208, IV, da CF, e o motivo é claro: ambos tiveram redações dadas pela EC 53/06.

> ▸ ATENÇÃO!
>
> O atendimento em creche e pré-escola é **até os 5, não 6, anos de idade.** Esse detalhe já foi explorado várias vezes pela FCC. Fique ligado!

3.1.12. *Convenções e acordos coletivos*

O texto constitucional, em seu art. 7º, XXVI, reconhece ainda dois importantes instrumentos de direito coletivo do trabalho: **as convenções coletivas de trabalho (CCT) e os acordos coletivos de trabalho (ACT).**

Para compreensão e distinção dos institutos, nos valemos das lições de Maurício Godinho Delgado:

> A **CCT** tem em seus polos subjetivos, necessariamente, **entidades sindicais, representativas de empregados e empregadores,** respectivamente. É pacto subscrito por sindicatos representativos de certa categoria profissional e sindicatos representativos da correspondente categoria econômica. O **ACT,** ao revés, **tem em um de seus polos subjetivos empregadores não necessariamente representados pelo respectivo sindicato.** As empresas, individualmente ou em grupo, podem subscrever, sozinhas, acordos coletivos com o correspondente sindicato representativo de seus empregados. A presença sindical somente é obrigatória quanto ao sindicato representativo dos trabalhadores vinculados à(s) empresa(s) que assina(m) o acordo coletivo de trabalho.[8]

3.1.13. *Proteção em face da automação*

O art. 7º, XXVII, da CF garante aos trabalhadores urbano e rural **proteção em face da automação,** na forma da lei.

---

8. DELGADO, Maurício Godinho. *Op. Cit.*, p. 1.396.

Trata-se de nítida preocupação do constituinte com o avanço das novas tecnologias, que paulatinamente tendem a eliminar vários postos de trabalho, notadamente nas atividades desenvolvidas em meio rural (ex.: mecanização no corte da cana-de-açúcar).

3.1.14. *Seguro contra acidentes de trabalho*

O constituinte também trouxe, no art. 7º, XXVIII, da CF, a garantia do **seguro contra acidentes de trabalho**, a cargo do empregador, sem excluir a indenização a que este está obrigado, quando incorrer em dolo ou culpa.

> ▶ ATENÇÃO!
> A existência do seguro **não exclui a indenização** devida ao empregado pelo empregador que agiu com dolo ou culpa.

3.1.15. *Reclamação trabalhista*

De acordo com o art. 7º, XXIX, da CF, os trabalhadores urbano e rural têm direito a **ação, quanto aos créditos resultantes das relações de trabalho**, com prazo prescricional de cinco anos para os trabalhadores urbanos e rurais, até o limite de dois anos após a extinção do contrato de trabalho.

Vê-se, pois, que há dois prazos para o ajuizamento da ação/reclamação trabalhista:

a) Prazo prescricional para ingresso com a ação/reclamação: até 2 anos após a extinção do contrato de trabalho **(prescrição bienal)**.

b) Prazo prescricional quanto à garantia de direitos pretéritos: até 5 anos retroativos, contados do ajuizamento da ação/reclamação **(prescrição quinquenal)**.

Em resumo, podemos dizer que quanto mais tempo o empregado demorar para ajuizar ação/reclamação pior será para ele. Por exemplo: se o empregado ingressar com ação/demanda 1 anos depois do término do contrato, ele estará no prazo para ajuizar, mas já terá perdido um ano de direitos pretéritos, fazendo jus a apenas 4 anos de verbas anteriores.

3.1.16. *Proibições à discriminação*

O art. 7º, em seus incisos XXX a XXXII da CF, traz uma série de proibições à discriminação. Vejamos:

a) **proibição de diferença** de salários, de exercício de funções e de critério de admissão **por motivo de sexo, idade, cor ou estado civil**;

b) **proibição de qualquer discriminação** no tocante a salário e critérios de admissão do **trabalhador portador de deficiência**;

c) **proibição de distinção entre trabalho manual, técnico e intelectual** ou entre os profissionais respectivos.

Esses dispositivos estão em plena consonância com o art. 3º, IV, da CF, segundo o qual um dos objetivos da República Federativa do Brasil é promover o bem de todos, sem preconceitos de origem, raça, sexo, cor, idade e quaisquer outras formas de discriminação, bem como com o art. 227, II, da CF, que impõe ao Estado a criação de programas de prevenção e atendimento especializado para as pessoas portadoras de deficiência física, sensorial ou mental, bem como de integração social do adolescente e do jovem portador de deficiência, mediante o treinamento para o trabalho e a convivência, e a facilitação do acesso aos bens e serviços coletivos, com a eliminação de obstáculos arquitetônicos e de todas as formas de discriminação.

Por fim, a proibição da discriminação é uma das facetas do direito à igualdade, previsto no art. 5º, *caput*, da CF.

3.1.17. *Idade para o trabalho*

Outro importante inciso do art. 7º da CF é o XXXIII, segundo o qual há proibição de trabalho noturno, perigoso ou insalubre a menores de 18 e de qualquer trabalho a menores de 16 anos, salvo na condição de aprendiz, a partir de 14 anos.

Simplificando o dispositivo, temos:

a) A idade mínima para o trabalho (aquisição da capacidade laboral) é de 16 anos.

b) Antes dos 16 anos a única modalidade de trabalho permitida é a aprendizagem, e somente a partir dos 14 anos de idade.

c) Com 16 ou 17 anos o indivíduo pode trabalhar normalmente, desde que não seja um labor noturno, perigoso ou insalubre.

d) A partir dos 18 anos o indivíduo pode desempenhar qualquer trabalho lícito, inclusive noturno, perigoso ou insalubre.

3.1.18. *Trabalhador avulso*

Nos termos do art. 7º, XXXIV, da CF, é garantida igualdade de direitos entre o trabalhador com vínculo empregatício permanente e o trabalhador avulso.

Segundo Henrique Correia:

> A característica principal do trabalho avulso é a presença da intermediação de mão de obra, ou seja, o trabalhador avulso é colocado no local de trabalho com a intermediação do sindicato da categoria ou por meio do Órgão Gestor de Mão de Obra – OGMO. Embora esse trabalhador

não seja empregado, nem do sindicato, nem do OGMP, o art. 7º, XXXIV, da CF/88 estendeu a ele todos os direitos previstos aos empregados.[9]

3.1.19. *Trabalhador doméstico*

Esse é o tema do momento. Isso porque os trabalhadores domésticos tiveram os seus direitos ampliados pela Emenda Constitucional 72 de 2 de abril de 2013, com posterior regulamentação pela Lei Complementar 150, de 1º de junho de 2015.

Nos termos do art. 1º da LC 150/2015, considera-se empregado doméstico aquele que presta serviços de forma contínua, subordinada, onerosa e pessoal e de finalidade não lucrativa à pessoa ou à família, no âmbito residencial destas, por mais de 2 (dois) dias por semana.

Estabelecidos os elementos que compõem a condição de empregado doméstico, passamos ao estudo dos novos direitos constitucionalmente garantidos.

A **EC 72/13 trouxe nova redação ao parágrafo único do art. 7º da CF**, que agora determina: "São assegurados à categoria dos trabalhadores domésticos os direitos previstos nos incisos IV, VI, **VII**, VIII, **X**, **XIII**, XV, **XVI**, XVII, XVIII, XIX, XXI, **XXII**, XXIV, **XXVI**, **XXX**, **XXXI** e **XXXIII** e, atendidas as condições estabelecidas em lei e observada a simplificação do cumprimento das obrigações tributárias, principais e acessórias, decorrentes da relação de trabalho e suas peculiaridades, os previstos nos incisos **I, II, III, IX, XII, XXV e XXVIII**, bem como a sua integração à previdência social." (grifos nossos)

Vale destacar que os direitos previstos nos incisos IV, VI, VIII, XV, XVII, XVIII, XIX, XXI e XXIV do art. 7º, bem como a integração à previdência social, já eram garantidos aos empregados domésticos antes da EC 72/13.

As novidades ficam por conta dos incisos que destacamos em negrito. Ademais, há que se ressaltar que, após a EC 72/13, passam a existir dois grupos de direitos: **a) direitos incondicionados**; e **b) direitos condicionados**.[10]

Os direitos incondicionados são aqueles que devem ser aplicados **independentemente de qualquer determinação estabelecida na legislação infraconstitucional**.

---

9. CORREIA, Henrique. *Op. Cit.*, p. 89.
10. Como a matéria é nova, a doutrina ainda se posicionará a respeito do tema. É possível que, com base na doutrina de José Afonso da Silva (explorada no capítulo I deste livro) se diga que os direitos aqui denominados de condicionados, representam uma norma constitucional de eficácia limitada, aplicabilidade indireta, mediata e reduzida e, por isso, poderiam ser chamados de direitos de aplicabilidade mediata. Entretanto, ainda que possa representar a opção de algum autor, não recomendamos a utilização da denominação aplicabilidade mediata (no lugar de direito condicionado). Isso porque, o parágrafo único do art. 5º da CF determina que as normas definidoras dos direitos e garantias fundamentais têm aplicação imediata e os direitos sociais dos trabalhadores domésticos (assim como de qualquer trabalhador) são direitos fundamentais.

Estão nesse grupo os direitos assegurados no art. 7º, incisos IV, VI, **VII**, VIII, **X**, **XIII**, XV, **XVI**, XVII, XVIII, XIX, XXI, **XXII**, XXIV, **XXVI**, **XXX**, **XXXI** e **XXXIII**, da CF, que são: 1. Salário mínimo; 2. Irredutibilidade do salário; 3. Décimo terceiro salário com base na remuneração integral ou no valor da aposentadoria; 4. Repouso semanal remunerado, preferencialmente aos domingos; 5. Férias anuais remuneradas com, pelo menos, um terço a mais do que o salário normal; 6. Licença-gestante de 120 dias; 7. Licença-paternidade de 5 dias; 8. Aviso-prévio; 9. Aposentadoria (**que já existiam antes da EC 72/13**); e 10. Garantia de salário, nunca inferior ao mínimo, para os que percebem remuneração variável; 11. Proteção do salário na forma da lei, constituindo crime sua retenção dolosa; 12. Duração do trabalho normal não superior a oito horas diárias e quarenta e quatro semanais, facultada a compensação de horários e a redução da jornada, mediante acordo ou convenção coletiva de trabalho; 13. Remuneração do serviço extraordinário superior, no mínimo, em cinquenta por cento à do normal; 14. Redução dos riscos inerentes ao trabalho, por meio de normas de saúde, higiene e segurança; 15. Reconhecimento das convenções e acordos coletivos de trabalho; 16. Proibição de diferença de salários, de exercício de funções e de critério de admissão por motivo de sexo, idade, cor ou estado civil; 17. Proibição de qualquer discriminação no tocante a salário e critérios de admissão do trabalhador portador de deficiência; 18. Proibição de trabalho noturno, perigoso ou insalubre a menores de dezoito e de qualquer trabalho a menores de dezesseis anos, salvo na condição de aprendiz, a partir de quatorze anos (**que foram estabelecidos pela EC 72/13**).

Já os direitos condicionados são aqueles que devem ser aplicados **com atendimento às condições estabelecidas em legislação infraconstitucional e observância de simplificação do cumprimento das obrigações tributárias, principais e acessórias, decorrentes da relação de trabalho e suas peculiaridades**. Fazem parte deste grupo: 1. Integração à previdência social (**que já existia antes da EC 72/13**) e os direitos arrolados no art. 7º, incisos **I, II, III, IX, XII, XXV e XXVIII**, da CF, 2. Relação de emprego protegida contra despedida arbitrária ou sem justa causa, nos termos de lei complementar, que preverá indenização compensatória, dentre outros direitos; 3. Seguro-desemprego, em caso de desemprego involuntário; 4. Fundo de garantia do tempo de serviço; 5. Remuneração do trabalho noturno superior à do diurno; 6. Salário-família pago em razão do dependente do trabalhador de baixa renda nos termos da lei; 7. Assistência gratuita aos filhos e dependentes desde o nascimento até 5 (cinco) anos de idade em creches e pré-escolas; 8. Seguro contra acidentes de trabalho, a cargo do empregador, sem excluir a indenização a que este está obrigado, quando incorrer em dolo ou culpa (**que foram estabelecidos pela EC 72/13**). Esses direitos condicionados foram regulamentados pela LC 150/2015, de modo que já podem ser exercidos na prática.

Para facilitar, segue tabela:

	▶ DIREITOS CONSTITUCIONALMENTE ASSEGURADOS AO TRABALHADOR DOMÉSTICO DEPOIS DA EC 72/13	
	Direitos incondicionados	**Direitos condicionados à legislação infraconstitucional (regulamentados pela LC 150/2015) e à observância de simplificação do cumprimento das obrigações tributárias, principais e acessórias, decorrentes da relação de trabalho e suas peculiaridades**
Os que já existiam antes da EC 72/13	1. Salário mínimo 2. Irredutibilidade do salário 3. Décimo terceiro salário com base na remuneração integral ou no valor da aposentadoria 4. Repouso semanal remunerado, preferencialmente aos domingos 5. Férias anuais remuneradas com, pelo menos, um terço a mais do que o salário normal 6. Licença-gestante de 120 dias 7. Licença-paternidade de 5 dias 8. Aviso-prévio 9. Aposentadoria	1. Integração à previdência social
Os que foram estabelecidos pela EC 72/13	10. Garantia de salário, nunca inferior ao mínimo, para os que percebem remuneração variável 11. Proteção do salário na forma da lei, constituindo crime sua retenção dolosa 12. Duração do trabalho normal não superior a oito horas diárias e quarenta e quatro semanais, facultada a compensação de horários e a redução da jornada, mediante acordo ou convenção coletiva de trabalho	2. Relação de emprego protegida contra despedida arbitrária ou sem justa causa, nos termos de lei complementar, que preverá indenização compensatória, dentre outros direitos; 3. Seguro-desemprego, em caso de desemprego involuntário;
Os que foram estabelecidos pela EC 72/13	13. Remuneração do serviço extraordinário superior, no mínimo, em cinquenta por cento à do normal 14. Redução dos riscos inerentes ao trabalho, por meio de normas de saúde, higiene e segurança 15. Reconhecimento das convenções e acordos coletivos de trabalho	4. Fundo de garantia do tempo de serviço; 5. Remuneração do trabalho noturno superior à do diurno; 6. Salário-família pago em razão do dependente do trabalhador de baixa renda nos termos da lei

	▶ DIREITOS CONSTITUCIONALMENTE ASSEGURADOS AO TRABALHADOR DOMÉSTICO DEPOIS DA EC 72/13	
	16. Proibição de diferença de salários, de exercício de funções e de critério de admissão por motivo de sexo, idade, cor ou estado civil 17. Proibição de qualquer discriminação no tocante a salário e critérios de admissão do trabalhador portador de deficiência 18. Proibição de trabalho noturno, perigoso ou insalubre a menores de dezoito e de qualquer trabalho a menores de dezesseis anos, salvo na condição de aprendiz, a partir de quatorze anos	7. Assistência gratuita aos filhos e dependentes desde o nascimento até 5 (cinco) anos de idade em creches e pré-escolas 8. Seguro contra acidentes de trabalho, a cargo do empregador, sem excluir a indenização a que este está obrigado, quando incorrer em dolo ou culpa

▶ **ATENÇÃO!**

Ainda que esteja sendo divulgado que houve **equiparação do empregado doméstico aos empregados urbanos e rurais**, sob o ponto de vista constitucional e principalmente para fins de prova, essa é uma **meia verdade.** Isso porque nem todos os incisos do art. 7º da CF são extensíveis ao empregado doméstico (os incisos V, XI, XIV, XX, XXIII, XXVII, XXIX, XXXII e XXXIV, não foram contemplados pelo parágrafo único do art. 7º da CF).

É certo que, por lógica, muitos sequer poderiam ser aplicados, mas fazer esse tipo de ponderação não ajudaria na resolução de uma questão objetiva. Assim, arrolamos, para fins de prova, os incisos que não estão contemplados no parágrafo único do art. 7º da CF e que, portanto, trazem direitos que não foram expressamente garantidos aos empregados domésticos:

▶ DIREITOS QUE NÃO FORAM EXPRESSAMENTE GARANTIDOS AOS TRABALHADORES DOMÉSTICOS MESMO DEPOIS DA EC 72/13
1. Piso salarial proporcional à extensão e à complexidade do trabalho. 2. Participação nos lucros, ou resultados, desvinculada da remuneração, e, excepcionalmente, participação na gestão da empresa, conforme definido em lei. 3. Jornada de seis horas para o trabalho realizado em turnos ininterruptos de revezamento, salvo negociação coletiva. 4. Proteção do mercado de trabalho da mulher, mediante incentivos específicos, nos termos da lei; 5. Adicional de remuneração para as atividades penosas, insalubres ou perigosas, na forma da lei; 6. Proteção em face da automação, na forma da lei; 7. Ação, quanto aos créditos resultantes das relações de trabalho, com prazo prescricional de cinco anos para os trabalhadores urbanos e rurais, até o limite de dois anos após a extinção do contrato de trabalho 8. Proibição de distinção entre trabalho manual, técnico e intelectual ou entre os profissionais respectivos; 9. Igualdade de direitos entre o trabalhador com vínculo empregatício permanente e o trabalhador avulso.

Finalizamos o tópico com um alerta: ainda serão feitas muitas ponderações sobre os efeitos práticos decorrentes da EC 72/13. Entretanto, elas dificilmente gerarão consequências para o tipo de questão que pode ser elaborada na prova de direito constitucional para os concursos de Tribunais e MPU. Isso porque **o conhecimento que tende a ser aferido nas provas de direito constitucional é restrito à memorização dos direitos assegurados aos empregados domésticos e, dentre eles, quais são incondicionados ou condicionados à legislação infraconstitucional.**[11]

3.2. Associação profissional ou sindical

Segundo Alexandre de Moraes, os direitos sindicais (artigos 8º, 10 e 11, da CF) podem ser classificados em: **a) liberdade de constituição; b) liberdade de inscrição; c) direito de auto-organização; d) direito de exercício de atividade sindical na empresa; e) direito democrático; f) direito de independência e autonomia; g) direito de relacionamento ou de filiação em organizações sindicais**; e **h) direito de proteção especial dos dirigentes eleitos dos trabalhadores.**[12]

Preliminarmente já advertimos que as disposições do parágrafo único do art. 8ª da CF aplicam-se à organização de sindicatos rurais e de colônias de pescadores, atendidas as condições que a lei estabelecer.

Como enunciado anteriormente, uma vez que as bancas dos concursos têm adotado essa classificação, abordaremos a matéria segundo a doutrina de Alexandre de Moraes.

3.2.1. *Liberdade de constituição*

Nos termos do art. 8º, *caput*, I, da CF, é livre a associação profissional ou sindical, e a lei **não poderá exigir autorização do Estado para a fundação de sindicato**, ressalvado o registro no órgão competente, vedadas ao Poder Público a interferência e a intervenção na organização sindical.

A única limitação que o texto constitucional impõe é em relação ao número de organizações sindicais por base territorial. Assim dispõe o art. 8º, II: "é **vedada a criação de mais de uma organização sindical**, em qualquer grau, representativa de categoria profissional ou econômica, **na mesma base territorial**, que será definida pelos trabalhadores ou empregadores interessados, **não podendo ser inferior à área de um Município**" (grifos nossos).

> ▸ **ATENÇÃO PARA A PEGADINHA!**
>
> É vedada a criação de mais uma organização sindical na mesma base territorial, que não pode ser inferior à área de um **Município** (não Estado ou região do País).

---

11. Para aprofundamento nos aspectos trabalhistas, recomendamos a leitura das obras de Henrique Correia e Élisson Miessa.
12. MORAES, Alexandre de. *Op. Cit.*, p. 203-205.

3.2.2. Liberdade de inscrição

Nos termos do art. 8º, *caput*, V, da CF, ninguém será obrigado a filiar-se ou a manter-se filiado a sindicato.

3.2.3. Direito de auto-organização

Nas palavras de Alexandre de Moraes:

> Implica a liberdade de definição da forma de governo da associação ou do sindicato, bem como as formas de expressão de vontade (assembleias, eleições, plebiscitos, referendos etc.), nos termos constitucionais. [13]

Parte do direito à auto-organização é o inciso VII do art. 8º da CF, segundo o qual o aposentado filiado tem direito a votar e ser votado nas organizações sindicais.

3.2.4. Direito de exercício da atividade sindical na empresa

Vários dispositivos constitucionais contemplam o direito de exercício da atividade sindical na empresa.

O art. 8º, VI, da CF aduz que é **obrigatória a participação dos sindicatos nas negociações coletivas de trabalho.**

A seu lugar, o art. 10 da CF preceitua ser assegurada a **participação dos trabalhadores e empregadores nos colegiados dos órgãos públicos** em que seus interesses profissionais ou previdenciários sejam objeto de discussão e deliberação.

Já o art. 11 da CF traz regra no sentido de que **nas empresas de mais de 200 empregados, é assegurada a eleição de um representante destes** com a finalidade exclusiva de promover-lhes o entendimento direto com os empregadores.

> ▶ **ATENÇÃO!**
>
> A regra vale para empresas com **mais de 200** (não 50, 100 ou 150) **empregados.**

Por fim, o art. 8º, III, da CF anota que **ao sindicato cabe a defesa dos direitos e interesses coletivos ou individuais da categoria**, inclusive em questões judiciais ou administrativas.

> ▶ **ATENÇÃO!**
>
> A FCC tenta confundir o candidato substituindo o **inclusive** do art. 8º, III, da CF (..."inclusive em questões judiciais ou administrativas) por **exceto** (...exceto em questões judiciais ou administrativas). Fique ligado!

---

13. MORAES, Alexandre de. *Op. Cit.*, p. 204.

Vale destacar que **os sindicatos têm legitimidade processual para atuar na defesa de direitos individuais da categoria que representem independentemente de expressa autorização dos sindicalizados.** Esse é o entendimento do **STF**: "Esta Corte firmou o entendimento segundo o qual o sindicato tem legitimidade para atuar como substituto processual na defesa de direitos e interesses coletivos ou individuais homogêneos da categoria que representa. (...) Quanto à violação ao art. 5º, LXX e XXI, da Carta Magna, esta Corte firmou entendimento de que **é desnecessária a expressa autorização dos sindicalizados para a substituição processual**". (RE 555.720-AgR, julgado em 2008 e relatado pelo Ministro Gilmar Mendes).

3.2.5. Direito democrático

Como se trata de um tópico eminentemente doutrinário, nos valemos da lição do idealizador desta classificação:

> Impõe-se aos sindicatos diversos requisitos que coadunam-se com os princípios constitucionais. Entre eles, deverão os estatutos estabelecer eleições periódicas e por escrutínio secreto para seus órgãos dirigentes, *quorum* de votações para assembléias gerais, inclusive para deflagração de greves; controle e responsabilização dos órgãos dirigentes.[14]

3.2.6. Direito de independência e autonomia

Como medida de proteção à independência e à autonomia, o art. 7º, IV, da CF traz regra segundo a qual a **assembleia geral fixará a contribuição** que, em se tratando de categoria profissional, será descontada em folha, **para custeio do sistema confederativo da representação sindical** respectiva, independentemente da contribuição prevista em lei.

> ▶ ATENÇÃO!
>
> Nos termos da **Súmula Vinculante 40, "**A contribuição confederativa de que trata o art. 8º, IV, da Constituição Federal, **só é exigível dos filiados ao sindicato respectivo".**

3.2.7. Direito de relacionamento ou de filiação em organizações sindicais internacionais

O trabalhador tem direito de relacionamento ou filiação com organizações sindicais internacionais. Trata-se de manifestação do princípio da solidariedade internacional dos interesses dos trabalhadores.[15]

---

14. MORAES, Alexandre de. *Op. Cit.*, p. 204.
15. MORAES, Alexandre de. *Op. Cit.*, p. 205.

3.2.8. Direito de proteção especial dos dirigentes eleitos dos trabalhadores

Consoante art. 8º, VIII, da CF, é **vedada a dispensa** do empregado sindicalizado **a partir do registro da candidatura** a cargo de direção ou representação sindical e, **se eleito, ainda que suplente, até um ano após o fim do mandato**, salvo se cometer falta grave.

> ▶ ATENÇÃO!
> A dispensa é vedada a partir do registro da candidatura (não da inscrição, da eleição, da nomeação ou da posse).

De acordo com Alexandre de Moraes:

> Esse direito, denominado de estabilidade constitucional, manifesta-se sob uma dupla ótica, pois tanto é a consagração de um direito de defesa dos representantes eleitos dos trabalhadores perante o patronato, para o fiel cumprimento de suas funções (dimensão subjetiva), quanto uma imposição constitucional dirigida ao legislador ordinário, que deverá estabelecer adequadas normas protetivas aos referidos representantes.[16]

3.3. Direito de greve

O direito de greve representa a possibilidade de o empregado manifestar descontentamento com o trabalho ou condições em que é prestado.

O art. 9º da CF, dispõe que **é assegurado o direito de greve**, competindo aos trabalhadores decidir sobre a oportunidade de exercê-lo e sobre os interesses que devam por meio dele defender.

Ademais, também por imperativo constitucional (art. 9º, §§ 1º e 2º, da CF) **a lei definirá os serviços ou atividades essenciais e disporá sobre o atendimento das necessidades inadiáveis da comunidade**, e os abusos cometidos sujeitam os responsáveis às penas da lei.

Atualmente, a Lei 7.783/89 é o diploma que rege o direito de greve no Brasil e traz importantes elementos em seus artigos 2º e 3º:

> Art. 2º Para os fins desta Lei, considera-se legítimo exercício do direito de greve a suspensão coletiva, temporária e pacífica, total ou parcial, de prestação pessoal de serviços a empregador.
>
> Art. 3º Frustrada a negociação ou verificada a impossibilidade de recursos via arbitral, é facultada a cessação coletiva do trabalho.

> ▶ ATENÇÃO!
> Não confunda o direito de greve da iniciativa privada (art. 9º, da CF) já regulamentado pela Lei 7.783/89, com o direito de greve do servidor público (art. 37, VII, da CF), ainda pendente de regulamentação.

16. MORAES, Alexandre de. *Op. Cit.*, p. 204.

4. QUESTÕES OBJETIVAS COMENTADAS

01. **(FGV – Oficial de Justiça – TJ – RS/2020)** Joana, servidora ocupante de cargo de provimento efetivo no âmbito do Poder Judiciário de determinado Estado da Federação, foi comunicada pelo sindicato da categoria que seriam iniciadas as negociações coletivas de trabalho e era obrigatória a participação do sindicato. Por tal razão, era igualmente obrigatória a filiação de todos os servidores ao sindicato, de modo que a categoria não fosse sub-representada em seus interesses. A narrativa afigura-se:

a) incorreta em relação a Joana, pois a filiação é facultativa, e correta quanto ao sindicato, pois a sua participação é imposta pela Constituição;
b) correta em relação a Joana, por força do princípio da solidariedade social, e incorreta quanto ao sindicato, por ferir o princípio da liberdade de gestão;
c) correta em relação a Joana, já que a filiação dos servidores do Poder Judiciário é obrigatória, e incorreta quanto ao sindicato, que tem autonomia gerencial;
d) incorreta em relação a Joana, pois os servidores do Poder Judiciário não podem filiar-se a sindicato, e correta quanto ao sindicato, desde que haja determinação judicial;
e) incorreta em relação a Joana, que somente pode ser obrigada a exercer cargo de direção no sindicato, não a sindicalizar-se, e correta quanto ao sindicato, que defende a categoria.

COMENTÁRIOS

Alternativa "a" (responde todas as alternativas): O art. 8º, V da CF/88 estabelece que: "V - ninguém será obrigado a filiar-se ou a manter-se filiado a sindicato;". Estabelece ainda, no inciso seguinte, que: "VI - é obrigatória a participação dos sindicatos nas negociações coletivas de trabalho;". Diante do exposto, a participação do sindicato é, de fato, obrigatória, contudo, a obrigação imposta à Joana, de filiar-se ao sindicato, viola a Constituição.

Alternativa correta: "a".

02. **(FCC – Técnico Judiciário – Área Judiciária – TRF 4/2019)** Considere:

I. Seguro-desemprego, em caso de desemprego voluntário ou involuntário.
II. Irredutibilidade do salário, salvo o disposto em convenção ou acordo coletivo.
III. Gozo de férias anuais remuneradas com, pelo menos, um terço a mais do que o salário normal.
IV. Aviso prévio proporcional ao tempo de serviço, sendo no máximo de trinta dias, nos termos da lei.

Em conformidade com a Constituição Federal, são direitos dos trabalhadores urbanos e rurais, além de outros que visem à melhoria de sua condição social, aqueles contidos em

a) III e IV, apenas.
b) I, II, III e IV.
c) I e IV, apenas.

d) I e II, apenas.
e) II e III, apenas.

COMENTÁRIOS

Assertiva I. Incorreta: Embora se assegure o seguro-desemprego no art. 7º, II da CF/88, esse é garantido somente no caso de desemprego **involuntário**.

Assertiva II. Correta: Trata-se de direito previsto no art. 7º, VI da CF/88.

Assertiva III. Correta: Nesse sentido é a disposição do art. 5º, XVII da CF/88.

Assertiva IV. Incorreta: Na verdade, estabelece o art. 7º, XXI da CF/88 que o aviso prévio deve ser de **no mínimo** 30 dias.

Alternativa correta: "e".

03. **(AOCP – Analista Judiciário – Área Administrativa – TRT 1/2018)** Paulo, Analista Judiciário - Área Administrativa no TRT, é o responsável pela folha de pagamentos do tribunal e, portanto, precisa dominar as disposições constitucionais acerca do salário e remuneração do trabalho. Sobre esse assunto, assinale a alternativa que NÃO representa um direito social previsto expressamente na Constituição Federal.

a) Piso salarial proporcional à extensão e à complexidade do trabalho.
b) Participação nos lucros, ou resultados, vinculada à remuneração, e, excepcionalmente, participação na gestão da empresa, conforme definido em lei.
c) Irredutibilidade do salário, salvo o disposto em convenção ou acordo coletivo.
d) Remuneração do trabalho noturno superior à do diurno.
e) Décimo terceiro salário com base na remuneração integral ou no valor da aposentadoria.

COMENTÁRIOS

Nota do autor: a questão quer que seja assinalada a alternativa que não corresponde a um direito social. Os direitos sociais estão previstos no art. 7º da CF/88.

Alternativa "a": Esse direito está previsto no art. 7º, V da CF/88.

Alternativa "b": Na verdade, o art. 7º, XI da CF/88 assegura a participação nos lucros, ou resultados, **desvinculada** da remuneração, e, excepcionalmente, participação na gestão da empresa, conforme definido em lei. Assim, essa é a alternativa que deve ser assinalada.

Alternativa "c": Trata-se de direito que encontra previsão no art. 7º, VI da CF/88.

Alternativa "d": Esse direito é garantido por força do art. 7º, IX da CF/88.

Alternativa "e": A alternativa contém exatamente a previsão do art. 7º, VIII da CF/88.

Alternativa correta: letra "b".

04. **(Instituto AOCP / Técnico Judiciário – Área Administrativa / TRT 1ª Região/ 2018)** Informe se é verdadeiro (V) ou falso (F) o que se afirma a seguir e assinale a alternativa com a sequência correta.

( ) É direito dos trabalhadores urbanos e rurais, além de outros que visem à melhoria de sua condição social, seguro-desemprego, em caso de desemprego, ainda que voluntário.

( ) São direitos sociais: a educação, a saúde, a alimentação, o trabalho, a moradia, o transporte, o lazer, a segurança, a previdência social, a proteção à maternidade e à infância, a assistência aos desamparados, na forma da Constituição.

( ) Um dos direitos sociais garantidos no texto constitucional é a igualdade de direitos entre o trabalhador com vínculo empregatício permanente e o trabalhador avulso.

( ) De acordo com a Constituição Federal, é direito dos trabalhadores, urbanos e rurais, jornada de oito horas para o trabalho realizado em turnos ininterruptos de revezamento, salvo negociação coletiva.

a) F-V-F-V
b) F-F-V-V
c) F-V-F-F
d) V-F-V-F
e) F-V-V-F

COMENTÁRIOS

Alternativa correta: letra "e". Os itens II e III estão corretos.

Item I: falso. É direito dos trabalhadores urbanos e rurais, além de outros que visem à melhoria de sua condição social, seguro-desemprego, em caso de desemprego involuntário (art. 7º, II, da CF).

Item II: verdadeiro. A educação, a saúde, a alimentação, o trabalho, a moradia, o transporte, o lazer, a segurança, a previdência social, a proteção à maternidade e à infância e a assistência aos desamparados são direitos sociais (art. 7º, *caput*, da CF).

Item III: verdadeiro. Um dos direitos sociais garantidos no texto constitucional é a igualdade de direitos entre o trabalhador com vínculo empregatício permanente e o trabalhador avulso (art. 7º, XXXIV, da CF).

Item IV: falso. De acordo com a Constituição Federal, é direito dos trabalhadores, urbanos e rurais, jornada de seis horas para o trabalho realizado em turnos ininterruptos de revezamento, salvo negociação coletiva (art. 7º, XIV, da CF).

05. **(Instituto AOCP / Analista Judiciário – Oficial de Justiça Avaliador / TRT 1ª Região/ 2018)** A Constituição Federal, em seu art. 114, III, dispõe que compete à Justiça do Trabalho processar e julgar as ações sobre representação sindical, entre sindicatos, entre sindicatos e trabalhadores, e entre sindicatos e empregadores. Tendo isso em vista, assinale a alternativa correta, de acordo com as disposições constitucionais, acerca da associação profissional ou sindical.

a) A lei não poderá exigir autorização do Estado para a fundação de sindicato, bem como não poderá exigir registro em qualquer órgão estatal, vedadas ao Poder Público a interferência e a intervenção na organização sindical.
b) É vedada a dispensa do empregado sindicalizado a partir do registro da candidatura a cargo de direção ou representação sindical e, se eleito, ainda que

suplente, até um ano após o final do mandato, salvo se cometer falta grave nos termos da lei.

c) A participação dos sindicatos nas negociações coletivas de trabalho é facultativa.
d) O aposentado filiado não poderá votar e ser votado nas organizações sindicais.
e) É vedada a criação de mais de uma organização sindical representativa da mesma categoria profissional ou econômica, ainda que em bases territoriais distintas.

COMENTÁRIOS

Alternativa correta: letra "b": é vedada a dispensa do empregado sindicalizado a partir do registro da candidatura a cargo de direção ou representação sindical e, se eleito, ainda que suplente, até um ano após o final do mandato, salvo se cometer falta grave nos termos da lei (art. 8º, VIII, da CF).

Alternativa "a": a lei não poderá exigir autorização do Estado para a fundação de sindicato, ressalvado o registro no órgão competente, vedadas ao Poder Público a interferência e a intervenção na organização sindical (art. 8º, I, da CF).

Alternativa "c": a participação dos sindicatos nas negociações coletivas de trabalho é obrigatória (art. 8º, VI, da CF).

Alternativa "d": o aposentado filiado tem direito a votar e ser votado nas organizações sindicais (art. 8º, VII, da CF).

Alternativa "e": é vedada a criação de mais de uma organização sindical representativa da mesma categoria profissional ou econômica, ainda que em bases territoriais distintas (art. 8º, VIII, da CF).

06. **(FCC – Analista Judiciário – Área Judiciária – TRT 24/2017)** Felício é proprietário da empresa "ABC" Ltda. que possui, atualmente, 233 empregados em razão da fusão com a empresa "DEF" Ltda. Preocupado com o aumento de empregados, uma vez que antes da fusão a empresa "ABC" Ltda. possuía 102 empregados, Felício consultou sua advogada, Carolina, a respeito. Com relação à Constituição Federal, Carolina informou que no tocante aos direitos sociais,

a) o aumento do número de empregados não acarreta nenhuma consequência, uma vez que já era assegurada a eleição de um representante destes com a finalidade exclusiva de promover-lhes o entendimento direto com os empregadores.
b) nas empresas com mais de duzentos empregados, é assegurada a eleição de um representante destes com a finalidade exclusiva de promover-lhes o entendimento direto com os empregadores.
c) o aumento do número de empregados não acarreta nenhuma consequência, uma vez que somente nas empresas com mais de trezentos empregados, é assegurada a eleição de um representante destes com a finalidade exclusiva de promover-lhes o entendimento direto com os empregadores.
d) nas empresas com mais de cento e oitenta empregados, é assegurada a eleição de um representante destes com a finalidade exclusiva de promover-lhes o entendimento direto com os empregadores.
e) o aumento do número de empregados não acarreta nenhuma consequência, uma vez que somente nas empresas com mais de duzentos e cinquenta

empregados, é assegurada a eleição de um representante destes com a finalidade exclusiva de promover-lhes o entendimento direto com os empregadores.

COMENTÁRIOS

Alternativa correta: letra "b": a assertiva traz a literalidade do art. 11 da CF: "Nas empresas de mais de duzentos empregados, é assegurada a eleição de um representante destes com a finalidade exclusiva de promover-lhes o entendimento direto com os empregadores". Ressalta-se que, com a Reforma Trabalhista, houve a regulamentação do número de representantes dos empregados, de modo que haja uma comissão para negociar diretamente com os empregadores. Nas empresas com mais de duzentos e menos de três mil funcionários, devem ser eleitos três membros; nas empresas com mais de três mil, e menos de cinco mil, cinco membros; e, nas empresas com mais de cinco mil funcionários, sete membros.

07. **(FGV - Analista Judiciário - Área Administrativa - TRT 12/2017)** Determinado legitimado ingressou com ação civil pública visando à implementação de certo direito social dos trabalhadores. Ao fim da relação processual, o pedido foi julgado improcedente sob o argumento de que a norma constitucional que estaria sendo descumprida possui contornos essencialmente programáticos, ao que se soma a constatação de que a reserva do possível impediria a implementação dos direitos sociais na dimensão almejada. À luz da sistemática constitucional e da doutrina sedimentada a respeito dos direitos sociais, os fundamentos da sentença proferida são:

a) totalmente inadequados, pois os direitos sociais são previstos em normas de eficácia plena e sempre deve ser possível implementá-los;
b) parcialmente inadequados, pois a categoria das normas programáticas está restrita à disciplina dos clássicos direitos de liberdade;
c) parcialmente inadequados, pois a disponibilidade financeira e orçamentária está associada à implementação dos direitos de liberdade;
d) parcialmente inadequados, pois o caráter programático da norma constitucional não compromete a sua plena eficácia, principalmente quando consagra direitos;
e) totalmente adequados, pois os direitos sociais de estatura constitucional normalmente precisam ser integrados pela lei e demandam gastos para a sua implementação.

COMENTÁRIOS

Alternativa correta: letra "e": para a Teoria da Reserva do Possível (ou do Financeiramente Possível, no Brasil), cabe ao Estado a efetivação de direitos sociais, porém dentro das possibilidades financeiras. Assim, a cláusula da reserva do possível determinaria que o Estado não seria obrigado a concretizar os direitos sociais previstos na Constituição caso haja insuficiência de recursos. Entretanto, vale ressaltar que há divergências na doutrina e na jurisprudência quanto à argumentação da reserva do possível em casos que há afronta à dignidade da pessoa humana. Nesse sentido:

> "REPERCUSSÃO GERAL. RECURSO DO MPE CONTRA ACÓRDÃO DO TJRS. REFORMA DA SENTENÇA QUE DETERMINAVA A EXECUÇÃO DE OBRAS NA CASA DO

> ALBERGADO DE URUGUAIANA. ALEGADA OFENSA AO PRINCÍPIO DA SEPARAÇÃO DOS PODERES E DERBORDAMENTO DOS LIMITES DA RESERVA DO POSSÍVEL. INOCORRÊNCIA. DECISÃO QUE CONSIDEROU DIREITOS CONSTITUCIONAIS DE PRESOS MERAS NORMAS PROGRAMÁTICAS. INADMISSIBILIDADE. PRECEITOS QUE TÊM EFICÁCIA PLENA E APLICABILIDADE IMEDIATA. INTERVENÇÃO JUDICIAL QUE SE MOSTRA NECESSÁRIA E ADEQUADA PARA PRESERVAR O VALOR FUNDAMENTAL DA PESSOA HUMANA. OBSERVÂNCIA, ADEMAIS, DO POSTULADO DA INAFASTABILIDADE DA JURISDIÇÃO. RECURSO CONHECIDO E PROVIDO PARA MANTER A SENTENÇA CASSADA PELO TRIBUNAL. I. É lícito ao Judiciário impor à Administração Pública obrigação de fazer, consistente na promoção de medidas ou na execução de obras emergenciais em estabelecimentos prisionais. II. Supremacia da dignidade da pessoa humana que legitima a intervenção judicial. III. Sentença reformada que, de forma correta, buscava assegurar o respeito à integridade física e moral dos detentos, em observância ao art. 5º, XLIX, da Constituição Federal. IV. Impossibilidade de opor-se à sentença de primeiro grau o argumento da reserva do possível ou princípio da separação dos poderes. V. Recurso conhecido e provido. (RE 592.581, rel. Min. Ricardo Lewandowski, Tribunal Pleno, julgamento em 13/08/2015, DJE 01/02/2016).

08. **(FCC – Analista Judiciário – Área Judiciária – TRT 4/2015)** Considere as afirmações abaixo.

I. Pode a lei exigir o registro do sindicato no órgão competente, em que pese a Constituição Federal vede a interferência e a intervenção do Poder Público na organização sindical.

II. É obrigatória a participação dos sindicatos nas negociações coletivas de trabalho, que poderão admitir jornada superior a seis horas para trabalho realizado em turnos ininterruptos de revezamento.

III. Sindicato é parte legítima para impetrar mandado de segurança coletivo para defesa dos interesses de seus membros, ainda que esteja em funcionamento há menos de um ano, devendo ser proposto perante a Justiça do Trabalho quando o ato questionado envolver matéria sujeita à sua jurisdição.

IV. Em que pese a Constituição Federal garanta a liberdade de associação sindical do servidor público, condiciona seu exercício à edição de lei que trate dos serviços ou atividades essenciais à comunidade, sendo que eventual omissão do legislador pode ser suprida através de decisão proferida em mandado de injunção.

Está correto o que se afirma APENAS em

a) I e II.
b) I e III.
c) I, II e III.
d) II e III e IV.
e) III e IV.

COMENTÁRIOS

Alternativa correta: letra "c": os itens I, II e III estão certos.

Item "I": certo. A lei pode exigir o registro do sindicato no órgão competente, em que pese a Constituição Federal vede a interferência e a intervenção do Poder Público na organização sindical (art. 8º, I, da CF).

Item "II": certo. É obrigatória a participação dos sindicatos nas negociações coletivas de trabalho, que poderão admitir jornada superior a seis horas para trabalho realizado em turnos ininterruptos de revezamento (art. 8º, VI e art. 7º, XIV, ambos da CF).

Item "III": certo. Sindicato é parte legítima para impetrar mandado de segurança coletivo para defesa dos interesses de seus membros, ainda que esteja em funcionamento há menos de um ano, pois é majoritário o entendimento de que a exigência de 1 (um) ano de funcionamento destina-se apenas às associações (art. 5º, LXX, *b*, da CF).

Item "IV": errado. A norma que garante liberdade de associação sindical ao servidor público é de eficácia plena, de modo que seu exercício não está condicionado à edição de lei (art. 37, VI, da CF). A questão tenta confundir o candidato com o direito de greve (art. 37, VII, da CF).

09. (FCC – Técnico Judiciário – Área Administrativa – TRT 19/2014) Sobre a disciplina constitucional da associação sindical, considere:

I. A independência e a autonomia dos sindicatos são asseguradas mediante autorização do Estado para sua fundação e manutenção, aferidas pelo registro no órgão competente.

II. Os sindicatos podem se auto-organizar, sendo vedada, porém, a participação dos aposentados filiados nas decisões a serem tomadas.

III. Os sindicatos podem promover a defesa dos direitos e interesses coletivos ou individuais da categoria, inclusive em questões judiciais ou administrativas.

IV. Não há obrigatoriedade de filiação sindical, mas apenas da participação dos sindicatos nas negociações coletivas de trabalho.

Está correto o que consta APENAS em

a) I e II.
b) I e IV.
c) II e III.
d) III e IV.
e) II, III e IV.

COMENTÁRIOS

Alternativa correta: letra "d": III e IV.

Item I: de acordo com o art. 8º, I, da CF, a lei **não poderá exigir autorização do Estado** para a fundação de sindicato.

Item II: o art. 8º, VII, da CF deixa claro que o aposentado filiado **tem direito a votar e ser votado** nas organizações sindicais.

Item III: conforme art. 8º, III, da CF.

Item IV: trata-se do que está disposto nos incisos V e VI do art. 8º da CF.

(Cespe – Analista Judiciário – Administrativa – TRT 10/2013) Julgue os itens subsecutivos, a respeito de direitos e garantias fundamentais.

10. O salário mínimo e o décimo terceiro salário com base na remuneração integral são direitos dos trabalhadores domésticos.

COMENTÁRIOS

Nota do autor: a questão deve ser resolvida levando-se em consideração as alterações promovidas pela EC 72/2013, que dispõe sobre os trabalhadores domésticos.

Certo. O salário mínimo e o décimo terceiro salário com base na remuneração integral são direitos dos trabalhadores domésticos, de acordo com a redação empreendida ao parágrafo único do art. 7º da CF pela Emenda Constitucional 72/2013.

11. O direito à liberdade de profissão é protegido pela CF, podendo a lei estabelecer qualificações para o seu exercício.

COMENTÁRIOS

Certo. O direito à liberdade de profissão é protegido pela CF em seu art. 5º, XIII, podendo a lei estabelecer qualificações para o seu exercício.

12. Estará em conformidade com a CF lei que condicione o acesso ao Poder Judiciário ao esgotamento das vias administrativas, pois a CF autorizou a existência da jurisdição condicionada ou instância administrativa de cunho forçado.

COMENTÁRIOS

Errado. **Não** estará em conformidade com a CF lei que condicione o acesso ao Poder Judiciário ao esgotamento das vias administrativas, pois o art. 5º, XXXV, da CF, determina que **a lei não excluirá** da apreciação do Poder Judiciário lesão ou ameaça a direito.

13. **(FCC – Técnico Judiciário – Administrativa – TRT 9/2013)** Considere as assertivas:

I. A lei não poderá exigir autorização do Estado para a fundação de sindicato, ressalvado o registro no órgão competente, vedadas ao Poder Público a interferência e a intervenção na organização sindical.

II. É vedada a criação de mais de uma organização sindical, em qualquer grau, representativa de categoria profissional ou econômica, na mesma base territorial, que será definida pelos trabalhadores ou empregadores interessados, não podendo ser inferior à área de um Município.

III. Ao sindicato cabe a defesa dos direitos e interesses coletivos ou individuais da categoria, exceto em questões judiciais ou administrativas.

IV. É vedada a dispensa do empregado sindicalizado a partir do registro da candidatura a cargo de direção ou representação sindical e, se eleito, ainda que suplente, até um ano após o final do mandato, salvo se cometer falta grave nos termos da lei.

Está correto o que se afirma em

a) I, II e IV, apenas.
b) III e IV, apenas.
c) I, II e III, apenas.

d) I e IV, apenas.
e) I, II, III e IV.

COMENTÁRIOS

Alternativa correta: "a".

Item "I". Correto. De acordo com o art. 8º, I, da CF, a lei não poderá exigir autorização do Estado para a fundação de sindicato, ressalvado o registro no órgão competente, vedadas ao Poder Público a interferência e a intervenção na organização sindical.

Item "II". Correto. Nos termos do art. 8º, II, da CF, é vedada a criação de mais de uma organização sindical, em qualquer grau, representativa de categoria profissional ou econômica, na mesma base territorial, que será definida pelos trabalhadores ou empregadores interessados, não podendo ser inferior à área de um Município.

Item "III". Incorreto. Ao sindicato cabe a defesa dos direitos e interesses coletivos ou individuais da categoria, **inclusive** (e não exceto) em questões judiciais ou administrativas, na linha do art. 8º, III, da CF.

Item "IV". Correto. Segundo o art. 8º, VIII, da CF, é vedada a dispensa do empregado sindicalizado a partir do registro da candidatura a cargo de direção ou representação sindical e, se eleito, ainda que suplente, até um ano após o final do mandato, salvo se cometer falta grave nos termos da lei.

14. (FCC – Técnico Judiciário – Administrativa – TRT 1/2013) Tendo em vista a disciplina da Constituição Federal a respeito do direito de greve, considere as seguintes assertivas:

I. É vedado, em qualquer hipótese, o exercício do direito de greve pelo empregado público.
II. A lei definirá os serviços ou atividades essenciais e disporá sobre o atendimento das necessidades inadiáveis da comunidade.
III. O exercício válido e regular do direito de greve por toda e qualquer categoria profissional depende de prévia previsão em lei que o autorize.

Está correto o que se afirma APENAS em

a) II.
b) III.
c) I.
d) I e II.
e) II e III.

COMENTÁRIOS

Alternativa correta: "a".

Item "I". Incorreto. O exercício do direito de greve pelo empregado público **não é vedado.** Ao contrário. Ele é expressamente garantido pela CF (art. 37, VII) e deverá ser exercido nos termos e nos limites definidos em lei específica.

Item "II". Correto. Seguindo o disposto no art. 9º, § 1º, da CF, a lei definirá os serviços ou atividades essenciais e disporá sobre o atendimento das necessidades inadiáveis da comunidade.

Item "III". Incorreto. O exercício válido e regular do direito de greve por toda e qualquer categoria profissional independe de prévia previsão em lei que o autorize, pois compete exclusivamente aos trabalhadores a decisão sobre sua realização e os interesses que devam por meio dele defender (art. 9º, *caput*, da CF).

15. **(Analista Judiciário – Execução de Mandados – TRF 2ª região/ 2012 – FCC)** Adalta é empregada sindicalizada e foi eleita suplente de cargo de representação sindical. Neste caso, segundo a Constituição Federal brasileira,

a) é vedada a dispensa de Adalta a partir da proclamação do resultado das eleições até três meses após o final do mandato, salvo se cometer falta grave nos termos da lei.
b) não há vedação para a dispensa de Adalta uma vez que ela foi eleita suplente, e os suplentes não gozam de estabilidade constitucional.
c) é vedada a dispensa de Adalta a partir do registro da candidatura até três meses após o final do mandato, salvo se cometer falta grave nos termos da lei.
d) não há vedação para a dispensa de Adalta uma vez que a Constituição Federal só prevê a estabilidade para ocupante de cargo de direção.
e) é vedada a dispensa de Adalta a partir do registro da candidatura até um ano após o final do mandato, salvo se cometer falta grave nos termos da lei.

COMENTÁRIOS

Alternativa correta: "e" (responde a todas as alternativas). Nos termos do art. 8º, VIII, da CF, **é vedada a dispensa do empregado sindicalizado** a partir do registro da candidatura a cargo de direção ou representação sindical e, se eleito, ainda que suplente, até um ano após o final do mandato, salvo se cometer falta grave nos termos da lei. Assim, é vedada a dispensa de Adalta a partir do registro da candidatura até um ano após o final do mandato, salvo se cometer falta grave nos termos da lei.

16. **(FCC – TRT 12 – Analista Judiciário/2010)** Sobre os Direitos Sociais, a manifestação do princípio da solidariedade internacional dos interesses dos trabalhadores está inserida no direito de

a) liberdade de inscrição.
b) proteção especial aos dirigentes eleitos dos trabalhadores.
c) independência.
d) autonomia.
e) relacionamento.

COMENTÁRIOS

Alternativa correta: "e". Nos termos da doutrina de Alexandre de Moraes, o **direito de relacionamento ou de filiação** em organizações sindicais internacionais é manifestação do princípio da solidariedade internacional dos interesses dos trabalhadores (*Direito constitucional*. 25 ed. São Paulo: Atlas, 2010, p. 204).

Alternativa "a". Ainda segundo Alexandre de Moraes, a liberdade de inscrição significa que ninguém poderá ser obrigado a filiar-se ou manter-se filiado a qualquer sindicato, na qual não está inserido do princípio da solidariedade internacional dos interesses dos trabalhadores (*Direito constitucional*. 25 ed. São Paulo: Atlas, 2010, p. 203).

Alternativa "b". A proteção especial aos dirigentes eleitos dos trabalhadores, nas lições de Alexandre de Moraes, revelar ser vedada a dispensa do empregado sindicalizado a partir do registro da candidatura a cargo de direção ou representação sindical e, se eleito, ainda que suplente, até um ano após o fim do mandato, salvo se cometer falta grave (*Direito constitucional*. 25. ed. São Paulo: Atlas, 2010, p. 204), não se relacionamento com o princípio da solidariedade internacional dos interesses dos trabalhadores.

Alternativas "c" e "d". O direito de independência e autonomia abrange a existência de fontes de renda independentes do patronato ou do próprio Poder Público, mas não se relaciona diretamente ao princípio da solidariedade internacional dos interesses dos trabalhadores (*Direito constitucional*. 25 ed. São Paulo: Atlas, 2010, p. 203).

5. QUESTÕES OBJETIVAS PARA TREINAR

01. **(AOCP - Analista Judiciário - Oficial de Just. Avaliador Federal - TRT 1/2018)** A Constituição Federal, em seu art. 114, III, dispõe que compete à Justiça do Trabalho processar e julgar as ações sobre representação sindical, entre sindicatos, entre sindicatos e trabalhadores, e entre sindicatos e empregadores. Tendo isso em vista, assinale a alternativa correta, de acordo com as disposições constitucionais, acerca da associação profissional ou sindical.

a) A lei não poderá exigir autorização do Estado para a fundação de sindicato, bem como não poderá exigir registro em qualquer órgão estatal, vedadas ao Poder Público a interferência e a intervenção na organização sindical.

b) É vedada a dispensa do empregado sindicalizado a partir do registro da candidatura a cargo de direção ou representação sindical e, se eleito, ainda que suplente, até um ano após o final do mandato, salvo se cometer falta grave nos termos da lei.

c) A participação dos sindicatos nas negociações coletivas de trabalho é facultativa.

d) O aposentado filiado não poderá votar e ser votado nas organizações sindicais.

e) É vedada a criação de mais de uma organização sindical representativa da mesma categoria profissional ou econômica, ainda que em bases territoriais distintas.

02. **(AOCP - Analista Judiciário - Área Administrativa - TRT 1/2018)** Tício, Analista Judiciário - Área Administrativa no TRT, trabalha no setor de recursos humanos do tribunal e conhece as previsões constitucionais acerca dos direitos sociais. Sobre esse assunto, assinale a alternativa correta.

a) É permitido no texto constitucional, ainda que excepcionalmente, o trabalho para menores de dezesseis anos.

b) Em que pese ser proibida a diferença de critério de admissão por motivo de sexo, cor ou estado civil, é possível, na forma da lei, a diferença de critério de admissão por idade.

c) A Constituição Federal, apesar de prever a licença-maternidade como direito social, não garante, de forma expressa, o mesmo direito aos trabalhadores do sexo masculino.

d) É garantido o direito ao aviso prévio proporcional ao tempo de serviço, sendo de, no mínimo, oito dias, se o pagamento for efetuado por semana ou tempo inferior.
e) A Constituição Federal garante o direito à indenização por acidente de trabalho, a ser paga pelo empregador que incorrer em dolo ou culpa, salvo se este arcar com o seguro contra acidentes de trabalho.

03. **(Instituto AOCP / Analista Jurídico / TRT 1ª Região / 2018)** Paulo, Analista Judiciário - Área Administrativa no TRT, é o responsável pela folha de pagamentos do tribunal e, portanto, precisa dominar as disposições constitucionais acerca do salário e remuneração do trabalho. Sobre esse assunto, assinale a alternativa que NÃO representa um direito social previsto expressamente na Constituição Federal.
a) Piso salarial proporcional à extensão e à complexidade do trabalho.
b) Participação nos lucros, ou resultados, vinculada à remuneração, e, excepcionalmente, participação na gestão da empresa, conforme definido em lei.
c) Irredutibilidade do salário, salvo o disposto em convenção ou acordo coletivo.
d) Remuneração do trabalho noturno superior à do diurno.
e) Décimo terceiro salário com base na remuneração integral ou no valor da aposentadoria.

04. **(FCC / Analista Judiciário - Área Administrativa - TRT 23/2016)** Sobre os direitos sociais na Constituição Federal brasileira, considere:
I. O piso salarial garantido é aquele proporcional à extensão e à complexidade do trabalho.
II. A irredutibilidade do salário é garantia absoluta dos trabalhadores urbanos e rurais.
III. A garantia de salário, nunca inferior ao mínimo, não alcança aqueles que percebem remuneração variável.
IV. O prazo de prescrição da ação quanto aos créditos resultantes das relações de trabalho é de cinco anos, até o limite de dois anos após a extinção do contrato de trabalho.
Está correto o que consta APENAS em
a) I e IV.
b) II e III.
c) I, III e IV.
d) II, III e IV.
e) I e II.

05. **(FCC / Analista Judiciário - Área Judiciária - TRT 3/2015)** Considere as seguintes afirmações sobre os direitos assegurados aos servidores públicos e empregados:
I. É vedada a dispensa do empregado sindicalizado a partir do registro da candidatura a cargo de direção ou representação sindical e, se eleito, ainda que suplente, até um ano após o final do mandato, salvo se cometer falta grave nos termos da lei.
II. É garantida a utilização do salário mínimo como indexador de base de cálculo de vantagem de servidor público ou de empregado, desde que determinada por lei.

III. O teto remuneratório previsto na Constituição Federal para os servidores titulares de cargos públicos não se aplica aos empregados públicos, ainda que contratados por empresas públicas ou sociedades de economia mista que recebam recursos da União, dos Estados, do Distrito Federal ou dos Municípios para pagamento de despesas de pessoal ou de custeio em geral.

IV. Em que pese a Constituição Federal assegurar aos servidores públicos o direito de greve, o exercício regular desse direito depende da edição de lei federal tratando da matéria, não podendo ser garantido por decisão proferida pelo Supremo Tribunal Federal em mandado de injunção.

Está correto o que consta APENAS em

a) II e III.
b) I e III.
c) II e IV.
d) I.
e) IV.

06. **(FCC – Analista Judiciário – Área Administrativa – TRT 5/2013)** A exigência, pela sociedade, dos chamados direitos sociais teve como marco a Revolução Industrial no século XIX; tais direitos passaram a figurar nas constituições pela primeira vez no início do Século XX. No Brasil, mais especificamente nos termos do artigo 6º da Constituição Federal, é direito social

a) a inadmissibilidade de obtenção de provas ilícitas no processo.
b) a proteção à maternidade e à infância.
c) a garantia do direito à herança.
d) o direito autoral pelo tempo que a lei fixar.
e) a garantia ao direito à propriedade.

07. **(FCC – Analista Judiciário – Área Judiciária – TRT 12/2013)** Possui eficácia limitada a norma constitucional que assegura direitos aos empregados domésticos, no que tange os direitos a

a) seguro-desemprego, em caso de desemprego involuntário, e licença à gestante, sem prejuízo do emprego e do salário, com a duração de cento e vinte dias.
b) fundo de garantia do tempo de serviço e reconhecimento das convenções e acordos coletivos de trabalho.
c) seguro contra acidentes de trabalho, a cargo do empregador, e assistência gratuita aos filhos e dependentes, desde o nascimento até cinco anos de idade, em creches e pré-escolas.
d) repouso semanal remunerado, preferencialmente aos domingos, e relação de emprego protegida contra despedida arbitrária ou sem justa causa.
e) gozo de férias anuais remuneradas com, pelo menos, um terço a mais do que o salário normal e duração do trabalho normal não superior a oito horas diárias e quarenta e quatro semanais.

08. **(FCC – Analista Judiciário – Administrativa – TRT 9/2013)** No que concerne aos direitos dos trabalhadores urbanos e rurais, a Constituição Federal

a) proíbe o exercício de trabalho insalubre pelo trabalhador com até 18 anos de idade.
b) admite que sejam estabelecidas determinadas distinções entre o trabalho manual, o técnico e o intelectual.
c) estabelece igualdade de direitos entre o trabalhador com vínculo empregatício permanente e o trabalhador avulso.
d) prevê a irredutibilidade salarial absoluta.
e) assegura assistência gratuita aos filhos e dependentes do trabalhador desde o nascimento até os 6 anos de idade em creches e pré-escolas.

09. **(FCC – Técnico Judiciário – Administrativa – TRT 1/2013)** Dentre os direitos sociais assegurados pela Constituição Federal aos trabalhadores está a
a) remuneração do trabalhador portador de deficiência, no mínimo, superior a cinquenta por cento à do que não tenha deficiência.
b) assistência gratuita aos filhos e dependentes, desde o nascimento até sete anos de idade, em creches e pré-escolas.
c) irredutibilidade do salário, que não poderá ser minorado sequer por acordo coletivo.
d) jornada de seis horas para o trabalho realizado em turnos ininterruptos de revezamento, salvo negociação coletiva.
e) remuneração do serviço extraordinário superior, no mínimo, em trinta por cento à do normal.

10. **(FCC – Analista de Execução de Mandados / TRT-23ª Região / 2011)** Os direitos sociais previstos na Constituição Federal têm características de normas
a) funcionais e amplificativas.
b) passivas e restritivas.
c) imperativas e invioláveis.
d) análogas e restritivas.
e) centrífugas e amplificativas.

11. **(FCC – Analista Judiciário (Medicina) / TRT da 24ª Região / 2010)** O direito à eleição de um representante dos empregados com a finalidade exclusiva de promover-lhes o entendimento direto com os empregadores é assegurado no caso de empresa com
a) até cem empregados.
b) menos de cem empregados.
c) até cento e vinte empregados.
d) até cinquenta empregados.
e) mais de duzentos empregados.

12. **(FCC – Execução de Mandados / TRT-7ª Região / 2009)** É INCORRETO afirmar que são direitos dos trabalhadores urbanos e rurais:
a) salário-família pago em razão do dependente do trabalhador de baixa renda nos termos da lei.

b) irredutibilidade do salário, salvo o disposto em convenção ou acordo coletivo.
c) piso salarial proporcional à extensão e à complexidade do trabalho.
d) relação de emprego protegida contra despedida arbitrária ou sem justa causa, nos termos de lei delegada, que preverá indenização compensatória, dentre outros direitos.
e) participação nos lucros, ou resultados, desvinculada da remuneração, e, excepcionalmente, participação na gestão da empresa, conforme definido em lei.

13. **(FCC – Execução de Mandados / TRT-3ª Região / 2009)** São considerados direitos sociais, dentre outros,
a) as liberdades positivas e negativas, mas de observância facultativa face a reserva do possível.
b) os individuais do trabalhador, pessoa física, como o direito de greve.
c) os direitos fundamentais de primeira geração à exceção daqueles considerados como de segunda geração.
d) os direitos coletivos do trabalhador como os relacionados à medicina do trabalho.
e) os genéricos como a segurança e o lazer.

(Cespe – Analista Judiciário / TRT-5ª Região / 2008) A respeito dos direitos sociais, julgue os seguintes itens.

14. Entre os direitos sociais previstos na CF, inclui-se a proteção do trabalhador em relação à automação, na forma da lei.

15. Segundo a CF, o trabalhador tem direito ao gozo de férias anuais remuneradas com um adicional de, pelo menos, um sexto do salário normal.

(Cespe – Analista Administrativo / TRT da 5ª Região / 2008) Julgue os itens a seguir, que versam acerca dos direitos constitucionais dos trabalhadores.

16. O direito à licença-paternidade também é assegurado à categoria dos empregados domésticos.

17. A garantia da remuneração do trabalho noturno superior à do diurno é constitucional.

18. **(Cetro – Analista Administrativo / TRT da 12ª Região / 2007)** De acordo com o texto constitucional, e relativamente aos direitos sociais, é livre a associação profissional ou sindical, observado o seguinte:
a) a lei poderá exigir autorização do Estado para a fundação de sindicato, permitindo-se ao Poder Público a interferência e a intervenção na organização sindical.
b) é permitida a criação de mais de uma organização sindical na mesma base territorial, que será definida pelos trabalhadores, não podendo ser inferior à área de um Município.
c) é facultativa a participação dos sindicatos nas negociações coletivas de trabalho.

d) ao sindicato cabe a defesa dos direitos e interesses coletivos ou individuais da categoria, inclusive em questões judiciais ou administrativas.
e) é permitida a dispensa do empregado sindicalizado a partir do registro da candidatura a cargo de direção e, se eleito, até um ano após o final do mandato, salvo se cometer falta média ou grave nos termos da lei.

▶ GABARITO

Questão	Resposta	Fundamento	Item deste capítulo em que abordamos o tema da questão
01	b	art. 8º, VIII, CF	3.2
02	a	art. 7º, XXXIII, CF	3.1.17
03	b	Art. 7º, VI, da CF	3.1.4
04	a	Art. 7º, V e XXIX, da CF	3.1.4 e 3.1.15
05	d	Art. 8º, VIII, da CF	3.2.8
06	b	Art. 6º da CF	2
07	c	Art. 7º, parágrafo único, da CF	3.1.19
08	c	Art. 7º, XXXIV, da CF	3.1.18
09	d	Art. 7º, XIV, da CF	3.1.5
10	c	Doutrina	1
11	e	Art. 11 da CF	3.2.4
12	d	Art. 7º, I, da CF	3.1.1
13	e	Art. 6º da CF	2
14	Certo	Art. 7º, XXVII, da CF	3.1.13
15	Errado	Art. 7º, XVII, da CF	3.1.5
16	Certo	Art. 7º, XIX e parágrafo único, da CF	3.1.19
17	Certo	Art. 7º, XVI, da CF	3.1.5
18	d	Art. 8º, III da CF.	3.2.4

Capítulo IV

DIREITOS DA NACIONALIDADE

1. CONCEITO DE NACIONALIDADE

Trata-se do vínculo jurídico-político que liga o indivíduo a um Estado.

2. ATRIBUIÇÃO DA NACIONALIDADE

O **fato natural do nascimento não é suficiente para a atribuição de nacionalidade**, pois devem ser levados em consideração outros elementos, tais como: i) o local do nascimento; ii) nacionalidade dos pais; e iii) função exercida pelos pais no local de nascimento da criança.

3. CRITÉRIOS DE NACIONALIDADE

Vários critérios devem ser analisados para a determinação da nacionalidade. São eles:

a) **Critério/direito de solo/*ius soli*/*ius loci*:** leva em conta o local de nascimento. Nacional é aquele que nasce no território do Estado, independentemente de sua ascendência.

   ✦ *Ex.: se nasceu no Brasil, será brasileiro.*

b) **Critério/direito de sangue/*ius sanguinis*:** leva em contato a ascendência. Nacional é aquele que descende de um nacional do Estado.

   ✦ *Ex.: se é filho de mãe brasileira ou pai brasileiro, será brasileiro.*

c) **Critério funcional:** o fato de a mãe ou o pai estarem a serviço de seu País em outro Estado interfere na nacionalidade, pois normalmente bloqueia a aquisição da nacionalidade pelo critério de solo.

✦ *Ex.: o filho de um diplomata estrangeiro que esteja a serviço do seu País não será considerado brasileiro mesmo nascendo no Brasil.*

O Brasil adota e combina esses três critérios, chegando a um imbricado modelo de aquisição de nacionalidade, que leva em consideração as vontades do Estado e do indivíduo.

Mas, é importante ressaltar que a adoção desses critérios varia de acordo com o ordenamento jurídico de cada Estado, mas sempre com vistas a conservar a identidade dos povos.

Interessante notar que o fato de cada Estado escolher os critérios faz com que algumas pessoas tenham situações jurídicas muito peculiares quanto à nacionalidade, a exemplo dos apátridas ou heimatlos, e dos polipátridas.

Apátridas ou Heimatlos são os indivíduos sem pátria, sem nacionalidade. Exemplo: se o nacional de um Estado que adota apenas o critério ou direito de solo tiver um filho no território de um Estado que adota somente o critério ou direito de sangue, a criança nascerá sem que se possa atribuir a ela nenhuma nacionalidade.

Polipátridas são as pessoas que detém mais de uma nacionalidade. Exemplo: se o nacional de um Estado que adota o critério ou direito de sangue tiver um filho no território de um Estado que adota o critério ou direito de solo, à criança podem ser atribuídas as nacionalidades dos dois Estados. Trata-se do que ocorre com muitos brasileiros que têm ascendência (sangue) italiana e alcançam o reconhecimento de uma dupla nacionalidade.

4. NACIONALIDADE BRASILEIRA

O Brasil disciplina duas espécies de nacionalidade: **a) brasileiro nato: nacionalidade primária/originária** e; **b) brasileiro naturalizado: nacionalidade secundária.**

4.1. Brasileiro nato: nacionalidade primária/originária

Nos termos do art. 12, I, da CF, são brasileiros natos:

a) os **nascidos na República Federativa do Brasil**, ainda que de pais estrangeiros, desde que estes não estejam a serviço de seu País.

✦ *Ex.: filho de jogador de futebol da China que nasça no Brasil será brasileiro nato.*

✦ *Ex.: filho de diplomata estrangeiro a serviço de seu País e que nasça no Brasil* **não** *será brasileiro nato (assim, ainda que a esposa desse diplomata não esteja a serviço de seu país, tendo vindo ao Brasil apenas para acompanhar o marido, o filho do casal não terá a nacionalidade brasileira).*

b) os nascidos no estrangeiro, de pai brasileiro **ou** mãe brasileira, desde que **qualquer deles** esteja **a serviço da República Federativa do Brasil**;

✦ *Ex.: filho de embaixador brasileiro a serviço da República Federativa do Brasil que nasça na Inglaterra será brasileiro nato automaticamente.*

c) os nascidos no estrangeiro de pai brasileiro ou de mãe brasileira, desde que sejam **registrados em repartição brasileira competente ou venham a residir na República Federativa do Brasil e optem**, em qualquer tempo, depois de atingida a maioridade, pela nacionalidade brasileira (essa modalidade é denominada **nacionalidade potestativa**, pois depende da opção/vontade do indivíduo).

✦ *Ex.: filho de turistas brasileiros que nasça nos EUA será brasileiro nato desde que se registre em um consulado brasileiro nos EUA ou venha a residir no Brasil e opte, a qualquer tempo, depois de atingidos os 18 anos, pela nacionalidade brasileira.*

4.2. Brasileiro naturalizado: nacionalidade secundária

De acordo com o art. 12, II, da CF, são brasileiros naturalizados:

a) os que, na forma da lei, adquiram a nacionalidade brasileira, **exigidas aos originários de Países de língua portuguesa** apenas residência por 1 ano ininterrupto e idoneidade moral **(naturalização ordinária ou comum)**.

b) os **estrangeiros de qualquer nacionalidade**, residentes na República Federativa do Brasil há mais de 15 anos ininterruptos e sem condenação penal, desde que requeiram a nacionalidade brasileira (**naturalização extraordinária ou quinzenária)**.

4.3. Quase-nacionalidade ou cláusula de reciprocidade

Consoante art. 12, § 1º, da CF, aos **portugueses com residência permanente no País**, se houver reciprocidade em favor de brasileiros, serão atribuídos os **direitos inerentes ao brasileiro**, salvo os casos previstos nesta Constituição.

A reciprocidade exigida pelo dispositivo constitucional existe e se dá nos termos do que dispõe o Tratado de Amizade, Cooperação e Consulta, entre a República Federativa do Brasil e a República Portuguesa, celebrado em Porto Seguro, em 22 de abril de 2000, e promulgado no Brasil pelo Decreto 3.927/01.

Vale notar:

> A quase-nacionalidade **nada tem a ver com dupla cidadania** ou multinacionalidade. [...] O que existe, apenas, é uma **relação de cortesia e camaradagem**, devido ao elo firmado entre ambas as nações. A partir daí equiparam-se direitos que, em vigor, só poderiam ser conferidos aos próprios cidadãos de cada País.[1] (grifo nosso)

1. BULOS, Uadi Lammêgo. *Curso de direito constitucional*. 2. ed. São Paulo: Saraiva, 2008, p. 662.

4.4. Distinção de tratamento e cargos privativos de brasileiro nato

O art. 12, § 2º, da CF determina que **a lei não poderá estabelecer distinção entre brasileiros natos e naturalizados, salvo** nos casos previstos na Constituição.

> ▶ **ATENÇÃO!**
>
> Note que a lei não poderá estabelecer distinção, mas a Constituição sim.

Vários dispositivos constitucionais estabelecem diferença de tratamento entre natos e naturalizados. Iniciaremos a análise pelo art. 12, § 3º, da CF.

4.4.1. *Cargos privativos de brasileiro nato*

Consoante art. 12, § 3º, da CF, **são privativos de brasileiro nato os cargos:** I – de Presidente e Vice-Presidente da República; II – de Presidente da Câmara dos Deputados; III – de Presidente do Senado Federal; IV – de Ministro do Supremo Tribunal Federal; V – da carreira diplomática; VI – de oficial das Forças Armadas; VII – de Ministro de Estado da Defesa. Portanto, o cargo de diplomata (membro da carreira diplomática) só pode ser ocupado por brasileiro nato.

Para memorizar os cargos privativos de brasileiro nato do art. 12, § 3º, da CF, o amigo leitor pode valer-se da expressão mnemônica **"MP3.COM"**

▶ CARGOS PRIVATIVOS DE BRASILEIRO NATO		
	M	inistro do STF
	P	residente da República (e Vice)
P3	**P**	residente da Câmara dos Deputados
	P	residente do Senado Federal
	C	arreira Diplomática
	O	ficial das Forças Armadas
	M	inistro de Estado da Defesa

> ▶ **ATENÇÃO PARA AS PEGADINHAS!**
>
> **a)** o cargo de Ministro do STJ não é privativo de brasileiro nato, mas o de Ministro do STF é; **b)** o cargo de Ministro da Justiça não é privativo de brasileiro nato, mas o de Ministro de Estado da defesa é; e **c)** o cargo de Senador não é privativo de brasileiro nato, mas o de Presidente do Senado Federal é.

Além do que consta do art. 12, § 3º, da CF, o texto constitucional traz **outros cargos privativos de brasileiro nato,** mas cuja conclusão nesse sentido exige interpretação sistemática. São eles:

i. **Presidente do CNJ:** é privativo de brasileiro nato, uma vez que quem o ocupa é o presidente do STF, que só pode ser brasileiro nato (art. 12, § 3º c.c. art. 103-B, § 1º, ambos da CF);

ii. **Presidente e Vice-Presidente do TSE:** são privativos de brasileiros natos, pois eles serão eleitos dentre os Ministro oriundos do STF, que só podem ser brasileiros natos (art. 12, § 3º, c.c. art. 119, parágrafo único, ambos da CF).

iii. Seis assentos previstos para brasileiros natos no Conselho da República, conforme art. 89. VII, da CF.

> ▶ ATENÇÃO!
>
> Também são membros do Conselho da República os líderes da maioria e da minoria na Câmara dos Deputados, os líderes da maioria e da minoria no Senado Federal, e o Ministro da Justiça, cargos que não são privativos de brasileiros natos, de modo que nem todos os membros do Conselho da República precisam ser brasileiros natos.

4.4.2. *Extradição*

Nos termos do art. 5º, LI, da CF, **nenhum brasileiro será extraditado, salvo o naturalizado**, em caso de crime comum, praticado antes da naturalização, ou de comprovado envolvimento em tráfico ilícito de entorpecentes e drogas afins, na forma da lei[2].

Portanto, **o brasileiro nato nunca será extradito**, e o naturalizado somente será extraditado se praticar crime comum antes da naturalização ou se for comprovado o seu envolvimento em tráfico ilícito de entorpecentes e drogas afins.[3]

4.4.3. *Atividade nociva ao interesse nacional*

Segundo o art. 12, § 4º, I, da CF, **somente o brasileiro naturalizado** pode perder a nacionalidade em virtude de atividade nociva ao interesse nacional, o que se dará mediante o cancelamento de sua naturalização.

4.4.4. *Participação como cidadão no Conselho da República*

O art. 89, da CF, determina que o Conselho da República é órgão superior de consulta do **Presidente da República**[4], e dele participam: I – o **Vice-Presidente da República**[5]; II – o **Presidente da Câmara dos Deputados**[6]; III – o **Presidente do Senado**

2. Lei 6.815/80, que define a situação jurídica do estrangeiro no Brasil e cria o Conselho Nacional de Imigração.
3. Veja tabela no capítulo II deste livro.
4. Privativo de brasileiro nato por força do art. 12, § 3º, da CF.
5. Privativo de brasileiro nato por força do art. 12, § 3º, da CF.
6. Privativo de brasileiro nato por força do art. 12, § 3º, da CF.

Federal[7]; IV – os líderes da maioria e da minoria na Câmara dos Deputados; V – os líderes da maioria e da minoria no Senado Federal; VI – o Ministro da Justiça; VII – **seis cidadãos brasileiros natos**, com mais de 35 anos de idade, sendo dois nomeados pelo Presidente da República, dois eleitos pelo Senado Federal e dois eleitos pela Câmara dos Deputados, todos com mandato de 3 anos, vedada a recondução.

> ▸ **ATENÇÃO PARA AS PEGADINHAS!**
>
> O **brasileiro naturalizado não está absolutamente impedido de participar do Conselho da República**, pois ele poderá compô-lo na condição de líder da maioria ou da minoria da Câmara dos Deputados ou do Senado Federal, ou como Ministro da Justiça. Isso porque esses cargos não são privativos de brasileiros natos.

4.4.5. *Disciplina especial sobre a propriedade de empresa jornalística e de radiodifusão sonora e de sons e imagens*

Desde já destacamos: a propriedade de empresa jornalística e de radiodifusão sonora e de sons e imagens **não é privatiza de brasileiro nato**. Então, qual o motivo de abordarmos este tema?

Porque, nos termos do art. 222, *caput*, da CF, a propriedade de empresa jornalística e de radiodifusão sonora e de sons e imagens é **privativa de brasileiros natos ou naturalizados há mais de 10 anos**, ou de pessoas jurídicas constituídas sob as leis brasileiras e que tenham sede no País.

Assim, **o naturalizado há mais de 10 anos poderá ser proprietário de empresa jornalística e de radiodifusão sonora e de sons e imagens**.

Ademais, ainda se aplica a regra do art. 222, § 1º, da CF, segundo a qual, em qualquer caso, **pelo menos 70% do capital total e do capital votante das empresas jornalísticas e de radiodifusão sonora e de sons e imagens** deverão pertencer, direta ou indiretamente, a brasileiros **natos ou naturalizados há mais de 10 anos**, que exercerão obrigatoriamente a gestão das atividades e estabelecerão o conteúdo da programação.

5. PERDA DA NACIONALIDADE

O **brasileiro nato não pode mais perder a nacionalidade (a menos que isso seja por ele requerido)**, pois, com a edição da EC 131/2023 que alterou o § 4°, do art. 12, da CF, somente haverá perda da nacionalidade:

a) quando o brasileiro naturalizado tiver **cancelada** sua naturalização, por sentença judicial, em virtude de fraude relacionada ao processo de naturalização ou de atentado contra a ordem constitucional e o Estado Democrático; ou

7. Privativo de brasileiro nato por força do art. 12, § 3º, da CF.

b) quando o brasileiro **nato ou naturalizado** fizer pedido **expresso** de perda da nacionalidade brasileira perante autoridade brasileira competente, ressalvadas situações que acarretem apatridia.

Ademais, foi incluído § 5º ao art. 12 no qual se determina que, no caso da perda da nacionalidade por pedido expresso, será possível ao interessado readquirir sua nacionalidade brasileira originária, nos termos da lei.

Verifica-se, contudo, que essa disposição trata apenas do brasileiro **nato**, e não do naturalizado, já que fala em nacionalidade **originária.**

O STF já decidiu que, o **Ministro da Justiça não tem competência para cancelar naturalização concedida**: "Conforme revela o inciso I do § 4º do art. 12 da CF, o ministro de Estado da Justiça não tem competência para rever ato de naturalização." (RMS 27.840, rel. p/ o ac. min. Marco Aurélio, julgamento em 7-2-2013, Plenário, DJE de 27-8-2013.)

6. IDIOMA OFICIAL E SÍMBOLOS NACIONAIS

Apesar de trazer informação de conhecimento geral, anotamos que o art. 13, *caput* da CF enuncia que **a língua portuguesa é o idioma oficial** da República Federativa do Brasil.

Já o § 1º do art. 13 da CF traz os símbolos da República Federativa do Brasil. Para facilitar a memorização, utilize a expressão mnemônica **BA-HI-A-S.**

▸ SÍMBOLOS DA REPÚBLICA FEDERATIVA DO BRASIL	
BA	ndeira
HI	no
A	rmas
S	elo
BA-HI-A-S	

Por fim, destacamos que, nos termos do art. 13, § 2º, da CF, **os Estados, o Distrito Federal e os Municípios poderão ter símbolos próprios.**

7. QUESTÕES DISCURSIVAS

(FGV – XIII Exame Unificado - 2014) Giácomo e Giovanna são turistas italianos que, apaixonados pelo Brasil, aqui fixam residência, obtêm emprego e constituem família. Seus dois filhos, Luigi e Filipa nasceram no Brasil, respectivamente em 1989 e 1991.

Considerando que o ordenamento italiano atribui nacionalidade italiana aos filhos de seus cidadãos, ainda que nascidos no estrangeiro, responda, fundamentadamente, aos itens a seguir.

a) Filipa pode ser extraditada para a Itália, pela prática de crime comum, caso o Brasil mantenha tratado de extradição com aquele País? (Valor: 0,80)

b) A legislação ordinária pode estabelecer nova hipótese de aquisição de nacionalidade brasileira? (Valor: 0,45) A simples menção ou transcrição do dispositivo legal não pontua.

RESPOSTA

A) Não. Filipa não pode ser extraditada para a Itália porque o Brasil não extradita brasileiro nato. Filipa é brasileira nata, pois a Constituição Federal atribui nacionalidade originário a todo aquele que nasça na República Federativa do Brasil, ainda que de pais estrangeiros, desde que estes não estejam a serviço de seu país. A atribuição da nacionalidade italiana não implicou na perda da nacionalidade brasileira, pois a Constituição Federal afirma textualmente que o reconhecimento de uma nacionalidade nata não gera a perda da nacionalidade brasileira.

B) Não. Legislação ordinária não pode estabelecer hipótese de aquisição de nacionalidade brasileira, seja originária ou derivada. Cabe unicamente ao texto constitucional estabelecer as hipóteses de atribuição de nacionalidade.

PADRÃO DE RESPOSTA DA BANCA EXAMINADORA

A) A resposta é negativa. A despeito da previsão constante da legislação italiana, Filipa é brasileira nata, conforme previsão constante do artigo 12, inciso I, da Constituição. Além disso, o artigo 12, § 4º, II, "a", dispõe que não perde a nacionalidade brasileira aquele que tiver reconhecida a sua nacionalidade originária pela lei estrangeira, caso de Filipa. E os brasileiros natos não podem ser extraditados, conforme artigo 5º, inciso LI, da Constituição.

B) A resposta também é negativa. As hipóteses de outorga da nacionalidade brasileira, quer se trate de nacionalidade originária quer se trate de nacionalidade derivada, decorrem exclusivamente do texto constitucional.

8. QUESTÕES OBJETIVAS COMENTADAS

01. **(FCC – Analista Judiciário – Área Judiciária – TRF 4/2019)** Considere que determinada mulher, filha de mãe brasileira e pai estrangeiro, nascida em país cuja lei lhe reconhece nacionalidade originária e durante período em que sua mãe lá estava a serviço da República Federativa do Brasil, venha a residir no Brasil, depois de atingida a maioridade. Nessa hipótese, referida mulher

a) é considerada brasileira nata, não podendo vir a ser extraditada, quaisquer que sejam as circunstâncias e a natureza do delito pelo qual o requeira Estado estrangeiro.

b) não faz jus à nacionalidade originária brasileira, embora possa vir a ser naturalizada, após residir por quinze anos ininterruptos no Brasil e desde que não sofra condenação penal.

c) será considerada brasileira naturalizada, podendo vir a ser autorizada sua extradição, mediante processo de competência originária do Supremo Tribunal Federal, em caso de comprovado envolvimento em tráfico ilícito de entorpecentes.
d) é considerada estrangeira, condição em virtude da qual não será concedida sua extradição apenas por crime político ou de opinião.
e) será considerada brasileira nata, desde que opte pela nacionalidade brasileira, mediante processo de competência da Justiça Federal.

COMENTÁRIOS

Alternativa "a" (responde todas as alternativas): Nos termos do art. 12, I, "b" da CF/88, serão brasileiros natos os nascidos no estrangeiro, de pai brasileiro ou mãe brasileira, desde que qualquer deles esteja a serviço da República Federativa do Brasil. Portanto, a mulher em questão é brasileira nata. Ademais, o fato de possuir outra nacionalidade não obsta sua nacionalidade brasileira, pois ambas são nacionalidades originárias, nos termos do art. 12, §4º, II, a da CF/88. Como é brasileira nata, não poderá ser extraditada em nenhuma hipótese, por força do disposto no art. 5º, LI da CF/88.

Alternativa correta: "a".

02. **(FCC – Técnico Judiciário – Área Judiciária – TRF 4/2019)** Alejandro é brasileiro naturalizado e está sendo acusado judicialmente de exercer atividade nociva ao interesse nacional; Cláudia é brasileira nata e teve uma outra nacionalidade originária assim reconhecida pela lei estrangeira; Marcos é brasileiro nato residente em Estado estrangeiro, tendo se naturalizado naquele país como condição para sua permanência no território. Com fundamento na Constituição Federal, sentença judicial poderá declarar a perda da nacionalidade a

a) Alejandro e Cláudia, apenas.
b) Alejandro, Cláudia e Marcos.
c) Cláudia e Marcos, apenas.
d) Alejandro, apenas.
e) Alejandro e Marcos, apenas.

COMENTÁRIOS

Alternativa "d" (responde todas as alternativas): Nos termos do art. 12, §4º, I da CF/88, **Alejandro** poderá ter declarada a perda de sua nacionalidade por cancelamento de sua naturalização, por sentença judicial, em virtude de atividade nociva ao interesse nacional. **Cláudia**, por sua vez, embora tenha adquirido outra nacionalidade, não terá declarada a perda de sua nacionalidade pois trata-se de reconhecimento de nacionalidade originária por lei estrangeira, nos termos do art. 12, §4º, II, a da CF/88. **Marcos**, assim como Cláudia, não perderá sua nacionalidade embora tenha se naturalizado cidadão de outro país, pois incorreu na exceção do art. 12, §4º, II, b da CF/88, que estabelece que não perderá a nacionalidade brasileira aquele que adquirir outra nacionalidade no caso de imposição da naturalização, pela norma estrangeira, como condição de permanência em seu território ou para o exercício de direitos civis. Portanto, **somente Alejandro** poderá ter declarada a perda de nacionalidade.

Alternativa correta: "d".

03. **(Instituto AOCP / Técnico Judiciário / TRT – 1º Região / 2018)** Assinale a alternativa que NÃO constitui cargo privativo de brasileiro nato de acordo com a Constituição Federal.

a) de oficial das Forças
b) de Presidente de qualquer das Cortes Superiores
c) de carreira diplomática
d) de Ministro de Estado da Defesa
e) de Presidente da Câmara dos Deputados

COMENTÁRIOS

Alternativa correta: letra "b" (responde a todas as demais alternativas): o cargo de Presidente do STF é privativo de brasileiro nato, e não de todas as Cortes Superiores. Um brasileiro naturalizado, pode, por exemplo ser Presidente do STJ.

04. **(FCC / Analista Judiciário – Área Judiciária / TRT 11/ 2017)** Caio, brasileiro nato, é jogador de futebol profissional e foi contratado para jogar por um grande clube estrangeiro, cuja legislação o país impõe a naturalização de Caio como condição para a permanência em seu território, e, como queria continuar jogando nesse time, procedeu à naturalização. Caio

a) perderá a nacionalidade brasileira enquanto permanecer em território estrangeiro, podendo readquiri-la assim que retornar ao Brasil.
b) perderá a nacionalidade brasileira, tendo em vista que adquiriu outra nacionalidade.
c) tornar-se-á brasileiro naturalizado automaticamente, em razão de ter adquirido outra nacionalidade.
d) não perderá a nacionalidade brasileira apenas se comprovar que mantém vínculos com o Brasil, visitando-o periodicamente.
e) não perderá a nacionalidade brasileira.

COMENTÁRIOS

Alternativa correta: letra "e": a imposição da naturalização a Caio não acarreta a perda da nacionalidade brasileira, tendo em vista se enquadrar na hipótese de exceção prevista pelo art. 12, § 4º, inciso II, alínea "b", da CF: "Art. 12, § 4º. Será declarada a perda da nacionalidade do brasileiro que: II – adquirir outra nacionalidade, **salvo nos casos:** b) de **imposição** de naturalização, pela norma estrangeira, ao brasileiro residente em estado estrangeiro, como condição de permanência em seu território ou para o exercício de direitos civis".

05. **(FCC – Técnico Judiciário – Área Administrativa – TRT 24/2017)** Silmara, brasileira naturalizada, verificou a Constituição Federal brasileira a respeito de possível extradição de brasileiro naturalizado. Assim, constatou que, dentre os direitos e deveres individuais e coletivos, está previsto que

a) nenhum brasileiro será extraditado, salvo o naturalizado, em caso de crime comum, praticado antes ou depois da naturalização, ou de comprovado envolvimento em milícia armada e grupos guerrilheiros.

b) a extradição de qualquer brasileiro, seja ele naturalizado ou não, consta em diversas hipóteses taxativas do artigo 5º da Carta Magna.
c) a extradição de qualquer brasileiro, seja ele naturalizado ou não, somente poderá ocorrer em caso de comprovado envolvimento em tráfico ilícito de entorpecentes e drogas afins.
d) nenhum brasileiro será extraditado, salvo o naturalizado, em caso de crime comum, praticado antes da naturalização, ou de comprovado envolvimento em tráfico ilícito de entorpecentes e drogas afins, na forma da lei.
e) a extradição de qualquer brasileiro, seja ele naturalizado ou não, somente poderá ocorrer em caso de comprovado envolvimento em tráfico ilícito de entorpecentes e drogas afins, envolvimento em milícia armada e grupos guerrilheiros e prática de ato de terrorismo.

COMENTÁRIOS

Alternativa correta: letra "d": a assertiva está em consonância com o disposto no art. 5º, inciso LI, da CF: "nenhum brasileiro será extraditado, salvo o naturalizado, em caso de crime comum, praticado antes da naturalização, ou de comprovado envolvimento em tráfico ilícito de entorpecentes e drogas afins, na forma da lei".

Alternativa "a": de acordo com o art. 5º, inciso LI, da CF, o crime comum apenas enseja a extradição do brasileiro naturalizado se for cometido **antes** da naturalização. Ademais, o envolvimento em milícia armada ou grupos guerrilheiros não são fatos que ensejam a extradição, segundo o texto constitucional.

Alternativa "b": o brasileiro nato não pode ser extraditado, enquanto a extradição do brasileiro naturalizado se dá apenas em duas hipóteses: crime comum praticado antes da naturalização ou envolvimento, a qualquer tempo, com tráfico ilícito de entorpecentes e drogas afins.

Alternativa "c": conforme explicação para a assertiva "b", brasileiro nato não pode ser extraditado, e brasileiro naturalizado também pode ser extraditado caso tenha cometido crime comum anteriormente à naturalização.

Alternativa "e": vide explicações para assertivas anteriores.

06. **(Cespe - Analista Judiciário - Área Administrativa - TRT 8/2016)** Com base nas normas constitucionais que versam sobre direitos e garantias fundamentais, assinale a opção correta acerca do direito de nacionalidade.
a) Configura-se a denominada nacionalidade adquirida no caso em que o indivíduo nascido no estrangeiro, filho de pai ou mãe brasileiros, passa a residir no Brasil e opta pela nacionalidade brasileira depois de ter atingido a maioridade.
b) É proibida qualquer distinção entre brasileiros natos e naturalizados, os quais são detentores dos mesmos direitos e deveres previstos na Constituição Federal de 1988 (CF).
c) A perda da nacionalidade brasileira em razão do reconhecimento de outra nacionalidade originária não se dá automaticamente.
d) Tanto a nacionalidade primária quanto a nacionalidade secundária dependem da vontade do indivíduo, que tem a liberdade de aceitar ou não o vínculo jurídico-positivo que o liga ao Estado brasileiro.

e) Na determinação da nacionalidade primária, no Brasil se adota com primazia o *jus solis* (vínculo de territorialidade), mas também se admitem o *jus matrimoniale* (vínculo de casamento) e o *jus sanguinis* (vínculo de sangue).

COMENTÁRIOS

Alternativa correta: letra "c": a perda da nacionalidade brasileira em razão do reconhecimento de outra nacionalidade originária não se dá automaticamente, já que exige um procedimento prévio para tanto. A perda de nacionalidade por cancelamento de naturalização (em virtude de atividade nociva ao interesse nacional) exige sentença judicial. Por sua vez, a perda de nacionalidade em decorrência da aquisição de outra (salvo exceções constitucionais) somente se dá depois de um procedimento administrativo, que culmina em um Decreto do Presidente da República, nos termos da Lei 818/49

Alternativa "a": configura-se a denominada **nacionalidade primária** (originária ou involuntária) no caso em que o indivíduo nascido no estrangeiro, filho de pai ou mãe brasileiros, passa a residir no Brasil e opta pela nacionalidade brasileira depois de ter atingido a maioridade. Neste caso, será considerado brasileiro nato (art. 12, I, c, da CF). A nacionalidade adquirida é sinônimo de nacionalidade secundária (ou voluntária) que se dá nos casos de naturalização.

Alternativa "b": consoante o art. 12, §2º, da CF, a lei não poderá estabelecer distinção entre brasileiros natos e naturalizados, salvo nos casos previstos na Constituição. Desse modo, verifica-se que brasileiros natos e naturalizados não são detentores dos mesmos direitos e deveres previstos na Constituição Federal de 1988. O maior exemplo é o caso dos cargos privativos de brasileiro nato (art. 12, §3º, da CF), em que apenas os brasileiros natos (os naturalizados estão excluídos) podem ocupar determinados cargos, como o do Presidente e Vice-Presidente da República.

Alternativa "d": a nacionalidade primária não depende da vontade do indivíduo, mas sim de imposição do Estado. Apenas a nacionalidade secundária depende da vontade do indivíduo.

Alternativa "e": o Brasil não adota o critério *jus matrimoniale* (vínculo de casamento) para determinação da nacionalidade primária. Consoante consta da Constituição, o Brasil adota os critérios do *ius solis* e do *ius sanguinis.*

07. **(FCC – Analista Judiciário – Área Administrativa – TRT 19/2014)** Anita Fernanda, nascida em Goiânia há 26 anos, é designer de moda no Brasil. Na semana passada, recebeu um convite para morar na Europa e trabalhar em uma agência de moda que desenha figurinos para os principais desfiles de Paris. No entanto, o país em que trabalhará exigiu que Anita se naturalizasse para nele permanecer e exercer sua atividade profissional. Antes de aceitar a proposta para o novo emprego, Anita consulta sua advogada, questionando-a sobre as possíveis consequências decorrentes de um pedido de naturalização. Nesta hipótese, à luz do que dispõe a Constituição Federal, a advogada informa que Anita

a) terá declarada a perda da nacionalidade brasileira.
b) terá declarada a suspensão da nacionalidade brasileira, apenas enquanto não cancelar a naturalização do país em que trabalhará.
c) terá declarada a suspensão da nacionalidade brasileira até o momento em que retornar ao Brasil, quando, então, poderá optar, novamente, pela nacionalidade brasileira.

d) perderá automaticamente a nacionalidade brasileira. Todavia, terá garantido o direito de solicitar a reaquisição da nacionalidade, junto ao Ministério da Justiça, assim que regressar ao Brasil definitivamente.
e) não terá declarada a perda da nacionalidade brasileira.

COMENTÁRIOS

Alternativa correta: letra "e" (responde a todas as alternativas): nos termos do art. 12, § 4º, II, "b", da CF, será declarada a perda da nacionalidade do brasileiro que adquirir outra nacionalidade, salvo no caso de imposição de naturalização, pela norma estrangeira, ao brasileiro residente em estado estrangeiro, como condição para permanência em seu território ou para o exercício de direitos civis. Essa última situação, segundo a qual não há perda de nacionalidade brasileira decorrente de imposição de naturalização para o exercício de direitos civis é a que se amolda ao caso narrado no enunciado. Entende-se que a imposição de naturalização para o exercício de uma atividade profissional, ou seja, para um emprego, se enquadra na exceção de imposição de naturalização para o exercício de direitos civis.

08. **(FCC – Técnico Judiciário – Área Administrativa – TRT 15/2013)** Filho de franceses, nascido na República Federativa do Brasil e com residência no país, poderá, hipotética e futuramente, exercer

a) quaisquer cargos e funções públicas, exceto os de carreira diplomática, desde que, no momento de seu nascimento, seus pais no Brasil estivessem a serviço de seu país.
b) qualquer cargo da República, inclusive o de Presidente, desde que, no momento de seu nascimento, seus pais não estivessem no Brasil a serviço de seu país.
c) qualquer cargo da República, inclusive o de Presidente, desde que, no momento de seu nascimento, seus pais no Brasil estivessem a serviço de seu país.
d) quaisquer cargos e funções públicas, desde que não sejam reservados a brasileiros natos, estivessem ou não seus pais no Brasil a serviço de seu país, no momento de seu nascimento.
e) quaisquer cargos e funções públicas, exceto os de carreira diplomática, desde que, no momento de seu nascimento, seus pais não estivessem no Brasil a serviço de seu país.

COMENTÁRIOS

Alternativa correta: letra "b": consoante art. 12, I, "a", da CF são brasileiros natos os nascidos na República Federativa do Brasil, ainda que de pais estrangeiros, desde que estes não estejam a serviço de seu país. Assim, um filho de franceses, nascido na República Federativa do Brasil e com residência no país será brasileiro nato, podendo exercer qualquer cargo da República, a exemplo de Presidente da República (art. 12, § 3º, I, da CF).

Alternativas "a" e "e": como brasileiro nato o sujeito também **poderá exercer cargo de carreira diplomática** (art. 12, § 3º, V, da CF).

Alternativas "c" e "d": vide alternativa "b".

09. **(FCC – Analista Judiciário – Administrativa – TRT 9/2013)** Jonatas nasceu no Canadá. Seu pai é brasileiro e sua mãe canadense. Quando completou 10 anos, veio, juntamente com sua família, para o Brasil e aqui passou a residir. No momento em que atingiu a maioridade, Jonatas optou pela nacionalidade brasileira. Nos termos da Constituição Federal, Jonatas

a) é considerado brasileiro e canadense, ou seja, tem obrigatoriamente dupla nacionalidade.
b) é considerado brasileiro naturalizado.
c) não pode optar por nacionalidade, pois em razão de sua moradia ininterrupta no Brasil, adquire obrigatoriamente a nacionalidade brasileira.
d) é considerado canadense.
e) é considerado brasileiro nato.

COMENTÁRIOS

Alternativa correta: "e" (responde a todas as alternativas): segundo o art. 12, I, "c", da CF, são brasileiros natos os **nascidos no estrangeiro de pai brasileiro** ou de mãe brasileira, desde que sejam registrados em repartição brasileira competente ou **venham a residir na República Federativa do Brasil e optem, em qualquer tempo, depois de atingida a maioridade, pela nacionalidade brasileira.** Como Jonatas é filho de brasileiro, veio morar no Brasil e, ao atingir a maioridade, optou pela nacionalidade brasileira, ele é brasileiro nato. Ostentar a condição de brasileiro nato é uma faculdade de Jonatas. Assim, se ele preferisse, poderia nunca ter requerido a nacionalidade brasileira e, por isso, é errado dizer que ele teria, obrigatoriamente, dupla nacionalidade, o que afasta as demais alternativas.

10. **(Cespe – Técnico Judiciário – Administrativa – TRT 10/2013)** Acerca de constituição e de direitos e garantias, julgue o item a seguir à luz da norma constitucional e da interpretação doutrinária sobre a matéria.

( ) No Brasil, a nacionalidade originária é fixada com base no critério do *ius soli*, excluído o *ius sanguinis*.

COMENTÁRIOS

Errado. Vários critérios devem ser analisados para a determinação da nacionalidade. São eles: a) Critério/direito de solo/*ius soli/ius loci*: leva em conta o local de nascimento. Nacional é aquele que nasce no território do Estado, independentemente de sua ascendência. Ex.: se nasceu no Brasil, será brasileiro. b) Critério/direito de sangue/*ius sanguinis*: leva em contato a ascendência. Nacional é aquele que descende de um nacional do Estado. Ex.: se é filho de mãe brasileira ou pai brasileiro, será brasileiro. c) Critério funcional: o fato de a mãe ou o pai estarem a serviço de seu País em outro Estado interfere na nacionalidade, pois normalmente bloqueia a aquisição da nacionalidade pelo critério de solo. Ex.: o filho de um diplomata estrangeiro que esteja a serviço do seu País não será considerado brasileiro mesmo nascendo no Brasil. A adoção desses critérios varia de acordo com o ordenamento jurídico de cada Estado, mas sempre com vistas a conservar a identidade dos povos. **O Brasil adota e combina esses três critérios,** chegando a um imbricado modelo de aquisição de nacionalidade, que leva em consideração as vontades do Estado e do indivíduo.

11. **(FCC – Técnico Judiciário – Administrativa – TRT 1/2013)** Segundo a Constituição Federal, será declarada a perda da nacionalidade do brasileiro

a) naturalizado que adquirir outra nacionalidade, ainda que em razão de reconhecimento de nacionalidade originária pela lei estrangeira.
b) que tiver cancelada sua naturalização, por sentença judicial, em virtude de atividade nociva ao interesse nacional.
c) nato que tiver cancelada sua naturalização, por sentença judicial, em virtude de atividade nociva ao interesse nacional.
d) nato que adquirir outra nacionalidade, ainda que em razão de reconhecimento de nacionalidade originária pela lei estrangeira.
e) nato que residir em outro país por mais de trinta anos sem interrupção e lá for condenado a cumprir pena de reclusão.

COMENTÁRIOS

Alternativa correta: "b": segundo o art. 12, § 4º, I, da CF, será declarada a perda da nacionalidade do brasileiro que tiver cancelada sua naturalização, por sentença judicial, em virtude de atividade nociva ao interesse nacional.

Alternativa "a": não será declarada a perda da nacionalidade do naturalizado que adquirir outra nacionalidade **em razão de reconhecimento de nacionalidade originária pela lei estrangeira** (art. 12, § 4º, II, "a", da CF).

Alternativa "c": não há que se falar em perda de naturalização pelo brasileiro nato. Brasileiro nato não pode ter sido naturalizado. Ele é nato porque tem ascendência brasileira (critério *ius sanguinis*) ou porque nasceu em território nacional (critério *ius solis*).

Alternativa "d": não será declarada a perda da nacionalidade do brasileiro nato que adquirir outra nacionalidade **em razão de reconhecimento de nacionalidade originária pela lei estrangeira** (art. 12, § 4º, II, "a", da CF).

Alternativa "e": não há previsão constitucional no sentido de que o nato que residir em outro país por mais de trinta anos sem interrupção e lá for condenado a cumprir pena de reclusão, perderá a nacionalidade.

12. **(FCC – Analista Administrativo / TRE-SP / 2012)** João, filho de pai brasileiro e mãe espanhola, nascido na França, por ocasião de serviços diplomáticos prestados naquele Estado por seu pai à República Federativa do Brasil, reside há dez anos ininterruptos no País e pretende candidatar-se a Presidente da República. Nesse caso, considerada exclusivamente a exigência relativa à nacionalidade, João

a) poderá candidatar-se, desde que resida por mais cinco anos ininterruptos no País, não sofra condenação criminal e requeira a nacionalidade brasileira.
b) poderá candidatar-se, desde que opte pela nacionalidade brasileira, a qualquer tempo.
c) não poderá candidatar-se, por se tratar de cargo reservado a brasileiros natos e João ser estrangeiro, à luz da Constituição da República.
d) poderá candidatar-se, por ser considerado brasileiro nato, atendendo a essa condição de elegibilidade, nos termos da Constituição da República.
e) poderá candidatar-se, desde que possua idoneidade moral e adquira a nacionalidade brasileira, na forma da lei, por já residir há mais de um ano ininterrupto no País.

COMENTÁRIOS

Alternativa correta: "d". A nacionalidade de João é fixada por utilização do critério do *ius sanguinis*, previsto no art. 12, I, "b" do texto constitucional, que considera brasileiro nato aquele nascido no estrangeiro, de pai ou mãe brasileira, desde que qualquer deles esteja a serviço da República Federativa do Brasil. Assim, não há nenhum impedimento, no que se refere à nacionalidade, de João concorrer ao cargo de Presidente da República que, de acordo com o art. 12, § 3º, I, da CF, é privativo de brasileiro nato.

13. **(Fundação Getúlio Vargas – Analista Judiciário / TRE-PA / 2011)** A Constituição de 1988, em relação à nacionalidade, determina que

a) são privativos de brasileiro nato os cargos de Presidente e Vice-Presidente da República, Presidente da Câmara dos Deputados e Presidente do Senado Federal, assim como os Ministros do STF e do STJ.
b) perde a nacionalidade brasileira aquele que adquirir outra nacionalidade, sem exceções.
c) é considerada brasileiro nato a pessoa nascida na República Federativa do Brasil, ainda que de pais estrangeiros a serviço de seu País.
d) os estrangeiros aqui residentes há mais de 10 (dez) anos ininterruptos, sem condenação penal, podem requerer a cidadania brasileira, tornando-se brasileiros naturalizados.
e) é brasileiro nato aquele nascido no estrangeiro de pai ou mãe brasileira, desde que qualquer deles esteja a serviço da República Federativa do Brasil.

COMENTÁRIOS

Alternativa correta: "e". Esse critério de aquisição de nacionalidade diz respeito ao *ius sanguinis*, previsto no art. 12, I, "b" do texto constitucional, segundo o qual será brasileiro nato o nascido no estrangeiro, de pai ou mãe brasileira, desde que qualquer deles esteja a serviço da República Federativa do Brasil.

Alternativa "a". O texto constitucional, em seu art. 12, § 3º, prevê alguns cargos que somente podem ser ocupados por brasileiros natos. São os casos de Presidente da República e de Vice-Presidente da República, Presidente da Câmara dos Deputados, Presidente do Senado Federal, Ministro do Supremo Tribunal Federal, da carreira diplomática, de oficial das Forças Armadas e de Ministro de Estado da Defesa, **mas não de Ministro do STJ.**

Alternativa "b". O art. 12, § 4º, II, da CF, estabelece **duas exceções** em que a aquisição de outra nacionalidade não importará na perda da nacionalidade brasileira. É o que ocorre quando há o reconhecimento de nacionalidade originária de outro País, ou no caso de imposição de nacionalização pela lei estrangeira como condição de permanência ou para o exercício de direitos civis.

Alternativa "c". Nesse caso, **não há que se falar em aplicação do critério do *ius soli* para aquisição da nacionalidade brasileira originária,** pois os pais são estrangeiros a serviço de seus Países de origem, circunstância que afasta a possibilidade de aplicação do critério insculpido no art. 12, I, "a", da CF.

Alternativa "d". Para que os estrangeiros de qualquer nacionalidade possam optar pela nacionalidade brasileira, de acordo com o art. 12, II, "b", da CF, devem residir há mais de **15 anos** ininterruptos no Brasil e não possuir condenação penal.

14. **(FCC – Analista Judiciário / TRE-RN / 2011)** Tício, filho de pais americanos, nasceu no Brasil uma vez que seus pais são diplomatas e estavam em território brasileiro a serviço do seu País. Bruno, filho de pais brasileiros, nasceu no México, uma vez que sua mãe estava neste País a serviço da República Federativa do Brasil. Nestes casos,

a) Tício e Bruno são brasileiros natos.
b) apenas Tício é brasileiro nato.
c) apenas Bruno é brasileiro nato.
d) Tício e Bruno são americano e mexicano, respectivamente.
e) Tício e Bruno podem ser brasileiros naturalizados, desde que façam esta opção no prazo constitucional.

COMENTÁRIOS

Alternativa correta: "c" (responde a todas as alternativas). Tício, filho de pais americanos, nasceu no Brasil uma vez que seus pais são diplomatas e **estavam em território brasileiro a serviço do seu País,** não será brasileiro por força do art. 12, I, "a" da CF: "São brasileiros natos os nascidos na República Federativa do Brasil, ainda que de pais estrangeiros, desde que estes não estejam a serviço de seu País". Bruno, **filho de pais brasileiros,** nasceu no México, uma vez que sua mãe estava nesse país a serviço da República Federativa do Brasil, será brasileiro por força do art. 12, I, "b", da CF: "São brasileiros natos os nascidos no estrangeiro, de pai brasileiro ou mãe brasileira, desde que qualquer deles esteja a serviço da República Federativa do Brasil".

9. QUESTÕES OBJETIVAS PARA TREINAR

01. **(FGV / Técnico Judiciário - Especialidade - Área Administrativa - Judiciária / TJ-SE / 2023)** Johan, holandês, se encontrava trabalhando na filial de uma empresa americana de cosméticos, quando iniciou um relacionamento com Maria, de nacionalidade espanhola, no território brasileiro. Desse relacionamento nasceu Lúria, que foi levada pelos pais, um ano após o nascimento no Brasil, para a Áustria, novo local de trabalho de seu pai.

Considerando os balizamentos estabelecidos pela ordem constitucional, é correto afirmar que Lúria:

a) é brasileira nata;
b) é estrangeira, mas pode se naturalizar brasileira caso preencha os requisitos exigidos;
c) é brasileira naturalizada, caso ratifique a opção por essa nacionalidade nos doze meses subsequentes à obtenção da maioridade civil;
d) pode optar pela nacionalidade brasileira ao completar 18 anos de idade, desde que venha a residir no território brasileiro;
e) é brasileira nata, desde que os seus pais tenham optado por lhe atribuir essa nacionalidade antes de Lúria completar 18 anos de idade.

02. **(FGV / Analista Administrativo / TJ-SC / 2018)** François nasceu no território brasileiro durante o período em que seus pais, nacionais franceses, aqui estavam

por se encontrarem em gozo de licença na fábrica de bijuterias em que trabalhavam na França. À luz da sistemática constitucional, François:

a) é brasileiro nato, desde que seus pais tenham requerido;
b) é brasileiro nato, desde que o requeira aos dezoito anos;
c) é brasileiro nato, independente de requerimento;
d) é apenas nacional francês, não brasileiro;
e) pode naturalizar-se brasileiro.

03. **(FGV / Técnico Judiciário / TJ-SC / 2019)** Jean, brasileiro naturalizado, que adquiriu grande popularidade em razão de suas atividades filantrópicas, decidiu concorrer a um cargo eletivo. No entanto, estava em dúvida se concorreria ao cargo de Vice-Presidente da República, de Governador ou Senador.
À luz da sistemática constitucional, Jean poderia concorrer apenas ao(s) cargo(s) de:

a) Vice-Presidente e Governador;
b) Governador e Senador;
c) Vice-Presidente;
d) Governador;
e) Senador.

04. **(FCC / Analista Judiciário - Área Administrativa / TRT 11/ 2017)**

I. Airton é brasileiro e sua esposa Carmela é italiana. Bernardo, filho do casal, nasceu em Londres, enquanto seu pai lá estava a serviço da República Federativa do Brasil.
II. Benjamin nasceu no Brasil enquanto seus pais, que são alemães, aqui estavam a serviço da Alemanha.
III. João, filho de Maria, brasileira, nasceu nos Estados Unidos e foi registrado na repartição brasileira competente.

São brasileiros natos:

a) Bernardo, Benjamin e João.
b) Bernardo e João, apenas.
c) Bernardo e Benjamin, apenas.
d) Benjamin e João, apenas.
e) João, apenas.

05. **(FGV – Analista Judiciário – Área Judiciária - TRT 12-SC/2017)** Roberto nasceu no território brasileiro quando seus pais, Antônio e Joana, cidadãos franceses, aqui se encontravam pelo período de dois meses em gozo de férias. Logo após o nascimento, foi levado pelos pais para a França, somente retornando ao Brasil 30 anos depois. Ao retornar, teve grande afeição pela cultura brasileira e decidiu que iria candidatar-se ao cargo de Presidente da República tão logo alcançasse a idade exigida. À luz da sistemática constitucional, é correto afirmar que a futura candidatura de Roberto, caso observados os demais requisitos exigidos:

a) é possível, por ser brasileiro nato;
b) é possível, desde que renuncie à nacionalidade francesa;

c) é possível, desde que se naturalize brasileiro;
d) é possível, se optou pela nacionalidade brasileira até os dezoito anos;
e) não é possível, por ser estrangeiro.

06. **(Consulplan - Analista Judiciário - Área Administrativa - TRF 2/2017)** "Edgar nasceu em território brasileiro em 1990, sendo filho de Jean e Helene, cidadãos franceses que estavam na República Federativa do Brasil a serviço da sucursal de uma importante sociedade empresária com sede na França. Logo após o nascimento, Edgar foi levado pelos seus pais para a França e lá permaneceu durante dezenove anos, até que decidiu voltar ao Brasil e aqui residir em caráter definitivo, trabalhando na mesma sociedade empresária que empregara seus pais no passado. Com o passar dos anos, acalentou o desejo de concorrer a um mandato eletivo no Brasil." Considerando os dados informados, é correto afirmar que Edgar:
a) É brasileiro nato, podendo concorrer a qualquer cargo eletivo caso preencha os demais requisitos exigidos.
b) Deve ser considerado brasileiro naturalizado por ter voltado a residir no Brasil após ter completado a maioridade.
c) Somente será considerado brasileiro nato, caso tenha sido registrado em repartição brasileira antes de completar dezoito anos.
d) É considerado estrangeiro por ser filho de pais estrangeiros, devendo providenciar a sua naturalização como brasileiro, caso queira concorrer a um mandato eletivo.

07. **(FCC - Analista Judiciário - Área Administrativa - TRF 3/2016)** Abenebaldo, originariamente holandês, solicitou e obteve a sua naturalização brasileira no ano de 2014. Após o decurso de um mês do encerramento do processo de naturalização, apurou-se que em 2011, em seu país natal, Abenebaldo esteve comprovadamente envolvido em tráfico ilícito de entorpecentes. Sendo assim,
a) a naturalização será automaticamente cassada, devendo Abenebaldo ser imediatamente extraditado.
b) a naturalização será automaticamente cassada, devendo Abenebaldo ser imediatamente deportado.
c) Abenebaldo poderá ser extraditado, vez que o crime ocorreu antes de sua naturalização, o que não seria possível caso o delito tivesse sido praticado após tal ato.
d) Abenebaldo não poderá ser extraditado, vez que o crime ocorreu antes de sua naturalização.
e) Abenebaldo poderá ser extraditado, independentemente de o crime ter sido praticado antes ou após a sua naturalização.

08. **(FCC - Analista Judiciário - Área Administrativa - TRT 5/2013)** Em 1990, um americano, encantado com a Bahia, decidiu viver em Salvador. Fixou residência e, depois de naturalizado brasileiro, decidiu que gostaria de atuar na área pública. Nesse caso, ele poderá satisfazer seu desejo e preparar-se para ser

a) Diplomata.
b) Ministro do Supremo Tribunal Federal.
c) Prefeito.
d) Oficial das Forças Armadas.
e) Ministro de Estado da Defesa.

09. **(Cespe – Analista Judiciário – Área Administrativa – TRT 8/2013)** Saulo, brasileiro, casou-se com Andrea, de nacionalidade italiana, com quem foi residir na Espanha. Anos depois, o casal teve seu primeiro filho, Pedro, e decidiu registrá-lo em repartição consular brasileira naquele país. Nessa situação hipotética, e nos termos da CF, Pedro é
a) brasileiro naturalizado, podendo vir a ser considerado brasileiro nato se residir no Brasil e optar, a qualquer tempo, depois de atingir a maioridade, pela nacionalidade brasileira.
b) brasileiro nato se optar, a qualquer tempo, pela nacionalidade brasileira.
c) brasileiro nato.
d) estrangeiro.
e) estrangeiro, podendo vir a ser considerado brasileiro nato se residir no Brasil e optar, a qualquer tempo, depois de atingir a maioridade, pela nacionalidade brasileira.

10. **(FCC – Técnico Judiciário – Administrativa – TRT 9/2013)** NÃO é privativo de brasileiro nato o cargo de
a) Ministro do Supremo Tribunal Federal.
b) Ministro do Superior Tribunal de Justiça.
c) Oficial das Forças Armadas.
d) Presidente da Câmara dos Deputados.
e) Carreira diplomática.

11. **(FCC – Analista Judiciário / TRT 20 / 2011)** O modo de aquisição da nacionalidade secundária depende
a) da origem sanguínea e territorial.
b) da vontade do indivíduo e do Estado.
c) do fato natural do nascimento.
d) da origem territorial, apenas.
e) da origem sanguínea, apenas.

12. **(Cespe – Analista Judiciário / TRT 21 / 2010)** No que concerne aos direitos e às garantias fundamentais, julgue o item que se segue.
São brasileiros natos aqueles nascidos no estrangeiro, de pai brasileiro ou de mãe brasileira, desde que venham a residir no Brasil e optem, no período máximo de dois anos, pela nacionalidade brasileira.

13. **(FCC – Execução de Mandado / TRT 8 / 2010)** A naturalização extraordinária tem por requisitos

a) residência contínua no País pelo prazo de quatro anos; ler e escrever em português; e bom procedimento.
b) residência fixa no País há mais de quinze anos; ausência de condenação penal; e requerimento do interessado.
c) residência contínua no País pelo prazo de cinco anos; ler e escrever em português; e bom procedimento.
d) residência contínua no País pelo prazo de cinco anos; exercício de profissão; e bom procedimento.
e) residência contínua no País pelo prazo de cinco anos; posse de bens suficientes próprios e da família; e ausência de condenação penal.

(Cespe - Analista Administrativo / STF / 2008) A respeito do direito constitucional, julgue os itens abaixo.

14. Um italiano naturalizado brasileiro pode exercer o cargo de Deputado federal.

15. O cargo de Ministro do STJ é privativo de brasileiro nato.

16. **(Ferreira de Moura - Analista Judiciário / TRE-SC / 2009)** No que se refere à nacionalidade, assinale a alternativa INCORRETA.
a) O Brasil, em regra, adota o *ius solis* como critério de atribuição da nacionalidade primária.
b) A naturalização extraordinária pode ser concedida aos estrangeiros de qualquer nacionalidade que a requeiram, desde que residentes no Brasil há mais de quinze anos ininterruptos e sem condenação penal.
c) O cargo de Ministro do Supremo Tribunal Federal é privativo de brasileiro nato.
d) É considerado brasileiro nato o nascido em País estrangeiro, de mãe brasileira que não esteja a serviço do Brasil, caso seja registrado em repartição brasileira competente, o que se denomina nacionalidade potestativa.

(Cespe - Analista Administrativo / TRE-BA / 2009) Acerca do conceito e da classificação das constituições, assim como dos direitos e das garantias fundamentais, julgue o item a seguir.

17. Como forma de aquisição da nacionalidade secundária, de acordo com a Constituição Federal de 1988 (CF), é possível o processo de naturalização tácito ou automático, para todos aqueles estrangeiros que se encontram no País há mais de dez anos e não declararam a intenção de conservar a nacionalidade de origem.

18. **(FCC - Execução de Mandados / TRT 7 / 2009)** Será declarada a perda da nacionalidade do brasileiro que
a) adquirir outra nacionalidade, salvo nos casos previstos na Constituição Federal.
b) nascido na Alemanha, de mãe brasileira a serviço da República Federativa do Brasil, for residir na China.
c) obtiver o reconhecimento de nacionalidade originária pela lei estrangeira.

d) residir em estado estrangeiro e se naturalizar em razão de imposição de norma estrangeira, como condição para permanência em seu território.
e) nascido na República Federativa do Brasil, filho de pais estrangeiros, que não estavam a serviço de seu País, for residir na Espanha.

▶ GABARITO

Questão	Resposta	Fundamento	Item deste capítulo em que abordamos o tema da questão
01	a	Art. 12, I, "a", da CF	4.1
02	c	Art. 12, I, "a", da CF	4.1
03	b	Art. 12, § 3º, da CF	4.4.1
04	b	Art. 12, I, da CF	4.1
05	a	Art. 12, I, c.c. Art. 12, § 3º, ambos da CF	4.1 e 4.4.1
06	a	Art. 12, I, da CF	4.1
07	e	Art. 5º, LI, c.c. Art. 12, § 4º, ambos da CF	4.4.2
08	c	Art. 12, § 3º, da CF	4.4.1
09	c	Art. 12, I, "c", da CF	4.1
10	b	Art. 12, § 3º, da CF	4.4.1
11	b	Doutrina	4.2
12	Errado	Art. 12, I, da CF	4.1
13	b	Art. 12, II, da CF	3
14	Certo	Art. 12, § 3º, da CF	4.4.1
15	Errado	Art. 12, § 3º, da CF	4.4.1
16	d	Art. 12, I, da CF	4.1
17	Errado	Art. 12, II, da CF	4.2
18	a	Art. 12, § 4º, da CF	5

Capítulo V

Direitos Políticos

Sumário: 1. Conceitos fundamentais – 2. Sufrágio e direitos políticos – 3. Capacidade eleitoral ativa – 4. Capacidade eleitoral passiva e elegibilidade – 5. Inelegibilidades – 6. Elegibilidade do militar – 7. Outros casos de inelegibilidade – 8. Máximas sobre elegibilidade e inelegibilidade – 9. Ação de impugnação de mandato eletivo (AIME) – 10. Cassação, perda e suspensão dos direitos políticos – 11. Princípio da anterioridade ou anualidade eleitoral – 12. Partidos políticos; 12.1. Conceito; 12.2. Criação, modificação e extinção; 12.3. Estrutura; 12.4. Preceitos para funcionamento – 13. Questões discursivas – 14. Questões objetivas comentadas – 15. Questões objetivas para treinar.

1. CONCEITOS FUNDAMENTAIS

Para melhor compreensão sobre os direitos políticos, estabeleceremos alguns conceitos fundamentais:

a) **Democracia:** é o governo do povo. Existem três espécies de democracia:

   i. **Democracia direta:** o povo exerce seus poderes diretamente, sem representantes.

   ii. **Democracia indireta ou representativa:** o poder é exercido indiretamente, por meio da outorga de poderes aos representantes eleitos pelo povo.

   iii. **Democracia semidireta ou participativa:** mescla as espécies anteriores, pois se traduz em uma democracia indireta com alguns elementos da democracia direta. Neste sistema, além da participação concreta do cidadão na democracia representativa, há também um controle popular direto sobre as ações do Estado.

O Brasil adota a democracia semidireta ou participativa, pois congrega elementos das democracias direta e indireta.

O parágrafo único do artigo 1º da CF enuncia que todo o poder emana do povo, que o exerce por meio de representantes eleitos (democracia indireta ou representativa) ou diretamente (democracia direta), nos termos da Constituição.

Por sua vez, o art. 14 da CF estabelece que a soberania popular será exercida pelo sufrágio universal e pelo voto direto e secreto, com valor igual para todos (democracia indireta ou representativa), e, nos termos da lei, mediante: I – plebiscito; II – referendo; III – iniciativa popular (democracia direta).

b) **Soberania popular:** é o exercício do poder político pelo povo.

c) **Povo:** conjunto de indivíduos dotados de nacionalidade.

d) **Nacionalidade:** é o vínculo jurídico-político que liga o indivíduo a um Estado.

e) **Cidadania:** é a característica que tem como pressuposto a nacionalidade e que consiste na capacidade de exercício de direitos políticos em razão do fato de o indivíduo ter direito de sufrágio. Assim, é cidadão o nacional que exerce direitos políticos.

f) **Sufrágio:** é o direito público subjetivo de participação em um processo de escolha política, ou, em outras palavras, a possibilidade de votar e ser votado.[1]

g) **Voto:** instrumento do exercício do direito de sufrágio.

h) **Escrutínio:** é a forma de exteriorização do voto, público ou secreto.[2]

i) **Plebiscito:** é o instrumento de exercício de democracia direta por meio do qual **o povo é consultado previamente** sobre a viabilidade de uma determinada proposta de alteração legislativa. Nos termos do art. 2º, § 1º, da Lei 9.709/98, o plebiscito é convocado com **anterioridade a ato legislativo ou administrativo**, cabendo ao povo, pelo voto, aprovar ou denegar o que lhe tenha sido submetido.

j) **Referendo:** é o instrumento de exercício de democracia direta por meio do qual **o povo é consultado posteriormente** sobre uma determinada proposta de alteração legislativa. . De acordo com o art. 2º, § 2º, da Lei 9.709/98, o referendo é **convocado com posterioridade a ato legislativo ou administrativo**, cumprindo ao povo a respectiva ratificação ou rejeição.

k) **Iniciativa popular:** é o instrumento de exercício de democracia direta por meio do qual o povo inicia o processo legislativo. Consoante art. 61, § 2º, da CF, a iniciativa popular pode ser exercida pela apresentação à Câmara dos Deputados de projeto de lei subscrito por, **no mínimo, 1% do eleitorado nacional, distribuído por pelo menos 5 Estados, com não menos de 0,3% dos eleitores de cada um deles.**[3]

> ▸ **ATENÇÃO PARA A PEGADINHA!**
>
> O projeto de iniciativa popular é apresentado à Câmara dos Deputados, não ao Senado Federal ou ao Congresso Nacional.

1. Apesar de a CF falar que o voto é universal, o que é universal é o sufrágio.
2. Embora a CF também fale que o voto é secreto, o que é secreto é o escrutínio.
3. Além do plebiscito, do referendo e da iniciativa popular, a ação popular, estudada no capítulo II, também é um instrumento de democracia direta.

2. SUFRÁGIO E DIREITOS POLÍTICOS

Como vimos, sufrágio é o direito de participar de um processo de escolha política, ou, em outras palavras, a possibilidade de votar e ser votado.

A possibilidade de votar decorre da **capacidade eleitoral ativa,** e a de ser votado, da **capacidade eleitoral passiva.**

Trata-se, pois, do **exercício dos direitos políticos.**

3. CAPACIDADE ELEITORAL ATIVA

Para votar, o indivíduo precisa ser brasileiro (nato ou naturalizado) e se alistar.

O **alistamento,** que gera o título de eleitor, se dá junto à Justiça Eleitoral e pode ser obrigatório ou facultativo (art. 14, § 1º, da CF).

i. **Alistamento obrigatório:** para os brasileiros maiores de 18 anos

ii. **Alistamento facultativo:** para os brasileiros:

- maiores de 16 e menores de 18 anos;
- maiores de 70 anos
- analfabetos.

Por outro lado, **não podem alistar-se** como eleitores (art. 14, § 2º, da CF):

- estrangeiros

> ▸ **ATENÇÃO!**
>
> Como visto no capítulo sobre nacionalidade, os quase-nacionais (portugueses com residência permanente no Brasil) podem ter a eles atribuídos direitos de brasileiros, dentre os quais está o alistamento. Assim, **a situação de alistamento do quase-nacional apresenta-se como uma exceção à regra segundo a qual os estrangeiros não podem se alistar.**

- os conscritos, durante o serviço militar.

> ▸ **ATENÇÃO!**
>
> Conscrito é apenas o convocado para serviço militar obrigatório. Assim, o militar de carreira pode (e deve) alistar-se normalmente.

4. CAPACIDADE ELEITORAL PASSIVA E ELEGIBILIDADE

Para se candidatar a cargo político e ser votado em eleição, o indivíduo precisa atender às seguintes condições de elegibilidade: **a) nacionalidade brasileira; b) pleno exercício dos direitos políticos; c) alistamento; d) domicílio eleitoral na**

circunscrição; e) filiação partidária; f) idade mínima para o cargo pretendido; g) alfabetização; e h) desincompatibilização.

a) Nacionalidade brasileira (art. 14, § 3º, I, da CF)

A nacionalidade torna o indivíduo parte do povo de um determinado Estado. Somente os membros do povo de um Estado podem ser considerados cidadãos aptos ao exercício dos direitos políticos e, portanto, em condições de concorrer a cargos eletivos.

Ademais, o art. 14, § 2º, da CF veda o alistamento eleitoral do estrangeiro e, conforme veremos no item "c", o alistamento é uma das condições de elegibilidade.

Vale lembrar que, em regra, qualquer nacional, nato ou naturalizado pode concorrer ao exercício de cargo político. Entretanto, vale lembrar que o art. 12, § 3º, da CF traz um rol de cargos privativos de brasileiro nato (veja no capítulo IV deste livro).

b) Pleno exercício dos direitos políticos (art. 14, § 3º, II, da CF)

O pleno exercício dos direitos políticos significa que eles **não podem estar suspensos ou ter sido extintos.** Explicaremos as hipóteses de suspensão ou extinção dos direitos políticos no item 10 deste capítulo.

c) Alistamento (art. 14, § 3º, I, da CF)

Conforme explicações do item anterior, o alistamento comprova a inscrição do indivíduo nos quadros da Justiça Eleitoral, representando clara condição de elegibilidade.

> ▸ ATENÇÃO!
>
> Por lógica, **os estrangeiros e conscritos não podem concorrer a cargo eletivo,** pois, nos termos do art. 14, § 2º, da CF, **sequer podem se alistar.** E, conforme o art. 14, § 4º, da CF, são inelegíveis os inalistáveis e os analfabetos.

d) Domicílio eleitoral na circunscrição (art. 14, § 3º, IV, da CF)

A exigência de comprovação do domicílio eleitoral na circunscrição do cargo para o qual se concorre tem por objetivo evitar candidaturas oportunistas, daquelas em que os candidatos buscam ocupar cargos políticos em circunscrições que ofereçam maiores facilidades estratégicas para as eleições.

Como ensina Uadi Lammêgo Bulos, trata-se da busca pela "autenticidade da representação popular, pois os eleitores devem escolher os seus conterrâneos e não pessoas alheias aos interesses e aspirações da comunidade".[4]

---

4. BULOS, Uadi Lammêgo. *Op. Cit.*, p. 676.

e) Filiação partidária (art. 14, § 3º, V, da CF)

As eleições a cargos políticos no Brasil privilegiam a filiação partidária. A ideia é de que os partidos tenham suas plataformas políticas e que os candidatos as sigam. Por isso, para concorrer a cargo político, o candidato deve estar previamente filiado a algum partido.

f) Idade mínima para o cargo pretendido (art. 14, § 3º, VI, da CF)

O art. 14, § 3º, VI, da CF traz as idades mínimas para o exercício de alguns cargos eletivos.

> ▸ ATENÇÃO!
> Este tema é campeão de incidência nas provas para Tribunais e MPU.

Para facilitar a memorização, preparamos a seguinte tabela:

▸ IDADE MÍNIMA PARA EXERCÍCIO	▸ CARGO
18 anos	• Vereador
21 anos	• Deputado Federal • Deputado Estadual ou Distrital • Prefeito • Vice-Prefeito • Juiz de paz[5]
30 anos	• Governador do Estado e do Distrito Federal • Vice-Governador do Estado e do Distrito Federal
35 anos	• Senador • Presidente da República • Vice-Presidente da República

> ▸ ATENÇÃO!
> De acordo com o art. 11, § 2º da Lei .9504/97 (que estabelece as normas para as eleições), cuja redação foi alterada pela Lei 13.165/2015, a idade mínima constitucionalmente estabelecida como condição de elegibilidade é verificada tendo por referência a data da posse, salvo quando fixada em dezoito anos, hipótese em que será aferida na data-limite para o pedido de registro da candidatura. Assim, preste atenção nas questões que trazem problemas e informam sobre as idades e datas de aniversário dos candidatos e se atente para a peculiar situação dos candidatos a vereador (idade mínima de 18 anos verificada na data-limite para o pedido de registro de candidatura).

5. Assim dispõe o art. 11, § 2º, da Lei 9.504/97 (Código Eleitoral): "A idade mínima constitucionalmente estabelecida como condição de elegibilidade é verificada tendo por referência a data da posse".

g) Alfabetização (art. 14, § 4º, da CF)

A alfabetização não consta do art. 14, § 3º, da CF. Apesar disso, ela também é uma condição de elegibilidade. Isso porque, nos termos do art. 14, § 4º, da CF, são inelegíveis os inalistáveis e os analfabetos.

h) Desincompatibilização (art. 14, § 6º, da CF)

A desincompatibilização representa a **necessidade de afastamento do exercício de um determinado cargo com o objetivo de concorrer a outro**, sob pena de inelegibilidade.

Em palavras mais simples: para concorrer a alguns cargos eletivos, o agente público precisa se afastar do exercício do cargo que eventualmente exerça, necessidade essa que é denominada por desincompatibilização.

O art. 14, § 6º, da CF dispõe que para concorrerem a outros cargos, o Presidente da República, os Governadores de Estado e do Distrito Federal e os Prefeitos devem **renunciar aos respectivos mandatos até 6 meses antes do pleito.**

Essa regra tem por objetivo impedir que o candidato se valha da máquina pública para obter vantagens ou benefícios à campanha, bem como evitar que a Administração Pública seja colocada em segundo plano porque o chefe do Poder Executivo está com suas atenções mais voltadas para as eleições do que para a gestão pública. Aliás, é por isso que **essa exigência se aplica apenas aos detentores de cargos de chefia do Poder Executivo.**

> ✦ *Ex.: se um Prefeito quiser concorrer para Deputado Estadual, deverá renunciar ao mandado de Prefeito até 6 meses antes da eleição para Deputado Estadual.*

Segundo o STF, **a regra de desincompatibilização se aplica a quem tiver sucedido o detentor de cargo de chefia do Poder Executivo** (Prefeito, Governador, Presidente) em até 6 meses antes do pleito. Essa conclusão fica clara no seguinte julgado: "Presidente da Câmara Municipal que substitui ou sucede o prefeito nos seis meses anteriores ao pleito é inelegível para o cargo de vereador. CF, art. 14, § 6º. Inaplicabilidade das regras dos § 5º e § 7º do art. 14, CF." (RE 345.822, Rel. Min. Carlos Velloso, julgamento em 18-11-2003, Segunda Turma, DJ de 12-12-2003.)

Por outro lado, a exigência de desincompatibilização **não se aplica para os candidatos a reeleição.**

Consoante art. 14, § 5º, da CF, o Presidente da República, os Governadores de Estado e do Distrito Federal, os Prefeitos e quem os houver sucedido ou substituído no curso dos mandatos **poderão ser reeleitos para um único período subsequente.**

Trata-se de uma flexibilização da regra da desincompatibilização em nome da **continuidade na gestão pública.** É verdade que a utilização da máquina pública para favorecimento em campanha não é desejável, contudo muito pior e ilógico é admitir que alguém que busca a reeleição tenha que interromper sua gestão, sujeitar o povo a eventuais equívocos decorrentes de uma substituição desastrada, para depois voltar caso seja reeleito.

> ▶ ATENÇÃO!
>
> A reeleição (possibilidade que não exige a desincompatibilização) é possível para **um único período subsequente.**

5. INELEGIBILIDADES

De acordo com a CF, são inelegíveis: **a) inalistáveis; b) analfabetos; c) pretendente a reeleição para um 3º mandato seguido no Poder Executivo; e d) no território de jurisdição do titular, o cônjuge e os parentes consanguíneos ou afins, até o 2º grau ou por adoção, de Presidente da República, de Governador de Estado ou Território, do Distrito Federal, de Prefeito ou de quem os haja substituído dentro dos 6 meses anteriores ao pleito, salvo se já titular de mandato eletivo e candidato à reeleição.**

a) Inalistável

Como vimos no item anterior, o alistamento é condição de elegibilidade. Logo, o inalistável é inelegível (art. 14, § 4º, da CF).

b) Analfabetos

Novamente nos reportamos ao item anterior: se a alfabetização é condição de elegibilidade, então o analfabeto é inelegível (art. 14, § 4º, da CF).

c) Pretendente a reeleição para um 3º mandato seguido no Poder Executivo (art. 14, § 5º, da CF)

Consoante análise do item antecedente (flexibilizando a necessidade de desincompatibilização da função de chefia do Poder Executivo para concorrer a outros cargos públicos) a CF admite a reeleição para apenas um mandato. Assim, quem já foi eleito para um 2º mandato no mesmo cargo de chefia do Poder Executivo é inelegível para um terceiro mandato seguido.

Vale notar que o que não se admite é um terceiro mandato seguido. Entretanto, o indivíduo pode exercer dois mandatos seguidos, ficar de fora do pleito seguinte e depois de quatro anos ser eleito novamente.

> ✦ *Ex.: um candidato "A" é eleito para Presidente da República e exerce mandato de 2003 a 2006 e depois é reeleito e exerce o mesmo cargo de 2007 a 2010. Um terceiro mandato seguido é vedado. Entretanto, se um candidato "B" exercer o mandato de 2011 a 2014, o candidato "A" volta a poder se candidatar e exercer*

o cargo de Presidente da República de 2015 a 2018, tendo ainda a faculdade de se candidatar a reeleição para mandato de 2019 a 2022.

Assim, ficando de fora um mandato, o indivíduo pode voltar, ser eleito e reeleito; e esse ciclo pode ocorrer indefinidas vezes.

d) no território de jurisdição do titular, o cônjuge e os parentes consanguíneos ou afins, até o 2º grau ou por adoção, de Presidente da República, de Governador de Estado ou Território, do Distrito Federal, de Prefeito ou de quem os haja substituído dentro dos 6 meses anteriores ao pleito, salvo se já titular de mandato eletivo e candidato à reeleição (art. 14, § 7º, da CF).

Trata-se do que se denomina por **inelegibilidade reflexa**.

Busca impedir o exercício de vários mandatos eletivos nos Poderes Executivo e Legislativo, em um determinado território de circunscrição[6], por membros da mesma família.

Para facilitar o entendimento, trabalharemos com um exemplo.

Se o indivíduo "C" foi eleito para exercer o mandato de Governador do Estado de São Paulo entre 2011 e 2014:

a) haverá impedimento por inelegibilidade reflexa (de cônjuge, parentes até 2º grau, consanguíneos ou afins, inclusive por adoção) para os cargos de Prefeito e Vereador em qualquer Município do Estado de São Paulo nas eleições de 2012;

b) haverá impedimento por inelegibilidade reflexa (de cônjuge, parentes até 2º grau, consanguíneos ou afins, inclusive por adoção) para os cargos de Governador, Deputado Estadual, Deputado Federal e Senador, pelo Estado de São Paulo, nas eleições de 2014.

De toda forma, é bom destacar a parte final do art. 14, § 7º, da CF, segundo a qual a inelegibilidade não se aplica ao titular de mandato eletivo sujeito a reeleição. Assim, ainda nos valendo do mesmo exemplo:

c) **não** haverá impedimento por inelegibilidade reflexa de cônjuge, parentes até 2º grau, consanguíneos ou afins, inclusive por adoção **que concorram em reeleição** para os cargos de Prefeito e Vereador em qualquer Município do Estado de São Paulo nas eleições de 2012;

---

6. Utilizamos circunscrição porque é o termo correto e genérico para se designar uma delimitação territorial em que se exerce atribuição ou Poder. Entretanto, vale notar que a CF (erroneamente) se valeu da expressão jurisdição, que significa o específico poder de dizer o direito em um determinado local, o que normalmente se aplica a membros do Poder Judiciário. Assim, em provas objetivas pode aparecer o termo jurisdição e ser considerado correto pela banca, uma vez que se tratará de mera reprodução do texto constitucional.

d) **não** haverá impedimento por inelegibilidade reflexa de cônjuge, parentes até 2º grau, consanguíneos ou afins, inclusive por adoção **que concorram em reeleição** para os cargos de Governador[7], Deputado Estadual, Deputado Federal e Senador, pelo Estado de São Paulo, nas eleições de 2014.

> ▸ **CUIDADO!**
>
> O parentesco na linha colateral em até 2º grau só existe em relação aos **irmãos**. Assim, tios e sobrinhos não se submetem a qualquer regra de inelegibilidade!

> ▸ **CUIDADO!**
>
> A inelegibilidade reflexa só incide se alguém ocupar (ou tiver realizado substituição nos 6 meses anteriores ao pleito para) cargo do **Poder Executivo**!

> ▸ **ATENÇÃO!**
>
> De acordo com a **Súmula Vinculante 18**, a **dissolução da sociedade ou do vínculo conjugal, no curso do mandato**, não afasta a inelegibilidade prevista no § 7º do art. 14 da CF. Mas, cuidado! Segundo o STF, "o Enunciado 18 da Súmula Vinculante do STF (...) não se aplica aos casos de extinção do vínculo conjugal pela morte de um dos cônjuges".[8]

---

7. Conforme noticiado por Pedro Lenza, em 2003, o Plenário do STF concluiu que "parentes podem concorrer nas eleições, desde que o titular do cargo tenha o direito à reeleição e não concorra na disputa. A decisão foi por maioria de votos, ficando vencido o Ministro Moreira Alves" (*Direito constitucional esquematizado*. 16. ed. São Paulo: Saraiva, 2012, p. 1.134).
8. "O Enunciado 18 da Súmula Vinculante do STF (...) não se aplica aos casos de extinção do vínculo conjugal pela morte de um dos cônjuges. Com base nessa orientação, o Plenário deu provimento a recurso extraordinário para deferir o registro de candidatura da recorrente. Discutia-se eventual inelegibilidade para reeleição de cônjuge supérstite que se elegera em pleito seguinte ao da morte do então detentor do cargo eletivo - ocorrida no curso do mandato, com regular secessão do vice. A recorrente, eleita prefeita em 2008, ano seguinte ao falecimento de seu marido (2007), e reeleita em 2012, fora afastada do cargo (2013) pelo TSE, que indeferira o registro de sua candidatura, sob o fundamento de configuração de terceiro mandato consecutivo do mesmo grupo familiar. O Plenário ressaltou que o § 7º do art. 14 da CF (...) restringiria a capacidade eleitoral passiva, ao prever hipóteses de inelegibilidade reflexa ou indireta. Afirmou que a referida norma teria por objetivo impedir a hegemonia política de um mesmo grupo familiar, ao dar efetividade à alternância no poder, preceito básico do regime democrático. Destacou que, atualmente, a Corte viria interpretando teleologicamente o dispositivo constitucional em questão no sentido de que a dissolução do vínculo matrimonial no curso do mandato não afastaria a inelegibilidade nos casos em que houvesse evidente fraude na separação ou divórcio, com o intuito de burlar a vedação constitucional e perpetuar o grupo familiar no poder. (...) Explicou que a morte, além de fazer desaparecer o 'grupo político familiar', impediria que os aspirantes ao poder se beneficiassem de eventuais benesses que o titular lhes poderia proporcionar. Enfatizou que raciocínio contrário representaria perenização dos efeitos jurídicos de antigo casamento, desfeito pelo falecimento, para restringir direito constitucional de concorrer à eleição. Frisou que o aludido preceito da Constituição, norma que imporia limitação de direito, sobretudo concernente à cidadania, deveria ter sua interpretação igualmente restritiva, de modo a não comportar ampliação. Consignou que haveria outras especificidades do caso que não poderiam ser desprezadas: a) o falecimento ter ocorrido mais de um ano antes do pleito, dentro, portanto, do prazo para desincompatibilização do ex-prefeito; b) a cônjuge supérstite haver concorrido

6. ELEGIBILIDADE DO MILITAR

De acordo com o que analisamos anteriormente, o conscrito (que é aquele convocado para serviço militar obrigatório) é inalistável, mas o militar de carreira pode (e deve) alistar-se normalmente.

Assim, nos termos do art. 14, § 8º, da CF, o **militar alistável é elegível**, ou seja, pode concorrer a cargo eletivo, atendidas as condições estabelecidas pela Constituição, que variam de acordo com a quantidade de tempo em serviço.

a) Se o militar contar **menos de 10 anos de serviço**, deverá afastar-se de sua atividade.

b) Se o militar contar **mais de 10 anos de serviço**, será agregado pela autoridade superior e, se eleito, passará automaticamente, no ato da diplomação, para a inatividade.

Na prática, o afastamento da atividade do militar com **menos de 10 anos** de serviço implica o seu **desligamento definitivo** dos quadros a que estiver vinculado.

Já o militar com **mais de 10 anos** de serviço será **afastado temporariamente** pela autoridade superior e, se eleito, passará automaticamente, no ato da diplomação, para a inatividade.

Essa segunda situação é muito especial. Isso porque a Constituição permite que o militar concorra a eleição ainda em atividade, mas em afastamento temporário.

Entretanto, ainda que temporariamente afastado, nos termos do art .142, V, da CF, o militar, enquanto em serviço ativo (atividade), não pode estar filiado a partidos políticos.

Daí vem a dúvida: **se a filiação a partido político é condição de elegibilidade (art. 14, § 3º, V, da CF), como fica a situação desse militar?**

Trata-se de uma exceção estabelecida pela Constituição e como tal deve ser compreendida. Assim, nessa hipótese, a filiação partidária somente será exigida **a partir da diplomação,** momento em que o militar passa à inatividade.

> ▸ **ATENÇÃO PARA A PEGADINHA!**
> O militar que contar com mais de 10 anos de atividade, se eleito, passará automaticamente à inatividade **no ato da diplomação e não da posse**!

---

contra o grupo político do ex-marido; c) a recorrente ter se casado novamente durante seu primeiro mandato e constituído nova instituição familiar; e d) o TSE ter respondido à consulta, para assentar a elegibilidade de candidatos que, em tese, estivessem em situação idêntica à dos autos. Registrou que o fundamento para a edição do Verbete 18 da Súmula Vinculante do STF fora a ocorrência de separações e divórcios fraudulentos, como forma de obstar a incidência da inelegibilidade. Aludiu que a hipótese ora versada, de extinção do vínculo matrimonial pela morte de um dos cônjuges, certamente não teria sido considerada na oportunidade." (RE 758.461, rel. min. Teori Zavascki, julgamento em 22-5-2014, Plenário, Informativo 747, com repercussão geral.)

7. OUTROS CASOS DE INELEGIBILIDADE

Nos termos do art. 14, § 9º, da CF, **lei complementar** estabelecerá **outros casos de inelegibilidade e os prazos de sua cessação**, a fim de proteger a probidade administrativa, a moralidade para exercício de mandato considerada vida pregressa do candidato, e a normalidade e legitimidade das eleições contra a influência do poder econômico ou o abuso do exercício de função, cargo ou emprego na administração direta ou indireta.

> ✦ *Exemplo da aplicação desse dispositivo é a famosa inelegibilidade prevista na* **Lei Complementar 64/90, por força de alteração empreendida pela Lei Complementar 135/10,** *segundo a qual são considerados inelegíveis os candidatos que forem condenados, em decisão transitada em julgado ou proferida por órgão judicial colegiado, desde a condenação até o transcurso do prazo de 8 anos após o cumprimento da pena, pelos crimes: 1. contra a economia popular, a fé pública, a Administração Pública e o patrimônio público; 2. contra o patrimônio privado, o sistema financeiro, o mercado de capitais e os previstos na lei que regula a falência; 3. contra o meio ambiente e a saúde pública; 4. eleitorais, para os quais a lei comine pena privativa de liberdade; 5. de abuso de autoridade, nos casos em que houver condenação à perda do cargo ou à inabilitação para o exercício de função pública; 6. de lavagem ou ocultação de bens, direitos e valores; 7. de tráfico de entorpecentes e drogas afins, racismo, tortura, terrorismo e hediondos; 8. de redução à condição análoga à de escravo; 9. contra a vida e a dignidade sexual; e 10. praticados por organização criminosa, quadrilha ou bando.*

8. MÁXIMAS SOBRE ELEGIBILIDADE E INELEGIBILIDADE

Sobre elegibilidade e inelegibilidade, estabelecemos algumas máximas que devem auxiliar na resolução de questões de prova:

i. **Nem todos os que tiverem feito alistamento eleitoral serão elegíveis**, isso porque o alistamento é facultativo entre 16 e 18 anos, e nessa idade o eleitor será absolutamente inelegível porque sequer terá adquirido capacidade eleitoral passiva.

ii. **São inelegíveis** (não podem ser votados) os inalistáveis e os analfabetos.

iii. Assim, **todo inalistável é inelegível, mas nem todo inelegível é inalistável**, pois o analfabeto é inelegível (não pode ser votado), mas é alistável (pode votar). Somente os estrangeiros e os conscritos são inalistáveis e inelegíveis.

9. AÇÃO DE IMPUGNAÇÃO DE MANDATO ELETIVO (AIME)

Consoante art. 14, §§ 10 e 11, da CF, o **mandato eletivo poderá ser impugnado**:

a) mediante **Ação de Impugnação de Mandato Eletivo (AIME);**
b) ajuizada perante a **Justiça Eleitoral;**
c) no prazo de **15 dias contados da diplomação;**
d) **instruída com provas** de abuso do poder econômico, corrupção ou fraude;
e) que tramitará em **segredo de justiça;**
f) **respondendo o autor**, na forma da lei, se **temerária** ou **de manifesta má-fé.**

Para complementação do trâmite da ação de impugnação de mandato eletivo, aplicam-se as regras previstas na **Lei Complementar 64/90**, que estabelece as regras de competência (art. 2º) e procedimento (art. 3º e s.s.).

10. CASSAÇÃO, PERDA E SUSPENSÃO DOS DIREITOS POLÍTICOS

Consoante art. 15, *caput*, da CF, é **vedada a cassação** de direitos políticos. Entretanto, esse mesmo dispositivo constitucional **admite que eles sejam perdidos ou suspensos.**

A **cassação** é a retirada dos direitos políticos de modo arbitrário, sem qualquer fundamento constitucional ou legal e, por isso, é prática vedada no Brasil.

Já a **perda** é a retirada **definitiva** dos direitos políticos e que tem por base as hipóteses previstas na Constituição.

Por fim, a **suspensão** é a retirada **temporária** dos direitos políticos, também com fundamento na Constituição.

O problema é que o art. 15 da CF arrola inúmeros casos, mas não diferencia as situações de perda ou suspensão. Há também outras hipóteses que estão em outros dispositivos constitucionais.

Sendo assim, elaboramos a seguinte tabela:

▸ DIREITOS POLÍTICOS		
Casos	**Perda ou suspensão**	**Fundamento**
1. Cancelamento da naturalização por sentença transitada em julgado	**Perda**	Art. 12, § 4º, I, da CF[9]
2. Aquisição voluntária de outra nacionalidade (salvo se originária ou imposta para permanência ou exercício de direito civis em outro Estado)	**Perda**	Art. 12, § 4º, II, da CF[10]

9. CF, art. 12, § 4º: "Será declarada a perda da nacionalidade do brasileiro que: I - tiver cancelada sua naturalização, por sentença judicial, em virtude de atividade nociva ao interesse nacional".
10. CF, art. 12, § 4º: "Será declarada a perda da nacionalidade do brasileiro que: [...] II – adquirir outra nacionalidade, salvo nos casos: a) de reconhecimento de nacionalidade originária pela lei estrangeira;

▸ DIREITOS POLÍTICOS		
Casos	**Perda ou suspensão**	**Fundamento**
3. Recusa de cumprir obrigação a todos imposta ou prestação alternativa	**Perda**[11]	Art. 5º, VIII, da CF
4. Incapacidade civil absoluta	**Suspensão**	Art. 3º do CC[12]
5. Condenação criminal transitada em julgado, enquanto durarem seus efeitos	**Suspensão**	Súmula 9 do TSE[13]
6. Improbidade administrativa	**Suspensão**	Art. 37, § 4º, da CF

▸ CUIDADO!

A incapacidade civil que gera a suspensão (não a perda) de direitos políticos é a de natureza absoluta, não relativa.

11. PRINCÍPIO DA ANTERIORIDADE OU ANUALIDADE ELEITORAL

Nos termos do art. 16 da CF, a lei que alterar o processo eleitoral entrará em vigor na data de sua publicação, **não se aplicando à eleição que ocorra até 1 ano da data de sua vigência.**

Trata-se do **princípio da anterioridade ou anualidade eleitoral** que tem por finalidade impedir que sejam feitas alterações na legislação eleitoral para beneficiar ou prejudicar candidatos em pleito próximo.

---

b) de imposição de naturalização, pela norma estrangeira, ao brasileiro residente em estado estrangeiro, como condição para permanência em seu território ou para o exercício de direitos civis".

11. Predomina na doutrina que se trata de um caso de perda (José Afonso da Silva, Dirley da Cunha Júnior, Pedro Lenza, Alexandre de Moraes, v.g.), mas há entendimento de que se trata de suspensão dos direitos políticos (Uadi Lammêgo Bulos).

12. CC, art. 3º: "São absolutamente incapazes de exercer pessoalmente os atos da vida civil os menores de 16 (dezesseis) anos". Ao analisarmos esse dispositivo legal fica difícil compreender porque se trata de uma hipótese de suspensão de direitos políticos, haja vista que os menores de 16 anos sequer exercem direitos políticos e, se não exercem, não podem ter esses direitos suspensos. Na verdade, só se podia falar que a incapacidade civil absoluta era hipótese de suspensão de direitos políticos até a edição do Estatuto da Pessoa com Deficiência. Isso porque, foi o Estatuto da Pessoa com Deficiência que conferiu essa redação atual ao art. 3º do Código Civil. Anteriormente, o Código Civil também considerava absolutamente incapazes (independentemente da idade) os que, por enfermidade ou doença mental não tivessem o necessário discernimento para a prática dos atos da vida civil, e os que, mesmo por causa transitória, não pudessem exprimir suas vontades. Assim, era possível que pessoas com 16, 17, 18 anos ou mais, fossem consideradas absolutamente incapazes. Nesses casos é que se falava em suspensão dos direitos políticos. Isso porque, se essas pessoas recuperassem sua plena capacidade civil, por consequência, também recuperariam seus direitos políticos. **Mas, hoje, como somente o menor de 16 anos é absolutamente incapaz, o art. 15, II, da CF, que arrola a suspensão de direitos políticos para os casos de incapacidade civil absoluta, padece de inaplicabilidade.**

13. Súmula 9 do TSE: "A suspensão de direitos políticos decorrente de condenação criminal transitada em julgado cessa com o cumprimento ou a extinção da pena, independendo de reabilitação ou de prova de reparação dos danos".

▶ ATENÇÃO!

A lei que alterar o processo eleitoral **apenas não se aplica** à eleição que ocorra até 1 ano da data de sua vigência, **mas ela entra em vigor** na data de sua publicação.

12. PARTIDOS POLÍTICOS

12.1. Conceito

De acordo com os ensinamentos de José Afonso da Silva, o partido político "é uma forma de agremiação de um grupo social que se propõe a organizar, coordenar e instrumentar a vontade popular com o fim de assumir o poder para realizar seu programa de governo".[14]

Os **partidos são a base do sistema político brasileiro**, pois a filiação a partido político é uma das condições de elegibilidade.

Trata-se de um privilégio aos ideais políticos, que devem estar acima das características pessoais do candidato.

12.2. Criação, modificação e extinção

Visando conferir funcionamento a essa lógica, o art. 17 da CF determina que **é livre a criação, fusão, incorporação e extinção de partidos políticos**, resguardados a soberania nacional, o regime democrático, o pluripartidarismo, os direitos fundamentais da pessoa humana.

No entanto, manifestou o STF que: **"É vedada a fusão ou incorporação de partidos políticos que tenham obtido o registro definitivo do Tribunal Superior Eleitoral há menos de 5 anos."** STF. Plenário. ADI 6044/DF, Rel. Min. Cármen Lúcia, julgado em 6/3/2021 (Info 1008).

Nos termos do art. 17, § 2º, da CF, os **partidos políticos** adquirem personalidade jurídica **na forma da lei civil, com a inscrição dos atos constitutivos no respectivo registro civil das pessoas jurídicas,** consoante art. 44, V, art. 44 § 3º e art. 45, todos do Código Civil.

✦ *Existe ainda o dever de* **posterior registro de seus estatutos no Tribunal Superior Eleitoral (TSE)**, *conforme artigos 8º, 9º e 10 da Lei 9.096/95.*

▶ ATENÇÃO PARA AS PEGADINHAS!

É o registro na forma da lei civil que confere personalidade jurídica ao partido. O registro do estatuto no TSE (não no TRE, como algumas bancas colocam para induzir o candidato a erro) é medida posterior.

14. SILVA, José Afonso da. *Op. Cit.*, p. 339.

12.3. Estrutura

Os partidos políticos têm ainda **autonomia para definir sua estrutura interna e estabelecer regras sobre escolha, formação e duração de seus órgãos permanentes e provisórios e sobre sua organização e funcionamento e para adotar os critérios de escolha e o regime de suas coligações nas eleições majoritárias, vedada a sua celebração nas eleições proporcionais**[15], sem obrigatoriedade de vinculação entre as candidaturas em âmbito nacional, estadual, distrital ou municipal, devendo seus estatutos estabelecer normas de disciplina e fidelidade partidária, consoante art. 17, § 1º, da CF (com redação dada pela EC 97/2017).

12.4. Preceitos para funcionamento

A despeito da ampla liberdade e autonomia, os partidos políticos devem observar os seguintes preceitos (art. 17 da CF):

a) ter **caráter nacional**;

b) respeitar a **proibição quanto ao recebimento de recursos** financeiros de entidade ou governo estrangeiros ou de subordinação a estes;

c) **prestar contas** à Justiça Eleitoral;

d) ter **funcionamento parlamentar** de acordo com a lei.

Os partidos políticos têm direito a **recursos do fundo partidário,** bem como a **acesso gratuito ao rádio e à televisão** (o que se denomina **direito de antena**), tudo de acordo com o regramento da Lei 9.096/95, que dispõe sobre partidos políticos e regulamenta os arts. 17 e 14, § 3º, V, da CF.

> ▶ ATENÇÃO!
>
> De acordo com a **Emenda Constitucional 97/2017** (que alterou alguns parágrafos do art. 17 da CF):
>
> a) É assegurada aos partidos políticos **autonomia** para definir sua estrutura interna e estabelecer regras sobre escolha, formação e duração de seus órgãos permanentes e provisórios e sobre sua organização e funcionamento e **para adotar os critérios de escolha e o regime de suas coligações nas eleições majoritárias, vedada a sua celebração nas eleições proporcionais, sem obrigatoriedade de vinculação entre as candidaturas em âmbito nacional, estadual, distrital ou municipal**, devendo seus estatutos estabelecer normas de disciplina e fidelidade partidária;
>
> b) Somente terão **direito a recursos do fundo partidário e acesso gratuito ao rádio e à televisão, na forma da lei,** os partidos políticos que **alternativamente**: I. obtiverem, nas eleições para a Câmara dos Deputados, no mínimo, 3% (três por cento) dos votos válidos, distribuídos em pelo menos um terço das unidades da Federação, com um mínimo de

15. Nos termos do art. 2º da EC 97/2017, a vedação à celebração de coligações nas eleições proporcionais, prevista no § 1º do art. 17 da Constituição Federal, aplicar-se-á a partir das eleições de 2020.

2% (dois por cento) dos votos válidos em cada uma delas; ou II - tiverem elegido pelo menos quinze Deputados Federais distribuídos em pelo menos um terço das unidades da Federação.

c) Ao eleito por partido que não preencher esses requisitos ("b") **é assegurado o mandato e facultada a filiação, sem perda do mandato, a outro partido que os tenha atingido**, não sendo essa filiação considerada para fins de distribuição dos recursos do fundo partidário e de acesso gratuito ao tempo de rádio e de televisão.

▸ **ATENÇÃO!**

A Emenda Constitucional 111/2021 incluiu no art. 17, CF/88 a seguinte disposição:

"§ 6º Os Deputados Federais, os Deputados Estaduais, os Deputados Distritais e os Vereadores que se **desligarem do partido pelo qual tenham sido eleitos** PERDERÃO O MANDATO, salvo nos casos de anuência do partido ou de outras hipóteses de justa causa estabelecidas em lei, **não computada, em qualquer caso, a migração de partido para fins de distribuição de recursos do fundo partidário ou de outros fundos públicos e de acesso gratuito ao rádio e à televisão.**"

Vamos destrinchar esse parágrafo para melhor compreendê-lo. Na **primeira parte**, ele traz uma consequência àqueles que se desligam do partido pelo qual foram eleitos.

A quem se aplica? Deputados Federais, Estaduais e Distritais e Vereadores. Logo, **não** se aplica a Senadores e aos representantes do Poder Executivo (Presidente da República, Governadores e Prefeitos).

Qual a conduta? Se desligar do partido pelo qual foram eleitos.

Qual a consequência? Perda do mandato

Há exceções? Sim: 1. Em caso de anuência (concordância) do partido; 2. Em casos de justa causa (estabelecidas em lei - norma de eficácia limitada - as hipóteses estão no art. 22-A, parágrafo único da lei 9.096/95 - lei orgânica dos partidos políticos - e foram incluídos nesta lei em 2015.)

Na **segunda parte** o artigo fala da distribuição de recursos do fundo partidário e de outros fundos públicos, bem como do acesso gratuito ao rádio e à televisão. Essas distribuições são feitas de acordo com o número de candidatos que aquele partido conseguiu eleger na última eleição. Como fica no caso de o candidato eleito mudar para outro partido? **As distribuições de tempo e recursos não são afetadas.**[16]

---

16. Consoante art. 3º da EC 97/2017, o disposto no § 3º do art. 17 da Constituição Federal quanto ao acesso dos partidos políticos aos recursos do fundo partidário e à propaganda gratuita no rádio e na televisão aplicar-se-á a partir das eleições de 2030. Terão acesso aos recursos do fundo partidário e à propaganda gratuita no rádio e na televisão os partidos políticos que: I - na legislatura seguinte às eleições de 2018: a) obtiverem, nas eleições para a Câmara dos Deputados, no mínimo, 1,5% (um e meio por cento) dos votos válidos, distribuídos em pelo menos um terço das unidades da Federação, com um mínimo de 1% (um por cento) dos votos válidos em cada uma delas; ou b) tiverem elegido pelo menos nove Deputados Federais distribuídos em pelo menos um terço das unidades da Federação; II - na legislatura seguinte às eleições de 2022: a) obtiverem, nas eleições para a Câmara dos Deputados, no mínimo, 2% (dois por cento) dos votos válidos, distribuídos em pelo menos um terço das unidades da Federação, com um mínimo de 1% (um por cento) dos votos válidos em cada uma delas; ou b) tiverem elegido pelo menos onze Deputados Federais distribuídos em pelo menos um terço das unidades da Federação; III - na legislatura seguinte às eleições de 2026: a) obtiverem, nas eleições para a Câmara dos Deputados, no mínimo, 2,5% (dois e meio por cento)

- A fim de estimular **a inclusão progressiva de mulheres na atuação política**, foi editada a EC nº 117/2022, que incluiu os parágrafos 7º e 8º no art. 17. O §7º obriga os partidos a aplicarem no mínimo 5% dos recursos do fundo partidário na criação e manutenção de programas de promoção e difusão da participação política das mulheres. Já o §8º obriga os partidos a destinarem às candidatas mulheres no mínimo:
  - **30%** do montante do Fundo especial de financiamento de campanha;
  - **30%** da parcela do fundo partidário destinada a campanhas eleitorais;
  - **30%** do tempo de propaganda gratuita no rádio e na televisão.

Essa distribuição deve ser proporcional ao número de candidatas, conforme critérios definidos pelos respectivos órgãos de direção e pelas normas estatutárias, considerados a autonomia e o interesse partidário.

Com a quantidade de alterações promovidas às normas constitucionais sobre eleições, importante sempre ter em mente o que dispõe o art. 16 da CF/88: " Art. 16. A lei que alterar o processo eleitoral **entrará em vigor na data de sua publicação, não se aplicando à eleição que ocorra até um ano da data de sua vigência**."

Assim, por exemplo, uma norma eleitoral editada em janeiro de 2022, entraria em vigor na data de sua aplicação, mas somente se aplicaria às eleições de 2024 (considerando que não seria aplicada às eleições de 2022 e a próxima eleição a se realizar seria em 2024). Já uma norma editada antes de outubro de 2021 poderia ser aplicada à eleição de 2022, pois se daria em período maior que um ano da data de sua vigência.

Alinhado ao art. 5º, XVII, da CF, que veda a associação de caráter paramilitar, o art. 14, § 4º, da CF dispõe ser também **vedada a utilização pelos partidos políticos de organização paramilitar**.

13. QUESTÕES DISCURSIVAS

(FGV – XXVIII Exame Unificado – 2019) A Executiva Nacional do Partido Político CX decidiu formar coligação com o Partido Político JT, visando à eleição majoritária para a Chefia do Executivo Federal. Ocorre que, dias depois, tomou conhecimento de que este último partido político, por sua Executiva Estadual, veio a formar coligação com o Partido Político BN para as eleições proporcionais de nível estadual. Preocupada com essa situação, a Executiva Nacional do Partido Político CX procurou seus serviços como advogado(a) e solicitou que fossem respondidos os questionamentos a seguir.

dos votos válidos, distribuídos em pelo menos um terço das unidades da Federação, com um mínimo de 1,5% (um e meio por cento) dos votos válidos em cada uma delas; ou b) tiverem elegido pelo menos treze Deputados Federais distribuídos em pelo menos um terço das unidades da Federação.

a) O Partido Político JT agiu de forma compatível com a Constituição da República ao formar coligações com os partidos políticos CX e BN? (Valor: 0,50)
b) Caso a Justiça Eleitoral, pelo Tribunal Regional Eleitoral competente, reconheça que a coligação formada entre os Partidos Políticos JT e BN destoa da Constituição da República, qual é o Tribunal competente para conhecer do recurso cabível? (Valor: 0,75)
Obs.: o(a) examinando(a) deve fundamentar as respostas. A mera citação do dispositivo legal não confere pontuação.

RESPOSTA

a) O Partido Político JT agiu de forma compatível com a Constituição da República ao formar coligações com os partidos políticos CX e BN, uma vez que as coligações eleitorais formadas em âmbito nacional, estadual, distrital ou municipal não se vinculam, consoante art. 17, § 1º, da CRFB/88.

b) O tribunal competente para conhecer do recurso cabível é o Tribunal Superior Eleitoral, de acordo com o art. 121, § 4º, I, da CF, pois a decisão proferida pelo Tribunal Regional Eleitoral contraria disposição expressa da Constituição. Nos termos do art. 102, III, da CRFB/88, o Supremo Tribunal Federal apenas aprecia recurso de decisão proferida em única ou última instância, o que não ocorreu na situação narrada

PADRÃO DE RESPOSTA DA BANCA EXAMINADORA

a) Sim. As coligações eleitorais formadas em âmbito nacional, visando à eleição majoritária para a Chefia do Poder Executivo, não estão vinculadas àquelas celebradas no âmbito estadual para as eleições proporcionais, conforme dispõe o Art. 17, § 1º, da CRFB/88.

b) O Tribunal Superior Eleitoral é competente para examinar o recurso interposto, com base no art. 121, § 4º, inciso I, da CRFB/88, contra a decisão do Tribunal Regional Eleitoral que contrarie a ordem constitucional. Assim ocorre porque o Supremo Tribunal Federal somente aprecia recursos dessa natureza em relação às causas decididas em única ou última instância, nos termos do art. 102, inciso III, da CRFB/88, o que não é o caso, bem como porque a última instância é o Tribunal Superior Eleitoral, cujas decisões, caso contrariem a Constituição, serão recorríveis, nos termos do art. 121, § 3º, aí sim, para o Supremo Tribunal Federal.

(FGV – XXI Exame Unificado - 2016) Luís, governador do estado Beta, pertence a uma família de grande prestígio na esfera política estadual e é casado com Carla, que pertence a outro importante clã político do mesmo estado. Após alguns desentendimentos públicos, todos devidamente acompanhados pela mídia, o casal se divorciou. Imediatamente, Carla busca um advogado e solicita orientação sobre a possibilidade de concorrer ao cargo de governador do estado Beta. Porém, passadas duas semanas da consulta, Luís tem um infarto, não resiste e falece.
De acordo com o caso concreto acima narrado e tendo por referência os aspectos jurídico-constitucionais que fundamentam o sistema jurídico brasileiro, responda aos itens a seguir.

a) Qual a resposta corretamente dada a Carla pelo advogado? (Valor: 0,60)

b) O advogado daria a mesma resposta, caso Carla o tivesse procurado após o falecimento de Luís? (Valor: 0,65)
Obs.: *o(a) examinando(a) deve fundamentar as respostas. A mera citação do dispositivo legal não confere pontuação.*

RESPOSTA

A) O advogado deve informar que Carla não pode se candidatar ao cargo de Governador do Estado Beta, visto que é inelegível nos termos da Súmula Vinculante nº 18 do STF: "A dissolução da sociedade ou do vínculo conjugal, no curso do mandato, não afasta a inelegibilidade prevista no § 7º do artigo 14 da Constituição Federal". Ou seja, Carla, equiparada como cônjuge que era, é inelegível no território de jurisdição do titular do Governador de Estado.

B) Após o falecimento de Luís, o advogado deve informar que não se aplica a regra para inelegibilidade, podendo Carla concorrer ao cargo de Governador do Estado Beta, posto que não se segue a Súmula Vinculante nº 18 do STF em tal caso, entendimento consolidado pela própria Corte.

PADRÃO DE RESPOSTA DA BANCA EXAMINADORA

A) A resposta correta à consulta deve ser a de que Carla não pode se candidatar ao cargo de governador do estado Beta, pois a dissolução da sociedade ou do vínculo conjugal, no curso do mandato, não afasta a inelegibilidade, conforme a Súmula Vinculante 18/ STF.

B) Não. Nesse caso, não há de ser seguida a orientação constante na Súmula Vinculante 18 do Supremo Tribunal Federal, a qual não se aplica nos casos de extinção do vínculo conjugal pela morte de um dos cônjuges. Essa posição foi reconhecida pelo STF como tese de repercussão geral, no RE 758461.

14. QUESTÕES OBJETIVAS COMENTADAS

01. (FGV – Exame de Ordem XXXVI – 2022) Martinez, cidadão espanhol, foi convidado por XYZ, universidade privada de Direito, situada no Brasil, para ministrar a disciplina Direito Constitucional. Para tanto, ele estabeleceu residência em solo brasileiro.
Após 2 (dois) anos lecionando na referida instituição de ensino, apesar de possuir qualificação adequada para o exercício do magistério, Martinez é surpreendido em suas redes sociais com graves alegações de exercício ilegal da profissão. Sobre a questão em comento, com base no texto constitucional, assinale a afirmativa correta.

a) Martinez, na condição de estrangeiro residente no Brasil, goza de todos os direitos fundamentais e políticos assegurados pela Constituição de 1988 aos brasileiros natos e naturalizados, podendo, em consequência, lecionar na universidade de Direito XYZ.
b) Apesar de restringir o exercício de determinados direitos por parte dos estrangeiros, a Constituição de 1988 assegura a Martinez o livre exercício de sua profissão, desde que preencha os requisitos legais exigidos.

c) A Constituição de 1988, ainda que assegure a autonomia didático-científica das universidades, exige prévia naturalização do estrangeiro Martinez para que possa atuar no ensino superior de ensino.
d) A ordem constitucional permite que Martinez, na condição de estrangeiro residente no Brasil, desempenhe livremente sua profissão, mas condiciona tal direito à prova de residência em solo brasileiro por, no mínimo, 04 (quatro) anos.

COMENTÁRIOS

Alternativa "b" (responde todas as alternativas): Não é correto dizer que os estrangeiros tem todos os direitos assegurados aos brasileiros, já que há restrições, como no exercício de determinados cargos (art. 12, §3º, da CF/88). Contudo, apesar de a CF/88 restringir o exercício de determinados direitos por parte de estrangeiros, o livre exercício de profissão é assegurado no art. 5º, XIII, da CF/88, desde que atenda às qualificações profissionais que a lei estabelecer.

Alternativa correta: "b".

02. (Cespe – Técnico Judiciário – TJ – RJ/2021) Extrai-se do princípio da liberdade de criação, transformação e extinção de partidos políticos contido na CF o fundamento constitucional para resguardar
a) uma sociedade pluralista.
b) o bem de todos, sem preconceitos de origem, raça, sexo, cor, idade e quaisquer outras formas de discriminação.
c) os valores sociais do trabalho e a livre iniciativa.
d) a separação de poderes e a indissolubilidade do vínculo federativo.
e) a soberania nacional, o regime democrático, o pluripartidarismo e os direitos fundamentais da pessoa humana.

COMENTÁRIOS

É o que se extrai do art. 17, *caput* da CF/88: "É livre a criação, fusão, incorporação e extinção de partidos políticos, resguardados a soberania nacional, o regime democrático, o pluripartidarismo, os direitos fundamentais da pessoa humana.".

Gabarito: E.

03. (FCC – Técnico Judiciário – Área Judiciária – TRF 4/2019) Antônia tem 18 anos, Pedro 20 anos, João 30 anos e Miguel 40 anos. Entendendo-se que as demais condições de elegibilidade foram preenchidas e levando-se em consideração apenas a idade mínima, em conformidade com a Constituição Federal, Antônia
a) e Pedro podem ser eleitos para o cargo de Vereador; João e Miguel podem ser eleitos para o cargo de Vereador, de Prefeito, de Governador ou de Presidente da República.
b) e Pedro podem ser eleitos para o cargo de Vereador ou de Prefeito; João pode ser eleito para o cargo de Vereador, de Prefeito ou de Governador; Miguel pode ser eleito para o cargo de Vereador, de Prefeito, de Governador ou de Presidente da República.

c) pode ser eleita para o cargo de Vereadora; Pedro pode ser eleito para o cargo de Vereador ou de Prefeito; João pode ser eleito para o cargo de Vereador, de Prefeito ou de Governador; Miguel pode se eleito para o cargo de Vereador, de Prefeito, de Governador ou de Presidente da República.
d) e Pedro podem ser eleitos para o cargo de Vereador; João pode ser eleito para o cargo de Vereador, de Prefeito ou de Governador; Miguel pode ser eleito para o cargo de Vereador, de Prefeito, de Governador ou de Presidente da República.
e) pode ser eleita para o cargo de Vereadora ou de Prefeita; Pedro pode ser eleito para o cargo de Vereador, de Prefeito ou de Governador; João e Miguel podem ser eleitos para o cargo de Vereador, de Prefeito, de Governador ou de Presidente da República.

COMENTÁRIOS

Alternativa "d" (responde todas as alternativas): Antônia e Pedro somente poderiam ser eleitos ao cargo de Vereador cuja idade mínima é de 18 anos, nos termos do art. 14, §3º, VI, d da CF/88. **João** poderia ser eleito para os cargos de Vereador (idade mínima de 18 anos), Deputado Federal, Deputado Estadual ou Distrital, Prefeito, Vice-Prefeito e juiz de paz (idade mínima de 21 anos), Governador e Vice-Governador de Estado e do Distrito Federal (idade mínima de 30 anos). **Miguel** poderia ser eleito para os mesmos cargos que João, e também para os cargos de Presidente e Vice-Presidente da República e Senador (idade mínima de 35 anos de idade).

Alternativa correta: "d".

04. **(Vunesp / Analista Legislativo / Câmara de Serrana – SP / 2019)** São exemplos de pessoas que possuem inelegibilidade absoluta os
a) militares
b) menores de 21 anos de idade
c) membros do Poder Executivo
d) analfabetos
e) sucessores de titulares de mandatos eletivos

COMENTÁRIOS

Alternativa correta: letra "d" (responde a todas as alternativas): os analfabetos possuem inelegibilidade absoluta (CF, art. 14, § 4º).

05. **(FGV – Analista Judiciário – Oficial de Just. Avaliador – TRT 12/2017)** Joaquim, servidor público estadual, praticou um ato que foi considerado, por muitos, como contrário aos princípios da legalidade e da moralidade. Daí resultou o ajuizamento, em face de Joaquim, (1) de uma ação popular, com o objetivo de anular o ato praticado e impor a obrigação de ressarcimento dos danos causados; (2) uma ação penal; (3) uma ação civil por ato de improbidade; bem como (4) a instauração de um processo administrativo disciplinar.

Joaquim, que tinha pretensões políticas, procurou um advogado para saber se os processos a que respondia, nos planos judicial e administrativo, poderiam acarretar a suspensão dos seus direitos políticos.

À luz da sistemática constitucional, a(s) instância(s) de responsabilização que pode(m) acarretar, como sanção ou consequência da condenação, uma vez ocorrendo o exaurimento dos recursos cabíveis, a suspensão dos direitos políticos de Joaquim é/são aquela(s) referida(s) em:

a) (1) e (3), não referidas em (2) e (4);
b) (1), (3) e (4), não referida em (2);
c) (2) e (3), não referidas em (1) e (4);
d) (2) e (4), não referidas em (1) e (3);
e) (2), não referidas em (1), (3) e (4).

COMENTÁRIOS

Alternativa correta: letra "c": a questão remete puramente à letra da CF, encontrando-se prevista no art. 15 da CF, que trata sobre a perda e suspensão de direitos políticos. Segundo o **art. 15, incisos III e V, da CF**, condenação criminal transitada em julgado (enquanto durarem seus efeitos), e improbidade administrativa, nos termos do art. 37, § 4º, acarretam a suspensão de direitos políticos.

06. (FCC – Analista Judiciário – Oficial de Just. Avaliador – TRT 11/2017) Considere a seguinte situação hipotética: Hugo, Leonardo e Jaílma pretendem criar o partido político Y. Hugo propõe que seja contatada determinada entidade estrangeira com a finalidade de receber dela recursos financeiros para o novo partido; Leonardo sugere que seja criado o partido em caráter regional; Jaílma sugere a utilização, pelo novo partido, de organização paramilitar.

Com relação a tais sugestões,

a) todas são admissíveis porque os partidos políticos podem receber recursos financeiros de entidade estrangeira, além de ser possível o seu caráter regional, sendo permitida a utilização de organização paramilitar.
b) são inadmissíveis as de Hugo e de Jaílma, porque os partidos políticos estão proibidos de receber recursos financeiros de entidade estrangeira, sendo vedada a utilização de organização paramilitar, mas é admissível a de Leonardo, pois os partidos políticos podem ter caráter regional.
c) são inadmissíveis as de Hugo e de Leonardo, porque os partidos políticos estão proibidos de receber recursos financeiros de entidade estrangeira e devem ter caráter nacional, mas é admissível a de Jaílma, pois é permitida, pelos partidos políticos, a utilização de organização paramilitar.
d) são inadmissíveis as de Leonardo e Jaílma, porque os partidos políticos devem ter caráter nacional, sendo vedada a utilização de organização paramilitar, mas é admissível a de Hugo, pois é permitido, aos partidos políticos, o recebimento de recursos financeiros de entidade estrangeira.
e) todas são inadmissíveis, porque os partidos políticos estão proibidos de receber recursos financeiros de entidade estrangeira e devem ter caráter nacional, sendo vedada a utilização de organização paramilitar.

COMENTÁRIOS

Alternativa correta: letra "e": as sugestões das três pessoas são inadmissíveis, visto que constituem vedações expressas no texto da CF em seu art. 17. A sugestão de Hugo é vedada porque partido político não pode receber recursos financeiros de entidade ou governo estrangeiros, sequer se subordinar a eles (**art. 17, inciso II, da CF**). Já a sugestão de Leonardo é vedada porque os partidos políticos devem ter caráter nacional, e não regional (**art. 17, inciso I, da CF**). A ideia de Jaílma, por sua vez, esbarra no **art. 17, § 4º, da CF**, que veda a utilização de organização paramilitar por partidos políticos.

07. **(FCC - Analista Judiciário - Oficial de Just. Avaliador - TRT 11/2017)** Considere a seguinte situação hipotética: Maria é Prefeita do Município X e está sendo muito elogiada no exercício de seu primeiro mandato. Com a proximidade das eleições, aproveitando a popularidade de Maria - que irá exercer seu mandato até o final - seu marido, Jerônimo, deseja se candidatar ao cargo de Presidente da República e seu filho, Hélio, pretende se candidatar a Vereador no mesmo Município X. Considerando apenas as informações fornecidas, é correto afirmar que Jerônimo

a) e Hélio são elegíveis para os cargos que almejam.
b) é elegível para o cargo de Presidente da República e Hélio é inelegível para o cargo de Vereador no Município X.
c) e Hélio são inelegíveis apenas para os cargos que almejam.
d) é inelegível para o cargo de Presidente da República e Hélio é elegível para o cargo de Vereador no Município X.
e) e Hélio são inelegíveis para qualquer cargo eletivo, não podendo se candidatar ao cargo que almejam, tendo em vista o grau de parentesco com Maria.

COMENTÁRIOS

Alternativa correta: letra "b": a questão trata sobre inelegibilidade reflexa, sendo que esta alcança apenas o território de jurisdição do titular do mandato. Com base no **art. 14, § 7º, da CF**, Jerônimo, marido de Maria, é elegível para Presidente da República, visto que o território de Maria se limita ao Município no qual é Prefeita, enquanto a circunscrição no caso de Presidente da República é o Estado Nacional todo. No caso de Hélio, filho de Maria, este se torna inelegível porque concorreria a cargo no mesmo território de jurisdição de sua mãe, caso esta permaneça no cargo até o fim do mandato e pretenda a reeleição. Caso Maria se afaste do cargo de Chefe do Executivo Municipal seis meses antes do pleito, Hélio poderia ser candidato a Vereador no mesmo Município (fenômeno da desincompatibilização).

08. **(Cespe - Técnico Judiciário - Área Administrativa - TRT 8/2016)** Acerca dos direitos políticos, assinale a opção correta.

a) Brasileiros naturalizados podem votar e concorrer a quaisquer cargos políticos.
b) Senadores e governadores de estado e do Distrito Federal se equiparam no que se refere à idade mínima exigida como condição de elegibilidade.
c) O voto, obrigatório para maiores de dezoito anos de idade, é facultativo para aqueles cujos direitos políticos tenham sido suspensos em decorrência de condenação criminal transitada em julgado.

d) O voto é obrigatório para analfabetos maiores de dezoito anos de idade.
e) Embora possam exercer o direito ao voto, os analfabetos são impedidos de concorrer nas eleições.

COMENTÁRIOS

Alternativa correta: letra "e": o alistamento eleitoral e o voto são facultativos aos analfabetos (art. 14, §1º, II, a, da CF). Todavia, disciplina o §4º do art. 14 da CF, que são inelegíveis os inalistáveis e os analfabetos.

Alternativa "a": os brasileiros naturalizados podem votar, mas **não** podem concorrer a quaisquer cargos políticos, uma vez que o art. 12, §3º, da CF, estabelece cargos eletivos privativos de brasileiros natos, como é o caso do cargo de Presidente da República (só pode ser ocupado pro brasileiro nato).

Alternativa "b": para Senador exige-se a idade mínima de 35 (trinta e cinco) anos, ao passo que para o cargo de Governador de Estado e do Distrito Federal, basta 30 (trinta) anos de idade.

Alternativa "c": quando os direitos políticos são suspensos, por consectário lógico, a pessoa fica impedida de votar, vez que o exercício dos direitos políticos ficam obstados por uma causa suspensiva.

Alternativa "d": o voto é facultativo para os analfabetos (art. 14, §1º, II, a, da CF).

09. **(FCC – Analista Judiciário – Área Judiciária – Oficial de Justiça - TRT 16/2014)** Paulo é Vereador, Presidente da Câmara Municipal de determinado município do Estado do Maranhão. Faltando seis meses para o pleito eleitoral municipal, após a renúncia do Prefeito e do Vice-Prefeito, Paulo sucede o Prefeito, assumindo o cargo eletivo, concluindo integralmente o mandato. Neste caso, Paulo

a) não poderá concorrer ao cargo de Vereador, pois deveria ter renunciado ao mandato de Prefeito Municipal até quatro meses antes do pleito.
b) poderá concorrer normalmente ao cargo de Vereador, mas é inelegível para os cargos de Prefeito e Vice-Prefeito do Município.
c) poderá concorrer normalmente aos cargos de Prefeito, Vice-Prefeito ou Vereador do Município, sem qualquer restrição.
d) não poderá concorrer ao cargo de Vereador, pois deveria ter renunciado ao mandato de Prefeito Municipal até três meses antes do pleito.
e) não poderá concorrer ao cargo de Vereador, por ser inelegível, nos termos da Constituição Federal.

COMENTÁRIOS

Nota do Autor: essa é uma questão que demonstra a nova da tendência da FCC em cobrar jurisprudência do STF, notadamente para o cargo de Analista Judiciário, Área Judiciária.

Alternativa correta: letra "e" (responde a todas as alternativas): nos termos do art. 14, § 6º, da CF, para concorrerem a outros cargos, o Presidente da República, os Governadores de Estado e do Distrito Federal e os Prefeitos devem renunciar aos respectivos mandatos até seis meses antes do pleito. Ao suceder o Prefeito, Paulo obviamente se torna Prefeito, o que o submete à regra constitucional aqui descrita, ou seja, para ser elegível a vereador sua substituição ou sucessão ao Prefeito não poderiam ter avançado sobre os 6 meses anteriores ao pleito. O STF já se pronunciou especificamente sobre essa questão: "Presidente da Câmara Municipal que substitui ou sucede o prefeito nos seis meses anteriores ao pleito é inelegível para o cargo de vereador. CF, art. 14, § 6º. Inaplicabilidade das regras dos § 5º e § 7º do art. 14, CF." (RE 345.822, Rel. Min. Carlos Velloso, julgamento em 18-11-2003, Segunda Turma, DJ de 12-12-2003.)

10. **(FCC – Analista Judiciário – Área Judiciária - TRT 16/2014)** Mirela, advogada, é casada com Pedro, Prefeito do Município "X" do Estado do Maranhão, não sendo titular de qualquer mandato eletivo. No curso do mandato de Pedro, Mirela e Pedro dissolvem o vínculo conjugal por meio de divórcio devidamente homologado pelo Poder Judiciário. Mirela pretende concorrer no próximo pleito municipal a um cargo eletivo no Município "X". Neste caso, Mirela

a) poderá concorrer normalmente ao cargo de Vereadora, mas é inelegível para os cargos de Prefeita e Vice-Prefeita do Município.
b) não poderá concorrer ao cargo eletivo, por ser inelegível, nos termos da Constituição Federal.
c) poderá concorrer normalmente aos cargos de Prefeita, Vice-Prefeita ou Vereadora do Município, sem qualquer restrição.
d) poderá concorrer normalmente aos cargos de Prefeita, Vice-Prefeita ou Vereadora do Município desde que a dissolução do vínculo conjugal tenha ocorrido há mais de seis meses antes do pleito.
e) poderá concorrer apenas ao cargo de Vereadora do Município desde que a dissolução do vínculo conjugal tenha ocorrido há mais de seis meses antes do pleito, sendo inelegível para os cargos de Prefeita e Vice-Prefeita.

COMENTÁRIOS

Alternativa correta: letra "b" (responde a todas as alternativas): consoante o art. 14, § 7º, da CF, são inelegíveis, no território de jurisdição do titular, o cônjuge e os parentes consanguíneos ou afins, até o segundo grau ou por adoção, do Presidente da República, de Governador de Estado ou Território, do Distrito Federal, de Prefeito ou de quem os haja substituído dentro dos seis meses anteriores ao pleito, salvo se já titular de mandato eletivo e candidato à reeleição. A partir desse dispositivo, a inelegibilidade de Mirela seria questionável, pois o texto nada versa sobre a situação da dissolução do vínculo conjugal. Entretanto, a questão foi pacificada pelo STF por meio da Súmula Vinculante 18: "A dissolução da sociedade ou do vínculo conjugal, no curso do mandato, não afasta a inelegibilidade prevista no § 7º do artigo 14 da Constituição Federal".

11. **(IESES – Analista Judiciário – Área Administrativa – TRT 14/2014)** Considerando o que está previsto pela Constituição da República, assinale a assertiva correta:

a) É vedada a utilização pelos partidos políticos de organização paramilitar, exceto em tempo de guerra declarada pelo Presidente da República, após autorização do Congresso Nacional.
b) A criação de partidos políticos deverá respeitar o princípio do bipartidarismo democrático.

c) Os partidos políticos devem estabelecer em seus estatutos, normas de fidelidade partidária.
d) É livre a criação e extinção de partidos políticos de âmbito nacional ou regional.
e) No âmbito estadual, os partidos políticos estão sujeitos a prestação de contas à Justiça dos Estados, obrigando-se nas campanhas eleitorais de âmbito nacional, a prestar contas ao Superior Tribunal de Justiça.

COMENTÁRIOS

Alternativa correta: letra "c": conforme art. 17, § 1º, da CF.

Alternativa "a": alinhado ao art. 5º, XVII, da CF, que veda a associação de caráter paramilitar, o art. 14, § 4º, da CF dispõe ser também vedada a utilização pelos partidos políticos de organização paramilitar, **sem exceções.**

Alternativa "b":A criação de partidos políticos se submete ao princípio do **pluripartidarismo.** Consoante art. 17 da CF, é livre a criação, fusão, incorporação e extinção de partidos políticos, resguardados a soberania nacional, o regime democrático, o pluripartidarismo, os direitos fundamentais da pessoa humana.

Alternativa "d": É livre a criação e extinção de partidos políticos de âmbito **nacional,** mas **não de âmbito regional** (art. 17 da CF).

Alternativa "e": de acordo com o art. 17 da CF, os partidos devem prestar contas à **Justiça Eleitoral.**

12. **(FCC - Analista Judiciário – Administrativa – TRT 9/2013)** Considere as assertivas:
I. Condenação criminal transitada em julgado, enquanto durarem seus efeitos.
II. Improbidade administrativa.
III. Incapacidade civil relativa.
IV. Cancelamento de naturalização por sentença judicial, ainda que não transitada em julgado.

Nos termos da Constituição Federal, dentre outras hipóteses, a perda ou suspensão dos direitos políticos se dará nos casos descritos em

a) I, II e III, apenas.
b) I e II, apenas.
c) II, III e IV, apenas.
d) I e IV, apenas.
e) I, II, III e IV.

COMENTÁRIOS

Alternativa correta: "b" (responde a todas as alternativas). A matéria está disciplinada pelo art. 15 da CF: "É vedada a cassação de direitos políticos, cuja perda ou suspensão só se dará nos casos de: I - cancelamento da naturalização por sentença transitada em julgado; II - incapacidade civil absoluta; III - condenação criminal transitada em julgado, enquanto durarem seus efeitos; IV - recusa de cumprir obrigação a todos imposta ou prestação alternativa, nos termos do art. 5º, VIII; V - improbidade administrativa, nos termos do art. 37, § 4º". Assim, os itens I e II da questão contemplam os incisos III e V do art. 15 da CF, podendo ser considerados corretos. Os demais itens não representam causas de perda ou suspensão dos direitos políticos, pois o item III fala em incapacidade civil **relativa**, enquanto o inciso II do art. 15 da CF versa sobre incapacidade civil **absoluta;** e o item IV diz que o cancelamento de naturalização pode ser por sentença judicial **ainda que não** transitada em julgado, ao passo que o inciso I do art. 15 da CF **exige o trânsito em julgado.**

13. **(FCC – Analista Judiciário – Exec. Mandados – TRT 6/2012)** O voto é uma das principais armas da Democracia, pois permite ao povo escolher os responsáveis pela condução das decisões políticas de um Estado. Quem faz mau uso do voto deixa de zelar pela boa condução da política e põe em risco seus próprios direitos e deveres, o que afeta a essência do Estado Democrático de Direito. Dentre os fundamentos da República Federativa do Brasil, expressamente previstos na Constituição, aquele que mais adequadamente se relaciona à ideia acima exposta é a

a) soberania.
b) prevalência dos direitos humanos.
c) cidadania.
d) independência nacional.
e) dignidade da pessoa humana.

COMENTÁRIOS

Nota do Autor: a questão, muito bem formulada, exige que o candidato correlacione temas da Constituição. Assim, o estudo do texto normativo seco deve sempre estar acompanhado de uma análise sistemática do diploma normativo.

Alternativa correta: "c" (responde a todas as alternativas): o parágrafo único do artigo 1º da CF enuncia que, todo o poder emana do povo, que o exerce por meio de representantes eleitos (democracia indireta ou representativa) ou diretamente (democracia direta), nos termos da Constituição. Por sua vez, o art. 14 da CF estabelece que a soberania popular será exercida pelo sufrágio universal e pelo voto direto e secreto, com valor igual para todos (democracia indireta ou representativa). Assim, **o voto permite que o sujeito realize uma escolha política, em claro exercício da cidadania** (fundamento da República Federativa do Brasil previsto no art. 1º, II, da CF). Vale ressaltar que a soberania da alternativa "a", arrolada no art. 1º, I, da CF, também é um fundamento da República, mas se refere Estado brasileiro, não se relacionando ao texto enunciado pela questão. As demais alternativas também trazem fundamentos da República (art. 1º, III a V, da CF), mas que não se relacionam com a pergunta feita pela banca examinadora.

14. **(FCC – Analista Judiciário – Exec. Mandados – TRT 11/2012)** Willian, inglês, maior de trinta e cinco anos de idade, no pleno exercício dos direitos políticos na Inglaterra, residente na Capital do Estado do Acre há cinco anos e filiado a determinado partido político, deseja concorrer as eleições no Brasil. Na forma da Constituição Federal, Willian

a) não tem condição de elegibilidade.
b) poderá concorrer aos cargos de Vereador e de Deputado Estadual.
c) poderá concorrer aos cargos de Vereador, de Deputado Estadual e de Governador.

d) poderá concorrer ao cargo de Senador e de Deputado Federal.
e) poderá concorrer ao cargo de Vereador, apenas.

COMENTÁRIOS

Nota do Autor: mais uma situação-problema envolvendo direitos políticos. Muita calma e atenção na hora da prova.

Alternativa correta: "a": a questão pode ser resolvida como apenas uma informação: Willian é inglês. Nos termos do art. 14, § 3º, da CF, a nacionalidade brasileira é condição de elegibilidade. Assim, independentemente de qualquer outra informação, William é inelegível para cargo político eletivo no Brasil.

Alternativa "b": se Willian tivesse nacionalidade brasileira ele até poderia concorrer aos cargos de Vereador e de Deputado Estadual, pois ele é maior de 35 anos e esses cargos exigem, no mínimo, 18 e 21 anos de idade, respectivamente (art. 14, § 3º, VI, da CF).

Alternativa "c": se Willian tivesse nacionalidade brasileira ele até poderia concorrer aos cargos de Vereador, de Deputado Estadual e de Governador, pois ele é maior de 35 anos e esses cargos exigem, no mínimo, 18, 21 e 30 anos de idade, respectivamente (art. 14, § 3º, VI, da CF).

Alternativa "d": se Willian tivesse nacionalidade brasileira ele até poderia concorrer aos cargos de Senador e de Deputado Federal, pois ele é maior de 35 anos e esses cargos exigem, no mínimo, 35 e 21 anos de idade, respectivamente (art. 14, § 3º, VI, da CF).

Alternativa "e": vide comentários à alternativa "c".

15. **(FCC – Analista Judiciário – Área Judiciária / TRE-SP / 2012)** De acordo com as normas da Constituição da República, é correto afirmar que
a) são inelegíveis, no território de jurisdição do titular, o cônjuge e os parentes consanguíneos ou afins, até o segundo grau ou por adoção, do Presidente da República, ou de quem o haja substituído dentro dos seis meses anteriores ao pleito, salvo se já titular de mandato eletivo e candidato à reeleição.
b) são inelegíveis os brasileiros natos extraditados.
c) são alistáveis como eleitores os militares, ainda que conscritos, durante o período de serviço militar obrigatório.
d) é vedado ao legislador estabelecer outros casos de inelegibilidade além daqueles previstos na Constituição da República.
e) o Presidente da República, os Governadores de Estado e do Distrito Federal e os Prefeitos podem concorrer a outros cargos no exercício dos respectivos mandatos.

COMENTÁRIOS

Alternativa correta: letra "a". De acordo com o art. 14, § 7º, da CF, são inelegíveis, no território de jurisdição do titular, o cônjuge e os parentes consanguíneos ou afins, até o 2º grau ou por adoção, do Presidente da República, ou de quem o haja substituído dentro dos seis meses anteriores ao pleito, salvo se já titular de mandato eletivo e candidato à reeleição.

Alternativa "b". Não há regra constitucional no sentido de que são inelegíveis os brasileiros natos extraditados.

Alternativa "c". O militar alistável é elegível, atendidas as seguintes condições: I - se contar menos de dez anos de serviço, deverá afastar-se da atividade; II - se contar mais de dez anos de serviço, será agregado pela autoridade superior e, se eleito, passará automaticamente, no ato da diplomação, para a inatividade (art. 14, § 8º, da CF). Ademais, **não podem alistar-se** como eleitores os estrangeiros e, **durante o período do serviço militar obrigatório, os conscritos** (art. 14, § 2º, da CF), e **são inelegíveis os inalistáveis e os conscritos** (art. 14, § 4º, da CF).

Alternativa "d". Não é vedado ao legislador estabelecer outros casos de inelegibilidade além daqueles previstos na Constituição da República. Consoante art. 14, § 9º, da CF, **Lei complementar estabelecerá outros casos de inelegibilidade** e os prazos de sua cessação, a fim de proteger a probidade administrativa, a moralidade para exercício de mandato considerada vida pregressa do candidato, e a normalidade e legitimidade das eleições contra a influência do poder econômico ou o abuso do exercício de função, cargo ou emprego na administração direta ou indireta.

Alternativa "e". O Presidente da República, os Governadores de Estado e do Distrito Federal e os Prefeitos **não** podem concorrer a outros cargos no exercício dos respectivos mandatos. Nos termos do art. 14, § 6º, da CF, **para concorrerem a outros cargos, o Presidente da República, os Governadores de Estado e do Distrito Federal e os Prefeitos devem renunciar aos respectivos mandatos** até 6 meses antes do pleito.

16. **(FCC – Analista Judiciário / TRT 6 / 2012)** Alfredo, Prefeito de um determinado Município, com trinta e cinco anos de idade, é irmão de um Deputado Federal e deseja concorrer para o pleito de Senador Federal. Neste caso, Alfredo

a) não poderá participar das eleições, pelo fato de não possuir idade suficiente para se eleger Senador.

b) não poderá participar das eleições, pois incide em um caso de inelegibilidade reflexa, pelo fato de seu irmão ser Deputado Federal.

c) poderá participar das eleições e não precisará renunciar ao mandato de Prefeito, pelo fato de não estar concorrendo à reeleição.

d) poderá participar das eleições, desde que seu irmão renuncie ao mandato de Deputado Federal até seis meses antes do pleito.

e) poderá participar das eleições, desde que renuncie ao mandato de Prefeito até seis meses antes do pleito.

COMENTÁRIOS

Alternativa correta: "e". Nos termos do art. 14, § 6º, da CF, para concorrerem a **outros cargos**, o Presidente da República, os Governadores de Estado e do Distrito Federal e os **Prefeitos** devem **renunciar** aos respectivos mandatos **até 6 meses antes** do pleito. Como Alfredo é Prefeito e quer concorrer para o pleito de Senador Federal, deverá respeitar essa regra.

Alternativa "a". A idade de Alfredo não seria empecilho para concorrer ao cargo de Senador, uma vez que 35 anos é justamente a idade mínima para tanto (art. 14, § 3º, VI, "a", da CF).

Alternativa "b". O fato de Alfredo ser irmão de um Deputado Federal não implica nenhuma causa de inelegibilidade. Alfredo somente seria inelegível se seu irmão fosse Governador do Estado pelo qual ele quisesse concorrer a Senador ou Presidente da República. Desta feita, **não se lhe aplica** a regra do art. 14, § 7º, da CF, segundo a qual são inelegíveis, no território de jurisdição do titular, o cônjuge e os parentes consanguíneos ou afins, até o 2º grau ou por adoção, do Presidente da República, de Governador de Estado ou Território, do Distrito Federal, de Prefeito ou de quem os haja substituído dentro dos 6 meses anteriores ao pleito, salvo se já titular de mandato eletivo e candidato à reeleição.

Alternativa "c". Poderá participar das eleições e, por força do art.14, § 6º, da CF, **precisará** renunciar ao mandato de Prefeito até 6 meses antes do pleito.

Alternativa "d". Poderá participar das eleições desde que renuncie ao mandato de Prefeito até seis meses antes do pleito, **independentemente** do exercício do mandato de Deputado Federal por seu irmão.

17. **(FCC – Técnico Judiciário – TRT 14 / 2011)** Sobre os Direitos Políticos, é correto afirmar:

a) A ação de impugnação de mandato não tramitará em segredo de justiça, respondendo o autor, na forma da lei, se temerária ou de manifesta má-fé.
b) São inelegíveis, no território de jurisdição do titular, o cônjuge e os parentes consanguíneos ou afins, até o segundo grau ou por adoção, do Presidente da República, de Governador de Estado ou Território, do Distrito Federal, de Prefeito ou de quem os haja substituído dentro de um ano anterior ao pleito, salvo se já titular de mandato eletivo e candidato à reeleição.
c) O militar alistável é elegível, sendo que, se contar menos de dez anos de serviço, será agregado pela autoridade superior e, se eleito, passará automaticamente, no ato da diplomação, para a inatividade, e, se contar mais de dez anos de serviço, deverá afastar-se da atividade.
d) A emenda à Constituição estabelecerá outros casos de inelegibilidade e os prazos de sua cessação, a fim de proteger a probidade administrativa, a moralidade para exercício de mandato, considerada a vida pregressa do candidato, e a normalidade e legitimidade das eleições contra a influência do poder econômico ou o abuso do exercício de função, cargo ou emprego na administração direta ou indireta.
e) O mandato eletivo poderá ser impugnado ante a Justiça Eleitoral no prazo de quinze dias contados da diplomação, instruída a ação com provas de abuso do poder econômico, corrupção ou fraude.

COMENTÁRIOS

Alternativa correta: "e". Nos exatos termos do art. 14, § 10, da CF, "o mandato eletivo poderá ser impugnado ante a Justiça Eleitoral no prazo de quinze dias contados da diplomação, instruída a ação com provas de abuso do poder econômico, corrupção ou fraude".

Alternativa "a". A ação de impugnação de mandato **tramitará** em segredo de justiça, respondendo o autor, na forma da lei, se temerária ou de manifesta má-fé (art. 14, § 11, da CF).

Alternativa "b". São inelegíveis, no território de jurisdição do titular, o cônjuge e os parentes consanguíneos ou afins, até o 2º grau ou por adoção, do Presidente da República, de Governador de Estado ou Território, do Distrito Federal, de Prefeito ou de quem os haja substituído dentro de **seis meses anteriores ao pleito** (e não de um ano anterior ao pleito), salvo se já titular de mandato eletivo e candidato à reeleição (art. 14, § 7º, da CF).

Alternativa "c". O militar alistável é elegível e caso conte **mais** (e não menos) de 10 anos de serviço, será agregado pela autoridade superior e, se eleito, passará automaticamente, no ato da diplomação, para a inatividade, e, se contar **menos** (não mais) de dez anos de serviço, deverá afastar-se da atividade. Nota-se, pois, que o examinador simplesmente inverteu os tempos de serviço (art. 14, § 8º, da CF).

Alternativa "d". Lei Complementar (e não emenda à Constituição) estabelecerá outros casos de inelegibilidade e os prazos de sua cessação, a fim de proteger a probidade administrativa, a moralidade para exercício de mandato, considerada a vida pregressa do candidato, e a normalidade e legitimidade das eleições contra a influência do poder econômico ou o abuso do exercício de função, cargo ou emprego na administração direta ou indireta (art. 14, § 9º, da CF).

18. (FCC – Técnico Judiciário – TRT 20/ 2011) No tocante aos direitos políticos, o atributo de quem preenche as condições do direito de ser votado é classificado como capacidade eleitoral

a) passiva.
b) ativa.
c) plena.
d) genérica.
e) originária.

COMENTÁRIOS

Alternativa correta: "a" (responde a todas as demais alternativas. É pacífico na doutrina que tem capacidade eleitoral passiva aquele que preenche as condições do direito de ser escolhido para exercício de mandato eletivo por meio de voto. Em sentido oposto, capacidade eleitoral ativa é atributo de quem reúne condições para ser candidato a cargo eletivo. As denominações "plena", "genérica" e "originária" não se aplicam à teoria das capacidades eleitorais.

19. (Analista Judiciário – Área Judiciária TRE/RN 2011 – FCC) Maurício, Alice, Roberto e Ronaldo são irmãos e almejam cargos públicos eletivos. Maurício tem vinte e um anos de idade; Alice tem trinta anos de idade; Roberto tem trinta e três anos de idade e Ronaldo tem trinta e cinco anos de idade. Nestes casos, com relação à condição de elegibilidade relacionada à idade, pode(m) concorrer ao cargo de Governador do Estado do Rio Grande do Norte

a) Alice e Roberto, apenas.
b) Ronaldo, apenas.
c) Maurício, Alice, Roberto e Ronaldo.
d) Roberto e Ronaldo, apenas.
e) Alice, Roberto e Ronaldo, apenas.

COMENTÁRIOS

Alternativa correta: "e" (responde a todas as alternativas). O art. 14, § 3º, VI, "b", da CF exige idade mínima de 30 anos para o cargo de Governador. Portanto, apenas Alice (30 anos), Roberto (33 anos) e Ronaldo (35 anos) podem concorrer ao cargo de Governador do Estado do Rio Grande do Norte.

20. **(Analista Judiciário – Área Judiciária TRE/ES 2011 – CESPE)** Considerando as disposições constantes da Constituição Federal de 1988 (CF) relativas aos direitos políticos e aos partidos políticos, julgue os itens subsequentes.

I. Os partidos políticos adquirem personalidade jurídica mediante o registro de seus estatutos no Tribunal Superior Eleitoral (TSE).

II. Todos os que sofrem condenação criminal com trânsito em julgado estão com seus direitos políticos suspensos até que ocorra a extinção da punibilidade, como consequência automática da sentença condenatória.

COMENTÁRIOS

Item I. Errado. Os partidos políticos adquirem personalidade jurídica **na forma da lei civil,** e depois registram seus estatutos no Tribunal Superior Eleitoral (TSE). Assim dispõe o art. 17, § 2º, da CF.

Item II. Certo. Todos os que sofrem condenação criminal com trânsito em julgado estão com seus direitos políticos suspensos até que ocorra a extinção da punibilidade, como consequência automática da sentença condenatória, nos termos do art. 15, III, da CF.

21. **(FCC – Analista Judiciário – Área Judiciária / TRF 4 / 2010)** Tício, brasileiro naturalizado que pretende candidatar-se ao cargo de Vice-Governador do Estado do Rio Grande do Sul, com 30 anos de idade e domicílio eleitoral no município de Bagé-RS, e que preenche os demais requisitos previstos na lei,

a) não pode ser eleito ao cargo, por não possuir domicílio eleitoral na Capital do Estado.
b) não pode ser eleito ao cargo, por não possuir a idade mínima de 35 anos.
c) não é elegível a este, nem a nenhum cargo dos Poderes Executivo e Legislativo, por não ser brasileiro nato.
d) não é elegível a esse cargo, por não ser brasileiro nato.
e) pode ser eleito ao cargo.

COMENTÁRIOS

Alternativa correta: "e". Tício pode ser eleito ao cargo de Vice-Governador do Estado do Rio Grande do Sul, pois preenche todos os requisitos do art. 14, § 3º, da CF, tais como nacionalidade brasileira, idade de no mínimo 30 anos e domicílio eleitoral na circunscrição. Ressalta-se que para o cargo de Vice-Governador de Estado não é exigido que o candidato seja brasileiro nato (art. 12, § 3º, da CF).

Alternativa "a". O art. 14, § 3º, da CF exige domicílio eleitoral **na circunscrição** e não na Capital do Estado.

Alternativa "b". Tício possui a idade mínima de **30 anos**, tal como exigida no art. 14, § 3º, VI, "b", da CF.

Alternativa "c". Tício pode ser eleito ao cargo de Vice-Governador, uma vez que essa função **não está** entre aquelas do art. 12, § 3º, da CF, em que se exige seja o candidato brasileiro nato.

Alternativa "d". Vide comentários à letra "c".

15. QUESTÕES OBJETIVAS PARA TREINAR

01. **(Vunesp / Analista Jurídico do Ministério Público / MPE-SP / 2018)** No tocante ao partido político, assinale a alternativa que está em consonância com o disposto na Constituição Federal.

a) Nas suas coligações nas eleições proporcionais é obrigatória a vinculação entre as suas candidaturas em âmbito nacional, estadual, distrital ou municipal.

b) O caráter regional, a prestação de contas à Justiça Eleitoral e o funcionamento parlamentar de acordo com a lei são preceitos que devem nortear a sua criação e atuação.

c) Após adquirir personalidade jurídica, na forma da lei civil, deverá registrar seus estatutos no Tribunal Regional Eleitoral.

d) A eleição de pelo menos quinze Deputados Federais distribuídos em pelo menos um terço das unidades da Federação é um dos requisitos para recebimento de recursos do fundo partidário.

e) O recebimento de recursos financeiros de entidades estrangeiras deve, dentre outras exigências, ser autorizado por lei complementar federal.

02. **(FCC / Analista Judiciário – Área Judiciária / TRE-SP/ 2017)** A Constituição Federal estabelece casos de inelegibilidade por motivos de casamento, parentesco ou afinidade. Segundo essas regras constitucionais e à luz da jurisprudência do Supremo Tribunal Federal, é inelegível para o mandato de

a) Deputado Estadual, o ex-cônjuge do Governador do mesmo Estado, quando a dissolução da sociedade ou do vínculo conjugal tiver ocorrido no curso do mandato, salvo se já titular de mandato eletivo e candidato à reeleição.

b) Deputado Estadual, o cônjuge de Prefeito de Município do mesmo Estado.

c) Deputado Estadual, o parente consanguíneo ou afim, até o terceiro grau, do Governador do mesmo Estado.

d) Presidente da República, o cônjuge do Prefeito.

e) Governador, o cônjuge de Deputado Estadual do mesmo Estado, salvo se já titular de mandato eletivo e candidato à reeleição.

03. **(Consulplan / Analista Judiciário – Área Judiciária - TRF 2ª região/ 2017)** "Ednaldo, servidor público federal, respondia a diversos processos no âmbito administrativo, penal e cível (por ato de improbidade administrativa) em razão de irregularidades praticadas no exercício funcional. Certo dia foi informado por seu advogado do risco de ter os direitos políticos suspensos, o que frustraria

o seu objetivo de se candidatar a um mandato eletivo." À luz das informações fornecidas e da sistemática constitucional, assinale a alternativa correta.

a) A suspensão dos direitos políticos restringe de forma menos intensa a cidadania que a inelegibilidade.
b) A suspensão dos direitos políticos pode decorrer de decisões proferidas em todos os processos a que responde Ednaldo.
c) A condenação por ato de improbidade administrativa somente acarretará a inelegibilidade, não a suspensão dos direitos políticos.
d) Na hipótese de condenação criminal transitada em julgado, Ednaldo terá os direitos políticos suspensos enquanto durarem seus efeitos.

04. **(FCC / Técnico Judiciário – Área Administrativa / TRE/PR / 2017)** De acordo com as normas da Constituição Federal, o militar alistável,

a) com menos de dez anos de serviço, poderá candidatar-se para cargo político, mas deverá afastar-se da atividade.
b) com menos de dez anos de serviço, poderá candidatar-se para cargo político, quando será agregado pela autoridade superior e, se eleito, passará automaticamente, no ato da diplomação, para a inatividade.
c) com mais de dez anos de serviço, poderá candidatar-se para cargo político e, se eleito, deverá ser agregado pela autoridade superior.
d) com mais de dez anos de serviço, poderá candidatar-se para cargo político, quando será agregado pela autoridade superior e, se eleito, poderá cumular o exercício do cargo político com a função militar, se não estiver conscrito e se houver compatibilidade de horários.
e) que esteja em atividade, não poderá candidatar-se para cargo político.

05. **(FCC - Técnico Judiciário – Área Administrativa – TRT 19/2014)** Ygor Marcello, 18 anos, nascido em São Paulo, reside em Belo Horizonte, onde é famoso como cantor de pagode, além de admirado, por seu dinamismo, entre os colegas do quartel em que presta o serviço militar obrigatório. Pretende se candidatar a vereador na capital mineira. Conforme determina a Constituição federal, Ygor

a) não tem a idade mínima para ser eleito vereador.
b) deve confirmar, junto ao Ministério da Justiça, sua opção pela nacionalidade brasileira antes da candidatura.
c) não é elegível por se encontrar conscrito.
d) deverá cumprir prestação alternativa para substituir eventuais faltas que venha a ter no serviço militar em decorrência de sua campanha eleitoral.
e) prescinde de filiação partidária para se candidatar.

06. **(FCC – Técnico Judiciário – Administrativa – TRT 1/2013)** De acordo com a Constituição Federal, um brasileiro naturalizado, analfabeto, com 21 anos de idade e residente no Brasil

a) é obrigado ao alistamento eleitoral e ao voto, embora seja inelegível.
b) não é obrigado ao alistamento eleitoral e ao voto, podendo, no entanto, candidatar-se a deputado estadual.

c) é obrigado ao alistamento eleitoral e ao voto, podendo candidatar-se a vereador.
d) não é obrigado ao alistamento eleitoral e ao voto, sendo, ainda, inelegível.
e) é obrigado ao alistamento eleitoral e ao voto, embora não possa candidatar-se a deputado federal.

07. **(FCC - Técnico Judiciário - Administrativa - TRT 11/2012)** Sebastião é governador de um determinado Estado brasileiro e pretende se candidatar à reeleição nas próximas eleições. Neste caso, de acordo com a Constituição Federal de 1988, Sebastião
a) deverá se afastar do cargo até três meses antes do pleito, mas continuará recebendo a respectiva remuneração.
b) deverá renunciar ao seu mandato até seis meses antes do pleito.
c) deverá se afastar do cargo até seis meses antes do pleito, mas continuará recebendo a respectiva remuneração.
d) deverá renunciar ao seu mandato até três meses antes do pleito.
e) poderá permanecer no cargo, inexistindo obrigatoriedade de renúncia ao mandato.

08. **(FCC – Analista Administrativo / TRF da 2ª Região / 2012)** No tocante aos Direitos Políticos, Tibério, que respeita a ordem constitucional e o Estado Democrático, sabe que, segundo a Constituição Federal brasileira,
a) o Governador de Estado, para concorrer a outro cargo, deve renunciar ao respectivo mandato até doze meses antes do pleito.
b) o alistamento eleitoral é obrigatório para os maiores de dezoito anos e analfabetos.
c) o voto é facultativo para os analfabetos e os maiores de sessenta anos e menores de dezoito anos.
d) a soberania popular será exercida pelo sufrágio universal e pelo voto direto e secreto, com valor igual para todos, e, nos termos da lei, mediante plebiscito, referendo e iniciativa popular.
e) em regra, são elegíveis, no território de jurisdição do titular, os parentes afins, até o segundo grau, do Prefeito.

09. **(Pontua Concursos – Analista Judiciário / TRE-SC / 2011)** Analise os itens abaixo:
I. Todos os cargos de Ministros do Tribunal Superior Eleitoral são privativos de brasileiros natos.
II. A Constituição da República Federativa do Brasil veda a estipulação de novas hipóteses de inelegibilidade por meio de espécie legislativa infraconstitucional.
III. A ação judicial que tiver por finalidade impugnar mandato eletivo deverá tramitar em segredo de justiça.

Está(ão) CORRETO(S):
a) Todos os itens.
b) Apenas o item III.
c) Apenas os itens I e II.
d) Apenas os itens I e III.

10. **(FCC – Exec. de Mandados / TRT da 11ª Região / 2011)** Willian, inglês, maior de trinta e cinco anos de idade, no pleno exercício dos direitos políticos na Inglaterra, residente na Capital do Estado do Acre há cinco anos e filiado a determinado partido político, deseja concorrer as eleições no Brasil. Na forma da Constituição Federal, Willian

a) não tem condição de elegibilidade.
b) poderá concorrer aos cargos de Vereador e de Deputado Estadual.
c) poderá concorrer aos cargos de Vereador, de Deputado Estadual e de Governador.
d) poderá concorrer ao cargo de Senador e de Deputado Federal.
e) poderá concorrer ao cargo de Vereador, apenas.

11. **(Consulplan – Analista Judiciário – TSE / 2011)** A respeito dos direitos políticos, é correto afirmar que

a) a Constituição de 1988 determina uma série de limitações aos direitos políticos, sendo que uma delas refere-se aos analfabetos, que apesar de poderem votar, são inelegíveis.
b) no caso de condenação por improbidade administrativa, em que tenha sido comprovado o desvio de verbas do erário público pelo réu, pode ele ter seus direitos políticos cassados.
c) em nome do princípio da publicidade que rege os atos da Administração Pública, a ação de impugnação de mandato não pode tramitar em segredo de justiça, exceto nos casos previstos na Constituição.
d) o prazo constitucional de desincompatibilização para que o Presidente da República, os Governadores de Estado e do DF, e os Prefeitos possam concorrer a outros cargos termina no final de agosto do ano eleitoral.

12. **(FCC – Analista Administrativo / TRT-23ª Região / 2011)** Sobre os direitos políticos,

a) podem alistar-se como eleitores os estrangeiros e, durante o período do serviço militar obrigatório, os conscritos.
b) a ação de impugnação de mandato tramitará publicamente.
c) para concorrer a outros cargos, o Governador do Distrito Federal não está obrigado a renunciar o respectivo mandato.
d) o militar alistável que contar mais de dez anos de serviço é elegível desde que se afaste da atividade.
e) o mandato eletivo poderá ser impugnado ante a Justiça Eleitoral no prazo de quinze dias contados da diplomação, instruída a ação com provas de abuso do poder econômico, corrupção ou fraude.

13. **(FCC – Execução de Mandados / TRT-23ª Região / 2011)** Benedito, militar alistável, com menos de dez anos de serviço, deseja concorrer ao cargo de Vereador nas eleições Municipais, porém, para ser considerado elegível,

a) será colocado à disposição, com remuneração até as eleições, e, se eleito, assim permanecerá até o término do seu mandato, mas, se não for eleito, retornará a atividade.
b) será agregado pela autoridade superior e, se eleito, passará automaticamente, no ato da diplomação, para a inatividade.

c) deverá continuar em atividade e, se eleito, será agregado pela autoridade superior, sendo colocado à disposição, até o término do seu mandato.
d) deverá afastar-se da atividade.
e) será colocado à disposição, sem remuneração até as eleições, e, se eleito, assim permanecerá até o término do seu mandato, mas, se não for eleito, retornará imediatamente à atividade.

14. **(FCC – Analista Judiciário / TRF 4ª Região / 2010)** Tício, brasileiro naturalizado que pretende candidatar-se ao cargo de Vice-Governador do Estado do Rio Grande do Sul, com 30 anos de idade e domicílio eleitoral no município de Bagé-RS, e que preenche os demais requisitos previstos na lei,
a) pode ser eleito ao cargo.
b) não pode ser eleito ao cargo, por não possuir domicílio eleitoral na Capital do Estado.
c) não pode ser eleito ao cargo, por não possuir a idade mínima de 35 anos.
d) não é elegível a este, nem a nenhum cargo dos Poderes Executivo e Legislativo, por não ser brasileiro nato.
e) não é elegível a esse cargo, por não ser brasileiro nato.

15. **(FCC – Execução de Mandados / TRT-22ª Região / 2010)** O sufrágio é um direito
a) público objetivo de natureza política.
b) público subjetivo de natureza política.
c) privado objetivo de natureza nacional.
d) privado objetivo ilimitado.
e) público objetivo ilimitado.

16. **(Cespe – Analista administrativo / TRE-MT / 2009)** Com relação aos direitos e deveres políticos estipulados na CF, assinale a opção correta.
a) O cidadão com pouco mais de 70 anos de idade, alfabetizado e portador de título eleitoral, é obrigado a votar.
b) Um cidadão com dezoito anos de idade, boliviano naturalizado brasileiro, não pode candidatar-se a Vereador em uma pequena cidade do interior de um estado brasileiro, por faltar-lhe capacidade eleitoral passiva.
c) Ao Governador de determinado estado da Federação que pretenda candidatar-se a Deputado federal nas próximas eleições não se exigirá a desincompatibilização do cargo, visto que se trata de eleição para outro cargo público.
d) Caso um cidadão com trinta anos de idade, militar com oito anos de serviços prestados, pretenda se candidatar nas próximas eleições, ele deverá ser afastado temporariamente pela autoridade superior e, se eleito, passará, automaticamente, no ato da diplomação, para a inatividade.
e) A ação de impugnação de mandato tramitará em segredo de justiça, devendo o autor responder, na forma da lei, se temerária ou de manifesta má-fé.

17. **(FCC – Analista Judiciário / TRE-PI / 2009)** Segundo a Constituição Federal Brasileira, é condição de elegibilidade, na forma da lei, a idade mínima de

a) dezoito anos para Vereador.
b) vinte e um anos para Vereador.
c) trinta e cinco anos para Governador.
d) trinta anos para Senador.
e) trinta anos para Prefeito.

▸ **GABARITO**

Questão	Resposta	Fundamento	Item deste capítulo em que abordamos o tema da questão
01	d	Art. 17, § 3º, II, da CF	12.4
02	a	Súmula vinculante 18	5
03	d	Súmula 9 do TSE	10
04	a	Art. 14, § 8º, da CF	6
05	c	Art. 14, § 2º, da CF	4 e 5
06	d	Art. 14, § 1º, II, c.c. Art. 14, § 4º, da CF	3 e 4
07	e	Art. 14, §§ 5º e 6º, da CF	4 e 5
08	d	Art. 14 da CF	1
09	b	Art. 14, §§ 10 e 11, da CF	9
10	a	Art. 14, § 2º e § 3º, I, da CF	3 e 4
11	a	Art. 14, § 1º, II, c.c. Art. 14, § 4º, da CF	3 e 5
12	e	Art. 14, §§ 10 e 11, da CF	9
13	d	Art. 14, § 8º, da CF	6
14	a	Art. 14, § 3º, VI, da CF	4
15	b	Doutrina	1
16	e	Art. 14, §§ 10 e 11, da CF	9
17	a	Art. 14, § 3º, VI, da CF	4

Capítulo VI

ORGANIZAÇÃO POLÍTICO-ADMINISTRATIVA

1. FEDERALISMO BRASILEIRO E AUTONOMIA DOS ENTES DA FEDERAÇÃO

Nos termos do art. 18, *caput*, da CF, a organização político-administrativa da República Federativa do Brasil **compreende a União, os Estados, o Distrito Federal e os Municípios, todos autônomos.**

Trata-se de norma que reflete a **forma federativa de Estado** (assim, o Estado brasileiro não é unitário), firmada no *caput* do art. 1º da CF e resguardada como cláusula pétrea (art. 60, § 4º, I, da CF).

O **pacto federativo é indissolúvel**, de modo que os Estados-membros e os Municípios **não gozam do direito de secessão**, ou seja, não podem se destacar do Estado soberano brasileiro.

O federalismo brasileiro é especial, pois além da União, dos Estados e do Distrito Federal, **reconhece autonomia também aos Municípios.**

Mas o que significa dizer que a União, os Estados, o Distrito Federal e os Municípios têm autonomia?

Inicialmente cumpre esclarecer que **autonomia não se confunde com soberania.** Soberano e independente é apenas o Estado brasileiro, a República Federativa do Brasil.

Ser ente autônomo dentro de um federalismo significa a **possibilidade de implementar uma gestão particularizada, mas sempre respeitando os limites impostos pelos princípios e regras do Estado federal.**

Assim, a autonomia tem os seguintes elementos:

a) **Auto-organização:** permite aos Estados-membros criarem as Constituições Estaduais (art. 25 da CF) e aos Municípios firmarem suas Leis Orgânicas (art. 29 da CF).

b) **Autolegislação:** os entes da federação podem estabelecer normas gerais e abstratas próprias, a exemplos das leis estaduais e municipais (artigos 22 e 24 da CF).

c) **Autogoverno:** os Estados-membros terão seus Governadores e Deputados estaduais, enquanto os Municípios possuirão Prefeitos e Vereadores, nos termos dos artigos 27, 28, 29 da CF. Os Estados-membros ainda organizarão sua Justiça (Poder Judiciário), consoante art. 125 da CF.

d) **Autoadministração:** os membros da federação podem prestar e manter serviços próprios, atendendo às competências administrativas da CF, notadamente de seu art. 23.

Ademais, consoante art. 19 da CF, destaca-se que **a autonomia dos entes da federação não é ilimitada, sendo vedado** à União, aos Estados, ao Distrito Federal e aos Municípios: I – estabelecer cultos religiosos ou igrejas, subvencioná-los, embaraçar-lhes o funcionamento ou manter com eles ou seus representantes relações de dependência ou aliança, ressalvada, na forma da lei, a colaboração de interesse público; II – recusar fé aos documentos públicos; III – criar distinções entre brasileiros ou preferências entre si.

Cumpre ainda salientar que União, Estados-membros, Distrito Federal e Municípios são **pessoas jurídicas de direito público interno** (art. 41 do Código Civil).

Por fim, é importante saber que, doutrinariamente costuma-se afirmar que **o federalismo brasileiro é centrífugo, por segregação ou por desagregação.** Isso porque, historicamente, o Brasil nasceu (declarou-se independente de Portugal) como um Estado Unitário, não dotado de entes autônomos. Foi apenas em sua segunda Constituição, de 1891 – a primeira republicana –, que o Brasil, copiando os Estados Unidos da América, adotou a forma federativa de Estado, gerando um movimento de divisão, segregação ou desagregação dos Estados-membros com vistas à constituição de uma federação.

> ▸ ATENÇÃO!
>
> Em suas provas, a banca **FGV** (responsável pelo concurso do TRT 12/2017) costuma denominar o Estado Federado de **Estado Composto.** Fique atento a essa denominação!

2. UNIÃO

A União é o componente mais importante do Estado federal brasileiro, pois **além de integrá-lo, também o representa.**[1] Assim é que a União se apresenta como

1. BULOS, Uadi Lammêgo. *Op. Cit.*, p. 725.

uma **pessoa jurídica de direito público interno** que representa a pessoa jurídica de direito público externo República Federativa do Brasil.

O domicílio da União é Brasília, a capital federal, nos termos do art. 18, § 1º, da CF.

Nos concursos para cargos nos tribunais (principalmente TRFs e TREs) e MPU, é de cobrança certeira o art. 20 da CF, que traz os bens da União.

Portanto, recomendamos leitura atenta desse dispositivo constitucional, que segue na íntegra e com destaques nos trechos mais cobrados nas provas:

▶ Art. 20. São bens da União:	
I -	os que atualmente lhe pertencem **e os que lhe vierem a ser atribuídos**;
II -	as terras devolutas indispensáveis à defesa das fronteiras, das fortificações e construções militares, das vias federais de comunicação e à preservação ambiental, **definidas em lei**;
III -	os lagos, rios e quaisquer correntes de água **em terrenos de seu domínio, ou que banhem mais de um Estado**, sirvam de limites com outros países, ou se estendam a território estrangeiro ou dele provenham, bem como os terrenos marginais e as **praias fluviais**;
IV -	as **ilhas fluviais e lacustres** nas zonas limítrofes com outros países; as praias marítimas; as ilhas oceânicas e as costeiras, **excluídas, destas, as que contenham a sede de Municípios, exceto aquelas áreas afetadas ao serviço público e a unidade ambiental federal, e as referidas no art. 26, II**; (Redação dada pela Emenda Constitucional nº 46, de 2005)
V -	os **recursos naturais** da plataforma continental e da zona econômica exclusiva;
VI -	o mar **territorial**;
VII -	os terrenos de marinha **e seus acrescidos**;
VIII -	os **potenciais** de energia hidráulica;
IX -	os recursos minerais, **inclusive os do subsolo**;
X -	as cavidades naturais **subterrâneas** e os sítios arqueológicos e pré-históricos;
XI -	as terras **tradicionalmente ocupadas** pelos índios.
§ 1º - É assegurada, nos termos da lei, **à União, aos Estados, ao Distrito Federal e aos Municípios a participação no resultado da exploração** de petróleo ou gás natural, de recursos hídricos para fins de geração de energia elétrica e de outros recursos minerais no respectivo território, plataforma continental, mar territorial ou zona econômica exclusiva, ou compensação financeira por essa exploração. (Redação dada pela Emenda Constitucional nº 102, de 2019)	
§ 2º - A faixa de **até cento e cinquenta quilômetros de largura**, ao longo das fronteiras terrestres, designada como **faixa de fronteira**, é considerada **fundamental para defesa do território nacional**, e sua ocupação e utilização serão reguladas em lei.	

Regra interessante é a que permite à União, **para efeitos administrativos**, articular sua ação em um mesmo complexo geoeconômico e social, visando a seu desenvolvimento e à redução das desigualdades regionais (art. 43, *caput*, da CF).

Trata-se da formação das **regiões**, que não têm autonomia (já que são entes vinculados à União) e dependem de lei complementar que disponha sobre as condições para integração de regiões em desenvolvimento e a composição dos organismos regionais que executarão, na forma da lei, os planos regionais, integrantes dos planos nacionais de desenvolvimento econômico e social, aprovados juntamente com estes, tudo de acordo com o art. 43, § 1º, da CF.

3. ESTADOS-MEMBROS

Os Estados-membros também são dotados de posição especial no Estado federal.[2] Prova disso é que contam com representantes no Congresso Nacional, mais precisamente no Senado Federal, a casa da federação. Cada Estado-membro (além do Distrito Federal) conta com três representantes no Senado Federal (art. 46, § 1º, da CF).

Ademais, consoante art. 25 da CF, os Estados-membros organizam-se e regem-se pelas Constituições (auto-organização) e leis (autolegislação) que adotarem, observados os princípios da Constituição Federal.

Disciplinando a autonomia dos Estados-membros, a Constituição Federal, em seu art. 25, § 3º, faculta-lhes, **mediante lei complementar, instituir regiões metropolitanas, aglomerações urbanas e microrregiões,** constituídas por agrupamentos de municípios limítrofes, para integrar a organização, o planejamento e a execução de funções públicas de interesse comum. Na lição de Uadi Lammêgo Bulos, "a criação de regiões metropolitanas, aglomerações urbanas e microrregiões é matéria integrante da **competência exclusiva do Estado-membro,** permitindo-lhe otimizar o seu território, além de oferecer respostas para certas questões específicas".[3] (grifos nossos)

A exemplo do art. 20 da CF, que versa sobre os bens da União, **o art. 26 da CF, que traz os bens dos Estados, também é campeão de incidência nos concursos**. Assim, colacionamos o dispositivo constitucional destacando os trechos mais importantes:

▶ **Art. 26. Incluem-se entre os bens dos Estados:**
I – as águas superficiais ou subterrâneas, fluentes, emergentes e em depósito, **ressalvadas, neste caso, na forma da lei, as decorrentes de obras da União;**
II – **as áreas, nas ilhas oceânicas e costeiras, que estiverem no seu domínio**, excluídas aquelas sob domínio da União, Municípios ou terceiros;[4]
III – as ilhas fluviais e lacustres **não pertencentes à União;**[5]
IV – as terras devolutas **não compreendidas entre as da União.**[6]

2. Cuidado! Não confunda Estado federal (República Federativa do Brasil ou Estado brasileiro) com Estado federado (Estado-membro ou membro da federação).
3. BULOS, Uadi Lammêgo. *Op. Cit.*, p. 737.
4. Para não confundir, confronte com o art. 20, II, da CF.
5. Para não confundir, confronte com o art. 20, II, da CF.
6. Para não confundir, confronte com o art. 20, IV, da CF.

Materializando o autogoverno, os Estados-membros são dotados de Assembleias Legislativas e geridos por Governadores.[7]

Importa ainda destacar que **os Estados-membros não são imutáveis**. Isso porque, nos termos do art. 18, § 3º, da CF, eles podem **incorporar-se entre si, subdividir-se ou desmembrar-se para se anexarem a outros, ou formarem novos Estados ou Territórios Federais.**

Para tanto, exige-se **aprovação da população diretamente interessada, por meio de plebiscito, e do Congresso Nacional, por lei complementar.**[8]

> ▶ ATENÇÃO PARA AS PEGADINHAS!
>
> Exige-se aprovação da população diretamente interessada por meio de **plebiscito** (não referendo) e **lei complementar federal** (não estadual).

Ademais, segundo o STF: "A expressão *'população diretamente interessada' constante do § 3º do art. 18 da CF (...) deve ser entendida como a* ***população tanto da área desmembrada do Estado-membro como da área remanescente***". (ADI 2.650, julgada em 2011 e relatado pelo Ministro Dias Toffoli). (grifo nosso)

Desta feita, a consulta à população do território que restar do Estado originário é **requisito para a reconfiguração de Estados** (art. 18, § 3º, da CF).

Reforçando essa tese, no bojo da ADI 2650, em que a Mesa da Assembleia Legislativa do Estado de Goiás (AL-GO) impugnava a primeira parte do artigo 7º da Lei 9.709/98, **o STF decidiu, por unanimidade, que o plebiscito para o desmembramento de um Estado da federação deve envolver não somente a população do território a ser desmembrado mas a de todo o Estado-membro.** A ação tinha como objeto o plebiscito para o desmembramento do Estado do Pará, que objetivava criar os Estados do Tapajós e de Carajás. Por fim, no dia 11 de dezembro de 2011, toda a população do Pará pôde ir às urnas, e o resultado indicou que 66,59% escolheram "não" para a criação do Estado de Carajás e 66,08% rejeitaram a criação do Estado de Tapajós.

4. MUNICÍPIOS

Como visto anteriormente, o federalismo brasileiro é especial porque reconhece autonomia aos Municípios.

Desta feita, os **Municípios integram a federação brasileira** e possuem auto-organização (lei orgânica); autolegislação (leis municipais); autogoverno (gestão própria de suas atividades por Prefeitos e Vereadores) e autoadministração (prestam e mantêm serviços próprios).

---

7. Por questão didática, estudaremos com mais detalhes as Assembleias Legislativas no capítulo referente ao Poder Legislativo, e os Governadores no capítulo sobre o Poder Executivo.
8. A Lei 9.709/98 estabelece um trâmite mais detalhado, mas que não é cobrado nos concursos para cargos em Tribunais e no MPU.

A Lei Orgânica do Município deve ser **votada em dois turnos, com interstício (intervalo) mínimo de dez dias, e aprovada por dois terços dos membros da Câmara Municipal, que a promulgará**, atendidos os princípios estabelecidos na Constituição Federal e na Constituição do respectivo Estado-membro (art. 289 da CF).

Para facilitar a memorização, preparamos a seguinte tabela:

▶ REGRAS CONSTITUCIONAIS SOBRE AS LEIS ORGÂNICAS DOS MUNICÍPIOS
a) Realização de 2 turnos de votação.
b) Interstício mínimo de 10 dias entre os turnos de votação.
c) Aprovação mediante voto de 2/3 dos membros da Câmara Municipal.
d) Promulgação pela Câmara Municipal.
e) Necessidade de atendimento aos princípios estabelecidos na Constituição Federal e na respectiva Constituição Estadual.
f) Dever de dispor sobre a cooperação das associações representativas no planejamento municipal

Assim como os Estados-membros, os Municípios **não são imutáveis,** pois podem ser fundidos ou desmembrados. Podem também ser incorporados por outro Estado-membro. Por fim, ainda existe a faculdade de serem criados Municípios.

De acordo com o art. 18, § 4º, da CF, **"a criação, a incorporação, a fusão e o desmembramento de Municípios** far-se-ão por lei estadual, dentro do período determinado por lei complementar federal, e dependerão de consulta prévia, mediante plebiscito, às populações dos Municípios envolvidos, após divulgação dos Estudos de Viabilidade Municipal, apresentados e publicados na forma da lei". (grifos nossos)

Portanto, existe um detalhado trâmite a ser respeitado:

1. Publicação de **lei complementar federal** autorizando e estabelecendo prazo/período para materialização do ato.

2. Divulgação de **estudos de viabilidade municipal**, apresentados e publicados na forma da lei.

3. Prévia consulta, mediante **plebiscito**, às populações dos Municípios envolvidos.

4. Publicação de **lei estadual**, dentro do prazo/período estabelecido na lei complementar federal, criando, incorporando, fundindo ou desmembrando Município.

Apesar da existência desse complexo trâmite, **ainda não foi criada a lei complementar federal** que estabeleceria o prazo/período para a materialização de mudanças envolvendo os Municípios.

Entretanto, mesmo diante da ausência da lei complementar federal, muitos Municípios foram criados no Brasil, o que normalmente se deu por meio da **lei estadual** exigida pela Constituição, mas sem a lei federal que estabeleceria o prazo/período para tanto.

Houve, pois, a criação de vários Municípios mediante respeito parcial ao trâmite estabelecido pela CF. Nesse sentido, questiona-se: como fica a situação dos Municípios criados sob essas condições?

Instado a se manifestar sobre o tema, **o STF deixou de pronunciar a nulidade de leis estaduais que determinaram a criação de diversos Municípios brasileiros.** Segundo a Corte Constitucional brasileira, esse posicionamento teve como fundamento a **consolidada situação de fato** e o **respeito ao princípio da segurança jurídica.**

Em outras palavras, pode-se dizer que **o STF declarou inconstitucional a criação desses Municípios, mas não anulou a criação deles.**

Na maioria dos casos, o Supremo Tribunal Federal fixou um prazo (que variou entre 18 e 24 meses) para o Congresso criar a lei complementar exigida pela Constituição. Porém, em vez de produzir o diploma faltante, **o Congresso editou a EC 57/08, que acrescentou o art. 96 ao ADCT, dispositivo que convalidou os atos de criação dos Municípios,** desmembrados, fundidos ou incorporados, ainda que praticados sem a lei complementar federal exigida pela CF.

5. DISTRITO FEDERAL

O Distrito Federal é um **elemento jurídico-político *sui generis*,** pois apesar de integrar a federação brasileira, tem sua autonomia parcialmente tutelada pela União.

> "Embora possua traços de similitude com os Estados, os Municípios e as autarquias, com eles não se confunde, visto que possui autonomia constitucional. Ou seja, não é Estado, não é Município, nem autarquia territorial. Em algumas hipóteses, é mais do que os Estados e os Municípios, pois exercita competências específicas, que não são estendidas a eles (arts. 32, § 1º, e 147). Noutras situações, porém, é menos do que os Estado e os Municípios, em virtude de sua autonomia parcialmente tutelada [...]." [9]

Sustenta-se que **a autonomia do Distrito Federal é tutelada** porque é da União a competência para dispor sobre instituições fundamentais do Distrito Federal tais como o Poder Judiciário e o Ministério Público, conforme artigos 21, XIII e 22, XVII, da CF.[10]

> ▶ ATENÇÃO!
>
> Desde a publicação da Emenda Constitucional 69/2012, **a organização e a manutenção da Defensoria Pública do DF passou a ser de competência do próprio Distrito Federal.** Antes dessa alteração constitucional, tal competência pertencia à União.

9. BULOS, Uadi Lammêgo. *Op. Cit.*, p. 756.
10. Id.

O art. 32, § 4º, da CF, determina que **Lei federal deverá dispor sobre a utilização, pelo Governo do Distrito Federal, das polícias civil e militar e do corpo de bombeiros militar**.

Reafirmando a regra constitucional, a **Súmula Vinculante 39**: "Compete privativamente à União legislar sobre vencimentos dos membros das polícias civil e militar e do corpo de bombeiros militar do Distrito Federal".

Em respeito à sua importância no pacto federativo, **a Constituição veda a divisão do Distrito Federal em Municípios** (art. 32, *caput*, da CF).

Ainda no art. 32, *caput*, a Constituição Federal estabelece que o Distrito Federal rege-se por Lei Orgânica, votada em dois turnos com interstício mínimo de dez dias, e aprovada por dois terços da **Câmara Legislativa**, responsável por sua promulgação, atendidos os princípios estabelecidos nessa Constituição.

Nota-se, pois, que se trata de regra idêntica à do art. 29 da CF, que versa sobre a Lei Orgânica municipal.

> ▸ **ATENÇÃO PARA A PEGADINHA!**
> O nome da casa legislativa do Distrito Federal é **Câmara Legislativa**, que é uma mistura de Câmara Municipal com Assembleia Legislativa.

6. TERRITÓRIOS OU TERRITÓRIOS FEDERAIS[11]

Vale notar que **não mais existem Territórios Federais no Brasil**[12], mas podem ser criados novos, e neste caso integrarão a União.

Por esse motivo, a Constituição Federal traz uma disciplina detalhada sobre os Territórios.

A criação, transformação em Estado ou reintegração ao Estado de origem de um Território serão reguladas em lei complementar, tudo de acordo com o art. 18, § 2º, da CF. Ademais, a subdivisão ou desmembramento de Estados-membros pode gerar a formação de novos territórios, consoante art. 18, § 3º, da CF. Por fim, segundo o art. 33, § 1º, da CF, os Territórios também poderão ser divididos em Municípios, aos quais se aplicará, no que couber, o disposto no Capítulo IV deste Título (regras pertinentes aos Municípios).

Mais do que disciplinar a criação ou as mudanças envolvendo os territórios e os entes da federação, o texto constitucional tratou de questões práticas sobre o funcionamento dos territórios.

---

11. As duas denominações podem ser encontradas nas provas.
12. Roraima e Amapá foram transformados em Estados federados (art. 14 do ADCT), Fernando de Noronha foi extinto e sua área reincorporada ao Estado de Pernambuco (art. 15 do ADCT).

Nos termos do art. 33 da CF, a lei disporá sobre a organização administrativa e judiciária dos Territórios. Mas, apesar de pedir lei para disciplinar os Territórios, a Constituição Federal já deixa estabelecido que as **contas do Governo do Território serão submetidas ao Congresso Nacional, com parecer prévio do Tribunal de Contas da União** (art. 33, § 2º). Também está firmado que, nos Territórios Federais **com mais de 100 mil habitantes**, além do Governador nomeado na forma desta Constituição, **haverá órgãos judiciários de primeira e segunda instâncias, membros do Ministério Público e defensores públicos federais**. Por fim, o texto constitucional também enuncia que a lei disporá sobre as eleições para a **Câmara Territorial** e sua competência deliberativa (art. 33, § 3º, da CF).

7. DISTRIBUIÇÃO DE COMPETÊNCIAS

7.1. Introdução

A maioria dos manuais de direito constitucional prefere tratar das competências dentro dos itens que versam sobre os entes da federação. Assim, ao dispor sobre a União, os autores já estabelecem as suas competências.

Nossa opção foi outra. Preferimos abordar a distribuição de competências em tópico próprio, pois acreditamos ser uma fórmula mais didática para o tipo de conhecimento exigido nas provas de Tribunais e MPU.

Como a repartição de competência é muito cobrada nas seleções, durante a confecção deste item arrolaremos os dispositivos constitucionais pertinentes destacando os trechos mais importantes.

Ademais, seguindo a tendência das últimas provas, traremos informações sobre matérias que, a despeito de não estarem expressamente arroladas no texto constitucional, tiveram suas competências firmadas por decisões do STF. Denominaremos esses itens como "Jurisprudência do STF".

7.2. Natureza das competências

A Constituição trabalha com **duas naturezas de competência**: administrativa e legislativa.

A **competência administrativa ou material** refere-se à execução de alguma atividade estatal. Já a **competência legislativa** atribui iniciativa para legislar sobre determinada matéria.

7.3. Competência administrativa ou material

A competência administrativa ou material pode ser: **a) exclusiva**[13]; **b) comum, paralela, concorrente** ou **cumulativa**; ou **c) residual ou remanescente.**

---

13. Há alguns autores que denominam a competência material exclusiva como privativa (por todos, LENZA, Pedro. *Direito constitucional esquematizado*. 16. ed. São Paulo: Saraiva, 2012, 448), mas esse não é o posicionamento predominante.

a) Competência administrativa ou material exclusiva

Entende-se por competência administrativa ou material exclusiva aquela exercida apenas por uma espécie de ente da federação e que não admite delegação.

As matérias que são de **competência administrativa ou material exclusiva da União** estão arroladas no art. 21 da CF.

▸ Art. 21. Compete (exclusivamente) à União:
I – manter relações com Estados estrangeiros e **participar** de organizações internacionais;
II – **declarar** a guerra e **celebrar** a paz;
III – assegurar a defesa nacional;
IV – permitir, nos casos previstos em **lei complementar**, que forças estrangeiras transitem pelo território nacional ou nele permaneçam **temporariamente**;
V – **decretar** o estado de sítio, o estado de defesa e a intervenção federal;
VI – **autorizar** e fiscalizar a produção e o comércio de material bélico; • ***Jurisprudência do STF:*** **1.** *"a competência privativa da União para 'autorizar e fiscalizar a produção e o comércio de material bélico' também engloba outros aspectos inerentes ao material bélico, como sua circulação em território nacional. No tocante ao presente caso, entendo que* ***regulamentações atinentes ao registro e ao porte de arma também são de competência privativa da União****, por ter direta relação com a competência de 'autorizar e fiscalizar a produção e o comércio de material bélico' – e não apenas por tratar de matéria penal, cuja competência também é privativa da União (art. 22, I, da CF). Nesse sentido,* ***compete privativamente à União, e não aos Estados, determinar os casos excepcionais em que o porte de arma de fogo não configura ilícito penal****, matéria prevista no art. 6º da Lei 10.826/2003 (Estatuto do Desarmamento). (ADI 2.729, voto do rel. p/ o ac. min. Gilmar Mendes, julgamento em 19-6-2013, Plenário, DJE de 12-2-2014.)* **2.** *"A competência exclusiva da União para legislar sobre material bélico, complementada pela competência para autorizar e fiscalizar a produção de material bélico,* ***abrange a disciplina sobre a destinação de armas apreendidas e em situação irregular.****" (ADI 3.258, Rel. Min. Joaquim Barbosa, julgamento em 6-4-2005, Plenário, DJ de 9-9-2005.)*
VII – emitir moeda;
VIII – administrar as reservas cambiais do País e fiscalizar as operações de natureza financeira, especialmente as de crédito, câmbio e capitalização, bem como as de **seguros e de previdência privada**;
IX – elaborar e executar planos nacionais **e regionais** de ordenação do território e de desenvolvimento econômico e social;
X – manter o serviço postal e o correio aéreo nacional; • ***Jurisprudência do STF:*** **1.** *"A CB confere à União, em caráter exclusivo, a exploração do serviço postal e o correio aéreo nacional (art. 21, X). O serviço postal é prestado pela* ***Empresa Brasileira de Correios e Telégrafos (ECT)****, empresa pública,* ***entidade da administração indireta da União****, criada pelo Decreto-Lei 509, de 10-3-1969." (ADPF 46, Rel. p/ o ac. Min. Eros Grau, julgamento em 5-8-2009, Plenário, DJE de 26-2-2010.)*

▶ Art. 21. Compete (exclusivamente) à União:

XI – explorar, diretamente **ou mediante autorização, concessão ou permissão**, os serviços de telecomunicações, nos termos da lei, que disporá sobre a organização dos serviços, a criação de um órgão regulador e outros aspectos institucionais;

• ***Jurisprudência do STF:***

1. *"O texto constitucional não impede a edição de legislação estadual ou municipal que – sem ter como objeto principal a prestação dos serviços de telecomunicações – acabe por produzir algum impacto na atividade desempenhada pelas concessionárias de serviço público federal. (...) Esse não é o caso da norma contestada, a qual institui obrigação diretamente relacionada ao objeto da concessão do serviço móvel pessoal.* ***Ao determinar que as empresas forneçam à polícia judiciária informações sobre a localização de aparelhos de telefonia móvel, estabelecendo prazos, dispondo acerca do uso dos números de emergência e impondo o pagamento de multa, se houver descumprimento, o legislador estadual atua no núcleo da regulação da atividade de telecomunicações, de competência da União****, no que a esta última cabe disciplinar o uso e a organização desses serviços."* (ADI 4.739-MC, voto do rel. min. Marco Aurélio, julgamento em 7-2-2013, Plenário, DJE de 30-9-2013.)

2. Leis Estaduais dispondo sobre telefonia móvel:

2.1. *"Ante lei estadual que veio a dispor sobre validade de crédito de celular pré-pago, projetando-o no tempo, surge relevante argumentação no sentido de* ***competir à União legislar sobre telecomunicação****."* (ADI 4.715-MC, rel. min. Marco Aurélio, julgamento em 7-2-2013, Plenário, DJE de 19-8-2013.)

2.2. *"Art. 1º, caput e § 1º, da Lei 5.934, de 29-3- 2011, do Estado do Rio de Janeiro, o qual dispõe sobre a possibilidade de acúmulo das franquias de minutos mensais ofertados pelas operadoras de telefonia, determinando a transferência dos minutos não utilizados no mês de sua aquisição, enquanto não forem utilizados, para os meses subsequentes.* ***Competência privativa da União para legislar sobre telecomunicações****. Violação do art. 22, IV, da CF."* (ADI 4.649-MC, Rel. Min. Dias Toffoli, julgamento em 28-9-2011, Plenário, DJE de 21-11-2011.)

3. *"A Lei distrital 4.116/2008* ***proíbe as empresas de telecomunicações de cobrarem taxas para a instalação do segundo ponto de acesso à internet****. O art. 21, XI, da Constituição da República estabelece que compete à União explorar, diretamente ou mediante autorização, concessão ou permissão, os serviços de telecomunicações, enquanto o art. 22, IV, da Constituição da República dispõe ser da* ***competência privativa da União legislar sobre telecomunicações****. Ainda que ao argumento de defesa do consumidor, não pode lei distrital impor a uma concessionária federal novas obrigações não antes previstas no contrato por ela firmado com a União."* (ADI 4.083, Rel. Min. Cármen Lúcia, julgamento em 25-11-2010, Plenário, DJE de 14-12-2010.)

4. *"Norma que disciplina* ***forma e condições de cobrança pelas empresas de telecomunicações****. Matéria privativa da União."* (ADI 2.615-MC, Rel. Min. Nelson Jobim, julgamento em 22-5-2002, Plenário, DJ de 6-12-2002.)

XII – explorar, diretamente ou mediante autorização, concessão ou permissão:

a) os serviços de radiodifusão sonora, e de sons e imagens;

• ***Jurisprudência do STF:***

1. *"A jurisprudência do STF entende que a* ***Lei 4.117/1962, que obriga empresa de radiodifusão a transmitir o programa 'A Voz do Brasil', foi recepcionada pela CF*** *de 1988."* (RE 531.908-AgR, Rel. Min. Ayres Britto, julgamento em 2-8-2011, Segunda Turma, DJE de 13-10-2011.) No mesmo sentido: RE 605.681-AgR-segundo, rel. min. Luiz Fux, julgamento em 4-9-2012, Primeira Turma, DJE de 23-10-2012.

▶ **Art. 21. Compete (exclusivamente) à União:**

b) os serviços e instalações de energia elétrica e o aproveitamento energético dos cursos de água, **em articulação com os Estados onde se situam os potenciais hidroenergéticos**;

• ***Jurisprudência do STF:***

1. *"O sistema federativo instituído pela CF de 1988 torna* ***inequívoco que cabe à União*** *a competência legislativa e administrativa para a disciplina e a prestação dos serviços públicos de telecomunicações e energia elétrica (CF, arts. 21, XI e XII, b, e 22, IV). A Lei 3.449/2004 do Distrito Federal, ao proibir a cobrança da* ***tarifa de assinatura básica*** *'pelas concessionárias prestadoras de serviços de água, luz, gás, TV a cabo e telefonia no Distrito Federal' (art. 1º, caput), incorreu em inconstitucionalidade formal".*

2. *"(...) as Leis fluminenses 3.915/2002 e 4.561/2005, ao obrigarem as concessionárias dos serviços de telefonia fixa, energia elétrica, água e gás a instalar* ***medidores de consumo, intervêm na relação firmada entre a União e suas concessionárias****, pelo que contrariam os arts. 21, XI e XII, b; e 22, IV, da Constituição da República." (ADI 3.558, voto da Rel. Min. Cármen Lúcia, julgamento em 17-3-2011, Plenário, DJE de 6-5-2011.)*

3. *"(...) a lei distrital, ao obrigar as empresas concessionárias, prestadoras de serviços de telefonia fixa, a* ***individualizar determinadas informações nas faturas****, dispôs sobre* ***matéria de competência privativa da União.****" (ADI 3.322, voto do Rel. Min. Gilmar Mendes, julgamento em 2-12-2010, Plenário, DJE de 29-3-2011.)*

4. *"Ação direta de inconstitucionalidade contra a expressão 'energia elétrica', contida no caput do art. 1º da* ***Lei 11.260/2002 do Estado de São Paulo, que proíbe o corte de energia elétrica****, água e gás canalizado por falta de pagamento, sem prévia comunicação ao usuário. Este STF possui firme entendimento no sentido da impossibilidade de interferência do Estado-membro nas relações jurídico-contratuais entre Poder concedente federal e as empresas concessionárias, especificamente no que tange a alterações das condições estipuladas em contrato de concessão de serviços públicos, sob regime federal, mediante a edição de leis estaduais. Precedentes.* ***Violação aos arts. 21, XII, b; 22, IV; e 175, caput e parágrafo único, I, II e III; da CF. Inconstitucionalidade****. Ação direta de inconstitucionalidade julgada procedente." (ADI 3.729, Rel. Min. Gilmar Mendes, julgamento em 17-9-2007, Plenário, DJ de 9-11-2007.)*

c) a navegação aérea, aeroespacial e a infraestrutura aeroportuária;

d) os serviços de transporte ferroviário e aquaviário entre portos brasileiros e fronteiras nacionais, **ou que transponham os limites de Estado ou Território**;

e) os serviços de **transporte rodoviário interestadual** e internacional de passageiros;

• ***Jurisprudência do STF:***

1. *"Transporte rodoviário interestadual de passageiros.* ***Não pode ser dispensada, a título de proteção da livre iniciativa, a regular autorização, concessão ou permissão da União****, para a sua exploração por empresa particular. Recurso extraordinário provido por contrariedade ao disposto no art. 21, XII, e, da CF." (RE 214.382, Rel. Min. Octavio Gallotti, julgamento em 21-9-1999, Primeira Turma, DJ de 19-11-1999.)*

f) os **portos** marítimos, fluviais e lacustres;

▶ **Art. 21. Compete (exclusivamente) à União:**

XIII - **organizar e manter o Poder Judiciário, o Ministério Público do Distrito Federal e dos Territórios e a Defensoria Pública dos Territórios;** (Redação dada pela Emenda Constitucional nº 69, de 2012)

XIV - **organizar e manter a polícia civil, a polícia penal, a polícia militar e o corpo de bombeiros militar do Distrito Federal, bem como prestar assistência financeira ao Distrito Federal para a execução de serviços públicos, por meio de fundo próprio; (Redação dada pela Emenda Constitucional nº 104, de 2019)**

• ***Jurisprudência do STF:***

1. "Compete privativamente à União legislar sobre **vencimentos dos membros das polícias civil e militar e do corpo de bombeiros militar do Distrito Federal"**. (Súmula Vinculante 39)

2. *"Ao instituir a chamada **'gratificação por risco de vida' dos policiais e bombeiros militares do Distrito Federal**, o Poder Legislativo distrital usurpou a **competência material da União** para 'organizar e manter a polícia civil, a polícia militar e o corpo de bombeiros militar do Distrito Federal, bem como prestar assistência financeira ao Distrito Federal para a execução de serviços públicos, por meio de fundo próprio (inciso XIV do art. 21 da CF). Incidência da Súmula 647/STF." (ADI 3.791, Rel. Min. Ayres Britto, julgamento em 16-6-2010, Plenário, DJE de 27-8-2010.)*

XV - organizar e manter os serviços oficiais de estatística, geografia, geologia e cartografia **de âmbito nacional;**

XVI - exercer a classificação, para efeito indicativo, de diversões públicas e de programas de rádio e televisão;

• ***Jurisprudência do STF:***

1. *"Não se compreende, no rol de competências comuns da União, dos Estados, do Distrito Federal e dos Municípios, ut art. 23 da CF, a **matéria concernente à disciplina de 'diversões e espetáculos públicos'**, que, a teor do art. 220, § 3º, I, do Diploma Maior, **compete à lei federal regular**, estipulando-se, na mesma norma, que 'caberá ao Poder Público informar sobre a natureza deles, as faixas etárias a que não se recomendem, locais e horários em que sua apresentação se mostre inadequada'." (RE 169.247, Rel. Min. Néri da Silveira, julgamento em 8-4-2002, Segunda Turma, DJ de 1º-8-2003.)*

XVII - conceder anistia;

• ***Jurisprudência do STF:***

1. *"**Anistia de infrações disciplinares de servidores estaduais: competência do Estado-membro respectivo.** Só quando se cuidar de anistia de crimes - que se caracteriza como abolitio criminis de efeito temporário e só retroativo - a competência exclusiva da União se harmoniza com a competência federal privativa para legislar sobre direito penal; [...] Compreende-se na esfera de autonomia dos Estados a anistia (ou o cancelamento) de infrações disciplinares de seus respectivos servidores, podendo concedê-la a Assembleia Constituinte local, mormente quando circunscrita - a exemplo da concedida pela CR - às punições impostas no regime decaído por motivos políticos." (ADI 104, Rel. Min. Sepúlveda Pertence, julgamento em 4-6-2007, Plenário, DJ de 24-8-2007.)*

▸ Art. 21. Compete (exclusivamente) à União:
XVIII – planejar e promover a defesa permanente contra as calamidades públicas, especialmente as secas e as inundações;
XIX – instituir sistema nacional de gerenciamento de recursos hídricos e **definir critérios de outorga de direitos de seu uso**; (Regulamento)
XX – instituir **diretrizes para o desenvolvimento urbano**, inclusive habitação, saneamento básico e transportes urbanos;
XXI – estabelecer princípios e diretrizes para o sistema nacional de viação;
XXII – executar os serviços de polícia marítima, aeroportuária e de fronteiras; (Redação dada pela Emenda Constitucional nº 19, de 1998)
XXIII – explorar os serviços e instalações nucleares de qualquer natureza e exercer monopólio estatal sobre a pesquisa, a lavra, o enriquecimento e reprocessamento, a industrialização e o comércio de minérios nucleares e seus derivados, atendidos os seguintes princípios e condições:
a) toda **atividade nuclear** em território nacional somente será admitida para **fins pacíficos** e **mediante aprovação do Congresso Nacional**;
b) sob regime de permissão, são autorizadas a comercialização e a utilização de radioisótopos para pesquisa e uso agrícolas e industriais; (Redação dada pela Emenda Constitucional nº 118, de 2022)
c) sob regime de permissão, são autorizadas a produção, a comercialização e a utilização de radioisótopos para pesquisa e uso médicos; (Redação dada pela Emenda Constitucional nº 118, de 2022)
d) a **responsabilidade civil por danos nucleares independe da existência de culpa**; (Redação dada pela Emenda Constitucional nº 49, de 2006)
XXIV – organizar, manter e executar a inspeção do trabalho; • ***Jurisprudência do STF:*** **1.** *“**É inconstitucional norma do Estado ou do Distrito Federal que disponha sobre proibição de revista íntima em empregados de estabelecimentos situados no respectivo território.**” (ADI 2.947, Rel. Min. Cezar Peluso, julgamento em 5-5-2010, Plenário, DJE de 10-9-2010.)* **2.** *Lei distrital 3.705, de 21-11-2005, que cria **restrições a empresas que discriminarem na contratação de mão de obra**: inconstitucionalidade declarada. **Ofensa à competência** privativa **da União** para legislar sobre normas gerais de licitação e contratação administrativa, em todas as modalidades, para as administrações públicas diretas, autárquicas e fundacionais de todos os entes da Federação (CF, art. 22, XXVII) e **para dispor sobre direito do trabalho e inspeção do trabalho (CF, art. 21, XXIV, e art. 22, I)**.” (ADI 3.670, Rel. Min. Sepúlveda Pertence, julgamento em 2-4-2007, Plenário, DJ de 18-5-2007.)*

▶ **Art. 21. Compete (exclusivamente) à União:**
XXV – estabelecer as áreas e as condições para o exercício da **atividade de garimpagem, em forma associativa**.
XXVI – organizar e fiscalizar a proteção e o tratamento de dados pessoais, nos termos da lei. (Incluído pela Emenda Constitucional nº 115, de 2022)

O art. 177 da CF disciplina outra matéria de **competência administrativa ou material exclusiva da União.**

Nos termos do art. 177, V, da CF, constituem monopólio da União, a pesquisa, a lavra, o enriquecimento, o reprocessamento, a industrialização e o comércio de minérios e minerais nucleares e seus derivados, com exceção dos radioisótopos cuja produção, comercialização e utilização poderão ser autorizadas sob regime de permissão, conforme as alíneas b e c do inciso XXIII do *caput* do art. 21 dessa Constituição Federal.

Em seguida, no art. 177, § 1º, da CF, há regra segundo a qual a União poderá contratar empresas estatais ou privadas para a realização das atividades previstas nos incisos I a IV desse artigo, observadas as condições estabelecidas em lei.

Sendo assim, o inciso V do art. 177 fica excluído, ou seja, a pesquisa, a lavra, o enriquecimento, o reprocessamento, a industrialização e o comércio de minérios e minerais nucleares e seus derivados não podem ficar a cargo de empresas estatais ou privadas, ainda que contratadas com a União.

Já a **competência administrativa ou material exclusiva dos Estados** está adstrita ao art. 25, § 2º, da CF: "Cabe aos Estados explorar diretamente, ou mediante concessão, os serviços locais de gás canalizado, na forma da lei, vedada a edição de medida provisória para a sua regulamentação".

Por fim, as matérias que são de **competência administrativa ou material exclusiva dos Municípios** estão colacionadas no art. 30, III a IX, da CF.

▶ **Matérias de competência administrativa ou material exclusiva dos Municípios (art. 30 da CF)**
[...] III – instituir e arrecadar os tributos de sua competência, bem como aplicar suas rendas, sem prejuízo da obrigatoriedade de prestar contas e publicar balancetes nos prazos fixados em lei;
IV – criar, organizar e suprimir distritos, observada a legislação estadual;
V – organizar e prestar, diretamente ou sob regime de concessão ou permissão, os serviços públicos de interesse local, incluído o de transporte coletivo, que tem caráter essencial;

▸ **Matérias de competência administrativa ou material exclusiva dos Municípios (art. 30 da CF)**
• *Jurisprudência do STF:* 1. *"Os* ***Estados-membros*** *são competentes para explorar e regulamentar a prestação de serviços de transporte* ***intermunicipal****. (...) A prestação de* ***transporte urbano****, consubstanciando serviço público de* ***interesse local****, é matéria albergada pela* ***competência legislativa dos Municípios, não cabendo aos Estados-membros dispor a seu respeito****." (ADI 2.349, Rel. Min. Eros Grau, julgamento em 31-8-2005, Plenário, DJ de 14-10-2005.)* 2. *"Os* ***serviços funerários*** *constituem* ***serviços municipais****, dado que dizem respeito com necessidades imediatas do Município. CF, art. 30, V." (ADI 1.221, Rel. Min. Carlos Velloso, julgamento em 9-10-2003, Plenário, DJ de 31-10-2003.)* 3. *"Os Estados-Membros – que não podem interferir na esfera das relações jurídico-contratuais estabelecidas entre o poder concedente (quando este for a União Federal ou o Município) e as empresas concessionárias – também não dispõem de competência para modificar ou alterar as condições, que, previstas na licitação, acham-se formalmente estipuladas no contrato de concessão celebrado pela União (energia elétrica – CF, art. 21, XII, b) e pelo* ***Município (fornecimento de água – CF, art. 30, I e V)****, de um lado, com as concessionárias, de outro, notadamente se essa ingerência normativa, ao determinar a suspensão temporária do pagamento das tarifas devidas pela prestação dos serviços concedidos (serviços de energia elétrica, sob regime de concessão federal, e serviços de esgoto e abastecimento de água, sob regime de concessão municipal), afetar o equilíbrio financeiro resultante dessa relação jurídico-contratual de direito administrativo." (ADI 2.337-MC, Rel. Min. Celso de Mello, julgamento em 20-2-2002, Plenário, DJ de 21-6-2002.)*
VI – manter, com a cooperação técnica e financeira da União e do Estado, programas de educação infantil e de ensino fundamental; (Redação dada pela Emenda Constitucional nº 53, de 2006)
VII – prestar, com a cooperação técnica e financeira da União e do Estado, serviços de atendimento à saúde da população;
VIII – promover, no que couber, adequado ordenamento territorial, mediante planejamento e controle do uso, do parcelamento e da ocupação do solo urbano;
IX – promover a proteção do patrimônio histórico cultural local, observada a legislação e a ação fiscalizadora federal e estadual.

b) Competência administrativa ou material comum, paralela, concorrente ou cumulativa

A competência administrativa ou material comum é aquela exercida em **cooperação** entre União, Estados, Distrito Federal **e Municípios**, consoante art. 23 da CF.

▸ **Art. 23. É competência comum da União, dos Estados, do Distrito Federal e dos Municípios:**
I – zelar pela guarda da Constituição, das leis e das instituições democráticas e conservar o patrimônio público;

► Art. 23. É competência comum da União, dos Estados, do Distrito Federal e dos Municípios:

II - cuidar da **saúde** e assistência pública, da proteção e garantia das **pessoas portadoras de deficiência**;

• ***Jurisprudência do STF:***

1. *"Lei distrital. **Notificação mensal à Secretaria de Saúde**. Casos de câncer de pele. Obrigação imposta a médicos públicos e particulares. Admissibilidade. Saúde pública. **Matéria inserida no âmbito de competência comum e concorrente** do Distrito Federal. Arts. 23, II, e 24, XII, da CF. (ADI 2.875, Rel. Min. Ricardo Lewandowski, julgamento em 4-6-2008, Plenário, DJE de 20-6-2008.)*

III - proteger os documentos, as obras e outros bens de valor histórico, artístico e cultural, os monumentos, as paisagens naturais notáveis e os **sítios arqueológicos;**

IV - impedir a evasão, a destruição e a descaracterização de **obras de arte** e de outros bens de valor histórico, artístico ou cultural;

V - proporcionar os meios de acesso à cultura, à educação, à ciência, à tecnologia, à pesquisa e à inovação;

VI - proteger o **meio ambiente** e combater a poluição em qualquer de suas formas;

• ***Jurisprudência do STF:***

1. *"[...] Lei distrital 3.460. Instituição do Programa de Inspeção e Manutenção de Veículos em uso no âmbito do Distrito Federal. Alegação de violação do disposto no art. 22, XI, da CB. Inocorrência. O ato normativo impugnado **não dispõe sobre trânsito ao criar serviços públicos necessários à proteção do meio ambiente por meio do controle de gases poluentes emitidos pela frota de veículos do Distrito Federal**. A alegação do requerente de afronta ao disposto no art. 22, XI, da CB não procede.*

*A lei distrital apenas regula como o Distrito Federal cumprirá o dever-poder que lhe incumbe - proteção ao meio ambiente. **O Distrito Federal possui competência para implementar medidas de proteção ao meio ambiente, fazendo-o nos termos do disposto no art. 23, VI, da CB/1988**. Ação direta de inconstitucionalidade julgada improcedente." (ADI 3.338, Rel. p/ o ac. Min. Eros Grau, julgamento em 31-8-2005, Plenário, DJ de 6-9-2007.)*

VII - preservar as florestas, a fauna e a flora;

VIII - fomentar a produção agropecuária e organizar o abastecimento alimentar;

IX - promover programas de **construção de moradias** e a melhoria das condições habitacionais e de saneamento básico;[14]

X - combater as causas da pobreza e os fatores de marginalização, promovendo a integração social dos setores desfavorecidos;

XI - **registrar, acompanhar e fiscalizar as concessões de direitos de pesquisa e exploração de recursos hídricos e minerais em seus territórios;**[15]

XII - estabelecer e implantar política de **educação para a segurança do trânsito**.

14. Para não confundir, confronte com o art. 21, XX, da CF.
15. Para não confundir, confronte com o art. 21, XII, "b", da CF.

▸ Art. 23. É competência comum da União, dos Estados, do Distrito Federal e dos Municípios:

• **Jurisprudência do STF:**

1. *"Os arts. 1º e 2º da Lei catarinense 11.223, de 17-11-1998, que cuidam da obrigatoriedade de* ***identificação telefônica da sede da empresa ou do proprietário nos veículos licenciados no Estado de Santa Catarina e destinados ao transporte de carga e de passageiros, a ser disponibilizada na parte traseira do veículo, por meio de adesivo ou pintura, em lugar visível, constando o código de discagem direta à distância, seguido do número do telefone,*** *não contrariam o inciso XII do art. 5º da CR. A proibição contida nessa norma constitucional refere-se à interceptação e à consequente captação de conversa, por terceira pessoa, sem a autorização e/ou o conhecimento dos interlocutores e interessados na conversa telefônica. A informação de número de telefone para contato não implica quebra de sigilo telefônico. O art. 1º da* ***Lei catarinense contempla matéria afeita à competência administrativa comum da União, dos Estados-membros, do Distrito Federal e dos Municípios, conforme previsto no inciso XII do art. 23 da CR,*** *pelo que nele podem estar fixadas obrigações, desde que tenham pertinência com as competências que são próprias do Estado federado e que digam respeito à segurança pública e à educação para o trânsito. Os arts. 4º, 5º e 6º da Lei catarinense 11.223/1999 são constitucionais, pois cuidam apenas da regulamentação do cumprimento da obrigação estabelecida no art. 1º do mesmo diploma." (ADI 2.407, Rel. Min. Cármen Lúcia, julgamento em 31-5-2007, Plenário, DJ de 29-6-2007.)*

2. *"Com efeito, a barreira eletrônica do tipo I (barreira destinada à redução de velocidade) é, sem dúvida, um dos meios de sinalização do trânsito, e, por isso, está contida na previsão, sobre barreiras, dos arts. 64, VII, e 75 do Regulamento do Código Nacional de Trânsito ainda em vigor, e, pelo seu sistema diverso das barreiras na forma de lombadas, serve subsidiariamente para complementar a atividade fiscalizadora dos agentes da autoridade do trânsito. Já a* ***barreira eletrônica do tipo II (barreira eletrônica que não se destina à redução de velocidade, mas à fiscalização desta) visa apenas à fiscalização da velocidade estabelecida para a via pública onde ela está instalada,*** *e é exclusivamente meio complementar da atividade fiscalizadora dos agentes da autoridade de trânsito; embora se prenda apenas ao exercício do poder de polícia – que nos Estados-membros e no Distrito Federal compete às suas polícias –,* ***sua disciplina, como meio de prova admissível para a autuação por infringência da legislação de trânsito, pelo menos num exame compatível com o da concessão de liminar, não é dos Estados-membros ou do Distrito Federal, mas da União,*** *razão por que o projeto do novo Código Nacional de Trânsito, submetido à sanção presidencial, dispôs, em seu art. 280, § 2º (que se encontra na seção 'Da autuação' subordinada ao capítulo relativo ao processo administrativo): 'A infração deverá ser comprovada por declaração da autoridade ou do agente da autoridade de trânsito, por aparelho eletrônico ou por equipamento audiovisual, reações químicas ou qualquer outro meio tecnologicamente disponível, previamente regulamentado pelo Contran'. Note-se, ademais, que* ***norma dessa natureza não se enquadra, por sua finalidade de fiscalização repressiva, na competência comum da União, dos Estados, do Distrito Federal e dos Municípios para estabelecer e implantar política de educação para a segurança do trânsito*** *(art. 23, XII, da Carta Magna)." (ADI 1.592, voto do Rel. Min. Moreira Alves, julgamento em 3-2-2003, Plenário, DJ de 9-5-2003.)*

Parágrafo único. **Leis complementares** fixarão normas para a cooperação entre a União e os Estados, o Distrito Federal **e os Municípios**, tendo em vista o **equilíbrio do desenvolvimento e do bem-estar em âmbito nacional.** (Redação dada pela Emenda Constitucional nº 53, de 2006)

c) Competência administrativa ou material residual ou remanescente

Por fim, a competência administrativa residual ou remanescente é aquela relativa às matérias não arroladas nas competências exclusivas de nenhum dos entes da federação e nem na comum. Segundo o art. 25, § 1º, da CF, essa competência **cabe aos Estados.**

> ▶ ATENÇÃO!
>
> A **FCC** denomina essa competência como **reservada!**

7.4. Competência legislativa

A competência legislativa pode ser: **a) privativa**; **b) delegada**; **c) concorrente**; ou **d) residual ou remanescente.**

a) Competência legislativa privativa; e b) competência legislativa delegada

Entende-se por competência legislativa privativa aquela exercida apenas por uma espécie de ente da federação.

As matérias que são de **competência legislativa privativa da União** estão arroladas no art. 22 da CF.

> ▶ **ART. 22. COMPETE PRIVATIVAMENTE À UNIÃO LEGISLAR SOBRE:**
>
> I - direito civil, comercial, penal, processual, eleitoral, agrário, marítimo, aeronáutico, espacial e do trabalho;
>
> • ***Jurisprudência do STF:***
>
> 1. "A definição dos crimes de responsabilidade e o estabelecimento das respectivas normas de processo e julgamento são da competência legislativa privativa da União." (*Súmula Vinculante 46*).
>
> 2. *"Lei 11.562/2000 do Estado de Santa Catarina. Mercado de trabalho. Discriminação contra a mulher.* ***Competência da União para legislar sobre direito do trabalho.*** *(...) A Lei 11.562/2000, não obstante o louvável conteúdo material de* ***combate à discriminação contra a mulher no mercado de trabalho,*** *incide em inconstitucionalidade formal, por invadir a competência da União para legislar sobre direito do trabalho." (ADI 2.487, Rel. Min. Joaquim Barbosa, julgamento em 30-8-2007, Plenário, DJE de 28-3-2008.)*
>
> 3. *"Competência legislativa.* ***Direito do Trabalho. Profissão de motoboy.*** *Regulamentação. Inadmissibilidade. (...) Competências exclusivas da União. (...)* ***É inconstitucional a lei distrital ou estadual que disponha sobre condições do exercício ou criação de profissão,*** *sobretudo quando esta diga à segurança de trânsito." (ADI 3.610, Rel. Min. Cezar Peluso, julgamento em 1º-8-2011, Plenário, DJE de 22-9-2011.) Vide: ADI 3.679, Rel. Min. Sepúlveda Pertence, julgamento em 18-6-2007, Plenário, DJ de 3-8-2007.*
>
> 4. *"Lei 7.716/2001 do Estado do Maranhão. Fixação de nova hipótese de prioridade, em qualquer instância, de tramitação processual para as causas em que for parte mulher vítima de violência doméstica. Vício formal. (...)* ***A definição de regras sobre a tramitação das demandas judiciais e sua priorização, na medida em que reflete parte importante da prestação da atividade***

▸ **ART. 22. COMPETE PRIVATIVAMENTE À UNIÃO LEGISLAR SOBRE:**

jurisdicional pelo Estado, é aspecto abrangido pelo ramo processual do direito, cuja positivação foi atribuída pela CF privativamente à União (Art. 22, I, da CF/1988). *A lei em comento, conquanto tenha alta carga de relevância social, indubitavelmente, ao pretender tratar da matéria, invadiu esfera reservada da União para legislar sobre direito processual. A fixação do regime de tramitação de feitos e das correspondentes prioridades* ***é matéria eminentemente processual, de competência privativa da União, que não se confunde com matéria procedimental em matéria processual, essa, sim, de competência concorrente dos Estados-Membros."*** *(ADI 3.483, rel. min. Dias Toffoli, julgamento em 3-4-2014, Plenário, DJE de 14-5-2014.)*

5. *"Criação, por lei estadual, de varas especializadas em delitos praticados por organizações criminosas. (...) O conceito de 'crime organizado' é matéria reservada à competência legislativa da União, tema interditado à lei estadual, à luz da repartição constitucional (art. 22, I, da CRFB).* ***À lei estadual não é lícito, a pretexto de definir a competência da vara especializada, imiscuir-se na esfera privativa da União para legislar sobre regras de prevalência entre juízos (arts. 78 e 79 do CPP), matéria de caráter processual (art. 22, I, da CRFB).*** *(...)" (ADI 4.414, rel. min. Luiz Fux, julgamento em 31-5-2012, Plenário, DJE de 17-6-2013.)*

6. *"(...) a presente ação direta objetiva ver declarada a inconstitucionalidade do § 5º do art. 28 da Constituição do Estado do Rio Grande do Norte, que estabelece data-limite para o pagamento dos vencimentos 'dos servidores públicos estaduais e municipais, da administração direta, indireta, autárquica, fundacional, de empresa pública e de sociedade de economia mista', corrigindo-se monetariamente os seus valores se pagos em atraso. Sobre o tema, a jurisprudência desta Corte firmou entendimento no sentido de que a fixação, pelas Constituições dos Estados, de data para o pagamento dos vencimentos dos servidores estaduais e a previsão de correção monetária em caso de atraso não afrontam a CF. (...)*

No entanto, como bem apontado no acórdão que julgou a medida liminar, a Constituição do Rio Grande do Norte estende a obrigação aos servidores municipais e aos empregados celetistas de empresas públicas e sociedades de economia mista. Nesse ponto, a discussão transfere-se para a preservação de dois importantes valores constitucionais: a autonomia municipal e a competência da União para legislar em matéria de direito do trabalho. Especificamente quanto à imposição aos servidores municipais, caracteriza-se disposição de flagrante violação à autonomia administrativa e financeira municipal, disposta nos arts. 29; 30, I; e 34, VII, c, da CF. ***Relativamente aos empregados celetistas de empresas públicas e sociedades de economia mista, estabelece a Constituição, no seu art. 137, § 1º, II, a sujeição dos seus regimes jurídicos ao direito do trabalho, cuja competência para legislar é privativa da União (art. 22, I, da CF).*** *Assim, a redação do art. 28, § 5º, da Constituição estadual, ao prever obrigações relativas aos vencimentos dos servidores das sociedades estatais, matéria de âmbito trabalhista, extrapola sua competência legislativa." (ADI 144, voto do rel. min. Gilmar Mendes, julgamento em 19-2-2014, Plenário, DJE de 3-4-2014.)*

7. *"A competência legislativa atribuída aos Municípios se restringe a seus servidores estatutários. Não abrange ela os* ***empregados públicos, porque estes estão submetidos às normas de Direito do Trabalho, que, nos termos do inciso I do art. 22 da CF, são de competência privativa da União."*** *(RE 632.713-AgR, Rel. Min. Ayres Britto, julgamento em 17-5-2011, Segunda Turma, DJE de 26-8-2011.) Vide: RE 164.715, Rel. Min. Sepúlveda Pertence, julgamento em 13-6-1996, Plenário, DJ de 21-2-1997.*

► ART. 22. COMPETE PRIVATIVAMENTE À UNIÃO LEGISLAR SOBRE:

8. *"O Plenário julgou procedente pedido formulado em ação direta para confirmar medida cautelar e declarar a inconstitucionalidade do art. 40 do ADCT da Constituição do Estado de Minas Gerais (...). O Tribunal consignou que as empresas em questão estariam sujeitas a regime trabalhista, razão pela qual o* ***constituinte estadual não poderia tratar de temática relativa a direito do trabalho no âmbito de empresas públicas e de sociedades de economia mista.****"* (ADI 318, rel. min. Gilmar Mendes, julgamento em 19-2-2014, Plenário, Informativo 736).

9. "Instituição de **Sistema de Gerenciamento dos Depósitos Judiciais**. (...) Matéria que não se encontra entre aquelas reservadas à iniciativa legislativa do Poder Judiciário. Lei que versa sobre depósitos judiciais é de **competência legislativa exclusiva da União, por tratar de matéria processual (inciso I do art. 22 da CF).**" (ADI 2.909, Rel. Min. Ayres Britto, julgamento em 12-5-2010, Plenário, DJE de 11-6-2010.) Vide: ADI 2.855, Rel. Min. Marco Aurélio, julgamento em 12-5-2010, Plenário, DJE de 17-9-2010.

10. "Matéria concernente a relações de trabalho. Usurpação de **competência privativa da União**. Ofensa aos arts. 21, XXIV, e **22, I, da CF**. Vício formal caracterizado. (...) **É inconstitucional norma do Estado ou do Distrito Federal que disponha sobre proibição de revista íntima em empregados de estabelecimentos situados no respectivo território.**" (ADI 2.947, Rel. Min. Cezar Peluso, julgamento em 5-5-2010, Plenário, DJE de 10-9-2010.)

11. "Com efeito, nos termos do art. 22, I, da CF, **compete privativamente à União legislar sobre direito do trabalho, não estando ela obrigada a utilizar-se de lei complementar para disciplinar a matéria, que somente é exigida, nos termos do art. 7º, I, da mesma Carta, para regrar a dispensa imotivada.**" (ADI 3.934, voto do Rel. Min. Ricardo Lewandowski, julgamento em 27-5-2009, Plenário, DJE de 6-11-09.)

12. "Viola a **reserva de lei para dispor sobre norma de direito comercial** voltada à organização e estruturação das empresas públicas e das sociedades de economia mista norma constitucional estadual que estabelece **número de vagas, nos órgãos de administração das pessoas jurídicas, para ser preenchidas por representantes dos empregados.**" (ADI 238, Rel. Min. Joaquim Barbosa, julgamento em 24-2-2010, Plenário, DJE de 9-4-2010.)

13. "**Interrogatório do réu. Videoconferência.** (...) A Lei 11.819/2005 do Estado de São Paulo viola, flagrantemente, a disciplina do art. 22, I, da Constituição da República, que prevê a **competência** exclusiva **da União para legislar sobre matéria processual.**" (HC 90.900, Rel. p/ o ac. Min. Menezes Direito, julgamento em 30-10-2008, Plenário, DJE de 23- 10-2009.) No mesmo sentido: AI 820.070-AgR, Rel. Min. Joaquim Barbosa, julgamento em 7-12-2010, Segunda Turma, DJE de 1º-2-2011.

14. "A **exigência de depósito recursal prévio aos recursos do Juizado Especial Cível,** criada pelo art. 7º da Lei estadual (AL) 6.816/2007, constitui requisito de admissibilidade do recurso, **tema próprio de Direito Processual Civil e não de 'procedimentos em matéria processual' (art. 24, XI, CF).** Medida cautelar deferida para suspender a eficácia do art. 7º, caput, e respectivos parágrafos, da Lei 6.816/2007, do Estado de Alagoas." (ADI 4.161-MC, Rel. Min. Menezes Direito, julgamento em 29-10-2008, Plenário, DJE de 17-4-2009.)

15. "Transporte coletivo urbano. Veículos. Provisão de **dispositivos redutores de estresse e cansaço físico a motoristas e cobradores.** Obrigação das permissionárias de garantir descanso e prática de exercícios físicos. Inadmissibilidade. Competências legislativas exclusivas da União. **Ofensa aparente ao art. 22, I e XI, da CF.** [...]" (ADI 3.671-MC, Rel. Min. Cezar Peluso, julgamento em 28-8-2008, Plenário, DJE de 28-11-2008.)

16. "Art. 32, IV, da Lei sergipana 4.122/1999, que confere a delegado de polícia a **prerrogativa de ajustar com o juiz ou a autoridade competente a data, a hora e o local em que será**

▶ **ART. 22. COMPETE PRIVATIVAMENTE À UNIÃO LEGISLAR SOBRE:**

ouvido como testemunha ou ofendido em processos e inquéritos. (...) É competência privativa da União legislar sobre direito processual (...). *A persecução criminal, da qual fazem parte o inquérito policial e a ação penal, rege-se pelo direito processual penal. Apesar de caracterizar o inquérito policial uma fase preparatória e até dispensável da ação penal, por estar diretamente ligado à instrução processual que haverá de se seguir, é dotado de natureza processual, a ser cuidada, privativamente, por esse ramo do direito de competência da União."* (ADI 3.896, Rel. Min. Cármen Lúcia, julgamento em 4-6-2008, Plenário, DJE de 8-8-2008.)

17. *"Ação direta de inconstitucionalidade contra a Lei paranaense 13.519, de 8-4-2002, que estabelece* ***obrigatoriedade de informação, conforme especifica, nos rótulos de embalagens de café comercializado no Paraná. (...) Não há usurpação de competência da União para legislar sobre direito comercial e comércio interestadual porque o ato normativo impugnado buscou, tão somente, assegurar a proteção ao consumidor".*** (ADI 2.832, Rel. Min. Ricardo Lewandowski, julgamento em 7-5-2008, Plenário, DJE de 20-6-2008.)

18. *"Ação direta de inconstitucionalidade. Lei 1.314, de 1º-4-2004, do Estado de Rondônia, que impõe às empresas de construção civil, com obras no Estado, a* ***obrigação de fornecer leite, café e pão com manteiga aos trabalhadores que comparecerem com antecedência mínima de quinze minutos ao seu primeiro turno de labor. Usurpação da competência da União para legislar sobre direito do trabalho*** *(inciso I do art. 22). Ação julgada procedente."* (ADI 3.251, Rel. Min. Ayres Britto, julgamento em 18-6-2007, Plenário, DJ de 19-10-2007.)

19. *"Não ofende à CF ato normativo do TRE que veda a* ***utilização de simuladores de urna eletrônica como veículo de propaganda eleitoral.*** *Contudo, a determinação para a aplicação da* ***penalidade*** *estabelecida no art. 347 do Código Eleitoral aos infratores do comando normativo em análise* ***ofende a competência da União para legislar sobre direito penal (art. 22, I,*** *da CF/1988)."* (ADI 2.278, Rel. p/ o ac. Min. Joaquim Barbosa, julgamento em 15-2-2006, Plenário, DJ de 10-11-2006.)

20. ***"Implícito ao poder privativo da União de legislar sobre direito do trabalho está o de decretar feriados civis,*** *mediante lei federal ordinária, por envolver tal iniciativa consequências nas relações empregatícias e salariais. Precedentes: AI 20.423, Rel. Min. Barros Barreto, DJ de 24-6-1959 e Rep 1.172, Rel. Min. Rafael Mayer, DJ de 3-8-1984."* (ADI 3.069, Rel. Min. Ellen Gracie, julgamento em 24-11-2005, Plenário, DJ de 16-12-2005.)

21. ***"Mensalidades escolares. Fixação da data de vencimento. Matéria de direito contratual.*** *(...) Os serviços de educação, seja os prestados pelo Estado, seja os prestados por particulares, configuram serviço público não privativo, podendo ser desenvolvidos pelo setor privado independentemente de concessão, permissão ou autorização. Nos termos do* ***art. 22, I, da CB, compete à União legislar sobre Direito Civil."*** (ADI 1.007, Rel. Min. Eros Grau, julgamento em 31-8-2005, Plenário, DJ de 24-2-2006.)

22. *"À União, nos termos do disposto no art. 22, I, da CB, compete privativamente legislar sobre direito processual.* ***Lei estadual que dispõe sobre atos de juiz, direcionando sua atuação em face de situações específicas, tem natureza processual e não meramente procedimental."*** (ADI 2.257, Rel. Min. Eros Grau, julgamento em 6-4-2005, Plenário, DJ de 26-8-2005.)

23. *"Invade a* ***competência da União, norma estadual que disciplina matéria referente ao valor que deva ser dado a uma causa,*** *tema especificamente inserido no campo do* ***Direito Processual."*** (ADI 2.655, Rel. Min. Ellen Gracie, julgamento em 9-3-2004, Plenário, DJ de 26-3-2004.)

24. *"Natureza jurídica da* ***reclamação*** *não é a de um recurso, de uma ação e nem de um incidente processual. Situa-se ela no* ***âmbito do direito constitucional de petição*** *previsto no art. 5º, XXXIV, da CF. Em consequência, a* ***sua adoção pelo Estado-membro, pela via legislativa***

▶ ART. 22. COMPETE PRIVATIVAMENTE À UNIÃO LEGISLAR SOBRE:

local, não implica em invasão da competência privativa da União para legislar sobre Direito Processual (art. 22, I, da CF)." (ADI 2.212, Rel. Min. Ellen Gracie, julgamento em 2-10-2003, Plenário, DJ de 14-11-2003.)

25. "**Edição, comercialização e distribuição do vale-transporte. Contrariedade ao art. 22, I, da Carta da República.** A norma fluminense sob enfoque, ao dispor sobre **direito de índole trabalhista**, regulado por legislação federal própria (Lei 7.418/1985), invadiu competência legislativa da União, expressa no mencionado dispositivo da Carta da República." (ADI 601, Rel. Min. Ilmar Galvão, julgamento em 1º-8-2002, Plenário, DJ de 20-9-2002.)

26. "**Estacionamento de veículos em áreas particulares. Lei estadual que limita o valor das quantias cobradas pelo seu uso. Direito Civil. Invasão de competência privativa da União.** Hipótese de inconstitucionalidade formal por invasão de competência privativa da União para legislar sobre Direito Civil (CF, art. 22, I). Enquanto a União regula o direito de propriedade e estabelece as regras substantivas de intervenção no domínio econômico, os outros níveis de governo apenas exercem o policiamento administrativo do uso da propriedade e da atividade econômica dos particulares, tendo em vista, sempre, as normas substantivas editadas pela União." (ADI 1.918, Rel. Min. Maurício Corrêa, julgamento em 23-8-2001, Plenário, DJ de 1º-8-2003.)

27. "**O Plenário, por maioria, julgou procedente pedido formulado em ação direta para declarar a inconstitucionalidade da Lei 16.785/2011, do Estado do Paraná. O diploma regulamenta a cobrança de estacionamento de veículos no Estado-Membro.** O Ministro Gilmar Mendes (relator), no que acompanhado pelo Ministro Marco Aurélio, concluiu pela inconstitucionalidade formal da lei. Remeteu a precedentes do STF para reafirmar que **a disciplina acerca da exploração econômica de estacionamentos privados refere-se a direito civil. Em jogo, portanto, a competência privativa da União (CF, art. 22, I).** O Ministro Marco Aurélio também frisou a indevida intervenção da norma na iniciativa privada, a implicar vício material. Por sua vez, o Ministro Roberto Barroso acompanhou o relator somente quanto à parte dispositiva, pois assentava a inconstitucionalidade material da norma. Reputou que a lei estabelece parâmetros para cobrança de estacionamento. Logo, trata de direito do consumidor. Porém, ao fazê-lo viola o princípio da livre iniciativa. Votaram nesse mesmo sentido as Ministras Cármen Lúcia e Rosa Weber. Vencidos os Ministros Edson Fachin, que julgava o pleito improcedente, por considerar que a lei cuida de relação de consumo; Luiz Fux e Ricardo Lewandowski (Presidente), que o acolhiam parcialmente. Entendiam que a lei, em seus artigos 1º e 2º ("Art 1º. Fica assegurada aos consumidores usuários de estacionamento de veículos localizados no âmbito do estado do Paraná, a cobrança proporcional ao tempo de serviço efetivamente prestado para a guarda do veículo, devendo a proporcionalidade ser calculada de acordo com a fração de hora utilizada, sem prejuízo dos demais direitos em face aos prestadores do serviço. Art. 2º. O cálculo do serviço de estacionamento deverá ser feito de acordo com a efetiva permanência do veículo"), ao tratar de direito do consumidor, o faria de maneira compatível com a Constituição. ADI 4862/PR, rel. Min. Gilmar Mendes, 18.8.2016.

II - desapropriação;

• ***Jurisprudência do STF:***

1. "*É inconstitucional, por invadir a competência legislativa da União e violar o princípio da separação dos poderes, norma distrital que submeta as desapropriações, no âmbito do Distrito Federal, à aprovação prévia da Câmara Legislativa do Distrito Federal.*" (ADI 969, Rel. Min. Joaquim Barbosa, julgamento em 27-9-2006, Plenário, DJ de 20-10-2006.)

III - requisições civis e militares, em caso de iminente perigo e em tempo de guerra;

▶ ART. 22. COMPETE PRIVATIVAMENTE À UNIÃO LEGISLAR SOBRE:

• **Jurisprudência do STF:**

1. "O texto impugnado permite à **administração utilizar em serviços de inteligência veículos particulares apreendidos.** Como a regra não especifica os motivos pelos quais os veículos passíveis de utilização foram retirados da esfera de uso e gozo de seus proprietários, a permissão se estende aos veículos apreendidos não apenas em razão de infração de trânsito, mas de outras violações, como a da ordem tributária. Ao assim prescrever, a Lei 8.493/2004 **viola o direito constitucional ao devido processo legal que leva à perda compulsória da propriedade ou do direito de uso e gozo (posse), cuja positivação no campo infraconstitucional é atribuída à União, seja no campo da legislação de trânsito ou não (arts. 5º, caput, XXV e XLV, e 22, I, III e XI, da Constituição).** (...) **Nos termos da Constituição, compete à União legislar sobre direito penal (perdimento de bens), processual (apreensão), requisição civil (uso de bens particulares enquanto não declarado o perdimento ou resolvida a situação lesiva, e devolvido o bem ao proprietário) e de trânsito.** Portanto, não poderia o Estado-Membro criar hipóteses semelhantes à requisição administrativa para aplicação no período em que o veículo aguarda definição de sua alienação compulsória ou de retorno ao proprietário." (ADI 3.639, voto do rel. min. Joaquim Barbosa, julgamento em 23-5-2013, Plenário, DJE de 7-10-2013.)

IV – **águas, energia**, informática, telecomunicações e radiodifusão;

• **Jurisprudência do STF:**

1. **"O texto constitucional não impede a edição de legislação estadual ou municipal que – sem ter como objeto principal a prestação dos serviços de telecomunicações – acabe por produzir algum impacto na atividade desempenhada pelas concessionárias de serviço público federal.** (...) Esse não é o caso da norma contestada, a qual institui obrigação diretamente relacionada ao objeto da concessão do serviço móvel pessoal. Ao determinar que as empresas forneçam à polícia judiciária informações sobre a localização de aparelhos de telefonia móvel, estabelecendo prazos, dispondo acerca do uso dos números de emergência e impondo o pagamento de multa, se houver descumprimento, o legislador estadual atua no núcleo da regulação da atividade de telecomunicações, de competência da União, no que a esta última cabe disciplinar o uso e a organização desses serviços." (ADI 4.739-MC, voto do rel. min. Marco Aurélio, julgamento em 7-2-2013, Plenário, DJE de 30-9-2013.)

2. "Art. 1º, caput e § 1º, da **Lei 5.934, de 29-3- 2011, do Estado do Rio de Janeiro, o qual dispõe sobre a possibilidade de acúmulo das franquias de minutos mensais ofertados pelas operadoras de telefonia**, determinando a transferência dos minutos não utilizados no mês de sua aquisição, enquanto não forem utilizados, para os meses subsequentes. **Competência privativa da União para legislar sobre telecomunicações. Violação do art. 22, IV, da CF.**" (ADI 4.649-MC, Rel. Min. Dias Toffoli, julgamento em 28-9-2011, Plenário, DJE de 21-11-2011.

3. "(...) as **Leis fluminenses** 3.915/2002 e 4.561/2005, **ao obrigarem as concessionárias dos serviços de telefonia fixa, energia elétrica, água e gás a instalar medidores de consumo, intervêm na relação firmada entre a União e suas concessionárias, pelo que contrariam os arts. 21, XI e XII, b; e 22, IV, da Constituição da República.**" (ADI 3.558, voto da Rel. Min. Cármen Lúcia, julgamento em 17-3-2011, Plenário, DJE de 6-5-2011.)

4. A **Lei distrital** 4.116/2008 **proíbe as empresas de telecomunicações de cobrarem taxas para a instalação do segundo ponto de acesso à internet.** O art. 21, XI, da Constituição da República estabelece que compete à União explorar, diretamente ou mediante autorização, concessão ou permissão, os serviços de telecomunicações, enquanto o **art. 22, IV, da Constituição da República** dispõe ser da competência privativa da União legislar sobre telecomunicações. **Ainda que ao argumento de defesa do consumidor, não pode lei distrital impor a uma concessionária federal novas obrigações não antes previstas no contrato por ela firmado com a União.**" (ADI 4.083, Rel. Min. Cármen Lúcia, julgamento em 25-11-2010, Plenário, DJE de 14-12-2010.)

▶ ART. 22. COMPETE PRIVATIVAMENTE À UNIÃO LEGISLAR SOBRE:

5. **"Lei 10.248/1993 do Estado do Paraná, que obriga os estabelecimentos que comercializem Gás Liquefeito de Petróleo (GLP) a pesarem, à vista do consumidor, os botijões ou cilindros** entregues ou recebidos para substituição, com abatimento proporcional do preço do produto ante a eventual verificação de diferença a menor entre o conteúdo e a quantidade líquida especificada no recipiente. **Inconstitucionalidade formal, por ofensa à competência privativa da União para legislar sobre o tema (CF/1988, art. 22, IV,** e art. 238). Violação ao princípio da proporcionalidade e razoabilidade das leis restritivas de direitos." (ADI 855, Rel. p/ o ac. Min. Gilmar Mendes, julgamento em 6-3-2008, Plenário, DJE de 27-3-2009.)

6. **"A Lei distrital 3.596 é inconstitucional, visto que dispõe sobre matéria de competência da União, criando obrigação não prevista nos respectivos contratos de concessão do serviço público, a serem cumpridas pelas concessionárias de telefonia fixa - art. 22, IV, da CB."** (ADI 3.533, Rel. Min. Eros Grau, julgamento em 2-8-2006, Plenário, DJ de 6-10-2006.)

7. **"Lei estadual que disponha sobre bloqueadores de sinal de celular em presídio invade a competência da União para legislar sobre telecomunicações.** Com base nesse entendimento, o Plenário, em apreciação conjunta e por maioria, declarou a inconstitucionalidade da Lei 3.153/2005 do Estado do Mato Grosso do Sul e da Lei 15.829/2012 do Estado de Santa Catarina. E, com a conversão de referendo de medida cautelar em julgamento de mérito, também por decisão majoritária, reputou inconstitucionais a Lei 4.650/2015 do Estado do Mato Grosso do Sul, o art. 1º, "caput" e parágrafo único, e o art. 2º, "caput" e parágrafo único, da Lei 13.189/2014 do Estado da Bahia, e a Lei 18.293/2014 do Estado do Paraná. **A Corte afirmou que, ao determinar às empresas de telefonia a instalação de equipamentos para interrupção de sinal nas unidades prisionais, o legislador local instituíra obrigação diretamente relacionada ao objeto da concessão do serviço móvel pessoal. Dessa forma, teria atuado no núcleo da regulação da atividade de telecomunicações, de competência da União, já que a ela caberia disciplinar a transmissão de sinais no campo eletromagnético de maneira adequada (CF, art. 21, XI e 175, IV).** Além disso, o STF teria declarado a inconstitucionalidade formal e suspendido a vigência de normas estaduais e distritais que teriam interferido diretamente na prestação da atividade desempenhada pelas concessionárias de serviços de telecomunicação, sob o fundamento de que, em situações a envolver possível interdisciplinaridade, as questões relacionadas ao interesse geral ou nacional deveriam ser tratadas de maneira uniforme no País inteiro. A disciplina dos serviços públicos que funcionariam em todo o território caberia à União. Seria com amparo nessa ideia que a doutrina proporia a denominada prevalência do interesse como critério para a solução de conflitos, reconhecendo-se a competência da União quando a matéria transcender os interesses locais e regionais. Os procedimentos concernentes à operação de telefonia celular e ao bloqueio de sinal, em determinadas áreas, poderiam afetar diretamente a qualidade da prestação do serviço para a população circundante, tema a demandar tratamento uniforme em todo o País, ainda que a finalidade do legislador estadual fosse a segurança pública. Ademais, a legislação estadual não trataria propriamente de direito penitenciário, mas da relação dos estabelecimentos penitenciários com um serviço externo, serviço de telecomunicações. Seria, portanto, inegável que a questão teria alguma conexão com a segurança pública, mas seu grande objetivo seria econômico. Os Estados teriam interesse em transferir os custos do bloqueio de sinal para as prestadoras do serviço. O Tribunal observou que, o fundamento da legislação estadual pouco ou nada teria a ver com peculiaridades locais. A utilização de telefones no interior de estabelecimentos prisionais como meio para a prática de crimes seria uma questão nacional. Nesse campo, tratamentos diferentes pelas diversas unidades da federação não se justificariam como resposta customizada a realidades não

▸ ART. 22. COMPETE PRIVATIVAMENTE À UNIÃO LEGISLAR SOBRE:
semelhantes. Vencidos os Ministros Edson Fachin, Roberto Barroso e Rosa Weber, que julgavam improcedente os pedidos. Pontuavam que a distribuição de competência entre os diversos entes federativos, à luz do federalismo cooperativo inaugurado pela Constituição de 1988, não se satisfaria somente com o princípio informador da predominância de interesses. Ponderavam existir espaços de indeterminação, nos quais os entes, embora fossem legitimados a agir com autonomia, poderiam sobrepor-se a áreas de competências de outros entes. Nessas situações, a regra de circunscrever-se à territorialidade não atenderia plenamente o conflito existente entre elas. **No caso, não obstante a lei local indiretamente tivesse ponto de contato com o tema das telecomunicações, versaria, materialmente, sobre questões afeitas à competência concorrente dos Estados-membros como direito penitenciário, segurança pública e consumo. Inexistiria, dessa forma, afastamento claro de tal competência legislativa dos Estados-Membros pela legislação federal que regeria as telecomunicações.** STF. ADI 3835/MS, rel. Min. Marco Aurélio, 3.8.2016."
V – serviço postal;
VI – sistema monetário e de medidas, títulos e garantias dos metais; • **Jurisprudência do STF:** 1. **"Conversão, em URV, da remuneração dos servidores públicos estaduais – Aplicabilidade da Lei 8.880/1994, editada pela União Federal – Competência privativa da União para legislar sobre sistema monetário (CF, art. 22, VI)** (...) A União Federal, no sistema de repartição constitucional de competências estatais, pode exercer, legitimamente, as atribuições enumeradas que lhe foram conferidas, em caráter privativo, pela Carta Política, sem que a prática dessa competência institucional implique transgressão à prerrogativa básica da autonomia político-jurídica constitucionalmente reconhecida aos Estados-membros. Precedentes. Hipótese em que a União Federal exerceu, validamente, a competência que a Carta Política lhe atribuiu, para legislar, privativamente, sobre o sistema monetário (CF, art. 22, VI)." (RE 505.795-AgR, Rel. Min. Celso de Mello, julgamento em 13-3-2007, Segunda Turma, DJ de 22-6-2007.)
VII – política de crédito, câmbio, seguros e transferência de valores; • **Jurisprudência do STF:** 1. "Ação direta de inconstitucionalidade. **Lei estadual que regula obrigações relativas a serviços de assistência médico-hospitalar regidos por contratos de natureza privada, universalizando a cobertura de doenças** (Lei 11.446/1997 do Estado de Pernambuco). Vício formal. **Competência privativa da União para legislar sobre direito civil, comercial e sobre política de seguros** (CF, art. 22, I e VII). Precedente: ADI 1.595-MC/SP, Rel. Min. Nelson Jobim, DJ de 19-12-2002, Pleno, maioria." (ADI 1.646, Rel. Min. Gilmar Mendes, julgamento em 2-8-2006, Plenário, DJ de 7-12-2006.)
VIII – comércio exterior e **interestadual**; • **Jurisprudência do STF:** 1. "Ação direta de inconstitucionalidade contra a integralidade da Lei estadual 8.299, de 29-1-2003, que dispõe sobre escoamento do sal marinho produzido no Rio Grande do Norte. Presença dos pressupostos da ação. Suspensão gradativa do escoamento de sal marinho não beneficiado para outras unidades da Federação. Inconstitucionalidade dos arts. 6º e 7º da lei impugnada por usurpação de competência privativa da União (art. 22, VIII, da Constituição). Precedentes." (ADI 2.866 e ADI 3.001, Rel. Min. Gilmar Mendes, julgamento em 12-5-2010, Plenário, DJE de 6-8-2010.) 2. **"Ação direta de inconstitucionalidade contra Lei paranaense 13.519, de 8-4-2002, que estabelece obrigatoriedade de informação, conforme especifica, nos rótulos de embalagens**

▶ **ART. 22. COMPETE PRIVATIVAMENTE À UNIÃO LEGISLAR SOBRE:**

de café comercializado no Paraná. (...) Não há usurpação de competência da União para legislar sobre direito comercial e comércio interestadual porque o ato normativo impugnado buscou, tão somente, assegurar a proteção ao consumidor. Precedente deste Tribunal (ADI 1.980-MC, Rel. Min. Sydney Sanches) no sentido de que não invade esfera de competência da União, para legislar sobre normas gerais, lei paranaense que assegura ao consumidor o direito de obter informações sobre produtos combustíveis. Afronta ao texto constitucional indireta na medida em que se mostra indispensável o exame de conteúdo de outras normas infraconstitucionais, no caso, o Código do Consumidor. (...) Ação julgada parcialmente procedente apenas no ponto em que a lei impugnada estende os seus efeitos a outras unidades da Federação." (ADI 2.832, Rel. Min. Ricardo Lewandowski, julgamento em 7-5-2008, Plenário, DJE de 20-6-2008.)

IX – diretrizes da política nacional de transportes;

• ***Jurisprudência do STF:***

1. ***"É inconstitucional a lei distrital que torna obrigatória, sob pena pecuniária a ser definida pelo Poder Executivo, a iluminação interna dos veículos fechados, no período das dezoito às seis horas, quando se aproximem de blitz ou barreira policial."*** (ADI 3.625, Rel. Min. Cezar Peluso, julgamento em 4-3-2009, Plenário, DJE de 15-5-2009.)

2. ***Trânsito: idade mínima para habilitação a conduzir veículo automotor: matéria de competência privativa da União: inconstitucionalidade de legislação estadual a respeito."*** (ADI 476, Rel. Min. Sepúlveda Pertence, julgamento em 18-2-1999, Plenário, DJ de 9-4-1999.)

X – regime dos portos, navegação lacustre, fluvial, marítima, aérea e aeroespacial;

XI – **trânsito e transporte;**

• ***Jurisprudência do STF:***

1. "Lei 7.723/1999 do Estado do Rio Grande do Norte. ***Parcelamento de multas de trânsito. Inconstitucionalidade formal.*** Esta Corte, em pronunciamentos reiterados, assentou ter a CB conferido exclusivamente à União a competência para legislar sobre trânsito, sendo certo que ***os Estados-membros não podem, até o advento da lei complementar prevista no parágrafo único do art. 22 da CB/1988, legislar a propósito das matérias relacionadas no preceito."*** (ADI 2.432, Rel. Min. Eros Grau, julgamento em 9-3-2005, Plenário, DJ de 23-9-2005.)

2. ***"Legislação sobre trânsito****: competência privativa federal:* ***CF, art. 22, XI.*** Lei 11.766, de 1997, do ***Estado do Paraná, que torna obrigatório a qualquer veículo automotor transitar permanentemente com os faróis acesos nas rodovias do Estado do Paraná***, impondo a pena de multa aos que descumprirem o preceito legal: ***inconstitucionalidade, porque a questão diz respeito ao trânsito."*** (ADI 3.055, Rel. Min. Carlos Velloso, julgamento em 24-11-2005, Plenário, DJ de 3-2-2006.)

3. "(...) a Lei estadual 5.839/1999, ao condicionar a imposição de multa à ***notificação via Correios, não trata de legislação de trânsito***, mas de processo administrativo. Trata-se de mera pretensão fiscal, e não do exercício da ação fiscal. O Fisco só exercerá sua pretensão após o recebimento de notificação. Norma estatal que confere máxima efetividade do direito de defesa (CF, art. 5º, LV)." (ADI 2.374, Rel. Min. Gilmar Mendes, julgamento em 6-10-2004, Plenário, DJ de 16-2-2007.)

4. ***"Revestem-se de constitucionalidade as Leis 5.717/1998 e 6.931/2001 do Estado do Espírito Santo, que autorizam a utilização, pela polícia militar ou pela polícia civil estadual, de veículos apreendidos e não identificados quanto à procedência e à propriedade, exclusivamente no trabalho de repressão penal.*** Essa a orientação do Plenário que, em conclusão, por maioria, julgou improcedente pedido formulado em ação direta de inconstitucionalidade ajuizada

▸ ART. 22. COMPETE PRIVATIVAMENTE À UNIÃO LEGISLAR SOBRE:

contra as mencionadas normas – v. Informativos 701 e 706. ***Avaliou-se não se tratar de matéria correlata a trânsito, mas concernente à administração.*** *Recordou-se que norma do Código de Trânsito Brasileiro permitiria que veículos fossem levados a hasta pública, embora constituísse permissão que nem sempre ocorreria. Destacou-se que as normas disporiam sobre a* ***regulação no plano estritamente administrativo, na esfera de autonomia do Estado-Membro.*** *(ADI 3.327, rel. p/ o ac. min. Cármen Lúcia, julgamento em 8-8-2013, Plenário, Informativo 714.) Vide: ADI 3.639, rel. min. Joaquim Barbosa, julgamento em 23-5-2013, Plenário, DJE de 7-10-2013.*

5. *"Violação da competência privativa da União para legislar sobre trânsito e transporte.* *(...) Inconstitucionalidade formal da* ***Lei 10.521/1995 do Estado do Rio Grande do Sul, a qual dispõe sobre a obrigatoriedade do uso de cinto de segurança e proíbe os menores de dez anos de viajar nos bancos dianteiros dos veículos que menciona."*** *(ADI 2.960, rel. min. Dias Toffoli, julgamento em 11-4-2013, Plenário, DJE de 9-5-2013.) Vide: ADI 874, Rel. Min. Gilmar Mendes, julgamento em 3-2-2011, Plenário, DJE de 28-2-2011.*

6. *"Ação direta de inconstitucionalidade.* ***Lei 6.457/1993 do Estado da Bahia. Obrigatoriedade de instalação de cinto de segurança em veículos de transporte coletivo. Matéria relacionada a trânsito e transporte. Competência exclusiva da União (CF, art. 22, XI).*** *Inexistência de lei complementar para autorizar os Estados a legislar sobre questão específica, nos termos do art. 22, parágrafo único, da CF." (ADI 874, Rel. Min. Gilmar Mendes, julgamento em 3-2-2011, Plenário, DJE de 28-2-2011.)*

7. *"Ação direta de inconstitucionalidade. Lei 3.279/1999 do Estado do Rio de Janeiro, que dispõe sobre o cancelamento de multas de trânsito anotadas em rodovias estaduais em certo período relativas a determinada espécie de veículo. Inconstitucionalidade formal. (...)* *O cancelamento de toda e qualquer infração é anistia, não podendo ser confundido com o poder administrativo de anular penalidades irregularmente impostas, o qual pressupõe exame individualizado.* ***Somente a própria União pode anistiar ou perdoar as multas aplicadas pelos órgãos responsáveis, restando patente a invasão da competência privativa da União no caso em questão."*** *(ADI 2.137, rel. min. Dias Toffoli, julgamento em 11-4-2013, Plenário, DJE de 9-5-2013.)*

8. *"A Associação Nacional de Transportes de Cargas e Logísticas narra que, a partir da* ***Lei 12.684, de 26-6-2007, do Estado de São Paulo – que proibiu o uso de produtos, materiais ou artefatos que contenham quaisquer tipos de amianto ou asbesto no âmbito estadual –, o governador aquele Estado, agentes de fiscalização do Ministério do Trabalho e Juízos e Tribunais do Trabalho,*** *estes últimos mediante decisões judiciais,* ***estão coibindo o transporte de produtos à base de amianto do tipo crisotila provenientes de outros Estados da Federação.*** *[...]* ***Observem caber à União legislar privativamente sobre transporte – e, a meu ver, aí se encontra inserido o transporte de cargas perigosas, como o amianto*** *– e sobre comércio interestadual e internacional. Reparem inexistir lei complementar delegando aos Estados a disciplina do tema, como se poderia cogitar ante a redação do parágrafo único do art. 22 da Lei Maior. ((ADPF 234-MC, voto do Rel. Min. Marco Aurélio, julgamento em 28-9-2011, Plenário, DJE de 6-2-2012).*

9. *"Competência legislativa exclusiva da União. (...)* ***É inconstitucional a lei distrital ou estadual que comine penalidades a quem seja flagrado em estado de embriaguez na condução de veículo automotor."*** *(ADI 3.269, Rel. Min. Cezar Peluso, julgamento em 1º-8-2011, Plenário, DJE de 22-9-2011.)*

▶ **ART. 22. COMPETE PRIVATIVAMENTE À UNIÃO LEGISLAR SOBRE:**

10. "Ação direta de inconstitucionalidade. **Lei distrital 3.787, de 2-2-2006, que cria, no âmbito do Distrito Federal, o sistema de moto-service** – transporte remunerado de passageiros com uso de motocicletas: **inconstitucionalidade declarada por usurpação da competência privativa da União para legislar sobre trânsito e transporte** (CF, art. 22, XI). Precedentes: ADI 2.606, Plenário, Rel. Min. Maurício Corrêa, DJ de 7-2-2003; ADI 3.136, 1º-8-2006, Rel. Min. Ricardo Lewandowski; ADI 3.135, 1º-8-2006, Rel. Min. Gilmar Mendes." (ADI 3.679, Rel. Min. Sepúlveda Pertence, julgamento em 18-6-2007, Plenário, DJ de 3-8-2007. Vide: ADI 3.610, Rel. Min. Cezar Peluso, julgamento em 1º-8-2011, Plenário, DJE de 22-9-2011.

11. "(...) a **Lei estadual 5.839/1999, ao condicionar a imposição de multa à notificação via Correios, não trata de legislação de trânsito, mas de processo administrativo. Trata-se de mera pretensão fiscal**, e não do exercício da ação fiscal. O Fisco só exercerá sua pretensão após o recebimento de notificação. **Norma estatal que confere máxima efetividade do direito de defesa** (CF, art. 5º, LV)." (ADI 2.374, Rel. Min. Gilmar Mendes, julgamento em 6-10-2004, Plenário, DJ de 16-2-2007.)

12. "Ação direta de inconstitucionalidade. **Lei distrital 2.929/2002, que dispõe sobre o prazo para vigência da aplicação de multas a veículos no Distrito Federal em virtude da reclassificação de vias. Usurpação de competência legislativa privativa da União.**" (ADI 3.186, Rel. Min. Gilmar Mendes, julgamento em 16-11-2005, Plenário, DJ de 12-5-2006.)

13. **"Lei 3.756/2002 do Estado do Rio de Janeiro, que autoriza o Poder Executivo a apreender e desemplacar veículos de transporte coletivo de passageiros encontrados em situação irregular: constitucionalidade, porque a norma legal insere-se no poder de polícia do Estado."** (ADI 2.751, Rel. Min. Carlos Velloso, julgamento em 31-8-2005, Plenário, DJ de 24-2-2006.)

14. O **controle da baixa de registro e do desmonte e comercialização de veículos irrecuperáveis é tema indissociavelmente ligado ao trânsito** e a sua segurança, pois tem por finalidade evitar que unidades automotivas vendidas como sucata – como as sinistradas com laudo de perda total – sejam reformadas e temerariamente reintroduzidas no mercado de veículos em circulação." (ADI 3.254, Rel. Min. Ellen Gracie, julgamento em 16-11-2005, Plenário, DJ de 2-12-2005.)

15. **"Lei 11.824, de 14-8-2002, do Estado do Rio Grande do Sul. Inconstitucionalidade. O disciplinamento da colocação de barreiras eletrônicas para aferir a velocidade de veículos, por inserir-se na matéria trânsito, é de competência exclusiva da União (art. 22, XI, da CF/1988)."** (ADI 2.718, Rel. Min. Joaquim Barbosa, julgamento em 6-4-2005, Plenário, DJ de 24-6-2005.)

16. **"Fretamento de ônibus para o transporte com finalidade turística, ou para o atendimento do turismo no Estado.** Transporte ocasional de turistas, que reclamam **regramento por parte do Estado-membro, com base no seu poder de polícia administrativa, com vistas à proteção dos turistas e do próprio turismo. CF, art. 25, § 1º. Inocorrência de ofensa à competência privativa da União para legislar sobre trânsito e transporte** (CF, art. 22, XI)." (RE 201.865, Rel. Min. Carlos Velloso, julgamento em 28-10-2004, Plenário, DJ de 4-2-2005.)

17. Ofensa ao art. 22, XI, da CF. Ação julgada procedente. Precedentes. **É inconstitucional a lei estadual que, sob pretexto de autorizar concessão de serviços, dispõe sobre inspeção técnica de veículos para avaliação de condições de segurança e controle de emissões de poluentes e ruídos."** (ADI 3.049, Rel. Min. Cezar Peluso, julgamento em 4-6-2007, Plenário, DJ de 24-8-2007.) No mesmo sentido: ADI 1.972-MC Rel. p/ o ac. Min. Nelson Jobim, julgamento em 16-6-1999, Plenário, DJ de 9-11-2007; ADI 1.666-MC, Rel. Min. Carlos Velloso, julgamento em 16-6-1999, Plenário, DJ de 27-2-2004.

▸ ART. 22. COMPETE PRIVATIVAMENTE À UNIÃO LEGISLAR SOBRE:
18. ***"Trânsito: competência legislativa privativa da União: inconstitucionalidade da lei estadual que fixa limites de velocidade nas rodovias do Estado-membro ou sob sua administração."*** *(ADI 2.582, Rel. Min. Sepúlveda Pertence, julgamento em 19-3-2003, Plenário, DJ de 6-6-2003.)*   19. ***"Transporte de trabalhadores. Competência legislativa da União. Os mencionados dispositivos constitucionais paulistas, ao regularem matéria relativa aos transportes, invadiram competência legislativa privativa da União*** *(art. 22, XI, da CF), o que fica mais evidente ante o disciplinado pelo Código de Trânsito Brasileiro (art. 230, II)." (ADI 403, Rel. Min. Ilmar Galvão, julgamento em 1-7-2002, Plenário, DJ de 27-9-2002.)*   20. *"Legislação sobre trânsito: competência privativa federal: CF, art. 22, XI.* ***Lei 6.908, de 1997, do Estado do Mato Grosso, que autoriza o uso de película de filme solar nos vidros dos veículos: sua inconstitucionalidade, porque a questão diz respeito ao trânsito."*** *(ADI 1.704, Rel. Min. Carlos Velloso, julgamento em 1º-8-2002, Plenário, DJ de 20-9-2002.)*
XII – jazidas, minas, outros recursos minerais e metalurgia;
XIII – nacionalidade, cidadania e naturalização;
XIV – populações indígenas;
XV – emigração e imigração, entrada, extradição e expulsão de estrangeiros;
XVI – organização do sistema nacional de emprego e condições para o exercício de profissões;
XVII – **organização judiciária, do Ministério Público do Distrito Federal e dos Territórios e da Defensoria Pública dos Territórios, bem como organização administrativa destes;** (Redação dada pela Emenda Constitucional nº 69, de 2012) (Produção de efeito)   • ***Jurisprudência do STF***   1. ***"Profissionais fisioterapeutas e terapeutas ocupacionais. Carga horária. Lei 8.856/1994. Competência privativa da União para legislar sobre condições de trabalho."*** *(ARE 758.227-AgR, rel. min. Cármen Lúcia, julgamento em 29-10-2013, Segunda Turma, DJE de 4-11-2013.)*   2. ***"Lei distrital 3.136/2003, que 'disciplina a atividade de transporte de bagagens nos terminais rodoviários do Distrito Federal'.*** *(...) Quanto à* ***violação ao art. 22, XVI, da CF,*** *na linha dos precedentes do STF, verifica-se a inconstitucionalidade formal dos arts. 2º e 8º do diploma impugnado por versarem sobre* ***condições para o exercício da profissão."*** *(ADI 3.587, Rel. Min. Gilmar Mendes, julgamento em 12-12-2007, Plenário, DJE de 22-2-2008.)*
XVIII – sistema estatístico, sistema cartográfico e de geologia nacionais;
XIX – sistemas de poupança, captação e garantia da poupança popular;
XX – **sistemas de consórcios e sorteios;**   • ***Jurisprudência do STF:***   1. *"É inconstitucional a lei ou ato normativo estadual ou distrital que disponha sobre consórcios e sorteios, inclusive bingos e loterias"* ***(Súmula vinculante 2).***   2. ***"A cláusula de competência inscrita no art. 22, XX, da Constituição da República atribui máximo coeficiente de federalidade ao tema dos 'sorteios' (expressão que abrange os jogos de azar, as loterias e similares), em ordem a afastar, nessa específica matéria, a possibilidade constitucional de legítima regulação normativa, ainda que concorrente, por parte dos Estados-membros, do Distrito Federal ou dos Municípios.*** *Não assiste, ao Estado-membro, bem*

▶ ART. 22. COMPETE PRIVATIVAMENTE À UNIÃO LEGISLAR SOBRE:

assim ao Distrito Federal, competência para legislar, por autoridade própria, sobre qualquer modalidade de loteria ou de serviços lotéricos. (ADI 2.995, Rel. Min. Celso de Mello, julgamento em 13-12-2006, Plenário, DJ de 28-9-2007.)

XXI - normas gerais de organização, efetivos, material bélico, garantias, convocação, mobilização, inatividades e pensões das polícias militares e dos corpos de bombeiros militares; (Redação dada pela Emenda Constitucional nº 103, de 2019)

• ***Jurisprudência do STF:***

*1. **A regulamentação das promoções dos policiais militares** é tratada em leis que dispõem sobre normas gerais de organização das polícias militares, as quais, por sua vez, estão **sob reserva de lei federal (CF, art. 22, XXI).**" (ADI 1.540, Rel. Min. Maurício Corrêa, julgamento em 25-6-1997, Plenário, DJ de 16-11-2001.)*

XXII - competência da polícia federal e das polícias rodoviária e ferroviária federais;

XXIII - **seguridade social**;

XXIV - **diretrizes e bases** da educação nacional;

• ***Jurisprudência do STF:***

*1. "Competência concorrente entre a União, que define as normas gerais e os entes estaduais e Distrito Federal, que fixam as especificidades, os modos e meios de cumprir o quanto estabelecido no art. 24, IX, da Constituição da República, ou seja, para legislar sobre educação. **O art. 22, XXIV, da Constituição da República enfatiza a competência privativa do legislador nacional para definir as diretrizes e bases da educação nacional, deixando as singularidades no âmbito de competência dos Estados e do Distrito Federal.**" (ADI 3.669, Rel. Min. Cármen Lúcia, julgamento em 18-6-2007, Plenário, DJ de 29-6-2007.)*

XXV - registros públicos;

XXVI - atividades nucleares de qualquer natureza;

• ***Jurisprudência do STF:***

*1. **Ao estabelecer a prévia aprovação da Assembleia Legislativa estadual, ratificada por plebiscito, como requisito para a implantação de instalações industriais para produção de energia nuclear no Estado, invade a Constituição catarinense a competência legislativa privativa da União.**" (ADI 329, Rel. Min. Ellen Gracie, julgamento em 1-4-2004, Plenário, DJ de 28-5-2004.)*

XXVII - **normas gerais** de licitação e contratação, em todas as modalidades, para as administrações públicas diretas, autárquicas e fundacionais da União, Estados, Distrito Federal e Municípios, obedecido o disposto no art. 37, XXI, e para as empresas públicas e sociedades de economia mista, nos termos do art. 173, § 1º, III; (Redação dada pela Emenda Constitucional nº 19, de 1998)

• ***Jurisprudência do STF:***

*1. "Ação direta de inconstitucionalidade: **Lei distrital 3.705, de 21-11-2005, que cria restrições a empresas que discriminarem na contratação de mão de obra: inconstitucionalidade declarada.** Ofensa à competência privativa da União para legislar sobre normas gerais de licitação e contratação administrativa, em todas as modalidades, para as administrações públicas diretas, autárquicas e fundacionais de todos os entes da Federação (CF, art. 22, XXVII) e para dispor sobre direito do trabalho e inspeção do trabalho (CF, art. 21, XXIV, e art. 22, I)." (ADI 3.670, Rel. Min. Sepúlveda Pertence, julgamento em 2-4-2007, Plenário, DJ de 18-5-2007.)*

▸ ART. 22. COMPETE PRIVATIVAMENTE À UNIÃO LEGISLAR SOBRE:
2. **"Impugnação da Lei 11.871/2002, do Estado do Rio Grande do Sul, que instituiu, no âmbito da administração pública sul-rio-grandense, a preferencial utilização de softwares livres ou sem restrições proprietárias.** Plausibilidade jurídica da tese do autor que aponta **invasão da competência legiferante reservada à União para produzir normas gerais em tema de licitação,** bem como usurpação competencial violadora do pétreo princípio constitucional da separação dos poderes." (ADI 3.059-MC, Rel. Min. Ayres Britto, julgamento em 15-4-2004, Plenário, DJ de 20-8-2004.) 3. **A previsão em lei estadual, acerca da revalidação de títulos obtidos em instituições de ensino superior dos países membros do MERCOSUL, afronta o pacto federativo (CF, art. 60, §4º, I), na medida em que usurpa a competência da União para dispor sobre diretrizes e bases da educação nacional.** Essa a conclusão do Plenário ao referendar medida cautelar para suspender a eficácia da Lei 2.973/2014 do Estado do Acre.Tal norma trata da admissão de diploma estrangeiro sem necessidade de revalidação. O Colegiado acrescentou que a lei impugnada estabelece um conjunto de circunstâncias que afastam exigências de revalidação de diploma de curso superior oriundo de instituições estrangeiras, o que vai de encontro ao sentido do Decreto 5.518/2005, que promulgara o acordo de admissão de títulos e graus universitários para exercício de atividades acadêmicas nos estados partes do MERCOSUL. Verificou, também, a possibilidade de dano ao erário, tendo em vista eventual concessão de promoções funcionais e gratificações a servidores a quem a lei estadual beneficia. STF. ADI 5341 MC- Referendo/AC, rel. Min. Edson Fachin, 10.3.2016. (ADI-5341)
XXVIII - defesa territorial, defesa aeroespacial, defesa marítima, defesa civil e mobilização nacional;
XXIX - **propaganda comercial.**
Parágrafo único. **Lei complementar** poderá autorizar os Estados a legislar sobre questões específicas das matérias relacionadas neste artigo. • **Jurisprudência do STF:** 1. **"A competência legislativa do Estado do Rio de Janeiro para fixar piso salarial decorre da LC federal 103, de 2000, mediante a qual a União, valendo-se do disposto no art. 22, inciso I e parágrafo único, da Carta Maior, delegou aos Estados e ao Distrito Federal a competência para instituir piso salarial para os empregados que não tenham esse mínimo definido em lei federal,** convenção ou acordo coletivo de trabalho. Trata-se de lei estadual que consubstancia um exemplo típico de exercício, pelo legislador federado, da figura da competência privativa delegada. A expressão 'que o fixe a maior' contida no caput do art. 1º da Lei estadual 5.627/2009 tornou os valores fixados na lei estadual aplicáveis, inclusive, aos trabalhadores com pisos salariais estabelecidos em lei federal, convenção ou acordo coletivo de trabalho inferiores a esse. A inclusão da expressão extrapola os limites da delegação legislativa advinda da LC 103/2000, violando, assim, o art. 22, inciso I e parágrafo único, da CF, por invadir a competência da União para legislar sobre direito do trabalho." (ADI 4.391, Rel. Min. Dias Toffoli, julgamento em 2-3-2011, Plenário, DJE de 20-6-2011.) 2. **"A competência legislativa do Estado de Santa Catarina para fixar piso salarial decorre da LC federal 103, de 2000, mediante a qual a União, valendo-se do disposto no art. 22, inciso I e parágrafo único, da Carta Maior, delegou aos Estados e ao Distrito Federal a competência para instituir piso salarial para os empregados que não tenham esse mínimo definido em lei federal, convenção ou acordo coletivo de trabalho.** Trata-se de lei estadual que

▶ ART. 22. COMPETE PRIVATIVAMENTE À UNIÃO LEGISLAR SOBRE:

consubstancia um exemplo típico de exercício, pelo legislador federado, da figura da competência privativa delegada." (ADI 4.364, Rel. Min. *Dias Toffoli*, julgamento em 2-3-2011, Plenário, DJE de 16-5-2011.)

XXX - proteção e tratamento de dados pessoais. (Incluído pela Emenda Constitucional nº 115, de 2022)

"EMENTA MEDIDA CAUTELAR EM AÇÃO DIRETA DE INCONSTITUCIONALIDADE. REFERENDO. MEDIDA PROVISÓRIA Nº 954/2020. EMERGÊNCIA DE SAÚDE PÚBLICA DE IMPORTÂNCIA INTERNACIONAL DECORRENTE DO NOVO CORONAVÍRUS (COVID-19). COMPARTILHAMENTO DE DADOS DOS USUÁRIOS DO SERVIÇO TELEFÔNICO FIXO COMUTADO E DO SERVIÇO MÓVEL PESSOAL, PELAS EMPRESAS PRESTADORAS, COM O INSTITUTO BRASILEIRO DE GEOGRAFIA E ESTATÍSTICA. FUMUS BONI JURIS. PERICULUM IN MORA. DEFERIMENTO. 1. Decorrências dos direitos da personalidade, o respeito à privacidade e à autodeterminação informativa foram positivados, no art. 2º, I e II, da Lei nº 13.709/2018 (Lei Geral de Proteção de Dados Pessoais), como fundamentos específicos da disciplina da proteção de dados pessoais. 2. Na medida em que relacionados à identificação - efetiva ou potencial - de pessoa natural, o tratamento e a manipulação de dados pessoais hão de observar os limites delineados pelo âmbito de proteção das cláusulas constitucionais assecuratórias da liberdade individual (art. 5º, caput), da privacidade e do livre desenvolvimento da personalidade (art. 5º, X e XII), sob pena de lesão a esses direitos. O compartilhamento, com ente público, de dados pessoais custodiados por concessionária de serviço público há de assegurar mecanismos de proteção e segurança desses dados. 3. O Regulamento Sanitário Internacional (RSI 2005) adotado no âmbito da Organização Mundial de Saúde exige, quando essencial o tratamento de dados pessoais para a avaliação e o manejo de um risco para a saúde pública, a garantia de que os dados pessoais manipulados sejam "adequados, relevantes e não excessivos em relação a esse propósito" e "conservados apenas pelo tempo necessário." (artigo 45, § 2º, alíneas "b" e "d"). 4. Consideradas a necessidade, a adequação e a proporcionalidade da medida, não emerge da Medida Provisória nº 954/2020, nos moldes em que editada, interesse público legítimo no compartilhamento dos dados pessoais dos usuários dos serviços de telefonia. 5. Ao não definir apropriadamente como e para que serão utilizados os dados coletados, a MP nº 954/2020 desatende a garantia do devido processo legal (art. 5º, LIV, da CF), na dimensão substantiva, por não oferecer condições de avaliação quanto à sua adequação e necessidade, assim entendidas como a compatibilidade do tratamento com as finalidades informadas e sua limitação ao mínimo necessário para alcançar suas finalidades. 6. Ao não apresentar mecanismo técnico ou administrativo apto a proteger, de acessos não autorizados, vazamentos acidentais ou utilização indevida, seja na transmissão, seja no tratamento, o sigilo, a higidez e, quando o caso, o anonimato dos dados pessoais compartilhados, a MP nº 954/2020 descumpre as exigências que exsurgem do texto constitucional no tocante à efetiva proteção dos direitos fundamentais dos brasileiros. 7. Mostra-se excessiva a conservação de dados pessoais coletados, pelo ente público, por trinta dias após a decretação do fim da situação de emergência de saúde pública, tempo manifestamente excedente ao estritamente necessário para o atendimento da sua finalidade declarada. 8. Agrava a ausência de garantias de tratamento adequado e seguro dos dados compartilhados a circunstância de que, embora aprovada, ainda não vigora a Lei Geral de Proteção de Dados Pessoais (Lei nº 13.709/2018), definidora dos critérios para a responsabilização dos agentes por eventuais danos ocorridos em virtude do tratamento de dados pessoais. O fragilizado

▶ ART. 22. COMPETE PRIVATIVAMENTE À UNIÃO LEGISLAR SOBRE:
ambiente protetivo impõe cuidadoso escrutínio sobre medidas como a implementada na MP nº 954/2020. 9. O cenário de urgência decorrente da crise sanitária deflagrada pela pandemia global da COVID-19 e a necessidade de formulação de políticas públicas que demandam dados específicos para o desenho dos diversos quadros de enfrentamento não podem ser invocadas como pretextos para justificar investidas visando ao enfraquecimento de direitos e atropelo de garantias fundamentais consagradas na Constituição. 10. Fumus boni juris e periculum in mora demonstrados. Deferimento da medida cautelar para suspender a eficácia da Medida Provisória nº 954/2020, a fim de prevenir danos irreparáveis à intimidade e ao sigilo da vida privada de mais de uma centena de milhão de usuários dos serviços de telefonia fixa e móvel. 11. Medida cautelar referendada."(STF, ADI 6387 MC-Ref, Relator(a): ROSA WEBER, Tribunal Pleno, julgado em 07/05/2020, PROCESSO ELETRÔNICO DJe-270 DIVULG 11-11-2020 PUBLIC 12-11-2020)

▶ **DICA:**

O art. 22, I, da CF é muito cobrado e existe uma expressão mnemônica que facilita a memorização: **"CAPACETE** de **PM"**.

▶ COMPETÊNCIA LEGISLATIVA PRIVATIVA DA UNIÃO	
C	Civil
A	Agrário
P	Penal
A	Aeronáutico
C	Comercial
E	Eleitoral
T	Trabalho
E	Espacial
de	
P	Processual
M	Marítimo

▶ **ATENÇÃO!**

As matérias arroladas no art. 22 da CF devem tramitar sob a forma de lei ordinária, não complementar! Esse detalhe já foi explorado pela FCC.

b) Competência legislativa delegada

+ *Excepcionalmente, as matérias arroladas no art. 22 da CF também podem ser objeto de iniciativa dos Estados, o que se dá em exercício da* **competência legislativa delegada**.

A competência legislativa delegada surge com a edição de **lei complementar autorizando os Estados a legislar sobre questões relativas à competência privativa da União**, consoante previsão do art. 22, parágrafo único, da CF.

> ▶ ATENÇÃO!
>
> Para a delegação de matéria arrolada como de competência privativa da União exige-se **lei complementar!**

Para Alexandre de Moraes, há **três requisitos pertinentes à delegação da competência legislativa** privativa da União para os Estados:

i) formal; ii) material; e iii) implícito.

O **requisito formal** se refere à necessidade de expedição de lei complementar.

Já o **requisito material** se refere ao fato de que a delegação deve ser pontual, ou seja, especificando alguma matéria expressamente disposta no art. 22 da CF, que detalha os temas de competência privativa da União.

Por fim, o **requisito implícito** se refere ao fato de que, se a União delegar determinada matéria a um Estado deverá estender a mesma possibilidade a todos os Estados da federação, sob pena de afronta ao princípio do art. 19 da CF, que veda o estabelecimento de preferência entre entes federados.[16]

Sobre a **competência legislativa da União** vale destacar a Súmula 722 do STF: "são da competência legislativa da União a definição dos crimes de responsabilidade e o estabelecimento das respectivas normas de processo e julgamento".

A seu turno, a **competência legislativa privativa dos Estados** resume-se à hipótese do art. 25, § 3º, da CF, que determina: "Os Estados poderão, mediante lei complementar, instituir regiões metropolitanas, aglomerações urbanas e microrregiões, constituídas por agrupamentos de municípios limítrofes, para integrar a organização, o planejamento e a execução de funções públicas de interesse comum".

Os municípios não possuem competência legislativa privativa.

c) Competência legislativa concorrente

A competência legislativa concorrente é aquela em que **a União firma as normas gerais e os Estados, o Distrito Federal e os Municípios editam as normas suplementares** que garantam os seus interesses (art. 24, §§ 1º e 2º c.c. art. 30, II, todos da CF).

Vale ressaltar que, **inexistindo lei federal sobre normas gerais, os Estados** (mas, nunca os Municípios) **exercerão a competência legislativa plena** para atender às suas peculiaridades, nos termos do art. 24, § 3º, da CF. Entretanto, se depois de exercida a competência legislativa plena pelos Estados a União criar a norma geral, a norma

16. MORAES, Alexandre de. *Op. Cit.*, p. 309-310.

estadual editada no exercício da competência legislativa plena terá sua **eficácia suspensa** no que for contrária à nova lei federal, tudo de acordo com o art. 24, § 4º, da CF.

▶ **ATENÇÃO PARA A PEGADINHA!**

A superveniência de lei federal sobre normas gerais **suspende a eficácia** da lei estadual no que lhe for contrária, **mas não a revoga ou invalida.**

▶ **Art. 24. Compete à União, aos Estados e ao Distrito Federal legislar concorrentemente sobre:**

I – direito **tributário, financeiro, penitenciário, econômico e urbanístico;**[17]

• ***Jurisprudência do STF***

*1. "**A iniciativa de leis que versem sobre matéria tributária é concorrente entre o chefe do Poder Executivo e os membros do Legislativo.** A circunstância de as leis que versem sobre matéria tributária poderem repercutir no orçamento do ente federado não conduz à conclusão de que sua iniciativa é privativa do chefe do Executivo." (RE 590.697-ED, Rel. Min. Ricardo Lewandowski, julgamento em 23-8-2011, Segunda Turma, DJE de 6-9-2011.)*

*2. "Esta Corte, em oportunidades anteriores, **firmou o entendimento de que, embora os Estados-membros sejam incompetentes para fixar índices de correção monetária superiores aos fixados pela União para o mesmo fim, podem defini-los em patamares inferiores – incentivo fiscal.** Precedentes. A competência dos Estados-membros para fixar índices de correção monetária de créditos fiscais é tema que também foi examinado por este Tribunal. **A União e Estados-membros detêm competência legislativa concorrente para dispor sobre matéria financeira, nos termos do disposto no art. 24, I, da CB/1988.** A legislação paulista é compatível com a Constituição de 1988, desde que o fator de correção adotado pelo Estado-membro seja igual ou inferior ao utilizado pela União. Pedido julgado parcialmente procedente para conferir interpretação conforme ao art. 113 da Lei 6.374/1989 do Estado de São Paulo, de modo que o valor da União Fiscal do Estado de São Paulo (UFESP) não exceda o valor do índice de correção dos tributos federais." (ADI 442, Rel. Min. Eros Grau, julgamento em 14-4-2010, Plenário, DJE de 28-5-2010.)*

*3. "Exame da constitucionalidade do disposto nos arts. 7º, I e III, e 13, **da Lei distrital 3.669, de 13-9-2005, que versa sobre a criação da Carreira de Atividades Penitenciárias.** (...) A competência para legislar sobre direito penitenciário é concorrente entre os entes da Federação, nos termos do disposto no art. 24, I, da CB/1988. A Lei distrital 3.669 cria a Carreira de Atividades Penitenciárias, nos Quadros da Administração do Distrito Federal, no âmbito da Secretaria de Justiça, Direitos Humanos e Cidadania do Distrito Federal. **Não há inconstitucionalidade na criação, por lei distrital, de carreira vinculada ao Governo do Distrito Federal.***

*O Poder Legislativo distrital foi exercido no âmbito da parcela da competência concorrente para dispor sobre direito penitenciário. Pedido julgado improcedente no que toca ao art. 7º, I e III, e procedente no que respeita ao art. 13, caput e parágrafo único, da Lei distrital 3.669/2005 (...)." (ADI 3.916, Rel. Min. Eros Grau, julgamento em 3-2-2010, Plenário, DJE de 14-5-2010.) **4. Lei 7.737/2004 do Estado do Espírito Santo. Garantia de meia entrada aos doadores regulares de sangue.** Acesso a locais públicos de cultura, esporte e lazer. **Competência concorrente entre a União, Estados-membros e o Distrito Federal para legislar sobre direito econômico.** Controle das*

17. Para não confundir, confronte com o art. 22, I, da CF.

▶ Art. 24. Compete à União, aos Estados e ao Distrito Federal legislar concorrentemente sobre:

doações de sangue e comprovante da regularidade. Secretaria de Estado da Saúde. **Constitucionalidade."** (ADI 3.512, Rel. Min. Eros Grau, julgamento em 15-2-2006, Plenário, DJ de 23-6-2006.)

II - orçamento;

III - **juntas comerciais;**[18]

IV - custas dos serviços forenses;

V - produção e consumo;

• **Jurisprudência do STF:**

1. "Lei 12.385/2002 do Estado de Santa Catarina, que cria o programa de assistência às pessoas portadoras da doença celíaca e altera as atribuições de secretarias estaduais. (...) A natureza das disposições concernentes a incentivos fiscais e determinação para que os supermercados e hipermercados concentrem em um mesmo local ou gôndola todos os produtos alimentícios elaborados sem a utilização de glúten não interferem na função administrativa do Poder Executivo local. **A forma de apresentação dos produtos elaborados sem a utilização de glúten está relacionada com a competência concorrente do Estado para legislar sobre consumo,** proteção e defesa da saúde. Art. 24, V e XII, da CR. Precedentes." (ADI 2.730, Rel. Min. Cármen Lúcia, julgamento em 5-5-2010, Plenário, DJE de 28-5-2010.).

2. **"Lei 3.706/2006 do Distrito Federal, que dispõe sobre 'a afixação de tabela relativa a taxas de juros e de rendimentos de aplicações financeiras pelas instituições bancárias e de crédito'. Usurpação da competência privativa da União para fixar normas gerais relativas às relações de consumo** (CF, art. 24, V, §1º). (ADI 3.668, Rel. Min. Gilmar Mendes, julgamento em 17-9-2007, Plenário, DJ de 19-12-2007.)

3. "Ação direta. Resolução 12.000-001, do **Secretário de Segurança do Estado** do Piauí. **Disciplina do horário de funcionamento de estabelecimentos comerciais, consumo e assuntos análogos.** Inadmissibilidade. Aparência de ofensa aos arts. 30, I, e 24, V e VI, da CF. **Usurpação de competências legislativas do Município e da União.** Liminar concedida com efeito ex nunc. Aparenta inconstitucionalidade a resolução de autoridade estadual que, sob pretexto do exercício do poder de polícia, discipline horário de funcionamento de estabelecimentos comerciais, matéria de consumo e assuntos análogos." (ADI 3.731-MC, Rel. Min. Cezar Peluso, julgamento em 29-8-2007, Plenário, DJ de 11-10-2007.)

4. "Ação direta de inconstitucionalidade. Lei 5.652 do Estado do Espírito Santo. **Comercialização de produtos por meio de vasilhames, recipientes ou embalagens reutilizáveis. Gás liquefeito de petróleo engarrafado (GLP). Diretrizes relativas à requalificação dos botijões.** (...) **O texto normativo questionado contém diretrizes relativamente ao consumo de produtos acondicionados em recipientes reutilizáveis – matéria em relação à qual o Estado-membro detém competência legislativa** (art. 24, V, da CB). Quanto ao GLP, a lei impugnada determina que o titular da marca estampada em vasilhame, embalagem ou recipiente reutilizável não obstrua a livre circulação do continente (art. 1º, caput). Estabelece que a empresa que reutilizar o vasilhame efetue sua devida identificação através de marca, logotipo, caractere ou símbolo, de forma a esclarecer o consumidor (art. 2º). A compra de gás da distribuidora ou de seu revendedor é operada concomitantemente à realização de uma troca, operada entre

18. Para não confundir, confronte com o art. 22, I, da CF.

▶ Art. 24. Compete à União, aos Estados e ao Distrito Federal legislar concorrentemente sobre:

o consumidor e o vendedor de gás. Trocam-se botijões, independentemente de qual seja a marca neles forjada. Dinamismo do mercado do abastecimento de gás liquefeito de petróleo. ***A lei hostilizada limita-se a promover a defesa do consumidor****, dando concreção ao disposto no art. 170, V, da CB.* ***O texto normativo estadual dispõe sobre matéria da competência concorrente entre a União, os Estados-membros e o Distrito Federal.****"* (ADI 2.359, Rel. Min. Eros Grau, julgamento em 27-9-2006, Plenário, DJ de 7-12-2006.)

5. **"Lei 14.861/2005 do Estado do Paraná. Informação quanto à presença de organismos geneticamente modificados em alimentos e ingredientes alimentares destinados ao consumo humano e animal.** *Lei federal 11.105/2005 e Decretos 4.680/2003 e 5.591/2005. Competência legislativa concorrente para dispor sobre produção, consumo e proteção e defesa da saúde. Art. 24, V e XII, da CF. (...)* ***Ocorrência de substituição – e não suplementação – das regras que cuidam das exigências, procedimentos e penalidades relativos à rotulagem informativa de produtos transgênicos por norma estadual que dispôs sobre o tema de maneira igualmente abrangente. Extrapolação, pelo legislador estadual, da autorização constitucional voltada para o preenchimento de lacunas acaso verificadas na legislação federal.*** *Precedente: ADI 3.035, Rel. Min. Gilmar Mendes, DJ de 14-10-2005."* (ADI 3.645, Rel. Min. Ellen Gracie, julgamento em 31-5-2006, Plenário, DJ de 1º-9-2006.)

VI – florestas, caça, pesca, fauna, conservação da natureza, defesa do solo e dos recursos naturais, proteção do meio ambiente e controle da poluição;

• ***Jurisprudência do STF:***

1. **"Lei 1.315/2004 do Estado de Rondônia, que exige autorização prévia da Assembleia Legislativa para o licenciamento de atividades utilizadoras de recursos ambientais consideradas efetivas e potencialmente poluidoras, bem como capazes, sob qualquer forma, de causar degradação ambiental.** *Condicionar a aprovação de licenciamento ambiental à prévia autorização da Assembleia Legislativa implica indevida interferência do Poder Legislativo na atuação do Poder Executivo, não autorizada pelo art. 2º da Constituição. Precedente: ADI 1.505.* ***Compete à União legislar sobre normas gerais em matéria de licenciamento ambiental (art. 24, VI, da Constituição).****"* (ADI 3.252-MC, Rel. Min. Gilmar Mendes, julgamento em 6-4-2005, Plenário, DJE de 24-10-2008.)

VII – proteção ao patrimônio histórico, cultural, artístico, turístico e paisagístico;

VIII – responsabilidade por dano ao meio ambiente, ao consumidor, a bens e direitos de valor artístico, estético, histórico, turístico e paisagístico;

IX – educação, cultura, ensino, desporto, ciência, tecnologia, pesquisa, desenvolvimento e inovação;[19]

• ***Jurisprudência do STF:***

1. **"Ação direta proposta contra a validez constitucional do Estatuto do Torcedor** *(...). O diploma questionado não deixa de ser um conjunto ordenado de normas de caráter geral.* ***Sua redação não só atende à boa regra legislativa, segundo a qual de minimis non curat lex, como estabelece preceitos que, por sua manifesta abstração e generalidade – em relação assim ao conteúdo, como aos destinatários – configuram bases amplas e diretrizes gerais***

19. Para não confundir, confronte com o art. 22, XXIV, da CF.

▶ Art. 24. Compete à União, aos Estados e ao Distrito Federal legislar concorrentemente sobre:

***para disciplina do desporto nacional, no que toca à defesa do torcedor.* Não vislumbro, no diploma, nenhuma norma ou tópico que desça a 'peculiaridades locais',** *como se aludiu na ADI 3.098 (Rel. Min. Carlos Velloso, DJ de 10-3-2006), nem a 'especificidades' ou 'singularidades' estaduais ou distritais, como se tachou na ADI 3.669, (Rel. Min. Cármen Lúcia, DJ de 29-6-2007, e Informativo 472/STF). A lei não cuida de particularidades nem de minudências que pudessem estar reservadas à dita 'competência estadual concorrente não-cumulativa ou suplementar' (ADI 3.098) do art. 24, § 2º, da CR. A União exerceu a competência estatuída no inciso IX desse artigo, sem dela desbordar, em se adstringindo a regular genericamente a matéria.* (ADI 2.937, voto do Rel. Min. Cezar Peluso, julgamento em 23-2-2012, Plenário, DJE de 29-5-2012.)

2. **"A Lei paranaense 9.346/1990, que faculta a matrícula escolar antecipada de crianças que venham a completar seis anos de idade até o final do ano letivo de matrícula,** *desde que preenchidos determinados requisitos, cuida de situação excepcional em relação ao que era estabelecido na lei federal sobre o tema à época de sua edição (Lei 5.692/1971 revogada pela Lei 9.394/1996, esta alterada pela Lei 11.274/2006).* **Atuação do Estado do Paraná no exercício da competência concorrente para legislar sobre educação. Ação direta julgada improcedente."** (ADI 682, Rel. p/ o ac. Min. Joaquim Barbosa, julgamento em 8-3-2007, Plenário, DJ de 11-5-2007.)

3. ***"Lei distrital que dispõe sobre a emissão de certificado de conclusão do curso e que autoriza o fornecimento de histórico escolar para alunos da terceira série do ensino médio que comprovarem aprovação em vestibular para ingresso em curso de nível superior. Lei distrital que usurpa competência legislativa outorgada à União Federal pela CR.*** *(...) Os Estados-membros e o Distrito Federal não podem, mediante legislação autônoma, agindo ultra vires, transgredir a legislação fundamental ou de princípios que a União Federal fez editar no desempenho legítimo de sua competência constitucional e de cujo exercício deriva o poder de fixar, validamente, diretrizes e bases gerais pertinentes a determinada matéria (educação e ensino, na espécie)."* (ADI 2.667-MC, Rel. Min. Celso de Mello, julgamento em 19-6-2002, Plenário, DJ de 12-3-2004.)

4. **O Plenário, em conclusão, julgou procedente pedido formulado em ação direta para declarar a inconstitucionalidade da Lei 14.507/2002 do Estado de Minas Gerais. A lei impugnada estabelece normas para a venda de títulos de capitalização e similares na referida unidade federativa** ("Art. 1º - É vedada a vinculação a outro produto de título de capitalização ou similar, por meio de procedimento, técnica ou método utilizado, ainda que indiretamente, para fomentar ou garantir sua circulação ou venda. Art. 2º - A informação ou publicidade referente a título de capitalização conterá dados comparativos entre a correção monetária e os juros incidentes sobre o valor capitalizado e a valorização obtida na caderneta de poupança por investimento de igual valor, no mesmo período. Art. 3º - A inobservância do disposto nesta lei sujeitará o infrator às seguintes penalidades: I - multa; II - suspensão do fornecimento do produto ou serviço; III - imposição de contrapropaganda; IV - suspensão temporária da atividade. Parágrafo único - As penalidades previstas neste artigo poderão ser aplicadas isolada ou cumulativamente, sem prejuízo das de natureza cível, penal e de outras cabíveis. Art. 4º - Esta lei entra em vigor na data de sua publicação. Art. 5º - Revogam-se as disposições em contrário.") — v. Informativos 576, 775 e 830. O Colegiado asseverou que a regra contida no § 3º do art. 24 da Constituição Federal também abrange o "caput" do artigo. Em seguida, entendeu que o exercício da competência legislativa concorrente pelos Estados — presente ou não norma geral editada pela União — pressupõe o atendimento de situações peculiares do ente, circunstância não verificada no caso. Observou haver lei federal sobre a matéria (Código de Defesa do Consumidor). Ademais, ressaltou **que a lei**

▶ Art. 24. Compete à União, aos Estados e ao Distrito Federal legislar concorrentemente sobre:

impugnada dispõe, na sua inteireza, sobre sistema de capitalização, o que compete privativamente à União, que também já editou normas sobre defesa do consumidor e publicidade nessa matéria. A norma em debate estabelece, indevidamente, vedação a uma venda casada, o que a legislação federal autoriza. Vencidos, em parte, os ministros Roberto Barroso, Cármen Lúcia, Rosa Weber, Celso de Mello e Edson Fachin, que declaravam a inconstitucionalidade apenas do art. 3º, III, da Lei 14.507/2002, do Estado de Minas Gerais, e da expressão "ou publicidade", constante do art. 2º dessa norma, por manifesta invasão do Estado-membro na competência legislativa reservada à União (CF, art. 22, XXIX). **ADI2905/** MG, rel. orig. Min. Eros Grau, red. p/ o ac. Min. Marco Aurélio, julgamento em 16.11.2016. (**ADI-2905**)

X – criação, funcionamento e processo do juizado de pequenas causas;

XI – **procedimentos em matéria processual;**[20]

• *Jurisprudência do STF:*

1. ***"A exigência de depósito recursal prévio aos recursos do juizado especial cível, criada pelo art. 7º da Lei estadual (AL) 6.816/2007, constitui requisito de admissibilidade do recurso, tema próprio de direito processual civil e não de 'procedimentos em matéria processual' (art. 24, XI, CF).*** *Medida cautelar deferida para suspender a eficácia do art. 7º, caput, e respectivos parágrafos, da Lei 6.816/2007 do Estado de Alagoas." (ADI 4.161-MC, Rel. Min. Menezes Direito, julgamento em 29-10-2008, Plenário, DJE de 17-4-2009.)*

2. *"Em conclusão de julgamento,* ***o Plenário julgou improcedente pedido formulado em ação direta de inconstitucionalidade, proposta contra a Lei 1.504/1989 do Estado do Rio de Janeiro, que regula a homologação judicial de acordo sobre a prestação de alimentos firmada com a intervenção da Defensoria Pública. (...) O Tribunal afastou a alegação de que a norma impugnada estaria eivada de inconstitucionalidade formal, por invasão da competência privativa da União para legislar sobre direito civil e processual civil (CF, art. 22, I). Afirmou, no ponto, que seu conteúdo versaria sobre critérios procedimentais em matéria processual e estaria subsumido à competência concorrente, nos termos do art. 24, XI e XII, da CF. Aduziu que os entes federativos teriam a prerrogativa de definir a maneira com que a matéria processual deveria ser executada, de acordo com as particularidades deles, nos termos do art. 24, § 3º, da CF.*** *Ressaltou que a competência legislativa concorrente, nesse aspecto, teria o condão de transformar os Estados-membros em verdadeiros laboratórios legislativos, a permitir que novas e exitosas experiências fossem formuladas e eventualmente adotadas pelos demais. Assinalou que, no caso, estar-se-ia a permitir que o defensor público atuasse junto ao juiz no sentido de promover a homologação do acordo judicial, atividade inserida no âmbito de atuação profissional daquele, ao encontro da desjudicialização e desburocratização da justiça." (ADI 2.922, rel. min. Gilmar Mendes, julgamento em 3-4-2014, Plenário, Informativo 741).*

3. ***"Criação, por lei estadual, de varas especializadas em delitos praticados por organizações criminosas.*** *(...) A composição do órgão jurisdicional* ***se insere na competência legislativa concorrente para versar sobre procedimentos em matéria processual,*** *mercê da caracterização do procedimento como a exteriorização da relação jurídica em desenvolvimento, a englobar*

20. Para não confundir, confronte com o art. 22, I, da CF.

► Art. 24. Compete à União, aos Estados e ao Distrito Federal legislar concorrentemente sobre:

o modo de produção dos atos decisórios do Estado-juiz, se com a chancela de um ou de vários magistrados. (...) **A independência do juiz nos casos relativos a organizações criminosas, injunção constitucional, na forma do art. 5º, XXXVII e LIII, da CRFB, não está adequadamente preservada pela legislação federal, constituindo lacuna a ser preenchida pelos Estados-Membros, no exercício da competência prevista no art. 24, § 3º, da Carta Magna.** Os Estados-Membros podem dispor, mediante lei, sobre protocolo e distribuição de processos, no âmbito de sua competência para editar normas específicas sobre procedimentos em matéria processual (art. 24, XI, da CRFB)." (ADI 4.414, rel. min. Luiz Fux, julgamento em 31-5-2012, Plenário, DJE de 17-6-2013.)

4. "Competência legislativa. Procedimento e processo. Criação de recurso. Juizados especiais. Descabe confundir a competência concorrente da União, Estados e Distrito Federal para legislar sobre procedimentos em matéria processual; art. 24, XI, com a privativa para legislar sobre direito processual, prevista no art. 22, I, ambos da CF. **Os Estados não têm competência para a criação de recurso, como é o de embargos de divergência contra decisão de turma recursal.**" (AI 253.518-AgR, Rel. Min. Marco Aurélio, julgamento em 9-5-2000, Segunda Turma, DJ de 18-8-2000.)

XII – previdência social, proteção e defesa da saúde;

• **Jurisprudência do STF:**

1. "Aposentadoria especial de servidor público distrital. Art. 40, § 4º, III, da CR. (...) **A competência concorrente para legislar sobre previdência social não afasta a necessidade de tratamento uniforme das exceções às regras de aposentadoria dos servidores públicos. Necessidade de atuação normativa da União para a edição de norma regulamentadora de caráter nacional.**" (MI 1.832-AgR, Rel. Min. Cármen Lúcia, julgamento em 24-3-2011, Plenário, DJE de 18-5-2011.)

2. "**A Lei municipal 8.640/2000, ao proibir a circulação de água mineral com teor de flúor acima de 0,9 mg/l, pretendeu disciplinar sobre a proteção e defesa da saúde pública, competência legislativa concorrente, nos termos do disposto no art. 24, XII, da CB. É inconstitucional** lei municipal que, na competência legislativa concorrente, utilize-se do argumento do interesse local para restringir ou ampliar as determinações contidas em texto normativo de âmbito nacional." (RE 596.489-AgR, Rel. Min. Eros Grau, julgamento em 27-10-2009, Segunda Turma, DJE de 20-11-2009.)

3. "**Lei distrital. Notificação mensal à Secretaria de Saúde. Casos de câncer de pele. Obrigação imposta a médicos públicos e particulares. Admissibilidade. Saúde pública. Matéria inserida no âmbito de competência comum e concorrente do Distrito Federal. Arts. 23, II, e 24, XII, da CF.** Responsabilidade civil dos profissionais da saúde. Matéria de competência exclusiva da União. Art. 22, I. (...) Dispositivo de lei distrital que obriga os médicos públicos e particulares do Distrito Federal a notificarem a Secretaria de Saúde sobre os casos de câncer de pele não é inconstitucional. Matéria inserida no âmbito da competência da União, Estados e Distrito Federal, nos termos do art. 23, II, da CF. Exigência que encontra abrigo também no art. 24, XII, da Carta Magna, que atribui competência concorrente aos referidos entes federativos para legislar sobre a defesa da saúde. Dispositivo da lei distrital que imputa responsabilidade civil ao médico por falta de notificação caracteriza ofensa ao art. 22, I, da CF, que consigna ser competência exclusiva da União legislar acerca dessa matéria." (ADI 2.875, Rel. Min. Ricardo Lewandowski, julgamento em 4-6-2008, Plenário, DJE de 20-6-2008.)

▶ Art. 24. Compete à União, aos Estados e ao Distrito Federal legislar concorrentemente sobre:

XIII – assistência jurídica e **Defensoria pública;**[21]

• *Jurisprudência do STF:*

1. ***"Organização da Defensoria Pública nos Estados-membros. Estabelecimento, pela União Federal, mediante lei complementar nacional, de requisitos mínimos para investidura nos cargos de defensor público-geral, de seu substituto e do corregedor-geral da Defensoria Pública dos Estados-membros. Normas gerais, que, editadas pela União Federal, no exercício de competência concorrente, não podem ser desrespeitadas pelo Estado-membro."*** *(ADI 2.903, Rel. Min. Celso de Mello, julgamento em 1º-12-2005, Plenário, DJE de 19-9-2008.) No mesmo sentido: RE 775.353-AgR, rel. min. Cármen Lúcia, julgamento em 4-2-2014, Segunda Turma, DJE de 14-2-2014.*

XIV – proteção e integração social das pessoas **portadoras de deficiência;**

XV – proteção **à infância e à juventude;**

XVI – organização, garantias, direitos e deveres das **polícias civis.**

• *Jurisprudência do STF:*

1. ***"Nomeação de chefe de Polícia. Exigência de que o indicado seja não só delegado de carreira – como determinado pela CF – como também que esteja na classe mais elevada. Inexistência de vício de iniciativa.*** *Revisão jurisprudencial, em prol do princípio federativo, conforme ao art. 24, XVI, da CF.* ***Possibilidade*** *de os Estados disciplinarem os critérios de acesso ao cargo de confiança, desde que respeitado o mínimo constitucional.* ***Critério que não só se coaduna com a exigência constitucional como também a reforça, por subsidiar o adequado exercício da função e valorizar os quadros da carreira."*** *(ADI 3.062, Rel. Min. Gilmar Mendes, julgamento em 9-9-2010, Plenário, DJE de 12-4-2011.)*

§ 1º – No âmbito da legislação concorrente, a competência da **União** limitar-se-á a estabelecer **normas gerais.**

• *Jurisprudência do STF:*

1. ***"Lei 3.706/2006, do Distrito Federal, que dispõe sobre 'a afixação de tabela relativa a taxas de juros e de rendimentos de aplicações financeiras pelas instituições bancárias e de crédito'. Usurpação da competência privativa da União para fixar normas gerais relativas às relações de consumo*** *(CF, art. 24, V, §1º). (ADI 3.668, Rel. Min. Gilmar Mendes, julgamento em 17-9-2007, Plenário, DJ de 19-12-2007.)*

§ 2º – A competência da União para legislar sobre normas gerais não exclui a competência suplementar dos Estados.

§ 3º – **Inexistindo** lei federal sobre normas gerais, os Estados exercerão a **competência legislativa plena**, para atender a suas peculiaridades.

§ 4º – A superveniência de lei federal sobre normas gerais **suspende a eficácia** da lei estadual, no que lhe for contrário.

• *Jurisprudência do STF:*

1. ***"Lei 10.820/1992 do Estado de Minas Gerais, que dispõe sobre adaptação dos veículos de transporte coletivo com a finalidade de assegurar seu acesso por pessoas com deficiência ou dificuldade de locomoção. (...) Como, à época da edição da legislação ora questionada, não havia lei geral nacional sobre o tema, a teor do § 3º do art. 24 da CF, era deferido aos***

21. Para não confundir, confronte com o art. 22, XVII, da CF.

▶ **Art. 24. Compete à União, aos Estados e ao Distrito Federal legislar concorrentemente sobre:**

Estados-Membros o exercício da competência legislativa plena, podendo suprir o espaço normativo com suas legislações locais. *A preocupação manifesta no julgamento cautelar sobre a ausência de legislação federal protetiva hoje se encontra superada, na medida em que a União editou a Lei 10.098/2000, a qual dispõe sobre normas gerais e critérios básicos de promoção da acessibilidade das pessoas com deficiência. Por essa razão,* ***diante da superveniência da lei federal, a legislação mineira, embora constitucional, perde a força normativa, na atualidade, naquilo que contrastar com a legislação geral de regência do tema (art. 24, § 4º, CF/1988)."*** *(ADI 903, rel. min. Dias Toffoli, julgamento em 22-5-2013, Plenário, DJE de 7-2-2014.)*

d) Competência legislativa residual ou remanescente

Por fim, a competência legislativa residual ou remanescente é aquela relativa às matérias não arroladas nas competências privativas da União ou dos Estados, nem nas competências delegada e concorrente, e segundo o art. 30, I, da CF, ela **cabe aos Municípios, em razão de interesse local.**

▶ ATENÇÃO!

Apesar de essa ser a posição mais correta tomando-se por base o sistema jurídico-constitucional, é comum as bancas entenderem que a competência legislativa residual ou remanescente pertence aos Estados-membros (a exemplo da competência residual material ou administrativa). Assim, **para provas objetivas organizadas pela FCC e pelo Cespe, deve-se assinalar que essa competência pertence aos Estados-membros.**

Sobre o tema, destacamos a jurisprudência do STF:

- "É competente o Município para fixar o **horário de funcionamento de estabelecimento comercial**" (Súmula Vinculante 38).
- "É pacífica a jurisprudência desta Corte de que **os Municípios detêm competência para legislar sobre o tempo máximo de espera por atendimento nas agências bancárias,** uma vez que essa questão é de interesse local e diz respeito às normas de proteção das relações de consumo, não se confundindo com a atividade-fim das instituições bancárias." (**STF. AI 495187,** julgado em 2011 e relatado pelo Ministro Dias Toffoli).
- O Município dispõe de competência, para, com apoio no poder autônomo que lhe confere a Constituição, exigir, mediante lei, a **instalação de sanitários ou a colocação de bebedouros em estabelecimentos bancários** (AI-AgR 614510, julgado em 2007 e relatado pelo Ministro Celso de Mello).
- O STF firmou entendimento no sentido de que é constitucional **lei municipal que determina às agências bancárias a instalação de portas eletrônicas de segurança,** visto que é competência do Município legislar sobre assuntos de interesse local dispondo sobre medidas referentes à segurança dos usuários de serviços bancários (AI-AgR 347.717, julgado em 2005 e relatado pelo Ministro Celso de Mello)

▶ QUADRO SINÓTICO: COMPETÊNCIAS

Natureza da competência	Espécie	Regra	Exceção
I. ADMINISTRATIVA OU MATERIAL	1. **Exclusiva**: art. 21 da CF	a) Da União (art. 21 da CF)	-
		b) Dos Estados (art. 25, § 2º, da CF)	-
		c) Dos Municípios art. (art. 30, III a IX, da CF)	-
	2. **Comum**: art. 23 da CF	Cooperação entre União, Estados, DF e Municípios	-
	3. **Residual ou remanescente**: art. 25, § 1º, da CF	Cabe aos Estados	-
II. LEGISLATIVA	1. **Privativa**	a) Da União (art. 22 da CF): legisla privativamente	Lei complementar poderá autorizar os Estados a legislar sobre questões relativas à competência privativa da União, criando a competência legislativa delegada
		b) Dos Estados: legislam privativamente (art. 25, § 3º, da CF)	-
	2. **Delegada**: art. 22, parágrafo único, da CF	Mediante LC, em que a União delega para Estados e DF	-
	3. **Concorrente**: art. 24 da CF	A União edita as normas gerais e os Estados e o DF editam as normas específicas de seus interesses	Se a União não editar as normas gerais, os Estados e o DF passarão a ter competência plena. Se, depois, a União legislar, as normas gerais feitas pelos Estados terão a sua eficácia suspensa.

	4. **Residual ou remanescente:** art. 30, I, da CF	Cabe aos Municípios, em razão do interesse local (lembrando que FCC e Cespe entendem que essa competência pertence aos Estados-membros)	-

7.5. Competência do Distrito Federal

Já foi estudado que o Distrito Federal é um **elemento jurídico-político *sui generis*,** pois apesar de integrar a federação brasileira, tem sua autonomia parcialmente tutelada pela União.

Também destacamos que a casa legislativa do Distrito Federal é a Câmara Legislativa, que exerce competência nos termos do art. 32, § 1º, da CF: "ao Distrito Federal são atribuídas as **competências legislativas reservadas aos Estados e Municípios**". (grifos nossos)

Por fim, cumpre esclarecer que **a Constituição não estabelece nenhuma regra expressa sobre o exercício de competência administrativa ou material pelo Distrito Federal**. Aliás, lembramos que, nos termos do art. 21, XIII e XIV, da CF, **compete à União**: "XIII - **organizar e manter o Poder Judiciário, o Ministério Público do Distrito Federal** e dos Territórios e a Defensoria Pública dos Territórios; (Redação dada pela Emenda Constitucional nº 69, de 2012); XIV - **organizar e manter a polícia civil, a polícia militar e o corpo de bombeiros militar do Distrito Federal**, bem como prestar assistência financeira ao Distrito Federal para a execução de serviços públicos, por meio de fundo próprio; [...]". (grifos nossos).

8. INTERVENÇÃO

8.1. Introdução e conceito

Em item anterior estudamos que a estrutura do Estado federado brasileiro se funda na autonomia dos Estados-membros, do Distrito Federal e dos Municípios.

Entretanto, mais importante que a autonomia dos entes federados é a soberania do Estado brasileiro. Assim, se Estados-membros, Distrito Federal e Municípios abusarem de suas autonomias, sujeitar-se-ão a intervenção.

Assim, a intervenção é o **ato que suspende, temporariamente, a autonomia de Estados-membros, Distrito Federal ou Municípios.**

8.2. Âmbitos de intervenção

A intervenção pode ser **nos Estados ou no Distrito Federal** ou **nos Municípios.**

A **intervenção nos Estados ou no Distrito Federal** é aquela em que a União interfere nos Estados-membros ou no Distrito Federal. Já a **intervenção nos Municípios** se opera pela ação dos Estados-membros em face dos seus Municípios ou da União em face dos Municípios localizados em Território Federal.

Alertamos que o nome comumente utilizado para a intervenção nos Estados ou no Distrito Federal é **intervenção federal**. Já a denominação corriqueira para a intervenção nos Municípios é **intervenção estadual**.

A primeira denominação (intervenção federal) é correta, por isso faremos uso dela. Entretanto, a segunda (intervenção estadual) designa apenas a intervenção nos Municípios pelos Estados, mas não abarca a intervenção nos Municípios componentes dos Territórios Federais pela União e, por isso, não faremos uso da expressão intervenção estadual. Afinal, não faz sentido chamar de intervenção estadual aquela realizada pela União em face de Municípios.

8.3. Intervenção Federal

Como garantia da forma federativa de Estado, a regra é a não intervenção da União sobre os Estados e o Distrito Federal. Até por isso a primeira parte do *caput* do art. 34 da CF enuncia: "A União **não intervirá** nos Estados nem no Distrito Federal [...]". (grifo nosso)

Entretanto, analisando-se o *caput* do art. 34 da CF em sua integralidade, notamos que sua segunda parte excepciona a regra da não intervenção: "Art. 34. A União não intervirá nos Estados nem no Distrito Federal, **exceto para**: [...]"; (grifo nosso)

Assim, as hipóteses de intervenção federal estão **taxativamente enumeradas** no art. 34 da CF sob a forma de **pressupostos materiais**. Em outras palavras: o rol de situação legitimadoras da intervenção federal é taxativo.

Por outro lado, essas hipóteses que se apresentam como pressupostos materiais exigem algumas condições para se aperfeiçoarem. Essas condições são os **pressupostos formais,** definidos no art. 36 da CF.

Para um estudo mais didático e detalhado, estudaremos os pressupostos em itens próprios.

8.3.1. Pressupostos materiais

Os pressupostos materiais para a intervenção federal estão arrolados nos incisos I a VII do art. 34 da CF e segundo José Afonso da Silva podem ser classificados em quatro finalidades:[22]

a) **Defesa do Estado**. Art. 34, I e II, primeira parte, da CF: "I – manter a integridade nacional; II – repelir invasão estrangeira [...]".

b) **Defesa do princípio federativo**. Art. 34, II, segunda parte, III e IV, da CF: "II – repelir [...] invasão de uma unidade da federação em outra; III – pôr termo

22. SILVA, José Afonso da. *Op. Cit.*, p. 418-419.

a grave comprometimento da ordem pública; IV – garantir o livre exercício de qualquer dos Poderes nas unidades da Federação".

c) **Defesa das finanças estaduais.** Art. 34, V, da CF: "V – reorganizar as finanças da unidade da Federação que: a) suspender o pagamento da dívida fundada por mais de dois anos consecutivos, salvo motivo de força maior; b) deixar de entregar aos Municípios receitas tributárias fixadas nesta Constituição, dentro dos prazos estabelecidos em lei".

d) **Defesa da ordem constitucional.** Art. 34, VI e VII, da CF: "VI – prover a execução de lei federal, ordem ou decisão judicial; VII – assegurar a observância dos seguintes princípios constitucionais: a) forma republicana, sistema representativo e regime democrático; b) direitos da pessoa humana; c) autonomia municipal; d) prestação de contas da Administração Pública, direta e indireta; e) aplicação do mínimo exigido da receita resultante de impostos estaduais, compreendida a proveniente de transferências, na manutenção e desenvolvimento do ensino e nas ações e serviços públicos de saúde". Vale notar que os princípios inscritos no art. 34, VII, da CF são denominados de **princípios sensíveis.**

8.3.2. Pressupostos formais

A competência privativa para decretar e executar a intervenção federal pertence ao Presidente da República (art. 84, X, da CF) e, por isso, em alguns casos, ele pode determiná-la de ofício (art. 34, I, II, III e V, da CF). **Não sendo hipótese de intervenção de ofício**, exige-se a presença de pressupostos formais para a intervenção federal, nos termos do art. 36 da CF. São eles:

a) **Solicitação do Poder Legislativo ou do Poder Executivo coacto ou impedido, ou requisição do Supremo Tribunal Federal, se a coação for exercida contra o Poder Público:** aplica-se à hipótese/pressuposto material do art. 34, IV, da CF, ou seja, para garantir o livre exercício de qualquer dos Poderes nas unidades da Federação.

b) **Requisição do Supremo Tribunal Federal, do Superior Tribunal de Justiça ou do Tribunal Superior Eleitoral:** aplica-se às hipóteses de desobediência a ordem ou decisão judiciária.

c) **Representação pelo Procurador-Geral da República, devidamente provida pelo Supremo Tribunal Federal:** aplica-se à hipótese do art. 34, VII, da CF (para assegurar a observância de alguns princípios constitucionais) e no caso de recusa à execução de lei federal. Trata-se da denominada **ação direta de inconstitucionalidade interventiva.**

8.3.3. Espécies de intervenção federal[23]

Como estudamos, **a competência privativa para decretar e executar a intervenção federal pertence ao Presidente da República** (art. 84, X, da CF). Entretanto, o trâmite variará conforme a espécie de intervenção, que pode ser:

a) **Espontânea:** exige apenas a presença de pressupostos materiais, dispensando qualquer pressuposto formal. Isso porque é decretada **de ofício** pelo Presidente da República. A intervenção pode ser espontânea nas hipóteses dos incisos I, II, III e V do art. 34 da CF (CF, art. 34, "I – manter a integridade nacional; II – repelir invasão estrangeira ou de uma unidade da Federação em outra; III – pôr termo a grave comprometimento da ordem pública; [...] V – reorganizar as finanças da unidade da Federação que: a) suspender o pagamento da dívida fundada por mais de dois anos consecutivos, salvo motivo de força maior; b) deixar de entregar aos Municípios receitas tributárias fixadas nesta Constituição, dentro dos prazos estabelecidos em lei;").

b) **Solicitada:** é aquela requerida pelo Poder Legislativo ou Executivo que esteja sendo limitado ou coagido (art. 34, IV, da CF).

c) **Requisitada:** realiza-se mediante requisição de órgão do Poder Judiciário, em três hipóteses.

   c.1) Requisição do STF na hipótese de coação exercida contra o Poder Judiciário (art. 36, I, segunda parte, da CF).

   c.2) Requisição do STF, do STJ ou do TSE, na hipótese de desobediência a ordem ou decisão judiciária (art. 36, II, da CF).

   c.3) Requisição do STF quando ele der provimento a representação do Procurador-Geral da República, nos casos de violação aos princípios sensíveis (art. 34, VII, da CF), na chamada **ação direta de inconstitucionalidade interventiva**, ou de recusa à execução de lei federal.

8.3.4. Procedimento das intervenções federais solicitadas ou requisitadas[24]

Analisados os pressupostos formais e materiais, passamos ao estudo do procedimento das intervenções solicitadas ou requisitadas, disposto fundamentalmente nos parágrafos do art. 36 da CF, que é composto pelas seguintes providências:

1. Verificação de pressuposto material.
2. Verificação de pressuposto formal mediante solicitação ou requisição, conforme o caso.
3. Manifestação do Presidente da República (art. 84, X, da CF), que tem competência privativa para decretar e executar a intervenção federal, depois de

---

23. C.f. NOVELINO, Marcelo. *Manual de direito constitucional*. 8. ed. São Paulo: Método, 2013, p. 726.
24. A intervenção espontânea é decretada de ofício e por isso não tem trâmite detalhado.

ouvir pronunciamento do Conselho da República (art. 90, I, da CF) e opinião do Conselho de Defesa Nacional (art. 91, § 1º, II, da CF).

4. Se decretada a intervenção, será elaborado um decreto de intervenção, que especificará: a) a amplitude; b) o prazo; c) as condições de execução; d) eventual nomeação de interventor. Sendo hipótese de solicitação, o Presidente da República tem discricionariedade para agir; sendo requisição, sua atuação é vinculada.
5. Submissão do decreto de intervenção à apreciação do Congresso Nacional no prazo de 24 horas. Se o Congresso Nacional não estiver funcionando, far-se-á convocação extraordinária, no mesmo prazo de 24 horas. Trata-se do que se denomina por **controle político**. Se o Congresso Nacional entender diferente do Presidente da República ele pode suspender a intervenção, pois tem **juízo político prevalente**.

▶ ATENÇÃO!

Nos casos do art. 34, VI e VII[25], da CF, será **dispensada a apreciação do decreto de intervenção pelo Congresso Nacional** (providência "5" do procedimento), que se limitará a suspender a execução do ato impugnado, se essa medida bastar ao relacionamento da normalidade. É, portanto, hipótese que **excepciona o controle político.**

6. Cessados os motivos de intervenção, as autoridades afastadas de seus cargos a estes voltarão.

8.4. Intervenção nos Municípios

Em tópico anterior, vimos que a **intervenção nos Municípios** se opera pela ação dos Estados-membros em face dos seus Municípios ou da União em face dos Municípios localizados em Território Federal. Firmamos ainda que, como garantia da forma federativa de Estado, a regra é a não intervenção de um ente no outro. Assim, a primeira parte do *caput* do art. 35 da CF enuncia que: "O Estado **não intervirá** em seus Municípios, **nem a União nos Municípios** localizados em Território Federal [...]". (grifo nosso)

Entretanto, analisando o *caput* do art. 35 da CF por completo, verificamos que sua segunda parte excepciona a regra da não intervenção: "Art. 35. O Estado não intervirá em seus Municípios, nem a União nos Municípios localizados em Território Federal, **exceto quando** [...]"; (grifo nosso)

25. "Art. 34, [...] VI - prover a execução de lei federal, ordem ou decisão judicial; VII - assegurar a observância dos seguintes princípios constitucionais: a) forma republicana, sistema representativo e regime democrático; b) direitos da pessoa humana; c) autonomia municipal; d) prestação de contas da Administração Pública, direta e indireta; e) aplicação do mínimo exigido da receita resultante de impostos estaduais, compreendida a proveniente de transferências, na manutenção e desenvolvimento do ensino e nas ações e serviços públicos de saúde."

Desta feita, as hipóteses de intervenção nos Municípios compõem **rol taxativo** e, a exemplo das hipóteses de intervenção federal, estão arroladas sob a forma de **pressupostos materiais.**

Também seguindo as diretrizes da intervenção federal, as hipóteses que se apresentam como pressupostos materiais para a intervenção nos Municípios exigem algumas condições para se aperfeiçoarem. Essas condições são os **pressupostos formais,** definidos no art. 36 da CF.

8.4.1. Pressupostos materiais

Os pressupostos materiais para a intervenção nos Municípios estão arrolados nos incisos I a IV, do Art. 35 da CF, que trazemos comentados:

> Art. 35. O Estado não intervirá em seus Municípios, nem a União nos Municípios localizados em Território Federal, exceto quando:
>
> I – deixar de ser paga, **sem motivo de força maior**, por **dois anos** consecutivos, a dívida fundada.

> ▸ CUIDADO!
>
> A dívida fundada deve deixar de ser paga **sem** (e não com) **motivo de força maior** (não por insuficiência de recursos), por **dois anos** (não um ano).

> II – não forem prestadas contas devidas, **na forma da lei.**
>
> III – não tiver sido aplicado o mínimo exigido da **receita municipal** na manutenção e desenvolvimento do ensino e nas ações e serviços públicos **de saúde.**

> ▸ CUIDADO!
>
> Não deve ter sido aplicado o mínimo exigido da **receita municipal** (não estadual, federal ou da União) na manutenção e desenvolvimento do ensino e nas ações e serviços públicos **de saúde** (e não quaisquer serviços públicos).

> IV – o **Tribunal de Justiça** der provimento a **representação** para assegurar a observância de princípios indicados na **Constituição Estadual,** ou para prover a execução de lei, de ordem ou de decisão judicial.

> ▸ CUIDADO!
>
> O **Tribunal de Justiça** (não o STJ ou o STF) deve dar provimento a **representação** (não a recurso) para assegurar a observância de princípios indicados na **Constituição Estadual** (não na Constituição Federal e tampouco na Lei Orgânica do Município).

8.4.2. *Pressupostos formais*

Em regra, aplicam-se à intervenção nos Municípios **os mesmos pressupostos formais da intervenção federal**, no que forem cabíveis.

O único pressuposto formal que merece comentário destacado é a **representação pelo Procurador-Geral de Justiça, devidamente provida pelo Tribunal de Justiça,** para assegurar a observância de princípios indicados na Constituição Estadual, ou para prover a execução de lei, de ordem ou de decisão judicial (art. 35, IV, da CF), que se aplica para a **intervenção dos Estados nos Municípios**. Já a **intervenção da União nos Municípios dos Territórios Federais** respeita o mesmo trâmite da intervenção federal requisitada.

Quanto às espécies de intervenção nos Municípios, também vale o que já estudamos na intervenção federal, por isso passaremos direto ao tema do procedimento.

8.4.3. *Procedimento das intervenções nos Municípios*

Quanto ao procedimento, em regra, também se aplicam as normas pertinentes à intervenção federal no que forem cabíveis.

O principal ponto de distinção (e que costuma ser muito lembrados nas provas) é que **na intervenção dos Estados nos Municípios** (art. 35 da CF), **será dispensada a apreciação do decreto de intervenção pela Assembleia Legislativa** (art. 36, § 3º, da CF).

9. QUESTÕES OBJETIVAS COMENTADAS

01. **(FCC – Técnico Judiciário – Área Judiciária – TRT 15/2018)** À luz da organização político-administrativa do Estado brasileiro, na qual prevalece a autonomia das entidades federativas,

a) a autonomia baseia-se na existência de uma única esfera governamental atuante sobre a população, em um mesmo território.
b) a Constituição Federal prevê mecanismos de proteção do sistema federativo, tais como a repartição de competências administrativas e legislativas entre os entes federados.
c) a Constituição Federal prevê a possibilidade de instituição de regiões metropolitanas por iniciativa legislativa dos municípios limítrofes interessados na associação.
d) a autonomia é assegurada a todos os entes sob os aspectos administrativo e fiscal, cabendo, no entanto, somente à União a autonomia legislativa.
e) a soberania, na qualidade de poder supremo consistente na capacidade de autodeterminação do ente federado, cabe à União e aos Estados membros.

COMENTÁRIOS

Alternativa "a": Na verdade, a autonomia é a condição dos Entes Federativos, nos termos do art. 18 da CF/88. Da autonomia decorre a capacidade de se organizar, administrar. O que a alternativa descreve é a soberania.

Alternativa "b": De fato a Constituição Federal estabelece uma repartição de competências administrativas (arts. 21 e 23) e legislativas (Arts. 22, 24, 30). Outro mecanismo de proteção a esse sistema é a intervenção, prevista nos arts. 34 a 36 da CF/88.

Alternativa "c": A iniciativa é, na verdade, dos Estados, conforme art. 25, §3º da CF/88.

Alternativa "d": Todos os entes têm autonomia legislativa, como a própria Constituição estabelece.

Alternativa "e": A alternativa descreve a autonomia. A soberania é descrita na alternativa "a".

Alternativa correta: letra "b".

02. **(FCC – Analista Judiciário – Área Administrativa – TRT 2/2018)** Estado da Federação editou lei disciplinando as condições para o exercício da profissão de médico no âmbito daquele Estado, estabelecendo que o cumprimento das exigências será fiscalizado por autoridade da Secretaria da Saúde, que recebeu competência para impor as penalidades cabíveis aos infratores. O Sindicato dos Médicos naquele Estado pretende impetrar mandado de segurança coletivo para evitar a prática de ato de autoridade estadual que imponha penalidades aos seus filiados que não atenderem às exigências da nova lei, sob o argumento de que a lei estadual tratou de matéria que se insere no âmbito da competência legislativa privativa da União. Considerando que a referida lei estadual foi editada sem que tenha havido delegação por lei federal para que os Estados legislassem sobre a matéria, o Sindicato, à luz da Constituição Federal,

a) tem legitimidade para impetrar o Mandado de Segurança, cuja ordem, no entanto, deverá ser denegada, uma vez que o Estado disciplinou matéria de sua competência legislativa.
b) tem legitimidade para impetrar o Mandado de Segurança, cuja ordem deverá ser concedida, uma vez que, embora caiba ao Estado legislar sobre os requisitos para o exercício da profissão de médico, a atividade de fiscalização deve ser realizada pela União por meio dos órgãos federais.
c) tem legitimidade para impetrar o Mandado de Segurança, cuja ordem deverá ser concedida, uma vez que o Estado legislou irregularmente em matéria de competência privativa da União.
d) não tem legitimidade para impetrar o Mandado de Segurança, embora o Estado tenha legislado irregularmente em matéria de competência privativa da União.
e) não tem legitimidade para impetrar o Mandado de Segurança e, ademais, o Estado disciplinou matéria de sua competência legislativa.

COMENTÁRIOS

Nota do autor: há 2 pontos a serem apurados para responder à questão: 1. Houve violação de competência legislativa?; 2. Há legitimidade ativa para a propositura do mandado de segurança?. Deve-se ainda destacar que a questão deixa claro que não houve delegação legislativa da União ao Estado.

Alternativa "c" (Responde todas as alternativas): Primeiramente, há que se destacar que a competência para editar lei que discipline as condições para o exercício de profissão é da União, nos termos do art. 22, XVI da CF/88. Quanto à possibilidade de impetrar mandado de segurança coletivo, estabelece o art. 5º, LXX, "b" da CF/88 que o mandado de segurança coletivo pode ser impetrado por organização sindical.

Alternativa correta: letra "c".

03. **(FCM / Analista Jurídico / Câmara de Conselheiro Lafaiete – MG / 2019)** Analise as afirmações sobre a estrutura e a repartição de competências entre União, Estados, Municípios e Distrito Federal. Considerando o texto atual da Constituição Federal, marque (V) para verdadeiro ou (F) para falso.

I. A organização político-administrativa da República Federativa do Brasil compreende a União, os Estados, o Distrito Federal e os Municípios, todos soberanos, nos termos da Constituição federal.
II. Compete à União os serviços e as instalações de energia elétrica e o aproveitamento energético dos cursos de água.
III. É competência comum da União, dos Estados, do Distrito Federal e dos Municípios preservar as florestas, a fauna e a flora.
IV. É vedado à União, aos Estados, ao Distrito Federal e aos Municípios recusar fé aos documentos públicos.
V. São reservados aos Estados e aos Municípios as competências que não lhes sejam vedadas pela Constituição federal.

A sequência correta é

a) F,V,V,V,F
b) F, F, V, V, F
c) V, V, F, F, V
d) V, F, F, V, F
e) F, F, V, F, V

COMENTÁRIOS

Alternativa correta: letra "a": os itens II, III e IV estão corretos.

Item I: incorreto. A organização político-administrativa da República Federativa do Brasil compreende a União, os Estados, o Distrito Federal e os Municípios, todos autônomos, nos termos do art. 18, caput, da CF.

Item II: correto. Compete à União os serviços e as instalações de energia elétrica e o aproveitamento energético dos cursos de água (art. 21, XII, b, da CF).

Item III: correto. É competência comum da União, dos Estados, do Distrito Federal e dos Municípios preservar as florestas, a fauna e a flora (art. 23, VII, da CF).

Item IV: correto. É vedado à União, aos Estados, ao Distrito Federal e aos Municípios recusar fé aos documentos públicos (art. 19, II, da CF).

Item V: incorreto. São reservados aos Estados as competências que não lhes sejam vedadas pela Constituição federal (art. 25, § 1º, da CF).

(Cespe / Técnico do MPU – Administração/ 2018) A respeito da organização político-administrativa do Estado brasileiro e da administração pública, julgue os itens seguintes.

04. Será compartilhado o domínio de rio que banhe mais de um estado-membro, pertencendo a cada um deles a parte que adentrar o seu território.

> COMENTÁRIOS
>
> **Errado.** De acordo com o art. 20, III da CF/88, são bens da União os lagos, rios e quaisquer correntes de água em terrenos de seu domínio, ou que banhem mais de um Estado. Portanto, a hipótese do item caracteriza rio de domínio da União.

05. Legislar sobre a responsabilidade por dano ao meio ambiente compete concorrentemente à União, aos estados e ao Distrito Federal.

> COMENTÁRIOS
>
> **Certo.** De acordo com o disposto no inciso VIII do art. 24 da CF/88, compete à União, aos Estados e ao Distrito Federal legislar concorrentemente sobre responsabilidade por dano ao meio ambiente.

06. **(FCC / Técnico Judiciário – Área Administrativa / TRT 24/2017)** O Prefeito da pequena metrópole "Y" está com dúvidas a respeito da competência para estabelecer e implantar política de educação para a segurança do trânsito. Assim, consultando a Constituição Federal, verificou que se trata de competência

a) concorrente entre a União, os Estados, o Distrito Federal e os Municípios.
b) privativa da União.
c) comum da União, dos Estados, do Distrito Federal e dos Municípios.
d) privativa de cada Município.
e) privativa dos Estados e do Distrito Federal.

> COMENTÁRIOS
>
> **Alternativa correta: letra "c":** a competência para estabelecer e implantar política de educação para a segurança do trânsito é de competência comum da União, dos Estados, do Distrito Federal e dos Municípios, conforme **art. 23, inciso XII, da CF**. Não confundir com a competência privativa da União para legislar sobre trânsito e transporte, insculpida no art. 22, inciso XI, da CF.

07. **(Cespe / Analista Judiciário – Área Judiciária – Oficial de Justiça Avaliador / TRT 8/ 2016)** A respeito da organização do Estado e da administração pública, assinale a opção correta.

a) A vedação de acumulação remunerada de cargos públicos aplica-se aos militares, independentemente da compatibilidade de horário e do tipo de atividade profissional exercida, de modo que o militar que tome posse em cargo civil deverá ser transferido para a reserva, nos termos da lei.

b) A forma de federalismo adotada no Brasil é conhecida como federalismo de segregação e centrífugo, sendo os estados-membros dotados de autogoverno.
c) Deve o presidente da República decretar a intervenção federal, entre outras hipóteses, quando dois estados tentarem incorporar-se entre si ou desmembrar-se, formando novos estados ou territórios federais.
d) O prazo de prescrição para a pretensão de condenar réus pela prática de atos de improbidade administrativa que causem prejuízos ao erário é estabelecido pela CF.
e) É proibida a adoção de requisitos e critérios diferenciados para a concessão de aposentadoria pelo regime de previdência de caráter contributivo e solidário, ainda que para proteger trabalhadores que exerçam atividades sob condições que prejudiquem a saúde ou a integridade física.

COMENTÁRIOS

Alternativa correta: letra "b": o **federalismo por desagregação** ou **centrífugo** se forma a partir da **subdivisão de um Estado unitário em entes independentes, que se harmonizam para a formação de um Estado Federado,** com garantia de autonomia aos seus componentes, mas que dota apenas o Estado Unido (reunião de seus entes autônomos) de independência. Assim, por serem autônomos, mas não independentes, os entes federados não têm direito à secessão, ou seja, não podem se tornar independentes do Estado Federado. **Essa é a forma imprópria de Federalismo, que ocorreu com o Brasil em 1891, formando os Estados Unidos do Brasil e permanece até hoje,** mas sob nova roupagem, pois estamos sob a égide da República Federativa do Brasil.

Alternativa "a": nos termos do art. 142, §3º, II, da CF, o militar em atividade que tomar posse em cargo ou emprego público civil permanente, **ressalvada a hipótese prevista no art. 37, inciso XVI, alínea "c",** será transferido para a reserva, nos termos da lei. Já o inciso III do mesmo dispositivo, estabelece que o militar da ativa que, de acordo com a lei, tomar posse em cargo, emprego ou função pública civil temporária, não eletiva, ainda que da administração indireta, **ressalvada a hipótese prevista no art. 37, inciso XVI, alínea "c",** ficará agregado ao respectivo quadro e somente poderá, enquanto permanecer nessa situação, ser promovido por antiguidade, contando-se-lhe o tempo de serviço apenas para aquela promoção e transferência para a reserva, sendo depois de dois anos de afastamento, contínuos ou não, transferido para a reserva, nos termos da lei. Por sua vez, segundo o art. 37, XVI, "c", da CF, permite-se a acumulação de dois cargos ou empregos privativos de profissionais de saúde, com profissões regulamentadas, havendo compatibilidade de horários.

Alternativa "c": não há que se decretar intervenção, uma vez que a própria Constituição permite que dois estados tentarem incorporar-se entre si ou desmembrar-se, formando novos estados ou territórios federais. Nos termos do art. 18, §3º, da CF, os Estados podem incorporar-se entre si, subdividir-se ou desmembrar-se para se anexarem a outros, ou formarem novos Estados ou Territórios Federais, mediante aprovação da população diretamente interessada, através de plebiscito, e do Congresso Nacional, por lei complementar.

Alternativa "d": o prazo de prescrição para a pretensão de condenar réus pela prática de atos de improbidade administrativa que causem prejuízos ao erário é estabelecido no art. 23 da Lei de Improbidade Administrativa (Lei nº 8.429/92 com redação dada pela lei 14.230/2021) e não pela CF.

Alternativa "e": nos termos do art. 40, §4º, da CF, **é vedada a adoção de requisitos e critérios diferenciados para a concessão de aposentadoria** aos abrangidos pelo regime de que trata este artigo, **ressalvados,** nos termos definidos em leis complementares, **os casos de servidores:** I - portadores de deficiência; II - que exerçam atividades de risco; III - cujas atividades sejam exercidas sob condições especiais que prejudiquem a saúde ou a integridade física.

08. **(FCC – Analista Judiciário – Área Judiciária - TRT 4/2015)** De acordo com a Constituição Federal, a criação de regiões metropolitanas constituídas por agrupamentos de municípios limítrofes, para integrar a organização, o planejamento e a execução de funções públicas de interesse comum, deverá ser feita por lei estadual

a) complementar, que poderá estabelecer que a execução de serviços públicos municipais, de interesse comum da região, seja realizada pelo Estado quando isso for necessário para a garantia da continuidade da prestação dos serviços.
b) complementar, que deverá assegurar a autonomia aos municípios que integram a região, não podendo estabelecer a política tarifária dos serviços públicos municipais de interesse comum da região.
c) complementar, que poderá outorgar ao Estado a execução de serviços públicos municipais, de interesse comum da região, desde que assim previsto na Constituição respectiva.
d) ordinária, bem como por convênio firmado entre os municípios interessados e o Estado, podendo este último assumir a coordenação da prestação de serviços públicos municipais de interesse comum da região.
e) ordinária, que deverá assegurar a autonomia aos municípios que integram a região, não podendo a lei estabelecer que a execução da prestação dos serviços públicos municipais de interesse comum da região seja realizada pelo Estado.

COMENTÁRIOS

Alternativa correta: letra "b" (responde a todas as alternativas): consoante art. 25, §3º, da CF, a criação de regiões metropolitanas constituídas por agrupamentos de municípios limítrofes, para integrar a organização, o planejamento e a execução de funções públicas de interesse comum, deverá ser feita por lei estadual complementar, que deverá assegurar a autonomia aos municípios que integram a região, não podendo estabelecer a política tarifária dos serviços públicos municipais de interesse comum da região.

09. **(FCC – Analista Judiciário – Oficial de Justiça Avaliador - TRT 2/2014)** Sobre as competências:

I. É inconstitucional lei estadual que estabelece regime especial de pagamento parcelado de multas de trânsito aplicadas em rodovias estaduais, pois dispõe sobre matéria de competência legislativa privativa da União.
II. A autonomia política assegurada aos Estados-membros alcança a competência legislativa para tornar obrigatório o uso permanente de faróis baixos, inclusive durante o período diurno, aos veículos automotores que trafeguem nas rodovias estaduais, de modo a elevar os níveis de proteção e segurança nas estradas.

III. É inconstitucional lei estadual que condiciona a obrigatoriedade da cobrança das multas aplicadas pelos órgãos estaduais de trânsito ao recebimento da notificação via serviço postal, pois dispõe sobre matéria de competência legislativa privativa da União.

a) está correto o que se afirma em I, apenas.
b) está correto o que se afirma em II, apenas.
c) está correto o que se afirma em III, apenas.
d) está correto o que se afirma em I e II, apenas.
e) está correto o que se afirma em I, II e III.

COMENTÁRIOS

Alternativa correta: letra "a": está correto o que se afirma em I, apenas.

Item I: nos termos do art. 22, XI, trânsito e transporte são matéria de competência legislativa privativa da União. Segundo já decidiu o STF, "Lei 7.723/1999 do Estado do Rio Grande do Norte. **Parcelamento de multas de trânsito. Inconstitucionalidade formal.** Esta Corte, em pronunciamentos reiterados, assentou ter a CB conferido exclusivamente à União a competência para legislar sobre trânsito, sendo certo que **os Estados-membros não podem, até o advento da lei complementar prevista no parágrafo único do art. 22 da CB/1988, legislar a propósito das matérias relacionadas no preceito.**" (ADI 2.432, Rel. Min. Eros Grau, julgamento em 9-3-2005, Plenário, DJ de 23-9-2005.)

Item II: A autonomia política assegurada aos Estados-membros **não** alcança a competência legislativa para **tornar obrigatório o uso permanente de faróis baixos,** pois **trânsito é matéria de competência legislativa privativa da União.** Na jurisprudência do STF: "Legislação sobre trânsito: competência privativa federal: **CF, art. 22, XI.** Lei 11.766, de 1997, do Estado do Paraná, que torna obrigatório a qualquer veículo automotor transitar permanentemente com os faróis acesos nas rodovias do Estado do Paraná, impondo a pena de multa aos que descumprirem o preceito legal: **inconstitucionalidade, porque a questão diz respeito ao trânsito.**" (ADI 3.055, Rel. Min. Carlos Velloso, julgamento em 24-11-2005, Plenário, DJ de 3-2-2006.)

Item III: É **constitucional** lei estadual que condiciona a obrigatoriedade da cobrança das multas aplicadas pelos órgãos estaduais de trânsito ao recebimento da notificação via serviço postal. Segundo o STF, "(...) a Lei estadual 5.839/1999, ao condicionar a imposição de multa à **notificação via Correios, não trata de legislação de trânsito,** mas de processo administrativo. Trata-se de mera pretensão fiscal, e não do exercício da ação fiscal. O Fisco só exercerá sua pretensão após o recebimento de notificação. Norma estatal que confere máxima efetividade do direito de defesa (CF, art. 5º, LV)." (ADI 2.374, Rel. Min. Gilmar Mendes, julgamento em 6-10-2004, Plenário, DJ de 16-2-2007.)

10. (FCC – Analista Judiciário – Área Judiciária - TRT 2/2014) Considere as seguintes afirmativas:

I. É inconstitucional lei estadual que institui dever a supermercados e estabelecimentos assemelhados de expor, num mesmo local ou gôndola, os produtos alimentícios especialmente elaborados sem o uso de glúten como medida protetiva aos portadores de doença celíaca, pois trata-se de matéria sujeita à competência privativa dos Municípios para legislar sobre assuntos de interesse local.

II. A autonomia política dos Estados-membros alcança a competência legislativa privativa para conferir ao Defensor Público-Geral do Estado estatura administrativa de Secretário de Estado, submetendo sua nomeação à livre escolha do Governador.

III. A autonomia política dos Estados-membros não alcança a competência legislativa para instituir comissão estadual voltada a autorizar, monitorar e fiscalizar a pesquisa, e demais atividades relacionadas ao setor nuclear, de modo a assegurar que suas aplicações garantam a saúde, o bem-estar e a segurança da população, bem como, a preservação do meio ambiente.

Está correto o que consta APENAS em

a) III.
b) I e III.
c) I.
d) II.
e) II e III.

COMENTÁRIOS

Nota do autor: as provas de 2014 deixam claro que o examinador tem cobrado a jurisprudência do STF quanto à temática das competências administrativas e legislativas dos entes federados. Portanto, o estudo do candidato tem que contemplar os julgados do Supremo Tribunal Federal.

Alternativa correta: letra "a": III.

Afirmativa I: é **constitucional** lei estadual que institui dever a supermercados e estabelecimentos assemelhados de expor, num mesmo local ou gôndola, os produtos alimentícios especialmente elaborados sem o uso de glúten como medida protetiva aos portadores de doença celíaca. Na jurisprudência do STF: "Lei 12.385/2002 do Estado de Santa Catarina, que cria o programa de assistência às pessoas portadoras da doença celíaca e altera as atribuições de secretarias estaduais. (...) A natureza das disposições concernentes a incentivos fiscais e determinação para que os supermercados e hiper mercados concentrem em um mesmo local ou gôndola todos os produtos alimentícios elaborados sem a utilização de glúten não interferem na função administrativa do Poder Executivo local. **A forma de apresentação dos produtos elaborados sem a utilização de glúten está relacionada com a competência concorrente do Estado para legislar sobre consumo**, proteção e defesa da saúde. Art. 24, V e XII, da CR. Precedentes." (ADI 2.730, Rel. Min. Cármen Lúcia, julgamento em 5-5-2010, Plenário, DJE de 28-5-2010.).

Afirmativa II: a autonomia política dos Estados-membros **não** alcança a competência legislativa para conferir ao Defensor Público-Geral do Estado estatura administrativa de Secretário de Estado, submetendo sua nomeação à livre escolha do Governador. Nos termos da jurisprudência do STF: "Organização da Defensoria Pública nos Estados-membros. Estabelecimento, pela União Federal, mediante lei complementar nacional, de requisitos mínimos para investidura nos cargos de defensor público-geral, de seu substituto e do corregedor-geral da Defensoria Pública dos Estados-membros. **Normas gerais, que, editadas pela União Federal, no exercício de competência concorrente, não podem ser desrespeitadas pelo Estado-membro.**" (ADI 2.903, Rel. Min. Celso de Mello, julgamento em 1º-12-2005, Plenário, DJE de 19-9-2008.) No mesmo sentido: RE 775.353-AgR, rel. min. Cármen Lúcia, julgamento em 4-2-2014, Segunda Turma, DJE de 14-2-2014.

Afirmativa III: a competência para legislar sobre atividades nucleares de qualquer natureza é privativa da União, nos termos do art. 22, XXVI, da CF. Sobre o tema, vale destacar um julgado do STF que se aproxima da hipótese levantada na afirmativa: "Energia nuclear. Arguição de inconstitucionalidade de preceito de Constituição estadual, que subordina a construção, no respectivo território, de instalações industriais para produção de energia nuclear à autorização da Assembleia Legislativa, ratificada por plebiscito. Alegação de ofensa à competência privativa da União (CF, art. 21, XXIII). Mantida a competência exclusiva da União para legislar sobre atividades nucleares de qualquer natureza (CF, art. 22, XXVI), aplicáveis ao caso os precedentes da Corte produzidos sob a égide da CF de 1967. Ao estabelecer a prévia aprovação da Assembleia Legislativa estadual, ratificada por plebiscito, como requisito para a implantação de instalações industriais para produção de energia nuclear no Estado, invade a Constituição catarinense a competência legislativa privativa da União." (ADI 329, Rel. Min. Ellen Gracie, julgamento em 1-4-2004, Plenário, DJ de 28-5-2004.) No mesmo sentido: ADI 1.575, Rel. Min. Joaquim Barbosa, julgamento em 7-4-2010, Plenário, DJE de 11-6-2010.

11. **(FCC – Técnico Judiciário – Área Administrativa - TRT 2/2014)** O Brasil assume a forma de Estado Federal na Constituição Federal. É correto afirmar a respeito da forma federativa brasileira:

a) Os municípios podem ser criados, fundidos ou desmembrados por lei complementar federal.
b) Os Estados-membros possuem autonomia administrativa e política, sendo dado a eles o direito de secessão.
c) Os municípios não são órgãos federativos, uma vez que não possuem representatividade no Senado Federal.
d) Os Estados e municípios têm autonomia federativa, que se baseia na atribuição de competências próprias e na existência de órgãos governamentais próprios.
e) Os Estados e municípios não detêm personalidade jurídica no Direito Público Interno, mas somente a União.

COMENTÁRIOS

Alternativa correta: letra "d": nos termos do art. 18, caput, da CF, a organização político-administrativa da República Federativa do Brasil compreende a União, os Estados, o Distrito Federal e os Municípios, todos autônomos. Ser ente autônomo dentro de um federalismo significa a possibilidade de implementar uma gestão particularizada, mas sempre respeitando os limites impostos pelos princípios e regras do Estado federal. Assim, a autonomia tem os seguintes elementos: a) Auto-organização: permite aos Estados-membros criarem as Constituições Estaduais (art. 25 da CF) e aos Municípios firmarem suas Leis Orgânicas (art. 29 da CF). b) Autolegislação: os entes da federação podem estabelecer normas gerais e abstratas próprias (competências próprias), a exemplos das leis estaduais e municipais (artigos 22 e 24 da CF). c) Autogoverno: os Estados-membros terão seus Governadores e Deputados estaduais, enquanto os Municípios possuirão Prefeitos e Vereadores, nos termos dos artigos 27, 28, 29 da CF. Os Estados-membros ainda organizarão sua Justiça (Poder Judiciário), consoante art. 125 da

CF. d) Autoadministração: os membros da federação podem prestar e manter serviços próprios, atendendo às competências administrativas da CF, notadamente de seu art. 23.

Alternativa "a": de acordo com o art. 18, § 4º, da CF, "a criação, a incorporação, a fusão e o desmembramento de Municípios far-se-ão por **lei estadual**, dentro do **período determinado por lei complementar federal**, e dependerão de **consulta prévia, mediante plebiscito**, às populações dos Municípios envolvidos, após divulgação dos Estudos de Viabilidade Municipal, apresentados e publicados na forma da lei".

Alternativa "b": o pacto federativo é indissolúvel (art. 1º, *caput*, da CF), de modo que os Estados-membros e os Municípios **não gozam do direito de secessão**, ou seja, não podem se destacar do Estado soberano brasileiro.

Alternativa "c": apesar de não possuírem representatividade no Senado Federal, **os municípios são órgãos federativos**, nos termos do art. 18, *caput*, da CF.

Alternativa "e": a União, os Estados e os Municípios detêm personalidade jurídica de Direito Público Interno (conforme art. 41 do Código Civil).

12. **(FCC – Analista Judiciário – Área Administrativa – TRT 2/2014)** É competência privativa da União legislar sobre as matérias de direito

a) espacial, desapropriação, propaganda comercial e definição de crimes de responsabilidade.
b) agrário, direito penitenciário, metalurgia e sistema cartográfico.
c) agrário, direito econômico, sistema estatístico e registros públicos.
d) do trabalho, propaganda comercial, metalurgia e proteção à infância e à juventude.
e) penal, direito penitenciário, cidadania e sistema cartográfico.

COMENTÁRIOS

Alternativa correta: letra "a": nos termos do art. 22 da CF, compete privativamente à União legislar sobre direito espacial (inciso I), desapropriação (inciso II), propaganda comercial (inciso XIX). Ainda, segundo a Súmula 722 do STF, "São da competência legislativa da União a definição dos crimes de responsabilidade e o estabelecimento das respectivas normas de processo e julgamento."

Alternativas "b" e "e": direito **penitenciário** é matéria de competência concorrente entre União, Estado e Distrito Federal (art. 24, I, da CF).

Alternativa "c": direito **econômico** é matéria de competência concorrente entre União, Estado e Distrito Federal (art. 24, I, da CF).

Alternativa "d": proteção à infância e à juventude é matéria de competência concorrente entre União, Estado e Distrito Federal (art. 24, XV, da CF).

13. **(FCC – Analista Judiciário – Administrativa – TRT 1/2013)** Suponha que, após a edição de lei federal dispondo sobre normas gerais em matéria de previdência social, determinado Estado da Federação publicou lei dispondo sobre normas específicas nessa matéria aplicável no âmbito estadual. Considerando essa situação, a lei

a) federal é inconstitucional, já que a matéria foi reservada à competência legislativa privativa dos Estados e do Distrito Federal.

b) federal é inconstitucional, já que a matéria foi reservada à competência legislativa concorrente somente dos Estados e dos Municípios.
c) estadual é inconstitucional, já que a matéria foi reservada à competência legislativa privativa da União.
d) federal é constitucional, já que a matéria foi reservada à competência legislativa concorrente da União e dos Estados e Distrito Federal, cabendo à União dispor sobre normas gerais.
e) estadual é inconstitucional, já que o Estado somente poderia ter legislado sobre a matéria na ausência de normas gerais da União.

COMENTÁRIOS

Alternativa correta: "d" (responde a todas as alternativas): consoante art. 24, XII, da CF, previdência social é matéria de competência concorrente entre União, Estados e Distrito Federal. Neste caso, caberá à União editar as normas gerais (art. 24, § 1º, da CF), e aos Estados complementar ou suplementar o tema por meio da criação de normas específicas que garantam os seus interesses. Assim, tanto a norma federal quanto a estadual são constitucionais.

14. **(FCC – Analista Judiciário – Judiciária – TRT 1/2013)** Considere a hipótese de tramitarem perante as Casas do Congresso Nacional as seguintes proposições legislativas:
I. Projeto de lei ordinária tendo por objeto o estabelecimento de normas gerais de licitação e contratação, em todas as modalidades, para as administrações públicas diretas, autárquicas e fundacionais da União, Estados, Distrito Federal e Municípios.
II. Projeto de lei complementar visando à organização judiciária, do Ministério Público e da Defensoria Pública do Distrito Federal e dos Territórios, bem como organização administrativa destes.
III. Projeto de lei complementar concedendo autorização para que os Estados legislem sobre questões específicas em matéria de proteção ao patrimônio histórico, cultural, artístico, turístico e paisagístico.
IV. Projeto de lei complementar concedendo autorização para que os Estados legislem sobre questões específicas em matéria de direito do trabalho.

Diante da repartição constitucional de competências entre os entes da Federação, deveria cessar a tramitação dos projetos referidos em

a) I e II.
b) II e III.
c) I e III.
d) II e IV.
e) III e IV.

COMENTÁRIOS

Alternativa correta: "b".

Item "I". A tramitação **não** deveria cessar porque a competência para se legislar sobre normas gerais de licitação e contratação, em todas as modalidades, para as administrações públicas diretas, autárquicas e fundacionais da União, Estados, Distrito Federal e Municípios, **é privativa da União** (art. 22, XXVII, da CF), e deve tramitar perante o Congresso Nacional sob a forma de lei ordinária.

Item "II". A tramitação **deveria** cessar porque a competência para se legislar sobre organização judiciária, do Ministério Público e da Defensoria Pública do Distrito Federal e dos Territórios, bem como organização administrativa destes, **é privativa da União** (art. 22, XVII, da CF), mas deve tramitar perante o Congresso Nacional sob a forma de **lei ordinária** (não lei complementar).

Item "III". A tramitação **deveria** cessar porque a competência para se legislar sobre proteção ao patrimônio histórico, cultural, artístico, turístico e paisagístico, **é concorrente** entre União, Estados e Distrito Federal (art. 24, VII, da CF), não sendo correto falar-se em projeto de lei complementar concedendo autorização para que os Estados legislem sobre questões específicas, pois isso somente ocorre em matéria de competência privativa da União (art. 22 da CF).

Item "IV". A tramitação **não** deveria cessar porque a competência para se legislar sobre direito do trabalho **é privativa da União** (art. 22, I, da CF), e, nesse caso, esse ente da federação pode editar lei complementar concedendo autorização para que os Estados legislem sobre questões específicas (art. 22, parágrafo único, da CF).

15. **(FCC - Técnico Judiciário – Administrativa – TRT 9/2013)** De acordo com a Carta Magna, no âmbito da competência legislativa concorrente, a competência da União limitar-se-á a estabelecer normas gerais. Inexistindo lei federal sobre normas gerais, os Estados exercerão a competência legislativa plena, para atender a suas peculiaridades. Nesse contexto, é correto afirmar que a superveniência de lei federal sobre normas gerais

a) suspenderá, na íntegra, a eficácia da lei estadual.

b) suspenderá a eficácia da lei estadual apenas no que lhe for contrário.

c) manterá a eficácia da lei estadual, ainda que esta contrarie dispositivos da lei federal, tendo em vista a independência entre os entes federativos.

d) revogará, na íntegra, a lei estadual.

e) revogará a lei estadual apenas no que não lhe for contrário.

COMENTÁRIOS

Alternativa correta: "b" (responde a todas as alternativas): nos exatos termos do art. 24, § 4º, da CF, A superveniência de lei federal sobre normas gerais suspende a eficácia da lei estadual, no que lhe for contrário.

16. **(FCC – Analista Judiciário – Área Judiciária – TRE/CE 2012)** O Governador do Estado do Pará teve a ideia de subdividir esse Estado em mais dois Estados, cuja subdivisão só poderá ocorrer mediante aprovação

a) do Presidente da República, ouvidos os Ministros da Justiça, da Casa Civil e do Planejamento.

b) da população diretamente interessada, através de plebiscito, e do Congresso Nacional, por lei complementar.

c) da maioria absoluta dos Deputados Estaduais da Assembleia Legislativa do Estado do Pará, após referendo popular.
d) em dois turnos de votações na Assembleia Legislativa do Estado do Pará, com aprovação de no mínimo dois terços dos Deputados Estaduais em ambos os turnos de votação.
e) das Câmaras Municipais por maioria absoluta, cujos Municípios sejam afetados pela subdivisão do Estado.

COMENTÁRIOS

Alternativa correta "b" (responde a todas as alternativas). A subdivisão de um estado-membro só poderá ocorrer mediante aprovação da população diretamente interessada, através de plebiscito, e do Congresso Nacional, por lei complementar. É o que impõe o art. 18, § 3º, da CF.

17. **(FCC – Analista Judiciário – Área Judiciária – TRE-SP / 2012)** Compete à União legislar privativamente, dentre outras matérias, sobre
a) orçamento.
b) custas e serviços forenses.
c) procedimentos em matéria processual.
d) direito eleitoral.
e) proteção ao patrimônio histórico, cultural, artístico, turístico e paisagístico.

COMENTÁRIOS

Alternativa correta: "d". O art. 22, I, da CF estabelece que compete à União legislar, privativamente, sobre direito eleitoral.

Alternativa "a". Compete à **União, aos Estados e ao Distrito Federal**, segundo art. 24, II, da CF, legislar **concorrentemente** sobre orçamento.

Alternativa "b". Compete à **União, aos Estados e ao Distrito Federal** legislar **concorrentemente** sobre custas e serviços forenses, nos termos do art. 24, IV, da CF.

Alternativa "c". O art. 24, XI, da CF, dispõe que legislar sobre procedimentos em matéria processual é competência **concorrente entre União, Estados e Distrito Federal.**

Alternativa "e". Compete à **União, aos Estados e ao Distrito Federal** legislar **concorrentemente** sobre proteção ao patrimônio histórico, cultural, artístico, turístico e paisagístico, consoante art. 24, VII, da CF.

18. **(FCC – Analista Judiciário / TRT 6 / 2012)** Em relação às competências no âmbito da organização político-administrativa do Estado brasileiro, é correto asseverar que a União
a) possui competência comum, juntamente com Estados, Distrito Federal e Municípios, para fomentar a produção agropecuária e organizar o abastecimento alimentar.
b) possui competência legislativa privativa, a qual não pode ser delegada aos Estados, ao Distrito Federal e nem aos Municípios.

c) é dotada de competência administrativa remanescente ou residual para suprir a inércia legislativa dos Estados e Municípios.
d) pode avocar uma competência estadual ou municipal sempre que o interesse público exigir.
e) suplementa a atuação dos Estados e Municípios quando exerce a competência legislativa concorrente.

COMENTÁRIOS

Alternativa correta: "a". Nos termos do art. 23, VIII, da CF, é competência comum da União, dos Estados, do Distrito Federal e dos Municípios fomentar a produção agropecuária e organizar o abastecimento alimentar.

Alternativa "b". De fato, a União possui competência legislativa privativa. Entretanto, consoante art. 22, parágrafo único, da CF, Lei Complementar poderá autorizar os Estados a legislar sobre questões específicas das matérias relacionadas nesse artigo. Assim, há a **possibilidade de delegação.**

Alternativa "c". A competência legislativa da União ou é privativa (art. 22 da CF) ou é concorrente (art. 24 da CF). Já a competência administrativa da União pode ser exclusiva (art. 21 da CF) ou comum (art. 23, da CF). Portanto, **a União não exerce competência remanescente ou residual.** Na distribuição de competências feita pela CF, a competência residual ou remanescente administrativa fica com os Estados (art. 25, § 1º) e a legislativa (em razão do interesse local) resta aos Municípios (art. 30, I, da CF).

Alternativa "d". A União **não pode avocar** uma competência estadual ou municipal, ainda que o interesse público exigir. Isso porque deve haver respeito à distribuição de competências feita pela CF, pois protege o equilíbrio do Pacto Federativo (art. 1º da CF, c.c. art. 60, § 4º, I, da CF).

Alternativa "e". A suplementação na competência legislativa concorrente do art. 24 **cabe aos Municípios**, não à União, nos termos do art. 30, II, da CF.

19. **(FCC – TRT 11 – Analista Judiciário / 2012)** A Constituição Federal estabelece determinadas atividades que constituem monopólio da União. Sobre o tema, cumpre assinalar que, em regra, a União poderá contratar com empresas estatais ou privadas a realização de algumas dessas atividades, observadas as condições estabelecidas em lei, EXCETO:
a) refinação do petróleo nacional ou estrangeiro.
b) pesquisa, a lavra e o enriquecimento de minérios e minerais nucleares.
c) importação e exportação dos produtos e derivados básicos resultantes das atividades da refinação do petróleo nacional ou estrangeiro.
d) pesquisa e a lavra das jazidas de petróleo e gás natural e outros hidrocarbonetos fluidos.
e) o transporte marítimo do petróleo bruto de origem nacional ou de derivados básicos de petróleo produzidos no país.

COMENTÁRIOS

Alternativa correta: "b". Nos termos do art. 177, V, da CF, constituem monopólio da União, a pesquisa, a lavra, o enriquecimento, o reprocessamento, a industrialização e o comércio de minérios e minerais nucleares e seus derivados, com exceção dos radioisótopos cuja produção, comercialização e utilização poderão ser autorizadas sob regime de permissão, conforme as alíneas b e c do inciso XXIII do *caput* do art. 21 dessa Constituição Federal. Em seguida, no art. 177, § 1º, da CF, há regra segundo a qual a União poderá empresas estatais ou privadas para a realização das atividades previstas nos incisos I a IV desse artigo observadas as condições estabelecidas em lei. Sendo assim, o inciso V do art. 177 fica excluído, ou seja, a pesquisa, a lavra, o enriquecimento, o reprocessamento, a industrialização e o comércio de minérios e minerais nucleares e seus derivados não podem ficar a cargo de empresas estatais ou privadas, ainda que contratadas com a União.

Alternativa "a". Refinação do petróleo nacional ou estrangeiro pode ser objeto de contratação da União com empresas estatais ou privadas (art. 177, II, c.c. art. 177, § 1º, ambos da CF).

Alternativa "c". Importação e exportação dos produtos e derivados básicos resultantes das atividades da refinação do petróleo nacional ou estrangeiro podem ser objeto de contratação da União com empresas estatais ou privadas (art. 177, III, c.c. art. 177, § 1º, ambos da CF).

Alternativa "d". Pesquisa e lavra das jazidas de petróleo e gás natural e outros hidrocarbonetos fluidos podem ser objeto de contratação da União com empresas estatais ou privadas (art. 177, I, c.c. art. 177, § 1º, ambos da CF).

Alternativa "e". O transporte marítimo do petróleo bruto de origem nacional ou de derivados básicos de petróleo produzidos no país pode ser objeto de contratação da União com empresas estatais ou privadas (art. 177, IV, c.c. art. 177, § 1º, ambos da CF).

20. (FCC – Analista Judiciário – TRE-TO / 2011) Fomentar a produção agropecuária e organizar o abastecimento alimentar é competência

a) comum da União, dos Estados, do Distrito Federal e dos Municípios.
b) privativa da União.
c) concorrente da União, dos Estados, do Distrito Federal e dos Municípios.
d) privativa dos Estados e do Distrito Federal.
e) privativa dos Municípios.

COMENTÁRIOS

Alternativa correta: "a" (responde a todas as alternativas). As competências da União também podem ser não legislativas, também chamadas de competências administrativas ou materiais, classificando-se em exclusivas e comuns. Por meio delas, é possível identificar o âmbito de atuação de cada ente federativo. A competência exclusiva da União está prevista no art. 21 da CF e reveste-se do caráter da indelegabilidade, ou seja, não pode ser atribuída a outros entes por meio de delegação. Já a competência comum, também denominada paralela, concorrente ou cumulativa, é atribuída a todos os entes da federação (União, Estados, Distrito Federal e Municípios), e está prevista no art. 23 do texto constitucional, dentre as quais se inclui a de fomentar a produção agropecuária e organizar o abastecimento alimentar. Nesses casos deve-se observar o disposto no parágrafo único do citado dispositivo, que tem por objetivo a atuação em cooperação para o desenvolvimento equilibrado e o bem-estar nacional.

21. **(FCC – Técnico Judiciário – TRT 20 / 2011)** Para efeitos administrativos, a União poderá articular sua ação em um mesmo complexo geoeconômico e social, visando a seu desenvolvimento e à redução das desigualdades regionais. As condições para integração de regiões em desenvolvimento serão estabelecidos em

a) Lei Ordinária.
b) Lei Complementar.
c) Lei Delegada.
d) Medida Provisória.
e) Decreto Legislativo.

COMENTÁRIOS

Alternativa correta: "b" (responde a todas as demais alternativas). No que tange à disciplina das Regiões, o art. 43 da CF dispõe que para efeitos administrativos, a União poderá articular sua ação em um mesmo complexo geoeconômico e social, visando a seu desenvolvimento e à redução das desigualdades regionais. Para tanto, nos termos do art. 43, § 1º, **Lei Complementar** disporá sobre: I – as condições para integração de Regiões em desenvolvimento e; II – a composição dos organismos regionais que executarão, na forma da lei, os planos regionais, integrantes dos planos nacionais de desenvolvimento econômico e social, aprovados juntamente com estes.

22. **(FCC – Analista Judiciário – TRT 14 / 2011)** Sobre a competência da União, dos Estados e do Distrito Federal de legislar concorrentemente, é correto que

a) a competência da União para legislar sobre normas gerais exclui a competência suplementar dos Estados.
b) a competência da União limitar-se-á a estabelecer normas gerais.
c) os Estados, existindo Lei Federal sobre normas gerais, exercerão a competência legislativa plena, para atender a suas peculiaridades.
d) a superveniência de Lei Federal sobre normas gerais não suspende a eficácia da Lei Estadual, mesmo no que lhe for contrário.
e) os três poderão legislar concorrentemente sobre trânsito e transporte.

COMENTÁRIOS

Alternativa correta: "b". Na competência legislativa concorrente, a União limita-se a estabelecer normas gerais, nos termos do art. 24, § 1º, da CF.

Alternativa "a". A competência da União para legislar sobre normas gerais **não** exclui a competência suplementar dos Estados, conforme art. 24, § 2º, da CF.

Alternativa "c". Os Estados, **inexistindo** Lei Federal sobre normas gerais, exercerão a competência legislativa plena, para atender a suas peculiaridades (art. 24, § 3º, da CF).

Alternativa "d". A superveniência de Lei Federal sobre normas gerais não suspende a eficácia da Lei Estadual, **somente** no que lhe for contrário (art. 24, § 4º, da CF). Note-se que a construção da alternativa ("**mesmo** no que lhe for contrário") permite a interpretação de que a Lei Federal superveniente sobre normas gerais suspenderia a eficácia da Lei Estadual no todo, o que está errado, pois ela somente gera suspensão da Lei Estadual **"no que lhe for contrário"**.

Alternativa "e". Trânsito e transporte são matérias de competência privativa da União (art. 22, XI, da CF), portanto os três, União, Estados e DF, **não** poderão legislar concorrentemente sobre elas.

23. **(FCC - Técnico Judiciário - TRT 14 / 2011)** Sobre a competência dos Municípios, é correto afirmar que poderão

a) organizar distritos, observada a legislação estadual, sendo que a criação e supressão de distritos deve ser realizada por Lei Federal.
b) instituir e arrecadar os tributos de sua competência, bem como aplicar suas rendas, sem prejuízo da obrigatoriedade de prestar contas e publicar balancetes nos prazos fixados em lei.
c) prestar diretamente, sendo vedado o regime de concessão ou permissão, o serviço público de transporte coletivo, pois tem caráter essencial.
d) manter programas de educação infantil, sendo vedada a cooperação técnica e financeira da União.
e) promover, no que couber, adequado ordenamento territorial, dispensável prévio planejamento e controle do uso, do parcelamento e da ocupação de solo urbano.

COMENTÁRIOS

Alternativa correta: "b". Segundo o art. 30, III, da CF, compete aos Municípios instituir e arrecadar os tributos de sua competência, bem como aplicar suas rendas, sem prejuízo da obrigatoriedade de prestar contas e publicar balancetes nos prazos fixados em lei.

Alternativa "a". Nos termos do art. 30, II, da CF, os Municípios podem criar, organizar e suprimir distritos, observada a legislação estadual, não havendo necessidade de Lei Federal para nenhuma hipótese.

Alternativa "c". Consoante art. 30, V, da CF, organizar e prestar, diretamente ou sob regime de concessão ou permissão (portanto, **não há vedação**), os serviços públicos de interesse local, incluído o de transporte coletivo, que tem caráter essencial.

Alternativa "d". Compete aos Municípios manter, **com a cooperação técnica e financeira** da União e do Estado, programas de educação infantil e de ensino fundamental (art. 30, VI, da CF).

Alternativa "e". Promover, no que couber, adequado ordenamento territorial, **mediante** (e não dispensável) prévio planejamento e controle do uso, do parcelamento e da ocupação de solo urbano, segundo o art. 30, VIII, da CF.

(Cespe - Analista Processual - MPU / 2010) No que se refere à organização político-administrativa do Estado Federal brasileiro e às competências da União, estados e municípios, julgue os itens subsequentes.

24. Na esfera da competência material comum, a Constituição Federal de 1988 prevê que leis complementares fixarão normas para a cooperação entre a União e os estados, o Distrito Federal e os municípios, com vistas ao equilíbrio do desenvolvimento e do bem-estar em âmbito nacional.

25. Em face da descentralização administrativa e política que caracteriza o Estado brasileiro, a República Federativa do Brasil constitui um estado unitário descentralizado, dispondo os entes políticos estatais de autonomia para a tomada de decisão, no caso concreto, a respeito da execução das medidas adotadas pela esfera central de governo.

COMENTÁRIOS

Item 9. Certo. Na esfera da competência material comum, a Constituição Federal de 1988, em seu art. 23, parágrafo único, prevê que leis complementares fixarão normas para a cooperação entre a União e os estados, o Distrito Federal e os municípios, com vistas ao equilíbrio do desenvolvimento e do bem-estar em âmbito nacional.

Item 10. Errado. Em face da descentralização político-administrativa que caracteriza o Estado brasileiro, a República Federativa do Brasil constitui um estado **federado** (art. 1º, *caput*, c.c. art. 18, *caput*, ambos da CF).

26. **(FCC – Técnico Judiciário – TRT 22 / 2010)** Nos termos da Constituição Federal,

a) os Territórios Federais integram a União, e sua criação, transformação em Estado ou reintegração ao Estado de origem serão reguladas em lei complementar.
b) os Estados não podem incorporar-se entre si, subdividir-se ou desmembrar-se para se anexarem a outros.
c) a criação, a incorporação, a fusão e o desmembramento de Municípios, em outros Municípios ou Estado far-se-ão por lei federal, dentro do período determinado pelo Chefe do Executivo Estadual.
d) à União não é vedado, recusar fé a documentos públicos, bem como estabelecer diferença entre brasileiros.
e) compete aos Municípios, dentre outras, organizar, manter e executar a inspeção do trabalho.

COMENTÁRIOS

Alternativa correta: "a". Consoante art. 18, § 2º, da CF, os Territórios Federais integram a União, e sua criação, transformação em Estado ou reintegração ao Estado de origem serão reguladas em lei complementar.

Alternativa "b". Os Estados **podem** incorporar-se entre si, subdividir-se ou desmembrar-se para se anexarem a outros, ou formarem novos Estados ou Territórios Federais, mediante aprovação da população diretamente interessada, por meio de plebiscito, e do Congresso Nacional, por Lei Complementar (art. 18, § 3º, da CF).

Alternativa "c". A criação, a incorporação, a fusão e o desmembramento de Municípios em outros Municípios ou Estado far-se-ão por lei **estadual** (não por lei federal), dentro do período determinado **por Lei Complementar Federal** (e não pelo Chefe do Executivo Estadual), conforme art. 18, § 4º, da CF.

Alternativa "d". À União **é vedado** recusar fé a documentos públicos (art. 19, II, da CF), bem como estabelecer diferença entre brasileiros (art. 19, III, da CF).

Alternativa "e". Compete à **União** (e não aos Municípios), dentre outras, organizar, manter e executar a inspeção do trabalho (art. 21, XXIV, da CF).

27. **(FCC – Analista Judiciário / TRE-AL / 2010)** É INCORRETO afirmar que entre os bens dos Estados incluem-se

a) as terras devolutas não compreendidas entre as da União.
b) as águas superficiais ou subterrâneas, fluentes, emergentes e em depósito, ressalvadas, neste caso, na forma da lei, as decorrentes de obras da União.
c) as áreas, nas ilhas oceânicas e costeiras, que estiverem no seu domínio, excluídas aquelas sob domínio da União, Municípios ou terceiros.
d) as ilhas fluviais e lacustres não pertencentes à União.
e) o mar territorial e os potenciais de energia hidráulica.

COMENTÁRIOS

Alternativa correta: "e" (responde a todas as alternativas). Os bens dos Estados estão previstos no art. 26 da CF e são os seguintes: as águas superficiais ou subterrâneas, fluentes, emergentes e em depósito, ressalvadas, neste caso, na forma da lei, as decorrentes de obras da União; as áreas, nas ilhas oceânicas e costeiras, que estiverem no seu domínio, excluídas aquelas sob domínio da União, Municípios ou terceiros; as ilhas fluviais e lacustres não pertencentes à União; as terras devolutas não compreendidas entre as da União. **O mar territorial e os potenciais de energia hidráulica pertencem à União,** conforme dispõe o art. 20, incisos VI e VIII da CF.

(Cespe – Analista Judiciário / TRT 21 / 2010) Com relação à organização político-administrativa do Estado brasileiro e quanto aos Poderes Executivo e Legislativo, julgue o próximo item.

28. Constitui competência concorrente entre União, estados e Distrito Federal legislar sobre águas, energia, informática, telecomunicações e radiodifusão.

COMENTÁRIOS

Item errado. A competência legislativa sobre águas, energia, informática, telecomunicações e radiodifusão **é atribuída privativamente à União,** podendo ser delegada, por meio de Lei Complementar, aos Estados, conforme art. 22, IV e parágrafo único da CF.

29. **(FCC – Analista Judiciário – Execução de Mandados – TRF 4 / 2010)** Considere:

I. Os Territórios Federais integram a União, e sua transformação em Estado ou reintegração ao Estado de origem será regulada em lei complementar.
II. A organização político-administrativa da República Federativa do Brasil compreende a União, os Estados e os Municípios, todos autônomos.
III. A criação, a incorporação, a fusão e o desmembramento de Municípios far-se-ão por lei estadual.
IV. Os Estados podem desmembrar-se para se anexarem a outros, mediante aprovação da população, por meio de plebiscito, e da Assembleia Legislativa, por meio de lei complementar.

É correto o que consta APENAS em

a) II e III.
b) I e III.

c) I, III e IV.
d) I e IV.
e) II, III e IV.

COMENTÁRIOS

Alternativa correta: "b".

Assertiva I: correta. Os Territórios Federais integram a União, e sua transformação em Estado ou reintegração ao Estado de origem será regulada em lei complementar, segundo art. 18, § 2º, da CF.

Assertiva II: incorreta. A organização político-administrativa da República Federativa do Brasil compreende a União, os Estados, o **Distrito Federal** e os Municípios, todos autônomos, conforme art. 18, *caput*, da CF.

Assertiva III: correta. O art. 18, § 4º, da CF, leciona que a criação, a incorporação, a fusão e o desmembramento de Municípios far-se-ão por lei estadual.

Assertiva IV: incorreta. Os Estados podem desmembrar-se para se anexarem a outros, mediante aprovação da população, por meio de plebiscito, e do **Congresso Nacional,** por meio de Lei Complementar (art. 18, § 3º, da CF).

30. **(FCC –Analista Judiciário – Área Judiciária / TRF 4 / 2010)** No que se refere à organização político-administrativa do Estado, é correto concluir:
a) Os Estados podem incorporar-se entre si, subdividir-se ou desmembrar-se para se anexarem a outros, desde que obtida aprovação da população diretamente interessada, por meio de plebiscito.
b) O Distrito Federal possui competência legislativa residual, estando subtraídas do seu campo de atuação apenas as matérias expressamente atribuídas pela Constituição Federal à União.
c) Os Estados não possuem competência legislativa residual, sendo-lhes vedado atuar em áreas que não lhe forem expressamente atribuídas pela Constituição Federal.
d) Os Estados-membros, no sistema federativo brasileiro, são soberanos.
e) A organização político-administrativa da República Federativa do Brasil compreende a União, os Estados, os Municípios e o Distrito Federal, sendo que somente o último não possui autonomia.

COMENTÁRIOS

Alternativa correta: "b". O Distrito Federal possui competências legislativas estaduais e municipais, conforme art. 33, § 1º, da CF, e sua área de competências estaduais é residual, ou seja, estão subtraídas do seu campo de atuação apenas as matérias expressamente atribuídas pela Constituição Federal à União. Assim, o DF pode legislar sobre tudo aquilo que não for reservado à União.

Alternativa "a". Os Estados podem incorporar-se entre si, subdividir-se ou desmembrar-se para se anexarem a outros, desde que obtida aprovação da população diretamente interessada, por meio de plebiscito, **e do Congresso Nacional, por Lei Complementar** (art. 18, § 3º, da CF).

Alternativa "c". Os Estados **possuem** competência legislativa residual, sendo-lhes reservadas as competências que não lhes sejam vedadas pela CF (art. 25, § 1º, da CF).

Alternativa "d". Os Estados-membros, no sistema federativo brasileiro, são **autônomos** (art. 18, *caput*, da CF). Quem detém soberania é a República Federativa do Brasil, conforme art. 1º, I, da CF.

Alternativa "e". A organização político-administrativa da República Federativa do Brasil compreende a União, os Estados, os Municípios e o Distrito Federal, **todos autônomos**, segundo art. 18, *caput*, da CF.

10. QUESTÕES OBJETIVAS PARA TREINAR

01. **(FGV / Técnico Médio / DPE-RJ / 2019)** Na sistemática constitucional, existem matérias que podem ser disciplinadas por leis da União, dos Estados e do Distrito Federal. Nesse caso, a União se limita à edição de normas gerais. Trata-se de competência legislativa:

a) concorrente;
b) privativa;
c) exclusiva;
d) livre;
e) partilhada.

02. **(FGV / Técnico Superior Jurídico / DPE-RJ / 2019)** Determinada associação elaborou alentado anteprojeto de lei contendo a disciplina dos contratos de compra e venda de imóveis, o qual se mostrava plenamente adaptado às peculiaridades do respectivo Estado. Ato contínuo, solicitou que sua assessoria jurídica se manifestasse sobre o ente federado competente para legislar sobre a matéria, tendo sido respondido corretamente que:

a) a União tem competência legislativa privativa, pois a temática versa sobre direito civil;
b) o Estado tem competência legislativa privativa, pois a temática versa sobre direito comercial;
c) a União tem competência legislativa privativa, pois a temática versa sobre direito comercial;
d) o Estado tem competência legislativa privativa, pois a temática versa sobre direito civil;
e) a União e o Estado têm competência concorrente para legislar sobre a temática, pois versa sobre direito comercial.

03. **(FCC – Analista Judiciário – Área Administrativa – TRT 15/2018)** À luz da disciplina constitucional das competências comuns de União, Estados, Distrito Federal e Municípios,

I. a competência comum ou cumulativa implica que todas as entidades federativas tenham a faculdade de praticar certos atos em determinada matéria, sem que o exercício de uma venha a excluir a competência de outra.

II. é competência comum entre todos os entes da federação o estabelecimento e implantação de políticas de educação para a segurança do trânsito.

III. é competência comum entre todos os entes da federação o planejamento e promoção da defesa permanente contra as calamidades públicas, especialmente secas e inundações.

Está correto o que consta de

a) I, II e III.
b) I e II, apenas.
c) II e III, apenas.
d) I, apenas.
e) III, apenas.

04. (Analista Judiciário – Área Judiciária – TRE-SP/ 2017 – FCC) À luz da Constituição Federal e da jurisprudência do Supremo Tribunal Federal, considere:

I. Os Estados podem incorporar-se entre si, subdividir-se ou desmembrar-se para se anexarem a outros, ou formarem novos Estados ou Territórios Federais, mediante aprovação da população diretamente interessada, através de plebiscito, e do Congresso Nacional, por Emenda Constitucional.
II. A criação, a incorporação, a fusão e o desmembramento de Municípios far-se-ão por lei estadual, dentro do período determinado por Lei Complementar Federal, e dependerão de consulta prévia, mediante plebiscito, às populações dos Municípios envolvidos, após divulgação dos Estudos de Viabilidade Municipal, apresentados e publicados na forma da lei.
III. No caso de desmembramento de Município, é necessária tanto a consulta à população do território a ser desmembrado, quanto a do território remanescente.
IV. No caso de desmembramento de Estado, não é necessária a consulta à população do território remanescente, uma vez que a Constituição Federal exige apenas a consulta da população diretamente interessada.

Está correto o que consta APENAS em

a) I e II.
b) I e III.
c) II e III.
d) II e IV.
e) III e IV.

05. (FCC – Analista Judiciário – Área Administrativa - TRT 3/2015) As vedações constitucionais expressas impostas simultaneamente à União, aos Estados, ao Distrito Federal e aos Municípios alcançam

a) a existência de regime tributário fundado na cumulatividade; a observância de simetria entre os Poderes de cada um dos entes; intangibilidade da dignidade humana.
b) a proibição de desapropriação de bens imóveis entre si; a de legislar concorrente mente sobre qualquer tema; ao direito de secessão.
c) a de obrigatória simetria entre os entes; a de adoção de regime unicameral parlamentar; a de limitação de uso das forças armadas.

d) a proibição de órgão de controle externo da Administração; a não intervenção sobre o Poder Judiciário e o Ministério Público; autonomia orçamentária.
e) o conceito de Estado laico; a proibição de recusa de fé em documentos públicos e a proibição de distinções entre brasileiros ou preferências entre si.

06. **(FCC - Analista Judiciário - Área Judiciária - TRT 5/2013)** Certa lei estadual dispôs sobre contrato de trabalho firmado com empregados públicos estaduais, contratados sob o regime celetista, tratando da jornada de trabalho, férias e rescisão do contrato de trabalho, divergindo da legislação trabalhista aplicável aos empregados de modo geral. À luz da Constituição Federal, a matéria objeto da referida lei insere-se no âmbito da competência legislativa
a) dos Estados, uma vez que versa sobre contrato de trabalho firmado com servidores da Administração pública estadual, mas a lei estadual não pode impor ao empregado público regime de trabalho menos favorecido do que aquele previsto na legislação trabalhista.
b) dos Estados, uma vez que versa sobre contrato de trabalho firmado com servidores da Administração pública estadual, cabendo ao Estado dispor sobre o regime de trabalho do empregado público independentemente daquele previsto na legislação trabalhista.
c) da União, visto tratar sobre direito do trabalho, sendo vedada a delegação desta competência aos Estados, uma vez que o direito do trabalho é objeto de pactos internacionais celebrados pela República Federativa do Brasil.
d) da União, a quem cabe legislar privativamente sobre direito do trabalho, podendo delegar a competência aos Estados para legislarem sobre questões específicas sobre a matéria.
e) concorrente entre União e Estados, cabendo à União legislar sobre normas gerais e aos Estados exercer a competência suplementar, inclusive no caso de inexistência de normas gerais da União.

07. **(Cespe - Técnico Judiciário - Área Administrativa - TRT 17/2013)** Acerca da criação de municípios, julgue o item seguinte.

As regras constitucionais relativas à criação de municípios aplicam-se também ao desmembramento de municípios.

08. **(FCC - Técnico Judiciário - Área Administrativa - TRT 5/2013)** O artigo 1º da Constituição Federal estabelece que o Brasil é uma República Federativa. Os entes federados têm suas competências fixadas na Lei Maior. Assim, compete à União e aos Estados legislar concorrentemente sobre direito
a) do Trabalho.
b) Agrário.
c) Tributário.
d) Comercial.
e) Eleitoral.

09. **(FCC – Analista Judiciário – Exec. Mandados / TRT 6/2012)** Determina a Constituição que Leis complementares fixarão normas para a cooperação entre a União e os Estados, o Distrito Federal e os Municípios, tendo em vista o equilíbrio do desenvolvimento e do bem-estar em âmbito nacional. Esta regra constitucional aplica-se no caso de competência

a) comum.
b) reservada.
c) suplementar.
d) concorrente.
e) remanescente

10 **(FCC – Analista Judiciário – Exec. Mandados / TRT 11/2012)** Ferdinando, dono de embarcação, tem por hábito navegar em lagos, estando submetido à legislação do regime de navegação lacustre que é de competência

a) privativa dos Estados.
b) privativa da União.
c) concorrente dos Municípios e dos Estados, apenas.
d) privativa dos Municípios.
e) concorrente dos Municípios, dos Estados e da União.

11. **(FCC – Analista Administrativo / TRE-CE / 2012)** José, ao estudar a Constituição Federal, aprendeu que legislar sobre orçamento, direito econômico e desporto, entre outros, compete

a) privativa e respectivamente à União, aos Estados e à União.
b) concorrentemente à União, aos Estados e ao Distrito Federal.
c) privativamente à União.
d) privativamente aos Estados.
e) exclusiva e respectivamente à União, à União e aos Estados.

12. **(FCC – Analista Judiciário / TRE-SP / 2012)** Compete à União legislar privativamente, dentre outras matérias, sobre

a) direito eleitoral.
b) proteção ao patrimônio histórico, cultural, artístico, turístico e paisagístico.
c) orçamento.
d) custas e serviços forenses.
e) procedimentos em matéria processual.

13. **(FCC – Analista Judiciário – Execução de Mandados / TRF 4ª Região / 2010)** Considere:

I. Os Territórios Federais integram a União, e sua transformação em Estado ou reintegração ao Estado de origem será regulada em lei complementar.
II. A organização político-administrativa da República Federativa do Brasil compreende a União, os Estados e os Municípios, todos autônomos.
III. A criação, a incorporação, a fusão e o desmembramento de Municípios far-se-ão por lei estadual.

IV. Os Estados podem desmembrar-se para se anexarem a outros, mediante aprovação da população, por meio de plebiscito, e da Assembleia Legislativa, por meio de lei complementar.

É correto o que consta APENAS em

a) I e IV.
b) II, III e IV.
c) II e III.
d) I e III.
e) I, III e IV.

14. **(FCC – Analista Judiciário / TRE-RS / 2010)** Dentre outras, NÃO é competência concorrente da União, Estados e Distrito Federal, de regra, legislar sobre

a) proteção ao patrimônio histórico, cultural, artístico, turístico e paisagístico.
b) regime dos portos, navegação lacustre, fluvial, marítima, aérea e aeroespacial.
c) criação, funcionamento e processo do juizado de pequenas causas.
d) educação, cultura, ensino, desporto, defesa do solo e dos recursos naturais.
e) previdência social, proteção e defesa da saúde, caça, pesca e fauna.

15. **(FCC – Analista Judiciário / TRE-RS / 2010)** Dentre outros preceitos que devem ser atendidos pelas Leis Orgânicas Municipais encontra-se o da

a) cooperação das associações representativas no planejamento municipal e organização das funções legislativas e fiscalizadoras da Câmara Municipal.
b) iniciativa popular de projetos de lei de interesse geral do Município, através de manifestações de pelo menos três por cento do eleitorado.
c) inviolabilidade dos Vereadores por suas opiniões, palavras e votos, tanto no exercício do mandato como fora dele e na circunscrição do respectivo Estado.
d) fixação dos subsídios do Prefeito, Vice-Prefeito e Secretários Municipais mediante lei de iniciativa da Assembleia Legislativa do respectivo Estado ou da Câmara Legislativa do Distrito Federal.
e) limitação da despesa com a remuneração dos Vereadores que não poderá ultrapassar o montante de sete por cento da receita do Município.

16. **(FCC – Analista Administrativo / TRT-9ª Região / 2010)** Compete privativamente à União legislar sobre

a) procedimentos em matéria processual.
b) orçamento.
c) produção.
d) desporto.
e) transferência de valores.

(Cespe – Analista Administrativo / STF / 2008) A respeito do direito constitucional, julgue os itens abaixo.

17. Lei municipal que obrigue a instalação, em estabelecimento bancário, de equipamentos de segurança é considerada constitucional, pois aborda um assunto de interesse eminentemente local.

18. A organização político-administrativa da República Federativa do Brasil restringe-se aos estados, aos municípios e ao DF, todos autônomos, nos termos da CF.

19. **(Cespe – Analista Judiciário / STF / 2008)** Acerca da organização do Estado e do Poder Executivo, julgue o item subsequente.

    Compete à União legislar sobre direito processual, mas não sobre procedimentos em matéria processual, o que seria de competência concorrente entre a União, os estados e o DF.

20. **(Cespe – Analista Administrativo / STJ / 2008)** A respeito da organização do Estado, julgue os itens que se seguem.

    Se, na ausência de lei federal dispondo sobre normas gerais, o Governador de determinado estado promulgasse lei estadual criando algumas isenções ao pagamento de custas judiciais, nesse caso, essa lei seria constitucional, já que o referido estado teria competência legislativa para editar tal lei.

21. **(Cespe – Analista Judiciário / STJ / 2008)** Pedro, servidor público, e seu filho, de 17 anos de idade, fizeram apostas em um bingo que se encontra em funcionamento em sua cidade amparado por uma lei estadual.
    A respeito dessa situação hipotética e da organização do Estado, julgue o item subsequente.

    Compete à União legislar sobre sistemas de sorteios, mas compete aos municípios, por envolver assunto de interesse local, classificar as diversões públicas, de forma indicativa, com a finalidade de proibir ou não o acesso a locais de jogos por menores de idade.

22. **(Cespe – Analista Judiciário / TRE-BA / 2009 – adaptada)** Julgue o item subsequente.

    A instituição de regiões metropolitanas pelos estados federados dispensa a edição prévia de lei complementar federal, diante da autonomia que lhes foi conferida pela CF.

23. **(FCC – Execução de Mandados / TRT-7ª Região / 2009)** Compete privativamente à União legislar sobre

a) defesa do solo.
b) serviço postal.
c) orçamento.
d) produção.
e) consumo.

24. **(FCC – Analista Administrativo / TRT-15ª Região / 2009)** Compete concorrentemente à União, aos Estados e ao Distrito Federal legislar, dentre outras matérias, sobre

a) cidadania.
b) serviço postal.
c) comércio interestadual.

d) informática.
e) educação.

25. **(FCC – Execução de Mandados / TRT-15ª Região / 2009)** Nos termos da Constituição Federal, a competência para legislar sobre registros públicos e desapropriação é
a) privativa da União.
b) comum da União, dos Estados e do Distrito Federal.
c) concorrente da União, dos Estados e dos Municípios.
d) comum dos Estados, do Distrito Federal e dos Municípios.
e) exclusiva dos Estados e do Distrito Federal.

26. **(FCC – Execução de Mandados / TRT-15ª Região / 2009)** Quanto à organização do Estado brasileiro, é correto que
a) é vedada a subdivisão de Estados.
b) a fusão de Municípios far-se-á por emenda constitucional.
c) a criação de Territórios Federais será regulada em lei complementar.
d) aos Estados é permitida, na forma da lei, a subvenção a cultos religiosos ou igrejas.
e) a anexação de municípios para formarem Estados ou Territórios Federais, autorizada por resolução do Congresso Nacional, dependerá de referendo popular.

▶ GABARITO

Questão	Resposta	Fundamento	Itens deste capítulo em que abordamos o tema da questão
01	a	Art. 24, § 2º, da CF	7.4
02	a	Art. 22, I, da CF	7.4
03	b	art. 23, CF e doutrina	7.3
04	c	Art. 18 da CF	1 a 6
05	e	Art. 19 da CF	1
06	d	Art. 22 da CF	7.4
07	Certo	Art. 18, § 4º, da CF	4
08	c	Art. 24, I, da CF	7.4
09	a	Art. 23, parágrafo único, da CF	7.3
10	b	Art. 22, X, da CF	7.4
11	b	Art. 24, I, II e IX da CF	7.4
12	a	Art. 22, I e art. 24, ambos da CF	7.4
13	d	Art. 18 da CF	1 a 6
14	b	Artigos 24 e 21 da CF	7.3 e 7.4
15	a	Art. 29 da CF	4
16	e	Art. 22, VII, da CF	7.4

▶ GABARITO			
Questão	**Resposta**	**Fundamento**	**Itens deste capítulo em que abordamos o tema da questão**
17	**Certo**	Art. 30, I, da CF	7.4
18	**Errado**	Art. 18, *caput*, da CF	1
19	**Certo**	Art. 22, I, c.c. art. 24, XI, da CF	7.4
20	**Certo**	Art. 24, §§ 1º a 4º, da CF	7.4
21	**Errado**	Art. 21, XVI e art. 22, XX, ambos da CF	7.3 e 7.4
22	**Certo**	Art. 25, § 3º, da CF	3
23	**b**	Art. 22, V, da CF	7.4
24	**e**	Art. 24, IX, da CF	7.4
25	**a**	Art. 22, II, da CF	7.4
26	**c**	Art. 18 da CF	1 a 6

Capítulo VII

Administração Pública

Sumário: 1. Introdução – 2. Conceito – 3. Princípios da Administração Pública – 4. Organização da Administração Pública – 5. Servidores públicos; 5.1. Concurso público; 5.2. Associação sindical e greve; 5.3. Regime jurídico e planos de carreira; 5.4. Estabilidade; 5.5. Sistemas remuneratórios e limitações constitucionais; 5.6. Regime de previdência e aposentadoria – 6. Ato de improbidade administrativa – 7. Responsabilidade do Estado e ilícitos que causem prejuízo ao erário – 8. Questões discursivas – 9. Questões objetivas comentadas – 10. Questões objetivas para treinar.

1. INTRODUÇÃO

Estudar o tema da Administração Pública diretamente pelo texto da Constituição e na ordem dos artigos, parágrafos e incisos é um grande erro. Isso mesmo, amigo leitor. Não se aventure pelos artigos 37 a 42 da CF sem o apoio da doutrina.

Isso porque esses artigos misturam temas, fazem remissões distantes e contêm trechos rebuscados.

Assim, procure seguir os tópicos enunciados neste capítulo do livro, pois por meio deles nós reorganizamos os artigos 37 a 42 da CF de um modo mais lógico e didático, além de trazermos as pertinentes contribuições dos doutrinadores de direito administrativo. Confira.

2. CONCEITO

José dos Santos Carvalho Filho explica: "Há um consenso entre os autores no sentido de que a expressão 'Administração Pública' é de certo modo duvidosa, exprimindo mais de um sentido".[1]

A expressão Administração Pública **em sentido objetivo** traduz a ideia de atividade, tarefa, ação ou função de atendimento ao interesse coletivo; já em **sentido subjetivo,** indica o universo de órgãos e pessoas que desempenham função pública.

Conjugando os dois sentidos, podemos conceituar Administração Pública como sendo o **conjunto de pessoas e órgãos** que desempenham uma **função de atendimento ao interesse público,** ou seja, que estão **a serviço da coletividade**.

---

1. CARVALHO FILHO, José dos Santos. *Manual de direito administrativo*. 23. ed. Rio de Janeiro: Lumen juris, 2010, p. 12.

3. PRINCÍPIOS DA ADMINISTRAÇÃO PÚBLICA

Nos termos do art. 37, *caput*, da CF, "a Administração Pública direta e indireta de qualquer dos Poderes da União, dos Estados, do Distrito Federal e dos Municípios **obedecerá aos princípios de legalidade, impessoalidade, moralidade, publicidade e eficiência** [...]". (grifo nosso)

As provas de direito constitucional exigem a memorização de quais são os princípios da Administração Pública[2]. Assim, para facilitar, o amigo leitor pode valer-se da clássica expressão mnemônica **"LIMPE"**.

▶ PRINCÍPIOS DA ADMINISTRAÇÃO PÚBLICA	
L	egalidade
I	mpessoalidade
M	oralidade
P	ublicidade
E	ficiência
LIMPE	

Muitos dos incisos do art. 37 da CF são reflexos diretos dos princípios da Administração Pública.

Para agir com mais **eficiência**, "a **administração fazendária** e seus servidores fiscais terão, dentro de suas áreas de competência e jurisdição, **precedência sobre os demais setores administrativos**, na forma da lei". (art. 37, XVIII, da CF) (grifos nossos)

Também em nome da **eficiência**, "as **administrações tributárias** da União, dos Estados, do Distrito Federal e dos Municípios, atividades essenciais ao funcionamento do Estado, exercidas por servidores de carreiras específicas, **terão recursos prioritários** para a realização de suas atividades e atuarão de forma integrada, inclusive com o **compartilhamento de cadastros e de informações fiscais**, na forma da lei ou convênio". (art. 37, XXII, da CF) (grifos nossos)

Em respeito à **impessoalidade**, "ressalvados os casos especificados na legislação, as obras, serviços, compras e alienações serão contratados mediante **processo de licitação pública** que assegure igualdade de condições a todos os concorrentes, com cláusulas que estabeleçam obrigações de pagamento, mantidas as condições efetivas da proposta, nos termos da lei, o qual somente permitirá as exigências de qualificação técnica e econômica indispensáveis à garantia do cumprimento das obrigações". (art. 37, XXI, da CF) (grifos nossos)

2. Para um estudo detalhado dos princípios da Administração Pública, que tendem a ser cobrados nas questões de direito administrativo, recomendamos a melhor obra para concursos de Tribunais e MPU: BORTOLETO, Leandro. *Direito administrativo*. Salvador: Juspodivm, 2012.

Também refletindo o princípio da **impessoalidade**, mas também traduzindo a **moralidade** e disciplinando a **publicidade**, assim dispõe o art. 37, § 1º, da CF: "A **publicidade** dos atos, programas, obras, serviços e campanhas dos órgãos públicos **deverá ter caráter educativo, informativo ou de orientação social**, dela não podendo constar nomes, símbolos ou imagens que caracterizem promoção pessoal de autoridades ou servidores públicos". (grifos nossos)

A seu turno, alinhado aos princípios da **publicidade** e da **eficiência**, o art. 37, § 3º, da CF, enuncia: "A lei disciplinará as **formas de participação do usuário** na Administração Pública direta e indireta, regulando especialmente: I – as **reclamações** relativas à prestação dos serviços públicos em geral, asseguradas a manutenção de serviços de atendimento ao usuário e a avaliação periódica, externa e interna, da qualidade dos serviços; II – o **acesso dos usuários** a registros administrativos e a informações sobre atos de governo, observado o disposto no art. 5º, X e XXXIII; III – a **disciplina da representação** contra o exercício negligente ou abusivo de cargo, emprego ou função na Administração Pública".

Por fim, destacamos que, em regra, os atos devem ser públicos, mas, por questões estratégicas ou de respeito à intimidade e à vida privada, algumas informações de que dispõe a Administração Pública devem ser mantidas em sigilo. Nesse sentido, o art. 37, § 7º, da CF: "A lei disporá sobre os requisitos e as restrições ao ocupante de cargo ou emprego da administração direta e indireta que possibilite o acesso a informações privilegiadas".[3]

▶ **ATENÇÃO!**

A **FCC** costuma exigir o conhecimento sobre o enunciado da **Súmula 473 do STF**, que tem relação com o princípio da legalidade: "A administração **pode anular seus próprios atos, quando eivados de vícios que os tornam ilegais**, porque deles não se originam direitos; ou revogá-los, por motivo de conveniência ou oportunidade, respeitados os direitos adquiridos, e ressalvada, em todos os casos, a apreciação judicial" (grifos nossos).

4. ORGANIZAÇÃO DA ADMINISTRAÇÃO PÚBLICA

A Administração Pública pode ser **direta** (prestada pela própria pessoa política, a exemplo da União, dos Estados-membros, do Distrito Federal e dos Municípios) ou **indireta** (descentralizada para outras pessoas jurídicas, tais como as autarquias, as fundações, as empresas públicas ou as sociedades de economia mista).

Autarquia é a pessoa jurídica de direito público que tem por finalidade a prestação de serviços públicos típicos do Estado. São exemplos de autarquias o INSS

3. A Lei 9.472/97 é um dos diplomas que impõe restrição dessa natureza, nos termos do que dispõe o seu art. 30, *caput*: "Até um ano após deixar o cargo, é vedado ao ex-conselheiro representar qualquer pessoa ou interesse perante a Agência".

(Instituto Nacional do Seguro Social), o Bacen (Banco Central do Brasil) e as agências reguladoras (Anatel, Anvisa, Anac, dentre outras).

Já a **fundação pública**, segundo Leandro Bortoleto, "é a pessoa jurídica de direito público ou de direito privado, com autonomia administrativa e que tem como substrato o patrimônio - próprio -, que é criada por lei específica ou cuja criação é por ela autorizada, com área de atuação de interesse público, não exclusiva da Administração Pública, definida em lei complementar".[4]

Note, portanto, que existe **fundação pública com personalidade jurídica de direito privado**, a exemplo do Poupex (Fundação habitacional do Exército - Lei 6.855/80), que não pode ser confundida com a **fundação privada**, regida pelo direito civil e que não integra a Administração Pública. Na fundação pública, com personalidade jurídica de direito público ou privado, o patrimônio destacado para o atendimento da finalidade social é de caráter público. Por sua vez, na fundação privada, o patrimônio afetado é particular.

Por sua vez, **empresa pública** é pessoa jurídica de direito privado, de capital exclusivamente público, constituída sob qualquer modalidade empresarial, criada para a prestação de serviços públicos ou a exploração de atividade econômica.[5] Os exemplos clássicos de empresa pública são a CEF (Caixa Econômica Federal) e a ECT (Empresa Brasileira de Correios e Telégrafos).

Finalizando os entes clássicos que compõem a administração indireta, temos a **sociedade de economia mista,** pessoa jurídica de direito privado, de capital misto (e a parcela pública deve representar a maioria do capital votante), sob a modalidade de sociedade anônima, criada para a prestação de serviços públicos ou exploração de atividade econômica. A Petrobras e o Banco do Brasil são exemplos de sociedades de economia mista.

O art. 37, XIX, da CF é claro ao determinar: "Somente por **lei específica** poderá **ser criada** autarquia e **autorizada a instituição** de empresa pública, de sociedade de economia mista e de fundação, cabendo à lei complementar, neste último caso, definir as áreas de sua atuação". (grifo nosso)

Ademais, depende de autorização legislativa, em cada caso, a criação de subsidiárias das entidades da administração indireta, assim como a participação de qualquer delas em empresa privada (art. 37, XX, da CF).

Além dos quatro entes clássicos que compõem a administração indireta (autarquias, fundações, empresas públicas e sociedades de economia mista), também podem existir as **agências executivas**.

Na lição de Leandro Bortoleto: "Agência executiva **não é uma nova pessoa jurídica que surge**. Não é uma nova espécie de entidade da administração indireta. É,

4. BORTOLETO, Leandro. *Op. cit.*, p. 85.
5. MARINELA, Fernanda. *Direito administrativo*. 7. ed. Rio de Janeiro: Impetus, 2013.

apenas, **um título, um *status*, uma qualificação atribuída a uma autarquia ou a uma fundação pública**".[6] (grifos do autor)

Para que a autarquia ou a fundação pública se tornem uma agência executiva, segundo o art. 51 da Lei 9.649/98, elas devem elaborar um plano estratégico e celebrar um contrato de gestão.

O contrato de gestão está disciplinado no art. 37, § 8º, da CF: "A **autonomia gerencial, orçamentária e financeira dos órgãos e entidades da administração direta e indireta poderá ser ampliada mediante contrato**, a ser firmado entre seus administradores e o Poder Público, que tenha por objeto a fixação de metas de desempenho para o órgão ou entidade, cabendo à lei dispor sobre: **I** - o **prazo de duração** do contrato; **II** - os **controles e critérios de avaliação** de desempenho, direitos, obrigações e responsabilidade dos dirigentes; **III** - a **remuneração do pessoal**". (grifos nossos)

5. SERVIDORES PÚBLICOS

5.1. Concurso público

Consoante, art. 37, I, da CF: "Os cargos, empregos e funções públicas são acessíveis aos brasileiros que preencham os requisitos estabelecidos em lei, assim como aos estrangeiros, na forma da lei".

Portanto, atenção! Os **estrangeiros também podem acessar cargos, empregos e funções públicas**.

A investidura (ingresso) em cargo ou emprego público depende de aprovação prévia em **concurso público de provas ou de provas e títulos**, de acordo com a natureza e a complexidade do cargo ou emprego, na forma prevista em lei (princípio do concurso público), ressalvadas as nomeações para cargo em comissão declarado em lei de livre nomeação e exoneração (art. 37, II, da CF).

> ▸ ATENÇÃO!
> O concurso público pode ser **apenas de provas** ou **de provas e títulos**. Ademais, o concurso **não é exigido para os cargos em comissão declarados em lei de livre nomeação e exoneração**.[7]

Sobre os concursos e suas provas, vale destacar os seguintes enunciados:

- **Súmula Vinculante 43**: "É inconstitucional toda modalidade de provimento que propicie ao servidor investir-se, sem prévia aprovação em concurso

---

6. BORTOLETO, Leandro. *Op. Cit.*, p. 87.
7. Falaremos sobre outras hipóteses que excepcionam o concurso público na sequência, ainda dentro deste tópico.

público destinado ao seu provimento, em cargo que não integra a carreira na qual anteriormente investido".

- **Súmula Vinculante 44:** "Só por lei se pode sujeitar a exame psicotécnico a habilitação de candidato a cargo público".
- **Súmula 684 do STF** também é de suma importância: "É inconstitucional o veto não motivado à participação de candidato a concurso público".

O concurso público terá prazo de validade de **até 2 anos**, prorrogável, **uma vez,** por igual período (art. 37, III, da CF).

▸ **ATENÇÃO PARA A PEGADINHA!**

Como o prazo de validade é de **até 2** anos, **o prazo inicialmente fixado pode ser menor**, de 1 ano, por exemplo. Mas, em todo caso, o prazo somente pode ser prorrogado uma vez e por igual período. Assim, um concurso com prazo de validade de 1 ano somente pode ser prorrogado por exatamente mais 1 ano (não pode ser por mais seis meses e nem por mais dois anos).

Essas regras sobre a realização de concursos e seus prazos são tão sérias que a não observância delas implicará a nulidade do ato de nomeação e também punição da autoridade responsável (art. 37, § 2º, da CF).

Nos termos do art. 37, IV, da CF, "durante o prazo improrrogável previsto no edital de convocação, aquele aprovado em concurso público de provas ou de provas e títulos será convocado com prioridade sobre novos concursados para assumir cargo ou emprego, na carreira".

Esse dispositivo constitucional já gerou muita polêmica quanto a sua interpretação. Atualmente ele deve ser interpretado no sentido de que o candidato aprovado em concurso público **e classificado dentro do número de vagas previsto no edital** tem preferência de nomeação em relação a aprovado em concurso posterior, sobretudo se o novo certame tenha sido realizado no prazo de validade do certame anterior.

A **Súmula 15 do STF** dispõe: "Dentro do prazo de validade do concurso, o candidato aprovado tem direito à nomeação, quando o cargo for preenchido sem observância da classificação."

Ademais, no **RE 598.099**, julgado pelo STF em 2011 e relatado pelo Ministro Gilmar Mendes, ficou assentado: "Dentro do prazo de validade do concurso, a administração poderá escolher o momento no qual se realizará a nomeação, mas não poderá dispor sobre a própria nomeação, a qual, de acordo com o edital, passa a constituir um direito do concursando aprovado e, dessa forma, um dever imposto ao Poder Público. Uma vez publicado o edital do concurso com número específico de vagas, **o ato da administração que declara os candidatos aprovados no certame cria um dever de nomeação** para a própria administração e, portanto, **um direito à nomeação titularizado pelo candidato aprovado dentro**

desse número de vagas. (...) O dever de boa-fé da Administração Pública exige o respeito incondicional às regras do edital, inclusive quanto à previsão das vagas do concurso público".

Destacamos ainda que, quanto a **concurso público** e o **princípio da igualdade**, segundo **entendimento do STF**, é possível: **a)** fixação de limites etários máximos para a admissão de pessoal no serviço público em atenção à natureza das atribuições do cargo a ser preenchido (Súmula 683 do STF); e **b)** estabelecimento de limites mínimos de altura para candidatos em concurso público, desde que prevista em **lei em sentido formal e material**, bem como no **edital** que regulamente o concurso (RE 911.656, julgado em 2015 e relatado pelo Ministro Luís Roberto Barroso).

▸ CONCURSO PÚBLICO E O PRINCÍPIO DA IGUALDADE SEGUNDO ENTENDIMENTO DO STF É POSSÍVEL:
a) fixação de **limites etários máximos** para a admissão de pessoal no serviço público em atenção à natureza das atribuições do cargo a ser preenchido **(Súmula 683 do STF)**; e
b) estabelecimento de **limites mínimos de altura** para candidatos em concurso público, desde que prevista em lei em sentido formal e material, bem como no edital do concurso.

No tema dos concursos públicos e servidores é comum que se faça confusão entre os **cargos em comissão** e as **funções de confiança**. Vamos firmar os conceitos e comparar os institutos para evitarmos os erros nas provas.

Os **cargos em comissão** são os destinados às atribuições de direção, chefia e assessoramento (art. 37, V, da CF) e podem ser ocupados tanto por indivíduos que não prestaram concurso público (desde que declarados em lei de livre nomeação e exoneração, conforme art. 37, II, da CF), quanto por servidores de carreira nos casos, condições e percentuais mínimos previstos em lei (art. 37, V, da CF). Os cargos em comissão ocupados por indivíduos que não prestaram concursos públicos também são chamados de **cargos de confiança**.

Já as **funções de confiança** são aquelas exercidas exclusivamente por servidores ocupantes de cargo efetivo, ou seja, por aqueles que ingressaram no serviço público via concurso (art. 37, V, da CF).

Quanto aos **cargos em comissão**, destacamos a **Súmula Vinculante 13**, que em respeito aos princípios da impessoalidade e da moralidade disciplina a **vedação ao nepotismo**: "A nomeação de cônjuge, companheiro ou parente em linha reta, colateral ou por afinidade, até o terceiro grau, inclusive, da autoridade nomeante ou de servidor da mesma pessoa jurídica investido em cargo de direção, chefia ou assessoramento, para o exercício de cargo em comissão ou de confiança ou, ainda, de função gratificada na Administração Pública direta e indireta em qualquer dos poderes da união, dos estados, do distrito federal e dos municípios, compreendido o ajuste mediante designações recíprocas, viola a constituição federal".

▶ ATENÇÃO!

O **STF** entende que, ressalvada situação de fraude à lei, **a nomeação de parentes para cargos públicos de natureza política** (Secretarias de Governo, por exemplo) **não desrespeita o conteúdo normativo do enunciado da Súmula Vinculante 13** (RE 825.682, julgado em 2015 e relatado pelo Ministro Teori Zavascki.

Além da hipótese dos **cargos em comissão,** também representam exceções ao concurso público a **contratação por tempo determinado** para atender à necessidade temporária de excepcional interesse público (art. 37, IX, da CF)[8] e a **contratação de agentes comunitários de saúde e agentes de combate às endemias** (art. 198, § 4º, da CF).

Encerrando o item sobre concurso público, destacamos que, segundo o art. 37, VIII, da CF, a lei deverá reservar **percentual dos cargos e empregos públicos para as pessoas portadoras de deficiência** e definir os critérios de sua admissão.[9]

5.2. Associação sindical e greve

A Constituição Federal garante ao servidor público civil a livre associação sindical e o direito de greve, que deverá ser exercido nos termos e limites definidos em lei específica (art. 37, VI e VII, da CF).

O problema é que a lei sobre o direito de greve do servidor público não foi editada. Mas, com o objetivo de concretizar o direito estabelecido na Constituição, em 2007, no bojo dos Mandados de Injunção (MIs) 670, 708 e 712, **o STF autorizou a aplicação da lei de greve da iniciativa privada, no que for cabível** (Lei 7.783/89) **para garantir o exercício grevista regular dos servidores públicos.**

Em outras palavras: segundo o STF, enquanto não for editada a lei de greve dos servidores públicos será aplicada a lei de greve da iniciativa privada, no que for cabível.

Ademais, o STF já se posicionou no sentido de que, **mesmo no curso do estágio probatório, é dado ao servidor público exercer seu direito constitucional de greve, não podendo ser penalizado com a demissão,** já que as faltas ao serviço são consideradas justificadas, cabendo ao ente público e seus servidores firmar acordo para a compensação dos dias parados. Nesse sentido, o julgamento do RE 226.966, julgado em 2008 e relatado para o acórdão pela ministra Carmen Lúcia.

Por fim, vale destacar a histórica decisão proferida pelo STF em outubro de 2016, no bojo do RE 693.456, com repercussão geral reconhecida. Firmou-se a seguinte tese: **"A administração pública deve proceder ao desconto dos dias de paralisação decorrentes do exercício do direito de greve pelos servidores públicos, em virtude da suspensão do vínculo funcional que dela decorre, permitida a compensação em**

8. A matéria está regulamentada pela Lei 8.745/93.
9. A matéria está regulamentada pela Lei 8.112/90.

caso de acordo. O desconto será, contudo, incabível se ficar demonstrado que a greve foi provocada por conduta ilícita do Poder Público".

5.3. Regime jurídico e planos de carreira

Segundo o art. 39, *caput*, da CF, "a União, os Estados, o Distrito Federal e os Municípios instituirão, no âmbito de sua competência, **regime jurídico único e planos de carreira** para os servidores da Administração Pública direta, das autarquias e das fundações públicas". (grifos nossos)

Ademais, "a União, os Estados e o Distrito Federal **manterão escolas de governo para a formação e o aperfeiçoamento dos servidores públicos,** constituindo-se a participação nos cursos um dos requisitos para a promoção na carreira, facultada, para isso, a celebração de convênios ou contratos entre os entes federados". (grifos nossos)

Por fim, consoante art. 39, § 7º, da CF, "**Lei** da União, dos Estados, do Distrito Federal e dos Municípios disciplinará a aplicação de recursos orçamentários provenientes da **economia com despesas correntes** em cada órgão, autarquia e fundação, para **aplicação no desenvolvimento de programas de qualidade e produtividade, treinamento e desenvolvimento, modernização, reaparelhamento e racionalização do serviço público, inclusive sob a forma de adicional ou prêmio de produtividade.**

▸ ATENÇÃO PARA A PEGADINHA!

A economia com despesas correntes poderá ser aplicada **inclusive sob a forma** (e não exceto ou ressalvados os casos) de **adicional noturno** ou **prêmio de produtividade.**

Assim, em regra, cada ente da federação deve cuidar do regime jurídico e do plano de carreira dos seus servidores.

5.4. Estabilidade

Na lição de Leandro Bortoleto, "[...] **estabilidade** é a garantia constitucional destinada aos servidores nomeados para **cargo de provimento efetivo** em virtude de concurso público, **após três anos de efetivo exercício e avaliação especial de desempenho** por comissão instituída para essa finalidade, pela qual o servidor somente perderá o cargo nas hipóteses estabelecidas no texto constitucional". (grifos nossos)

A disciplina constitucional da estabilidade está prevista no art. 41 da CF, que além de estabelecer as condições para sua aquisição, também arrola as hipóteses em que o servidor estável poderá perder o cargo. São elas: a) em virtude de sentença judicial transitada em julgado (nas provas, não se esqueça da exigência do trânsito em julgado); b) mediante processo administrativo em que lhe seja assegurada ampla defesa; c) mediante procedimento de avaliação periódica de desempenho, na forma da lei complementar, assegurada ampla defesa. Além dessas hipóteses previstas no artigo 41 da CF, o servidor estável também perderá o cargo em razão de excesso de despesa, nos termos do art. 169, § 4º, da CF.

Haja vista o tema ser muito cobrado nas provas para os cargos em Tribunais e MPU, elaboramos a seguinte tabela:

▶ ESTABILIDADE DO SERVIDOR	
1. Requisitos para aquisição de estabilidade	a) Cargo de provimento efetivo/ocupado em razão de concurso público b) 3 anos de efetivo exercício c) Avaliação de desempenho por comissão instituída para essa finalidade
2. Hipóteses em que o servidor estável pode perder o cargo	a) Em virtude de sentença judicial transitada em julgado b) Mediante processo administrativo em que lhe seja assegurada ampla defesa c) Mediante procedimento de avaliação periódica de desempenho, na forma da lei complementar, assegurada ampla defesa d) Em razão de excesso de despesa

Como reflexo da estabilidade do servidor, o art. 41, § 2º, da CF determina que se a **demissão do servidor estável for invalidada por sentença judicial**, o servidor será reintegrado ao seu cargo de origem. Nessa hipótese, o servidor que estava ocupando o cargo do servidor que foi integrado, se estável, será reconduzido ao cargo que ocupava antes (cargo de origem), sem direito a indenização, ou será aproveitado em outro cargo, ou será posto **em disponibilidade com remuneração proporcional ao tempo de serviço**.

É certo, pois, que a estabilidade se apresenta como uma importante garantia do servidor. Mas, fica a pergunta: **e se o cargo que o servidor ocupa for extinto ou declarado desnecessário?**

Nesse caso, o servidor estável **ficará em disponibilidade, com remuneração proporcional ao tempo de serviço**, até seu adequado aproveitamento em outro cargo (art. 41, § 3º, da CF).

5.5. Sistemas remuneratórios e limitações constitucionais

A Constituição Federal estabelece dois sistemas remuneratórios: **remuneração** e **subsídio**.

A **remuneração** representa o "vencimento básico somado às gratificações permanentes previstas em lei".[10]

Já o **subsídio** refere-se ao "pagamento de uma única parcela, sem subdivisões".[11]

Em regra o servidor perceberá **remuneração**, mas a CF estabelece casos em que o sistema remuneratório será por **subsídio**.

10. BORTOLETO, Leandro. *Op. Cit.*, p. 87.
11. Id.

O art. 39, § 8º, da CF dispõe que os servidores públicos **organizados em carreira poderão** (portanto, é uma faculdade) **receber por subsídio**.

A seu turno, o art. 39, § 4º, da CF estabelece uma **obrigatoriedade**: "O membro de Poder, o detentor de mandato eletivo, os Ministros de Estado e os Secretários Estaduais e Municipais **serão remunerados exclusivamente por subsídio fixado em parcela única**, vedado o acréscimo de qualquer gratificação, adicional, abono, prêmio, verba de representação ou outra espécie remuneratória, obedecido, em qualquer caso, o disposto no art. 37, X e XI". (grifos nossos)

Mas do que tratam os incisos X e XI do art. 37 da CF?

Consoante art. 37, X, da CF, a remuneração e o subsídio dos servidores públicos **somente poderão ser fixados ou alterados por lei específica**, observada a iniciativa privativa em cada caso, **assegurada revisão geral anual**, sempre na mesma data e sem distinção de índices.

> ▸ ATENÇÃO PARA A PEGADINHA!
>
> É assegurada a revisão geral anual, **sempre na mesma data e sem distinção de índices** (e não depois de decorrido prazo mínimo de um, dois, três ou quatro anos do último reajuste concedido à categoria).

Sobre o tema, destaca-se a **Súmula 679 do STF**: "A fixação de vencimentos dos servidores públicos não pode ser objeto de convenção coletiva". Ademais, nos termos da **Súmula Vinculante 42**, "É inconstitucional a vinculação do reajuste de vencimentos de servidores estaduais ou municipais a índices federais de correção monetária".

Já o art. 37, XI, da CF estabelece os **tetos remuneratórios**: "A **remuneração e o subsídio** dos ocupantes de cargos, funções e empregos públicos da administração direta, autárquica e fundacional, dos membros de qualquer dos Poderes da União, dos Estados, do Distrito Federal e dos Municípios, dos detentores de mandato eletivo e dos demais agentes políticos e **os proventos, pensões ou outra espécie remuneratória, percebidos cumulativamente ou não, incluídas as vantagens pessoais ou de qualquer outra natureza, não poderão exceder o subsídio mensal, em espécie, dos Ministros do Supremo Tribunal Federal**, aplicando-se como limite, **nos Municípios**, o subsídio do Prefeito, e **nos Estados e no Distrito Federal**, o subsídio mensal do Governador no âmbito do Poder Executivo, o subsídio dos Deputados Estaduais e Distritais no âmbito do Poder Legislativo e o subsídio dos Desembargadores do Tribunal de Justiça, limitado a noventa inteiros e vinte e cinco centésimos por cento do subsídio mensal, em espécie, dos Ministros do Supremo Tribunal Federal, no âmbito do Poder Judiciário, aplicável este limite aos membros do Ministério Público, aos Procuradores e aos Defensores Públicos". (grifos nossos)

Complementando as ideias dos subtetos, o art. 37, § 12, da CF **faculta aos Estados e ao Distrito Federal fixar,** em seu âmbito, mediante emenda às respectivas Constituições e Lei Orgânica, como **limite único**, o **subsídio mensal dos Desembargadores do respectivo Tribunal de Justiça**, limitado a 90,25% do subsídio mensal dos Ministros do Supremo Tribunal Federal (o que apenas **não poderá ser aplicado aos subsídios dos Deputados Estaduais e Distritais e dos Vereadores**).

Na lição de Leandro Bortoleto: "[...] a escolha do Estado ou do Distrito Federal é simples: ou mantêm os três subtetos (um para cada Poder) ou adotam o **subteto único**, que deve ser, necessariamente, o do Judiciário". (grifos nossos)

▸ TETOS REMUNERATÓRIOS	
Teto geral	subsídio mensal, em espécie, dos Ministros do STF
Subtetos dos Estados e do Distrito Federal:	**Subteto do Poder Executivo Estadual:** subsídio do Governador (que pode ser igual ao dos Ministros do STF)
	Subteto do Poder Legislativo Estadual: subsídio dos Deputados Estaduais (que pode ser de, no máximo, 75% do subsídio dos Deputados federais, nos termos do art. 27, § 2º, da CF)
	Subteto do Poder Judiciário Estadual*: subsídio do Desembargador do tribunal de justiça, limitado a 90,25% do teto geral (subsídio dos Ministros do STF).[12] Esse subteto também se aplica aos membros do **Ministério Público**, aos **Procuradores** e aos **Defensores Públicos.** * Pode ser adotado como **subteto único** mediante alteração da Constituição Estadual ou da Lei Orgânica.
Subteto dos Municípios:	**Subteto do Poder Executivo Municipal:** subsídio do Prefeito.
	Subteto do Poder Legislativo Municipal: aplicam-se as regras do art. 29, VI, da CF e o subteto do Executivo Municipal.
	Obs.: como sequer existe Poder Judiciário Municipal, não há que se falar em subteto.

Para uma abordagem completa da disciplina, já comentaremos as regras sobre os subsídios dos Vereadores.

---

12. Valeu notar que "O Plenário do Supremo Tribunal Federal (STF), por maioria, deferiu liminar na Ação Direta de Inconstitucionalidade **(ADI) 3854**, ajuizada pela Associação dos Magistrados Brasileiros (AMB), sobre o sub-teto para a magistratura estadual. A ação questiona o artigo 1º, da Emenda Constitucional (EC) 41/2003; o artigo 2º, da Resolução nº 13; e o parágrafo único, do artigo 1º, da Resolução nº 14, ambas as resoluções editadas pelo Conselho Nacional de Justiça (CNJ) em 21 de março de 2006. A decisão proclamada pelo Supremo defere a liminar, conforme o voto do relator, ministro Cezar Peluso, "para **dar interpretação conforme ao inciso XI e ao parágrafo 12, ambos do artigo 37 da Constituição Federal, para excluir a submissão dos membros da magistratura estadual ao subteto de remuneração**, e para suspender a eficácia do artigo 2º da resolução 13/2006 e parágrafo único do artigo 1º da resolução 14/2006, ambos do Conselho Nacional de Justiça (CNJ)".
Esclarece o relator que "a decisão de hoje **não aboliu os subtetos constitucionais de subsídios, mas apenas estendeu o mesmo teto de remuneração (a soma do valor dos subsídios mais alguma vantagem funcional reconhecida pela ordem constitucional) das "justiças" federais à magistratura estadual**". Salientou que o teto remuneratório a ser aplicado "corresponde ao valor do subsídio dos membros do STF". O ministro Cezar Peluso ressaltou que "quando haja direito de acrescer ao subsídio, já limitados, alguma vantagem lícita, esse total não pode ultrapassar o valor do subsídio dos membros do STF, cujo valor é também, nesse sentido, teto de remuneração". Notícias STF. Disponível em: ‹www.stf.jus.br›.

Nos termos do art. 29, VI, da CF, o **subsídio dos Vereadores será fixado pelas respectivas Câmaras Municipais em cada legislatura** ***para*** **a subsequente** (portanto, alteração de vencimento de Vereador só vale para a legislatura subsequente, assim o Vereador não pode aumentar o próprio subsídio), observando-se o que dispõe a Constituição, os critérios estabelecidos na respectiva Lei Orgânica e os seguintes limites máximos **(que variam entre 20 e 75% do subsídio dos Deputados Estaduais)**:

a) em Municípios de até 10.000 habitantes, o subsídio máximo dos Vereadores corresponderá a 20% do subsídio dos Deputados Estaduais;

b) em Municípios de 10.001 a 50.000 habitantes, o subsídio máximo dos Vereadores corresponderá a 30% do subsídio dos Deputados Estaduais;

c) em Municípios de 50.0001 a 100.000 habitantes, o subsídio máximo dos Vereadores corresponderá a 405 do subsídio dos Deputados Estaduais;

d) em Municípios de 100.001 a 300.000 habitantes, o subsídio máximo dos Vereadores corresponderá a 50% do subsídio dos Deputados Estaduais;

e) em Municípios de trezentos mil e um a quinhentos mil habitantes, o subsídio máximo dos Vereadores corresponderá a sessenta por cento do subsídio dos Deputados Estaduais;

f) em Municípios de mais de quinhentos mil habitantes, o subsídio máximo dos Vereadores corresponderá a setenta e cinco por cento do subsídio dos Deputados Estaduais.

Vale lembrar que, além desses percentuais, existe o subteto, que no Município nenhum subsídio poderá ser superior àquele fixado para o Prefeito.

Ademais o total da despesa com a remuneração dos Vereadores não poderá ultrapassar o montante de cinco por cento da receita do Município (art. 29, VII, da CF).

Retomando-se a disciplina geral dos tetos, importa destacar que os tetos remuneratórios aplicam-se aos servidores da administração direta, autárquica e fundacional, e **também aos empregados das empresas públicas e sociedades de economia mista, e suas subsidiárias, que receberem recursos** da União, dos Estados, do DF ou dos Municípios **para pagamento de despesas de pessoal ou de custeio em geral** (art. 37, § 9º, da CF).

Informação muito cobrada nas provas para tribunais é a que consta do art. 37, § 11, da CF, no sentido de que **não serão computadas nos tetos remuneratórios as parcelas de caráter indenizatório previstas em lei.**

Além dos tetos remuneratórios, vale destacar que **os vencimentos dos cargos do Poder Legislativo e do Poder Judiciário não poderão ser superiores aos pagos pelo Poder Executivo** (art. 37, XII, da CF).

A seu lugar, o art. 39, § 5º, da CF estabelece que leis da União, dos Estados, do Distrito Federal e dos Municípios **poderão estabelecer relações entre as maiores e a menores remunerações** dos servidores públicos, **obedecidos, em quaisquer casos, os tetos remuneratórios.** Em outras palavras: os entes da federação têm liberdade para estabelecerem critérios e relacionarem as remunerações dos seus servidores, o que serve para conferir proporcionalidade aos pagamentos de acordo com as funções exercidas, mas toda e qualquer lei nesse sentido deve respeitar os tetos remuneratórios previstos no art. 37, XI, da CF.

Respeitadas as exigências relativas ao sistema remuneratório e aos tetos, a **fixação dos padrões de vencimento e dos demais componentes do sistema remuneratório deverá observar**: a) a natureza, o grau de responsabilidade e a complexidade dos cargos componentes de cada carreira (cargos mais complexos e que impliquem maiores responsabilidades serão mais bem remunerados); b) os requisitos para a investidura (formação superior, por exemplo); c) as peculiaridades dos cargos (por exemplo, os cargos das carreiras policiais envolvem maiores riscos), tudo de acordo com o art. 39, §1º, da CF.

> ▶ **ATENÇÃO!**
> Nos termos da **Súmula Vinculante 37**: "Não cabe ao Poder Judiciário, que não tem função legislativa, aumentar vencimentos de servidores públicos sob o fundamento de isonomia".

Ademais, consoante art. 39, § 3º, da CF, **aplica-se aos servidores ocupantes de cargo público o disposto em vários incisos do art. 7º da CF**, a saber: IV (**salário-mínimo**), VII (**garantia de salário**, nunca inferior ao mínimo, para os que percebem remuneração variável), VIII (**décimo terceiro salário** com base na remuneração integral ou no valor da aposentadoria), IX (**remuneração do trabalho noturno superior** à do diurno), XII (**salário-família** pago em razão do dependente do trabalhador de baixa renda nos termos da lei), XIII (**duração do trabalho normal não superior a oito horas diárias e quarenta e quatro semanais**, facultada a compensação de horários e a redução da jornada, mediante acordo ou convenção coletiva de trabalho), XV (**repouso semanal remunerado**, preferencialmente aos domingos), XVI (**remuneração do serviço extraordinário superior**, no mínimo, em cinquenta por cento à do normal), XVII (gozo de **férias anuais remuneradas** com, pelo menos, um terço a mais do que o salário normal), XVIII (**licença à gestante**, sem prejuízo do emprego e do salário, com a duração de 120 dias), XIX (**licença-paternidade**, nos termos fixados em lei), XX (**proteção do mercado de trabalho da mulher**, mediante incentivos específicos, nos termos da lei), XXII (**redução dos riscos inerentes ao trabalho**, por meio de normas de saúde, higiene e segurança) e XXX (**proibição de diferença de salários**, de exercício de funções e de critério de admissão por motivo de sexo, idade, cor ou estado civil), podendo a lei estabelecer requisitos diferenciados de admissão quando a natureza do cargo o exigir.

Esclarecendo o alcance desse dispositivo, a **Súmula Vinculante 16**: "Os artigos 7º, IV, e 39, § 3º (redação da EC 19/98), da Constituição, **referem-se ao total da remuneração** percebida pelo servidor público".

Por fim, em cumprimento ao princípio da publicidade, o art. 39, § 6º da CF determina: "Os Poderes Executivo, Legislativo e Judiciário **publicarão anualmente os valores do subsídio e da remuneração dos cargos e empregos públicos**". (grifos nossos)

No que diz respeito às proibições impostas à remuneração e ao subsídio, destacamos que é **vedada a vinculação ou equiparação de quaisquer espécies remuneratórias** para o efeito de remuneração de pessoal do serviço público (art. 37, XIII, da CF) e que **os acréscimos pecuniários** percebidos por servidor público **não serão computados nem acumulados para fins de concessão de acréscimos ulteriores**; (art. 37, XIV, da CF).

Por outro lado, consoante, art. 37, XV, da CF, em regra, o subsídio e os vencimentos dos ocupantes de cargos e empregos públicos **são irredutíveis**. Contudo, segundo o texto constitucional, **poderá haver redução de subsídio nas seguintes hipóteses: a)** por necessidade de adequação aos tetos constitucionais (art. 37, XI, da CF); **b)** por necessidade de adequação à regra de que os acréscimos pecuniários não serão computados nem acumulados para concessão de acréscimos ulteriores (art. 37, IX, da CF); **c)** para adequação ao sistema remuneratório de subsídio em parcela única (art. 39, § 4º, da CF); e **d)** para a garantia do ditame da igualdade, pois na incidência do imposto de renda deve haver observância da generalidade, da universalidade e da progressividade do tributo, na forma da lei (artigos 150, II, 153, III, e 153, § 2º, I, todos da CF).

> ▶ **FIQUE LIGADO!**
>
> **As regras constantes dos incisos XIII, XIV e XV, do art. 37 da CF são campeãs de incidência** nas provas para tribunais organizadas pela FCC!

Outro tema clássico e que sempre é lembrado tanto pelo Cespe quanto pela FCC é a **acumulação remunerada de cargos públicos.** Nos termos do art. 37, XVI, da CF, "é vedada a acumulação remunerada de cargos públicos, exceto, quando houver compatibilidade de horários, observado em qualquer caso o disposto no inciso XI. a) a de dois cargos de professor; b) a de um cargo de professor com outro técnico ou científico; c) a de dois cargos ou empregos privativos de profissionais de saúde, com profissões regulamentadas. Por força do art. 37, § 10 c.c. art. 38, *caput*, da CF, também pode haver acumulação remunerada no caso de desempenho simultâneo de cargo de provimento efetivo com cargo de Vereador, desde que haja compatibilidade de horário.

Vale ainda lembrar que, com a inclusão do § 9º no art. 39 da CF/88 pela EC nº 103/2019, passou a ser **vedada** a incorporação de vantagens de caráter temporário ou vinculadas ao exercício de função de confiança ou de cargo em comissão à remuneração do cargo efetivo.

E uma novidade! A EC nº 101/19 acrescentou o § 3º ao art. 42 da CF e estendeu aos militares dos Estados, do Distrito Federal e dos Territórios o direito à acumulação de cargos públicos, nos termos do artigo 37, XVI, da CF.

Não confunda: a nova Emenda não abrange os militares das Forças Armadas, de modo que, para estes, a única possibilidade de acumulação continua sendo na área da saúde, com prioridade para a atividade militar (art. 142, § 3º, VIII).

Vale lembrar que **a proibição de acumulação remunerada estende-se** a empregos e funções e abrange autarquias, fundações, empresas públicas, sociedades de economia mista, suas subsidiárias, e sociedades controladas, direta ou indiretamente, pelo Poder Público (art. 37, XVII, da CF).

Também é vedada a percepção simultânea de proventos de aposentadoria do servidor público civil (art. 40 da CF), do militar (art. 42 da CF) e do membro das forças armadas (art. 142 da CF) **com a remuneração de cargo, emprego ou função pública, ressalvados** os cargos acumuláveis (art. 37, XVI, da CF), os cargos eletivos e os cargos em comissão declarados em lei de livre nomeação e exoneração.

> ▸ **FIQUE ATENTO PARA AS EXCEÇÕES!**
>
> Poderá haver percepção simultânea de aposentadoria e: **a)** remuneração de cargo acumulável; **b)** remuneração de cargo eletivo; **c)** remuneração de cargo em comissão.

> ▸ **FIQUE LIGADO!**
>
> Conforme alteração empreendida no art. 142, § 3º da CF pela EC 77/2014, caso enquadre-se nas exceções previstas no art. 37, XVI, da CF, o militar também poderá acumular sua atividade com cargo ou emprego público civil permanente.

É importante observar que **apenas excepcionalmente um cargo ocupado por mandado eletivo poderá ser cumulado com um cargo ocupado por provimento efetivo**. Trata-se da hipótese já comentada, em que o servidor ocupante de cargo por provimento efetivo é eleito **Vereador** e há compatibilidade de horário para exercício de ambos os cargos. Nesse caso ele cumulará os cargos e perceberá, ao mesmo tempo, a remuneração de servidor efetivo com o subsídio de Vereador.

> ▸ **ATENÇÃO!**
>
> **Somente poderá haver cumulação no caso de compatibilidade de horário!** Não havendo compatibilidade de horário, o cidadão investido como Vereador será afastado do cargo, emprego ou função, mas poderá optar pela remuneração do cargo, emprego ou função de que foi afastado.

No caso de o cidadão ser investido no mandato de **Prefeito**, será **obrigatoriamente afastado** do cargo, emprego ou função, mas **também poderá optar pela remuneração** do cargo, emprego ou função de que foi afastado.

Por fim, na hipótese de o indivíduo ser investido em mandato eletivo **federal, estadual ou distrital**, também será **obrigatoriamente afastado** do cargo, emprego ou função, mas **não poderá** optar pela remuneração do cargo, emprego ou função de que foi afastado.

Importa ainda dizer que, mesmo nos casos em que o exercício de mandato eletivo exigir o afastamento do servidor de seu cargo emprego ou função de provimento efetivo, **o tempo de serviço será contado para todos os efeitos legais, exceto para promoção por merecimento** (art. 38, IV, da CF). Também fica garantido que, "para efeito de benefício previdenciário, no caso de afastamento, os valores serão determinados como se no exercício estivesse". (art. 38, V, da CF)

5.6. Regime de previdência e aposentadoria

Aos servidores titulares de cargos efetivos da União, dos Estados, do Distrito Federal e dos Municípios, **incluídas** suas autarquias e fundações, é assegurado **regime de previdência de caráter contributivo e solidário**, mediante contribuição do respectivo ente público, dos servidores ativos e inativos e dos pensionistas, observados critérios que preservem o equilíbrio financeiro e atuarial.

Os servidores abrangidos pelo regime de previdência **serão aposentados**: I – por incapacidade permanente para o trabalho, no cargo em que estiver investido, quando insuscetível de readaptação, hipótese em que será obrigatória a realização de avaliações periódicas para verificação da continuidade das condições que ensejaram a concessão da aposentadoria; II – compulsoriamente, com proventos proporcionais ao tempo de contribuição, aos 70 (setenta) anos de idade, ou aos 75 (setenta e cinco) anos de idade, na forma de lei complementar; III – no âmbito da União, aos 62 (sessenta e dois) anos de idade, se mulher, e aos 65 (sessenta e cinco) anos de idade, se homem, e, no âmbito dos Estados, do Distrito Federal e dos Municípios, na idade mínima estabelecida mediante emenda às respectivas Constituições e Leis Orgânicas, observados o tempo de contribuição e os demais requisitos estabelecidos em lei complementar do respectivo ente federativo.

Apesar da evidente importância prática, o regime de previdência e as regras sobre aposentadoria dos servidores não são temas muito explorados nas provas para cargos nos Tribunais e no MPU.

Nesse sentido, para tornarmos o estudo mais eficiente, preparamos uma tabela com as principais regras sobre regime de previdência e aposentadoria do servidor.

Na sequência apresentaremos uma lista com algumas regras constitucionais que complementam a disciplina disposta na tabela.

▶ REGRAS CONSTITUCIONAIS PARA APOSENTADORIA DO SERVIDOR

Modalidade	Sexo	Requisito	Aposentadoria	Limite/Teto
I – Por Incapacidade Permanente	Homem ou Mulher	Incapacidade Permanente	Condicionada à realização de avaliações periódicas para verificação da continuidade das condições que ensejaram a concessão da aposentadoria	Proventos nunca excedentes ao subsídio mensal, em espécie, dos Ministros do Supremo Tribunal Federal

▸ REGRAS CONSTITUCIONAIS PARA APOSENTADORIA DO SERVIDOR

Modalidade	Sexo	Requisito	Aposentadoria	Limite/Teto
II – Compulsoriamente	Homem ou Mulher	70 ou 75 anos de idade, na forma de lei complementar[13]	Com proventos proporcionais ao tempo de contribuição.	
III – Voluntariamente	1) Homem	a) 65 anos de idade		
	2) Mulher	a) 62 anos de idade		

- **Regras constitucionais complementares**

1. Os **proventos de aposentadoria** e as pensões, por ocasião de sua concessão, não poderão ser inferiores ao valor mínimo a que se refere o § 2º do art. 201 ou superiores ao limite máximo estabelecido para o Regime Geral de Previdência Social, observado o disposto nos §§ 14 a 16.
2. É vedada a adoção de **requisitos e critérios diferenciados** para a concessão de aposentadoria, com as seguintes ressalvas:

- Poderão ser estabelecidos por lei complementar do respectivo ente federativo idade e tempo de contribuição diferenciados para aposentadoria de servidores com deficiência, previamente submetidos a avaliação biopsicossocial realizada por equipe multiprofissional e interdisciplinar.
- Poderão ser estabelecidos por lei complementar do respectivo ente federativo idade e tempo de contribuição diferenciados para aposentadoria de ocupantes do cargo de agente penitenciário, de agente socioeducativo ou de policial dos órgãos de que tratam o inciso IV do caput do art. 51, o inciso XIII do caput do art. 52 e os incisos I a IV do caput do art. 144.
- Poderão ser estabelecidos por lei complementar do respectivo ente federativo idade e tempo de contribuição diferenciados para aposentadoria de servidores cujas atividades sejam exercidas com efetiva exposição a agentes químicos, físicos e biológicos prejudiciais à saúde, ou associação desses agentes, vedada a caracterização por categoria profissional ou ocupação.
- Os ocupantes do cargo de professor terão idade mínima reduzida em 5 (cinco) anos em relação às idades decorrentes da aplicação do disposto no inciso III do § 1º, desde que comprovem tempo de efetivo exercício das funções de magistério na educação infantil e no ensino fundamental e médio fixado em lei complementar do respectivo ente federativo.

3. Ressalvadas as aposentadorias decorrentes dos cargos acumuláveis na forma desta Constituição, é vedada a percepção de mais de uma aposentadoria à conta de regime próprio de previdência social, aplicando-se outras vedações,

13. Conforme alteração determinada pela EC 88/2015.

regras e condições para a acumulação de benefícios previdenciários estabelecidas no Regime Geral de Previdência Social.

4. É assegurado o **reajustamento dos benefícios** para preservar-lhes, em caráter permanente, o **valor real**, conforme critérios estabelecidos em lei.
5. O **tempo de contribuição federal, estadual ou municipal** será contado para efeito de aposentadoria, observado o disposto nos §§ 9º e 9º-A do art. 201, e o tempo de serviço correspondente será contado para fins de disponibilidade.
6. A lei **não** poderá estabelecer nenhuma forma de **contagem de tempo de contribuição fictício**.
7. Serão observados, em regime próprio de previdência social, no que couber, os requisitos e critérios fixados para o Regime Geral de Previdência Social.
8. Aplica-se ao agente público ocupante, exclusivamente, de cargo em comissão declarado em lei de livre nomeação e exoneração, de outro cargo temporário, inclusive mandato eletivo, ou de emprego público, o Regime Geral de Previdência Social.
9. O servidor titular de cargo efetivo que tenha completado as exigências para a aposentadoria voluntária e que opte por permanecer em atividade poderá fazer jus a um abono de permanência equivalente, no máximo, ao valor da sua contribuição previdenciária, até completar a idade para aposentadoria compulsória.
10. É vedada a existência de mais de um regime próprio de previdência social e de mais de um órgão ou entidade gestora desse regime em cada ente federativo, abrangidos todos os poderes, órgãos e entidades autárquicas e fundacionais, que serão responsáveis pelo seu financiamento, observados os critérios, os parâmetros e a natureza jurídica definidos na lei complementar de que trata o § 22 do art. 40, da CF/88.

6. ATO DE IMPROBIDADE ADMINISTRATIVA

Entende-se por ato de improbidade a **infração político-administrativa** que se configura pela prática de condutas que importem em enriquecimento ilícito do agente, dano ao erário ou violação a princípios da Administração Pública. Além de prevista no texto constitucional, a improbidade está disciplinada na Lei 8.429/92, que foi recentemente alterada pela lei 14.230/2021.

O ato de improbidade é denominada como infração político-administrativa em razão das sanções que dele podem decorrer, que nos termos do art. 37, § 4º, da CF, são: **a) suspensão dos direitos políticos; b) perda da função pública; c) indisponibilidade dos bens**; e **d) ressarcimento ao erário**, na forma e gradação previstas em lei, **sem prejuízo** da ação penal cabível.

> ▶ **ATENÇÃO PARA A PEGADINHA!**
>
> O ressarcimento do dano ao erário não impede, ilide ou prejudica a ação penal.

7. RESPONSABILIDADE DO ESTADO E ILÍCITOS QUE CAUSEM PREJUÍZO AO ERÁRIO

De acordo com o disposto no art. 37, § 6º, da CF, as pessoas jurídicas de direito público e as de direito privado prestadoras de serviços públicos **responderão pelos danos que seus agentes, nessa qualidade, causarem a terceiros**, mas sempre fica assegurado o direito de regresso contra o responsável nos casos de dolo ou culpa.

Assim, em apertada síntese podemos afirmar que **a Administração Pública é responsável pelos danos causados por seus agentes.** As pessoas jurídicas de direito público e as de direito privado prestadoras de serviços públicos **são garantes de seus agentes.** Assim, o particular sempre poderá recorrer à Administração Pública para buscar reparação a dano causado por um agente público.

▸ **ATENÇÃO! CUIDADO NA PROVA!**

Ao disciplinar a responsabilidade do Estado, a Constituição se valeu da expressão **agente**, que não é sinônima de servidor. **Agente público** é todo sujeito, **servidor ou não, que representa a Administração Pública em caráter permanente ou temporário.** Por exemplo: um mesário de eleição política municipal é um agente público. Assim, a Administração Pública não indeniza apenas nos atos praticados por servidores, pois também é responsável pela reparação a dano causado por particular na condição de agente público.

O art. 37, § 6º, da CF reconhece a **responsabilidade objetiva** da Administração Pública. Basta que o particular prove o **nexo de causa e efeito entre a ação estatal e o dano causado**, sem ter que firmar dolo ou culpa das pessoas jurídicas de direito público e de direito privado prestadoras de serviços públicos.[14]

Por sua vez, a Administração Pública não ficará no prejuízo, pois poderá cobrar de seus agentes o montante indenizado ao particular, o que se faz por meio da **ação de regresso.**

Entretanto, diferente do particular (que não tem de provar dolo ou culpa da administração para ser indenizado), a Administração Pública, para ter o **direito de regresso**, deverá provar que o agente praticou o ato danoso com **dolo** (intenção deliberada de produzir o dano) **ou culpa** (por negligência, imprudência ou imperícia).

---

14. Tradicionalmente sempre se entendeu pela aplicação do prazo de 5 anos, previsto no art. 1º do Decreto nº 20.910/32, para que o particular pudesse ingressar com ação contra o Estado. Entretanto, desde a entrada em vigor do Código Civil de 2002 instalou-se forte discussão. Isso porque, o art. 206, § 3º, V, do CC prevê prazo prescricional de 3 anos para as pretensões de reparação civil. Assim, questiona-se: esse prazo se aplicará para as ações de reparação envolvendo a Administração Pública? O art. 10 do Decreto 20.910/32 diz que o prazo de 5 anos somente deve ser aplicado se não houver prazo menor. Pois bem, como a partir da entrada em vigor do Código Civil passou a existir prazo menor (3 anos), então a nova regra é que deveria valer. Entretanto, esse não é o posicionamento do STJ, que tem pugnado pela aplicação do prazo de 5 anos do Decreto 20.910/32 (vide EResp 1.081.885/RR). De toda forma, há acirrada polêmica envolvendo o tema, o que deve inibir qualquer tipo de pergunta a esse respeito em provas objetivas.

A segunda parte do § 5º do art. 37 da CF deixa claro que **as ações de ressarcimento (incluídas aqui as ações de regresso) são imprescritíveis**, ou seja, a Administração Pública não perde a pretensão de exigir o ressarcimento de dano mesmo se permanecer inerte por indefinido período de tempo.[15]

Em contrapartida, a primeira parte do art. 37, § 5º, da CF determina que **a lei deverá estabelecer os prazos de prescrição para ilícitos** praticados por qualquer agente, servidor ou não, **que causem prejuízos ao erário**. Assim, não sendo caso de mero ressarcimento, a administração pode perder a pretensão de exigir reparação de dano se permanecer inerte por um longo período.

8. QUESTÕES DISCURSIVAS

(Cespe - Analista Judiciário - Área Administrativa - TRT 10/2012) A Constituição Federal de 1988 elenca os princípios inerentes à administração pública, cuja função é a de dar unidade e coerência ao direito administrativo, controlando as atividades administrativas de todos os entes que integram a federação brasileira (União, estados, Distrito Federal e municípios). Esses princípios devem ser seguidos rigorosamente pelos agentes públicos, sob pena de estes praticarem atos inválidos e exporem-se à responsabilidade disciplinar civil ou criminal, a depender do caso.

Considerando que o fragmento de texto acima tem caráter unicamente motivador, redija um texto dissertativo acerca do seguinte tema.

PRINCÍPIOS CONSTITUCIONAIS EXPRESSOS DA ADMINISTRAÇÃO PÚBLICA Ao elaborar seu texto, faça, necessariamente, o que se pede a seguir.

Nomine os princípios constitucionais expressos da administração pública. [valor: 3,50 pontos]

Descreva o significado de cada um dos referidos princípios constitucionais. [valor: 6,00 pontos]

RESPOSTA

O art. 37 da Constituição Federal estabelece cinco princípios basilares da administração pública direta e indireta: legalidade, impessoalidade, moralidade, publicidade e eficiência.

A legalidade diz respeito ao fato de a administração pública poder fazer apenas o que está em lei. Assim, o administrador público está sujeito aos mandamentos da lei e às exigências do bem comum, não devendo deles se afastar ou desviar, sob pena de nulidade do ato, e até mesmo responsabilização disciplinar, civil e criminal (de acordo com o caso).

A impessoalidade estabelece que os atos administrativos devam ser imparciais para que haja garantia do interesse público sobre o privado. Assim, o princípio da impessoalidade busca inibir privilégios, interesses e discriminações. Ademais, segundo o princípio da

15. "O Plenário do STF, no julgamento do MS 26.210, da relatoria do Ministro Ricardo Lewandowski, decidiu pela imprescritibilidade de ações de ressarcimento de danos ao erário" (RE 578.428-AgR, julgado em 2011 e relatado pelo Ministro Ayres Britto).

impessoalidade, os atos do administrador são tomados como sendo atos da administração pública.

O terceiro princípio, da moralidade, indica que os atos dos administradores devem observar o conjunto de regras que permeia a legalidade, com o adicional de tais atos serem éticos e respeitarem a razoabilidade e a justiça. A moralidade constitui, portanto, um pressuposto de validade dos atos administrativos praticados.

Quanto ao princípio da publicidade, é aquele que impõe à administração a divulgação de seus atos, para que haja transparência e acesso ao público geral. O sigilo é restrito aos casos de segurança nacional. A publicidade dos atos da administração pública é condição de eficácia, e apenas a partir da exposição deles é que se iniciam seus efeitos.

Por fim, o princípio da eficiência visa a garantir resultados positivos e satisfatórios da administração pública, e aproxima-la ao máximo das expectativas da sociedade. É a partir da eficiência que o administrador público deve se pautar para efetivar os propósitos da administração.

(FGV – Juiz de Direito - AM/2013 - ADAPTADA) Considere a edição de lei que atribua 50% (cinquenta por cento) da pontuação total, nos concursos públicos de provas e títulos para provimento de cargos efetivos de professor de certo Estado da Federação, em razão de exercício anterior da mesma função pública (professor do quadro da rede estadual de ensino), na qualidade de ocupante de cargo em comissão ou contratado temporário.

O Procurador-Geral da República efetuou a impugnação do diploma via ação direta de inconstitucionalidade deflagrada perante o Supremo Tribunal Federal, sendo certo que a medida cautelar para a suspensão da lei foi deferida por ato singular do relator, ainda pendente o referendo do Plenário. Ato contínuo, o Governador do Estado declarou a nulidade da investidura de todos os servidores que ingressaram em cargos públicos de provimento efetivo após a vigência da referida lei.

Ante o quadro, responda: É constitucional a referida lei estadual?

RESPOSTA

O princípio do concurso público encontra-se gravado no art. 37, II, da CF, *in verbis*: "a investidura em cargo ou emprego público depende de aprovação prévia em concurso público de provas ou de provas e títulos, de acordo com a natureza e a complexidade do cargo ou emprego, na forma prevista em lei, ressalvadas as nomeações para cargo em comissão declarado em lei de livre nomeação e exoneração".

Como se pode notar, os únicos elementos que podem compor os concursos públicos são as provas e os títulos. Atribuir-se pontuação para quem, por meio de cargo em comissão ou contrato temporário, exerceu anteriormente a função pública para a qual se realiza um concurso, viola, ao mesmo tempo, quatro princípios: princípio do concurso público, princípio da isonomia, princípio da impessoalidade e princípio da razoabilidade.

Fere-se o princípio do concurso público (art. 37, II, da CF) na medida em que tempo anterior de exercício de função para a qual se realiza o certamente não se constitui em critério válido (não é nem prova, nem título). O princípio da isonomia (art. 5º, *caput*, e inciso I da CF) também é atacado porque a contagem de tempo anterior na função cria privilégio que gera discriminação relativa em relação aos demais participantes do certame. A seu turno, atenta-se contra o princípio da impessoalidade porque estabelece pontuação para certas e determinadas pessoas, pontuação essa que jamais poderia ser alcançada pela ampla universalidade de candidatos que não exerceram temporariamente ou por cargo em comissão, a função de professor do quadro da apontada rede estadual de ensino. Por fim, há ofensa ao princípio da razoabilidade (que se traduz em emanação do devido processo legal em sentido material, disposto no art. 5º, LIV, da CF) na medida em que atribuir-se 50% dos pontos de um concurso público em razão de exercício anterior da função para a qual se realiza o certame não se mostra necessário, adequado ou proporcional. O Supremo Tribunal Federal já reconheceu a violação a esses princípios em casos semelhantes.

Ante o exposto, a conclusão só pode ser pela inconstitucionalidade da lei estadual destacado no enunciado da questão.

9. QUESTÕES OBJETIVAS COMENTADAS

01. (Cespe – Técnico Judiciário – TJ – RJ/2021) No que se refere à administração pública e às normas constitucionais que regem os servidores públicos, julgue os itens seguintes.

I. A CF prevê possibilidade de acesso a cargos, funções e empregos públicos por estrangeiro, desde que haja regulamentação.

II. A proibição de acumular cargo, emprego ou função públicos não atinge os empregados de sociedades de economia mista.

III. A servidor ocupante exclusivamente de cargo em comissão de livre nomeação e exoneração aplica-se o mesmo regime de previdência dos cargos efetivos.

IV. As funções de confiança destinam-se apenas às atribuições de chefia, direção e assessoramento.

Estão certos apenas os itens

a) I e II.
b) I e IV.
c) II e III.
d) I, III e IV.
e) II, III e IV.

COMENTÁRIOS

I- CERTO: trata-se da disposição do art. 31, I, CF/88;

II- ERRADO: o art. 37, XVII dispõe que tal vedação abrange autarquias, fundações, empresas públicas, sociedades de economia mista, suas subsidiárias, e sociedades controladas, direta ou indiretamente, pelo poder público;

III- ERRADO: nos termos do art. 40, §13, aplica-se o Regime Geral de Previdência Social, e não o Regime próprio de previdência social, como aos servidores titulares de cargos efetivos.

IV- CERTO: trata-se da previsão do art. 37, V da CF/88.

GABARITO: B.

02. **(FCC – Técnico Judiciário – Área Judiciária – TRF 4/2019)** Ronaldo é Ministro de Estado e Paulo é Secretário Municipal. No que concerne à remuneração de ambos os servidores públicos e obedecido o disposto na Constituição Federal, Ronaldo

a) será remunerado exclusivamente por subsídio fixado em parcela única, vedado o acréscimo de adicional, prêmio e verba de representação, enquanto Paulo será remunerado por subsídio fixado em parcela única, sendo possível o acréscimo de adicional e prêmio, vedada verba de representação.
b) e Paulo serão remunerados por subsídio fixado em parcela única, sendo possível o acréscimo de adicional e prêmio, vedada verba de representação.
c) e Paulo serão remunerados exclusivamente por subsídio fixado em parcela única, vedado o acréscimo, dentre outras vantagens, de adicional, prêmio e verba de representação.
d) e Paulo serão remunerados por subsídio fixado em parcela única, sendo possível, dentre outras vantagens, o acréscimo de adicional, prêmio e verba de representação.
e) e Paulo serão remunerados por subsídio fixado em parcela única, sendo possível o acréscimo de adicional e verba de representação e vedado prêmio.

COMENTÁRIOS

Alternativa "c" (Responde todas as alternativas): Nos termos do art. 39, §4º, tanto Ministros de Estado (**Ronaldo**) quanto Secretários Municipais (**Paulo**), além de outras autoridades, serão remunerados exclusivamente por **subsídio** fixado em parcela **única, vedado o acréscimo de qualquer** gratificação, adicional, abono, prêmio, verba de representação ou outra espécie remuneratória.

Alternativa correta: "c".

03. **(AOCP – Analista Judiciário – Área Administrativa – TRT 1/2018)** João é servidor público do TRT e está no exercício de mandato eletivo. Tendo essa situação hipotética em vista e considerando apenas o que dispõe a Constituição Federal, assinale a alternativa correta.

a) Se João ocupar mandato eletivo federal, será afastado do cargo, sendo-lhe facultado optar pela sua remuneração.
b) Caso João esteja investido no mandato de Prefeito, havendo compatibilidade de horários, perceberá as vantagens de seu cargo, sem prejuízo da remuneração do cargo eletivo.
c) Investido no mandato de Prefeito, João será afastado do cargo, sendo-lhe facultado optar pela sua remuneração.
d) Na hipótese de João ocupar mandato eletivo distrital, havendo compatibilidade de horários, perceberá as vantagens de seu cargo, sem prejuízo da remuneração do cargo eletivo.
e) Sendo João investido no mandato de Vereador, será afastado do cargo sem direito à remuneração.

COMENTÁRIOS

Alternativa "a": O art. 38, I da CF/88 estabelece que, tratando-se de mandato eletivo federal, estadual ou distrital, ficará afastado de seu cargo, emprego ou função. Só é possível optar pela remuneração no caso do mandato de prefeito, por previsão expressa do inciso II do mesmo artigo.

Alternativa "b": Na verdade, o art. 38, II da CF/88 estabelece que: "investido no mandato de Prefeito, será afastado do cargo, emprego ou função, sendo-lhe facultado optar pela sua remuneração" Como tem de optar pela remuneração, receberá uma ou a outra, e não ambas como indica a alternativa.

Alternativa "c": Correta, conforme dispositivo citado no comentário da alternativa "b".

Alternativa "d": Incorreta, conforme já explicado no comentário da alternativa "a".

Alternativa "e": Nos termos do art. 38, III da CF/88, "investido no mandato de Vereador, havendo compatibilidade de horários, perceberá as vantagens de seu cargo, emprego ou função, sem prejuízo da remuneração do cargo eletivo, e, não havendo compatibilidade, será aplicada a norma do inciso anterior;".

Alternativa correta: letra "c".

04. **(FGV / Técnico Superior Jurídico / DPE-RJ / 2019)** Antônio tomou posse como Prefeito do Município Beta e convidou o seu amigo João, empresário do ramo hoteleiro e pessoa de sua inteira confiança, para chefiar determinada repartição pública.

À luz da sistemática vigente, é correto afirmar que João:

a) somente pode ser nomeado caso seja aprovado em concurso público;
b) somente pode ser nomeado para ocupar um cargo em comissão;
c) somente pode ser nomeado para exercer uma função de confiança;
d) pode ser nomeado para ocupar um cargo de provimento efetivo ou um cargo em comissão;
e) pode ser nomeado para ocupar um cargo em comissão ou exercer uma função de confiança.

COMENTÁRIOS

Alternativa correta: letra "b" (responde a todas as demais alternativas): João somente pode ser nomeado para ocupar um cargo em comissão, pois função de confiança destina-se apena a servidor ocupante de cargo efetivo, nos termos do art. 37, V, da CF.

05. **(Vunesp / Escrevente Técnico Judiciário / TJ-SP / 2018)** Nos termos da Constituição da República Federativa do Brasil (CRFB/88), é correto afirmar que

a) é vedada a acumulação remunerada de dois cargos públicos de professor, independentemente de haver compatibilidade de horário.
b) os vencimentos dos cargos do Poder Legislativo e do Poder Executivo não poderão ser superiores aos pagos pelo Poder Judiciário.
c) o servidor público da administração direta, autárquica e fundacional, investido no mandato de Prefeito, será afastado do cargo, emprego ou função, sendo-lhe vedado optar pela sua remuneração.

d) os proventos de aposentadoria e as pensões, por ocasião de sua concessão, não poderão exceder a remuneração do respectivo servidor, no cargo efetivo em que se deu a aposentadoria ou que serviu de referência para a concessão da pensão.
e) o servidor público estável perderá o cargo em virtude de sentença judicial ou administrativa, que prescindem de processo prévio em contraditório.

COMENTÁRIOS

Alternativa correta: letra "d": os proventos de aposentadoria e as pensões, por ocasião de sua concessão, não poderão exceder a remuneração do respectivo servidor, no cargo efetivo em que se deu a aposentadoria ou que serviu de referência para a concessão da pensão (art. 40, § 2º, da CF).

Alternativa "a": é vedada a acumulação remunerada de dois cargos públicos de professor, exceto se houver compatibilidade de horários, observado em qualquer caso o disposto no inciso XI (art. 37, XVI, da CF).

Alternativa "b": os vencimentos dos cargos do Poder Legislativo e do Poder Judiciário não poderão ser superiores aos pagos pelo Poder Executivo (art. 37, XII, da CF).

Alternativa "c": o servidor público da administração direta, autárquica e fundacional, investido no mandato de Prefeito, será afastado do cargo, emprego ou função, sendo-lhe facultado optar pela sua remuneração (art. 38, II, da CF).

Alternativa "e": o servidor público estável perderá o cargo em virtude de sentença judicial transitada em julgado, sentença administrativa ou mediante procedimento de avaliação periódica de desempenho, assegurados, em todos os casos, o contraditório e a ampla defesa (art. 41, § 1º, da CF.

06. **(FCC – Técnico Judiciário – Área Administrativa – TRT 20/2016)** Considere

I. Ministro de Estado.
II. Secretário Estadual.
III. Vereador.
IV. Prefeito.

De acordo com a Constituição Federal, serão remunerados, exclusivamente, por subsídio fixado em parcela única, vedado o acréscimo de qualquer gratificação, adicional, abono, prêmio, verba de representação ou outra espécie remuneratória, obedecidas as normas constitucionais pertinentes, os cargos indicados em

a) II, III e IV, apenas.
b) I, II e III, apenas.
c) I, II, III e IV.
d) I, III e IV, apenas.
e) I e II, apenas.

COMENTÁRIOS

Alternativa correta: letra "c": todos os itens se referem a cargos que são remunerados, exclusivamente, por subsídio fixado em parcela única, vedado o acréscimo de qualquer gratificação, adicional, abono, prêmio, verba de representação ou outra espécie remuneratória, obedecidas as normas constitucionais pertinentes, segundo o art. 37, § 4º da CF: "O membro de Poder, o detentor de mandato eletivo, os Ministros de Estado e os Secretários Estaduais e Municipais serão remunerados exclusivamente por subsídio fixado em parcela única, vedado o acréscimo de qualquer gratificação, adicional, abono, prêmio, verba de representação ou outra espécie remuneratória, obedecido, em qualquer caso, o disposto no art. 37, X e XI". Destaca-se que membro do Poder Executivo pode ser Presidente da República, Vice-Presidente da República, Ministro de Estado, Governador de Estado, Vice-Governador de Estado, Prefeito e Vice-Prefeito. Membro do Poder Judiciário pode ser Ministro, Juiz ou Desembargador, além de Ministro e Conselheiro de Tribunal de Contas. Por fim, membro do Poder Legislativo pode-se incluir Senador, Deputado Federal, Deputado Estadual e Vereador.

07. **(FCC – Analista Judiciário – Área Judiciária - TRT 4/2015)** Engenheiro ocupante de emprego público junto a empresa pública municipal é eleito Prefeito de outro município, passando a exercer o mandato juntamente com o emprego público municipal, cumulando as respectivas remunerações. Como Prefeito, nomeou sua esposa como Secretária Municipal de Educação. À luz da Constituição Federal, o Prefeito deve ser afastado do emprego público

a) independentemente de haver compatibilidade de horário para exercê-lo juntamente com o mandato, podendo optar pela remuneração do mandato ou do emprego público, mas o parentesco por afinidade não é, por si só, impedimento para que nomeie sua esposa Secretária do Município.

b) independentemente de haver compatibilidade de horário para exercê-lo juntamente com o mandato, podendo optar pela remuneração do mandato ou do emprego público, sendo que o parentesco por afinidade é, por si só, impedimento para que nomeie sua esposa Secretária do Município.

c) independentemente de haver compatibilidade de horário para exercê-lo juntamente com o mandato, devendo restituir aos cofres públicos os valores recebidos indevidamente até o seu afastamento, sendo que também não poderia ter nomeado sua esposa Secretária do Município em razão do parentesco por afinidade existente entre eles.

d) apenas se houver incompatibilidade de horário para exercê-lo juntamente com o emprego público, podendo, nesse caso, optar pela remuneração do mandato ou do emprego público, mas o parentesco por afinidade não é, por si só, impedimento para que nomeie sua esposa Secretária do Município.

e) apenas se houver incompatibilidade de horário para exercê-lo juntamente com o emprego público, podendo, nesse caso, optar pela remuneração do mandato ou do emprego público, sendo que o parentesco por afinidade é, por si só, impedimento para que nomeie sua esposa Secretária do Município.

COMENTÁRIOS

Alternativa correta: letra "a" (responde a todas as alternativas): o prefeito deve ser afastado do emprego público independentemente de haver compatibilidade de horário para exercê-lo juntamente com o mandato, podendo optar pela remuneração do mandato ou do emprego público (art. 38, II, da CF), mas o parentesco por afinidade não é, por si só, impedimento para que nomeie sua esposa Secretária do Município, uma vez que o STF entende que, ressalvada situação de fraude à lei, a nomeação de parentes para cargos públicos de natureza política não desrespeita o conteúdo normativo do enunciado da Súmula Vinculante 13 (RE 825.682, julgado em 2015 e relatado pelo Ministro Teori Zavascki).

08. **(FCC – Analista Judiciário – Oficial de Justiça Avaliador - TRT 5/2013)** Lei Federal foi editada para disciplinar os contratos a serem firmados pelo Poder Público e administradores de órgãos e entidades da Administração direta e indireta, que permitam a ampliação da autonomia gerencial, orçamentária e financeira dos órgãos e entidades da Administração direta e indireta e que tenham por objeto a fixação de metas de desempenho para o órgão ou entidade. A lei ainda dispôs sobre: o prazo de duração do contrato; os controles e critérios de avaliação de desempenho, direitos, obrigações e responsabilidade dos dirigentes; a remuneração do pessoal. A referida lei é

a) constitucional, uma vez que há disposição autorizando a edição de lei para tratar da matéria.
b) inconstitucional, uma vez que é vedado o tratamento diferenciado entre órgãos e entidades da Administração em razão do atendimento de metas de desempenho.
c) inconstitucional, uma vez que é vedada a ampliação da autonomia gerencial, orçamentária e financeira dos órgãos e entidades da Administração por meio de ato infra legal.
d) inconstitucional, uma vez que a lei deveria ter se restringido à Administração pública indireta.
e) inconstitucional, uma vez que apenas lei complementar poderia dispor sobre a matéria.

COMENTÁRIOS

Alternativa correta: letra a" (responde a todas as alternativas): de acordo com o § 8º do art. 37 da CF, a autonomia gerencial, orçamentária e financeira dos órgãos e entidades da administração direta e indireta poderá ser ampliada mediante contrato, a ser firmado entre seus administradores e o poder público, que tenha por objeto a fixação de metas de desempenho para o órgão ou entidade, cabendo à lei dispor sobre: I - o prazo de duração do contrato; II - os controles e critérios de avaliação de desempenho, direitos, obrigações e responsabilidade dos dirigentes; III - a remuneração do pessoa. Esse é o dispositivo constitucional que autoriza a edição de lei para tratar da matéria.

09. **(FCC – Analista Judiciário – Oficial de Justiça Avaliador - TRT 5/2013)** O titular de emprego público de médico junto a uma fundação pública estadual pretende, mediante concurso público, ser contratado para o exercício de mais um emprego público de médico junto a uma autarquia pública municipal. À luz da Constituição Federal, o médico

a) poderá exercer os dois empregos públicos, caso haja compatibilidade de horários, uma vez que a regra da inacumulatividade de cargos e empregos públicos não se aplica para as fundações e autarquias públicas.
b) poderá exercer os dois empregos públicos, caso haja compatibilidade de horários, uma vez que é vedada a acumulação de cargos e empregos públicos apenas se estiverem vinculados a um mesmo ente federativo.
c) poderá exercer os dois empregos públicos, caso haja compatibilidade de horários, visto tratar-se de empregos públicos privativos de profissional da saúde, com profissões regulamentadas.
d) não poderá exercer os dois empregos públicos, ainda que haja compatibilidade de horários, uma vez que o exercício do emprego público de médico apenas pode ser cumulado com um cargo ou emprego público de professor.
e) não poderá exercer os dois empregos públicos, ainda que haja compatibilidade de horários, uma vez que apenas poderiam ser cumulados um emprego público de médico com um cargo público de médico.

COMENTÁRIOS

Alternativa correta: letra "c" (responde a todas as alternativas): consoante art. 37, XVI, da CF, é vedada a acumulação remunerada de cargos públicos, exceto, quando houver **compatibilidade de horários**, a) a de dois cargos de professor; b) a de um cargo de professor com outro técnico ou científico; c) a de **dois cargos ou empregos privativos de profissionais de saúde, com profissões regulamentadas.** Portanto, caso haja compatibilidade de horários e por se tratar de emprego público privativo de profissional da saúde, com profissão regulamentada (médico) poderá haver a acumulação remunerada.

10. **(FCC – Técnico Judiciário – Área Administrativa – TRT 15/2013)** Servidor público estadual eleito para exercer mandato de Vereador e neste investido
a) será exonerado de seu cargo, emprego ou função, somente podendo retornar para os quadros da Administração por meio de novo concurso público.
b) ficará afastado de seu cargo, emprego ou função, não lhe sendo facultado optar pela sua remuneração.
c) será obrigatoriamente afastado do cargo, emprego ou função, sendo-lhe facultado optar pela sua remuneração.
d) perceberá as vantagens de seu cargo, emprego ou função, sem prejuízo da remuneração do cargo eletivo, desde que haja compatibilidade de horários.
e) terá seu tempo de serviço contado para todos os efeitos legais, na hipótese de ser exigido afastamento para exercício do mandato eletivo.

COMENTÁRIOS

Alternativa correta: letra "d" (responde a todas as alternativas): nos termos do art. 38, III, da CF, o servidor público investido no mandato de Vereador, havendo compatibilidade de horários, perceberá as vantagens de seu cargo, emprego ou função, sem prejuízo da remuneração do cargo eletivo, e, não havendo compatibilidade, será afastado do cargo, emprego ou função, sendo-lhe facultado optar por sua remuneração.

(Cespe – Analista Judiciário – Administrativa – TRT 10/2013) No que concerne ao regime constitucional da administração pública, julgue os itens seguintes.

11. O ressarcimento ao erário e a suspensão dos direitos políticos são penas aplicáveis aos servidores públicos que cometerem atos de improbidade administrativa.

COMENTÁRIOS

Certo. A suspensão dos direitos políticos, a perda da função pública, a indisponibilidade dos bens e o ressarcimento ao erário, na forma e gradação previstas em lei, sem prejuízo da ação penal cabível, são penas aplicáveis aos servidores públicos que cometerem atos de improbidade administrativa, nos termos do art. 37, § 4º, da CF.

12. A CF autoriza a acumulação remunerada de dois cargos de técnico-administrativo, desde que haja compatibilidade de horários e seja observado o teto constitucional da remuneração do serviço público.

COMENTÁRIOS

Errado. A CF não autoriza a acumulação remunerada de dois cargos de técnico-administrativo. A regra é a vedação da acumulação remunerada de cargos públicos, exceto quando houver compatibilidade de horários: a) a de dois cargos de professor; b) a de um cargo de professor com outro técnico ou científico; e c) a de dois cargos ou empregos privativos de profissionais de saúde, com profissões regulamentadas.

13. (FCC – Técnico Judiciário – Administrativa – TRT 1/2013) Os princípios constitucionais da legalidade, impessoalidade, moralidade, publicidade e eficiência devem ser obedecidos pela Administração pública

a) direta e indireta de qualquer dos Poderes da União, dos Estados, do Distrito Federal e dos Municípios.
b) indireta, mas não pela direta, de qualquer dos Poderes da União, Estados, Distrito Federal e dos Municípios.
c) direta e indireta de qualquer dos Poderes da União, mas não dos Estados e dos Municípios, que poderão dispor sobre a matéria diferentemente.
d) direta e indireta do Poder Executivo da União, dos Estados, Distrito Federal e dos Municípios, não se aplicando, todavia, aos Poderes Legislativo e Judiciário.
e) direta, mas não pela indireta, de qualquer dos Poderes da União, dos Estados, do Distrito Federal e dos Municípios.

COMENTÁRIOS

Alternativa correta: "a" (responde a todas as alternativas): nos exatos termos do art. 37, *caput*, da CF, A administração pública direta e indireta de qualquer dos Poderes da União, dos Estados, do Distrito Federal e dos Municípios obedecerá aos princípios de legalidade, impessoalidade, moralidade, publicidade e eficiência.

14. **(FCC – Analista Judiciário – Exec. Mandados – TRT 11/2012)** Segundo a Constituição Federal, a instituição de fundação pública deve ser autorizada por

a) ato administrativo emanado pelo Poder Público federal que, inclusive, definirá suas áreas de atuação.
b) ato administrativo emanado pelo Poder Público municipal, do Município onde estiver localizada sua sede que, inclusive, definirá suas áreas de atuação.
c) ato administrativo emanado pelo Poder Público estadual que, inclusive, definirá suas áreas de atuação.
d) lei específica, cabendo à lei complementar definir suas áreas de atuação.
e) decreto municipal, emitido pelo Prefeito do Município onde estiver localizada sua sede que, inclusive, definirá suas áreas de atuação.

COMENTÁRIOS

Alternativa correta: "d" (responde a todas as alternativas): consoante art. 37, XIX, da CF, somente por lei específica poderá ser criada autarquia e autorizada a instituição de empresa pública, de sociedade de economia mista e de fundação, cabendo à lei complementar, neste último caso, definir as áreas de sua atuação.

15. **(FCC – Analista Judiciário / TRE-CE / 2012)** Considerando que José, Armando, Pedro, Adalberto e Paulo ocupam, respectivamente, os cargos de Advogado, de Deputado Federal, de Ministro do Supremo Tribunal Federal, de Vereador e de Governador de Estado, no tocante à Administração Pública, e em conformidade com o teor do texto constitucional, em regra, o subsídio de Alexandre, Promotor de Justiça, está limitado a noventa inteiros e vinte e cinco centésimos por cento do subsídio mensal, em espécie, do subsídio de

a) Paulo.
b) Armando.
c) José.
d) Pedro.
e) Adalberto.

COMENTÁRIOS

Alternativa correta: "d". O subsídio de Alexandre, Promotor de Justiça, está limitado a noventa inteiros e vinte e cinco centésimos por cento do subsídio mensal, em espécie, do subsídio de Pedro, que é Ministro do STF, conforme art. 37, XI, da CF.

Alternativa "a". O subsídio de Paulo, Governador de Estado, está também limitado ao subsídio mensal, em espécie, dos Ministros do STF (art. 37, XI, da CF).

Alternativa "b". O subsídio de Armando, Deputado Federal, está também limitado ao subsídio mensal, em espécie, dos Ministros do STF (art. 37, XI, da CF).

Alternativa "c". José é advogado e não tem nenhuma vinculação ao teto remuneratório da Administração Pública, pois nela não ocupa cargo, função ou emprego público.

Alternativa "e". O subsídio de Adalberto, que é Vereador, submete-se ao regramento especial do art. 29, VI, da CF.

16. **(FCC – Analista Judiciário / TRE-PR / 2012)** Considere as seguintes afirmações sobre o exercício de cargos, empregos e funções públicas na Administração Pública brasileira:

I. Cargos, empregos e funções públicas são acessíveis aos brasileiros que preencham os requisitos estabelecidos em lei, assim como aos estrangeiros, na forma da lei, ressalvados os casos em que a Constituição da República exige a nacionalidade brasileira originária para esse fim.

II. A investidura em cargo ou emprego público depende de aprovação prévia em concurso público de provas ou de provas e títulos, de acordo com a natureza e a complexidade do cargo ou emprego, na forma prevista em lei, ressalvadas as nomeações para cargo em comissão declarado em lei de livre nomeação e exoneração.

III. A não observância do prazo de validade de concurso público, conforme previsto na Constituição, acarreta a nulidade do ato e a punição da autoridade responsável, nos termos da lei.

À luz da disciplina constitucional da matéria, está correto o que se afirma em

a) I, apenas.
b) II, apenas.
c) I e II, apenas.
d) II e III, apenas.
e) I, II e III.

COMENTÁRIOS

Alternativa correta: "e".

Assertiva I: correta. Cargos, empregos e funções públicas são acessíveis aos brasileiros que preencham os requisitos estabelecidos em lei, assim como aos estrangeiros, na forma da lei, ressalvados os casos em que a Constituição da República exige a nacionalidade brasileira originária para esse fim **(artigos 12, § 3º e 37, I, ambos da CF).**

Assertiva II: correta. A investidura em cargo ou emprego público depende de aprovação prévia em concurso público de provas ou de provas e títulos, de acordo com a natureza e a complexidade do cargo ou emprego, na forma prevista em lei, ressalvadas as nomeações para cargo em comissão declarado em lei de livre nomeação e exoneração **(art. 37, II, da CF).**

Assertiva III: correta. A não observância do prazo de validade de concurso público, conforme previsto na Constituição, acarreta a nulidade do ato e a punição da autoridade responsável, nos termos da lei **(art. 37, § 2º, da CF).**

17. **(FCC – Analista Administrativo / TRF da 2ª Região / 2012)** Plínio, Roberto, Rubens, Lício e Oswaldo são todos servidores públicos estaduais, que exercem respectivamente os cargos de professor, de diretor de empresa pública, de fiscal da fazenda pública, de médico e de assistente social. Nesse sentido, segundo a Constituição Federal brasileira, dentro de sua área de competência e jurisdição, o servidor que, em regra, tem precedência sobre os demais setores administrativos, na forma da lei, é

a) Rubens.
b) Plínio.
c) Roberto.
d) Oswaldo.
e) Lício.

COMENTÁRIOS

Alternativa correta: "a" (responde a todas as alternativas). De acordo com o disposto no art. 37, XVIII, da CF, **a administração fazendária e seus servidores** fiscais terão, dentro de suas áreas de competência e jurisdição, **precedência sobre os demais setores administrativos**, na forma da lei.

18. **(FCC – Analista Judiciário / Área Judiciária /TRE-AP/ 2011)** A sociedade de economia mista, SUPERBR S/A, tem a intenção de participar da empresa privada, AGROPLUS S/A. Segundo a Constituição Federal, a participação da SUPERBR S/A na AGROPLUS S/A
a) dependerá, exclusivamente, de autorização do Poder Executivo.
b) é liberada e independe de autorização prévia do Poder Público porque a SUPERBR S/A também é composta de capital privado.
c) é liberada e independe de autorização prévia do Poder Público desde que a SUPERBR S/A não adquira mais do que 10% (dez por cento) das ações da AGROPLUS S/A.
d) dependerá de autorização legislativa.
e) dependerá, em qualquer hipótese, de autorização do Poder Judiciário.

COMENTÁRIOS

Alternativa correta: "d" (responde a todas as alternativas). O art. 37, XX, da CF determina que: "depende de autorização legislativa, em cada caso, a criação de subsidiárias das entidades mencionadas no inciso anterior, assim como a participação de qualquer delas em empresa privada". Assim, exige-se autorização legislativa para que a SUPERBR S/A participe da AGROPLUS S/A.

19. **(FCC – TRT 24 / Analista Judiciário / 2011)** No que diz respeito à Administração Pública,
a) os acréscimos pecuniários percebidos por servidor público serão computados e acumulados para fins de concessão de acréscimos ulteriores.
b) é vedada a vinculação ou equiparação de quaisquer espécies remuneratórias para o efeito de remuneração de pessoal do serviço público.
c) a administração fazendária e seus servidores fiscais não terão, ainda que dentro de suas áreas de competência e jurisdição, precedência sobre os demais setores administrativos.
d) somente por lei específica poderá ser criada autarquia e autorizada a instituição de fundação, cabendo à lei ordinária, neste último caso, definir as áreas de sua atuação.

e) independe de autorização legislativa, em cada caso, a criação de subsidiárias de sociedade de economia mista, assim como a participação delas em empresa privada.

COMENTÁRIOS

Alternativa correta: "b". Segundo o art. 37, XIII, da CF, é vedada a vinculação ou equiparação de quaisquer espécies remuneratórias para o efeito de remuneração de pessoal do serviço público.

Alternativa "a". Os acréscimos pecuniários percebidos por servidor público **não** serão computados e acumulados para fins de concessão de acréscimos ulteriores, consoante art. 37, XIV, da CF.

Alternativa "c". A administração fazendária e seus servidores fiscais **terão, dentro** de suas áreas de competência e jurisdição, precedência sobre os demais setores administrativos, **na forma da lei** (art. 37, XVIII, da CF).

Alternativa "d". Somente por lei específica poderá ser criada autarquia e autorizada a instituição de fundação, cabendo à lei **complementar** (não ordinária), nesse último caso, definir as áreas de sua atuação, nos termos do art. 37, XIX, da CF.

Alternativa "e". Depende de autorização legislativa, em cada caso, a criação de subsidiárias de sociedade de economia mista, assim como a participação delas em empresa privada (art. 37, XX, da CF).

(Cespe – Analista Administrativo / TRE-ES / 2011) Julgue os itens que se seguem, relativos à Administração Pública.

20. Em que pese o tratamento diferenciado a que fazem jus em determinadas situações os servidores públicos portadores de deficiência abrangidos pelo regime próprio de previdência, a CF veda a adoção de requisitos e critérios diferenciados para a concessão de aposentadoria a tais servidores sob o fundamento da manutenção do equilíbrio atuarial do sistema previdenciário público.

COMENTÁRIOS

Item errado. O regime próprio de previdência social, previsto no art. 40 da CF possui caráter contributivo e solidário, financiado por contribuições realizadas pelo ente público e pelos servidores ativos e inativos, além dos pensionistas, com o fim de garantir o equilíbrio financeiro e atuarial. Dispõe o § 4º do art. 40 da CF ser vedada a adoção de requisitos e critérios diferenciados para a concessão de aposentadoria aos abrangidos pelo regime próprio de previdência social, **ressalvados os casos dos servidores portadores de deficiência**. Assim, excepcionalmente podem ser adotados requisitos e critérios diferenciados para os servidores portadores de deficiência.

21. A simples circunstância de o servidor público estar em estágio probatório é justificativa para a sua demissão fundamentada na participação em movimento grevista por período superior a trinta dias, visto que, dada a ausência de regulamentação do direito de greve, os dias de paralisação são considerados faltas injustificadas.

COMENTÁRIOS

Item errado. Conforme prevê o art. 41 do texto constitucional, a estabilidade no serviço público é adquirida após três anos de efetivo exercício do servidor nomeado para cargo de provimento efetivo em virtude de concurso público. Adquirida a estabilidade, o servidor somente poderá perder o cargo em virtude de sentença judicial transitada em julgado, mediante processo administrativo em que lhe seja assegurada ampla defesa ou mediante procedimento de avaliação periódica de desempenho, assegurada ampla defesa. Entretanto, durante o estágio probatório, poderá haver a exoneração do servidor que não demonstrar reunir as condições mínimas para permanência no cargo, fazendo-se, contudo, necessária a instauração de processo administrativo, assegurados o contraditório e a ampla defesa. O direito de greve foi garantido também aos servidores públicos pelo próprio texto constitucional (art. 37, VII), dispositivo que ainda não foi objeto de regulamentação pelo legislador ordinário. O problema é que a lei sobre o direito de greve do servidor público não foi editada. Mas, com o objetivo de concretizar o direito estabelecido na Constituição, em 2007, no bojo dos Mandados de Injunção (MIs) 670, 708 e 712, **o STF autorizou a aplicação da lei de greve da iniciativa privada, no que for cabível** (Lei 7.783/89) **para garantir o exercício grevista regular dos servidores públicos.** Em outras palavras: segundo o STF, enquanto não for editada a lei de greve dos servidores públicos será aplicada a lei de greve da iniciativa privada, no que for cabível. Ademais, o STF já se posicionou no sentido de que, mesmo no curso do estágio probatório, é dado ao servidor público exercer seu direito constitucional de greve, não podendo ser penalizado com a demissão, já que as faltas ao serviço são consideradas justificadas, cabendo ao ente público e seus servidores firmar acordo para a compensação dos dias parados. Nesse sentido, o julgamento do RE 226.966, julgado em 2008 e relatado para o acórdão pela Ministra Carmen Lúcia.

22. **(FCC – Analista Administrativo / TRT 23 / 2011)** Sobre a Administração Pública, em conformidade com o disposto na Constituição Federal, é INCORRETO afirmar que

a) durante o prazo prorrogável previsto no edital de convocação, aquele aprovado em concurso público de provas ou de provas e títulos será convocado com prioridade sobre novos concursados para assumir cargo ou emprego, na carreira.

b) as funções de confiança, exercidas exclusivamente por servidores ocupantes de cargo efetivo, e os cargos em comissão, a serem preenchidos por servidores de carreira nos casos, condições e percentuais mínimos previstos em lei, destinam-se apenas às atribuições de direção, chefia e assessoramento.

c) é vedada a vinculação ou equiparação de quaisquer espécies remuneratórias para o efeito de remuneração de pessoal do serviço público.

d) somente por lei específica poderá ser criada autarquia e autorizada a instituição de empresa pública, de sociedade de economia mista e de fundação, cabendo à lei complementar, neste último caso, definir as áreas de sua atuação.

e) depende de autorização legislativa, em cada caso, a criação de subsidiárias das sociedades de economia mista.

COMENTÁRIOS

Alternativa certa (a questão pede a incorreta): "a". O prazo de validade do concurso público será de até dois anos, prorrogável uma única vez, por igual período. Durante o prazo improrrogável previsto no edital de convocação, aquele aprovado em concurso público de provas ou de provas e títulos será convocado com prioridade sobre novos concursados para assumir cargo ou emprego, na carreira (Art. 37, III e IV, da CF).

Alternativa "b". A assertiva está de acordo com a previsão constante do art. 37, V, da CF.

Alternativa "c". A vedação prevista no art. 37, XIII, da CF justifica-se pelo fato de que a remuneração de pessoal do serviço público é fixada por lei, sendo impossível a equiparação salarial.

Alternativa "d". A previsão consta do art. 37, XIX do texto constitucional.

Alternativa "e". O art. 37, XX, da CF estabelece que depende de autorização legislativa, em cada caso, a criação de subsidiárias das entidades mencionadas no inciso anterior, bem como a participação de qualquer delas em empresa privada. Ou seja, não apenas a criação de subsidiárias de empresas públicas depende de autorização legislativa, como também a de sociedades de economia mista e fundações, alocadas no inciso XIX do art. 37 da CF.

23. **(FCC – Analista Judiciário / TRT-24ª Região / 2011)** No que diz respeito à Administração Pública,

a) somente por lei específica poderá ser criada autarquia e autorizada a instituição de fundação, cabendo à lei ordinária, neste último caso, definir as áreas de sua atuação.
b) independe de autorização legislativa, em cada caso, a criação de subsidiárias de sociedade de economia mista, assim como a participação delas em empresa privada.
c) os acréscimos pecuniários percebidos por servidor público serão computados e acumulados para fins de concessão de acréscimos ulteriores.
d) é vedada a vinculação ou equiparação de quaisquer espécies remuneratórias para o efeito de remuneração de pessoal do serviço público.
e) a administração fazendária e seus servidores fiscais não terão, ainda que dentro de suas áreas de competência e jurisdição, precedência sobre os demais setores administrativos.

COMENTÁRIOS

Alternativa correta: "d". A vedação prevista no art. 37, XIII, da CF justifica-se pelo fato de que a remuneração de pessoal do serviço público é fixada por lei, sendo impossível a equiparação salarial.

Alternativa "a". De acordo com o disposto no art. 37, XIX, da CF, somente por lei específica poderá ser criada autarquia e autorizada a instituição de empresa pública, de sociedade de economia mista e de fundação, cabendo à lei complementar, neste último caso, definir as áreas de sua atuação.

Alternativa "b". O art. 37, XX, da CF estabelece que depende de autorização legislativa, em cada caso, a criação de subsidiárias das entidades mencionadas no inciso anterior, bem como a participação de quaisquer delas em empresa privada.

Alternativa "c". De acordo com o art. 37, XIV, da CF, os acréscimos pecuniários percebidos por servidor público não serão computados nem acumulados para fins de concessão de acréscimos ulteriores.

Alternativa "e". Consoante art. 37, XVIII, da CF, a administração fazendária e seus servidores fiscais terão, dentro de suas áreas de competência e jurisdição, precedência sobre os demais setores administrativos, na forma da lei.

24. **(FCC – Execução de Mandados / TRT 20 / 2011)** No tocante à Administração Pública, as administrações tributárias da União, dos Estados, do Distrito Federal e dos Municípios, atividades essenciais ao funcionamento do Estado, exercidas por servidores de carreiras específicas, terão recursos prioritários para a realização de suas atividades e atuarão de forma integrada, inclusive com o compartilhamento de cadastros e de informações fiscais, na forma da lei ou convênio, e

a) a publicidade dos atos, programas, obras, serviços e campanhas dos órgãos públicos deverá ter caráter educativo, informativo ou de orientação social, dela não podendo constar nomes, símbolos ou imagens que caracterizem promoção pessoal de autoridades ou servidores públicos.
b) a lei disciplinará as formas de participação do usuário na Administração Pública direta e indireta, regulando especialmente as reclamações relativas à prestação dos serviços públicos em geral, não asseguradas a manutenção de serviços de atendimento ao usuário e a avaliação periódica, externa e interna, da qualidade dos serviços.
c) a lei disciplinará as formas de participação do usuário na Administração Pública direta, regulando genericamente a disciplina da representação contra o exercício negligente ou abusivo de cargo, emprego ou função na Administração Pública.
d) os atos de improbidade administrativa importarão a suspensão dos direitos políticos, a perda da função pública, a indisponibilidade dos bens e o ressarcimento ao erário, na forma e gradação previstas em lei, não sendo cabível ação penal.
e) as pessoas jurídicas de direito público e as de direito privado prestadoras de serviços públicos não responderão pelos danos que seus agentes, nessa qualidade, causarem a terceiros, pois cabe ao próprio agressor o dever de indenizar.

COMENTÁRIOS

Alternativa correta: "a". A assertiva reproduz o art. 37, § 1º, da CF.

Alternativa "b". A lei disciplinará as formas de participação do usuário na Administração Pública direta e indireta, regulando especialmente as reclamações relativas à prestação dos serviços públicos em geral, **asseguradas** a manutenção de serviços de atendimento ao usuário e a avaliação periódica, externa e interna, da qualidade dos serviços (art. 37, § 3º, I, da CF).

Alternativa "c". A lei disciplinará as formas de participação do usuário na Administração Pública direta e indireta, regulando **especialmente** a disciplina da representação contra o exercício negligente ou abusivo de cargo, emprego ou função na Administração Pública (art. 37, § 3º, III, da CF).

Alternativa "d". Prevê o § 4º do art. 37 do texto constitucional que os atos de improbidade administrativa importarão a suspensão dos direitos políticos, a perda da função pública, a indisponibilidade dos bens e o ressarcimento ao erário, na forma e gradação previstas em lei, **sem prejuízo da** ação penal cabível.

Alternativa "e". De acordo com o art. 37, § 6º, da CF, que estabelece a responsabilidade objetiva do Estado, as pessoas jurídicas de direito público e as de direito privado prestadoras de serviços públicos **responderão** pelos danos que seus agentes, nessa qualidade, causarem a terceiros, assegurado o direito de regresso contra o responsável nos casos de dolo ou culpa.

25. **(FCC – TRT 8 / Analista Judiciário / 2010)** No tocante à Administração Pública direta e indireta de qualquer dos Poderes da União, é INCORRETO afirmar que

a) é vedada a vinculação ou equiparação de quaisquer espécies remuneratórias para o efeito de remuneração de pessoal do serviço público.
b) o direito de greve será exercido nos termos e nos limites definidos em lei específica.
c) os acréscimos pecuniários percebidos por servidor público serão computados e acumulados para fins de concessão de acréscimos ulteriores.
d) a administração fazendária e seus servidores fiscais terão, dentro de suas áreas de competência e jurisdição, precedência sobre os demais setores administrativos, na forma da lei.
e) depende de autorização legislativa, em cada caso, a criação de subsidiárias de empresa de economia mista assim como a participação de quaisquer delas em empresa privada.

COMENTÁRIOS

Alternativa correta: "c". Os acréscimos pecuniários percebidos por servidor público **não** serão computados e acumulados para fins de concessão de acréscimos ulteriores, nos termos do art. 37, XIV, da CF.

Alternativa "a". É vedada a vinculação ou equiparação de quaisquer espécies remuneratórias para o efeito de remuneração de pessoal do serviço público (art. 37, XIII, da CF).

Alternativa "b". O direito de greve será exercido nos termos e nos limites definidos em lei específica (art. 37, VII, da CF).

Alternativa "d". A administração fazendária e seus servidores fiscais terão, dentro de suas áreas de competência e jurisdição, precedência sobre os demais setores administrativos, na forma da lei (art. 37, XVIII, da CF).

Alternativa "e". Depende de autorização legislativa, em cada caso, a criação de subsidiárias de empresa de economia mista assim como a participação de quaisquer delas em empresa privada (art. 37, XX, da CF).

26. **(FCC – Analista Judiciário / TRT 22 / 2010)** Rosa, servidora pública, titular de cargo efetivo da União pretende se aposentar. Ela conta com sessenta e dois anos de idade, vinte anos de efetivo exercício no serviço público, seis anos no cargo efetivo em que se dará a aposentadoria, tendo contribuído para o regime da previdência por vinte e sete anos. Nesse caso, Rosa

a) já cumpre os requisitos para a aposentadoria compulsória e receberá proventos proporcionais ao tempo de exercício efetivo no cargo.
b) poderá se aposentar voluntariamente com proventos integrais, pois contribuiu por mais de vinte e cinco anos para a previdência.
c) não poderá se aposentar voluntariamente, uma vez que não conta com a idade mínima de sessenta e cinco anos, nem com mais de trinta e cinco anos de contribuição para a previdência.
d) não poderá se aposentar voluntariamente, uma vez que não possui mais de quinze anos de efetivo exercício no cargo aonde se dará a aposentadoria.
e) poderá se aposentar voluntariamente com proventos proporcionais ao tempo de contribuição.

COMENTÁRIOS

Alternativa correta: "e" (responde a todas as alternativas): nos termos do art. 40, § 1º, III, "b", da CF, o servidor público poderá se aposentar voluntariamente, desde que cumprido tempo mínimo de dez anos de efetivo exercício no serviço público e cinco anos no cargo efetivo em que se dará a aposentadoria, tenha sessenta e cinco anos de idade, se homem, e sessenta anos de idade, se mulher, com proventos proporcionais ao tempo de contribuição. Esse é justamente o enquadramento dado a Rosa, que tem 62 anos de idade (exigem-se 60), 20 anos de efetivo exercício no serviço público (exigem-se 10), 6 anos no cargo efetivo em que se dará a aposentadoria (exigem-se 5). Ela então poderá se aposentar com proventos proporcionais ao tempo de contribuição. Somente para fins de estudo, vale notar que se Rosa tivesse 30, e não 27 anos de contribuição, sua aposentadoria seria com proventos integrais, consoante art. 40, § 1º, III, "a", da CF.

27. **(FCC – Analista Judiciário – Área Judiciária TRE/AM – 2010)** A Administração Pública direta e indireta de qualquer dos Poderes da União, dos Estados, do Distrito Federal e dos Municípios obedecerá aos princípios de legalidade, impessoalidade, moralidade, publicidade e eficiência, sendo INCORRETO afirmar que
a) durante o prazo improrrogável previsto no edital de convocação, aquele aprovado em concurso público de provas ou de provas e títulos, será convocado concorrendo em igualdade de condições com novos concursados para assumir cargo ou emprego, na carreira.
b) as funções de confiança, exercidas exclusivamente por servidores ocupantes de cargo efetivo, e os cargos em comissão, a serem preenchidos por servidores de carreira nos casos, condições e percentuais mínimos previstos em lei, destinam-se apenas às atribuições de direção, chefia e assessoramento.
c) é vedada a vinculação ou equiparação de quaisquer espécies remuneratórias para o efeito de remuneração de pessoal do serviço público.
d) os acréscimos pecuniários percebidos por servidor público não serão computados nem acumulados para fins de concessão de acréscimos ulteriores.
e) a administração fazendária e seus servidores fiscais terão, dentro de suas áreas de competência e jurisdição, precedência sobre os demais setores administrativos, na forma da lei.

COMENTÁRIOS

Alternativa certa: "a" (a questão pede "o que é incorreto"). Durante o prazo improrrogável previsto no edital de convocação, aquele aprovado em concurso público de provas ou de provas e títulos será convocado **com prioridade** sobre novos concursados para assumir cargo ou emprego, na carreira (art. 37, IV, da CF).

Alternativa "b". As funções de confiança, exercidas exclusivamente por servidores ocupantes de cargo efetivo, e os cargos em comissão, a serem preenchidos por servidores de carreira nos casos, condições e percentuais mínimos previstos em lei, destinam-se apenas às atribuições de direção, chefia e assessoramento (art. 37, V, da CF).

Alternativa "c". É vedada a vinculação ou equiparação de quaisquer espécies remuneratórias para o efeito de remuneração de pessoal do serviço público (art. 37, XIII, da CF).

Alternativa "d". Os acréscimos pecuniários percebidos por servidor público não serão computados nem acumulados para fins de concessão de acréscimos ulteriores (art. 37, XIV, da CF).

Alternativa "e". A administração fazendária e seus servidores fiscais terão, dentro de suas áreas de competência e jurisdição, precedência sobre os demais setores administrativos, na forma da lei (art. 37, XVIII, da CF).

10. QUESTÕES OBJETIVAS PARA TREINAR

01. **(FGV / Técnico Judiciário - Especialidade - Área Administrativa - Judiciária / TJ-SE / 2023)** Maria, pessoa com deficiência e servidora pública estadual, consultou um advogado a respeito de ter direito, ou não, a algum tratamento diferenciado, considerando os demais servidores públicos, isto em relação aos critérios de idade e tempo de contribuição, para fins de aposentadoria voluntária.

    O advogado, considerando a Constituição da República de 1988, respondeu, corretamente, que o tratamento diferenciado mencionado por Maria:

a) pode ser estabelecido em lei ordinária, de caráter nacional, editada pela União;
b) pode ser estabelecido em lei complementar do Estado ao qual Maria está vinculada;
c) está expressamente previsto na ordem constitucional, que detalha a sua amplitude e estabelece os seus limites;
d) pode ser autorizado em lei complementar da União e detalhado em lei ordinária do Estado ao qual Maria está vinculada;
e) é expressamente vedado pela ordem constitucional, considerando a isonomia que deve reger as relações previdenciárias dos servidores públicos.

02. **(AOCP – Analista Judiciário – Área Administrativa – TRT 1/2018)** De acordo com o que dispõe a Constituição Federal, informe se é (V) ou falso (F) o que se afirma a seguir e assinale a alternativa com a sequência correta.

( ) A Constituição Federal prevê que a lei reservará percentual dos cargos e empregos públicos para as pessoas portadoras de deficiência e definirá os critérios de sua admissão.

( ) É vedada a vinculação ou equiparação de quaisquer espécies remuneratórias para o efeito de remuneração de pessoal do serviço público.

( ) O subsídio e os vencimentos dos ocupantes de cargos e empregos públicos são absolutamente irredutíveis.

( ) Os acréscimos pecuniários percebidos por servidor público serão computados para fins de concessão de acréscimos ulteriores.

a) F - V - F - V.
b) V - F - V - F.
c) V - V - F - F.
d) F - V - V - F.
e) V - V - F - V.

03. **(FGV / Analista Administrativo / TJ-SC / 2018)** Maria, ocupante de cargo de provimento efetivo de natureza técnica na Administração Pública municipal, foi aprovada em concurso público de provas e títulos, organizado pelo Estado, para o provimento de um cargo igualmente de natureza técnica. Ao dirigir-se ao departamento de recursos humanos do Estado para apresentar os documentos necessários à posse, foi informada que a ordem constitucional vedava a acumulação de cargos públicos nas circunstâncias em que se encontrava. À luz da sistemática constitucional, a informação prestada a Maria está:

a) errada, pois é possível a acumulação dos referidos cargos desde que Maria opte pela remuneração de um deles;
b) errada, pois é possível a acumulação dos referidos cargos, desde que seja observado o teto remuneratório;
c) errada, pois é possível a acumulação dos referidos cargos, desde que haja compatibilidade de horários;
d) certa, pois a Constituição da República veda a acumulação de cargos públicos de natureza técnica;
e) certa, pois a Constituição da República veda a acumulação de quaisquer cargos públicos.

04. **(FCC / Analista Legislativo / ALESE / 2018)** Com objetivo de recompor os quadros da Polícia Militar do Estado, o Governador autorizou a abertura de concurso público para o preenchimento de 200 cargos que se encontravam vagos. Ao elaborar o edital do referido concurso, a Polícia Militar do Estado, a despeito da inexistência de disposição nesse sentido em lei, incluiu entre os requisitos para a ocupação do cargo as alturas mínimas de 1,75 m para homens e 1,65 m para mulheres. Considerando o quanto disposto na Constituição da República, bem como a jurisprudência do Supremo Tribunal Federal, a exigência feita se mostra

a) ilegítima, já que o princípio da isonomia veda qualquer espécie de discriminação, impondo tratamento igualitário a todos, por meio da chamada igualdade formal.
b) legítima, na medida em que se mostra razoável, quando analisadas as atividades inerentes aos cargos que se busca preencher através do concurso público que está sendo realizado.

c) ilegítima, uma vez que, embora prevista no edital do concurso, não havia lei em sentido formal e material amparando tal exigência.
d) legítima, pois, sendo a Polícia Militar organizada com base na hierarquia e disciplina, o seu Comandante goza da faculdade de condicionar o acesso à carreira ao preenchimento dos requisitos que entender pertinentes, desde que relacionados às atividades do cargo.
e) ilegítima, uma vez que estabelecida pela própria Polícia Militar, quando da elaboração do edital, e não pelo Governador, quando da concessão de autorização para abertura do concurso.

05. **(Cespe – Técnico Judiciário – Área Administrativa – TRT 8/2016)** Assinale a opção correta a respeito dos princípios da administração pública.
a) Em decorrência do princípio da hierarquia, nega-se o direito de greve e de livre associação sindical para funcionários do Poder Judiciário.
b) Em decorrência do princípio da legalidade, é permitido ao agente público praticar atos administrativos que não sejam expressamente proibidos pela lei.
c) A observância dos princípios da eficiência e da legalidade é obrigatória apenas à administração pública direta.
d) A proibição de nomear parentes para ocupar cargos comissionados na administração pública é expressão da aplicação do princípio da moralidade.
e) O princípio da publicidade não está expressamente previsto na CF.

06. **(Cespe – Analista Judiciário – Área Judiciária – TRT 8/2013)** Com base nas normas constitucionais que versam sobre o regime de previdência e sobre a aposentadoria do servidor público titular de cargo efetivo, assinale a opção correta.
a) a União, os estados, o Distrito Federal e os municípios poderão instituir regime de previdência complementar para os seus respectivos servidores titulares de cargo efetivo, podendo a esse regime aderir apenas os servidores que tiverem ingressado no serviço público após a data da publicação de seu ato de instituição.
b) segundo a jurisprudência do STF, o regime especial de aposentadoria do professor fixado na Constituição Federal de 1988 deve ser estendido aos professores de carreira que exerçam, em estabelecimentos de ensino básico, as funções de direção, coordenação e assessoramento pedagógico.
c) não incide contribuição sobre os proventos de aposentadoria e pensão concedidos pelo regime de previdência dos servidores públicos de cargo efetivo.
d) é vedada a percepção de mais de uma aposentadoria à conta do regime de previdência dos servidores públicos titulares de cargo efetivo.
e) a aposentadoria dos servidores públicos pode ocorrer em virtude de invalidez permanente; compulsoriamente, aos setenta anos de idade; ou voluntariamente, desde que cumpridos os requisitos exigidos, não havendo previsão legal de qualquer espécie de aposentadoria especial para esses servidores.

07. **(Cespe – Analista Judiciário – Área Administrativa – TRT 8/2013)** Assinale a opção correta acerca da administração pública.
a) a CF veda qualquer possibilidade de acumulação remunerada de cargos públicos.

b) a CF prevê a possibilidade de acesso a cargos, empregos e funções públicas por estrangeiros.
c) nos termos da CF, o servidor ocupante, exclusivamente, de cargo em comissão tem direito a aposentadoria estatutária.
d) com base nos princípios da universalidade e do direito adquirido, todos os servidores aposentados por invalidez têm direito à aposentadoria com proventos integrais.
e) os princípios constitucionais explícitos da administração pública não se aplicam às sociedades de economia mista, haja vista que elas são formadas pela conjugação de capital público e privado.

08. **(FCC - Analista Judiciário - Administrativa - TRT 9/2013)** Nos termos da Constituição Federal, em qualquer caso que exija o afastamento do servidor público para o exercício de mandato eletivo, seu tempo de serviço
a) será contado para todos os efeitos legais, exceto para promoção por merecimento.
b) será contado para todos os efeitos legais, exceto para promoção por antiguidade.
c) será contado para todos os efeitos legais, sem qualquer exceção.
d) não será computado para qualquer efeito legal.
e) será contado tão somente para a promoção por merecimento.

09. **(FCC - Analista Judiciário - Administrativa - TRT 1/2013)** Suponha que em 2012 foi editada lei federal aumentando o valor da remuneração de servidores públicos vinculados ao Poder Executivo e criando gratificação de função para a mesma categoria. A lei ainda determinou que a gratificação não seria considerada para fins do limite máximo de remuneração estabelecido na Constituição Federal. Prescreveu também que a remuneração dos servidores seria corrigida monetariamente pelo mesmo índice e na mesma data em que fosse corrigida a remuneração dos servidores públicos vinculados ao Poder Judiciário. Considerando esse quadro, analise as afirmações abaixo.
I. A lei somente produzirá validamente seus efeitos, quanto ao aumento do valor da remuneração dos servidores, após ser aprovada pelo Tribunal de Contas da União.
II. A lei não poderia ter instituído gratificação de função, uma vez que a Constituição determina que todos os servidores públicos serão remunerados, exclusivamente, por subsídios em parcela única, vedado o acréscimo de qualquer gratificação, ressalvadas as vantagens pessoais já adquiridas.
III. A lei é inconstitucional ao determinar que a gratificação não será considerada para fins do limite máximo de remuneração, uma vez que a Constituição não exclui da incidência do teto salarial os valores percebidos a título de vantagens pessoais.
IV. A lei é inconstitucional ao vincular a correção monetária da remuneração dos servidores do Poder Executivo à correção monetária da remuneração dos servidores vinculados ao Poder Judiciário.

Está correto o que se afirma APENAS em

a) I e III.
b) I e IV.
c) II e III.
d) II e IV.
e) III e IV.

10. **(FCC - Analista Judiciário – Administrativa – TRT 9/2013)** João é servidor ocupante, exclusivamente, de cargo em comissão no Tribunal Regional do Trabalho da 9a Região. João pretende aposentar-se do serviço público. Neste caso, aplicar-se-á o regime

a) geral de previdência social.
b) especial de previdência social, ou seja, próprio dos servidores titulares de cargos efetivos.
c) híbrido de previdência social, isto é, composto por regras do regime geral e do regime especial (próprio dos servidores titulares de cargo efetivo).
d) exatamente igual ao aplicável aos servidores titulares de cargos efetivos das autarquias federais.
e) híbrido de previdência social, isto é, composto por regras do regime geral e do regime aplicável aos empregados públicos.

11. **(FCC - Técnico Judiciário – Administrativa – TRT 9/2013)** Clara é servidora pública da Administração direta, tendo sido investida no mandato de Vereadora. Havendo compatibilidade de horários, Clara perceberá as vantagens de seu cargo, sem prejuízo da remuneração do cargo eletivo. No entanto, NÃO havendo compatibilidade de horários, Clara

a) será afastada do cargo que detém na Administração direta, ficando obrigatoriamente com a remuneração do cargo eletivo.
b) será afastada do cargo que detém na Administração direta, sendo-lhe facultado optar pela sua remuneração.
c) será exonerada do cargo que detém na Administração direta.
d) não poderá exercer o mandato eletivo.
e) será afastada do cargo que detém na Administração direta, ficando obrigatoriamente com a remuneração deste cargo.

12. **(FCC – Analista Judiciário / TRE-SP / 2012)** Segundo a jurisprudência do Supremo Tribunal Federal a respeito dos princípios constitucionais que regem a Administração Pública, analise:

I. A nomeação de cônjuge, companheiro ou parente da autoridade nomeante, para o exercício de cargo em comissão ou de confiança na Administração Pública, somente pode ser coibida por lei específica de cada ente federativo, não se podendo extrair essa proibição da própria Constituição da República.
II. A Administração pode anular seus próprios atos, quando eivados de vícios que os tornem ilegais, porque deles não se originam direitos, ou revogá-los, por

motivo de conveniência ou oportunidade, respeitados os direitos adquiridos e ressalvada, em todos os casos, a apreciação judicial.

III. Não é admissível, por ato administrativo, restringir, em razão da idade, inscrição em concurso para cargo público.

Está correto o que consta em

a) II, apenas.
b) II e III, apenas.
c) I, II e III.
d) I e II, apenas.
e) I e III, apenas.

13. **(FCC – Analista Judiciário / TRF 1ª Região / 2011)** Com relação aos servidores públicos,

a) o membro de Poder, o detentor de mandato eletivo, os Ministros de Estado e os Secretários Estaduais e Municipais serão remunerados exclusivamente por subsídio fixado em doze parcelas.
b) a fixação dos padrões de vencimento e dos demais componentes do sistema remuneratório observará a natureza, o grau de responsabilidade e a complexidade dos cargos componentes de cada carreira, os requisitos para a investidura e as peculiaridades dos cargos.
c) Lei da União, dos Estados, do Distrito Federal e dos Municípios disciplinará a aplicação de recursos orçamentários provenientes da economia com despesas correntes em cada órgão, autarquia e fundação, para aplicação no desenvolvimento de programas de qualidade e produtividade, treinamento e desenvolvimento, modernização, reaparelhamento e racionalização do serviço público, exceto sob a forma de adicional ou prêmio de produtividade.
d) aos servidores titulares de cargos efetivos da União, dos Estados, do Distrito Federal e dos Municípios, incluídas suas autarquias e fundações, é assegurado regime de previdência de caráter contributivo e subsidiário, mediante contribuição do respectivo ente público, dos servidores ativos e inativos e dos pensionistas.
e) ao servidor ocupante, exclusivamente, de cargo em comissão declarado em Lei de livre nomeação e exoneração, bem como de outro cargo temporário ou de emprego público, não se aplica o regime geral de previdência social.

14. **(FCC – Analista Administrativo / TRT 9 / 2010)** Sobre os servidores públicos, é correto afirmar:

a) Para a aquisição da estabilidade é facultativa a avaliação especial de desempenho por comissão instituída para essa finalidade.
b) Extinto o cargo ou declarada a sua desnecessidade, o servidor estável será exonerado em prol do erário público.
c) Invalidada por sentença judicial a demissão do servidor estável, será ele reintegrado, e o eventual ocupante da vaga, se estável, reconduzido ao cargo de origem, sem direito à indenização, aproveitado em outro cargo ou posto em disponibilidade com remuneração proporcional ao tempo de serviço.

d) Aos servidores titulares de cargos efetivos da União é assegurado regime de previdência de caráter contributivo e não solidário, mediante contribuição do respectivo ente público.
e) É assegurado o reajustamento dos benefícios para preservar-lhes, em caráter permanente, o valor real, conforme critérios estabelecidos por portaria do Tribunal Superior do Trabalho.

15. **(FCC – Analista Administrativo / TRT-9ª Região / 2010)** No tocante à Administração Pública, é INCORRETO afirmar:
a) É lícita a vinculação ou equiparação de quaisquer espécies remuneratórias para o efeito de remuneração de pessoal do serviço público.
b) Os acréscimos pecuniários percebidos por servidor público não serão computados nem acumulados para fins de concessão de acréscimos ulteriores.
c) A proibição de acumular estende-se a empregos e funções e abrange autarquias, fundações, empresas públicas, sociedades de economia mista, suas subsidiárias, e sociedades controladas, direta ou indiretamente, pelo Poder Público.
d) A administração fazendária e seus servidores fiscais terão, dentro de suas áreas de competência e jurisdição, precedência sobre os demais setores administrativos, na forma da lei.
e) Somente por lei específica poderá ser criada autarquia e autorizada a instituição de empresa pública, de sociedade de economia mista e de fundação, cabendo à lei complementar, neste último caso, definir as áreas de sua atuação.

16. **(FCC – Analista Judiciário / TRE-RS / 2010)** No que se refere à Administração Pública é certo que
a) os vencimentos dos cargos do Poder Judiciário, em razão das limitações de seu exercício, poderão ser superiores aos pagos pelo Poder Executivo.
b) ao servidor público civil é garantido o direito de greve, nos termos definidos pelo ato administrativo, assim como à livre associação, mas não de natureza sindical.
c) o decreto pode estabelecer os casos de contratação por tempo determinado para atender necessidades temporárias ou permanentes.
d) os acréscimos pecuniários percebidos por servidor público não serão computados nem acumulados para fins de concessão de acréscimos ulteriores.
e) a proibição de acumular cargos ou funções públicas não abrange os empregos nas sociedades de economia mista e nas empresas públicas.

17. **(FCC – Analista Administrativo / TRE-AM / 2010)** Sobre os servidores públicos, considere as assertivas abaixo.
I. A fixação dos padrões de vencimento e dos demais componentes do sistema remuneratório observará a natureza, o grau de responsabilidade e a complexidade dos cargos componentes de cada carreira, os requisitos para a investidura, e as peculiaridades dos cargos.
II. O membro de Poder, o detentor de mandato eletivo, os Ministros de Estado e os Secretários Estaduais e Municipais serão remunerados exclusivamente por subsídio fixado em parcela única.

III. Medida Provisória, regulamentada por Lei Complementar, disciplinará a aplicação de recursos orçamentários da União provenientes da economia com despesas correntes em cada órgão para aplicação no desenvolvimento de programas de qualidade do serviço público.
IV. Aos servidores titulares de cargos efetivos do Distrito Federal não é assegurado regime de previdência de caráter contributivo e solidário, mediante contribuição do respectivo ente público, dos servidores ativos e inativos e dos pensionistas.
Está correto o que se afirma APENAS em
a) I e II.
b) III e IV.
c) I e III.
d) II e III.
e) II e IV.

18. **(FCC - Analista Administrativo / TRE-AM / 2010)** A Administração Pública direta e indireta de qualquer dos Poderes da União, dos Estados, do Distrito Federal e dos Municípios obedecerá aos princípios de legalidade, impessoalidade, moralidade, publicidade e eficiência, devendo ser observado que
a) somente por medida provisória poderá ser criada autarquia, cabendo à lei complementar definir as áreas de sua atuação.
b) a resolução estabelecerá os casos de contratação por tempo determinado para atender a necessidade temporária de excepcional interesse público.
c) o direito de greve será exercido nos termos e nos limites definidos em lei específica.
d) os acréscimos pecuniários percebidos por servidor público serão computados e acumulados para fins de concessão de acréscimos ulteriores.
e) depende de autorização do judiciário, em cada caso, a criação de subsidiárias de fundação.

19. **(FCC - Execução de Mandados / TRT-22ª Região / 2010)** Sobre a Administração Pública, considere:
I. É garantido ao servidor público civil o direito à livre associação sindical, sendo certo que o direito de greve será exercido nos termos e nos limites definidos em lei específica.
II. A lei estabelecerá os casos de contratação por tempo determinado para atender a necessidade temporária de excepcional interesse público.
III. É permitida, em qualquer caso, a vinculação ou equiparação de quaisquer espécies remuneratórias para o efeito de remuneração de pessoal do serviço público.
IV. Os acréscimos pecuniários percebidos por servidor público serão computados ou acumulados para fins de concessão de acréscimos ulteriores.
V. Ao servidor público da administração direta e indireta, salvo autárquica, em qualquer caso que exija o afastamento para o exercício de mandato eletivo, seu tempo de serviço será contado para promoção por antiguidade e merecimento.

Está correto o que se afirma APENAS em

a) I e II.
b) I, III e IV.
c) II, III e V.
d) III e IV.
e) IV e V.

20. (FCC – Analista Administrativo / TRF 4ª Região / 2010) NÃO é assegurado pela Constituição Federal aos servidores públicos o direito

a) à remuneração, que somente poderá ser alterada por lei específica.
b) à livre associação sindical.
c) de greve, desde que exercido nos termos e nos limites definidos em lei.
d) de cômputo de acréscimos pecuniários percebidos, para fins de concessão de acréscimos ulteriores.
e) de convocação do servidor aprovado em concurso público com prioridade sobre novos concursados para assumir cargo ou emprego, na carreira.

21. (Cespe – Analista Administrativo / TRE-MT / 2009) Acerca das disposições gerais da Administração Pública e dos servidores públicos, estipulados na CF, assinale a opção correta.

a) No caso de moléstia profissional ou doença grave, contagiosa ou incurável, na forma da lei, o servidor público será aposentado por invalidez permanente com proventos proporcionais ao tempo de contribuição.
b) Existe vedação absoluta à percepção de mais de uma aposentadoria à conta do regime de previdência próprio.
c) É vedada a existência de mais de um regime próprio de previdência social para os servidores públicos civis titulares de cargos efetivos.
d) A CF não assegura ao servidor público a contagem do tempo de serviço e de contribuição para sua aposentadoria quando o regime de previdência seja próprio de outro ente federativo distinto daquele para o qual o servidor contribuiu anteriormente.
e) O servidor público será aposentado voluntariamente, desde que cumprido tempo mínimo de quinze anos de efetivo exercício no serviço público e dez anos no cargo efetivo em que se dará a aposentadoria, entre outros requisitos específicos.

22. (Cespe – Analista Administrativo / TRE-BA / 2009) Com relação às disposições da CF acerca da Administração Pública e dos servidores públicos, julgue o próximo item.

Aos servidores titulares de cargos efetivos da União, dos estados, do Distrito Federal e dos municípios, incluídas suas autarquias e fundações, é assegurado regime de previdência de caráter contributivo e solidário, mediante contribuição do respectivo ente público, dos servidores ativos e inativos e dos pensionistas.

23. (Cespe – Analista Administrativo / TRE-MA / 2009) Nenhuma situação jurídica pode perdurar no tempo se estiver em confronto com a CF, sendo fundamental a observância dos princípios constitucionais. A Administração Pública, em especial, deve nortear a sua conduta por certos princípios. Na atual CF, estão expressamente informados os princípios da

a) impessoalidade, legalidade, publicidade e indisponibilidade.
b) eficiência, publicidade, impessoalidade e moralidade.
c) legalidade, moralidade, impessoalidade e continuidade dos serviços públicos.
d) indisponibilidade, legalidade, moralidade e autotutela.
e) legalidade, publicidade, hierarquia e moralidade.

24. **(FCC – Analista Judiciário / TRT-7ª Região / 2009)** A Administração Pública direta e indireta de qualquer dos Poderes da União, dos Estados, do Distrito Federal e dos Municípios obedecerá aos princípios de legalidade, impessoalidade, moralidade, publicidade e eficiência e, também,

a) os acréscimos pecuniários percebidos por servidor público serão computados e acumulados para fins de concessão de acréscimos ulteriores.
b) é vedada a vinculação ou equiparação de quaisquer espécies remuneratórias para o efeito de remuneração de pessoal do serviço público.
c) a administração fazendária e seus servidores fiscais não terão, dentro de suas áreas de competência e jurisdição, precedência sobre os demais setores administrativos, na forma da lei.
d) a autarquia será criada por lei complementar, cabendo à lei ordinária federal definir as áreas de sua atuação.
e) as administrações tributárias dos Municípios, exercidas por servidores de carreiras específicas, terão recursos secundários para a realização de suas atividades e atuarão de forma desintegrada.

25. **(FCC – Analista Judiciário / TRT-7ª Região / 2009)** Em referência aos Servidores Públicos, é correto afirmar que:

a) a Lei da União disciplinará a aplicação de recursos orçamentários provenientes da economia com despesas correntes em cada órgão, autarquia e fundação, sendo vedada a aplicação no desenvolvimento de programa de racionalização do serviço público.
b) a União manterá escola de governo para a formação e o aperfeiçoamento dos servidores públicos, sendo que a promoção na carreira independe de participação nos cursos.
c) os Ministros de Estado serão remunerados por subsídio fixado em parcela única, sendo permitido o acréscimo de abono e verba de representação.
d) os Poderes Executivo, Legislativo e Judiciário publicarão semestralmente os valores do subsídio e da remuneração dos cargos e empregos públicos.
e) a fixação dos padrões de vencimento e dos demais componentes do sistema remuneratório observará a natureza, o grau de responsabilidade e a complexidade dos cargos componentes de cada carreira, os requisitos para a investidura, as peculiaridades dos cargos.

26. **(FCC – Analista Judiciário / TRT-15ª Região / 2009)** Lívia, 61 anos de idade é servidora pública civil da União. Assim, poderá ela se aposentar voluntariamente

com proventos proporcionais ao tempo de contribuição, desde que cumprido tempo mínimo de

a) cinco anos de efetivo exercício no serviço público e dez no cargo efetivo em que se dará a aposentadoria.
b) oito anos no cargo público efetivo em que se dará a aposentadoria.
c) dez anos de efetivo exercício no serviço público e cinco anos no cargo efetivo em que se dará a aposentadoria.
d) quinze anos de efetivo exercício no serviço público.
e) doze anos contados da posse no cargo público inicial e seis no cargo efetivo em que se dará a aposentadoria, alternada ou ininterruptamente.

▶ **GABARITO**

Questão	Resposta	Fundamento	Itens deste capítulo em que abordamos o tema da questão
01	b	Art. 40, § 4º-A, CF/88	5
02	c	art. 37, VIII, XIII, XIV e XV da CF/88	5.5
03	d	Art. 37, XVI, da CF	5.5
04	c	Jurisprudência	5.1
05	d	Art. 37 da CF c.c. Súmula Vinculante 13	5.1
06	b	Art. 40, § 5º c.c. Art. 201, § 8º, da CF.	5.6
07	b	Art. 37, I, da CF	5.1
08	a	Art. 38, IV, da CF.	5.5
09	2	Artigos 37 a 39 da CF.	5.5
10	a	Art. 40, § 13, da CF.	5.6
11	b	Art. 37, § 10 c.c. Art. 38, *caput*, da CF.	5.5
12	b	Súmula Vinculante 13 e Súmulas 473 e 683 do STF.	3 e 5.1
13	b	Art. 39, § 1º, da CF.	5.5
14	c	Art. 41, § 2º, da CF.	5.4
15	a	Art. 37, XIII, da CF.	5.5
16	d	Art. 37, XIV, da CF.	5.5
17	a	Art. 39 da CF.	5.5
18	c	Art. 37, VII, da CF.	5.2
19	a	Art. 37 da CF.	5.1 e 5.5
20	d	Art. 37 da CF.	5.5
21	c	Art. 40 da CF.	5.6
22	Certo	Art. 40, *caput*, da CF.	5.6
23	b	Art. 37, *caput*, da CF.	3
24	b	Art. 37 da CF.	5.5
25	e	Art. 37 da CF.	5.5
26	c	Art. 40, § 1º, da CF.	5.6

Capítulo VIII

Organização dos Poderes e Funções Essenciais à Justiça

De acordo com o que estudamos no capítulo II, o art. 2º da CF traz a seguinte norma: "São Poderes da União, independentes e harmônicos entre si, o Legislativo, o Executivo e o Judiciário".

Trata-se do princípio da separação de poderes, segundo o qual o poder político do Estado não pode ficar nas mãos de apenas um governante, pois deve haver uma difusão das decisões estatais em prol dos interesses do povo.

Pois bem, além de firmar o princípio da separação dos Poderes, a Constituição traz um regramento detalhado sobre a organização de cada um desses Poderes, o que é imprescindível para a garantia de independência e harmonia entre os Poderes.

Entretanto, como ensina José Afonso da Silva, a **independência dos Poderes não é absoluta.** O sistema constitucional brasileiro admite interferências recíprocas entre os Poderes com o objetivo de manutenção de equilíbrio no exercício das Funções do Estado, o que se denomina de **sistema de freios e contrapesos** (*checks and balances*). Por exemplo: o Judiciário não pode influenciar nas atividades do Legislativo, mas tem competência para declarar a inconstitucionalidade das leis (produzidas pelo Legislativo).[1] Assim, os poderes constituídos **não exercem funções estatais de forma exclusiva**, pois um outro poder também tem a possibilidade de exercê-las.

É sobre as regras relativas aos Poderes Legislativo, Executivo e Judiciário que versaremos neste capítulo.

Ademais, a Constituição também enuncia algumas instituições que compõem as Funções Essenciais à Justiça: Ministério Público, Defensoria Pública e Advocacia.

Também estudaremos, detalhadamente, cada uma dessas instituições.

1. PODER LEGISLATIVO

1.1. Funções típicas e atípicas

O Poder Legislativo exerce duas funções **típicas ou principais:**

FUNÇÕES TÍPICAS	**a)** inovação da ordem jurídica por meio do processo legislativo (artigos 59 a 69 da CF) **b)** fiscalização contábil, financeira e orçamentária (artigos 70 a 75 da CF)

> ▸ **PORTANTO, ATENÇÃO!**
>
> **Fiscalizar é uma função típica** do Poder Legislativo.

1. SILVA, José Afonso da. *Op. Cit.*, p. 97-98.

Mas o Poder Legislativo também exerce duas funções **atípicas ou secundárias:**

FUNÇÕES ATÍPICAS

- a) Executiva ou de administração (artigos 51 e 52 da CF)
  - ✦ *Exemplo 1: atividade das mesas da Câmara dos Deputados e do Senado Federal.*
  - ✦ *Exemplo 2: compras de material de escritório.*
  - ✦ *Exemplo 3: disposições sobre organização de pessoal, como concessões de férias.*
- b) Jurisdicional ou de julgamento
  - ✦ *Exemplo: Senado julgando o PR pela prática do crime de responsabilidade (art. 52, parágrafo único, da CF).*

1.2. Legislativo da União ou Legislativo Federal

Nos termos do art. 44 da CF, o Poder Legislativo da União ou Legislativo Federal é exercido pelo **Congresso Nacional**, que se compõe da Câmara dos Deputados e do Senado Federal.

Assim, pode-se afirmar que no Poder Legislativo da União ou federal vige o **bicameralismo federativo**, pois é composto por duas câmaras ou casas legislativas: Câmara dos Deputados e Senado Federal.

A Câmara dos Deputados é composta pelos representantes do povo e o Senado Federal pelos representantes dos Estados-membros e do Distrito Federal.

1.2.1. *Organização e funcionamento do Congresso Nacional*

As atividades do Congresso Nacional, por óbvio, têm ligação com as eleições para Deputado Federal e Senador, que ocorrem a cada 4 anos. Portanto, de 4 em 4 anos o Congresso Nacional se reorganiza. Cada lapso de 4 anos de atividades no Congresso Nacional compõe o que se chama de **legislatura**.[2]

Consoante art. 57, § 4º, da CF, cada uma das Casas se reunirá em sessões preparatórias, a partir de 1º de fevereiro, **no primeiro ano da legislatura**, para a posse de seus membros. Também serão realizadas as eleições **das respectivas Mesas, para**

2. Os Deputados Federais exercem mandatos por uma legislatura (4 anos) e os Senadores por duas legislaturas (8 anos). Lembrando que a renovação dos Senadores ocorre a cada 4 anos de forma alternada. Quando se elege 1 novo Senador por um ente da federação, outros 2 estão no meio de seus mandatos e, depois de 4 anos, elegem-se 2 Senadores, enquanto o Senador eleito 4 anos antes ainda estará no meio do seu mandato. Assim, todo Senador passará por uma reestruturação no Congresso Nacional bem no meio de seu mandato.

mandato de 2 (dois) anos, vedada a recondução para o mesmo cargo na eleição imediatamente subsequente. Vale observar que o STF manifestou entendimento no sentido de que a vedação não se aplica a eleição em caso de nova legislatura, já que seria constituido Congresso novo. Nesse sentido foi o julgamento da ADI 6.524, em 2021.[3]

O Congresso Nacional se reúne anualmente, na Capital Federal, **de 2 de fevereiro a 17 de julho e de 1º de agosto a 22 de dezembro**. Ademais, as reuniões marcadas para essas datas serão transferidas para o primeiro **dia útil** subsequente, quando caírem em sábados, domingos ou feriados. (art. 57, *caput* e § 1º, da CF).

> ▸ **ATENÇÃO PARA A PEGADINHA!**
>
> **Não faça analogia com as férias escolares.** É comum as bancas examinadoras afirmarem que o Congresso Nacional se reúne de 1º de fevereiro a 30 de junho e de 1º agosto a 30 de novembro. Não caia nessa. Memorize as datas corretas.

Essas datas arroladas pelo art. 57 da CF compreendem o que se denomina de **sessão legislativa**. Em palavras simples, podemos dizer que se trata da **delimitação da atividade do Congresso Nacional dentro de cada ano.**

Cada sessão legislativa é composta por **dois períodos legislativos**. De acordo com o art. 57 da CF:

PERÍODOS LEGISLATIVOS	• **Primeiro período legislativo:** 2 de fevereiro a 17 de julho. • **Segundo período legislativo:** 1º de agosto a 22 de dezembro.

Nos intervalos entre os períodos legislativos de cada sessão legislativa existem os **recessos parlamentares.** Assim, há dois recessos no Congresso Nacional:

RECESSOS	• **Primeiro recesso:** de 18 de julho a 31 de julho. • **Segundo recesso:** de 23 de dezembro a 1º de fevereiro.

3. "Compreensão da maioria no sentido de que o art. 57, § 4º, da Constituição Federal de 1988 requer interpretação do art. 5º, caput e § 1º, do RICD, e o art. 59, RISF, que assente a impossibilidade de recondução de Membro da Mesa para o mesmo cargo, na eleição imediatamente subsequente, que ocorre no início do terceiro ano da legislatura. (...) o Tribunal reafirmou jurisprudência que pontifica que a vedação em referência não tem lugar em caso de nova legislatura, situação em que se constitui Congresso novo."
[ADI 6.524, rel. min. Gilmar Mendes, j. 15-12-2020, P, DJE de 6-4-2021.]
Vide ADPF 871, rel. min. Cármen Lúcia, j. 23-11-2021, P, DJE de 3-12-2021.

Em cada recesso haverá uma **comissão representativa do Congresso Nacional**, eleita por suas Casas na última sessão ordinária de cada período legislativo, com atribuições definidas no regimento comum, cuja composição reproduzirá, **quanto possível**, a proporcionalidade da representação partidária (art. 58, § 4º, da CF).

Vale notar que, excepcionalmente, o segundo recesso pode não ter início no dia 23 de dezembro. Isso porque, de acordo com o art. 57, § 2º, da CF, **a sessão legislativa não será interrompida sem a aprovação do projeto de lei de diretrizes orçamentárias.**

▸ CUIDADO COM O TERMO SESSÃO!

Isso porque ele pode ter vários significados no que tange ao funcionamento do Congresso Nacional.

Como visto, **sessão legislativa** é a delimitação da atividade do Congresso Nacional dentro de cada ano. Por sua vez, **sessão ordinária** se refere a um dia de reunião ou trabalho no Congresso Nacional.

Assim, no caso do art. 57, § 2º, da CF, o ano de atividade do Congresso Nacional (**sessão legislativa**) não será interrompido (não terá fim) enquanto não for aprovado o projeto de lei de diretrizes orçamentárias, mas pode ocorrer de uma sessão ordinária (um dia de reunião ou trabalho) terminar sem que tenha sido aprovado o projeto de lei de diretrizes orçamentárias.

Com o objetivo de atender às situações de urgência, é possível a **convocação extraordinária do Congresso Nacional** para sessões igualmente extraordinárias, em duas hipóteses trazidas pelo art. 57, § 6º, da CF:

CONVOCAÇÃO EXTRAORDINÁRIA DO CONGRESSO NACIONAL	a) Pelo **Presidente do Senado Federal**, em caso de decretação de estado de defesa ou de intervenção federal, de pedido de autorização para a decretação de estado de sítio e para o compromisso e a posse do Presidente e do Vice-Presidente da República. b) Pelo **Presidente da República, pelos Presidentes da Câmara dos Deputados e do Senado Federal ou a requerimento da maioria dos membros de ambas as Casas**, em caso de urgência ou interesse público relevante, em todas as hipóteses deste inciso com a aprovação da maioria absoluta de cada uma das Casas do Congresso Nacional.

Ademais, na sessão legislativa extraordinária, o Congresso Nacional **somente poderá deliberar sobre a matéria para a qual foi convocado, salvo se houver**

medidas provisórias em vigor na data da convocação, hipótese em que serão automaticamente incluídas na pauta de convocação. Independentemente das condições da convocação, é **vedado o pagamento de parcela indenizatória, em razão da convocação**. (art. 57, §§ 6º e 8º, da CF)

No sistema bicameral as Casas tendem a caminhar de forma independente. Entretanto, em alguns casos haverá **sessão conjunta**, a exemplo das hipóteses descritas no art. 57, § 3º, da CF:

a) Inaugurar a sessão legislativa.
b) Elaborar o regimento comum e regular a criação de serviços comuns às duas Casas.
c) Receber o compromisso do Presidente e do Vice-Presidente da República.
d) Conhecer do veto e sobre ele deliberar.

A **Mesa do Congresso Nacional** (responsável pelas atividades diretivas) será presidida pelo **Presidente do Senado Federal**, e os demais cargos serão exercidos, alternadamente, pelos ocupantes de cargos equivalentes na Câmara dos Deputados e no Senado Federal (art. 57, § 5º, da CF).

1.2.1.1. *Câmara dos Deputados*

A Câmara dos Deputados compõe-se de **representantes do povo**, eleitos, pelo **sistema proporcional**, em cada Estado, em cada Território e no Distrito Federal (art. 45, *caput*, da CF).

Os representantes do povo são os **Deputados Federais**, que exercem **mandatos de 4 anos** (lapso equivalente a uma legislatura), com possibilidades de **reeleições infinitas**.

De acordo com o art. 45, § 1º, da CF, o número total de Deputados e a quantidade de representantes por Estado e pelo Distrito Federal serão estabelecidos **por lei complementar, proporcionalmente à população**, procedendo-se aos ajustes necessários, no ano anterior às eleições, para que **nenhum Estado-membro ou o Distrito Federal tenha menos de 8 ou mais de 70 Deputados Federais**. Para os **Territórios Federais** há regra própria: se forem criados, cada um terá **número fixo de 4 Deputados** (art. 45, § 2º, da CF). A propósito, o STF, ao julgar a ADO 38 reconheceu a mora do Congresso Nacional com relação à previsão do art. 45, §1º, da CF/88.

Assim, **o número de Deputados Federais que representará cada Estado-membro e o Distrito Federal** (nunca superior a 70 ou inferior a 8) **variará a cada eleição**, pois a população dos entes da federação é flutuante.

A Lei Complementar 78/93, que regulamentou o art. 45, § 1º, da CF, determina, em seu art. 45, § 2º, que a Câmara deve ser composta por **513 Deputados Federais**.

1.2.1.2. *Senado Federal*

O Senado Federal compõe-se de **representantes dos Estados-membros e do Distrito Federal**, eleitos segundo o **princípio majoritário** (art. 46, *caput*, da CF).

Os representantes dos Estados-membros e do Distrito Federal são os **Senadores**, que exercem **mandatos de 8 anos** (lapso equivalente a duas legislaturas), com possibilidades de **reeleições infinitas**.

Os Estados-membros e o Distrito Federal serão representados, **cada um, por 3 Senadores**. Como o Brasil é composto por 26 Estados-membros mais o Distrito Federal, o Senado conta com **81 Senadores** (27 x 3 = 81).

Cada Senador será eleito com **2 suplentes**, e a **representação** de cada Estado e do Distrito Federal será **renovada de 4 em 4 anos**, alternadamente, por um e dois terços (art. 46, § 2º e 3º, da CF). Assim, em uma eleição o Estado e o Distrito Federal elegem 1 Senador, enquanto outros 2 estão no meio do mandato **(renovação de 1/3)**; e na eleição seguinte, depois de 4 anos, elegem 2 Senadores, enquanto 1 ainda está no meio do mandato **(renovação de 2/3)**.

> ▶ ATENÇÃO!
> Se criados, **os Territórios Federais não terão representação no Senado.**

1.2.2. *Formas de manifestação do Legislativo da União ou Legislativo Federal*

O Legislativo da União ou Legislativo Federal pode se manifestar de diversas formas: **a) Congresso Nacional por meio de Decreto Legislativo; b) Congresso Nacional com manifestação das duas Casas em sequência e sanção ou veto do Presidente da República; c) Câmara dos Deputados, isoladamente, por meio de Resolução; d) Senado Federal, isoladamente, por meio de Resolução**; e **e) Convocação especial de Ministro de Estado ou quaisquer titulares de órgãos diretamente subordinados à Presidência da República**

Além de conhecer as formas de manifestação, o candidato deve saber quais são as hipóteses em que cada uma se manifesta, nos termos dos artigos 48 a 52 da CF, pois é isso o que objetivamente se exige nas provas.

Assim, traremos as hipóteses de manifestação do Legislativo da União ou Legislativo Federal nos exatos termos em que aparecem no texto constitucional, mas destacaremos os trechos mais cobrados nas provas para Tribunais e MPU.

a) Congresso Nacional por meio de Decreto Legislativo

> ▶ **Art. 49 da CF: é da competência exclusiva do Congresso Nacional:**
>
> I - resolver definitivamente sobre tratados, acordos ou atos internacionais **que acarretem encargos ou compromissos gravosos** ao patrimônio nacional;

▸ Art. 49 da CF: é da competência exclusiva do Congresso Nacional:
II - **autorizar** o Presidente da República a declarar guerra, a celebrar a paz, a permitir que forças estrangeiras transitem pelo território nacional ou nele permaneçam temporariamente, ressalvados os casos previstos em lei complementar;
III - **autorizar** o Presidente e o Vice-Presidente da República a se ausentarem do País, **quando a ausência exceder a quinze dias**;
IV - **aprovar** o estado de defesa e a intervenção federal, **autorizar** o estado de sítio, **ou suspender** qualquer uma dessas medidas;
V - **sustar os atos normativos** do Poder Executivo que exorbitem do poder regulamentar ou dos limites de delegação legislativa;
VI - mudar **temporariamente** sua sede;
VII - **fixar idêntico subsídio** para os Deputados Federais e os Senadores, observado o que dispõem os arts. 37, XI, 39, § 4º, 150, II, 153, III, e 153, § 2º, I;
VIII - **fixar os subsídios** do Presidente e do Vice-Presidente da República e dos Ministros de Estado, observado o que dispõem os arts. 37, XI, 39, § 4º, 150, II, 153, III, e 153, § 2º, I;
IX - **julgar anualmente** as contas prestadas pelo Presidente da República e apreciar os relatórios sobre a execução dos planos de governo; ▸ ATENÇÃO! Para não haver confusão, quanto às **contas do Presidente da República**, memorizar: TCU **aprecia** as contas (art. 71, I, da CF), o Congresso Nacional **julga** as contas (art. 49, IX, da CF) e a Câmara dos Deputados **procede à tomada** de contas (art. 51, II, da CF).
X - **fiscalizar e controlar**, diretamente, ou por qualquer de suas Casas, os atos do Poder Executivo, incluídos os da administração indireta;
XI - zelar pela preservação de sua competência **legislativa** em face da atribuição normativa dos outros Poderes;
XII - **apreciar** os atos de concessão e renovação de concessão de emissoras de rádio e televisão;
XIII - escolher **dois terços** dos membros do Tribunal de Contas da União;
XIV - **aprovar iniciativas** do Poder Executivo referentes a atividades nucleares;
XV - **autorizar** referendo e **convocar** plebiscito; ▸ ATENÇÃO! **Esse dispositivo é campeão de incidência nas provas!** O examinador costuma inverter os verbos para confundir o candidato. Para referendo o correto é autorizar (não convocar) e para plebiscito o certo é convocar (não autorizar).
XVI - autorizar, **em terras indígenas**, a exploração e o aproveitamento de recursos hídricos e a pesquisa e lavra de riquezas minerais;
XVII - aprovar, **previamente**, a alienação ou concessão de terras públicas com **área superior a dois mil e quinhentos hectares**.

b) Congresso Nacional com manifestação das duas Casas em sequência e sanção ou veto do Presidente da República

Nessa forma de manifestação atuam ambas as Casas Legislativas: Câmara dos Deputados depois Senado Federal ou Senado Federal depois Câmara dos Deputados, com a participação do Presidente da República, sancionando ou vetando.

▶ Art. 48 da CF: Cabe ao Congresso Nacional, com a sanção do Presidente da República, não exigida esta para o especificado nos arts. 49, 51 e 52, dispor sobre todas as matérias de competência da União, especialmente sobre:
I - **sistema tributário**, arrecadação e distribuição de rendas;
II - plano plurianual, diretrizes orçamentárias, orçamento anual, operações de crédito, dívida pública **e emissões de curso forçado**;
III - **fixação e modificação** do efetivo das Forças Armadas;
IV - planos e programas nacionais, regionais e setoriais de **desenvolvimento**;
V - **limites do território nacional, espaço aéreo e marítimo e bens do domínio da União**;
VI - incorporação, subdivisão ou desmembramento de **áreas de Territórios ou Estados, ouvidas as respectivas Assembleias Legislativas**;
VII - transferência temporária da **sede do Governo Federal**;
VIII - **concessão** de anistia;
IX - organização administrativa, judiciária, do Ministério Público e da Defensoria Pública **da União e dos Territórios** e organização judiciária, do Ministério Público e da Defensoria Pública **do Distrito Federal**;
X - criação, transformação e extinção de **cargos, empregos e funções públicas**, observado o que estabelece o art. 84, VI, b;
XI - criação e extinção de **Ministérios e órgãos** da Administração Pública;
XII - **telecomunicações e radiodifusão**;
XIII - matéria **financeira, cambial e monetária, instituições financeiras e suas operações**;
XIV - **moeda**, seus limites de emissão, e montante da dívida **mobiliária** federal.
XV - **fixação do subsídio dos Ministros do Supremo Tribunal Federal**, observado o que dispõem os arts. 39, § 4º; 150, II; 153, III; e 153, § 2º, I.

c) Câmara dos Deputados, isoladamente, por meio de Resolução

▶ Art. 51 da CF: Compete privativamente à Câmara dos Deputados:
I - **autorizar, por dois terços de seus membros**, a instauração de processo contra o Presidente e o Vice-Presidente da República e os Ministros de Estado;
II - proceder à tomada de contas do Presidente da República, **quando não apresentadas ao Congresso Nacional dentro de sessenta dias após a abertura da sessão legislativa**;
III - elaborar seu **regimento interno**;

IV - dispor sobre sua organização, funcionamento, polícia, criação, transformação ou extinção dos cargos, empregos e funções de **seus serviços**, e a iniciativa de lei para fixação da respectiva remuneração, observados os parâmetros estabelecidos na lei de diretrizes orçamentárias;
V - **eleger membros do Conselho da República**, nos termos do art. 89, VII.

d) Senado Federal, isoladamente, por meio de Resolução

▶ Art. 52 da CF: Compete privativamente ao Senado Federal:
I - processar e julgar o Presidente e o Vice-Presidente da República nos **crimes de responsabilidade**, bem como os Ministros de Estado e os Comandantes da Marinha, do Exército e da Aeronáutica nos crimes da mesma natureza conexos com aqueles;
II - processar e julgar os Ministros do Supremo Tribunal Federal, os membros do Conselho Nacional de Justiça e do Conselho Nacional do Ministério Público, o Procurador-Geral da República e o Advogado-Geral da União nos **crimes de responsabilidade**;
III - **aprovar previamente, por voto secreto**, após arguição pública, a escolha de: a) Magistrados, nos casos estabelecidos nesta Constituição; b) Ministros do Tribunal de Contas da União indicados pelo Presidente da República; c) Governador de Território; d) Presidente e diretores do banco central; e) Procurador-Geral da República; f) titulares de outros cargos que a lei determinar;
IV - **aprovar previamente, por voto secreto, após arguição em sessão secreta**, a escolha dos chefes de missão diplomática de caráter permanente;
V - **autorizar operações externas de natureza financeira**, de interesse da União, dos Estados, do Distrito Federal, dos Territórios e dos Municípios;
VI - fixar, **por proposta do Presidente da República**, limites globais para o montante da dívida consolidada da União, dos Estados, do Distrito Federal e dos Municípios;
VII - **dispor sobre limites globais e condições para as operações de crédito externo e interno** da União, dos Estados, do Distrito Federal e dos Municípios, de suas autarquias e demais entidades controladas pelo Poder Público federal;
VIII - **dispor sobre limites e condições para a concessão de garantia da União em operações de crédito externo e interno;**
IX - estabelecer limites globais e condições para o montante da **dívida mobiliária** dos Estados, do Distrito Federal e dos Municípios;
X - **suspender a execução, no todo ou em parte, de lei declarada inconstitucional por decisão definitiva do Supremo Tribunal Federal;**
XI - aprovar, por **maioria absoluta e por voto secreto**, a exoneração, de ofício, do Procurador-Geral da República antes do término de seu mandato;
XII - elaborar seu **regimento interno**;

▸ Art. 52 da CF: Compete privativamente ao Senado Federal:
XIII - dispor sobre sua organização, funcionamento, polícia, criação, transformação ou extinção dos cargos, empregos e funções de **seus serviços**, e a iniciativa de lei para fixação da respectiva remuneração, observados os parâmetros estabelecidos na lei de diretrizes orçamentárias;
XIV - **eleger membros do Conselho da República**, nos termos do art. 89, VII.
XV - **avaliar periodicamente a funcionalidade do Sistema Tributário Nacional**, em sua estrutura e seus componentes, e o desempenho das administrações tributárias da União, dos Estados e do Distrito Federal e dos Municípios.
Parágrafo único. **Nos casos previstos nos incisos I e II, funcionará como Presidente o do Supremo Tribunal Federal**, limitando-se a condenação, que somente será proferida por dois terços dos votos do Senado Federal, à perda do cargo, com inabilitação, por oito anos, para o exercício de função pública, sem prejuízo das demais sanções judiciais cabíveis.[4]

e) Convocação especial de Ministro de Estado ou quaisquer titulares de órgãos diretamente subordinados à Presidência da República

Nos termos do art. 50, *caput*, da CF, a Câmara dos Deputados e o Senado Federal, **ou qualquer de suas Comissões**, poderão convocar Ministro de Estado, quaisquer titulares de órgãos diretamente subordinados à Presidência da República ou o Presidente do Comitê Gestor do Imposto sobre Bens e Serviços para prestarem, **pessoalmente**, informações sobre assunto previamente determinado, **importando crime de responsabilidade a ausência sem justificação adequada.**

Também fica estabelecido que os **Ministros de Estado** poderão comparecer ao Senado Federal, à Câmara dos Deputados, ou a qualquer de suas Comissões, **por sua iniciativa e mediante entendimentos com a Mesa respectiva**, para expor assunto de relevância de seu Ministério (art. 50, § 1º, da CF).

Por fim, as Mesas da Câmara dos Deputados e do Senado Federal poderão **encaminhar pedidos escritos de informações** a Ministros de Estado ou quaisquer titulares de órgãos diretamente subordinados à Presidência da República, importando em **crime de responsabilidade a recusa, ou o não atendimento, no prazo de 30 dias, bem como a prestação de informações falsas.**

1.2.3. *Comissões*

O Congresso Nacional e suas Casas terão **comissões permanentes e temporárias**, constituídas na forma e com as atribuições previstas no respectivo regimento ou no ato de que resultar sua criação. Na constituição das **Mesas e de cada Comissão**, é assegurada, tanto quanto possível, a **representação proporcional dos partidos ou dos blocos parlamentares** que participam da respectiva Casa (art. 58, *caput* e § 1º, da CF).

4. O tema será estudado com mais detalhes em tópicos próprios.

As comissões mais lembradas nos concursos para Tribunais e MPU são as parlamentares de inquérito.

Nos termos do art. 58, § 3º, da CF, as **Comissões Parlamentares de Inquérito – CPIs:**

CPIs	a) terão **poderes de investigação próprios das autoridades judiciais**, além de outros previstos nos regimentos das respectivas Casas; b) serão criadas pela Câmara dos Deputados e pelo Senado Federal, em conjunto ou separadamente, mediante **requerimento de 1/3 de seus membros** (171 Deputados ou 27 Senadores); c) para a apuração de **fato determinado** (objeto) **e por prazo certo**; d) e suas **conclusões, se for o caso, serão encaminhadas ao Ministério Público**, para que promova a responsabilidade civil ou criminal dos infratores.

▸ ATENÇÃO!

Apesar de ter poderes de investigação próprios das autoridades **judiciais** (não policiais), a CPI **não poderá praticar atos propriamente jurisdicionais**, que são aqueles em que a primeira e a última palavra estão reservadas aos magistrados.

Desta feita:

CPI pode	a) quebrar sigilo fiscal, bancário e de dados; b) ouvir testemunhas e, se for o caso, determinar condução coercitiva (garantidos os direitos ao silêncio, ao sigilo profissional e à assistência por advogado); c) ouvir investigados ou indiciados (garantidos os direitos ao silêncio, ao sigilo profissional e à assistência por advogado).

CPI não pode	a) determinar busca domiciliar; b) determinar interceptação telefônica ou quebra do sigilo de comunicação telefônica (mas poderá determinar quebra do sigilo de dados telefônicos, ou seja, dos registros pretéritos em lista), c) decretar prisão (salvo em flagrante, como no falso testemunho). d) decretar medidas acautelatórias (ex: arresto, sequestro, hipoteca, indisponibilidade de bens, etc.)

- Para o STF: "A instauração de Comissão Parlamentar de Inquérito depende unicamente do preenchimento dos requisitos previstos no art. 58, § 3º, da Constituição Federal, ou seja:
  (a) o requerimento de um terço dos membros das casas legislativas;
  (b) a indicação de fato determinado a ser apurado; e
  (c) a definição de prazo certo para sua duração." STF. Plenário. MS 37760 MC-Ref/DF, Rel. Min. Roberto Barroso, julgado em 14/4/2021 (Info 1013).

1.2.4. *Imunidades, prerrogativas e impedimentos/incompatibilidades de Parlamentares Federais*

Os parlamentares exercem as nobres funções de representação do povo e dos Estados federados. Por isso, recebem tratamento especial da Constituição Federal, que lhes assegura algumas imunidades e prerrogativas para garantia de plena liberdade no exercício dos cargos.

Por outro lado, o exercício da função parlamentar exige higidez e dedicação, que ficam garantidas por meio de alguns impedimentos/incompatibilidades previstos no texto constitucional.

Passaremos, agora, ao estudo das imunidades e prerrogativas e, na sequência, exploraremos o tema dos impedimentos/incompatibilidades.

1.2.4.1. *Conceito de imunidade*

Imunidades parlamentares são prerrogativas inerentes à função parlamentar, **garantidoras do exercício do mandato eletivo com plena liberdade**.

1.2.4.2. *Espécies de imunidades*

a) **Imunidade material/real/substantiva/inviolabilidade:** determina a exclusão da prática de crime bem como da responsabilidade civil, pelas opiniões, palavras e votos dos parlamentares (art. 53, *caput*, da CF).

Em outras palavras: o parlamentar não poderá ser punido penalmente e nem responsabilizado civilmente por suas opiniões palavras e votos.

Vale notar que a imunidade material não se submete a qualquer restrição territorial. Assim, exercendo sua função, o Parlamentar Federal está resguardado pela imunidade material mesmo se estiver fora dos limites territoriais do Congresso Nacional.

b) **Imunidade formal ou adjetiva:** implica tratamento especial no que tange à prisão e ao processo em face de parlamentar.

   b.1) **Para prisão:** haverá desde a **diplomação** (ato de entrega de documento que atesta a eleição do candidato), portanto, antes mesmo do ato público da posse, e garante que os parlamentares federais **não poderão ser presos, salvo em flagrante de crime inafiançável**.

Portanto, a regra é a impossibilidade de prisão. Entretanto, se o parlamentar for preso por crimes inafiançáveis, **os autos do processo ou procedimento serão remetidos dentro de 24 horas à Casa respectiva** (se Senador, ao Senado Federal, se Deputado Federal, à Câmara dos Deputados) para que, pelo voto da **maioria (absoluta)**[5] **de seus membros**, resolva sobre a prisão (a prisão somente será mantida se a Casa aprová-la mediante votação por escrutínio aberto), nos termos do art. 53, § 2º, da CF.

b.2) Para o Processo: implica a **possibilidade de sustação, até decisão final, do andamento de ação criminal movida em face de parlamentar**, por iniciativa **de partido político com representação na casa do parlamentar**, e mediante decisão **da maioria absoluta** dos membros da respectiva casa legislativa (se Senador, do Senado Federal, se Deputado Federal, da Câmara dos Deputados), após ter sido dada ciência pelo STF (art. 53, § 3º, da CF).

Vale notar que **somente poderão ser suspensos os processos por crimes ocorridos depois da diplomação.**

▶ **ATENÇÃO PARA A PEGADINHA!**

Desde a edição da EC 35/01, o STF **não precisa mais de licença** da respectiva Casa legislativa para processar ação penal movida em face de um de seus membros. O STF simplesmente dá ciência da ação à Casa, que, por iniciativa do partido do Congressista e mediante decisão da maioria absoluta de seus membros, poderá, até decisão final, sustar o andamento da ação.

O partido não se submete a qualquer prazo para solicitar a sustação da ação, que poderá se dar até decisão final do STF. Entretanto, **feito o pedido pelo partido político, a respectiva Casa terá o prazo improrrogável de 45 dias do seu recebimento pela Mesa Diretora para apreciar a sustação da ação**. (art. 53, § 4º, da CF).

Se houver decisão pela sustação do processo, a **prescrição ficará suspensa enquanto durar o mandato** (art. 53, § 5º, da CF).

Por fim, importa destacar que, nos termos do art. 54, § 8º, da CF, a**s imunidades de Deputados ou Senadores subsistirão durante o estado de sítio**, só podendo ser suspensas mediante o voto de 2/3 dos membros da Casa respectiva, nos casos de atos praticados *fora* do recinto do Congresso Nacional, que sejam incompatíveis com a execução da medida.

---

5. Apesar de não constar a palavra "absoluta" para adjetivar a maioria prevista no art. 53, § 2º, da CF, deve-se entender que maioria de seus membros significa maioria absoluta.

1.2.4.3. *Prerrogativa de foro*

Nos termos do art. 53, § 1º, da CF, os Deputados e Senadores, desde a expedição do diploma, serão submetidos a julgamento perante o **Supremo Tribunal Federal.**

Questão tormentosa é a que envolve a prerrogativa de foro e o término do mandato. **O parlamentar continua fazendo jus à prerrogativa de foro mesmo após o término do seu mandato?**

Antigamente o assunto era regido pela Súmula 394 do STF, segundo a qual deveria haver a manutenção do foro especial mesmo após o término do mandato.

Entretanto, em 1999 essa súmula foi cancelada e pouco tempo depois foi editada a Lei 10.628/02, que recriou a manutenção do foro especial mesmo depois de findo o mandato.

Na sequência foram ajuizadas as ADIs 2.797 e 2.860 em face da Lei 1.628/02. O STF julgou procedentes as ações para declarar a inconstitucionalidade da Lei 10.628/2002.

Em 2018, o STF passou a entender que **o foro por prerrogativa de função aplica-se apenas a crime cometido no exercício do cargo e em razão das funções desempenhadas.** Mas atenção: **após encerrada a instrução processual, com a publicação do despacho de intimação para apresentação de alegações finais, a competência não poderá ser alterada.**

E no primeiro semestre de 2019, o STF publicou mais três decisões importantes acerca da prerrogativa de foro, quais sejam:

I) **A prorrogação do foro por prerrogativa de função só ocorre se houver reeleição**, não se aplicando em caso de eleição para um novo mandato após o agente ter ficado sem ocupar função pública (**não abrange os interregnos de mandatos**).

II) As **Constituições estaduais não podem dispor livremente sobre prerrogativa de foro de autoridades estaduais.** Isso porque o juiz natural, em regra, são a 1ª e a 2ª instâncias, sendo o foro por prerrogativa de função uma exceção. Além disso, entendeu pela não aplicação do princípio da simetria, pois a CF já estabelece a prerrogativa de função nos três níveis (federal, estadual e municipal), não podendo a constituição estadual estabelecer novas hipóteses. Por fim, o STF entendeu que conferir uma interpretação que permita às CE a possibilidade de definir o foro seria equivalente a um cheque em branco dado aos Estados. Assim, é **inconstitucional dispositivo que inclui, entre as autoridades com foro criminal originário perante o Tribunal de Justiça, os procuradores de Estado, os procuradores da assembleia legislativa, os defensores públicos e os delegados de polícia.**

III) **As imunidades dos parlamentares federais podem ser estendidas aos parlamentares estaduais,** pois tanto as imunidades formais quanto as materiais foram conferidas pelo constituinte aos congressistas, consoante artigo 27, §1º, da CF.

Para simplificar, pontuamos as quatro situações temporais que podem envolver a prerrogativa de foro:

▶ PRERROGATIVA DE FORO DO PARLAMENTAR FEDERAL	
Situação	**Consequência**
1. Se o Parlamentar já estava sendo submetido a julgamento antes da diplomação:	O processo não é remetido ao STF, mesmo após a diplomação. Não haverá comunicação à respectiva Casa, pois não incidirá a imunidade formal para o processo.
2. Se o parlamentar praticou crime após a diplomação, mas o delito não tem relação com as funções desempenhadas:	O processo não será remetido ao STF.
3. Se o parlamentar praticou crime após a diplomação e o delito tem relação com as funções desempenhadas:	O processo tramitará perante o STF. Findo o mandato, também termina a prerrogativa de foro, ainda que a ação esteja em curso, situação em que o processo deve ser encaminhado ao juiz natural, salvo se já tiver sido publicado o despacho de intimação para apresentação de alegações finais
4. Se o parlamentar for reeleito:	Mantém-se o foro por prerrogativa de função.

1.2.4.4. *Outras prerrogativas*

Consoante art. 53, § 6º, da CF, "os Deputados e Senadores **não serão obrigados a testemunhar** sobre informações recebidas ou prestadas **em razão do exercício do mandato, nem sobre as pessoas** que lhes confiaram ou deles receberam informações". (grifos nossos).

> ▶ **ATENÇÃO PARA A PROVA OBJETIVA!**
>
> Essa prerrogativa é relativa apenas às informações recebidas ou prestadas **em razão do exercício do mandato** (não informações de interesse coletivo e muito menos informações de interesse pessoal).

Ademais, deve haver **autorização** da Casa respectiva para que ocorra a **incorporação às Forças Armadas** de Deputados e Senadores, embora militares e ainda que em tempo de guerra (art. 53, § 7º, da CF).

> ▶ **ATENÇÃO PARA A PEGADINHA!**
>
> A autorização da Casa é exigida **mesmo em tempo de guerra** (e não salvo em tempo de guerra).

1.2.4.5. *Impedimentos/incompatibilidades*

Os **impedimentos/incompatibilidades** dos parlamentares federais estão arrolados no art. 54 da CF e envolvem hipóteses a serem consideras **desde a expedição**

do diploma ou **desde a posse**. Para as provas de Tribunais e MPU o importante é a memorização das situações ali descritas.

Assim, preparamos uma tabela com alguns destaques para os pontos mais lembrados.

▸ ART. 54. OS DEPUTADOS E SENADORES NÃO PODERÃO:	
I - desde a expedição do diploma:	**II - desde a posse:**
a) firmar ou manter contrato com pessoa jurídica de direito público, autarquia, empresa pública, sociedade de economia mista ou empresa concessionária de serviço público, **salvo quando o contrato obedecer a cláusulas uniformes**	a) ser **proprietários, controladores ou diretores** de empresa que goze de favor decorrente de contrato com pessoa jurídica de direito público, ou nela exercer função remunerada;
b) aceitar ou exercer cargo, função ou emprego remunerado, **inclusive os de que sejam demissíveis *ad nutum***, nas entidades constantes da alínea anterior (pessoa jurídica de direito público, autarquia, empresa pública, sociedade de economia mista ou empresa concessionária de serviço público).	b) **ocupar** cargo ou função de que sejam demissíveis *ad nutum*, nas entidades referidas no inciso I, "a" (pessoa jurídica de direito público, autarquia, empresa pública, sociedade de economia mista ou empresa concessionária de serviço público);
-	c) **patrocinar causa** em que seja interessada qualquer das entidades a que se refere o inciso I, "a" (pessoa jurídica de direito público, autarquia, empresa pública, sociedade de economia mista ou empresa concessionária de serviço público);
-	d) **ser titulares** de mais de um cargo ou mandato público eletivo.

A violação aos impedimentos/incompatibilidades pode culminar na perda do mandato (conforme veremos no item seguinte).

Ao mesmo tempo em que a Constituição arrolou os impedimentos/incompatibilidades, ela também tratou de elencar algumas situações que poderiam ser interpretadas como impedimentos/incompatibilidades, mas que, na verdade, são lícitas e, por isso, não geram a perda do mandato do parlamentar.

Nos termos do art. 56 da CF, **não perderá o mandato** o Deputado ou Senador: 1. investido no cargo de Ministro de Estado, Governador de Território, Secretário de Estado, do Distrito Federal, de Território, de Prefeitura de Capital ou chefe de missão diplomática temporária (nessa hipótese o Deputado ou Senador poderá optar pela remuneração do mandato); ou 2. licenciado pela respectiva Casa por motivo de doença, ou para tratar, sem remuneração, de interesse particular, desde que, neste caso, o afastamento não ultrapasse 120 dias por sessão legislativa (na hipótese de licença superior a 120 dias haverá a convocação do suplente).

1.2.4.6. *Perda do mandato*

A perda do mandato do Parlamentar Federal se rege pelo art. 55 da CF. Além da hipótese de infração aos impedimentos/incompatibilidades do art. 54 da CF, o Deputado Federal ou o Senador também podem perder o mandato **por falta de decoro parlamentar, por ter sofrido condenação criminal com sentença transitada em julgado, por não ter comparecido, em cada sessão legislativa, a pelo menos 1/3 das sessões ordinárias da Casa a que pertencer, quando a Justiça Eleitoral assim decretar ou se perder ou tiver suspensos os seus direitos políticos.**

Além de conhecer as hipóteses que levam à perda do mandato, o amigo leitor deve saber qual o trâmite a ser seguido em cada caso e qual serão os órgãos envolvidos em cada situação.

Desta feita, preparamos mais um quadro que organiza e explica as hipóteses de perda do mandato do Parlamentar Federal:

► PERDA DE MANDATO DO DEPUTADO FEDERAL OU SENADOR	
Hipóteses	**Procedimento e órgãos envolvidos**
1. Por infração aos **impedimentos/incompatibilidades** do art. 54 da CF. 2. Por procedimento declarado incompatível com o **decoro parlamentar** (é incompatível com o decoro parlamentar, além dos casos definidos no regimento interno, o abuso das prerrogativas asseguradas a membro do Congresso Nacional ou a percepção de vantagens indevidas). 3. Por sofrer **condenação criminal em sentença transitada em julgado.**	i) **Provocação da Mesa da Casa legislativa** ou de **partido político representado no Congresso Nacional** (portanto, o partido não necessariamente precisa ter representação na respectiva Casa, pois pode ter na outra). ii) **Decisão** pela maioria absoluta da respectiva Casa (maioria dos membros da Câmara dos Deputados ou Senado Federal), assegurada a ampla defesa. ► FIQUE LIGADO! Esse procedimento foi alterado pela EC 76/2013. Antes da alteração constitucional a decisão se dava por meio de votação secreta. A partir da EC 76/2013 a votação passou a ser aberta!
1. Por **não comparecimento, em cada sessão legislativa, a pelo menos 1/3 das sessões ordinárias da Casa** a que pertencer, salvo licença ou missão por esta autorizada. 2. Por **perda ou suspensão de direitos políticos.** 3. Por **decretação da Justiça Eleitoral**, nos casos previstos nesta Constituição.	i) **Provocação de qualquer membro da respectiva Casa legislativa** ou de **partido político representado no Congresso Nacional** (portanto, o partido não necessariamente precisa ter representação na respectiva Casa, pois pode ter na outra). ii) **Decisão** pela **Mesa da Casa respectiva.** ► ATENÇÃO! Admite-se que a Mesa da Casa respectiva decida **de ofício**, ou seja, sem qualquer provocação. **Obs.:** Em qualquer caso deve ser assegurada a **ampla defesa.**

Vale notar que, se o parlamentar submetido a processo para a perda do mandato resolver renunciar, a renúncia somente gerará efeitos depois de encerrado o processo. Ou seja, **a renúncia ficará suspensa até que haja decisão pela perda ou não do mandato** (art. 55, § 4, da CF).

Por fim, nos termos do art. 56, §§ 1º e 2º, da CF, declarada a perda do mandato, o cargo de Parlamentar Federal ficará vago e **deverá ser ocupado pelo suplente**. Não havendo suplente, será feita eleição para preenchimento da vaga se faltarem **mais de 15 meses para o término do mandato**.

1.2.5. *Processo legislativo da União ou federal*

O processo legislativo da União ou federal é um dos temas mais cobrados nas provas para Tribunais e MPU. O motivo é simples: ele é repleto de detalhes, o que permite a formulação de um sem número de questões.

Sendo assim, trabalharemos a temática com a atenção que ela merece. Estabeleceremos os pontos mais importantes, as fases dos procedimentos e traremos as distinções entre os tipos de processo legislativo.

1.2.5.1. *Conceito de processo legislativo*

Trata-se de um conjunto de fases e etapas que deve ser obedecido para a criação de um ato normativo.

1.2.5.2. *Objetos ou atos normativos do processo legislativo*

Nos termos do art. 59 da CF, o **processo legislativo compreende a elaboração de:** I – emendas à Constituição; II – leis complementares; III – leis ordinárias; IV – leis delegadas; V – medidas provisórias; VI – decretos legislativos; e VII – resoluções.

1.2.5.3. *Espécies de processo legislativo*

a) Processo legislativo ordinário ou comum – PLO

É aquele que deve ser obedecido para a criação de **lei complementar** ou de **lei ordinária** e que tem um rito mais detalhado.[6]

b) Processo legislativo sumário, abreviado ou em regime de urgência – PLS

É aquele caracterizado pela solicitação de urgência do Chefe do Executivo nos projetos de lei de sua iniciativa. Seu rito é curto, pois o Congresso Nacional tem prazo para apreciar o projeto de lei (art. 64, § 2º, da CF).

c) Processos legislativos especiais – PLEs

Podem ser definidos por exclusão. São aqueles utilizados para a criação das demais normas jurídicas do art. 59 da CF (excetuadas, pois, as leis complementares, as leis ordinárias e a hipótese de processo legislativo sumário).

---

6. Alexandre de Moraes entende que somente a lei ordinária é objeto do processo legislativo ordinário ou comum. (*Direito constitucional*. 25. ed. São Paulo: Atlas, 2010, p. 654).

1.2.5.4. *Processo legislativo ordinário ou comum – PLO*

O PLO envolve 3 fases e cada uma delas engloba algumas etapas, conforme demonstração a seguir:

▸ FASES	▸ ETAPAS
1. Fase introdutória	a) Iniciativa
2. Fase constitutiva	b) Discussão/debate c) Deliberação/votação d) Sanção ou veto
3. Fase complementar	e) Promulgação f) Publicação

Estudaremos as fases e etapas do processo legislativo em itens próprios.

1.2.5.4.1. Fase introdutória

a) Iniciativa[7]

A iniciativa é o **ato que inaugura o processo legislativo.**

✦ *Existem três espécies de iniciativa: i. geral, concorrente ou comum; ii. privativa, reservada ou exclusiva; e iii. popular.*

a.i) Iniciativa geral, concorrente ou comum

A iniciativa geral, concorrente ou comum é aquela em que os Membro ou Comissões da Câmara dos Deputados, do Senado Federal ou do Congresso Nacional, o Presidente da República, o Supremo Tribunal Federal, os Tribunais Superiores, o Procurador-Geral da República e os cidadãos podem inaugurar o processo legislativo para a criação de **leis complementares e leis ordinárias** (art. 61 da CF).

Em regra, os projetos tramitam primeiro na Câmara dos Deputados (Casa iniciadora) e depois seguem para o Senado Federal.

As exceções ficam por conta dos processos legislativos inaugurados por iniciativa de Senador ou Comissão do Senado, que tramitarão primeiro no Senado Federal (Casa iniciadora) para depois seguirem à Câmara dos Deputados.

a.ii) Iniciativa privativa, reservada ou exclusiva

A CF determina que o processo legislativo sobre algumas matérias somente poderá ser inaugurado por iniciativa de certa autoridade, Poder, Tribunal ou Função essencial à Justiça.

O art. 51, IV, da CF determina que **compete privativamente à Câmara dos Deputados** a iniciativa de lei para fixação da remuneração de seus cargos, empregos e funções, observados os parâmetros estabelecidos na lei de diretrizes orçamentárias.

---

7. A iniciativa também pode ser chamada de: disposição, proposição, capacidade legislativa ou competência legiferante.

No mesmo sentido, o art. 52, XIII, da CF, segundo o qual **compete privativamente ao Senado Federal** a iniciativa de lei para fixação da remuneração de seus cargos, empregos e funções, observados os parâmetros estabelecidos na lei de diretrizes orçamentárias.

Por força do art. 61, § 1º, da CF, são de **iniciativa privativa do Presidente da República** as leis que: I – fixem ou modifiquem os efetivos das Forças Armadas; II – disponham sobre: a) criação de cargos, funções ou empregos públicos na administração direta e autárquica ou aumento de sua remuneração; b) organização administrativa e judiciária, matéria tributária e orçamentária, serviços públicos e pessoal da administração dos Territórios; c) servidores públicos da União e Territórios, seu regime jurídico, provimento de cargos, estabilidade e aposentadoria; d) organização do Ministério Público e da Defensoria Pública da União, bem como normas gerais para a organização do Ministério Público e da Defensoria Pública dos Estados, do Distrito Federal e dos Territórios; e) criação e extinção de Ministérios e órgãos da Administração Pública, observado o disposto no art. 84, VI; e f) militares das Forças Armadas, seu regime jurídico, provimento de cargos, promoções, estabilidade, remuneração, reforma e transferência para a reserva.[8]

A seu turno, o art. 165 da CF positiva que **leis de iniciativa do Poder Executivo** estabelecerão: I - o plano plurianual; II - as diretrizes orçamentárias; e III - os orçamentos anuais.

O art. 93 da CF enuncia que **é do STF** a iniciativa para, mediante **lei complementar** dispor sobre o Estatuto da Magistratura.

Ao seu lugar, o art. 96, II, da CF colaciona que **compete privativamente ao Supremo Tribunal Federal, aos Tribunais Superiores e aos Tribunais de Justiça** propor ao Poder Legislativo respectivo (observado o disposto no art. 169[9]): a) a alteração do número de membros dos tribunais inferiores; b) a criação e a extinção de cargos e a remuneração dos seus serviços auxiliares e dos juízos que lhes forem vinculados, bem como a fixação do subsídio de seus membros e dos juízes, inclusive dos tribunais inferiores, onde houver; c) a criação ou extinção dos tribunais inferiores; e d) a alteração da organização e da divisão judiciárias.

Já o art. 99, § 2º, da CF determina que o encaminhamento da proposta de lei que assegure autonomia administrativa e financeira ao Poder Judiciário, ouvidos os tribunais interessados, compete, no âmbito da União, aos **Presidentes do Supremo Tribunal Federal e dos Tribunais Superiores**, com a aprovação dos respectivos tribunais; e no âmbito dos Estados e no do Distrito Federal e Territórios, aos Presidentes dos Tribunais de Justiça, com a aprovação dos respectivos tribunais.

---

8. Não há nenhuma vedação quanto à possibilidade de emenda parlamentar em projetos de lei da iniciativa do Presidente da República.
9. Art. 169 da CF: "A despesa com pessoal ativo e inativo da União, dos Estados, do Distrito Federal e dos Municípios não poderá exceder os limites estabelecidos em lei complementar".

Por fim, o art. 127, § 2º, da CF atribui ao **Ministério Público** a iniciativa para propor ao Poder Legislativo a criação e extinção de seus cargos e serviços auxiliares, provendo-os por concurso público de provas ou de provas e títulos, a política remuneratória e os planos de carreira; a lei disporá sobre sua organização e funcionamento; e o art. 128, § 5º, da CF, aduz que Leis complementares da União e dos Estados, cuja iniciativa é facultada aos respectivos **Procuradores-Gerais**, estabelecerão a organização, as atribuições e o estatuto de cada Ministério Público.

a.iii) Iniciativa popular

De início, vale destacar que a iniciativa popular constitui-se em exercício de democracia direta (art. 1º, parágrafo único, da CF).

Nos termos do art. 61, § 2º, da CF, a iniciativa popular pode ser exercida pela **apresentação à Câmara dos Deputados** de projeto de lei subscrito por, no mínimo, **1% do eleitorado nacional, distribuído em pelo menos 5 Estados**-membros, **com não menos de 0,3% (três décimos por cento) dos eleitores** de cada um deles.

> ▶ ATENÇÃO PARA A PEGADINHA!
>
> Os percentuais levam em consideração **os eleitores** e não a população.

> ▶ CUIDADO!
>
> Segundo o STF, "a reserva de iniciativa legislativa a outro Poder não implica vedação de emenda de origem parlamentar desde que pertinente à matéria da proposição e não acarrete aumento de despesa".[10]

1.2.5.4.2. Fase constitutiva[10]

b) Discussão/debate

Como visto, as iniciativas podem ocorrer na Câmara dos Deputados ou no Senado Federal. Aliás, os projetos de lei de iniciativa do Presidente da República, do Supremo Tribunal Federal e dos Tribunais Superiores terão início obrigatoriamente na Câmara dos Deputados (art. 64, da CF).

Mas, considerando-se que, no âmbito federal do Poder Legislativo vige o bicameralismo, independentemente de onde se iniciem, os projetos sempre passam pelas duas Casas. A primeira é chamada de Casa iniciadora, e a segunda é denominada Casa revisora.

Logo após a iniciativa (fase introdutória), inaugura-se a **fase constitutiva, com a etapa da discussão/debate.**

A essência do Parlamento é o debate, a discussão. Aliás, a expressão Parlamento vem de *parlare* (falar). O Parlamento brasileiro é o Congresso Nacional, que deve discutir os projetos de normas jurídicas.

---

10. STF, Medida Cautelar em ADI 1.835-SC, publicada em 04.02.2000.

O debate começa na **Comissão de Constituição e Justiça** (para verificação de possível ofensa ao texto constitucional) e segue para a **Comissão Temática** (para análise da pertinência material e aprimoramento) da **Casa iniciadora**.

Somente após ter passado pelas Comissões é que o projeto vai a discussão/debate em plenário.

Pode ocorrer, no entanto, de o projeto nem ser encaminhado a discussão/debate em plenário. Trata-se da hipótese excepcional do art. 58, § 2º, da CF, segundo o qual, as Comissões Temáticas, em razão da matéria de sua competência, podem discutir e votar projeto de lei que dispensar, na forma do regimento, a competência do plenário, **salvo** se houver recurso de um 1/10 dos membros da Casa.

Encerrada a discussão/debate, o projeto segue para deliberação/votação.

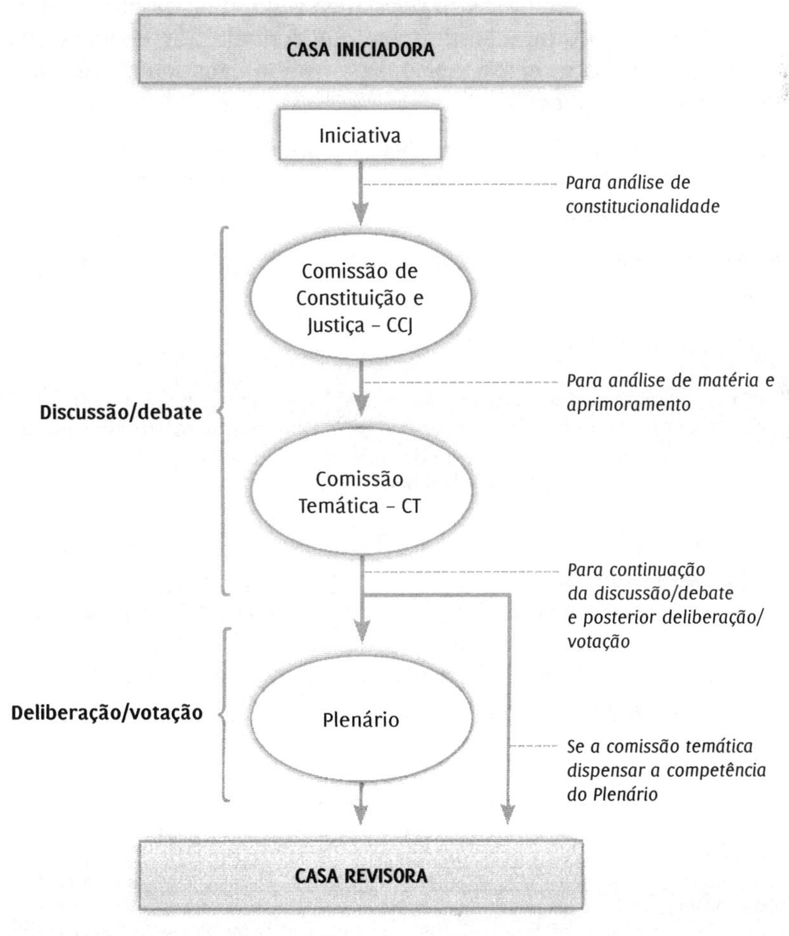

c) Deliberação/votação

Para que o plenário da Casa inicie a deliberação/votação de um projeto, faz-se necessária a presença da **maioria dos membros da Casa** (ou segundo a Constituição Federal, **"maioria absoluta** dos seus membros", o que dá no mesmo).

Trata-se do **quórum de instalação**, que tem número fixo. Na Câmara dos Deputados é de 257 (maioria de 513 Deputados Federais) e no Senado Federal é de 41 (maioria de 81).

Presente a maioria absoluta dos membros (quórum de instalação), inicia-se a deliberação/votação (art. 47 da CF).

Para aprovação de projeto de Lei Ordinária exige-se a maioria dos votos dos presentes. É o que se denomina de **maioria simples.**

Aliás, essa é regra do processo Legislativo Federal ou da União, consoante art. 47 da CF: "Salvo disposição constitucional em contrário, as deliberações de cada Casa e de suas Comissões serão tomadas por maioria dos votos, presente a maioria absoluta de seus membros".

Contudo, o art. 47 da CF já ressalva que pode haver disposição constitucional em contrário. Esse é caso, por exemplo, da **Lei Complementar**[11], que exige **maioria absoluta** para aprovação (art. 69 da CF).

A maioria exigida para aprovação de um projeto se denomina **quórum de aprovação.**

> ▶ ATENÇÃO!
>
> Em regra, o **quórum de instalação** é de maioria dos membros ou maioria absoluta, independentemente da espécie normativa que se queira aprovar. O que varia de acordo com a espécie normativa é o **quórum de aprovação** (maioria simples para Lei Ordinária e maioria absoluta para Lei Complementar)[12].

Em muitas provas, além do conhecimento sobre os quóruns de instalação e aprovação para cada uma das espécies legislativas, também vêm sendo cobrados os **números de membros e votos correspondentes. A banca Consulplan, por exemplo, tem predileção por esse estilo de questão.** Para facilitar a resolução de questões que narram processos legislativos e exigem o raciocínio analítico do candidato, preparamos a seguinte tabela:

---

11. As matérias que devem ser objeto de Lei Complementar encontram-se taxativamente indicadas no texto constitucional (ao longo dos dispositivos).
12. Existe, ainda, o quórum de maioria qualificada, aplicável aos projetos de emendas constitucionais, que veremos em item próprio.

▸ CASA LEGISLATIVA	▸ SENADO FEDERAL	▸ CÂMARA DOS DEPUTADOS
Número de Membros	81	513
Quórum de Maioria Simples ou Relativa	Variável: número inteiro imediatamente superior à metade fracionária dos membros presentes	Variável: número inteiro imediatamente superior à metade fracionária dos membros presentes
Quórum de 1/6	14	86
Quórum de 1/3	27	171
Quórum de Maioria Absoluta	41	257
Quórum de 3/5	49	308
Quórum de 2/3	54	342

Retomando-se a explicação sobre o rito de tramitação, aprovado em uma Casa, o projeto de lei será **revisto pela outra**. Assim, após ser aceito na Casa iniciadora, o projeto segue para a Casa revisora e passa por todo o trâmite de **discussão/debate** (nas Comissões e no plenário), sendo encaminhado para **deliberação/votação** na sequência.

Na Casa revisora, o projeto passará por **um só turno de votação** (art. 65, *caput*, da CF). Entende-se por **turno** cada deliberação/votação realizada. Aprovado, o projeto é encaminhado à sanção ou ao veto.

Pode ocorrer, no entanto, de o projeto ser emendado. Trata-se da **emenda parlamentar**, que nada mais é do que uma alteração no projeto.

Se a proposta de emenda ocorrer na Casa iniciadora (em qualquer etapa da fase constitutiva), a alteração sugerida será discutida e votada, para somente depois haver o encaminhamento do projeto à Casa revisora.

Já se a aprovação da emenda for na Casa revisora, o **projeto retornará** à Casa iniciadora para discussão/votação da alteração (art. 65, parágrafo único, da CF).

Se a Casa iniciadora aprovar a emenda proposta pela Casa revisora, o projeto seguirá para a sanção ou veto. Mas, e se a Casa iniciadora não concordar com a proposta de emenda parlamentar? O projeto também seguirá para sanção ou veto.

Vamos detalhar um pouco mais.

Se a Casa iniciadora aprovar a emenda proposta pela Casa revisora o projeto seguirá para sanção ou veto **com o texto alterado pela emenda parlamentar**.

Já na hipótese de a Casa iniciadora não concordar com a proposta de emenda parlamentar, o projeto também seguirá para sanção ou veto, mas com o texto originalmente proposto pela Casa iniciadora, sem levar em consideração a emenda parlamentar ventilada pela Casa revisora.

Na segunda situação (Casa iniciadora rejeitando emenda da Casa revisora e mandando projeto original para sanção ou veto), incide o **princípio da primazia ou predominância da deliberação da Casa iniciadora.** Ou seja: a última palavra é sempre da Casa iniciadora.

Quanto às emendas parlamentares, vale ainda destacar o art. 63 da CF: "**Não será admitido aumento da despesa** prevista: I – nos projetos de iniciativa exclusiva do Presidente da República, ressalvado o disposto no art. 166, § 3º e § 4º (ou seja, se forem compatíveis com o plano plurianual e com as leis de diretrizes orçamentárias e indicarem os recursos necessários); II – nos projetos sobre organização dos serviços administrativos da Câmara dos Deputados, do Senado Federal, dos Tribunais Federais e do Ministério Público". (grifos nossos)

Havendo ou não emenda, se o projeto de lei for **rejeitado** (na Casa iniciadora ou na Casa revisora), ele será **arquivado.**

Vale notar que, nos termos do art. 67 da CF, "**a matéria constante de projeto de lei rejeitado** somente poderá constituir objeto de novo projeto, na mesma sessão legislativa, mediante proposta da **maioria absoluta** dos membros de qualquer das Casas do Congresso Nacional". (grifo nosso) Trata-se do denominado **princípio da irrepetibilidade.**

▶ ATENÇÃO PARA A PEGADINHA!

Não é o projeto de lei rejeitado, mas a matéria de projeto de lei rejeitado que somente poderá ser objeto de votação, na mesma sessão legislativa[13], mediante proposta de maioria absoluta dos membros de qualquer das Casas do Congresso Nacional.

De toda forma, **sempre que aprovado, o projeto segue para sanção ou veto** (art. 65, *caput*, c.c. art. 66, *caput*, ambos da CF) e, se rejeitado, para o arquivo.

13. Lembre-se de que a sessão legislativa é a delimitação da atividade do Congresso Nacional dentro de cada ano. Não confunda com sessão ordinária, que se refere a um dia de reunião ou trabalho no Congresso Nacional.

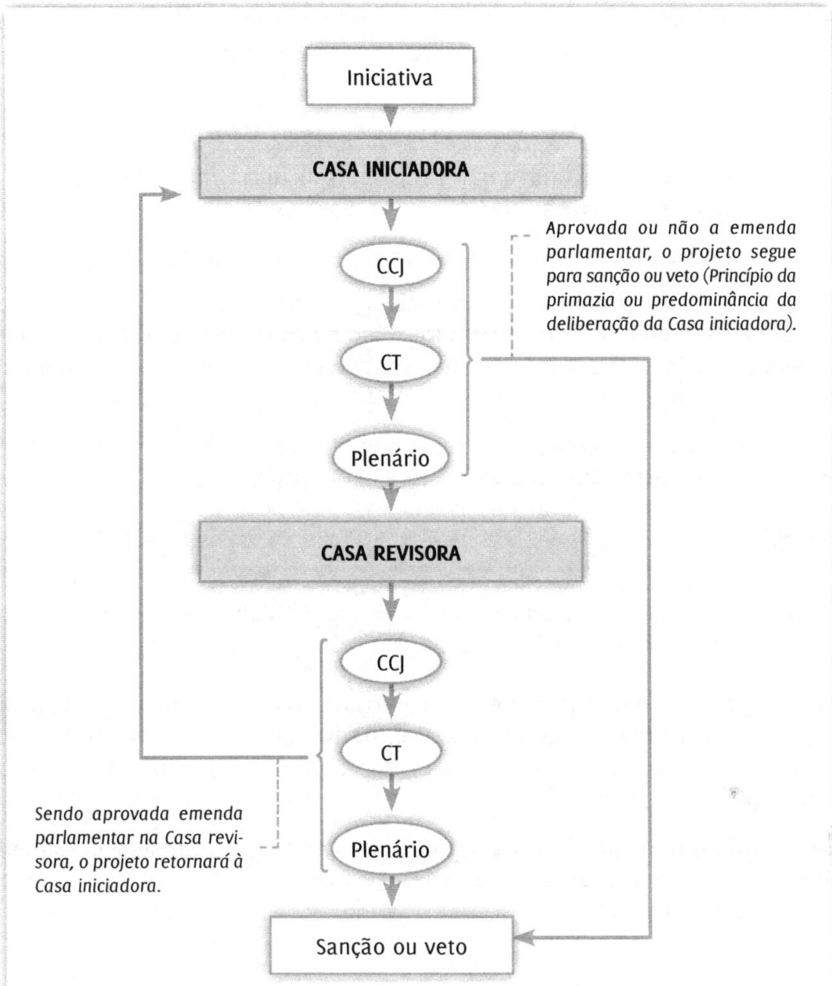

d) Sanção ou veto

Assim que receber o projeto do Poder Legislativo, o Presidente da República terá **15 dias úteis** para se manifestar sobre ele, sancionando-o ou vetando-o.

> ▸ **ATENÇÃO!**
> São 15 dias **úteis.**

Por meio da sanção ou veto materializa-se a participação do chefe do Poder Executivo no processo legislativo. Trata-se de um mecanismo de controle do Executivo sobre o Legislativo.

A **sanção** representa a aquiescência (concordância) do Chefe do Poder Executivo quanto ao projeto (art. 66, *caput*, da CF), e pode ser **expressa** ou **tácita**.

A **sanção expressa** é a aquiescência do Presidente da República dentro dos 15 dias úteis destinados à manifestação.

Se o chefe do Poder Executivo não se manifestar (ficar em silêncio) dentro dos 15 dias úteis, ocorrerá a **sanção tácita** (art. 66, § 3º, da CF).

A partir da sanção, **o projeto de lei se torna lei**, com aptidão para a promulgação.[14]

Entretanto, se no prazo de 15 dias úteis o Presidente da República considerar o projeto, no todo ou em parte, **inconstitucional** ou **contrário ao interesse público**, ele deverá proceder ao **veto**, que poderá ser **total** (projeto na íntegra) ou **parcial**[15] (parte do projeto).

O veto por inconstitucionalidade é chamado de **veto jurídico**; já o veto por contrariedade ao interesse público leva o nome de **veto político**.

> ▶ ATENÇÃO!
>
> **Não existe veto tácito.** O veto, total ou parcial, é sempre expresso. Isso porque o silêncio do Presidente da República durante os 15 dias úteis destinados a manifestação importam em **sanção tácita**, não restando espaço para eventual veto tácito.

Também é importante frisar que o veto parcial (a parte do projeto de lei) somente poderá abranger **texto integral de artigo, de parágrafo, de inciso ou de alínea**. Assim, não podem ser vetados trechos ou expressões de artigos, parágrafos, incisos ou alíneas (art. 66, § 2º, da CF).[16]

Se o Presidente da República vetar o projeto, ele deverá, dentro de **48 horas**, comunicar ao **Presidente do Senado Federal** os motivos[17] do veto (justificativa do veto jurídico ou político).[18]

---

14. A sanção de projeto de lei não convalida o vício de inconstitucionalidade resultante da usurpação do poder de iniciativa. Subsiste, pois, a inconstitucionalidade formal subjetiva/orgânica. A Súmula 5 do STF já não é mais aplicada. Para mais detalhes sobre o tema, sugerimos a leitura do capítulo referente ao controle de constitucionalidade.
15. Ocorrendo veto parcial, o trecho não vetado (portanto, sancionado) passa a ter vida própria, seguindo para promulgação e publicação. Se houver derrubada de veto da parte anteriormente vetada, haverá nova promulgação e publicação. Como resultado, a nova parte (anteriormente vetada) se integrará à parte antiga (sancionada, promulgada e publicada em primeiro lugar). Assim, a lei terá duas partes e duas datas de promulgação e de publicação.
16. Apesar de não ser possível veto de trecho ou expressão, o STF pode reconhecer a inconstitucionalidade de trecho ou expressão, o que se denomina de princípio da parcelaridade. Mais detalhes no capítulo sobre controle de constitucionalidade.
17. Veto sem motivação não gera efeitos e abre espaço para a sanção tácita.
18. Não existe veto absoluto (só era possível na vigência da Constituição Imperial de 1824). Todo veto é relativo, pois pode ser afastado pelo Poder Legislativo.

▶ **ATENÇÃO PARA A PEGADINHA!**

A comunicação é ao **Presidente do Senado Federal** e não ao Presidente do Congresso Nacional.

Em seguida, o veto deverá ser apreciado em **sessão conjunta** (Congresso Nacional), dentro de **30 dias** (corridos) a contar de seu recebimento (art. 66, § 4º, da CF).

▶ **CUIDADO!**

O prazo para sanção ou veto é de 15 dias **úteis**; já o prazo para apreciação do veto é de 30 dias **corridos** (na Constituição e nas provas, quando se escreve apenas **dias** é porque são **corridos**).

A ideia é que esse prazo de 30 dias corridos seja cumprido, tanto é que o § 6º do art. 66 da CF determina que, **esgotado sem deliberação o prazo estabelecido no § 4º (30 dias corridos), o veto será colocado na ordem do dia da sessão (ordinária) imediata**, sobrestadas as demais proposições (trancamento da pauta)[19], até sua votação final.

Para que o veto seja rejeitado, exige-se a votação da **maioria absoluta** dos Deputados e Senadores.

▶ **FIQUE LIGADO!**

As regras sobre o procedimento para rejeição do veto foram alteradas pela EC 76/2013. Antes, a votação se dava por meio de escrutínio secreto. Hoje, depois da EC 76/2013, a votação ocorre via escrutínio aberto!

Vale notar que a apreciação do veto é em sessão conjunta do Congresso Nacional, mas **as votações são separadas por Casa legislativa.** Assim, exige-se o voto da maioria absoluta dos Deputados Federais e da maioria absoluta dos Senadores para que ocorra a rejeição do veto.

Caso não se consiga derrubar o veto, o projeto será arquivado.

Entretanto, se o veto for rejeitado (ou seja, **se o veto não for mantido), o projeto de lei se torna lei,** que será remetida ao Presidente da República para promulgação (art. 66, § 5º, da CF).

▶ **PORTANTO, ATENÇÃO!**

O projeto de lei se torna lei com a **sanção presidencial** ou com a **derrubada do veto.** A lei, oriunda da sanção presidencial ou da derrubada do veto, é que segue para a

19. Vale notar que o trancamento da pauta não impede a edição de medidas provisórias.

promulgação. Não estranhe: por mais ilógico que pareça, mesmo se o projeto for vetado pelo Presidente, caso o Congresso derrube o veto e transforme o projeto em lei, o Presidente volta a se manifestar, agora para promulgação da lei.

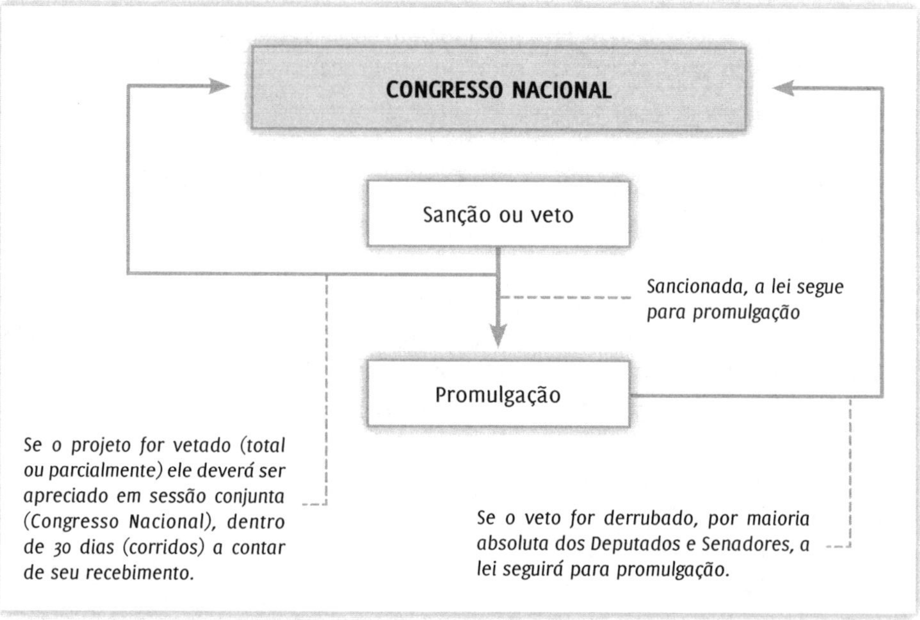

1.2.5.4.3. Fase complementar

e) Promulgação

A promulgação é o ato por meio do qual o chefe do Poder Executivo atesta que a ordem jurídica foi regularmente inovada e que a nova lei tem aptidão para produzir efeitos, ou seja, tem executoriedade.

Se o projeto for sancionado expressamente, a promulgação é implícita.

Mas, nos casos de sanção tácita ou derrubada de veto, o **Presidente da República** terá **48 horas** para proceder à promulgação da lei. Se não o fizer, a lei vai ao **Presidente do Senado**, que tem o mesmo prazo (48 horas) para fazê-lo. Caso o Presidente do Senado também não faça, o **Vice-Presidente** do Senado ficará com essa incumbência (art. 66, § 7º, da CF).

▶ **ATENÇÃO PARA A PEGADINHA!**

Se o Presidente da República não promulgar a lei em 48 horas, ela será remetida ao **Presidente do Senado,** não ao Presidente da Câmara dos Deputados ou ao Presidente do Congresso Nacional (ainda que o Presidente do Congresso Nacional seja o Presidente do Senado, conforme art. 57, § 5º, da CF, para a prova objetiva/teste não se pode realizar esse tipo de ponderação, portanto assinalar Presidente do Congresso Nacional estaria errado).

▶ CUIDADO!

Como o projeto de lei se torna lei com a sanção, a **promulgação sempre se dá em relação à lei**, não ao projeto de lei!

f) Publicação

É o ato de inserção do texto promulgado na imprensa oficial e que confere obrigatoriedade à lei, impedindo a alegação de seu desconhecimento.

▶ ATENÇÃO!

A publicação, não necessariamente, implica o início de vigência da lei. Isso porque, nos termos do art. 1º, *caput*, da LINDB (Lei de Introdução ao Direito Brasileiro), salvo disposição contrária, **a lei passa a vigorar em todo o país 45 dias depois de oficialmente publicada.** Trata-se de período denominado de *vacatio legis*.

Assim, o período de *vacatio legis* de 45 dias é a regra, mas a lei pode dispensá-lo (normalmente sob a fórmula de "esta lei entra em vigor na data de sua publicação") ou fixar outro prazo, menor ou maior.

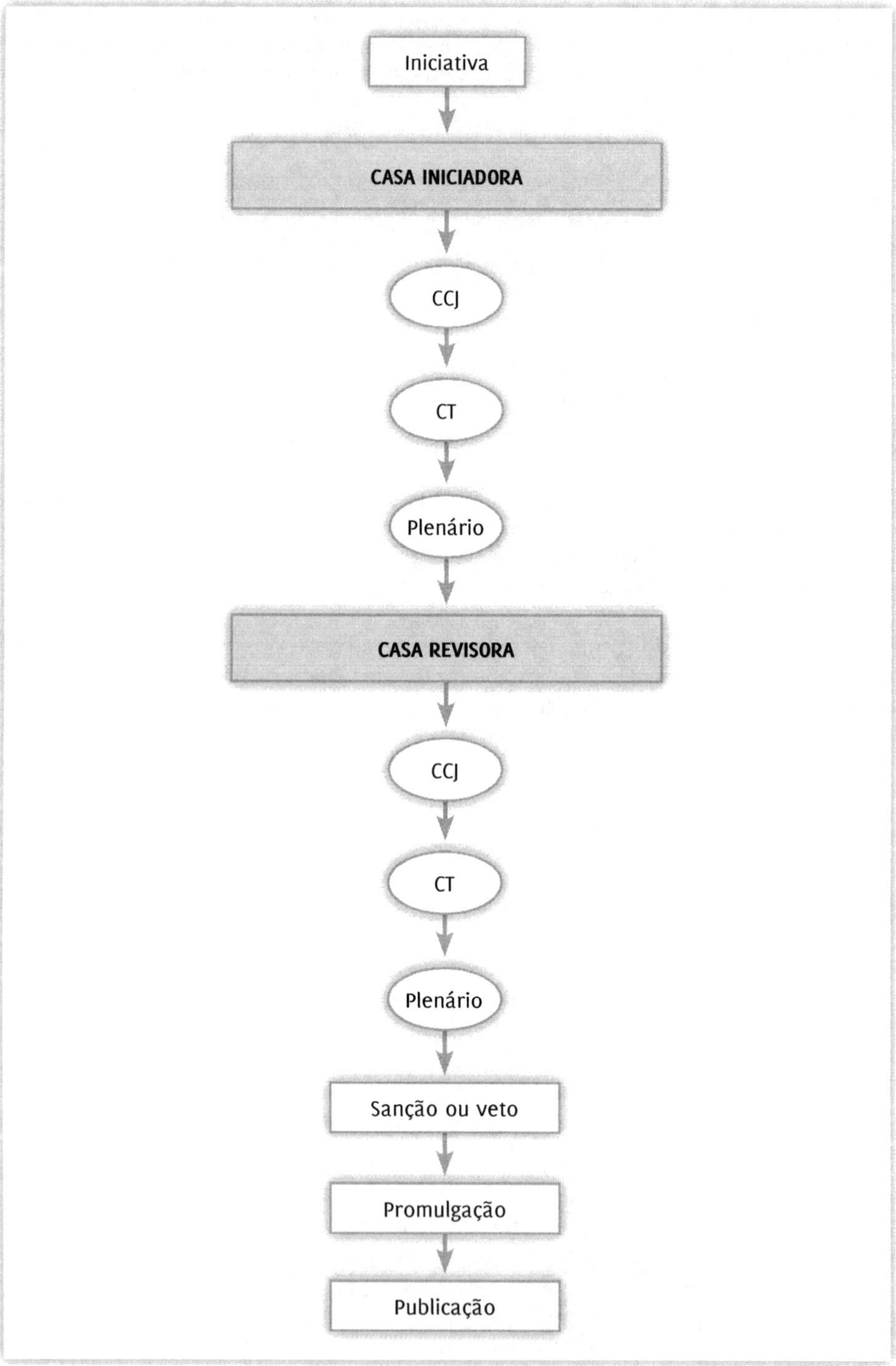
Iniciativa
CASA INICIADORA
CCJ
CT
Plenário
CASA REVISORA
CCJ
CT
Plenário
Sanção ou veto
Promulgação
Publicação

1.2.5.5. *Processo legislativo sumário, abreviado ou em regime de urgência - PLS*

O processo legislativo sumário é aquele caracterizado pela **solicitação de urgência** do Chefe do Executivo nos projetos de lei **de sua iniciativa** (não necessariamente privativa, ou seja, pode ser em projeto de iniciativa geral, concorrente ou comum), nos termos do art. 64, § 1º, da CF.

Solicitada a urgência pelo Presidente da República, a Câmara dos Deputados e o Senado Federal deverão se manifestar sobre a proposição, cada qual, sucessivamente, **em até 45 dias**.

Vale destacar que esse prazo de 45 dias **não corre nos períodos de recesso do Congresso Nacional, nem se aplica aos projetos de código** (art. 64, § 4º, da CF)

Caso a Câmara ou o Senado não se manifestem no prazo, **sobrestar-se-ão todas as demais deliberações legislativas da respectiva Casa (trancamento da pauta)**, com exceção das que tenham prazo constitucional determinado (a exemplo das medidas provisórias), até que se ultime (termine) a votação, consoante art. 64, § 2º, da CF.

No processo legislativo sumário, a apreciação das **emendas parlamentares** do Senado Federal pela Câmara dos Deputados deverá ser feita no prazo de **10 dias** (art. 64, § 3º, da CF).

Todo esse trâmite recebe o apelido **"procedimento dos 100 dias"** (45 dias na Câmara dos Deputados + 45 dias no Senado Federal + 10 dias referentes às emendas parlamentares = 100 dias).

> ▶ **ATENÇÃO!**
>
> O apelido **"procedimento dos 100 dias"** é bom porque compreende todas as possibilidades do trâmite nas Casas do Legislativo. Entretanto, vale destacar que, **caso não haja emenda, o procedimento terá apenas 90 dias.**

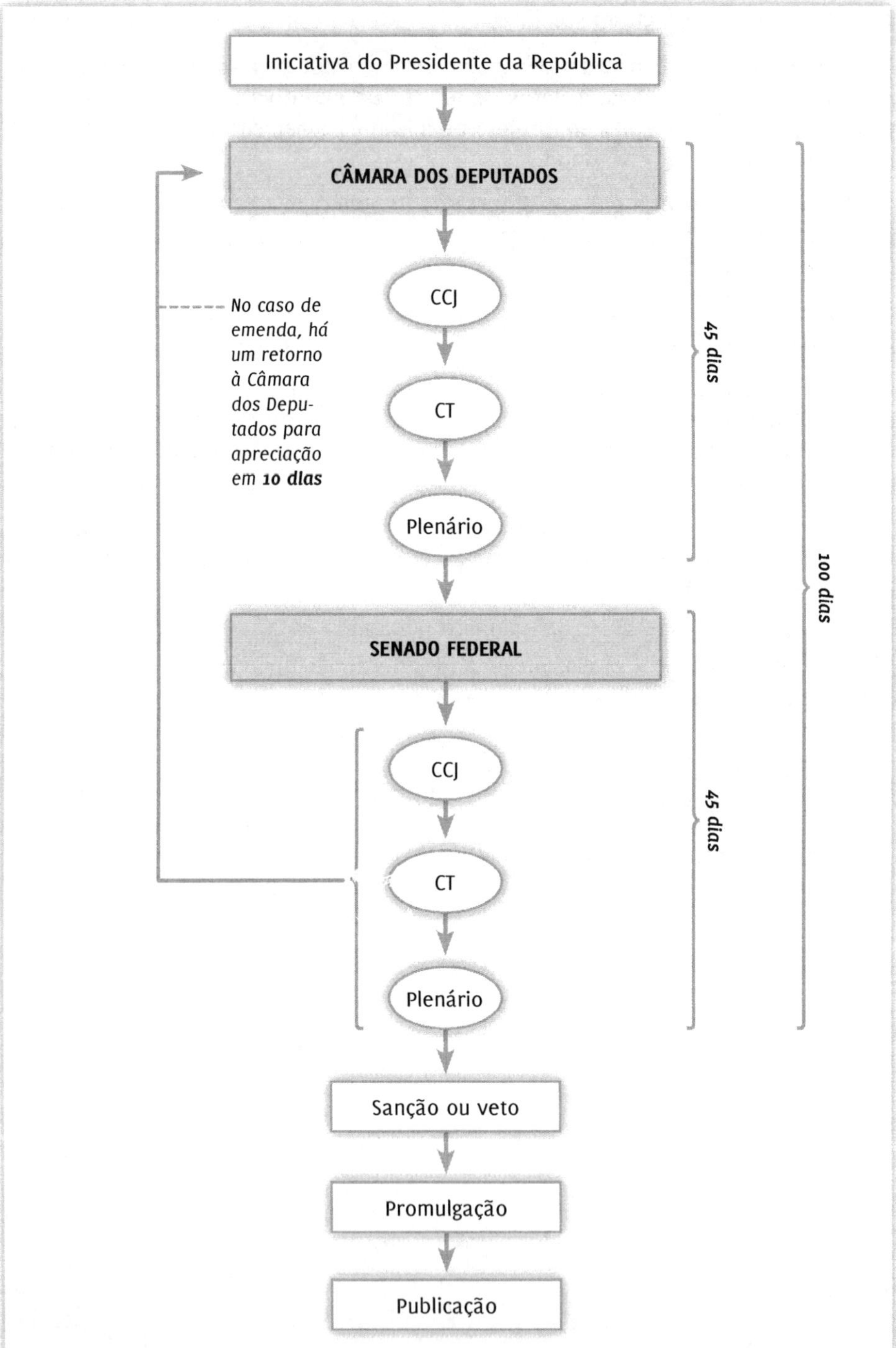
Iniciativa do Presidente da República
CÂMARA DOS DEPUTADOS
CCJ
CT
Plenário
No caso de emenda, há um retorno à Câmara dos Deputados para apreciação em 10 dias
45 dias
100 dias
SENADO FEDERAL
CCJ
CT
Plenário
45 dias
Sanção ou veto
Promulgação
Publicação

1.2.5.6. *Processo legislativo especial de lei delegada*

A lei delegada representa uma **exceção ao princípio da indelegabilidade** das funções típicas de um órgão a outro.[20] Isso porque é aquela que se materializa a partir da delegação da função típica de legislar do Poder Legislativo para o Poder Executivo (Presidente da República), consoante art. 68, *caput*, da CF.

A delegação ocorre a partir de um pedido do Presidente da República por mensagem especial ao Presidente do Congresso Nacional, que indica o assunto a ser abordado na futura lei delegada[21]. Esse pedido recebe o nome de **iniciativa solicitadora**.

Recebendo a iniciativa solicitadora e concordando com ela[22], o Presidente do Congresso Nacional emite uma **resolução especificando o conteúdo e os termos do exercício da delegação** (art. 68, § 2º, da CF).[23]

Entende-se por **termo de exercício**, por exemplo, o prazo que o Presidente da República terá para legislar por delegação, que nunca pode ser superior a uma legislatura.

Também pode ser considerado **termo de exercício a condição de que o projeto de lei tenha que ser apreciado pelo Congresso Nacional.** Nesse caso, o Congresso o fará em **votação única**, vedada qualquer emenda parlamentar (art. 68, § 3º, da CF). A reunião do Congresso é conjunta, mas as votações são em separado, exigindo-se maioria simples dos votos em cada Casa.[24]

Havendo ou não apreciação do Congresso Nacional, fica dispensada a etapa de sanção ou veto (pois não seria lógico supor que o Presidente da República pudesse vetar um projeto de lei elaborado por ele mesmo) e passa-se à etapa da promulgação, com posterior publicação.

Por fim, vale notar que, consoante art. 68, § 1º, da CF, **não serão objeto de delegação:**

a) os atos de competência exclusiva do Congresso Nacional;

b) os atos competência privativa da Câmara dos Deputados;

c) os atos de competência privativa do Senado Federal;

---

20. Diferentemente das Medidas Provisórias, que são exercício de função atípica do Poder Executivo, que cria ato normativo com força de lei diante dos requisitos de urgência e relevância.
21. O pedido é requisito indispensável da delegação. O Congresso Nacional não pode fazer delegação de ofício.
22. Nada impede que o pedido de delegação seja negado, afinal vige o princípio da separação de poderes (art. 2º da CF).
23. Se o Presidente da República praticar atos que exorbitem os limites da resolução de delegação, o Congresso Nacional poderá sustá-los (art. 49, V, da CF).
24. NOVELINO, Marcelo. *Op. Cit.* p. 832.

d) as matérias reservada à Lei Complementar;

e) leis sobre: i. organização do Poder Judiciário e do Ministério Público, a carreira e a garantia de seus membros; ii. nacionalidade, cidadania, direitos individuais, políticos e eleitorais; e iii. planos plurianuais, diretrizes orçamentárias e orçamentos.

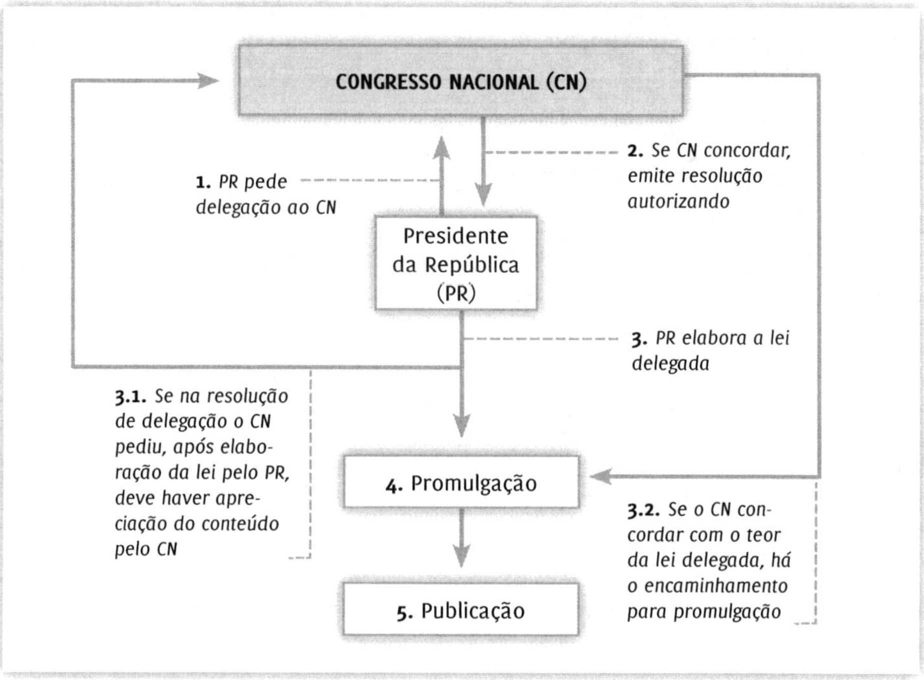

1.2.5.7. *Processo legislativo especial de Decretos Legislativos e Resoluções*

Decreto Legislativo é um ato normativo que tem por objetivo veicular matéria de competência exclusiva do Congresso Nacional. (Art. 49 da CF).

Já a Resolução é uma espécie normativa que tem por objetivo veicular matéria das competências privativas da Câmara dos Deputados (Art. 51 da CF) e do Senado Federal (Art. 52 da CF).

O procedimento para a edição de Resoluções e Decretos Legislativos não está previsto na Constituição Federal. Na prática seguem-se os Regimentos Internos do Congresso Nacional.

Por essa razão, o tema não é explorado nas provas para Tribunais e MPU.

1.2.5.8. *Processo legislativo especial de emendas constitucionais*

Emenda constitucional é o ato normativo que altera a Constituição.

O processo legislativo para edição de emenda constitucional é repleto de detalhes que merecem um estudo cuidadoso.

a) Iniciativa

A iniciativa para a criação de emenda à Constituição é restrita. Nos termos do art. 60 da CF, a Constituição somente "poderá ser emendada mediante proposta: I - de **um terço**, no mínimo, dos membros da Câmara dos Deputados ou do Senado Federal; II - do **Presidente da República**; III - de **mais da metade das Assembleias Legislativas das unidades da Federação**, manifestando-se, cada uma delas, pela maioria relativa de seus membros". (grifos nossos)

▸ EMENDA À CONSTITUIÇÃO A CONSTITUIÇÃO PODERÁ SER EMENDADA MEDIANTE PROPOSTA:
1. De 1/3, no mínimo, dos **membros da Câmara dos Deputados ou do Senado Federal** (nunca Congressista sozinho)
2. Do **Presidente da República**
3. De **mais da metade** das Assembleias Legislativas das unidades da Federação, manifestando-se, **cada uma delas**, pela **maioria relativa** (maioria simples) de seus membros

> ▸ ATENÇÃO!
> O texto constitucional **não admite a iniciativa popular** para proposta de emenda à Constituição (ainda que alguns doutrinadores a defendam[25]).

Vale lembrar que a Constituição "não poderá ser emendada na vigência de intervenção federal, de estado de defesa ou de estado de sítio" (art. 60, § 1º, da CF), pois essas são **limitações circunstanciais** ao poder constituinte reformador.

Ademais, nos termos do art. 60, § 4º, da CF, "não será objeto de deliberação a proposta de emenda tendente a abolir: I - a forma federativa de Estado; II - o voto direto, secreto, universal e periódico; III - a separação dos Poderes; IV - os direitos e garantias individuais", que representam **limitações materiais ou substanciais** à reforma da Constituição.[26]

25. Por todos, SILVA, José Afonso da. *Op. Cit.*, p. 56-57.
26. Mais detalhes no item 2.3. do capítulo I deste livro.

b) Discussão/debate e c) Deliberação/votação

Consoante art. 60, § 2º, da CF, a proposta de emenda constitucional (PEC) será discutida e votada em cada Casa do Congresso Nacional, em **2 turnos**, considerando-se aprovada se obtiver, em ambos, **3/5 dos votos dos respectivos membros** (o que se denomina de **maioria qualificada**).

No processo legislativo especial de Emenda à Constituição também incide o princípio da irrepetibilidade, pois a **matéria** constante de proposta de emenda rejeitada ou havida por prejudicada não pode ser objeto de nova proposta na mesma **sessão legislativa**. (art. 60, § 5º, da CF)

> ▸ ATENÇÃO!
>
> No processo legislativo ordinário, se houver proposta da maioria absoluta dos membros de qualquer das Casas do Congresso Nacional, a matéria constante de projeto de lei rejeitado poderá constituir objeto de novo projeto, vencendo, pois o princípio da irrepetibilidade. Entretanto, essa possibilidade não existe para a matéria constante de proposta de emenda à Constituição rejeitada ou havida por prejudicada, ou seja, **não se pode afastar o princípio da irrepetibilidade.**

d) Sanção ou veto

> ▸ ATENÇÃO!
>
> As emendas à Constituição **não se submetem** à etapa de sanção ou veto, pois representam manifestação do poder constituinte derivado.[27]

e) Promulgação e f) Publicação

Depois de aprovada em votação, a emenda à Constituição será **promulgada** pelas Mesas da Câmara dos Deputados e do Senado Federal, **com o respectivo número de ordem** (art. 60, § 3º, da CF).

> ▸ ATENÇÃO!
>
> A emenda à Constituição será **promulgada pelas Mesas da Câmara dos Deputados e do Senado Federal** (não pelo Presidente da República, como ocorre no processo legislativo ordinário).

Ato contínuo à promulgação procede-se à publicação no Diário Oficial.

27. Mais detalhes no capítulo I deste livro.

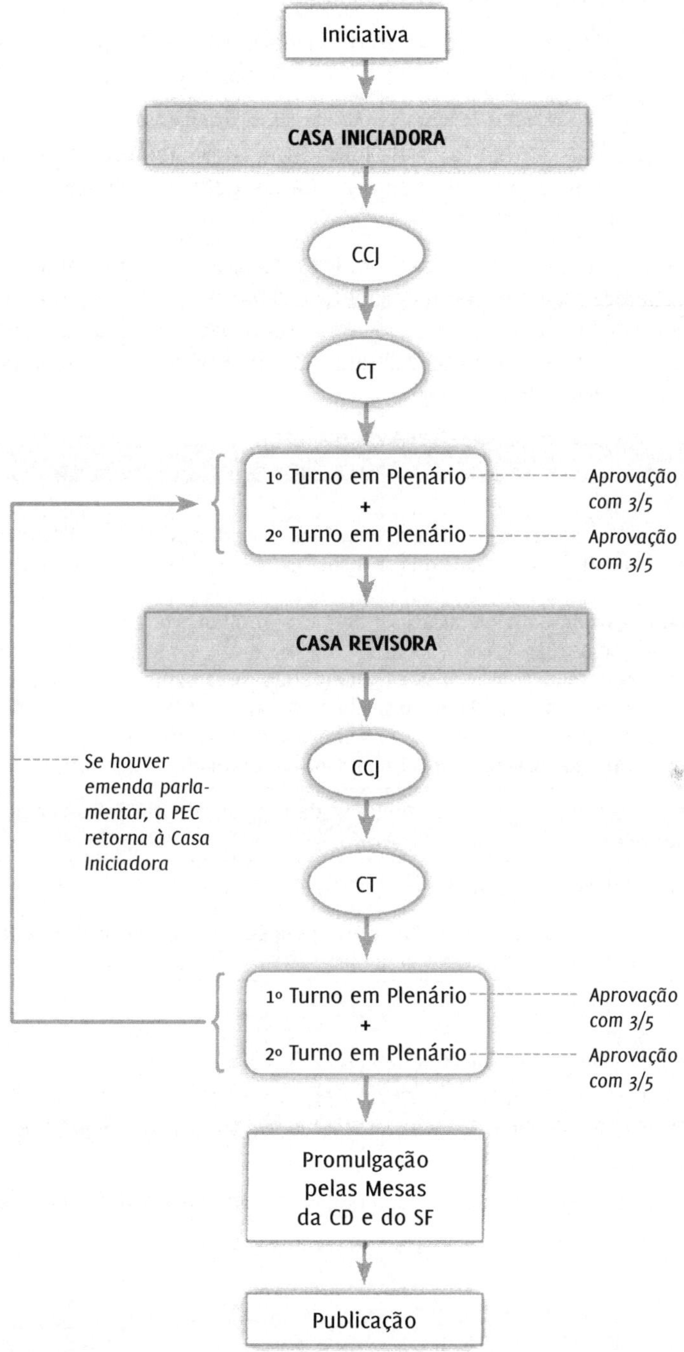
Iniciativa
CASA INICIADORA
CCJ
CT
1º Turno em Plenário
+
2º Turno em Plenário
Aprovação com 3/5
Aprovação com 3/5
CASA REVISORA
Se houver emenda parlamentar, a PEC retorna à Casa Iniciadora
CCJ
CT
1º Turno em Plenário
+
2º Turno em Plenário
Aprovação com 3/5
Aprovação com 3/5
Promulgação pelas Mesas da CD e do SF
Publicação

1.2.5.9. *Processo legislativo especial de medidas provisórias*

Medida provisória é o ato normativo de **vigência não definitiva** que permite o **exercício atípico da função legislativa pelo Poder Executivo** nos **casos de relevância e urgência**[28].

As medidas provisórias têm **força de lei** e devem ser **submetidas ao Congresso Nacional imediatamente** após terem sido adotadas pelo Presidente da República (art. 62, *caput*, da CF).

Com o objetivo de coibir a excessiva edição de medidas provisórias, **o art. 62, § 1º, da CF estabelece algumas vedações.** Para facilitar a memorização e auxiliar na resolução de questões objetivas nos concursos para Tribunais e MPU, preparamos um quadro com o dispositivo supracitado em sua integralidade com destaques para os trechos mais importantes.

▶ ART. 62, § 1º. É vedada a edição de medidas provisórias sobre matéria
I – relativa a: a) nacionalidade, cidadania, direitos políticos, partidos políticos e **direito eleitoral**; b) direito penal, processual penal e processual civil **(Cuidado! Não inclui direito civil)**; c) **organização** do Poder Judiciário e do Ministério Público, a carreira e a garantia de seus membros; d) planos plurianuais, diretrizes orçamentárias, orçamento e créditos adicionais e suplementares, **ressalvado o previsto no art. 167, § 3º (abertura de crédito extraordinário para atender a despesas imprevisíveis e urgentes, como as decorrentes de guerra, comoção interna ou calamidade pública)**;
II – que vise a detenção ou sequestro de bens, de poupança popular **ou qualquer outro ativo financeiro**;
III – reservada a **lei complementar**;
IV – **já disciplinada em projeto de lei** aprovado pelo Congresso Nacional e **pendente de sanção ou veto** do Presidente da República.

> ▶ **ATENÇÃO PARA AS PEGADINHAS CLÁSSICAS!**
>
> **Não é vedada** a edição de medidas provisórias para a criação de **normas gerais de licitações e contratos administrativos** ou para **aumento de alíquota de imposto.**

Estudados os requisitos e vedações, passamos à análise da vigência e da eficácia das medidas provisórias.

28. Relevância e urgência podem ser entendidas como requisitos das medidas provisórias.

> ▸ **CUIDADO!**
>
> O art. 62 da CF não prima por clareza e cronologia. Por isso, não se aventure por seus dispositivos. Procure seguir a ordem que estabelecemos na sequência. Vamos lá!

1. A partir da **publicação** da medida provisória, o Congresso Nacional (mediante votação em suas duas Casas) tem **até 120 dias para apreciá-la**. Isso porque a medida provisória **perderá a eficácia se não for convertida em lei no prazo de 60 dias, prorrogável uma vez por igual prazo** (60+60). Vale notar que esses **prazos ficam suspensos durante o recesso do Congresso Nacional** (art. 62, § 4º, da CF), de modo que, na prática, pode até acontecer de uma medida provisória ter vigência por mais de 120 dias.

2. Assim que chega ao Congresso Nacional, a medida provisória é apreciada por uma **Comissão mista de Deputados e Senadores**, que emitirá um **parecer** contendo juízo prévio sobre o atendimento de seus pressupostos constitucionais (art. 62, §§ 5º e 9º, da CF).

3. Em seguida, a medida provisória será analisada pelos plenários de cada uma das Casas do Congresso, **iniciando-se pela Câmara dos Deputados** (art. 62, §§ 7º e 8º, da CF).

Se a medida provisória não for apreciada em **até 45 dias** contados de sua publicação, entrará em **regime de urgência**, subsequentemente, **em cada Casa do Congresso Nacional**, ficando sobrestadas, até que se ultime a votação, todas as demais deliberações legislativas da Casa em que estiver tramitando **(trancamento de pauta)**.[29]

4. Submetida ao Congresso Nacional, a medida provisória pode: **4.1.** ser aprovada; **4.2.** ser rejeitada expressamente; **4.3.** não ser votada no prazo de 120 dias (60+60); **4.4.** ser alterada.

   4.1. Havendo **aprovação** no Congresso Nacional (o que deve ocorrer **em cada uma das Casas por maioria simples ou relativa**), a medida provisória **se torna lei**, com posterior promulgação pelo Presidente do Congresso Nacional.

   4.2. Se houver **rejeição expressa** na Câmara dos Deputados ou no Senado Federal, a medida provisória **perderá vigência e eficácia** no mesmo instante, com a geração de **efeitos retroativos/*ex tunc*** (ou seja, como se a medida provisória nunca tivesse sido editada). Nesse caso, o Congresso Nacional terá **60 dias para expedir um decreto legislativo** que discipline as relações jurídicas decorrentes do período em que a medida

29. Se a medida provisória ainda estiver na Câmara dos Deputados, haverá o trancamento da pauta desta Casa e, por consequência, haverá também o trancamento da pauta do Senado Federal assim que a medida provisória chegar por lá. Portanto, o trancamento da pauta é por Casa.

provisória teve vigência (art. 62, § 3º, da CF). Se o **decreto legislativo não for editado no prazo de 60 dias** após a rejeição, **ficarão mantidos os efeitos gerados** em relações jurídicas constituídas e decorrentes de atos praticados no período em que a medida provisória vigeu.

4.3. **Não havendo votação** no prazo de até 120 dias (60+60), ocorrerá a **rejeição tácita**, que tem as mesas consequências da rejeição expressa, ou seja, a medida provisória **perderá vigência e eficácia**, com a geração de **efeitos retroativos/*ex tunc*** (ou seja, como se a medida provisória nunca tivesse sido editada). Da mesma forma, o Congresso Nacional terá **60 dias para expedir um decreto legislativo** que discipline as relações jurídicas decorrentes do período em que a medida provisória teve vigência (art. 62, § 3º, da CF). Ainda seguindo o mesmo que ocorre com a rejeição expressa, se o **decreto legislativo não for editado no prazo de 60 dias** após a rejeição tácita, **ficarão mantidos os efeitos gerados** em relações jurídicas constituídas e decorrentes de atos praticados no período em que a medida provisória vigeu (60+60 dias)[30]

4.4. Proposta alguma emenda parlamentar que altere o texto original da medida provisória, cria-se o que se chama de **projeto de lei de conversão**[31]. Curiosamente, o projeto de lei de conversão ganha vida própria e passa a seguir o trâmite do processo legislativo ordinário, ou seja, apresentada emenda parlamentar em uma Casa, o projeto de lei deve ser remetido para a outra Casa e, em seguida, a sanção ou veto pelo Presidente da República (etapa que normalmente não existe no processo especial de medida provisória). Enquanto o trâmite do projeto de lei de conversão é realizado, a medida provisória se mantém em vigor até que ocorra a sanção ou o veto do projeto de lei de conversão (art. 62, § 12, da CF). Havendo veto ao projeto de lei de conversão, a medida provisória perde vigência e eficácia, devendo ser editado Decreto Legislativo[32] para regular os efeitos que ela gerou. Se o projeto de lei de conversão for aprovado, também deverá ser editado Decreto

30. O processo legislativo das medidas provisórias que estamos estudando é fruto de uma profunda alteração constitucional promovida pela Emenda Constitucional 32/2001. Antes dessa mudança, as medidas provisórias perdiam a eficácia se não convertidas em lei no prazo de 30 dias, mas, podiam ser reeditadas infinitas vezes. Essa situação acabavam fazendo das medidas provisórias um instrumento de inovação ou alteração normativa com caráter de definitividade, contrariando a ideia da medida provisória de, como o próprio nome revela, ser provisória. Essa explicação tem o condão de justificar a **Súmula Vinculante 54**, cujo conteúdo é: **"A medida provisória não apreciada pelo Congresso Nacional podia, até a Emenda Constitucional 32/2001, ser reeditada dentro do seu prazo de eficácia de trinta dias, mantidos os efeitos de lei desde a primeira edição"**. Apesar dessa Súmula Vinculante não se referir às regras constitucionais atuais, ela ainda gera muita repercussão em relação a fatos pretéritos e, por essa razão é que foi editada. Enfim, o fato é que ela deve ser compreendida e memorizada, pois tende a aparecer nas provas!
31. Essa matéria é regida pela Resolução 01/2002 do Congresso Nacional.
32. Respeitando-se o prazo de 60 dias do art. 62, § 3º e as regras do art. 62, § 11, todos da CF.

Legislativo[33], pois deverão ser regrados os efeitos gerados pelos trechos da medida provisória que não foram contemplados no projeto de lei de conversão (ou seja, que foram objeto de emenda parlamentar).

▶ ATENÇÃO PARA UMA CLÁSSICA QUESTÃO DE PROVA!

É **vedada a reedição,** na mesma **sessão legislativa,** de medida provisória que tenha sido **rejeitada** ou que tenha **perdido sua eficácia por decurso de prazo** (art. 62, § 10, da CF).

Encerrando a disciplina das medidas provisórias, destacamos o art. 62, § 2º, da CF, segundo o qual, **medida provisória que implique instituição ou majoração de impostos, exceto** os previstos nos arts. 153, I (imposto de importação), II (imposto de renda), IV (imposto sobre produtos industrializados), V (imposto sobre operações de crédito, câmbio e seguro, ou relativas a títulos imobiliários), e 154, II (imposto extraordinário na iminência ou no caso de guerra externa), só produzirá **efeitos no exercício financeiro seguinte** se houver sido **convertida em lei até o último dia daquele em que foi editada.**

33. Também respeitando-se o prazo de 60 dias do art. 62, § 3º e as regras do art. 62, § 11, todos da CF.

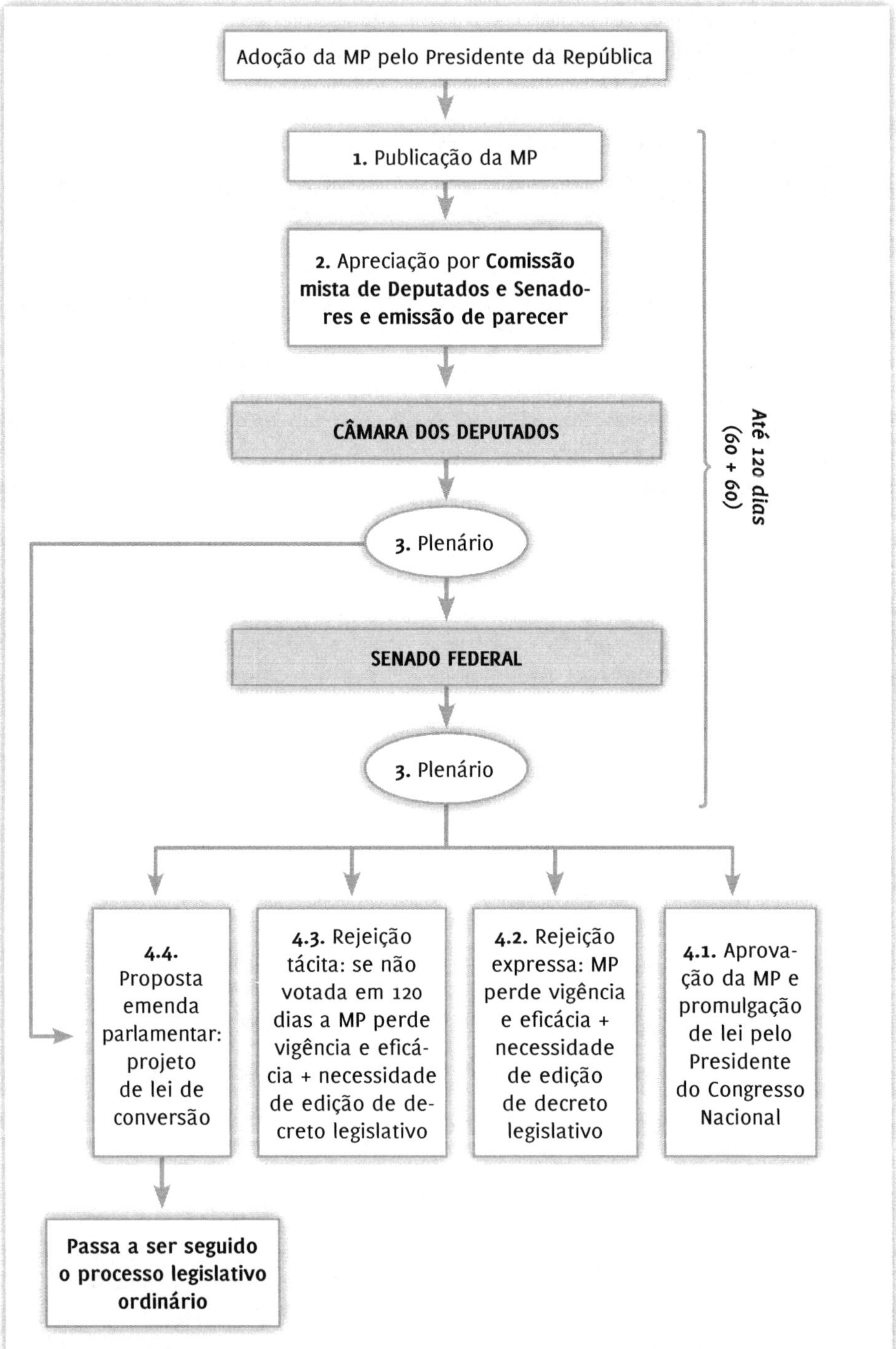
Adoção da MP pelo Presidente da República
1. Publicação da MP
2. Apreciação por Comissão mista de Deputados e Senadores e emissão de parecer
CÂMARA DOS DEPUTADOS
3. Plenário
SENADO FEDERAL
3. Plenário
Até 120 dias (60 + 60)
4.4. Proposta emenda parlamentar: projeto de lei de conversão
4.3. Rejeição tácita: se não votada em 120 dias a MP perde vigência e eficácia + necessidade de edição de decreto legislativo
4.2. Rejeição expressa: MP perde vigência e eficácia + necessidade de edição de decreto legislativo
4.1. Aprovação da MP e promulgação de lei pelo Presidente do Congresso Nacional
Passa a ser seguido o processo legislativo ordinário

1.2.6. *Fiscalização contábil, financeira e orçamentária do Legislativo da União ou Federal*

De acordo com o que já aprendemos, o Poder Legislativo exerce duas funções **típicas ou principais: a)** inovação da ordem jurídica por meio do processo legislativo (artigos 59 a 69 da CF) e **b)** fiscalização contábil, financeira e orçamentária (artigos 70 a 75 da CF).

Uma vez que já exploramos a inovação da ordem jurídica por meio do processo legislativo é chegado o momento de estudarmos a função típica de fiscalização contábil, financeira e orçamentária do Legislativo da União ou federal, que se subdivide em: **1. fiscalização interna;** e **2. fiscalização externa.**

Consoante art. 70 da CF, "a fiscalização contábil, financeira, orçamentária, operacional e patrimonial da União e das entidades da administração direta e indireta, quanto à legalidade, legitimidade, economicidade, aplicação das subvenções e renúncia de receitas, será **exercida pelo Congresso Nacional**, mediante **controle externo,** e pelo sistema de **controle interno** de cada Poder". (grifos nossos)

Para a materialização da fiscalização, "prestará contas qualquer pessoa física ou jurídica, pública ou privada, que utilize, arrecade, guarde, gerencie ou administre dinheiros, bens e valores públicos ou pelos quais a União responda, ou que, em nome desta, assuma obrigações de natureza pecuniária" (art. 70, parágrafo único da CF).

1.2.6.1. *Fiscalização interna*

Nos termos do art. 74 da CF, "os Poderes Legislativo, Executivo e Judiciário manterão, de forma integrada, **sistema de controle interno** com a finalidade de: **I** - avaliar o **cumprimento das metas** previstas no plano plurianual, a execução dos programas de governo e dos orçamentos da União; **II** - comprovar a legalidade e avaliar os resultados, quanto à eficácia e eficiência, da **gestão orçamentária, financeira e patrimonial** nos órgãos e entidades da administração federal, bem como da aplicação de recursos públicos por entidades de direito privado; **III** - exercer o **controle das operações de crédito,** avais e garantias, bem como dos **direitos e haveres da União**; e **IV** - **apoiar o controle externo** no exercício de sua missão institucional". (grifos nossos)

Na prática, a fiscalização interna[34] é exercida pelas **corregedorias,** que controlam o exercício profissional, e pelas **ouvidorias,** que têm contato permanente com a população.

A partir da fiscalização interna pode ser desencadeada a fiscalização externa, pois nos termos do art. 74, §§ 1º e 2º da CF, os responsáveis pelo controle interno, ao tomarem conhecimento de qualquer irregularidade ou ilegalidade, dela **darão ciência ao Tribunal de Contas da União,** sob pena de responsabilidade solidária; e qualquer

---

34. Ou **controle interno,** nos termos da Constituição.

cidadão, partido político, associação ou sindicato é parte legítima para, na forma da lei, **denunciar irregularidades ou ilegalidades perante o Tribunal de Contas da União.**

> ▶ **ATENÇÃO!**
> O Cespe explora o detalhe de somente o **cidadão** (e não qualquer brasileiro nato ou naturalizado) ter o poder para denunciar irregularidades perante o TCU!

1.2.6.2. *Fiscalização externa*

A fiscalização externa[35] é realizada por meio de órgãos de auxílio. No âmbito da União ou Federal esse papel cabe ao **Tribunal de Contas da União – TCU.**

Há muita discussão sobre a natureza jurídica do Tribunal de Contas, mas é certo que **o TCU não é órgão do Poder Legislativo,** apesar de auxiliá-lo, **nem do Poder Judiciário,** apesar de ter competência para julgar contas.

Em verdade, o TCU é um **órgão autônomo** cuja existência e atividade encontram respaldo diretamente no texto constitucional.

Quanto à estrutura e ao funcionamento, o TCU tem **sede no Distrito Federal, quadro próprio** de pessoal e **jurisdição**[36] **em todo o território nacional** (art. 73, *caput*, da CF).

Nos termos do art. 73, § 1º, da CF, O TCU é composto por **9 Ministros,** que deverão ter:

> **I – mais de 35 e menos de 70 anos** de idade;
>
> **II – idoneidade moral** e **reputação ilibada;**
>
> **III – notórios conhecimentos** jurídicos, contábeis, econômicos e financeiros **ou** de Administração Pública;
>
> **IV – mais de 10 anos** de exercício de função ou de efetiva atividade profissional que exija os conhecimentos mencionados no inciso anterior.

Desses 9, **3 Ministros serão escolhidos pelo Presidente da República,** com aprovação do Senado Federal, sendo 2, alternadamente, dentre auditores e membros do Ministério Público junto ao Tribunal, indicados em lista tríplice pelo Tribunal, segundo os critérios de antiguidade e merecimento; e **6 Ministros serão escolhidos pelo Congresso Nacional** (art. 73, § 2º, da CF).

Para que existam independência e liberdade no exercício de tão importante função, os Ministros do TCU **terão as mesmas garantias, prerrogativas, impedimentos, vencimentos e vantagens dos Ministros do STJ,** aplicando-se a eles, quanto à

---

35. Ou **controle externo,** nos termos da Constituição.
36. A expressão **jurisdição** não é muito apropriada, mas é a utilizada pela CF e, portanto, a que deve aparecer nas provas. De toda forma, melhor seria a utilização da expressão **atribuição.**

aposentadoria e pensão, o regime dos servidores públicos civis (art. 73, § 3º, da CF). Ademais, o **auditor, quando em substituição a Ministro**, terá as **mesmas garantias e impedimentos do titular** e, quando no exercício das **demais atribuições da judicatura**, as de **juiz de Tribunal Regional Federal** (art. 73, § 4º, da CF).

> ▸ **ATENÇÃO PARA A PEGADINHA!**
>
> As garantias, prerrogativas, impedimentos, vencimentos e vantagens dos Ministros do TCU serão equivalentes às dos Ministros do **STJ**, não do STF.

O art. 71 da CF traz as competências do TCU, tema muito lembrado nas provas para Tribunais e MPU. Por essa razão, adotaremos a mesma estratégia de outros tópicos: transcreveremos o art. 71 da CF com alguns destaques.

▸ **ART. 71. O controle externo, a cargo do Congresso Nacional, será exercido com o auxílio do Tribunal de Contas da União, ao qual compete:**
I - **apreciar as contas prestadas anualmente pelo Presidente da República**, mediante **parecer prévio** que deverá ser elaborado em **60 dias** a contar de seu recebimento;
II - **julgar as contas** dos administradores e demais responsáveis por **dinheiros, bens e valores públicos** da administração direta e indireta, incluídas as fundações e sociedades instituídas e mantidas pelo Poder Público federal, e as contas daqueles que derem causa a perda, extravio ou outra irregularidade de que resulte prejuízo ao erário público; ▸ **ATENÇÃO!** O Plenário do STF, no julgamento do MS 25.092, firmou o entendimento de que **as sociedades de economia mista e as empresas públicas estão sujeitas à fiscalização do TCU.** "Ao TCU compete julgar as contas dos administradores e demais responsáveis por dinheiros, bens e valores públicos da administração direta e indireta, incluídas as fundações e sociedades instituídas e mantidas pelo Poder Público federal, e as contas daqueles que derem causa a perda, extravio ou outra irregularidade de que resulte prejuízo ao erário (CF, art. 71, II; Lei 8.443, de 1992, art. 1º, I). As empresas públicas e as sociedades de economia mista, integrantes da administração indireta, estão sujeitas à fiscalização do Tribunal de Contas, não obstante os seus servidores estarem sujeitos ao regime celetista." (MS 25.092, Rel. Min. Carlos Velloso, julgamento em 10-11-2005, Plenário, DJ de 17-3-2006.)
III - **apreciar, para fins de registro, a legalidade dos atos de admissão de pessoal**, a qualquer título, na administração direta e indireta, incluídas as fundações instituídas e mantidas pelo Poder Público, **excetuadas** as nomeações para cargo de provimento em comissão, bem como a das concessões de aposentadorias, reformas e pensões, ressalvadas as melhorias posteriores que não alterem o fundamento legal do ato concessório;
IV - realizar, por iniciativa própria, da Câmara dos Deputados, do Senado Federal, de Comissão técnica ou de inquérito, **inspeções e auditorias de natureza contábil, financeira, orçamentária, operacional e patrimonial, nas unidades administrativas dos Poderes Legislativo, Executivo e Judiciário, e demais entidades referidas no inciso II;**

▸ **ART. 71. O controle externo, a cargo do Congresso Nacional, será exercido com o auxílio do Tribunal de Contas da União, ao qual compete:**
V – **fiscalizar as contas nacionais das empresas supranacionais de cujo capital social a União participe**, de forma direta ou indireta, nos termos do tratado constitutivo;
VI – **fiscalizar a aplicação de quaisquer recursos repassados pela União** mediante convênio, acordo, ajuste ou outros instrumentos congêneres, a Estado, ao Distrito Federal ou a Município;
VII – **prestar as informações solicitadas pelo Congresso Nacional**, por qualquer de suas Casas, ou por qualquer das respectivas Comissões, sobre a fiscalização contábil, financeira, orçamentária, operacional e patrimonial e sobre resultados de auditorias e inspeções realizadas;
VIII – **aplicar** aos responsáveis, em caso de ilegalidade de despesa ou irregularidade de contas, **as sanções previstas em lei**, que estabelecerá, entre outras cominações, **multa proporcional ao dano causado ao erário**;
IX – **assinar prazo** para que o órgão ou entidade adote as providências necessárias ao exato cumprimento da lei, se verificada ilegalidade;
X – sustar, se não atendido, a execução do ato impugnado, comunicando a decisão à Câmara dos Deputados e ao Senado Federal;
XI – **representar ao Poder competente** sobre irregularidades ou abusos apurados.
§ 1º - No caso de **contrato**, o **ato de sustação será adotado diretamente pelo Congresso Nacional**, que solicitará, de imediato, ao Poder Executivo as medidas cabíveis.
§ 2º - Se o Congresso Nacional ou o Poder Executivo, no **prazo de 90 dias**, não efetivar as medidas previstas no parágrafo anterior, **o Tribunal decidirá** a respeito.
§ 3º - As decisões do Tribunal de que resulte imputação de débito ou multa terão **eficácia de título executivo**.
§ 4º - O Tribunal encaminhará ao Congresso Nacional, **trimestral e anualmente, relatório** de suas atividades.

Vale lembrar que, de acordo com a **Súmula Vinculante 3**, "nos processos perante o TCU asseguram-se o contraditório e a ampla defesa quando da decisão puder resultar anulação ou revogação de ato administrativo que beneficie o interessado, excetuada a apreciação da legalidade do ato de concessão inicial de aposentadoria, reforma e pensão."

No exercício da fiscalização externa, o TCU conta com a **ajuda da Comissão permanente de Senadores e Deputados**, que examina e emite parecer sobre os projetos de lei relativos ao plano plurianual, às diretrizes orçamentárias, ao orçamento anual e aos créditos adicionais e a respeito das contas apresentadas anualmente pelo Presidente da República (art. 72, *caput*, c.c. art. 166, § 1º, ambos da CF).

Diante de **indícios de despesas não autorizadas, ainda que sob a forma de investimentos não programados ou de subsídios não aprovados**, a Comissão mista permanente de Senadores e Deputados poderá solicitar à autoridade governamental responsável que, no prazo de 5 dias, preste os esclarecimentos necessários. Não prestados os esclarecimentos, ou considerados estes insuficientes, a Comissão **solicitará ao TCU pronunciamento conclusivo sobre a matéria, no prazo de 30 dias. Entendendo o TCU irregular a despesa, a Comissão,** se julgar que o gasto possa causar dano irreparável ou grave lesão à economia pública, **proporá ao Congresso Nacional sua sustação** (art. 72, *caput* e §§ 1º e 2º, da CF).

1.3. Legislativo dos Estados-membros

A Constituição Federal não disciplinou o Legislativo dos Estados-membros com o mesmo nível de detalhamento do Legislativo Federal ou da União.

Por isso, **nos pontos em que não houver normas especiais expressas para o Legislativo dos Estados-membros aplica-se, no que for compatível, o regramento fixado para o Legislativo da União ou Federal.**

Deve ainda ser lembrado o **princípio da simetria ou parametricidade,** segundo o qual as normas de organização do Estado dispostas na Constituição Federal e válidas para a União devem ser reproduzidas nas Constituições Estaduais e aplicadas aos Estados-membros.

1.3.1. *Organização, funcionamento e composição*

Diferentemente do que ocorre no Poder Legislativo da União ou federal, em que vige o bicameralismo, no Poder Legislativo dos Estados-membros adota-se o **unicameralismo.**

As Casas legislativas de cada um dos Estados-membros recebem a denominação de **Assembleias Legislativas.**

Cada Assembleia Legislativa tem **competência para dispor sobre seu regimento interno, polícia e serviços administrativos de sua secretaria e prover os respectivos cargos** (art. 27, § 3º, da CF).

As Assembleias Legislativas são **compostas por representantes do povo eleitos pelo sistema proporcional,** os **Deputados Estaduais.**

O **mandato** dos Deputados Estaduais será de **4 anos** (uma legislatura).

A **quantidade de Deputados Estaduais em cada Assembleia Legislativa variará conforme o número de Deputados Federais**[37], nos termos do art. 27, *caput*, da CF: "O número de Deputados à Assembleia Legislativa corresponderá ao triplo da

37. Lembre-se de que, de acordo com o art. 45, § 1º, da CF, o número total de Deputados e a quantidade de representantes por Estado e pelo Distrito Federal serão estabelecidos por lei complementar, proporcionalmente à população, procedendo-se aos ajustes necessários, no ano anterior às eleições, para que nenhum Estado-membro ou o Distrito Federal tenha menos de 8 ou mais de 70 Deputados Federais. Assim, o número de Deputados Federais que representará cada Estado-membro e o Distrito Federal (nunca superior a 70 ou inferior a 8) variará a cada eleição, pois a população dos entes da federação é flutuante.

representação do Estado na Câmara dos Deputados e, atingido o número de trinta e seis, será acrescido de tantos quantos forem os Deputados Federais acima de doze".

Sim, amigo leitor, a redação do dispositivo assusta, mas, na verdade, a regra é simples. Acompanhe comigo.

Se o número de Deputados Federais que o Estado-membro tem na Câmara dos Deputados for até 12[38], basta multiplicar esse número por 3 para se chegar ao número de Deputados Estaduais que comporão a Assembleia Legislativa. Exemplo: se o Estado tiver 8 Deputados Federais na Câmara dos Deputados então a Assembleia Legislativa terá 24 Deputados Estaduais (8.3 = 24).

Caso o número de Deputados Federais que o Estado-membro tem na Câmara dos Deputados seja maior que 12[39], basta somar 24[40] a esse número (por simplificação da fórmula: número de federais menos 12 mais 36). Exemplo: se o Estado-membro tiver 15 Deputados Federais na Câmara dos Deputados então a Assembleia Legislativa terá 39 Deputados Estaduais (15+24 = 39).

Superado o regramento sobre a composição das Assembleias Legislativas, destacamos a importante norma do art. 27, § 1º, da CF, segundo a qual **aos Deputados Estaduais aplicam-se as regras da Constituição Federal sobre sistema eleitoral, inviolabilidade, imunidades, remuneração, perda de mandato, licença, impedimentos e incorporação às Forças Armadas**, sem prejuízo do que estiver disposto nas Constituições Estaduais, principalmente no que tange a imunidades e impedimentos (art. 29, IX, da CF).

1.3.2. Processo legislativo dos Estados-membros

No processo legislativo dos Estados-membros aplica-se a regra já enunciada: nos pontos em que não houver normas especiais expressas para o Legislativo dos Estados-membros aplica-se, no que for compatível, o regramento fixado para o Legislativo da União ou federal.[41]

Por essa razão destacamos a única norma expressa no texto constitucional sobre processo legislativo dos Estados-membros, consoante art. 27, § 4º, da CF: "a **lei disporá sobre a iniciativa popular no processo legislativo estadual**".

Vale ainda anotar importante jurisprudência do STF segundo a qual **os Estados-membros poderão adotar medidas provisórias,** desde que: a) haja previsão

38. 12, inclusive.
39. 13 em diante.
40. Esse número nunca muda.
41. Nos termos da ADI 4.034, julgada no ano 2000 e relatada pelo Ministro Sepúlveda Pertence, as regras básicas do processo Legislativo Federal são de absorção compulsória pelos Estados-membros em tudo aquilo que diga respeito – como ocorre às que enumeram casos de iniciativa legislativa reservada – ao princípio fundamental de independência e harmonia dos poderes, como delineado na Constituição da República.

expressa na Constituição do Estado; e b) sejam observados os princípios e as limitações impostas pelo modelo adotado pela CF, tendo em vista a necessidade da observância simétrica do processo legislativo federal (ADI 2.391, julgada em 2007 e relatada pela Ministra Ellen Gracie).

1.3.3. *Fiscalização dos Estados-membros*

Quanto à fiscalização dos Estados-membros, o art. 75 da CF determina que as normas estabelecidas para a União (art. 70 a 74 da CF) **aplicam-se, no que couberem, à organização, composição e fiscalização dos Tribunais de Contas dos Estados e do Distrito Federal**, bem como dos Tribunais e Conselhos de Contas dos Municípios.

Consoante art. 75, parágrafo único, da CF, as Constituições estaduais é que devem dispor sobre os Tribunais de Contas dos Estados, que serão integrados por sete Conselheiros. Suplementando a disciplina constitucional, temos a **Súmula 653 do STF**: "No tribunal de contas estadual, composto por sete conselheiros, quatro devem ser escolhidos pela assembleia legislativa e três pelo chefe do poder executivo estadual, cabendo a este indicar um dentre auditores e outro dentre membros do ministério público, e um terceiro a sua livre escolha".

1.4. Legislativo do Distrito Federal – DF

A Constituição Federal também não disciplinou o Legislativo do Distrito Federal com o mesmo nível de detalhamento do Legislativo Federal ou da União. Aliás, o texto constitucional sequer trouxe algumas regras especiais como o fez para o Legislativo dos Estados-membros.

A estratégia adotada para regrar o Legislativo do Distrito Federal consta do art. 32, § 3º, da CF: **"aos Deputados Distritais e à Câmara Legislativa aplica-se o disposto no art. 27"** (grifo nosso); ou seja, **ao Legislativo do Distrito Federal deve ser aplicado o regramento do Legislativo dos Estados-membros** (portanto, incidem todas as normas do subitem 1.3. deste capítulo). Por essa razão, **a eleição dos Deputados Distritais coincidirá com a dos Deputados Estaduais** (art. 32, § 2º, da CF).

Quanto à fiscalização pelo Legislativo do DF, vale lembrar que o art. 75 da CF determina que **as normas estabelecidas para a União** (art. 70 a 74 da CF) **aplicam-se, no que couberem, à organização, composição e fiscalização dos Tribunais de Contas dos Estados e do Distrito Federal**, bem como dos Tribunais e Conselhos de Contas dos Municípios.

1.5. Legislativo dos Municípios

A Constituição Federal optou por trazer disciplina bastante especial ao Legislativo dos Municípios, reservando os artigos 29 a 31 da CF para essa função.

1.5.1. *Organização, funcionamento e composição*

A exemplo do que ocorre no Poder Legislativo dos Estados-membros e do Distrito Federal, no Legislativo dos Municípios adota-se o **unicameralismo.**

As Casas legislativas de cada um dos Municípios recebem a denominação de **Câmaras Municipais ou Câmaras de Vereadores** e são **compostas por representantes do povo eleitos pelo sistema proporcional**, os **Vereadores.**

No que tange à **organização das funções legislativas e fiscalizadoras** das Câmaras Municipais aplica-se o disposto no art. 29, XI, da CF, ou seja, dependerá de **previsão na Lei Orgânica do Município.**

O **mandato** dos Vereadores será de **4 anos** (uma legislatura).

Segundo o art. 29, IV, da CF, a composição das Câmaras Municipais deverá observar os **limites máximos** de Vereadores (entre 9 e 55) de acordo com **faixas que levam em consideração o número de habitantes.**

> ▶ **PORTANTO, CUIDADO!**
>
> Para fixação de Vereadores, o critério é o **número de habitantes**, mas, para determinação de segundo turno em eleições para o executivo municipal, o critério é número de eleitores.

Devido à importância da norma, reescrevemos o art. 29, IV, da CF (sem eliminar nenhuma informação importante, mas apenas para tornar a leitura mais fluída), com destaques para os trechos das alíneas mais lembradas em provas objetivas e algumas observações de nossa autoria:

▶ **ART. 29, IV - Para a composição das Câmaras Municipais, será observado o limite máximo de:**
a) **9** Vereadores, nos Municípios de **até 15.000 habitantes** (**Cuidado!** É até 15.000 e não menos de 15.000);
b) 11 Vereadores, nos Municípios de mais de 15.000 habitantes e de até 30.000 habitantes;
c) 13 Vereadores, nos Municípios com mais de 30.000 habitantes e de até 50.000 habitantes;
d) 15 Vereadores, nos Municípios de mais de 50.000 habitantes e de até 80.000 habitantes;
e) **17** Vereadores, nos Municípios de **mais de 80.000 habitantes e de até 120.000 habitantes;**
f) 19 Vereadores, nos Municípios de mais de 120.000 habitantes e de até 160.000 habitantes;
g) 21 Vereadores, nos Municípios de mais de 160.000 habitantes e de até 300.000 habitantes;
h) 23 Vereadores, nos Municípios de mais de 300.000 habitantes e de até 450.000 habitantes;
i) 25 Vereadores, nos Municípios de mais de 450.000 habitantes e de até 600.000 habitantes;
j) 27 Vereadores, nos Municípios de mais de 600.000 habitantes e de até 750.000 habitantes;

▸ ART. 29, IV - Para a composição das Câmaras Municipais, será observado o limite máximo de:
k) 29 Vereadores, nos Municípios de mais de 750.000 habitantes e de até 900.000 habitantes;
l) **31** Vereadores, nos Municípios de **mais de 900.000 habitantes e de até 1.050.000 habitantes**;
m)33 Vereadores, nos Municípios de mais de 1.050.000 habitantes e de até 1.200.000 habitantes;
n) 35 Vereadores, nos Municípios de mais de 1.200.000 habitantes e de até 1.350.000 habitantes;
o) 37 Vereadores, nos Municípios de 1.350.000 habitantes e de até 1.500.000 habitantes;
p) **39** Vereadores, nos Municípios de **mais de 1.500.000 habitantes e de até 1.800.000 habitantes**;
q) 41 Vereadores, nos Municípios de mais de 1.800.000 habitantes e de até 2.400.000 habitantes;
r) 43 Vereadores, nos Municípios de mais de 2.400.000 habitantes e de até 3.000.000 de habitantes;
s) 45 Vereadores, nos Municípios de mais de 3.000.000 de habitantes e de até 4.000.000 de habitantes;
t) **47** Vereadores, nos Municípios de **mais de 4.000.000 de habitantes e de até 5.000.000 de habitantes**;
u) 49 Vereadores, nos Municípios de mais de 5.000.000 de habitantes e de até 6.000.000 de habitantes;
v) 51 Vereadores, nos Municípios de mais de 6.000.000 de habitantes e de até 7.000.000 de habitantes;
w)53 Vereadores, nos Municípios de mais de 7.000.000 de habitantes e de até 8.000.000 de habitantes; e
x) **55** Vereadores, nos Municípios de **mais de 8.000.000 de habitantes** **(Cuidado!** É mais de 8.000.000 e não até 8.000.000).

Superado o regramento sobre a composição das Câmaras Municipais, destacamos a importante norma do art. 29, VIII, da CF, segundo a qual **a Lei Orgânica do Município deverá dispor sobre a inviolabilidade dos Vereadores por suas opiniões, palavras e votos no exercício do mandato e na circunscrição do Município**.

▸ **PORTANTO, ATENÇÃO!**

Segundo o texto constitucional expresso, **os Vereadores gozam apenas de imunidade material** (por opiniões palavras e votos), e esta ainda é **restrita à circunscrição do Município.**

Não têm, pois, os Vereadores, as imunidades formais relativas à prisão e ao processo. Aliás, esse é o posicionamento do STF sobre o tema.[42]

Quanto às **proibições e incompatibilidades** no exercício da vereança (atividade de Vereador), segundo o art. 29, IX, da CF, serão **similares, no que couber, ao disposto na Constituição para os membros do Congresso Nacional e na Constituição do respectivo Estado para os membros da Assembleia Legislativa.**

Por fim, cumpre estudarmos o art. 29-A da CF, pois ele determina que **o total da despesa do Poder Legislativo Municipal**, incluídos os subsídios dos Vereadores e excluídos os gastos com inativos, **não poderá ultrapassar os seguintes percentuais relativos ao somatório da receita tributária e das transferências** previstas no § 5º do art. 153 (receita de imposto sobre o ouro) e nos arts. 158 e 159 (receitas dos seguintes tributos: IR, ITR, IPVA, ICMS, IPI e CIDE), **efetivamente realizado no exercício anterior:**

I – 7% para Municípios com população de até 100.000 habitantes;

II – 6% para Municípios com população entre 100.000 e 300.000 habitantes;

III – 5% para Municípios com população entre 300.001 e 500.000 habitantes;

IV – 4,5% para Municípios com população entre 500.001 e 3.000.000 de habitantes;

V – 4% para Municípios com população entre 3.000.001 e 8.000.000 de habitantes;

VI – 3,5% para Municípios com população acima de 8.000.001 habitantes.

Ademais, **a Câmara Municipal não deverá gastar mais de 70% de sua receita com folha de pagamento**, incluído o gasto com o subsídio de seus Vereadores (art. 29-A, § 1º, da CF), constituindo-se **crime de responsabilidade do Presidente da Câmara Municipal** o desrespeito a esse limite.

---

42. "O Tribunal, por maioria, julgou procedente o pedido formulado na inicial de ação direta ajuizada pelo Procurador-Geral da República para declarar a inconstitucionalidade da expressão abaixo destacada, constante da parte final do inciso XVII, do art. 13, da Constituição do Estado de Sergipe, que estabelece "a inviolabilidade do vereador por suas opiniões, palavras e votos, no exercício do mandato e na circunscrição do Município, não podendo, desde a expedição do diploma até a inauguração da legislatura seguinte, ser preso, salvo em flagrante de crime inafiançável, nem processado criminalmente sem prévia autorização da Câmara Municipal, cujo deferimento da licença ou ausência de deliberação suspende a prescrição enquanto durar o mandato;". Considerou-se caracterizada na espécie a ofensa ao art. 22, I, da CF/88, que prevê a competência privativa da União para legislar sobre direito penal e processual. O Min. Sepúlveda Pertence também julgou procedente o pedido formulado, mas por fundamento diverso, qual seja, por ofensa ao art. 29, VIII - "inviolabilidade dos vereadores por suas opiniões, palavras e votos no exercício do mandato e na circunscrição do município". - haja vista que a CF, ao estender expressamente aos vereadores a imunidade material, excluiu implicitamente a que eles se aplicasse a imunidade formal. Vencido o Min. Marco Aurélio que julgava improcedente o pedido formulado, por considerar que os vereadores devem gozar das mesmas prerrogativas quanto ao exercício do mandato no que diz respeito aos deputados federais e senadores. ADI 371, julgada em 2002 e relatada pelo Ministro Maurício Corrêa).

1.5.2. *Processo legislativo dos Municípios*

No processo legislativo dos Estados-membros aplicam-se as regras do processo legislativo da União no que couberem.

Como regra específica, destaca-se o art. 29, XIII, CF, que determina caber à Lei Orgânica do Município dispor sobre a **iniciativa popular de projetos de lei de interesse específico do Município, da cidade ou de bairros**, por meio de manifestação de, **pelo menos, 5% do eleitorado.**

1.5.3. *Fiscalização dos Municípios*

Nos termos do art. 31 da CF, a fiscalização do Município será exercida pelo Poder Legislativo Municipal, mediante controle externo, e pelos sistemas de controle interno do Poder Executivo Municipal (seguindo a mesma lógica da fiscalização do Legislativo da União).

Ainda segundo o art. 31, § 1º, da CF, o controle externo da Câmara Municipal será exercido com o auxílio dos **Tribunais de Contas dos Estados ou do Município ou dos Conselhos ou Tribunais de Contas dos Municípios**, onde houver (isso porque a Constituição de 1988 vedou a criação de novos Tribunais, Conselhos ou órgãos de Contas Municipais, mas permitiu a manutenção dos que já existiam, consoante art. 31, § 4º, da CF).

Incide, também, o art. 75 da CF, que determina a aplicação das normas estabelecidas para a União (art. 70 a 74 da CF) **no que couberem, à organização, composição e fiscalização** dos Tribunais de Contas dos Estados e do Distrito Federal, bem como **dos Tribunais e Conselhos de Contas dos Municípios.**

O **Prefeito deve prestar contas de suas atividades anualmente e sobre essa prestação será emitido parecer prévio** pelo órgão competente (a depender do Município), **que só deixará de prevalecer por decisão de 2/3 dos membros da Câmara Municipal** (art. 31, § 2º, da CF).

Ademais, em respeito à publicidade e privilégio ao controle democrático, **as contas dos Municípios ficarão, durante 60 dias, anualmente, à disposição de qualquer contribuinte**, para exame, apreciação e eventual questionamento quanto à legitimidade, nos termos da lei (art. 31, § 3º, da CF).

1.6. Legislativo dos Territórios

O art. 33, § 3º, da CF estabelece que **a lei disporá sobre as eleições para a Câmara Territorial** (a Casa legislativa do Território) **e sua competência deliberativa.**

Referida lei não existe, pois nenhum território ainda foi criado. De toda forma, vale lembrar que, **se forem criados Territórios, cada um elegerá o número fixo de 4 Deputados federais** (art. 45, § 2º, da CF).

1.7. Questões discursivas

(Vunesp / Analista Jurídico / MP-SP/ 2018) O processo legislativo constitucional prevê que o projeto de lei deve ser sancionado pelo Presidente da República. Acerca desse tema, responda:

a) Quando o presidente não aquiescer com o projeto de lei, que medida ele pode tomar?

b) Em quais hipóteses essa medida pode ser tomada?

c) Em quais extensão e prazo tal medida pode atingir o projeto de lei aprovado pelo Congresso Nacional?

RESPOSTA

a) Segundo o art. 66 da Constituição Federal, a casa na qual tenha sido concluída a votação enviará o projeto de lei ao Presidente da República que, aquiescendo, o sancionará. Se não aquiescer, o Chefe do Executivo poderá vetar.

b) O veto deve ser expresso e fundamentado, podendo ser jurídico ou político, conforme previsto no art. 66, § 1º, da Constituição. Assim, haverá veto jurídico se o projeto foi considerado inconstitucional, ou veto político, se o Chefe do Executivo considerar que o projeto é contrário ao interesse público.

c) O veto pode ser total ou parcial, sendo que este último somente abrangerá texto integral de artigo, parágrafo, inciso ou alínea. Quanto ao prazo, o veto deve ser apresentado em quinze dias úteis, contados da data do recebimento do projeto de lei pelo Presidente da República.

PADRÃO DE RESPOSTA DA BANCA EXAMINADORA

A resposta esperada deveria ser redigida no campo específico de cada item. Por isso, não foram aceitas resposta, ainda que eventualmente corretas, apresentadas em espaço diverso daquele em que cada uma delas deveria ter sido redigida.

No item "a", foram consideradas incorretas as respostas que incluíram medidas que não podem ser tomadas pelo Presidente da República, tais como: emendar projeto de lei, fazer alterações no projeto etc., também não bastava, para estar correta, a simples presença da palavra "veto", quando o candidato trazia expressões além do veto, como veta ou devolver ou emendar etc, demonstrando insegurança ou desconhecimento do assunto.

No item "b", não bastava dizer que o veto pode ser político ou jurídico, pois deveria ter sido esclarecido de forma correta o significado desses termos. Também não pode ser aceito quem desconhece a diferença entre interesse público e interesses sociais, ou interesses nacionais etc., e quem se equivoca ao afirmar que o veto é tomado pelo Presidente conforme sua própria conveniência, oportunidade, convicções políticas ou ideológicas, como se fosse uma atitude personalíssima, quando estes termos se referem a um conceito maior, como estabelece a Constituição Federal, que é o interesse público e não o do Presidente ou do partido.

No item "c", não era suficiente dizer que o veto pode ser total ou parcial. Era necessário esclarecer que o veto parcial deve incidir somente sobre texto integral de artigo, parágrafo, inciso ou alínea. Além disso, quanto ao prazo, o candidato deveria ter esclarecido que o veto deve ser apresentado em 15 dias úteis, indicando seu termo inicial, ou seja, contado da data do recebimento do projeto pelo Presidente da República.

1.8. Questões objetivas comentadas

01. (Cespe – Técnico Judiciário – TJ – RJ/2021) Compete exclusivamente ao Congresso Nacional

a) mudar temporariamente sua sede.
b) aprovar previamente, por voto secreto, após arguição pública, a escolha de procurador-geral da República.
c) eleger membros do Conselho da República.
d) dispor sobre limites e condições para a concessão de garantia da União em operações de crédito externo e interno.
e) conceder anistia.

COMENTÁRIOS

As competências exclusivas do Congresso Nacional estão elencadas no art. 49 da CF/88. A alternativa (a) contém exatamente a competência elencada no inciso VI deste artigo. As demais alternativas previam atribuições de competência do Senado Federal (b, d); da Câmara dos Deputados (c); e da União (e).

Gabarito: A

02. (Cespe – Técnico Judiciário – TJ – RJ/2021) Assinale a opção que apresenta atribuições do presidente da República e dos ministros de Estado, respectivamente.

a) exercer o comando supremo das Forças Armadas; autorizar, em terras indígenas, a exploração e o aproveitamento de recursos hídricos
b) remeter mensagem e plano de governo ao Congresso Nacional por ocasião da abertura da sessão legislativa; fixar e modificar o efetivo das Forças Armadas
c) conceder indulto e comutar penas; dispor sobre planos e programas nacionais, regionais e setoriais de desenvolvimento
d) vetar projetos de lei, total ou parcialmente; expedir instruções para a execução de leis, decretos e regulamentos
e) expedir decretos e regulamentos para sua fiel execução; avaliar periodicamente a funcionalidade do Sistema Tributário Nacional

COMENTÁRIOS

A alternativa (d) contém a previsão que se extrai do art. 84, IV e do art. 87, parágrafo único, II da CF/88. A alternativa (a) contém uma competência do Presidente da República (art. 84, XIII) e uma do Congresso nacional (art. 49, XVI). A alternativa (b) contém uma competência do Presidente da República (art. 84, XI) e uma do Congresso Nacional com sanção do presidente da República (art. 48, III). A alternativa (c) traz uma competência do Presidente da República (art. 84, XII) e uma do Congresso Nacional com a sanção do Presidente da República (art. 48, IV). Por fim, a alternativa (e) estabelece uma competência do Presidente da República (Art. 84, IV) e uma do Senado Federal (art. 52, XV).

GABARITO: D.

03. **(FGV / Técnico Superior Jurídico / DPE-RJ / 2019)** O Presidente da República encaminhou projeto de lei ordinária, ao Senado Federal, dispondo sobre a revisão geral anual da remuneração dos servidores públicos. O projeto foi aprovado pelo Senado Federal e pela Câmara dos Deputados, sendo sancionado e promulgado pelo Presidente da República. Ao fim desse processo legislativo, foi publicada a Lei nº 123. Considerando a sistemática constitucional, a narrativa acima descrita:

a) não apresenta qualquer irregularidade
b) apresenta uma única irregularidade, consistente no vício de iniciativa;
c) apresenta uma única irregularidade, consistente na Casa Legislativa iniciadora;
d) apresenta uma única irregularidade, consistente na autoridade responsável pela promulgação;
e) apresenta duas irregularidades, consistentes na autoridade responsável pela promulgação e no vício de iniciativa.

COMENTÁRIOS

Alternativa correta: letra "c" (responde a todas as alternativas): o projeto de lei ordinária apresentado pelo Presidente da República apresenta uma única irregularidade, consistente na Casa Legislativa iniciadora, uma vez que deveria ter iniciado na Câmara dos Deputados, nos termos do art. 64, *caput*, da CF.

04. **(FCC – Analista Judiciário – Área Administrativa – TRT 15/2018)** À luz da separação dos Poderes, consagrada como princípio fundamental da Constituição Federal,

a) são funções típicas do Poder Legislativo legislar, fiscalizar e julgar o Presidente da República por crimes de responsabilidade.
b) ao Tribunal de Contas da União, como órgão do Poder Judiciário, compete a fiscalização externa da atuação do Poder Executivo.
c) as Comissões Parlamentares de Inquérito são instauradas no âmbito das Casas do Congresso Nacional, cabendo o controle judicial de seus atos ao Supremo Tribunal Federal.
d) ao Conselho Nacional de Justiça, como órgão do Poder Judiciário no exercício da função jurisdicional, compete a fiscalização externa do Poder Judiciário.
e) são funções típicas do Poder Executivo a administração da coisa pública, tributação e elaboração de normas jurídicas por meio de medidas provisórias.

COMENTÁRIOS

Alternativa "a": Embora legislar e fiscalizar sejam funções típicas do Poder Legislativo, a função de julgar o Presidente da República por crimes de responsabilidade é uma função atípica, já que julgar é uma função típica do Poder Judiciário.

Alternativa "b": O Tribunal de Contas da União é órgão do Poder Legislativo, e não do Poder Judiciário, como se extrai do art. 71 da CF/88.

Alternativa "c": Nos termos do art. 58, §3º da CF/88, as comissões parlamentares de inquérito serão criadas pela Câmara dos Deputados e pelo Senado Federal, em conjunto ou separadamente, mediante requerimento de um terço de seus membros, para a apuração de fato determinado e por prazo certo. Já sua submissão ao STF advém da jurisprudência.

Alternativa "d": A fiscalização é, na verdade, interna, pois o CNJ é órgão do Poder Judiciário que fiscaliza o próprio Poder Judiciário. Ademais, o CNJ não exerce a função jurisdicional, como é possível extrair do art. 103-B da CF/88.

Alternativa "e": A elaboração de normas jurídicas é uma função atípica do Poder Executivo, já que é, na verdade, função típica do Poder Legislativo.

Alternativa correta: letra "c".

(Cespe - Analista do MPU - Direito - MPU/2018) A respeito de comissão parlamentar de inquérito (CPI), julgue os itens a seguir.

05. As CPI podem ser criadas pela Câmara dos Deputados e pelo Senado Federal, em conjunto ou separadamente, e detêm poderes de investigação próprios das autoridades judiciais.

COMENTÁRIOS

Certo. O item está de acordo com o texto do §3º do art. 58 da CF/88.

06. Toda CPI tem autonomia para, após a apuração do fato que determinou a sua criação, promover a responsabilização civil ou criminal de infrator.

COMENTÁRIOS

Errado. A CPI somente tem poderes **investigatórios**. Portanto, quando encerrada a apuração do fato, pode encaminhar suas conclusões ao Ministério Público, à AGU ou mesmo à autoridade policial para que se promova a responsabilidade civil ou criminal dos infratores.

07. (FCC / Técnico Judiciário - Área Administrativa / TRT 24/2017) No tocante à fiscalização contábil, financeira e orçamentária, segundo a Constituição Federal, o controle externo, a cargo do Congresso Nacional, será exercido com o auxílio do Tribunal de Contas da União. O Tribunal encaminhará relatório de suas atividades ao

a) Congresso Nacional, semestralmente.
b) Supremo Tribunal Federal, semestralmente.
c) Supremo Tribunal Federal, trimestral e anualmente.
d) Congresso Nacional, trimestral e anualmente.
e) Superior Tribunal de Justiça, semestralmente.

COMENTÁRIOS

Alternativa correta: letra "d" (responde a todas as alternativas): em conformidade com o disposto no art. 71, § 4º, da CF: "O Tribunal encaminhará ao Congresso Nacional, trimestral e anualmente, relatório de suas atividades".

08. (Cespe / Analista Judiciário - Área Judiciária - Oficial de Justiça Avaliador / TRT 8 / 2016) Acerca da organização dos poderes, assinale a opção correta.

a) O Senado Federal é composto de representantes dos estados e do Distrito Federal, eleitos pelo princípio proporcional para mandato de oito anos.
b) As comissões parlamentares de inquérito possuem poderes de investigação próprios das autoridades judiciais e só podem ser criadas pela Câmara dos Deputados e pelo Senado Federal, em conjunto.
c) Compete ao Senado Federal fiscalizar as contas das empresas supranacionais de cujo capital social a União participe de forma direta, nos termos do tratado constitutivo.
d) Apenas o vice-presidente da República e o ministro da Justiça devem obrigatoriamente compor tanto o Conselho da República quanto o Conselho de Defesa Nacional, devendo os presidentes da Câmara dos Deputados e do Senado Federal participar da composição de apenas um dos dois.
e) A CF adota o sistema de freios e contrapesos ou de controle do poder pelo poder ao dispor que, embora independentes, os poderes são harmônicos entre si. O princípio da separação dos poderes é cláusula pétrea.

COMENTÁRIOS

Alternativa correta: letra "e": são independentes e harmônicos entre si, o Executivo, o Legislativo e o Judiciário, que se fiscalizam, uns aos outros, em mecanismo de freios e contra-pesos, eliminando-se os excesso e desvios. Nos termos do art. 60, §4º, III, a separação dos Poderes não pode ser abolida por emenda à Constituição, ou seja, trata-se de cláusula pé-trea.

Alternativa "a": o Senado Federal é composto de representantes dos estados e do Distrito Federal, eleitos pelo princípio **majoritário** (e não proporcional) para mandato de oito anos (art. 46, *caput* e §1º, da CF).

Alternativa "b": as comissões parlamentares de inquérito, que terão poderes de investigação próprios das autoridades judiciais, além de outros previstos nos regimentos das respectivas Casas, serão criadas pela Câmara dos Deputados e pelo Senado Federal, em conjunto ou separadamente, mediante requerimento de um terço de seus membros, para a apuração de fato determinado e por prazo certo, sendo suas conclusões, se for o caso, encaminhadas ao Ministério Público, para que promova a responsabilidade civil ou criminal dos infratores (art. 58, §3º, da CF).

Alternativa "c": compete ao Tribunal de Contas da União (e não ao Senado Federal) fiscalizar as contas nacionais das empresas supranacionais de cujo capital social a União participe, de forma direta ou indireta, nos termos do tratado constitutivo (art. 71, V, da CF).

Alternativa "d": tanto no Conselho da República quanto no Conselho de Defesa Nacional há participação do Presidente da Câmara dos Deputados e do Senado Federal (art. 89, II e III e art. 91, II e III, da CF).

09. **(FCC – Analista Judiciário – Área Administrativa - TRT 3/2015)** NÃO serão objeto de delegação, para efeito de processo legislativo, dentre outros:
a) as leis relacionadas à nacionalidade, cidadania, direitos individuais, políticos e eleitorais; matéria relacionada a direito tributário, financeiro e atividades policiais.

b) as leis de organização do Poder Judiciário e do Ministério Público, a carreira e a garantia de seus membros; matéria relacionada a direito ambiental e do consumidor.
c) os atos de competência exclusiva do Congresso Nacional, os de competência privativa da Câmara dos Deputados ou do Senado Federal, a matéria reservada à lei complementar, nem a legislação sobre planos plurianuais, diretrizes orçamentárias e orçamentos.
d) a matéria reservada à lei complementar, as leis relacionadas à organização do Poder Judiciário, do Ministério Público, da Defensoria Pública, da atividade policial e direito urbanístico.
e) planos plurianuais, diretrizes orçamentárias e orçamentos; carreiras de Estado e serviço público em geral.

COMENTÁRIOS

Alternativa correta: letra "c": o art. 68, § 1º, da CF, determina que os atos de competência exclusiva do Congresso Nacional, os de competência privativa da Câmara dos Deputados ou do Senado Federal, a matéria reservada à lei complementar, e a legislação sobre planos plurianuais, diretrizes orçamentárias e orçamentos. não serão objeto de delegação.

Alternativa "a": conforme o art. 68, § 1º, II, da CF, as leis relacionadas à nacionalidade, cidadania, direitos individuais, políticos e eleitorais também não serão objeto de delegação. Entretanto, esse dispositivo **não** prevê matéria relacionada a direito tributário, financeiro e atividades policiais.

Alternativa "b": as leis de organização do Poder Judiciário e do Ministério Público, a carreira e a garantia de seus membros não poderão ser objeto de delegação (art. 68, § 1º, I, da CF). Porém, **não** há vedação de delegação quanto à matéria relacionada a direito ambiental e do consumidor.

Alternativa "d": a matéria reservada à lei complementar e a legislação sobre organização do Poder Judiciário e do Ministério Público não podem ser objeto de delegação (art. 68, § 1º, da CF), **não** havendo previsão quanto à Defensoria Pública, à atividade policial e ao direito urbanístico.

Alternativa "e": a legislação sobre planos plurianuais, diretrizes orçamentárias e orçamentos não serão objeto de delegação (art. 68, § 1º, III, da CF). Contudo, **não** há previsão no mesmo sentido quanto às carreiras de Estado e ao serviço público em geral.

10. **(IESES – Analista Judiciário – Área Administrativa – TRT 14/2014)** Considerando o que está previsto pela Constituição da República, assinale a assertiva INCORRETA:
a) Também é vedada a edição de Medidas Provisórias sobre direito processual civil.
b) O processo legislativo compreende a elaboração de emendas à Constituição, leis complementares, leis ordinárias, leis delegadas, medidas provisórias, decretos presidenciais e resoluções.
c) A proposta de emenda à constituição, para ser aprovada, deve ser discutida e votada em cada Casa do Congresso Nacional, em dois turnos, considerando-se aprovada se obtiver, em ambos, três quintos dos votos dos respectivos membros.

d) A iniciativa popular pode ser exercida pela apresentação à Câmara dos Deputados de projeto de lei subscrito por, no mínimo, um por cento do eleitorado nacional, distribuído pelo menos por cinco Estados, com não menos de três décimos por cento dos eleitores de cada um deles.
e) A Constituição também poderá ser emendada mediante proposta de mais da metade das Assembleias Legislativas das unidades da Federação, desde que cada uma delas se manifeste neste sentido, pela maioria relativa de seus membros.

COMENTÁRIOS

Alternativa certa: letra "b": de acordo com o art. 59 da CF, o processo legislativo compreende a elaboração de: I - emendas à Constituição; II - leis complementares; III - leis ordinárias; IV - leis delegadas; V - medidas provisórias; VI - decretos **legislativos (e não presidenciais)**; VII - resoluções.

Alternativa "a": conforme art. 62, § 1º, I, "b", da CF.

Alternativa "c": de acordo com o art. 60, § 2º, da CF.

Alternativa "d": trata-se do que dispõe o art. 61, § 2º, da CF.

Alternativa "e": nos termos do art. 60, III, da CF.

11. **(FCC - Técnico Judiciário – Área Administrativa – TRT 16/2014)** Considere as seguintes atribuições:

I. suspender a execução, no todo ou em parte, de lei declarada inconstitucional por decisão definitiva do Supremo Tribunal Federal.
II. fixar os subsídios dos Ministros de Estado, observadas as demais normas constitucionais.
III. escolher dois terços dos membros do Tribunal de Contas da União.
IV. autorizar, por dois terços de seus membros, a instauração de processo contra o Presidente e o Vice- Presidente da República e os Ministros de Estado.

De acordo com o disposto na Constituição Federal, é competência exclusiva do Congresso Nacional, dentre outras, as atribuições indicadas APENAS em

a) I, II e III.
b) II e III.
c) II, III e IV.
d) I e IV.
e) II e IV.

COMENTÁRIOS

Alternativa correta: letra "b": II e III.

Item I: suspender a execução, no todo ou em parte, de lei declarada inconstitucional por decisão definitiva do Supremo Tribunal Federal é matéria de competência privativa do **Senado Federal** (Art. 52, X, da CF).

Item II: conforme art. 49, VIII, da CF.

Item III: de acordo com o art. 49, XIII, da CF.

Item IV: compete privativamente à **Câmara dos Deputados** autorizar, por dois terços de seus membros, a instauração de processo contra o Presidente e o Vice- Presidente da República e os Ministros de Estado (art. 51, I, da CF).

12. **(FCC – Analista Judiciário – Área Judiciária - TRT 15/2013)** Diante da inércia do Poder Legislativo e em resposta às reivindicações por uma reforma eleitoral que privilegie a probidade administrativa e combata a influência do poder econômico no processo eleitoral, o Presidente da República edita medida provisória para estabelecer, com essa finalidade, casos de inelegibilidade para além dos previstos na Constituição da República. Nesta hipótese, a medida provisória é

a) compatível com a Constituição, uma vez que os presentes motivos de urgência e relevância para sua edição.
b) incompatível com a Constituição da República apenas no que se refere aos casos de inelegibilidade com vistas à defesa da probidade administrativa, que não figura entre as causas de estabelecimento de hipóteses de inelegibilidade em nível infraconstitucional.
c) incompatível com a Constituição da República, que apenas admite o estabelecimento de outras hipóteses de inelegibilidade a fim de proteger a normalidade e legitimidade das eleições contra o abuso do exercício de função, cargo ou emprego na Administração direta ou indireta.
d) compatível com a Constituição da República, devendo, contudo, ser submetida à apreciação do Congresso Nacional para sua conversão em lei no prazo de sessenta dias, sob pena de perda de eficácia retroativa à data de sua edição.
e) incompatível com a Constituição da República, por versar sobre matéria vedada à edição de medida provisória pelo Presidente da República.

COMENTÁRIOS

Alternativa correta: letra "e" (responde a todas as alternativas): de acordo com o art. 62, § 1º, I, "a", da CF é vedada a edição de medidas provisórias sobre matéria relativa a nacionalidade, cidadania, direitos políticos, partidos políticos e direito eleitoral.

(Cespe – Técnico Judiciário – Administrativa – TRT 10/2013) Com base na CF, julgue os próximos itens, referentes à organização dos poderes na República Federativa do Brasil.

13. Em caso de vacância dos cargos de presidente e vice-presidente da República, nos três primeiros anos do mandato, deve-se convocar eleição popular direta, a ser realizada noventa dias depois de aberta a última vaga, assegurando-se aos eleitos um mandato de quatro anos, permitida a reeleição para um único período subsequente.

COMENTÁRIOS

Errado. Caso ocorra a vacância e o cargo de Presidente da República passe a ser ocupado por quem era o Vice-Presidente, então a situação se consolida e o antes Vice, agora Presidente, terminará o mandato presidencial. Entretanto, caso vague o cargo de Presidente e também o de Vice-Presidente da República, ocorrerá o que se chama de dupla vacância, quando então serão convocados os próximos na linha sucessória: Presidente da Câmara dos Deputados; Presidente do Senado Federal e Presidente do STF (nessa ordem). Diante da dupla vacância, a sucessão realizada para o Presidente da Câmara dos Deputados, o Presidente do Senado Federal ou o Presidente do STF não se consolida, ou seja, eles não poderão simplesmente terminar o mandato. Na dupla vacância, vigem as seguintes regras: 1) vagando os cargos de Presidente e Vice-Presidente da República **nos 2 primeiros anos** do mandato presidencial, far-se-á eleição 90 dias depois de aberta a última vaga; e 2) ocorrendo a vacância dos cargos de Presidente e Vice-Presidente da República **nos 2 últimos anos** do período presidencial, será feita a eleição pelo Congresso Nacional (eleição indireta), para ambos os cargos 30 dias depois de aberta a última vaga.

14. O sistema bicameral do tipo federativo é adotado no Brasil.

COMENTÁRIOS

Certo. Nos termos do art. 44 da CF, o Poder Legislativo da União ou Legislativo Federal é exercido pelo Congresso Nacional, que se compõe da Câmara dos Deputados e do Senado Federal. Assim, pode-se afirmar que no Poder Legislativo da União ou federal vige o bicameralismo federativo, pois é composto por duas câmaras ou casas legislativas: Câmara dos Deputados e Senado Federal.

15. **(FCC – Analista Judiciário – Área Judiciária – TRE-SP/2012)** Suponha que um Senador da República tenha apresentado projeto de lei dispondo sobre o regime jurídico dos servidores públicos da União. O projeto de lei foi aprovado pelo Senado Federal e pela Câmara dos Deputados e, na sequência, encaminhado à sanção e promulgação pelo Presidente da República, que o vetou integralmente no 11º dia útil do recebimento do projeto. Na sequência, o veto presidencial foi apreciado, sucessivamente, em cada uma das Casas legislativas, sendo rejeitado pela maioria absoluta de seus membros. Ao final, o projeto de lei foi enviado ao Presidente do Senado Federal, que o promulgou, uma vez que o Presidente da República estava ausente do País.

A situação acima descrita contém erros, do ponto de vista jurídico. A alternativa que apresenta, apropriadamente, um desses erros é:

a) O projeto de lei somente poderia ter sido apresentado por Deputado Federal.
b) O veto presidencial foi exercido fora do prazo constitucional.
c) O veto presidencial deveria ter sido apreciado pela Câmara dos Deputados e pelo Senado Federal em sessão conjunta.
d) O veto presidencial poderia ter sido rejeitado por maioria simples de cada uma das Casas legislativas.
e) O projeto de lei deveria ter sido encaminhado ao Presidente da Câmara dos Deputados para promulgação.

COMENTÁRIOS

Alternativa correta: "c". O veto presidencial deveria ter sido apreciado pela Câmara dos Deputados e pelo Senado Federal em sessão conjunta, conforme exige o art. 57, § 3º, IV, da CF.

Alternativa "a". O projeto de lei poderia ter sido apresentado pelo **Presidente da República**, segundo o disposto no art. 61, § 1º, II, "c", da CF, uma vez que tratou do regime jurídico dos servidores públicos da União.

Alternativa "b". O veto presidencial, efetuado no 11º dia útil do recebimento do projeto de lei, foi exercido **dentro** do prazo constitucional contido no art. 66, § 1º, da CF, que é de quinze dias úteis contados da data do recebimento.

Alternativa "d". O veto presidencial poderia ter sido rejeitado por **maioria absoluta** de cada uma das Casas legislativas, nos termos do art. 66, § 4º, da CF.

Alternativa "e". O projeto de lei deveria ter sido encaminhado ao **Presidente da República** para promulgação, de acordo com o art. 66, § 7º, da CF.

16. **(FCC / Analista Judiciário – Área Judiciária / TRF 2 / 2012)** Cabe exclusivamente ao Congresso Nacional, independentemente de sanção do Presidente da República,

a) resolver sobre plano plurianual, diretrizes orçamentárias, orçamento anual, operações de crédito, dívida pública e emissões de curso forçado.
b) dispor sobre sistema tributário, arrecadação e distribuição de rendas.
c) resolver sobre os limites do território nacional, espaço aéreo e marítimo e bens do domínio da União.
d) dispor definitivamente sobre incorporação, subdivisão ou desmembramento de áreas de Territórios ou Estados, ouvidas as respectivas Assembleias Legislativas.
e) resolver definitivamente sobre atos internacionais que acarretem compromissos gravosos ao patrimônio nacional.

COMENTÁRIOS

Alternativa correta "e". Conforme art. 49, I, c.c. art. 48, *caput*, ambos da CF, cabe exclusivamente ao Congresso Nacional, independentemente de sanção do Presidente da República, resolver definitivamente sobre atos internacionais que acarretem compromissos gravosos ao patrimônio nacional.

Alternativa "a". Nos termos do art. 48, II, da CF, cabe ao Congresso Nacional, **com a sanção do Presidente da República**, resolver sobre plano plurianual, diretrizes orçamentárias, orçamento anual, operações de crédito, dívida pública e emissões de curso forçado.

Alternativa "b". Cabe ao Congresso Nacional, **com a sanção do Presidente da República**, dispor sobre sistema tributário, arrecadação e distribuição de rendas, conforme art. 48, I da CF.

Alternativa "c". Cabe ao Congresso Nacional, **com a sanção do Presidente da República**, resolver sobre os limites do território nacional, espaço aéreo e marítimo e bens do domínio da União, segundo art. 48, V, da CF.

Alternativa "d". De acordo com art. 48, VI, da CF, cabe ao Congresso Nacional, **com a sanção do Presidente da República**, dispor definitivamente sobre incorporação, subdivisão ou desmembramento de áreas de Territórios ou Estados, ouvidas as respectivas Assembleias Legislativas.

17. **(FCC / Analista Administrativo / TRE-CE / 2012)** Considerando que Anastácio, Santiago, Eric, Roberto e Pompeu ocupam respectivamente os cargos de Senador,

Advogado, Defensor Público, Juiz de Tribunal Regional Federal e Prefeito Municipal, é certo que Péricles na qualidade de auditor do Tribunal de Contas da União, quando em substituição a Ministro, terá as mesmas garantias e impedimentos do titular e, quando no exercício das demais atribuições da judicatura, as do cargo de

a) Anastácio.
b) Santiago.
c) Eric.
d) Pompeu.
e) Roberto.

COMENTÁRIOS

Alternativa correta: "e" (responde a todas as alternativas). De acordo com o disposto no art. 73, § 4º, da CF, **o auditor do Tribunal de Contas**, quando em substituição a Ministro, terá as mesmas garantias e impedimentos do titular e, **quando no exercício das demais atribuições da judicatura, as de Juiz do Tribunal Regional Federal.**

18. **(FCC / Técnico Judiciário – Área Administrativa / TRT 6 / 2012)** Em relação ao Poder Legislativo, é correto afirmar:

a) As comissões parlamentares de inquérito são permanentes e possuem poderes para apurar fatos de relevância política, bem como para aplicar sanções.
b) Os Senadores representam os Estados e o Distrito Federal e possuem mandato de oito anos, embora a legislatura do Congresso Nacional dure, apenas, quatro anos.
c) O Congresso Nacional reúne-se, anualmente, na Capital Federal, de 2 de janeiro a 30 de junho e de 1º de agosto a 22 de dezembro.
d) Os Deputados Federais representam o povo e possuem mandato de quatro anos, embora a legislatura do Congresso Nacional dure oito anos.
e) A convocação extraordinária do Congresso Nacional será feita pelo Presidente da Câmara dos Deputados em caso de decretação de estado de defesa ou de intervenção federal.

COMENTÁRIOS

Alternativa correta: "b". Consoante art. 46, da CF, o Senado Federal compõe-se de representantes dos Estados e do Distrito Federal, eleitos segundo o princípio majoritário para mandato de oito anos. Com esse mandato, o Senador exercerá o cargo por suas legislaturas que, nos termos do art. 44, parágrafo único, da CF, dura quatro anos.

Alternativa "a". As comissões parlamentares de inquérito **não são permanentes,** pois são criadas para a apuração de fato determinado e por prazo certo. Além disso, possuem **poderes de investigação próprios das autoridades judiciais,** mas **não podem** aplicar sanções, devendo, se for o caso, encaminhar suas conclusões ao Ministério Público, para que promova a responsabilidade civil ou criminal dos infratores (art. 58, § 3º, da CF).

Alternativa "c". O Congresso Nacional reúne-se, anualmente, na Capital Federal, de 2 de **fevereiro** (não janeiro) a **17 de julho** (não 30 de junho) e de 1º de agosto a 22 de dezembro, nos termos do art. 57, *caput*, da CF.

Alternativa "d". Os Deputados Federais representam o povo e possuem mandato de quatro anos (art. 45 da CF), **o mesmo período de duração da legislatura do Congresso Nacional** (art. 44, parágrafo único, da CF).

Alternativa "e". A convocação extraordinária do Congresso Nacional será feita pelo Presidente **do Senador Federal** (e não da Câmara dos Deputados) em caso de decretação de estado de defesa ou de intervenção federal (art. 57, § 6º, I, da CF).

19. **(FCC / Analista Judiciário / TRE-TO / 2011)** O número de Deputados à Assembleia Legislativa corresponderá ao triplo da representação do Estado na Câmara dos Deputados e, atingido o número de

a) vinte e quatro, será acrescido de tantos quantos forem os Deputados Federais acima de doze.
b) vinte e quatro, será acrescido de tantos quantos forem os Deputados Federais, sem qualquer restrição.
c) trinta e seis, só será permitida a substituição através de suplentes regularmente inscritos.
d) trinta e seis, será acrescido de tantos quantos forem os Deputados Federais acima de doze.
e) quarenta e dois, só será permitida a substituição através de suplentes regularmente inscritos.

COMENTÁRIOS

Alternativa correta: "d" (responde a todas as alternativas). O número de Deputados à Assembleia Legislativa corresponderá ao triplo da representação do Estado na Câmara dos Deputados e, atingido o número de trinta e seis, será acrescido de tantos quantos forem os Deputados Federais acima de doze. É o que estabelece o art. 27, *caput*, da CF.

20. **(FCC / Analista Judiciário / TRF 1 / 2011)** Em caso de relevância e urgência, o Presidente da República poderá adotar medidas provisórias, com força de lei, devendo submetê-las de imediato ao Congresso Nacional, sendo que

a) se a medida provisória não for apreciada em até trinta e cinco dias contados de sua publicação, entrará em regime de urgência, subsequentemente, em cada uma das Casas do Congresso Nacional, ficando sobrestadas, até que se ultime a votação, todas as demais deliberações legislativas da Casa em que estiver tramitando.
b) a deliberação de cada uma das Casas do Congresso Nacional sobre o mérito das medidas provisórias não dependerá de juízo prévio sobre o atendimento de seus pressupostos constitucionais.
c) é vedada a reedição, na mesma sessão legislativa, de medida provisória que tenha sido rejeitada ou que tenha perdido sua eficácia por decurso de prazo.
d) prorrogar-se-á por duas vezes por iguais períodos a vigência de medida provisória que, no prazo de sessenta dias, contados de sua publicação, não tiver a sua votação encerrada nas duas Casas do Congresso Nacional.

e) caberá à comissão exclusiva de Deputados examinar as medidas provisórias e sobre elas emitir parecer, antes de serem apreciadas, em sessão separada, pelo plenário de cada uma das Casas do Congresso Nacional.

COMENTÁRIOS

Alternativa correta: "c". O art. 62, § 10, da CF veda a reedição, na mesma sessão legislativa, de medida provisória que tenha sido rejeitada ou que tenha perdido sua eficácia por decurso de prazo.

Alternativa "a". Se a medida provisória não for apreciada em até **quarenta e cinco dias** contados de sua publicação, entrará em regime de urgência, subsequentemente, em cada uma das Casas do Congresso Nacional, ficando sobrestadas, até que se ultime a votação, todas as demais deliberações legislativas da Casa em que estiver tramitando (art. 62, § 6º, da CF).

Alternativa "b". A deliberação de cada uma das Casas do Congresso Nacional sobre o mérito das medidas provisórias **dependerá** de juízo prévio sobre o atendimento de seus pressupostos constitucionais (art. 62, § 5º, da CF).

Alternativa "d". Prorrogar-se-á **uma única vez** por igual período a vigência de medida provisória que, no prazo de sessenta dias, contado de sua publicação, não tiver a sua votação encerrada nas duas Casas do Congresso Nacional (art. 62, § 7º, da CF).

Alternativa "e". Caberá à comissão **mista de Deputados e Senadores** examinar as medidas provisórias e sobre elas emitir parecer, antes de serem apreciadas, em sessão separada, pelo plenário de cada uma das Casas do Congresso Nacional (art. 62, § 9º, da CF).

21. **(FCC / Técnico Judiciário / TRT 20 / 2011)** A competência exclusiva de sustar os atos normativos do Poder Executivo que exorbitem do poder regulamentar ou dos limites de delegação legislativa é do

a) Superior Tribunal de Justiça.
b) Supremo Tribunal Federal.
c) Congresso Nacional.
d) Presidente da República.
e) Presidente do Conselho Nacional de Justiça.

COMENTÁRIOS

Alternativa correta: "c" (responde a todas as alternativas). Prega o art. 49, V, da CF que é da competência exclusiva do Congresso Nacional sustar os atos normativos do Poder Executivo que exorbitem do poder regulamentar ou dos limites de delegação legislativa.

22. **(FCC / Analista Judiciário / TRF 1 / 2011)** Julgar anualmente as contas prestadas pelo Presidente da República e apreciar os relatórios sobre a execução dos planos de governo é da competência exclusiva

a) da Advocacia Geral da União.
b) da Procuradoria Geral da República.
c) do Superior Tribunal de Justiça.

d) do Congresso Nacional.
e) do Supremo Tribunal Federal.

COMENTÁRIOS

Alternativa correta: "d" (responde a todas as alternativas). É competência exclusiva do Congresso Nacional, consoante art. 49, IX, da CF, julgar anualmente as contas prestadas pelo Presidente da República e apreciar os relatórios sobre a execução dos planos de governo.

23. **(FCC / Analista Judiciário – Execução de Mandados / TRF 1ª Região / 2011)** Dois terços dos Ministros do Tribunal de Contas da União serão escolhidos pelo
a) Supremo Tribunal Federal.
b) Presidente do Senado Federal.
c) Presidente da República.
d) Presidente do Supremo Tribunal Federal.
e) Congresso Nacional.

COMENTÁRIOS

Alternativa correta: "e" (responde a todas as alternativas). Dois terços dos Ministros do Tribunal de Contas da União serão escolhidos pelo Congresso Nacional, segundo art. 49, XIII, da CF.

24. **(FCC / Analista Judiciário / TRE-TO / 2011)** Compete privativamente ao Senado Federal:
a) autorizar o Presidente e o Vice-Presidente da República a se ausentarem do País, quando a ausência exceder a quinze dias.
b) resolver definitivamente sobre tratados, acordos ou atos internacionais que acarretem encargos ou compromissos gravosos ao patrimônio nacional.
c) aprovar previamente, por voto secreto, após arguição pública, a escolha do Procurador-Geral da República.
d) sustar os atos normativos do Poder Executivo que exorbitem do poder regulamentar ou dos limites de delegação legislativa.
e) proceder à tomada de contas do Presidente da República, quando não apresentadas ao Congresso Nacional dentro de sessenta dias após a abertura da sessão legislativa.

COMENTÁRIOS

Alternativa correta: "c". Compete privativamente ao Senado Federal aprovar previamente, por voto secreto, após arguição pública, a escolha do Procurador-Geral da República (art. 52, III, "e", da CF).

Alternativa "a". Compete exclusivamente ao **Congresso Nacional** autorizar o Presidente e o Vice-Presidente da República a se ausentarem do País, quando a ausência exceder a quinze dias (art. 49, III, da CF).

Alternativa "b". Compete exclusivamente ao **Congresso Nacional** resolver definitivamente sobre tratados, acordos ou atos internacionais que acarretem encargos ou compromissos gravosos ao patrimônio nacional (art. 49, I, da CF).

Alternativa "d". Compete exclusivamente ao **Congresso Nacional** sustar os atos normativos do Poder Executivo que exorbitem do poder regulamentar ou dos limites de delegação legislativa (art. 49, V, da CF).

Alternativa "e". Compete privativamente à Câmara dos Deputados proceder à tomada de contas do Presidente da República, quando não apresentadas ao Congresso Nacional dentro de sessenta dias após a abertura da sessão legislativa (art. 51, II, da CF).

25. (FCC – Analista Judiciário / TRE-AC / 2010) No que diz respeito à organização dos Poderes, é INCORRETO afirmar que

a) as decisões do Tribunal Superior Eleitoral são, em regra, irrecorríveis a exemplo das concessões de *habeas corpus* ou de mandado de segurança.
b) os atos do Presidente da República que atentem contra a lei orçamentária constituem crimes de responsabilidade.
c) os tribunais poderão declarar a inconstitucionalidade da lei somente pelo voto da maioria absoluta de seus membros ou dos membros do órgão especial.
d) a Mesa do Congresso Nacional será presidida pelo Presidente da Câmara dos Deputados e os demais cargos exercidos por membros do Senado Federal.
e) é vedada a edição de medida provisória sobre matéria relativa a direitos políticos, partidos políticos e a reservada a lei complementar.

COMENTÁRIOS

Alternativa correta: "d" (a questão pede o "incorreto"). A Mesa do Congresso Nacional será presidida pelo **Presidente do Senado Federal,** e os demais cargos exercidos, **alternadamente, pelos ocupantes de cargos equivalentes na Câmara dos Deputados e no Senado Federal.** É o que leciona o art. 57, § 5º, da CF.

Alternativa "a". As decisões do TSE são, em regra, irrecorríveis a exemplo das concessões de *habeas corpus* ou de mandado de segurança (art. 121, § 3º, da CF).

Alternativa "b". Os atos do Presidente da República que atentem contra a lei orçamentária constituem crimes de responsabilidade (art. 85, VI, da CF).

Alternativa "c". Os tribunais poderão declarar a inconstitucionalidade da lei somente pelo voto da maioria absoluta de seus membros ou dos membros do órgão especial (art. 97 da CF). É a chamada "cláusula de reserva de plenário".

Alternativa "e". É vedada a edição de medida provisória sobre matéria relativa a direitos políticos, partidos políticos e a reservada a lei complementar (art. 62, § 1º, I, "a" e III, da CF).

26. (FCC – Técnico Judiciário – TRT 12/ 2010) No tocante ao processo legislativo, é correto afirmar:

a) A Constituição Federal poderá ser emendada mediante proposta de dois terços, no mínimo, dos membros da Câmara dos Deputados ou do Senado Federal.
b) É permitida a edição de medida provisória sobre matéria relativa a direito eleitoral.
c) A Constituição Federal poderá se emendada na vigência de intervenção federal, de estado de defesa ou de estado de sítio.

d) A lei que disponha sobre matéria tributária e orçamentária é de iniciativa privativa do Presidente da Câmara dos Deputados.
e) O processo legislativo compreende a elaboração de Emendas à Constituição Federal, Leis Complementares, Leis Ordinárias, Leis Delegadas, Medidas Provisórias, Decretos Legislativos e Resoluções.

COMENTÁRIOS

Alternativa correta: "e". Nos exatos termos do art. 59 da CF, o processo legislativo compreende a elaboração de Emendas à Constituição Federal, Leis Complementares, Leis Ordinárias, Leis Delegadas, Medidas Provisórias, Decretos Legislativos e Resoluções.

Alternativa "a". A Constituição Federal poderá ser emendada mediante proposta de **um terço** (e não de dois terços), no mínimo, dos membros da Câmara dos Deputados ou do Senado Federal, conforme art. 60, I, da CF.

Alternativa "b". É **vedada** a edição de medida provisória sobre matéria relativa a direito eleitoral (art. 62, § 1º, I, "a", da CF).

Alternativa "c". A Constituição Federal **não** poderá se emendada na vigência de intervenção federal, de estado de defesa ou de estado de sítio, consoante art. 60, § 1º, da CF.

Alternativa "d". A lei que disponha sobre matéria tributária e orçamentária é de iniciativa privativa do **Presidente da República** (e não do Presidente da Câmara dos Deputados), conforme art. 61, § 1º, II, "b", da CF.

27. **(FCC – Analista Judiciário / TRE-AL / 2010)** É correto afirmar que as comissões parlamentares de inquérito possuem, dentre outros, poderes de
a) inaugurar a sessão legislativa.
b) investigação próprios das autoridades judiciais.
c) regular a criação de serviços comuns da Câmara dos Deputados.
d) elaborar o regimento comum do Senado Federal.
e) conhecer do veto e sobre ele deliberar.

COMENTÁRIOS

Alternativa correta: "b". As CPIs possuem poderes de investigação próprios das autoridades judiciais, conforme art. 58, § 3º, da CF.

Alternativa "a". A inauguração da sessão legislativa será realizada **pela Câmara dos Deputados e pelo Senado Federal, em sessão conjunta** (art. 57, § 3º, I, da CF).

Alternativa "c". A Câmara dos Deputados e o Senado Federal reunir-se-ão em sessão conjunta para regular a criação de serviços **comuns às duas Casas**, segundo o art. 57, § 3º, II, da CF.

Alternativa "d". A Câmara dos Deputados e o Senado Federal reunir-se-ão em sessão conjunta para elaborar o regimento **comum às duas Casas**, de acordo com art. 57, § 3º, II, da CF.

Alternativa "e". A Câmara dos Deputados e o Senado Federal reunir-se-ão em sessão conjunta para conhecer do veto e sobre ele deliberar, nos termos do art. 57, § 3º, IV, da CF.

28. (FCC – Analista Judiciário / TRE-AM / 2010) Sobre o Congresso Nacional, é correto afirmar que

a) a convocação extraordinária do Congresso Nacional far-se-á pelo Presidente da República em caso de intervenção federal com a aprovação de um terço do Senado Federal.
b) a Câmara dos Deputados reunir-se-á em sessão única no primeiro dia do primeiro ano da legislatura, para a posse de seus membros e mandatos de quatro anos.
c) a Mesa do Congresso Nacional será presidida pelo Presidente da Câmara dos Deputados.
d) a sessão legislativa não será interrompida sem a aprovação do projeto de lei de diretrizes orçamentárias.
e) havendo leis complementares em vigor na data de convocação extraordinária, serão elas automaticamente incluídas na pauta da convocação.

COMENTÁRIOS

Alternativa correta: "d". A sessão legislativa não será interrompida sem a aprovação do projeto de lei de diretrizes orçamentárias (art. 57, § 2º, da CF).

Alternativa "a". A convocação extraordinária do Congresso Nacional far-se-á pelo **Presidente do Senado Federal** em caso de intervenção federal, **não sendo necessária** a aprovação de um terço do Senado Federal (art. 57, § 6º, I, da CF).

Alternativa "b". A Câmara dos Deputados reunir-se-á em sessão **preparatória, a partir de 1º de fevereiro, no primeiro ano da legislatura**, para a posse de seus membros e eleição da respectiva Mesa, para mandato de dois anos, vedada a recondução para o mesmo cargo na eleição imediatamente subsequente (art. 57, § 4º, da CF).

Alternativa "c". A Mesa do Congresso Nacional será presidida pelo **Presidente do Senado Federal** (art. 57, § 5º, da CF).

Alternativa "e". Havendo **medidas provisórias** em vigor na data de convocação extraordinária, serão elas automaticamente incluídas na pauta da convocação (art. 57, § 2º, da CF).

1.9. Questões objetivas para treinar

01. (CESPE/CEBRASPE – Técnico Judiciário – Área Administrativa – TJ-CE/2023) De acordo com as disposições constitucionais acerca do processo legislativo, assinale a opção correta.

a) Na vigência de intervenção federal, estado de defesa e estado de sítio, não há óbice para a CF seja alterada por meio de emenda constitucional.
b) O veto aposto pelo presidente da República a projeto de lei será apreciado pelo Congresso Nacional e será considerado rejeitado se obtiver o voto de três quintos dos membros da Câmara dos Deputados e do Senado Federal, em dois turnos de votação.
c) Caso o presidente da República considere inconstitucional ou contrário ao interesse público projeto de lei aprovado pelo Congresso Nacional, poderá vetá-lo

total ou parcialmente, e o veto parcial somente abrangerá texto integral de artigo, de parágrafo, de inciso ou de alínea.

d) Aprovada a proposta de emenda à Constituição pelo Congresso Nacional, o presidente da República terá o prazo de 15 dias para sancioná-la ou vetá-la e, caso não se manifeste nesse prazo, seu silêncio importará sanção tácita.

e) O presidente da República poderá ser autor de proposta de emenda constitucional desde que a proposição seja subscrita por, no mínimo, um terço dos membros da Câmara dos Deputados ou do Senado Federal.

02. **(FCC - Analista Judiciário - Área Judiciária - TRT 6/2018)** A competência para resolver definitivamente sobre tratados, acordos ou atos internacionais que acarretem encargos ou compromissos gravosos ao patrimônio nacional é exclusiva

a) do Presidente da República.
b) da Câmara dos Deputados.
c) do Congresso Nacional.
d) do Senado Federal.
e) do Supremo Tribunal Federal.

03. **(Cespe - Técnico do MPU - Administração/2018)** A respeito dos Poderes Legislativo, Executivo e Judiciário e das funções essenciais à justiça, julgue o item subsequente.

Ato normativo publicado pelo presidente da República e cujo conteúdo exorbite do poder de regulamentar poderá ser sustado pelo Congresso Nacional.

04. **(FGV / Analista Jurídico / TJ-SC / 2018)** Após solicitação do Presidente da República, o Congresso Nacional editou decreto legislativo delegando, ao referido agente, competência para editar a lei orçamentária anual, cujo teor seria o mais adequado à superação da situação de crise econômica, devendo observar os balizamentos estabelecidos pela lei de diretrizes orçamentárias. Considerando os balizamentos a serem observados no processo legislativo, a referida narrativa:

a) apresenta irregularidades, pois, apesar de a delegação de competência ser possível, ela deve ser feita mediante resolução e não pode ter por objeto o orçamento;
b) não apresenta irregularidades, já que o Congresso Nacional pode delegar suas competências legislativas, excetuando apenas aquelas reservadas à lei complementar;
c) apresenta uma única irregularidade, pois, apesar de a delegação ser possível, ela não pode ser feita mediante decreto legislativo;
d) apresenta uma única irregularidade, pois, apesar de a delegação ser possível, ela não pode ter por objeto o orçamento;
e) apresenta uma irregularidade estrutural, já que o Congresso Nacional não pode delegar a sua competência legislativa.

05. **(Cespe / Analista Judiciário / TRE-BA / 2017)** Para a criação da Comissão Parlamentar de Inquérito (CPI), é indispensável

a) que o fato não esteja em apuração em instância policial ou judicial.
b) o requerimento de, no mínimo, dois terços dos membros da casa legislativa.
c) o apontamento de fato determinado a ser investigado.
d) que a iniciativa seja da Câmara dos Deputados, não podendo ser de outra casa legislativa.
e) a fixação de prazo improrrogável para a conclusão do trabalho, independentemente da complexidade do fato investigado.

06. **(Cespe / Analista Judiciário – Área Judiciária – Oficial de Justiça Avaliador / TRT 8 / 2016)** Com base no disposto na CF, assinale a opção correta a respeito de controle de constitucionalidade.
a) A sanção presidencial a projeto de lei não supre vícios de iniciativa, padecendo de vício formal a lei sancionada, a ser declarado por meio de ação judicial própria.
b) Na apreciação do controle de constitucionalidade em grau de recurso, os autos devem ser remetidos ao relator da Câmara Julgadora do Tribunal, que poderá monocraticamente declarar a inconstitucionalidade da lei.
c) Os efeitos da declaração de inconstitucionalidade em controle de constitucionalidade difuso no âmbito do tribunal de justiça são *erga omnes* e *ex nunc*, como o são os efeitos de declaração de inconstitucionalidade de lei em controle difuso no âmbito do STF.
d) Entre os legitimados universais para a propositura de ação direta de inconstitucionalidade inclui-se o governador de estado, e entre os legitimados especiais inclui-se o presidente da República.
e) É possível o controle abstrato de constitucionalidade de leis ou atos normativos municipais em face da lei orgânica municipal.

07. **(FCC / Analista Judiciário – Área Administrativa / TRT 16/ 2014)** Nos termos estabelecidos pela Constituição federal NÃO é atribuição constitucional do Tribunal de Contas da União
a) julgar as contas dos administradores e demais responsáveis por recursos públicos.
b) julgar as contas do Presidente da República.
c) sustar, se não atendido, a execução de ato impugnado, comunicando à Câmara dos Deputados e ao Senado Federal.
d) apreciar, em regra, para fins de registro, a legalidade dos atos de admissão de pessoal, a qualquer título, na administração direta.
e) fiscalizar as contas nacionais das empresas supranacionais de cujo capital social a União participe, de forma direta ou indireta, nos termos do tratado consultivo.

08. **(Cespe / Analista Judiciário – Área Administrativa / TRT 8/2013)** Acerca da fiscalização contábil, financeira e orçamentária exercida pelo Poder Legislativo, assinale a opção correta.
a) qualquer cidadão que tiver ciência de irregularidades na gestão de dinheiro público poderá fazer a denúncia diretamente ao TCU.

b) os ministros do TCU gozam das mesmas garantias e prerrogativas dos ministros do STF e sujeitam-se aos mesmos impedimentos a estes impostos.
c) a CF retirou dos estados a competência para dispor sobre seus respectivos tribunais de contas.
d) nos termos da CF, somente prestarão contas pessoas jurídicas de direito público, ante a impossibilidade de punição de particulares, ainda que estes administrem bens públicos.
e) é competência exclusiva do TCU julgar as contas prestadas anualmente pelo presidente da República.

09. **(FCC / Técnico Judiciário – Área Administrativa - TRT 15/2013)** Conforme notícia veiculada no sítio da Câmara dos Deputados na internet, no dia 5/11/2013, o Grupo de Trabalho criado naquela Casa legislativa para analisar temas de reforma política encerrou suas atividades e proporá diversas medidas, como a instituição do voto facultativo, o fim da reeleição para Presidente da República, Governadores e Prefeitos, e alterações na forma de eleição para Deputados Federais. As decisões do grupo foram consolidadas em uma minuta de Proposta de Emenda à Constituição (PEC), assinada pelos integrantes do Grupo de Trabalho, que se responsabilizarão pela coleta das demais assinaturas necessárias para a apresentação da PEC. Diante da disciplina constitucional da matéria, a referida PEC
a) dependerá da assinatura de, pelo menos, um terço dos membros da Câmara dos Deputados, para iniciar sua tramitação.
b) deverá ser discutida e votada em cada Casa do Congresso Nacional, em dois turnos, considerando- se aprovada se obtiver, em ambos, o voto da maioria absoluta dos respectivos membros.
c) não poderá ser objeto de deliberação pelas Casas do Congresso Nacional, por pretender acabar com a obrigatoriedade do voto, o que é expressamente vedado pela Constituição.
d) não poderá ser objeto de deliberação pelas Casas do Congresso Nacional, por pretender acabar com a reeleição para a chefia do Poder Executivo, o que é expressamente vedado pela Constituição.
e) não poderá ser objeto de deliberação pelas Casas do Congresso Nacional, por pretender alterar a forma de eleição para Deputados Federais, o que é expressamente vedado pela Constituição.

10. **(FCC / Técnico Judiciário – Administrativa / TRT 11/2012)** José, Deputado Federal, é investido no cargo de Secretário de um determinado Estado da Federação. Nesse caso, de acordo com a Constituição Federal de 1988, José
a) perderá o mandato de Deputado Federal se permanecer no cargo de Secretário de Estado por mais de seis meses.
b) perderá o mandato de Deputado Federal independentemente do prazo que permanecer no cargo de Secretário de Estado.
c) não perderá o mandato de Deputado Federal e poderá optar pela remuneração do mandato.

d) não perderá o mandato de Deputado Federal e receberá a remuneração de Secretário de Estado.
e) poderá cumular os cargos de Deputado Federal e Secretário de Estado, optando-se por uma das remunerações estabelecidas.

11. **(FCC / Analista Judiciário – Administrativa / TRT 1/2013)** Suponha que entidade da administração indireta da União tenha celebrado contrato de publicidade institucional em período vedado pela legislação eleitoral. Na sequência, a execução do contrato foi considerada ilegal pelo Tribunal de Contas da União, que assinalou prazo de 30 dias para que a entidade adotasse as providências necessárias ao exato cumprimento da lei. Findo o prazo fixado sem que tivessem sido tomadas quaisquer providências, o Tribunal decidiu sustar a execução do contrato, comunicando a decisão à Câmara dos Deputados e ao Senado Federal, e aplicar aos responsáveis pela ilegalidade as sanções previstas em lei. A luz das normas constitucionais a respeito da matéria, o Tribunal de Contas da União agiu
a) corretamente ao sustar a execução do ato impugnado, comunicando a decisão à Câmara dos Deputados e ao Senado Federal, uma vez que a providência decorre de suas atribuições constitucionais.
b) corretamente ao aplicar aos responsáveis pela ilegalidade as sanções previstas em lei, uma vez que a providência decorre de suas atribuições constitucionais.
c) incorretamente, uma vez que entidades da administração indireta da União não estão sujeitas ao controle externo do Congresso Nacional.
d) incorretamente ao assinalar prazo para que a entidade adotasse as providências necessárias ao cumprimento da lei, uma vez que a providência competia exclusivamente ao Congresso Nacional.
e) incorretamente ao assinalar prazo para que a entidade adotasse as providências necessárias ao cumprimento da lei, uma vez que a providência competia exclusivamente ao Poder Judiciário.

12. **(FCC / Analista Judiciário / TRF 2ª Região / 2012)** Olímpio perdeu o mandato de Deputado Federal porque exercia cumulativamente função remunerada em pessoa jurídica de direito público, o que lhe era vedado pela Constituição Federal desde
a) doze meses antes das eleições.
b) a candidatura.
c) a posse.
d) a expedição do diploma.
e) seis meses antes das eleições.

13. **(FCC / Analista Administrativo / TRE-CE / 2012)** Será objeto de deliberação em cada Casa do Congresso Nacional a proposta de Emenda à Constituição formulada por César, Presidente da República, tendente a abolir
a) a exigência de submeter de imediato ao Congresso Nacional a medida provisória que adotar no caso de relevância e urgência.

b) a forma federativa de Estado.
c) o voto direto, secreto, universal e periódico.
d) a separação dos Poderes.
e) os direitos e garantias individuais.

14. **(Pontua Concursos / Analista Judiciário / TRE-SC / 2011)** Analise os itens abaixo:
I. O Presidente da República poderá editar medida provisória sobre direito eleitoral desde que a sua conversão em lei e o início de sua vigência ocorram no mínimo um ano antes da próxima eleição.
II. O Presidente da República poderá editar medida provisória sobre direitos políticos desde que observados os princípios da proporcionalidade e da proteção do núcleo essencial desses direitos.
III. É vedada a iniciativa popular de projeto de lei em matéria de processo eleitoral e inelegibilidades.
Está(ão) **CORRETO(S)**:
a) Apenas os itens I e II.
b) Apenas o item II.
c) Nenhum dos itens.
d) Apenas os itens II e III.

15. **(FCC / Analista Judiciário / TRT-24ª Região / 2011)** A fiscalização contábil, financeira, orçamentária, operacional e patrimonial da União e das entidades da administração direta e indireta, quanto à legalidade, legitimidade, economicidade, aplicação das subvenções e renúncia de receitas, será exercida, mediante controle externo, pelo
a) Supremo Tribunal Federal.
b) Congresso Nacional.
c) Ministro da Justiça.
d) Advogado Geral da União.
e) Chefe da Casa Civil.

16. **(FCC / Analista Judiciário – Execução de Mandados / TRF 4ª Região / 2010)** É correto afirmar que as Leis que disponham sobre criação de cargos, funções ou empregos públicos na administração direta e autárquica, ou aumento de sua remuneração, são de iniciativa privativa do Presidente
a) do Tribunal Superior Eleitoral.
b) da República.
c) do Supremo Tribunal Federal.
d) da Câmara dos Deputados.
e) do Senado Federal.

17. **(FCC / Analista Administrativo / TRT-8ª Região / 2010)** O Tribunal de Contas da União é integrado no total por
a) sete ministros, sendo todos escolhidos pelo Presidente da República, com aprovação do Congresso Nacional.

b) sete ministros, sendo dois terços deles escolhidos pelo Congresso Nacional, com aprovação do Presidente da República.
c) nove Ministros, sendo um terço deles escolhidos pelo Presidente da República, com aprovação do Senado Federal.
d) quinze ministros, sendo dois terços deles escolhidos pelo Senado Federal, com aprovação da Câmara dos Deputados.
e) quinze ministros, sendo um terço deles escolhidos pela Câmara dos Deputados, com aprovação do Presidente da República.

18. **(FCC / Analista Judiciário / TRT 8ª Região / 2010)** A fiscalização contábil, financeira, orçamentária, operacional e patrimonial da União e das entidades da administração direta e indireta, quanto à legalidade, legitimidade, economicidade, aplicação das subvenções e renúncia de receitas, será exercida
a) pelo Supremo Tribunal Federal, mediante controle externo, e pelo sistema de controle interno pela Comissão Nacional de Justiça.
b) pela Comissão Nacional de Justiça, mediante controle externo, e pelo sistema de controle interno do Supremo Tribunal Federal.
c) pelo Superior Tribunal de Justiça, mediante controle externo, e pelo sistema de controle interno da Comissão Nacional de Justiça.
d) pela Advocacia Geral da União, mediante controle externo, e pelo sistema de controle interno de cada Poder.
e) pelo Congresso Nacional, mediante controle externo, e pelo sistema de controle interno de cada Poder.

19. **(FCC / Analista Administrativo / TRT 9ª Região / 2010)** No que diz respeito à fiscalização contábil, financeira e orçamentária, é certo que
a) as Constituições Estaduais e as leis orgânicas dos Municípios disporão sobre os Tribunais de Contas respectivos, que serão integrados por onze Conselheiros.
b) o sindicato também é parte legítima, na forma da lei, para denunciar irregularidades ou ilegalidades perante o Tribunal de Contas da União.
c) compete ao Tribunal de Contas da União sustar a execução de ato impugnado, comunicando a decisão ao Poder Executivo e ao juiz competente.
d) as decisões dos Tribunais de Contas que resultem em imputação de débito ou multa, não têm eficácia de título executivo por ser prerrogativa do Poder Judiciário.
e) o Tribunal de Contas da União encaminhará para a Câmara dos Deputados, semestralmente, o relatório de suas atividades e anualmente ao Ministério Público.

20. **(FCC / Analista Administrativo / TRT 22ª Região / 2010)** No tocante ao Tribunal de Contas da União,
a) as suas decisões, de que resulte imputação de débito ou multa, terão eficácia de título executivo.
b) encaminhará ao Congresso Nacional, a cada cinco meses, relatório de suas atividades.

c) no caso de contrato, praticará ato de sustação e solicitará de imediato ao Poder Executivo as medidas cabíveis.
d) está impedido de assinar prazo para que o órgão ou entidade adote as providências necessárias ao exato cumprimento da lei, se verificada ilegalidade.
e) poderá sustar, se atendido, a execução do ato impugnado, comunicando a decisão à Câmara dos Deputados e ao Senado Federal.

21. **(FCC / Analista Administrativo / TRF 4ª Região / 2010)** A Constituição poderá ser emendada mediante proposta de, no mínimo,
a) metade dos membros da Câmara dos Deputados e do Senado Federal.
b) um terço dos membros da Câmara dos Deputados ou do Senado Federal.
c) cinco dos membros da Câmara dos Deputados.
d) dois terços dos membros da Câmara dos Deputados ou do Senado Federal.
e) três quintos dos membros da Câmara dos Deputados e do Senado Federal.

22. **(FCC / Analista Judiciário / TRF 4ª Região / 2010)** Compete privativamente à Câmara dos Deputados
a) fixar, por proposta do Presidente da República, limites globais para o montante da dívida consolidada da União, dos Estados, do Distrito Federal e dos Municípios.
b) autorizar operações externas de natureza financeira, de interesse da União, dos Estados, do Distrito Federal, dos Territórios e dos Municípios.
c) processar e julgar o Presidente e o Vice-Presidente da República nos crimes de responsabilidade, bem como os Ministros de Estado e os Comandantes da Marinha, do Exército e da Aeronáutica nos crimes da mesma natureza conexos com aqueles.
d) aprovar previamente, por voto secreto, após arguição em sessão secreta, a escolha dos chefes de missão diplomática de caráter permanente.
e) proceder à tomada de contas do Presidente da República, quando não apresentadas ao Congresso Nacional dentro de sessenta dias após a abertura da sessão legislativa.

23. **(FCC / Analista Judiciário – Execução de Mandados / TRF 4ª Região / 2010)** É correto afirmar que a fiscalização contábil, financeira, orçamentária, operacional e patrimonial da União e das entidades da administração direta e indireta, quanto à legalidade, legitimidade, economicidade, aplicação das subvenções e renúncia de receitas, será exercida mediante controle externo pelo
a) Ministério da Fazenda.
b) Banco Central.
c) Advogado-Geral da União.
d) Procurador-Geral da União.
e) Congresso Nacional.

24. **(FCC / Analista Judiciário / TRE-RS / 2010)** É correto afirmar que, dentre outras atribuições, compete ao Congresso Nacional, com a sanção do Presidente da

República, dispor sobre todas as matérias de competência da União, especialmente sobre

a) autorização das operações externas de natureza financeira, de interesse da União, dos Estados, do Distrito Federal, dos Territórios e dos Municípios.
b) aprovação do estado de defesa e a intervenção federal, autorizar o estado de sítio, ou suspender qualquer uma dessas medidas.
c) a sustação dos atos normativos do Poder Executivo que exorbitem do poder regulamentar ou dos limites de delegação legislativa.
d) a fixação e modificação do efetivo das Forças Armadas.
e) limites e condições para a concessão de garantia da União em operações de crédito externo e interno.

25. **(FCC / Analista Judiciário – Execução de Mandados / TRF 4ª Região / 2010)** É correto afirmar que os Deputados e Senadores não poderão, desde a expedição do diploma,

a) patrocinar causa em que seja interessada pessoa jurídica de direito público e empresa pública.
b) ser titulares de mais de um cargo ou mandato público eletivo.
c) patrocinar causa em que seja interessada empresa de economia mista ou concessionária de serviço público.
d) aceitar ou exercer cargo, função ou emprego remunerado, inclusive os de que sejam demissíveis *ad nutum*, em autarquia.
e) ser proprietários, controladores ou diretores de empresa que goze de favor decorrente de contrato com pessoa jurídica de direito público, ou nela exercer função remunerada.

(Cespe / Analista Administrativo / TRT 21ª Região / 2010) Julgue os itens a seguir, que versam acerca de processo legislativo.

26. As medidas provisórias perdem a eficácia, desde a edição, se não forem convertidas em lei no prazo de trinta dias, prorrogável uma vez, por igual período.

27. As matérias de competência exclusiva do Congresso Nacional são reguladas por decretos legislativos.

28. **(FCC / Analista Judiciário / TRE-RS / 2010)** A autorização para instaurar processo contra o Presidente e o Vice-Presidente da República e os Ministros de Estado, compete privativamente

a) ao Senado Federal, por votação secreta da maioria simples de seus membros.
b) à Câmara dos Deputados, mediante votação por dois terços de seus membros.
c) ao Congresso Nacional, através de votação por maioria absoluta de seus membros.
d) ao Supremo Tribunal Federal, mediante representação do Procurador-Geral da República.
e) ao Conselho Nacional de Justiça, mediante representação do Presidente do Supremo Tribunal Federal, com prévia manifestação do Procurador-Geral da República.

29. **(Cespe / Analista Judiciário / STF / 2008)** Acerca da teoria geral da constituição e do Poder Constituinte, julgue os itens seguintes.

A CF, conforme seu próprio texto, pode ser emendada por meio de iniciativa popular, desde que o projeto seja subscrito, por, no mínimo, 1% do eleitorado nacional, distribuído por, pelo menos, cinco estados, com não menos de 0,3% dos eleitores de cada um deles.

(Cespe / Analista Judiciário / STJ / 2008) Um Deputado federal pretende cumprir com um compromisso de campanha de fazer aprovar uma emenda à CF visando alterar o Sistema Tributário Nacional, o qual considera muito complexo e oneroso para a sociedade.

Acerca dessa situação hipotética, julgue os itens a seguir.

30. Essa proposição legislativa deve ser apresentada na Câmara dos Deputados subscrita por, pelo menos, um terço dos Deputados federais.

31. A proposição em tela seria formalmente inconstitucional, pois a iniciativa de projeto em matéria tributária é de competência privativa do Presidente da República.

32. **(Cespe / Analista Judiciário / STJ / 2008)** Acerca da organização dos poderes, julgue o item.

Se um Deputado federal acusar, na tribuna da Câmara dos Deputados, um servidor público de praticar crime de corrupção, e restar provado que esse servidor público era inocente, haverá crime de calúnia, cuja competência para julgamento é do STF.

33. **(FCC / Analista Judiciário / TRE-PI / 2009)** É da competência exclusiva do Congresso Nacional

a) suspender a execução, no todo ou em parte, de lei declarada inconstitucional por decisão definitiva do Supremo Tribunal Federal.
b) autorizar, por dois terços de seus membros, a instauração de processo contra o Presidente e o Vice-Presidente da República e os Ministros de Estado.
c) fixar, por proposta do Presidente da República, limites globais para o montante da dívida consolidada da União, dos Estados, do Distrito Federal e dos Municípios.
d) sustar os atos normativos do Poder Executivo que exorbitem do poder regulamentar ou dos limites de delegação legislativa.
e) dispor sobre limites e condições para a concessão de garantia da União em operações de crédito externo e interno.

34. **(Cespe / Analista Administrativo / TRE-MA / 2009)** De acordo com o que dispõe a CF a respeito do Poder Legislativo Federal, assinale a opção correta.

a) O sistema legislativo vigente é o unicameral, opção adotada a partir da Constituição Federal de 1934, exatamente porque os projetos de lei, obrigatoriamente,

têm de ser aprovados pela Câmara dos Deputados e pelo Senado em sessão conjunta, para que possam ser levados à sanção do Presidente da República.
b) O Congresso Nacional é formado pelo Senado e pela Câmara dos Deputados, o que aponta para a opção pelo pluricameralismo feita pela Assembleia Nacional Constituinte. Contudo, a elaboração de determinadas leis é da competência exclusiva de apenas uma das casas, ou seja, elas não necessitam ser referendadas pela outra.
c) O fato de a legislatura ser de quatro anos para a Câmara dos Deputados e de oito anos para o Senado Federal é uma das evidências de que foi adotado no Brasil o sistema bicameral.
d) Por ser o segundo na linha de sucessão do Presidente da República, cabe ao presidente da Câmara dos Deputados fazer a convocação de sessão legislativa extraordinária do Congresso Nacional para o compromisso e a posse do presidente e do vice-Presidente da República.
e) Embora o Senado e a Câmara dos Deputados tenham os seus respectivos presidentes, em caso de urgência ou interesse público relevante, pode o vice-Presidente da República, no exercício da Presidência da República, fazer a convocação do Congresso Nacional para sessão legislativa extraordinária.

35. **(FCC / Analista Administrativo / TRT 7ª Região / 2009)** O controle externo, a cargo do Congresso Nacional, será exercido com o auxílio do Tribunal de Contas da União, ao qual compete
a) dispor sobre limites globais e condições para as operações de crédito externo e interno da União, dos Estados, do Distrito Federal e dos Municípios, de suas autarquias e demais entidades controladas pelo Poder Público Federal.
b) dispor sobre limites e condições para a concessão de garantia da União em operações de crédito externo e interno.
c) sustar, se não atendido, a execução do ato impugnado, comunicando a decisão à Câmara dos Deputados e ao Senado Federal.
d) autorizar, por dois terços de seus membros, a instauração de processo contra o Presidente e o Vice-Presidente da República e os Ministros de Estado.
e) estabelecer limites globais e condições para o montante da dívida mobiliária dos Estados.

36. **(FCC / Analista Judiciário / TRT 7ª Região / 2009)** É INCORRETO afirmar que o processo legislativo compreende a elaboração de
a) medidas provisórias.
b) leis delegadas.
c) provimentos.
d) decretos legislativos.
e) resoluções.

37. **(FCC / Analista Judiciário / TRT 15ª Região / 2009)** Em tema de processo legislativo é correto que

a) a proposta de emenda constitucional será aprovada se obtiver, em cada Casa do Congresso Nacional, em dois turnos, três quintos dos votos dos respectivos membros.
b) dentre outras, são de iniciativa privativa do Congresso Nacional, as leis que disponham sobre criação de cargos na administração direta, indireta e autárquica.
c) a Constituição Federal poderá ser emendada na vigência do estado de defesa, mediante proposta de dois quintos do Congresso Nacional.
d) as medidas provisórias terão sua votação iniciada no Senado Federal, em dois turnos.
e) as leis delegadas serão elaboradas pela Mesa do Congresso Nacional, que deverá solicitar a delegação ao Presidente da República.

38. **(FCC / Analista Judiciário / TRT 15ª Região / 2009)** Além de outras é de competência exclusiva do Congresso Nacional, a escolha
a) do Advogado-Geral da União.
b) dos Ministros do Supremo Tribunal Federal.
c) do Procurador-Geral de Justiça.
d) do Presidente do Conselho Nacional de Justiça.
e) de dois terços dos membros do Tribunal de Contas da União.

39. **(FCC / Execução de Mandados / TRT 16ª Região / 2009)** Considere:
I. A Emenda à Constituição será promulgada pelo Presidente do Congresso Nacional, após votada, em único turno, pela maioria absoluta dos seus membros.
II. As medidas provisórias terão sua votação iniciada na Câmara dos Deputados.
III. As leis complementares serão aprovadas por maioria absoluta.
IV. As leis delegadas serão elaboradas pelo Presidente da República, que deverá solicitar delegação ao Senado Federal.
V. A discussão e votação dos projetos de lei de iniciativa do Supremo Tribunal Federal, terá início no Senado Federal.

Está correto o que se afirma APENAS em
a) II, III e IV.
b) II e III.
c) I, III e V.
d) I e IV.
e) I, IV e V.

▶ **GABARITO**

Questão	Resposta	Fundamento	Itens deste capítulo em que abordamos o tema da questão
01	c	Art. 66, CF/88. Item: 1.2.5.4	
02	c	art. 49, I da CF	1.2.2.
03	Certo	Art. 49, V, da CF	1.2.2
04	a	Art. 68 da CF	1.2.5.6
05	c	Art. 58, § 3º da CF	1.2.3
06	a	Art. 66 da CF e jurisprudência do STF	1.2.5.4.2
07	b	Art. 71 da CF	1.2.6.2
08	a	Art. 74, § 2º, da CF	1.2.6.1 e 1.2.6.2
09	a	Art. 60 da CF	1.2.5.8
10	c	Art. 56 da CF	1.2.4.5
11	b	Art. 71,VIII, IX e X, da CF	1.2.6.1
12	d	Art. 54 da CF	1.2.4.5
13	a	Art. 60 da CF	1.2.5.8
14	c	Art. 62 da CF	1.2.5.9
15	b	Art. 70 da CF	1.2.6
16	b	Art. 61, § 1º, da CF	1.2.5.4.1
17	c	Art. 73 da CF	1.2.6.2
18	e	Art. 70 da CF	1.2.6
19	b	Art. 74, § 2º da CF	1.2.6.1
20	a	Art. 71 da CF	1.2.6.2
21	b	Art. 60 da CF	1.2.5.8
22	e	Art. 51 da CF	1.2.2
23	e	Art. 70 da CF	1.2.6
24	d	Art. 48 da CF	1.2.2
25	d	Art. 54, I da CF	1.2.4.5
26	Errado	Art. 62, § 3º da CF	1.2.9
27	Certo	Doutrina	1.2.2
28	b	Art. 51 da CF	1.2.2
29	Errado	Art. 60 da CF e doutrina	1.2.5.8
30	Certo	Art. 60 da CF	1.2.5.8

▶ GABARITO

Questão	Resposta	Fundamento	Itens deste capítulo em que abordamos o tema da questão
31	Errado	Art. 61, § 1º da CF	1.2.5.4.1 e 1.2.5.8
32	e	Art. 53 da CF	1.2.4.2
33	d	Art. 49 da CF	1.2.2
34	e	Art. 57, § 6º da CF	1.2.1
35	c	Art. 71 da CF	1.2.6.1
36	c	Art. 59 da CF	1.2.5.2
37	a	Art. 60 da CF	1.2.5.8
38	e	Art. 49, XIII, da CF	1.2.2
39	b	Art. 62, § 8º da CF	1.2.5.9 e 1.2.5.4.2

2. PODER EXECUTIVO

2.1. Funções típicas e atípicas

O Poder Executivo exerce apenas uma função típica ou principal que é a prática de atos de chefia de governo.

Mas o Poder Executivo também exerce **duas funções atípicas ou secundárias:**

FUNÇÕES ATÍPICAS

- **a)** Legislativa (art. 62 da CF)
  - ✦ *Exemplo: edição de medida provisória.*
- **b)** Jurisdicional ou de julgamento
  - ✦ *Exemplo: processo administrativo disciplinar de servidor.*

2.2. Executivo da União ou Executivo federal

De acordo com o art. 76 da CF, o Poder Executivo é **exercido pelo Presidente da República, auxiliado pelos Ministros de Estado.**

Vige no Brasil o **presidencialismo,** pois o Presidente exerce, ao mesmo tempo, as funções de chefe de Estado (da República Federativa do Brasil) e chefe de governo (da Administração Pública).[43]

43. Diferentemente do que ocorre, por exemplo, no parlamentarismo monárquico, em que a chefia de Estado é do Monarca e a chefia de governo é do Primeiro-Ministro.

> ▶ ATENÇÃO!
> **Para as provas objetivas deve-se ter em mente que os Ministros de Estado não exercem o Poder Executivo,** mas apenas auxiliam o Presidente da República nessa função.

2.2.1. *Eleição, posse e linha sucessória do Presidente da República*

Consoante art. 77 da CF, a **eleição do Presidente e do Vice-Presidente da República** será realizada, **simultaneamente**, no primeiro domingo de outubro, em primeiro turno, e no último domingo de outubro, em segundo turno, se houver, do ano anterior ao do término do mandato presidencial vigente.

> ▶ ATENÇÃO PARA A DIFERENÇA!
> Primeiro turno no **primeiro** domingo de outubro; segundo turno, se houver, no **último** domingo de outubro!

Como reflexo da **simultaneidade**, a eleição do Presidente da República importará a do Vice-Presidente com ele registrado (art. 77, § 1º, da CF).

Serão eleitos Presidente e Vice-Presidente os candidatos que, registrados por partido político, obtiverem a **maioria absoluta dos votos** (ou seja, a maioria dos votos válidos da eleição, que são os atribuídos a algum candidato, excluídos, pois, os brancos e nulos, como prega o **sistema majoritário**), nos termos do art. 77, § 2º, da CF.

Caso ninguém alcance a maioria absoluta na primeira votação, será feita nova eleição (segundo turno) em até 20 dias após a proclamação do resultado, concorrendo os dois candidatos a Presidente e Vice-Presidente mais bem votados. Serão eleitos Presidente e Vice-Presidente aqueles que obtiverem a maioria dos votos válidos (art. 77, § 3º, da CF).

Se **duas candidaturas a Presidente e Vice-Presidente empatarem em segundo lugar** com a mesma votação, **o candidato a Presidente mais idoso é que deverá prosseguir** para o segundo turno, sempre acompanhado de seu candidato a Vice-Presidente (art. 77, § 5º, da CF).

Regra peculiar é a inscrita no art. 77, § 4º, da CF, segundo a qual, se **antes da realização do segundo turno, ocorrer morte, desistência ou impedimento legal de candidato**, será convocado o candidato que obteve a terceira maior votação no primeiro turno. Caso o terceiro mais bem votado morra, desista ou reste impedido ainda antes do segundo turno, convoca-se o quarto, e assim por diante.

Uma vez eleito, o Presidente da República exercerá **mandato de 4 anos** a partir de 5 de janeiro do ano seguinte ao da sua eleição (art. 82 da CF).

Como visto, a eleição do Presidente da República importará a do Vice-Presidente com ele registrado; assim, nos termos do art. 78, *caput*, da CF, **o Presidente e o**

Vice-Presidente da República tomam posse juntos em sessão do Congresso Nacional, realizada em 6 de janeiro do ano subsequente (embora o mandato tenha início em 5 de janeiro do ano seguinte ao de sua eleição, nos termos do art. 82). Na oportunidade eles prestam o compromisso de manter, defender e cumprir a Constituição, observar as leis, promover o bem geral do povo brasileiro, sustentar a união, a integridade e a independência do Brasil.

Caso não ocorra a posse do Presidente e do Vice-Presidente da República depois de decorridos 10 dias da data fixada para o ato, o cargo será declarado vago, salvo motivo de força maior (art. 78, parágrafo único).

Empossados, o Presidente e o Vice-Presidente da República não poderão, sem **licença do Congresso Nacional,** ausentar-se do País por período **superior a 15 dias,** sob pena de perda do cargo (art. 83 da CF).

Como se vê, além do Presidente, o Vice-Presidente da República tem destacada importância no Poder Executivo. Dentre outras atribuições que lhe forem conferidas por lei complementar, **o Vice-Presidente da República auxiliará o Presidente** sempre que for por ele convocado para missões especiais (art. 79, parágrafo único, da CF).

Também caberá ao **Vice-Presidente da República substituir o Presidente** sempre que necessário, além de também ser o seu sucessor natural (art. 79, *caput*, da CF).

A **substituição** é temporária e ocorre, por exemplo, no caso de uma licença para tratamento médico. Já a **sucessão** é definitiva e se aplica na hipótese de vacância do cargo, gerada, por exemplo, por morte ou renúncia.

Havendo vacância, sucederão ao Presidente da República os ocupantes dos seguintes cargos (em ordem): i) Vice-Presidente; ii) Presidente da Câmara dos Deputados; iii) Presidente do Senado Federal; e iv) Presidente do STF. Trata-se da denominada **linha sucessória do Presidente da República.**

Caso ocorra a vacância e o cargo de Presidente da República passe a ser ocupado por quem era o Vice-Presidente, então a situação se consolida e **o antes Vice, agora Presidente, terminará o mandato presidencial.**

Entretanto, caso vague o cargo de Presidente e também o de Vice-Presidente da República, ocorrerá o que se chama de **dupla vacância,** quando então serão convocados os próximos na linha sucessória: Presidente da Câmara dos Deputados; Presidente do Senado Federal e Presidente do STF (nessa ordem).

Diante da dupla vacância, a sucessão realizada para o Presidente da Câmara dos Deputados, o Presidente do Senado Federal ou o Presidente do STF **não se consolida,** ou seja, eles não poderão simplesmente terminar o mandato.

Na dupla vacância, vigem as seguintes regras: **1)** vagando os cargos de Presidente e Vice-Presidente da República **nos 2 primeiros anos** do mandato presidencial, far-se-á eleição 90 dias depois de aberta a última vaga; e **2)** ocorrendo a vacância dos cargos de Presidente e Vice-Presidente da República **nos 2 últimos anos do período**

presidencial, será feita a eleição pelo Congresso Nacional (eleição indireta[44]), para ambos os cargos 30 dias depois de aberta a última vaga.

▸ VACÂNCIA DOS CARGOS DE PRESIDENTE DA REPÚBLICA E VICE (DUPLA VACÂNCIA)	
1. Nos 2 *primeiros* anos do mandato presidencial	Eleição direta 90 dias depois de aberta a última vaga.
2. Nos 2 *últimos* anos do mandato presidencial	Eleição indireta (pelo Congresso Nacional) para ambos os cargos 30 dias depois de aberta a última vaga, pelo Congresso Nacional.

▸ ATENÇÃO!

Em todos os casos de vacância haverá mandato "Tampão", ou seja, pelo prazo restante. O sucessor (se for o Vice) ou o novo eleito (na hipótese de dupla vacância) somente completará o mandato do sucedido.

2.2.2. *Atribuições do Presidente da República*

As atribuições do Presidente da República estão descritas no art. 84 da CF e reúnem ações das chefias de Estado e de governo.

Apesar de **não trazer um rol taxativo** (*numerus clausus*), o art. 84 da CF sempre é lembrado nos concursos para Tribunais e MPU. Por essa razão, trazemos o dispositivo constitucional na íntegra, mas acrescido de alguns destaques e comentários.

▸ ART. 84. Compete privativamente ao Presidente da República:
I – nomear e exonerar os Ministros de Estado;
II – exercer, com o auxílio dos Ministros de Estado, a direção superior da administração federal[45]; (função de Chefia de Governo)
III – iniciar o processo legislativo, na forma e nos casos previstos nesta Constituição;
IV – sancionar, promulgar e fazer publicar as leis, bem como expedir decretos e regulamentos para sua fiel execução;
V – vetar projetos de lei, total ou parcialmente;
VI – dispor, mediante decreto, sobre: **(atribuição que pode ser delegada, conforme art. 84, parágrafo único, da CF)**
a) organização e funcionamento da administração federal, quando não implicar aumento de despesa nem criação ou extinção de órgãos públicos;

44. É o único caso de eleição indireta na Constituição Federal. A eleição indireta se caracteriza pela existência de intermediários (grandes eleitores, como os Congressistas) entre o povo e aquele que exercerá o Poder.

45. O Poder Executivo Federal é organizado em: Presidência da República, Ministérios, Secretarias, Superintendências, Delegacias, Agências etc.

▶ ART. 84. Compete privativamente ao Presidente da República:	
b) extinção de funções ou cargos públicos, quando vagos;	
VII -	manter relações com Estados estrangeiros e acreditar seus representantes diplomáticos; (função de Chefia de Estado)
VIII -	celebrar tratados, convenções e atos internacionais, sujeitos a referendo do Congresso Nacional; (função de Chefia de Estado)
IX -	decretar o estado de defesa e o estado de sítio;
X -	decretar e executar a intervenção federal;
XI -	remeter mensagem e plano de governo ao Congresso Nacional por ocasião da abertura da sessão legislativa, expondo a situação do País e solicitando as providências que julgar necessárias;
XII -	conceder indulto e comutar penas, com audiência, se necessário, dos órgãos instituídos em lei; **(atribuição que pode ser delegada, conforme art. 84, parágrafo único, da CF)**
XIII -	exercer o comando supremo das Forças Armadas, nomear os Comandantes da Marinha, do Exército e da Aeronáutica, promover seus oficiais-generais e nomeá-los para os cargos que lhes são privativos;
XIV -	nomear, após aprovação pelo Senado Federal, os Ministros do Supremo Tribunal Federal e dos Tribunais Superiores, os Governadores de Territórios, o Procurador-Geral da República, o presidente e os diretores do banco central e outros servidores, quando determinado em lei;
XV -	nomear, observado o disposto no art. 73, os Ministros do Tribunal de Contas da União;
XVI -	nomear os magistrados, nos casos previstos nesta Constituição, e o Advogado-Geral da União;
XVII -	nomear membros do Conselho da República, nos termos do art. 89, VII;
XVIII -	convocar e presidir o Conselho da República e o Conselho de Defesa Nacional;
XIX -	declarar guerra, no caso de agressão estrangeira, autorizado pelo Congresso Nacional ou referendado por ele, quando ocorrida no intervalo das sessões legislativas, e, nas mesmas condições, decretar, total ou parcialmente, a mobilização nacional;
XX -	celebrar a paz, autorizado ou com o referendo do Congresso Nacional;
XXI -	conferir condecorações e distinções honoríficas;
XXII -	permitir, nos casos previstos em lei complementar, que forças estrangeiras transitem pelo território nacional ou nele permaneçam temporariamente;
XXIII -	enviar ao Congresso Nacional o plano plurianual, o projeto de lei de diretrizes orçamentárias e as propostas de orçamento previstos nesta Constituição;
XXIV -	prestar, anualmente, ao Congresso Nacional, dentro de sessenta dias após a abertura da sessão legislativa, as contas referentes ao exercício anterior;
XXV -	prover e extinguir os cargos públicos federais, na forma da lei; **(atribuição que pode ser delegada, conforme art. 84, parágrafo único, da CF)**

▶ **ATENÇÃO!**

Somente pode ser delegada a atribuição para **o provimento** de cargos públicos federais (mas não para a extinção), pois o art. 84, parágrafo único, da CF expressamente se refere à **primeira parte do inciso XXV.**

▶ **ART. 84. Compete privativamente ao Presidente da República:**
XXVI – editar medidas provisórias com força de lei, nos termos do art. 62;
XXVII – exercer outras atribuições previstas nesta Constituição (inciso que comprova tratar-se de um rol não taxativo, ou seja, meramente exemplificativo).
Parágrafo único. O Presidente da República **poderá delegar as atribuições mencionadas nos incisos VI, XII e XXV, primeira parte**, aos Ministros de Estado, ao Procurador-Geral da República ou ao Advogado-Geral da União, que observarão os limites traçados nas respectivas delegações.
▶ **ATENÇÃO!** **Memorize** o parágrafo único do art. 84 da CF, **campeão de incidência** tanto nas provas da FCC quanto do Cespe.

2.2.3. *Responsabilidade do Presidente da República*

O Presidente da República pode praticar ilicitudes que o levem a ser processado por crime comum ou por crime de responsabilidade.

Caso a ilicitude praticada configure um **crime comum**, o Presidente responderá a processo perante o **Supremo Tribunal Federal**. Entretanto, se o ato ilícito configurar **crime de responsabilidade**, o processo correrá no **Senado Federal**. Em ambos os casos, **a acusação precisa ser admitida pela Câmara dos Deputados** (art. 86 da CF).

Os crimes comuns são os descritos na legislação penal. Já os crimes de responsabilidade estão arrolados no art. 85 da CF.

Vale refletir sobre a crítica de Uadi Lammêgo Bulos: "Crimes de responsabilidade é uma denominação equivocada, afinal todo crime comum também é de responsabilidade. [...] a modalidade poderia ser entendida como sendo **infrações constitucionais ou político-administrativas**".[46]

> ▶ **ATENÇÃO!**
> Esse posicionamento doutrinário vem sendo **adotado pela FCC**. Assim, nas provas organizadas pela FCC, **a infração político-administrativa pode ser classificada como crime de responsabilidade.**

2.2.3.1. *Acusação pela prática de crime comum e imunidade para a prisão*[47]

1. Quem pode oferecer **acusação/denúncia**[48] em face do Presidente da República pela prática de crime comum é o **Procurador-Geral da República.**

---

46. BULOS, Uadi Lammêgo. *Constituição Federal anotada*. 8 ed. São Paulo: Saraiva, 2008, p. 916.
47. A expressão crime comum deve ser interpretada em sentido amplo, englobando qualquer infração penal.
48. A Constituição Federal se vale das duas expressões, mas, tecnicamente, a melhor denominação seria denúncia.

2. Logo após ser oferecida, a acusação passará pelo crivo da Câmara dos Deputados e somente será admitida mediante a concordância de **2/3 dos Deputados Federais** (art. 86, *caput*, da CF).

> ▶ **ATENÇÃO PARA A PEGADINHA!**
>
> **O quórum exigido é de 2/3** e não de maioria absoluta.

3. Havendo concordância da Câmara dos Deputados, a acusação/denúncia será apreciada pelo **Supremo Tribunal Federal**. Se a acusação/denúncia for **recebida pelo STF, o Presidente da República ficará suspenso de suas funções** (art. 86, § 1º, I, da CF).

O afastamento do Presidente da República pode durar, no máximo, 180 dias. Isso porque, se o julgamento não for concluído nesse prazo, a suspensão/afastamento do Presidente deverá cessar, **sem prejuízo do regular prosseguimento do processo**. (art. 86, § 2º, da CF).

4. Vale notar que, **enquanto não sobrevier sentença condenatória, o Presidente da República não estará sujeito a prisão** (art. 86, § 4º, da CF). Trata-se da denominada **imunidade para a prisão**, que é ampla e abrange todas as prisões processuais: em flagrante, preventiva e provisória, sem exceções.

2.2.3.2. *Acusação pela prática de crime de responsabilidade e o processo de impeachment*

Antes de falarmos do procedimento, é de suma importância que o amigo leitor conheça o art. 85 da CF, que arrola os crimes de responsabilidade:

▶ **ART. 85. São crimes de responsabilidade os atos do Presidente da República que atentem contra a Constituição Federal e, especialmente, contra:**
I - a **existência** da União;
II - o livre exercício do Poder Legislativo, do Poder Judiciário, do Ministério Público e dos Poderes constitucionais das unidades da Federação;
III - o exercício dos direitos políticos, individuais e sociais;
IV - a segurança **interna** do País;
V - a probidade na administração;
VI - a lei orçamentária;
VII - o cumprimento das leis e das decisões judiciais.
Parágrafo único. **Esses crimes serão definidos em lei especial**, que estabelecerá as normas de processo e julgamento.

É bom esclarecer que o **rol** do art. 85 da CF é **meramente exemplificativo.** A **lei especial** a que faz referência o parágrafo único do art. 85 da CF **ainda não foi criada,** mas o STF entende pela aplicação da lei 1.079/50[49] para disciplinar processo e julgamento dos crimes de responsabilidade.

O procedimento que envolve os crimes de responsabilidade é o tão falado **processo de *impeachment*.**

1. A **acusação** em face do Presidente da República pela prática de crime de responsabilidade pode emanar de qualquer cidadão brasileiro.

2. Em seguida, a acusação será analisada pela Câmara dos Deputados e somente será admitida mediante a concordância de **2/3 dos Deputados Federais** (art. 86, *caput*, da CF). Trata-se do que se chama de **juízo de admissibilidade.**

> ▸ ATENÇÃO!
>
> A Câmara dos Deputados realiza **juízo de admissibilidade** tanto para os processos por crime comum quanto para os processos por crime de responsabilidade.

3. Se a Câmara dos Deputados concordar, a acusação segue para o **Senado Federal,** que decide, pelo voto da **maioria simples ou relativa** de seus membros sobre a instauração do processo. **De acordo com o STF (ADPF 378), o juízo de admissibilidade realizado pela Câmara dos Deputados não condiciona ou vincula a decisão do Senado Federal** que, somente receberá a acusação e instaurará o processo se assim entender o seu Plenário.

Curioso notar que o processo por crime de responsabilidade do Presidente corre no Senado Federal **sob a presidência do Presidente do Supremo Tribunal Federal** (art. 52, parágrafo único, da CF).

Logo que for instaurado o processo no Senado Federal**, o Presidente da República estará suspenso de suas funções** (art. 86, § 1º, II, da CF).

Vale lembrar que, a exemplo do que ocorre no processo por crime comum, o **afastamento do Presidente da República pode durar, no máximo, 180 dias.** Isso porque, se o julgamento não for concluído nesse prazo, a suspensão/afastamento do Presidente deverá cessar, **sem prejuízo do regular prosseguimento do processo.** (art. 86, § 2º, da CF).

4. O Presidente da República **somente será condenado pelo voto de 2/3 dos Senadores.** Caso haja condenação, o Presidente **perderá o cargo com inabilitação por 8 anos para o exercício da função pública,** sem prejuízo das demais sanções judiciais cabíveis (art. 52, parágrafo único, da CF).

---

49. A Lei 1.079/50 recebeu alterações da Lei 10.028/00.

> ▶ CUIDADO!
> **O Senado não condena ao cumprimento de pena privativa de liberdade.**

Vale notar que o STF já se pronunciou no sentido de que o processo por crime de responsabilidade praticado pelo Presidente da República **(*impeachment*) implica considerá-lo como acusado e, por isso, deve se desenvolver sob o manto do devido processo legal** (*due process of law*), com todas as garantias a ele inerentes, **sob pena de nulidade do procedimento** (MS 21.623. Rel. Carlos Velloso. J. 17.12.1992). Nesse mesmo sentido leciona Dirley da Cunha Júnior: "[...] devem ser asseguradas ao Presidente da República as garantias constitucionais, em especial o contraditório e a ampla defesa".[50]

2.2.3.3. Imunidade presidencial quanto à responsabilização penal

Por força do art. 86, § 4º, da CF, na vigência do mandato, o Presidente da República **não pode ser responsabilizado por atos estranhos ao exercício de suas funções.**

Essa norma, apesar de simples, traz uma imunidade muito abrangente. Ela significa que **o Presidente não poderá responder por nenhum crime que não seja relativo às suas funções.** Assim, se, por exemplo, por razões familiares, o Presidente cometer um crime passional, ele não responderá por essa conduta enquanto exercer a Presidência da República.

2.3. Ministros de Estado

Conforme já estudamos, de acordo com o art. 76 da CF, os Ministros de Estado têm por função primordial prestar auxílio ao Presidente da República.

Os Ministros de Estado serão escolhidos dentre **brasileiros maiores de 21 anos e no exercício dos direitos políticos** (art. 87, *caput*, da CF).

Nos termos do art. 87, parágrafo único, **compete ao Ministro do Estado,** além de outras atribuições estabelecidas na Constituição e na lei: I - exercer a orientação, coordenação e supervisão dos órgãos e entidades da administração federal na área de sua competência e referendar os atos e decretos assinados pelo Presidente da República; II - expedir instruções para a execução das leis, decretos e regulamentos; III - apresentar ao Presidente da República relatório anual de sua gestão no Ministério; e IV - praticar os atos pertinentes às atribuições que lhe forem outorgadas ou delegadas pelo Presidente da República.

Para materializar a atuação dos Ministros, o art. 88 da CF preceitua que "a **lei disporá** sobre a **criação e extinção** de Ministérios e órgãos da Administração Pública". (grifos nossos)

50. CUNHA JÚNIOR, Dirley da. *Op. Cit.*, p. 1.104.

2.4. Conselho da República

Nos termos do art. 89 da CF, o Conselho da República é o **órgão superior de consulta do Presidente da República.**

O que normalmente se cobra nos concursos para Tribunais e MPU é a composição do Conselho da República. Assim, trazemos o art. 89 da CF com destaque para os trechos mais importantes e alguns comentários sobre as pegadinhas de prova:

▶ ART. 89. O Conselho da República é órgão superior de consulta do Presidente da República, e dele participam:
I – o **Vice**-Presidente da República;
II – o Presidente da Câmara dos Deputados; III – o Presidente do Senado Federal; IV – os líderes da maioria **e da minoria** na Câmara dos Deputados; V – os líderes da maioria **e da minoria** no Senado Federal;
VI – o Ministro **da Justiça**; ▶ **ATENÇÃO PARA AS PEGADINHAS!** Os Ministros de Estado da Defesa, das Relações Exteriores e do Planejamento não compõem o Conselho da República, mas são parte do Conselho de Defesa, conforme veremos logo em seguida.
VII – **6 cidadãos brasileiros natos** (portanto, os naturalizados estão excluídos), com **mais de 35 anos** de idade, sendo **2 nomeados pelo Presidente da República, 2 eleitos pelo Senado Federal** e **2 eleitos pela Câmara dos Deputados**, todos com **mandato de 3 anos** (não 4 anos), **vedada a recondução.**

Como órgão de consulta do Presidente, o Conselho da República deve pronunciar-se sobre **intervenção federal, estado de defesa** e **estado de sítio** e também acerca de **questões relevantes para a estabilidade das instituições democrática** (art. 90 da CF).

Caso a pauta se relacione com algum Ministério, **o Presidente da República poderá convocar Ministro de Estado para participar da reunião** do Conselho da República (art. 90, 1º, da CF).

Ademais, consoante art. 90, § 2º, da CF, a organização e o funcionamento do Conselho da República serão regulados por lei.[51]

2.5. Conselho de Defesa Nacional

Assim como o Conselho da República, o Conselho de Defesa Nacional é um órgão de consulta do Presidente da República, mas sua atuação fica restrita aos **assuntos relacionados com a soberania nacional e a defesa do Estado democrático.**

---

51. Atualmente o diploma normativo que regula a organização e o funcionamento do Conselho da República é a Lei 8.041/90.

Novamente a exemplo do Conselho da República, o que se exige nas provas é o conhecimento sobre a composição do Conselho de Defesa Nacional, por isso trazemos o art. 90 da CF com os destaques de praxe:

▶ ART. 91. O Conselho de Defesa Nacional é órgão de consulta do Presidente da República nos assuntos relacionados com a soberania nacional e a defesa do Estado democrático, e dele participam como membros natos:
I - o Vice-Presidente da República;
II - o Presidente da Câmara dos Deputados; III - o Presidente do Senado Federal;
IV - o Ministro da Justiça; V - o Ministro de Estado da Defesa; VI - o Ministro das Relações Exteriores; VII - o Ministro do Planejamento.
VIII - os **Comandantes** da Marinha, do Exército e da Aeronáutica.

Em comparação com o Conselho da República, as funções do Conselho de Defesa Nacional são muito mais delicadas, pois a ele compete: I - opinar nas hipóteses de declaração de guerra e de celebração da paz, nos termos desta Constituição; II - opinar sobre a decretação do estado de defesa, do estado de sítio e da intervenção federal; III - propor os critérios e condições de utilização de áreas indispensáveis à segurança do território nacional e opinar sobre seu efetivo uso, especialmente na faixa de fronteira e nas relacionadas com a preservação e a exploração dos recursos naturais de qualquer tipo; e IV - estudar, propor e acompanhar o desenvolvimento de iniciativas necessárias a garantir a independência nacional e a defesa do Estado democrático (art. 91, § 1º, da CF).

Também cabe à lei regular a organização e o funcionamento do Conselho de Defesa Nacional.[52]

2.6. Executivo dos Estados-membros

Em âmbito estadual, o Poder Executivo é **exercido pelo Governador de Estado**.

Segundo o art. 28 da CF, a **eleição do Governador e do Vice-Governador de Estado** será realizada no primeiro domingo de outubro, em primeiro turno, e no último domingo de outubro, em segundo turno, se houver, do ano anterior ao do término do mandato de seus antecessores.

Uma vez eleito, o Governador de Estado exercerá **mandato de 4 anos** a partir de 6 de janeiro do ano subsequente ao da sua eleição (art. 28 da CF com redação dada pela EC 111/2021). **No mais, aplicam-se as mesmas regras dispostas para o Poder Executivo da União ou federal,** consoante art. 77 da CF.

52. O ato normativo que cumpre esse papel é a Lei 8.183/91.

O art. 28, § 1º da CF determina que **perderá o mandato o Governador** que assumir outro cargo ou função na Administração Pública direta ou indireta, **ressalvada a posse em virtude de concurso público**, hipótese em que ficará afastado do cargo, emprego ou função que ocuparia ou exerceria em decorrência do concurso público, mas terá seu tempo de serviço contado para todos os efeitos legais (exceto para promoção por merecimento), fazendo jus, ainda a que, para efeito de benefício previdenciário, os valores de remuneração sejam considerados como se no exercício estivesse.

Os **subsídios** do Governador, do Vice-Governador e dos Secretários de Estado, pagos em parcela única, **serão fixados por lei de iniciativa da Assembleia Legislativa** e deverão respeitar as regras de teto remuneratório do art. 37, XI, da CF.

2.7. Executivo do Distrito Federal

No Distrito Federal, o Poder Executivo é **exercido pelo Governador do Distrito Federal.**

De acordo com o art. 32, § 2º, da CF, a **eleição do Governador e do Vice-Governador do Distrito Federal coincidirá** com a dos Governadores e Deputados Estaduais. No mais deverão ser observadas as regras do art. 77 da CF (normas pertinentes às eleições do Executivo da União ou federal).

O **mandato** do Governador do Distrito Federal também será de **4 anos.**

2.8. Executivo dos Municípios

Nos Municípios, o Poder Executivo é **exercido pelos Prefeitos.**

De acordo com o art. 29, I, da CF, a **eleição do Prefeito e do Vice-Prefeito** se dá mediante pleito direto e simultâneo realizado em todo o País (ou seja, por meio de **eleições com voto direto e realizadas ao mesmo tempo em todos os Municípios do Brasil**).

Nesse ponto vale destacar a peculiaridade relativa à existência ou não de segundo turno.

Nos Municípios com até 200.000 eleitores nunca haverá segundo turno. Assim, as eleições para Prefeito e Vice-Prefeito serão realizadas no primeiro domingo de outubro do ano anterior ao término do mandato do Prefeito e do Vice-Prefeito que serão sucedidos, e os mais bem votados serão eleitos.

> ▸ **ATENÇÃO PARA A PEGADINHA!**
>
> Essa regra vale para Municípios com **até 200.000 eleitores** e não apenas para Município com menos de 200.000 eleitores. Portanto, se o Município tiver exatamente 200.000 eleitores, não será realizado segundo turno em nenhuma hipótese.

Já nos Municípios com **mais de 200.000 eleitores poderá haver segundo turno,** pois serão aplicadas as regras do art. 77 da CF. Assim, serão eleitos Prefeito e Vice-Prefeito os candidatos que, registrados por partido político, obtiverem a **maioria**

absoluta dos votos (ou seja, a maioria dos votos válidos da eleição, que são os atribuídos a algum candidato, excluídos, pois, os brancos e nulos, como prega o **sistema majoritário**), mas, **caso não seja alcançada a maioria absoluta na primeira votação, será feita nova eleição (segundo turno) em até 20 dias após a proclamação do resultado**, concorrendo os dois candidatos a Prefeito (sempre acompanhados dos seus Vices) mais votados. No segundo turno, serão eleitos Prefeito e Vice-Prefeito os candidatos que obtiverem a maioria dos votos válidos (art. 77, § 3º, da CF).

Uma vez eleito, o Prefeito exercerá **mandato de 4 anos** a partir de 1º de janeiro do ano seguinte ao da sua eleição (art. 29, *caput* e inciso III da CF)

Tomam posse juntos, o Prefeito e o Vice-Prefeito eleitos.

Os **subsídios** do Prefeito, do Vice-Prefeito e dos Secretários Municipais **serão fixados por lei de iniciativa da Câmara Municipal** e deverão respeitar as regras de teto remuneratório do art. 37, XI, da CF.

Consoante art. 29, XIV, da CF, a exemplo do que ocorre com o Governador, o Prefeito perderá o mandato se assumir outro cargo ou função na Administração Pública direta ou indireta, **ressalvada a posse em virtude de concurso público**, hipótese em que ficará afastado do cargo, emprego ou função que ocuparia ou exerceria em decorrência do concurso público, mas terá seu tempo de serviço contado para todos os efeitos legais (exceto para promoção por merecimento), fazendo jus, ainda a que, para efeito de benefício previdenciário, os valores de remuneração sejam considerados como se no exercício estivesse.

Nos termos do art. 29, X, da CF, a Lei Orgânica Municipal deverá dispor sobre o **julgamento do Prefeito perante o Tribunal de Justiça, o que será aplicado apenas para os casos de crimes comuns.**

Caso o Prefeito pratique **crime de responsabilidade**, amoldando-se às hipóteses do art. 29, § 2º, da CF (I – efetuar repasse que supere os limites definidos neste artigo; II – não enviar o repasse até o dia vinte de cada mês; ou III – enviá-lo a menor em relação à proporção fixada na Lei Orçamentária), ele será julgado pela Câmara Municipal.[53]

2.9. Questões discursivas

(FGV – XXI Exame Unificado - 2016) O Governador do Estado Z, no decorrer de seu mandato, é processado por agredir fisicamente um funcionário do hotel em que se hospedara no decorrer de suas férias, pois esse funcionário não teria tido o devido cuidado no transporte de suas malas. O fato ganhou as manchetes dos

53. A jurisprudência do STF entende que, pelo princípio da simetria, os crimes de responsabilidade praticados pelos Prefeitos serão julgados pela Câmara Municipal, cabendo ao TJ a competência para os crimes comuns (art. 29, X, da CF). No julgamento perante o TJ, a competência para a decisão poderá ser do Plenário, do Órgão Fracionário ou do Órgão Especial, o que será fixado no Regimento Interno do Tribunal.

meios de comunicação, o que deu origem a uma forte pressão popular para que o agente político respondesse penalmente pelo desvio de conduta cometido. O Governador, preocupado, alega em sua defesa que se trata de conduta não passível de responsabilização, pois, quando a Constituição estabelece que o Presidente da República não responde por crimes estranhos ao exercício de sua função, estende tal direito, com base no princípio da simetria, a todos os chefes de Poder Executivo.

Sobre o fato descrito, responda aos itens a seguir.

a) Tem razão o Governador quando afirma que, se a conduta descrita fosse praticada pelo Presidente da República, este não responderia criminalmente? Justifique. (Valor: 0,60)

b) No caso em tela, o Ministério Público poderia ajuizar a ação penal, de imediato, em face do Governador? Justifique. (Valor: 0,65)

Obs.: *o(a) examinando(a) deve fundamentar as respostas. A mera citação do dispositivo legal não confere pontuação.*

RESPOSTA

a) A afirmação do Governador é equivocada. Por força do art. 86, § 4º, da CF, o Presidente da República não pode ser responsabilizado por crimes não relacionados ao exercício de sua função apenas enquanto perdurar o seu mandato. Entretanto, isto não significa dizer que o Presidente jamais responderá pelos crimes, posto que pudesse ser responsabilizado após o término do mandato. É, portanto, uma imunidade temporária.

b) Ao contrário daquilo afirmado pelo Governador, o Ministério Público poderia ajuizar a ação penal ainda no curso do mandato do Governador, porque a imunidade à persecução penal restrita à duração do mandato apenas é aplicável ao Chefe de Estado, e não ao Chefe de Governo. Portanto, apenas se pode falar na prerrogativa em questão para o Presidente da República, sob pena de violação do princípio republicano, visto que a extensão da prerrogativa ao Governador seria absolutamente assimétrica.

PADRÃO DE RESPOSTA DA BANCA EXAMINADORA

a) Não possui. O que o Art. 86, § 4º, da CRFB/88 confere ao Presidente da República é uma prerrogativa de índole processual, ou mesmo uma imunidade temporária à persecução penal. O preceito não dispõe que o Presidente é irresponsável por crimes não funcionais praticados no curso do mandato, mas apenas que, por tais crimes, não poderá ser responsabilizado enquanto não cessar sua investidura na Presidência da República.

b) Sim. De acordo com o sistema jurídico-constitucional brasileiro, as prerrogativas contempladas nesse preceito da Lei Fundamental, por serem unicamente compatíveis com a condição institucional de Chefe de Estado, e não com a de Chefe de Governo, são aplicáveis apenas ao Presidente da República, não sendo extensíveis aos Governadores. Além disso, poder-se-ia alegar que a aplicação da simetria no caso em tela é medida violadora ao princípio republicano. Nessa linha, o Governador do Estado Z, não gozando dessa prerrogativa, não possui nem mesmo direito à imunidade temporária à persecução penal garantida ao Presidente, podendo a ação penal ser ajuizada de imediato.

2.10. Questões objetivas comentadas

01. **(FCC – Analista Judiciário – Área Administrativa – TRT 2/2018)** De acordo com as disposições da Constituição Federal que regem as atribuições dos Poderes da República, cabe

a) ao Presidente da República editar decreto para disciplinar o horário de funcionamento dos órgãos do Poder Executivo federal.
b) ao Presidente da República dispor, mediante decreto, sobre extinção de funções ou cargos públicos, vagos ou não.
c) exclusivamente ao Tribunal Superior do Trabalho a edição de atos normativos que disponham sobre a criação de cargos de servidores públicos de seus serviços auxiliares.
d) exclusivamente ao Supremo Tribunal Federal apreciar, de ofício ou mediante provocação, a legalidade dos atos administrativos praticados pelos demais Tribunais.
e) exclusivamente ao Presidente do Supremo Tribunal Federal elaborar e encaminhar a proposta orçamentária do Poder Judiciário, no âmbito da União.

COMENTÁRIOS

Alternativa "a": O art. 84, VI da CF/88 estabelece que cabe ao Presidente da República dispor, mediante decreto, sobre organização e funcionamento da **administração federal**, quando não implicar aumento de despesa nem criação ou extinção de órgãos públicos. Assim, dispor sobre o horário de funcionamento dos órgãos do Poder Executivo Federal faz parte de tal competência.

Alternativa "b": Somente poderá dispor sobre a extinção de funções ou cargos públicos quando estiverem vagos, conforme art. 84, VI, "b" da CF/88.

Alternativa "c": Na verdade, o STF, Tribunais Superiores e Tribunais de Justiça têm competência privativa para **propor ao Poder Legislativo respectivo** a criação e extinção de cargos, nos termos do art. 96, II, "b" da CF/88. Logo, não editam ato normativo, mas sim fazem proposta ao Legislativo respectivo para que o edite.

Alternativa "d": Nos termos do art. 103-B, §4º, II da CF/88, compete ao Conselho Nacional de Justiça apreciar, de ofício ou mediante provocação, a legalidade dos atos administrativos praticados por membros ou órgãos do Poder Judiciário.

Alternativa "e": O art. 99 assegura ao Poder Judiciário autonomia administrativa e financeira. Em seu §2º estabelece que compete, no âmbito da União, aos Presidentes do STF e dos Tribunais Superiores, com a aprovação dos respectivos tribunais, encaminhar a proposta orçamentária.

Alternativa correta: letra "a".

02. **(FCC – Analista Judiciário – Área Administrativa – TRT 6/2018)** Sobre o Poder Executivo, a Constituição Federal estabelece que:

a) o Presidente e o Vice-Presidente da República não poderão, sem licença do Congresso Nacional, ausentar-se do País por prazo superior a 10 dias, sob pena de perda do cargo.

b) o mandato do Presidente da República é de quatro anos e terá início em quinze de janeiro do ano seguinte ao da sua eleição.
c) em caso de impedimento do Presidente e do Vice-Presidente da República, ou vacância dos respectivos cargos, serão sucessivamente chamados ao exercício da Presidência o Presidente do Senado Federal, o da Câmara dos Deputados e o do Supremo Tribunal Federal.
d) o Presidente da República tomará posse em sessão do Congresso Nacional, prestando o compromisso de manter, defender e cumprir a Constituição, observar as leis e promover o bem geral do povo brasileiro, solenidade essa da qual é dispensado o Vice-Presidente da República.
e) será considerado eleito Presidente da República o candidato que, registrado por partido político, obtiver a maioria absoluta de votos, não computados os em branco e os nulos.

COMENTÁRIOS

Nota do autor: essa questão envolve dispositivos que sofreram recentes alterações por emendas constitucionais, logo, a chance de se repetir em próximas provas é grande.

Alternativa "a": Na verdade, o art. 83 da CF/88 estabelece que o Presidente e o Vice-Presidente da República não poderão ausentar-se do País por período superior a **quinze dias** sem licença do Congresso Nacional, sob pena de perda do cargo.

Alternativa "b": Embora a duração do mandato tenha sido corretamente apontada na alternativa, o erro está na data em que terá início o mandato. O art. 82, pela redação dada pela EC nº 111/2021, estabelece que terá início em **5 de janeiro do ano seguinte ao de sua eleição**.

Alternativa "c": Segundo a disposição do art. 80 da CF/88, em caso de impedimento do Presidente e do Vice-Presidente da República, ou vacância dos respectivos cargos, serão chamados ao exercício da presidência: 1º O Presidente da Câmara dos Deputados; 2º O Presidente do Senado Federal; 3º O Presidente do Supremo Tribunal Federal.

Alternativa "d": Na verdade, a solenidade se aplica a ambos: Presidente e Vice-Presidente da República, por determinação do art. 78 da CF/88.

Alternativa "e": A alternativa contém a exata disposição do art. 77, §2º da CF/88.

Alternativa correta: letra "e".

03. **(Instituto AOCP / Analista Judiciário / TRT 1ª Região / 2018)** De acordo com o que dispõe a Constituição Federal, assinale a alternativa que NÃO representa uma das atribuições do Presidente da República.
a) Convocar e presidir o Conselho da República e o Conselho de Defesa Nacional.
b) Nomear os magistrados, nos casos previstos na Constituição, e o Advogado-Geral da União.
c) Celebrar tratados, convenções e atos internacionais, sujeitos a referendo do Congresso Nacional.
d) Comutar penas, com audiência, se necessário, dos órgãos instituídos em lei.
e) Prestar, anualmente, ao Congresso Nacional, dentro de cento e vinte dias após a abertura da sessão legislativa, as contas referentes ao exercício anterior.

COMENTÁRIOS

Alternativa correta: letra "e": compete privativamente ao Presidente da República prestar, anualmente, ao Congresso Nacional, dentro de sessenta dias após a abertura da sessão legislativa, as contas referentes ao exercício anterior (art. 84, XXIV, da CF).

Alternativa "a": compete privativamente ao Presidente da República convocar e presidir o Conselho da República e o Conselho de Defesa Nacional (art. 84, XVIII, da CF).

Alternativa "b": compete privativamente ao Presidente da República nomear os magistrados, nos casos previstos na Constituição, e o Advogado-Geral da União (art. 84, XVI, da CF).

Alternativa "c": compete privativamente ao Presidente da República celebrar tratados, convenções e atos internacionais, sujeitos a referendo do Congresso Nacional (art. 84, VIII, da CF).

Alternativa "d": compete privativamente ao Presidente da República comutar penas, com audiência, se necessário, dos órgãos instituídos em lei (art. 84, XII, da CF).

04. **(FCC / Analista Judiciário – Oficial de Just. Avaliador / TRT 24 / 2017)** Em razão do recente impeachment da Presidente da República, Fatima, jornalista, manifestou interesse em obter conhecimento pleno sobre as atribuições do Presidente da República constantes na Constituição Federal. Assim, verificando o competente Capítulo, Fátima constatou que NÃO compete privativamente ao Presidente da República

a) prestar, trimestralmente, ao Tribunal de Contas da União, após a abertura do ano fiscal, as contas referentes ao exercício anterior.
b) nomear e exonerar os Ministros de Estado.
c) celebrar tratados, convenções e atos internacionais, sujeitos a referendo do Congresso Nacional.
d) conceder indulto e comutar penas, com audiência, se necessário, dos órgãos instituídos em lei.
e) nomear, após aprovação pelo Senado Federal, o Procurador-Geral da República.

COMENTÁRIOS

Alternativa incorreta: letra "a": de acordo com o art. 84, inciso XXIV, da CF: "Compete privativamente ao Presidente da República: XXIV – prestar anualmente, ao Congresso Nacional, dentro de sessenta dias, após a abertura da sessão legislativa, as contas referentes ao exercício anterior".

Alternativa "b": a alternativa está de acordo com o art. 84, inciso I, da CF.

Alternativa "c": a alternativa está de acordo com o art. 84, inciso VIII, da CF.

Alternativa "d": a alternativa está de acordo com o art. 84, inciso XII, da CF.

Alternativa "e": a alternativa está de acordo com o art. 84, inciso XIV, da CF.

05. **(FCC / Analista Judiciário – Oficial de Just. Avaliador / TRT 11 /2017)** Considere as situações hipotéticas abaixo.

I. Tércio é Presidente da República.

II. Carmem é Advogada-Geral da União.
III. Wagner é Procurador-Geral da República.

De acordo com a Constituição Federal, compete privativamente a Tércio, mediante

a) decreto, dispor sobre extinção de funções ou cargos públicos, quando vagos, podendo delegar essa atribuição a Wagner, apenas, que observará os limites traçados nas respectivas delegações.
b) portaria, dispor sobre extinção de funções ou cargos públicos, quando vagos, podendo delegar essa atribuição tanto a Carmem quanto a Wagner, que observarão os limites traçados nas respectivas delegações.
c) decreto, prover e extinguir os cargos públicos federais, na forma da lei, podendo delegar essa atribuição a Carmem, apenas, que observará os limites traçados nas respectivas delegações.
d) portaria, dispor sobre extinção de funções ou cargos públicos, quando vagos, não podendo delegar essa atribuição nem a Carmem nem a Wagner.
e) decreto, dispor sobre extinção de funções ou cargos públicos, quando vagos, podendo delegar essa atribuição tanto a Carmem quanto a Wagner, que observarão os limites traçados nas respectivas delegações.

COMENTÁRIOS

Alternativa correta: letra "e": a questão trata da extinção de funções ou cargos públicos, que é competência privativa do Presidente da República, conforme **art. 84, inciso VI, alínea "b"**, da CF, e **art. 84, inciso XXV**, também da CF: "Art. 84. Compete privativamente ao Presidente da República: VI – dispor, mediante decreto, sobre: b) extinção de funções ou cargos públicos, quando vagos. XXV – prover e extinguir os cargos públicos federais, na forma da lei". Cabe, portanto, a Tércio, enquanto Presidente da República, dispor, mediante decreto, sobre a extinção de funções ou cargos públicos. Entretanto, esta competência pode ser delegada tanto ao Procurador-Geral da República (Wagner) quanto ao Advogado-Geral da União (Cármem), conforme o **parágrafo único do art. 84**: "O Presidente da República poderá delegar as atribuições mencionadas nos incisos VI, XII e XXV, primeira parte, aos Ministros de Estado, ao Procurador-Geral da República ou ao Advogado-Geral da União, que observarão os limites traçados nas respectivas delegações".

06. **(Cespe / Técnico Judiciário – Área Administrativa / TRT 8 /2016)** Acerca das competências do presidente da República, assinale a opção correta.

a) A nomeação dos ministros do Tribunal Superior do Trabalho realizada pelo presidente da República depende da aprovação da Câmara dos Deputados.
b) Compete ao presidente da República exercer o comando supremo das Forças Armadas.
c) A celebração de tratados, convenções e atos internacionais pelo presidente da República está sujeita a referendo do Senado Federal.
d) Cabe ao presidente da República, de forma discricionária, nomear embaixadores.
e) A nomeação e a exoneração de ministros de Estado pelo presidente da República dependem da aprovação do Congresso Nacional.

COMENTÁRIOS

Alternativa correta: letra "b": nos exatos termos do art. 84, XIII, da CF.

Alternativa "a": a nomeação dos ministros do Tribunal Superior do Trabalho realizada pelo presidente da República depende da aprovação do **Senado Federal** (e não da Câmara dos Deputados). Nos termos do art. 111-A da CF, o Tribunal Superior do Trabalho compor-se-á de vinte e sete Ministros, escolhidos dentre brasileiros com mais de trinta e cinco anos e menos de setenta anos, de notável saber jurídico e reputação ilibada, nomeados pelo Presidente da República após aprovação pela maioria absoluta do Senado Federal, sendo: I - um quinto dentre advogados com mais de dez anos de efetiva atividade profissional e membros do Ministério Público do Trabalho com mais de dez anos de efetivo exercício, observado o disposto no art. 94; II - os demais dentre juízes dos Tribunais Regionais do Trabalho, oriundos da magistratura da carreira, indicados pelo próprio Tribunal Superior.

Alternativa "c": consoante art. 84, VIII, da CF, a celebração de tratados, convenções e atos internacionais pelo presidente da República está sujeita a referendo do **Congresso Nacional** (e não do Senado Federal).

Alternativa "d": nos termos do art. 52, IV, da CF, compete privativamente ao Senado Federal, aprovar previamente, por voto secreto, após arguição em sessão secreta, a escolha dos chefes de missão diplomática de caráter permanente.

Alternativa "e": o art. 84 da CF estabelece competência privativa ao Presidente da República para nomear e exonerar os Ministros de Estado. Ademais, "os Ministros de Estado são livremente nomeados e exonerados pelo Presidente da República, não dependendo a sua investidura de qualquer autorização parlamentar. A Constituição fez a opção de não submeter a nomeação dos Ministros de Estado à prévia aprovação do Congresso Nacional, ao contrário de outros países." (CUNHA JÚNIOR, Dirley da. *Curso de direito constitucional*. 10. Ed. Salvador: Juspodivm, 2016, p. 967).

07. **(FCC / Analista Judiciário - Área Administrativa / TRT 3 /2015)** A suspensão do exercício das funções de Presidente da República dar-se-á nas infrações penais comuns

a) se recebida a denúncia ou queixa-crime pelo Supremo Tribunal Federal; nos crimes de responsabilidade, após a instauração do processo pelo Senado Federal.
b) apenas depois de julgamento pelo Supremo Tribunal Federal; nos crimes de responsabilidade, após a instauração do processo pelo Senado Federal.
c) apenas depois de julgamento pelo Supremo Tribunal Federal; nos crimes de responsabilidade, apenas após o julgamento do processo pelo Senado Federal.
d) e nos crimes de responsabilidade depois de recebida a denúncia ou queixa-crime pelo Supremo Tribunal Federal.
e) e nos crimes de responsabilidade depois de recebida a denúncia ou queixa-crime pelo Senado Federal.

COMENTÁRIOS

Alternativa correta: letra "a" (responde a todas as alternativas): segundo o art. 86, § 1º, da CF, a suspensão do exercício das funções de Presidente da República dar-se-á nas infrações penais comuns se recebida a denúncia ou queixa-crime pelo Supremo Tribunal Federal; nos crimes de responsabilidade, após a instauração do processo pelo Senado Federal.

08. **(FCC / Analista Judiciário – Área Judiciária / TRT 16/ 2014)** É competência privativa do Presidente da República, de acordo com a Constituição Federal, prestar,

a) anualmente, ao Congresso Nacional, dentro de noventa dias após abertura da sessão legislativa, as contas referentes ao exercício anterior.
b) trimestralmente, ao Congresso Nacional, as contas referentes ao seu mandato.
c) anualmente, ao Congresso Nacional, dentro de até trinta dias após a abertura da sessão legislativa, as contas referentes ao exercício anterior.
d) semestralmente, ao Congresso Nacional, as contas referentes ao seu mandato.
e) anualmente, ao Congresso Nacional, dentro de sessenta dias após a abertura da sessão legislativa, as contas referentes ao exercício anterior.

COMENTÁRIOS

Alternativa correta: letra "e" (responde a todas as alternativas): trata-se do que dispõe o art. 84, XXIV, da CF.

(Cespe / Analista Judiciário – Área Judiciária / TRT 17/ 2013) Em relação ao Poder Executivo, julgue os itens subsequentes.

09. Enquanto não sobrevier sentença condenatória referente a infrações comuns, o presidente da República não poderá ser preso, ressalvadas as hipóteses de prisão em flagrante por crime inafiançável.

COMENTÁRIOS

Errado. O art. 86, § 4º, da CF determina que, enquanto não sobrevier sentença condenatória, o Presidente da República não estará sujeito a prisão. Trata-se da denominada **imunidade para a prisão,** que é ampla e **abrange todas as prisões processuais: em flagrante, preventiva e provisória,** sem exceções.

10. Se, após admissão da Câmara dos Deputados, for recebida denúncia de crime comum no Supremo Tribunal Federal contra o presidente da República, este ficará suspenso de suas funções.

COMENTÁRIOS

Certo. Quem pode oferecer acusação/denúncia em face do Presidente da República pela prática de crime comum é o Procurador-Geral da República. Logo após ser oferecida, a acusação passará pelo crivo da Câmara dos Deputados e somente será admitida mediante a concordância de 2/3 dos Deputados Federais (art. 86, *caput*, da CF). Havendo concordância da Câmara dos Deputados, a acusação/denúncia será apreciada pelo Supremo Tribunal Federal. Se a acusação/denúncia for recebida pelo STF, o Presidente da República ficará suspenso de suas funções (art. 86, § 1º, I, da CF). O afastamento do Presidente da República pode durar, no máximo, 180 dias. Isso porque, se o julgamento não for concluído nesse prazo, a suspensão/afastamento do Presidente deverá cessar, sem prejuízo do regular prosseguimento do processo.(art. 86, § 2º, da CF).

11. **(FCC / Analista Judiciário / TRT 9/2013)** Dentre as atribuições privativas do Presidente da República, poderá ser delegada aos Ministros de Estado, ao Procurador-Geral da República ou ao Advogado-Geral da União, que observarão os limites traçados nas respectivas delegações, a atribuição de

a) prover os cargos públicos federais, na forma da lei.
b) nomear o Advogado-Geral da União, nos casos previstos na Constituição Federal brasileira.
c) nomear, após aprovação pelo Senado Federal, os Ministros do Supremo Tribunal Federal e dos Tribunais Superiores.
d) nomear os magistrados, nos casos previstos na Constituição Federal brasileira.
e) celebrar a paz com o referendo do Congresso Nacional, em caso de ter sido declarada guerra.

COMENTÁRIOS

Nota do Autor: o art. 84 da CF, que versa sobre as competências privativas do Presidente da República, é de incidência recorrente. Assim, recomendamos fortemente seu estudo e memorização.

Alternativa correta: "a" (responde a todas as alternativas): o parágrafo único do art. 84 da CF traz uma lista das atribuições privativas do Presidente da República que podem ser delegadas, dentre as quais se encontra a promoção dos cargos públicos federais, consoante inciso XXV do mesmo art. 84 da CF. As atribuições previstas nas demais alternativas são indelegáveis, pois não estão excepcionadas pelo parágrafo único do art. 84 da CF.

12. **(FCC / Analista Judiciário – Administrativa / TRT 9/2013)** A Constituição Federal, precisamente no artigo 84, prevê as competências privativas do Presidente da República. O mesmo dispositivo, no entanto, permite a delegação de algumas destas atribuições, desde que observados os limites traçados nas respectivas delegações. As autoridades públicas que poderão atuar por delegação do Presidente da República são

a) o Presidente do Congresso Nacional, o Advogado- Geral da União e o Ministro-Chefe da Casa Civil.
b) o Presidente do Congresso Nacional e o Advogado- Geral da União.
c) o Defensor-Geral da União e o Procurador-Geral da República.
d) os Ministros de Estado e o Presidente do Congresso Nacional.
e) os Ministros de Estado, o Procurador-Geral da República e o Advogado-Geral da União.

COMENTÁRIOS

Alternativa correta: "e" (responde a todas as alternativas): na forma do art. 84, parágrafo único da CF, as autoridades públicas que poderão atuar por delegação do Presidente da República são, exatamente, os Ministros de Estado, o Procurador-Geral da República e o Advogado-Geral da União. Por falta de previsão constitucional, o Presidente do Congresso Nacional e o Defensor-Geral da União não podem receber essa delegação e, por isso, as demais alternativas estão incorretas.

13. **(FCC / Analista Judiciário / TRF 2 / 2012)** Airton exerce o cargo de Procurador-Geral da República, enquanto que Bernardo é Presidente da Câmara dos Deputados, Otávio é Ministro do Planejamento, Sanção é Comandante do Exército, Golias é Ministro da Justiça, Arthur é Advogado Geral da União, Alfredo é Presidente do Senado Federal, Roberto é Presidente do Supremo Tribunal Federal, Afrânio é Presidente do Superior Tribunal de Justiça, Vitor é Comandante da Marinha e Péricles é Ministro das Relações Exteriores. Conforme dispõe o artigo 91 da Constituição Federal brasileira, do Conselho de Defesa Nacional, que é órgão de consulta do Presidente da República nos assuntos relacionados com a soberania nacional e a defesa do Estado democrático, NÃO participam como membros natos APENAS

a) Alfredo, Bernardo, Golias e Péricles.
b) Bernardo e Otávio.
c) Otávio, Sanção e Vitor.
d) Airton, Arthur, Roberto e Afrânio.
e) Golias, Vitor e Otávio.

COMENTÁRIOS

Alternativa correta: "d" (responde a todas as alternativas). Nos termos do art. 91 da CF, **o Conselho de Defesa Nacional** é órgão de consulta do Presidente da República nos assuntos relacionados com a soberania nacional e a defesa do Estado democrático, e dele **participam como membros natos**: I - o Vice-Presidente da República; II - o Presidente da Câmara dos Deputados; III - o Presidente do Senado Federal; IV - o Ministro da Justiça; V - o Ministro de Estado da Defesa; VI - o Ministro das Relações Exteriores; VII - o Ministro do Planejamento; VIII - os Comandantes da Marinha, do Exército e da Aeronáutica. Nesse sentido, Airton (Procurador-Geral da República), Arthur (Advogado Geral da União), Roberto (Presidente do Supremo Tribunal Federal) e Afrânio (Presidente do Superior Tribunal de Justiça) **não participam como membros natos porque não exercem cargos arrolados pelo art. 91 da CF.**

14. **(FCC / Analista Judiciário – Execução de Mandados / TRF 2 / 2012)** Minotauro é presidente do Brasil e Golias é o Vice-Presidente. Minotauro faleceu na semana passada de ataque cardíaco e Golias faleceu ontem em um trágico acidente de trânsito. Assim, diante da vacância de ambos os cargos, na ordem sucessiva prevista na Constituição Federal brasileira, será chamado primeiramente ao exercício da Presidência o

a) Presidente do Senado Federal.
b) Presidente da Câmara dos Deputados.
c) Presidente do Supremo Tribunal Federal.
d) Ministro das Forças Armadas.
e) Procurador-Geral da República.

COMENTÁRIOS

Alternativa correta: "b" (responde a todas as alternativas). Diante da vacância dos cargos de Presidente e Vice-Presidente da República, na ordem sucessiva prevista no art. 80 da CF, será chamado primeiro ao exercício da Presidência o Presidente da Câmara dos Deputados.

15. **(FCC / Analista Judiciário / TRT 24 / 2011)** No que concerne à responsabilidade do Presidente da República, é INCORRETO afirmar:

a) Admitida a acusação, por dois terços da Câmara dos Deputados, será ele submetido a julgamento perante o Senado Federal, nos crimes de responsabilidade.
b) Admitida a acusação, por dois terços da Câmara dos Deputados, será ele submetido a julgamento perante o Supremo Tribunal Federal, nas infrações penais comuns.
c) Nos casos de infrações penais comuns, se, decorrido o prazo de cento e vinte dias, o julgamento não estiver concluído, cessará o afastamento do Presidente, sem prejuízo do regular prosseguimento do processo.
d) Enquanto não sobrevier sentença condenatória, nas infrações comuns, o Presidente da República não estará sujeito à prisão.
e) Na vigência de seu mandato, não pode ser responsabilizado por atos estranhos ao exercício de suas funções.

COMENTÁRIOS

Alternativa certa "c" (o enunciado pede a incorreta). Nos casos de infrações penais comuns, se, decorrido o prazo de **cento e oitenta dias** (não cento e vinte dias), o julgamento não estiver concluído, cessará o afastamento do Presidente, sem prejuízo do regular prosseguimento do processo (art. 86, § 2º, da CF).

Alternativa "a". Admitida a acusação, por dois terços da Câmara dos Deputados, será ele submetido a julgamento perante o Senado Federal, nos crimes de responsabilidade (art. 86 da CF).

Alternativa "b". Admitida a acusação, por dois terços da Câmara dos Deputados, será ele submetido a julgamento perante o Supremo Tribunal Federal, nas infrações penais comuns (art. 86 da CF).

Alternativa "d". Enquanto não sobrevier sentença condenatória, nas infrações comuns, o Presidente da República não estará sujeito à prisão (art. 86, § 3º, da CF).

Alternativa "e". Na vigência de seu mandato, não pode ser responsabilizado por atos estranhos ao exercício de suas funções (art. 86, § 4º, da CF).

16. **(FCC / Analista Judiciário / TRT 22 / 2010)** Quanto às responsabilidades do Presidente da República, estabelece a Constituição Federal, além de outras, que

a) os atos do Presidente da República que atentem contra a Constituição Federal e, especialmente, contra a lei orçamentária, são crimes de responsabilidade.
b) ficará suspenso de suas funções, nos crimes de responsabilidade, se recebida a denúncia ou queixa-crime pelo Superior Tribunal de Justiça.
c) ficará suspenso de seu cargo, nas infrações penais comuns, após a instauração do processo pelo Congresso Nacional.

d) se, decorrido o prazo de noventa dias, o julgamento não estiver concluído, permanecerá afastado, sem prejuízo do regular prosseguimento do processo.
e) nas infrações comuns estará sujeito a prisão, mesmo que não haja sentença condenatória.

COMENTÁRIOS

Alternativa correta: "a". Os atos do Presidente da República que atentem contra a Constituição Federal e, especialmente, contra a lei orçamentária, são crimes de responsabilidade, conforme previsão no art. 85, *caput* e inciso VI, ambos da CF.

Alternativa "b". O Presidente da República ficará suspenso de suas funções, nos crimes de responsabilidade, **após a instauração do processo pelo Senado Federal** (art. 86, § 1º, II, da CF), não havendo nenhuma participação do Superior Tribunal de Justiça.

Alternativa "c". O Presidente da República ficará suspenso de **suas funções**, nas infrações penais comuns, **se recebida a denúncia ou queixa-crime pelo Supremo Tribunal Federal** (art. 86, § 1º, I, da CF), não havendo participação do Congresso Nacional nesse trâmite.

Alternativa "d". Se, decorrido o prazo de **cento e oitenta dias** (não noventa dias), o julgamento não estiver concluído, **cessará** (não permanecerá) o afastamento do Presidente da República, sem prejuízo do regular prosseguimento do processo (art. 86, § 2º, da CF).

Alternativa "e". Nas infrações comuns, o Presidente da República estará sujeito a prisão, mas **somente após** a sentença condenatória (art. 86, § 3º, da CF).

17. **(FCC / Analista Judiciário / TRT 8 /2010)** A função do Vice-Presidente da República de substituir o Presidente da Republica impedido do exercício do cargo é classificada como
a) típica de ordem constitucional.
b) atípica de ordem legal.
c) objetiva de ordem legal.
d) objetiva de ordem mandamental.
e) analítica de ordem mandamental.

COMENTÁRIOS

Alternativa correta: "a" (responde a todas as alternativas). As funções típicas são as exercidas como essência de cada Poder. O Legislativo tem funções típicas (legislar e fiscalizar financeira e orçamentariamente os demais Poderes) e atípicas. Já o Judiciário atua fiscalizando e decidindo acerca da aplicação do ordenamento jurídico. Por fim, o Executivo exerce função típica de tomar e executar decisões públicas no interesse do povo. O art. 78 da CF, bem enuncia que o Presidente e o Vice-Presidente da República tomarão posse em sessão do Congresso Nacional, prestando o compromisso de manter, defender e cumprir a Constituição, observar as leis, promover o bem geral do povo brasileiro, sustentar a união, a integridade e a independência do Brasil. Essa é a função típica (da essência do Poder Executivo) de ordem constitucional (porque prevista na Constituição) do Presidente e do Vice. Em regra, quem a exerce é o Presidente, mas, em caso de impedimento, será substituído pelo Vice-Presidente (art. 79, da CF). As demais alternativas não têm nenhuma pertinência com o tema.

18. **(FCC / Analista Administrativo / TRF 4 / 2010)** O Presidente da República poderá delegar a atribuição de conceder indulto e comutar penas, com audiência, se necessário, dos órgãos instituídos em lei, ao

a) Advogado-Geral da União.
b) Presidente do Supremo Tribunal Federal.
c) Presidente da Câmara dos Deputados.
d) Presidente do Tribunal de Justiça.
e) Presidente do Senado Federal.

COMENTÁRIOS

Alternativa correta: "a" (responde a todas as alternativas). As competências privativas do Presidente da República estão previstas no art. 84 da CF. Algumas delas, porém, poderão ser objeto de delegação, por expressa disposição constitucional, aos Ministros de Estado, ao Procurador-Geral da República ou ao Advogado Geral da União (art. 84, parágrafo único da CF). É o que ocorre com a atribuição de conceder indulto e comutar penas, com audiência, se necessário, dos órgãos instituídos em lei (art. 84, XII da CF).

19. **(FCC / Analista Administrativo / TRE-AM / 2010)** É INCORRETO afirmar que compete ao Conselho de Defesa Nacional

a) opinar nas hipóteses de declaração de guerra e de celebração da paz, nos termos da Constituição Federal.
b) exercer a coordenação dos órgãos e entidades da administração federal na área de sua competência e referendar os atos e decretos assinados pelo Presidente da República.
c) opinar sobre a decretação do estado de defesa, do estado de sítio e da intervenção federal.
d) propor os critérios e condições de utilização de áreas indispensáveis à segurança do território nacional e opinar sobre seu efetivo uso, especialmente na faixa de fronteira e nas relacionadas com a preservação e a exploração dos recursos naturais de qualquer tipo.
e) estudar, propor e acompanhar o desenvolvimento de iniciativas necessárias a garantir a independência nacional e a defesa do Estado democrático.

COMENTÁRIOS

Alternativa certa: "b" (responde a todas as alternativas). As competências do Conselho de Defesa Nacional estão dispostas no art. 91, § 1º, da CF e são as seguintes: opinar nas hipóteses de declaração de guerra e de celebração da paz, opinar sobre a decretação do estado de defesa, do estado de sítio e da intervenção federal, propor os critérios e condições de utilização de áreas indispensáveis à segurança do território nacional e opinar sobre seu efetivo uso, especialmente na faixa de fronteira e nas relacionadas com a preservação e a exploração dos recursos naturais de qualquer tipo, e estudar, propor e acompanhar o desenvolvimento de iniciativas necessárias a garantir a independência nacional e a defesa do Estado democrático. Portanto, fica de fora apenas o que está arrolado na alternativa "b".

20. **(FCC / Analista Judiciário / TRE-AM / 2010)** O Conselho da República é órgão superior de consulta do Presidente da República, e dele participam

a) três cidadãos brasileiros natos, com no mínimo trinta anos de idade, sendo dois nomeados pelo Presidente da República.
b) cinco cidadãos brasileiros natos, com no mínimo trinta anos de idade, sendo dois eleitos pela Câmara dos Deputados.
c) seis cidadãos brasileiros natos, com mais de trinta e cinco anos de idade, sendo dois nomeados pelo Presidente da República.
d) sete cidadãos brasileiros natos, com mais de trinta e cinco anos de idade, sendo três eleitos pelo Senado Federal.
e) oito cidadãos brasileiros natos, com mais de quarenta anos de idade, sendo três eleitos pelo Senado Federal.

COMENTÁRIOS

Alternativa correta: "c" (responde a todas as alternativas). O Conselho da República é órgão superior de consulta do Presidente da República e dele participam seis cidadãos brasileiros natos, com mais de 35 anos de idade, sendo dois nomeados pelo Presidente da República, segundo art. 89, *caput* e VII, da CF.

2.11. Questões objetivas para treinar

01. **(FCC – Analista Judiciário – Área Judiciária – TRT 6/2018)** Acerca do que dispõe a Constituição Federal sobre o chefe do Poder Executivo Federal,

a) compete privativamente ao Presidente da República a concessão de anistia.
b) o Presidente da República, na vigência de seu mandato, não pode ser responsabilizado por atos estranhos ao exercício de suas funções.
c) o Presidente da República possui a mesma imunidade material prevista para os Deputados e Senadores.
d) admitida a acusação contra o Presidente da República, será ele submetido a julgamento perante o Senado Federal, nas infrações penais comuns, ou perante o Supremo Tribunal Federal, nos crimes de responsabilidade.
e) o Presidente da República poderá dispor, mediante decreto, sobre extinção de órgãos públicos, quando vagos.

02. **(FCC – Analista Judiciário – Área Administrativa – TRF 3/2016)** Em uma situação hipotética, a Câmara dos Deputados, por dois terços de seus integrantes, admitiu a acusação contra o Presidente da República por prática de crime de responsabilidade. Ante tal situação, de acordo com a jurisprudência do Supremo Tribunal Federal, o afastamento do Presidente da República do exercício de seu mandato

a) será automático em virtude da decisão soberana da Câmara dos Deputados, única com atribuição para deflagrar o processo de impedimento contra o Presidente da República.
b) dependerá da instauração do processo pelo Senado.
c) dependerá da instauração do processo pelo Supremo Tribunal Federal.

d) dependerá do resultado do julgamento do processo pelo Senado Federal, por conta do princípio constitucional da presunção de inocência.
e) dependerá de decisão específica a esse respeito da presidência da Câmara dos Deputados, ratificada pelo Presidente do Senado Federal, vez que o afastamento não decorre do recebimento da acusação, nem da instauração do processo contra o Presidente da República.

03. **(FCC – Técnico Judiciário – Área Administrativa – TRT 19/2014)** No sistema de separação de poderes adotado pelo Brasil, a regra é a indelegabilidade das atribuições de cada poder. Todavia, há casos em que a Constituição federal atenua essa regra. Assim, o Presidente da República pode delegar a atribuição de
a) vetar parcialmente projetos de lei.
b) dispor, mediante decreto, sobre extinção de funções ou cargos públicos, quando vagos.
c) conferir condecorações e distinções honoríficas.
d) decretar e executar a intervenção federal.
e) promover os oficiais-generais da Marinha, do Exército e da Aeronáutica.

04. **(FCC – Analista Judiciário – Exec. Mandados – TRT 6/2012)** Compete privativamente ao Presidente da República
a) nomear, após a aprovação do Congresso Nacional, Ministros do Supremo Tribunal Federal.
b) celebrar a paz, autorizado ou com o referendo do Congresso Nacional.
c) exercer, com o auxílio dos Deputados e Senadores, a direção superior da administração federal.
d) nomear e exonerar Ministros de Estado com a anuência do Congresso Nacional.
e) prestar, trimestralmente, ao Senado Federal, as contas referentes ao exercício de seu mandato.

05. **(FCC – Analista de Execução de Mandados / TRF 2 / 2012)** Raimundo, Presidente da República, está sendo acusado pela prática de homicídio doloso em face de sua ex-esposa Bárbara. Admitida a acusação contra o Raimundo, por
a) dois terços da Câmara dos Deputados, será ele submetido a julgamento perante o Supremo Tribunal Federal.
b) dois terços da Câmara dos Deputados, será ele submetido a julgamento perante o Congresso Nacional.
c) um terço da Câmara dos Deputados, será ele submetido a julgamento perante o Supremo Tribunal Federal.
d) dois terços do Senado Federal, será ele submetido a julgamento perante o Congresso Nacional.
e) um terço do Senado Federal, será ele submetido a julgamento perante o Supremo Tribunal Federal.

06. **(FCC – Analista Administrativo / TRE-TO / 2011)** Com relação ao Presidente e Vice-Presidente da República, considere:

I. Se nenhum candidato alcançar maioria absoluta na primeira votação, far-se-á nova eleição em até vinte dias após a proclamação do resultado, concorrendo os dois candidatos mais votados e considerando-se eleito aquele que obtiver a maioria dos votos válidos.
II. Se, antes de realizado o segundo turno, ocorrer morte, desistência ou impedimento legal de candidato, convocar-se-á novas eleições no prazo máximo de sessenta dias corridos.
III. Em caso de impedimento do Presidente e do Vice-Presidente, ou vacância dos respectivos cargos, serão sucessivamente chamados ao exercício da Presidência o Presidente do Senado Federal, da Câmara dos Deputados, e do Supremo Tribunal Federal.
IV. Vagando os cargos de Presidente e Vice-Presidente da República, far-se-á eleição noventa dias depois de aberta a última vaga.

Está correto o que se afirma APENAS em

a) I e IV.
b) I, III e IV.
c) I, II e IV.
d) I, II e III.
e) III e IV.

07. **(FCC – Analista Judiciário / TRT 4 / 2011)** A acusação contra o Presidente da República por crime de responsabilidade

a) não o considera denunciado até a manifestação definitiva do Superior Tribunal de Justiça pelo Supremo Tribunal Federal.
b) considera-o como indiciado, garantindo-lhe a defesa, mas não a nulidade do procedimento.
c) implica na suspensão obrigatória de suas funções em razão da denúncia até a decisão final.
d) não o coloca na condição de acusado ou indiciado, tendo em vista o princípio da presunção de inocência.
e) coloca-o na condição de acusado, assegurando-lhe o direito a ampla defesa e o contraditório, sob pena de nulidade do procedimento.

08. **(FCC – Execução de Mandados / TRT 23 / 2011)** A infração político-administrativa, definida em Lei, praticada pelo Presidente da República no desempenho da função que atente contra o livre exercício dos Poderes do Estado é classificada de crime

a) comum.
b) de responsabilidade.
c) ditatorial.
d) hediondo.
e) ordinário.

09. **(FCC – Execução de Mandados / TRT 20 / 2011)** Lírio, Presidente da República, no intuito de dar um golpe de Estado, ordenou ao Exército que fechasse o Congresso

Nacional e todos os Tribunais do País, impedindo o exercício do Poder Legislativo e do Poder Judiciário. Passados vinte dias de intensa revolta popular, Lírio percebeu que sua tentativa de golpe havia fracassado e temeroso por perder seu cargo reconsiderou sua ordem, restabelecendo as atividades do Poder Legislativo e do Poder Judiciário. Segundo disposto na Constituição Federal, Lírio cometeu

a) infração penal comum e será submetido a julgamento perante o Supremo Tribunal Federal.
b) crime de responsabilidade e será submetido a julgamento perante o Senado Federal.
c) crime de responsabilidade e será submetido a julgamento perante o Supremo Tribunal Federal, cujo recurso será dirigido ao Colegiado formado por membros do Poder Judiciário e do Poder Legislativo.
d) infração penal comum e será submetido a julgamento perante o Senado Federal, cujo recurso será dirigido ao Colegiado formado por membros do Poder Judiciário e do Poder Legislativo.
e) crime de responsabilidade e será submetido a julgamento perante a Comissão formada por membros do Poder Judiciário e do Poder Legislativo.

10. **(FCC - Analista Judiciário / TRF 4 / 2010)** O Presidente da República que tenha praticado crime que atente contra a lei orçamentária será submetido, após admitida a acusação, a julgamento perante o

a) Tribunal de Contas da União.
b) Superior Tribunal de Justiça.
c) Supremo Tribunal Federal.
d) Senado Federal.
e) Tribunal Superior Eleitoral.

11. **(FCC - Analista Judiciário - Execução de Mandados / TRF 4 / 2010)** É correto afirmar que o Presidente da República ficará suspenso de suas funções

a) nos crimes de responsabilidade, após a instauração do processo pelo Superior Tribunal de Justiça.
b) nas infrações penais comuns, após a instauração do processo pelo Senado Federal.
c) nas infrações penais comuns, após a instauração do processo pela Câmara dos Deputados.
d) nas infrações penais comuns, se recebida a denúncia ou queixa-crime pelo Supremo Tribunal Federal.
e) nos crimes de responsabilidade, após a instauração do processo pelo Supremo Tribunal Federal.

(Cespe - Analista Administrativo / TRT 21 / 2010) Com relação às atribuições e responsabilidades do Presidente da República, julgue o seguinte item.

12. O Presidente da República somente pode ser processado, seja por crime comum, seja por crime de responsabilidade, após o juízo de admissibilidade da

Câmara dos Deputados, que necessita do voto de dois terços de seus membros para autorizar o processo.

(Cespe - Analista Judiciário / TRT 21 / 2010) Com relação à organização político-administrativa do Estado brasileiro e quanto aos Poderes Executivo e Legislativo, julgue o próximo item.

13. Se o Presidente da República atentar contra o exercício dos direitos políticos, individuais e sociais estará praticando ato que caracteriza crime de responsabilidade.

14. **(FCC - Analista Administrativo / TRT 22 / 2010)** Cessará o afastamento do Presidente da República, sem prejuízo do regular prosseguimento do processo, se o julgamento não estiver concluído no prazo de

a) trinta dias.
b) sessenta dias.
c) noventa dias.
d) cento e vinte dias.
e) cento e oitenta dias.

15. **(FCC - Analista Administrativo / TRT 22 / 2010)** Dispõe a Constituição Federal, dentre outras hipóteses, que o Presidente da República

a) se, decorrido o prazo de cento e oitenta dias, o julgamento não estiver concluído, permanecerá afastado, sem prejuízo do regular prosseguimento do processo.
b) ficará suspenso de seu cargo, nas infrações penais comuns, após a instauração do processo pelo Congresso Nacional.
c) ficará suspenso de suas funções, nos crimes de responsabilidade, se recebida a denúncia ou queixa-crime pelo Superior Tribunal de Justiça.
d) nas infrações comuns, enquanto não sobrevier sentença condenatória, não estará sujeito a prisão.
e) na vigência de seu mandato, pode ser responsabilizado por atos estranhos ao exercício de suas funções.

16. **(Cespe - Analista Administrativo / TRE-MT / 2009)** A respeito das disposições constantes da CF que tratam do Poder Executivo, assinale a opção correta.

a) O presidente e o vice-Presidente da República não poderão, sem licença do Congresso Nacional, ausentar-se do País por período superior a sessenta dias, sob pena de perda do cargo.
b) Em caso de impedimento do presidente e do vice-presidente, ou vacância dos respectivos cargos, serão sucessivamente chamados ao exercício da presidência o presidente do Congresso Nacional, da Câmara dos Deputados e o do STF.
c) De acordo com a CF, o Presidente da República poderá delegar a atribuição de conferir condecorações e distinções honoríficas.
d) O cargo de presidente será declarado vago, se, decorridos dez dias da data fixada para a posse, o presidente ou o vice-presidente, salvo por motivo de força maior, não tiver assumido o cargo.

e) Nos crimes de responsabilidade, uma vez admitida a acusação contra o Presidente da República por um terço da Câmara dos Deputados, será ele submetido a julgamento perante o STF.

(Cespe – Analista Administrativo / TRE-BA / 2009) No que se refere às disposições contidas na CF acerca do Poder Legislativo, Poder Executivo e Poder Judiciário, julgue o item seguinte.

17. Nos crimes comuns, o Presidente da República não está sujeito à prisão enquanto não for proferida sentença condenatória.

18. **(Cespe – Analista Administrativo / TRE-MA / 2009)** A CF trata de forma detalhada da sucessão presidencial, nos casos de vacância e impedimento do chefe do Poder Executivo.
Acerca desse assunto, assinale a opção correta.

a) O vice-presidente é eleito juntamente com o Presidente da República, pois os votos por ele recebidos se somam aos recebidos por seu companheiro de chapa, definindo-se assim o resultado da eleição.
b) Se os cargos de presidente e vice-Presidente da República vierem a ficar vagos, responde pela presidência da República o presidente do Congresso Nacional, e deve ser feita a eleição de novos presidente e vice-Presidente da República para um mandato-tampão.
c) No caso de impedimento concomitante do presidente e do vice-Presidente da República, quem ocupará provisoriamente a Presidência da República será o presidente da Câmara dos Deputados, e a eleição dos novos chefes da nação se dará por eleição popular direta, se ambos os cargos tiverem ficado vagos antes de se completarem dois anos de mandato presidencial.
d) Com a vacância concomitante da Presidência e da Vice-Presidência da República, o presidente da Câmara dos Deputados assume a Presidência da República para um mandato-tampão, pois a CF estabelece que a eleição presidencial deve ocorrer conjuntamente com a dos Governadores dos estados e dos membros do Poder Legislativo, para que não haja rompimento do pacto federativo.
e) Em qualquer hipótese, deve ser convocada nova eleição presidencial, seja pela via direta, seja pela indireta, assumindo o presidente do Senado Federal provisoriamente a Presidência da República, e, nas ausências deste, a chefia do Poder Executivo deve ser ocupada pelo presidente da Câmara dos Deputados.

19. **(FCC – Analista Administrativo / TRT 7 / 2009)** Com relação ao Poder Executivo, o Conselho de Defesa Nacional é órgão de consulta do Presidente da República nos assuntos relacionados com a soberania nacional e a defesa do Estado democrático, e dele NÃO participa como membro nato o

a) Ministro das Relações Exteriores.
b) Ministro do Planejamento.
c) Presidente do Senado Federal.

d) Presidente da Câmara dos Deputados.
e) Presidente do Supremo Tribunal Federal.

(Cespe – Analista Judiciário / TRT 17 / 2009) Com relação à responsabilidade do Presidente da República e ao processo legislativo, julgue os itens subsequentes.

20. São crimes de responsabilidade os atos do Presidente da República que atentem contra o exercício dos direitos políticos, individuais e sociais.

(Cespe – Analista Judiciário / STF / 2008) Acerca da organização do Estado e do Poder Executivo, julgue o item subsequente.

21. A concessão de indulto pode ser delegada ao procurador geral da República ou ao advogado-geral da União.

▸ GABARITO

Questão	Resposta	Fundamento	Itens deste capítulo em que abordamos o tema da questão
01	b		
02	b	Art. 86, § 1º, II, da CF	2.2.3.2
03	b	Art. 84, parágrafo único, da CF	2.2.2
04	b	Art. 84, XX, da CF	2.2.2
05	a	Art. 86 da CF	2.2.3
06	a	Artigos 77 e 80 da CF	2.2.1
07	e	Doutrina e STF	2.2.3.2
08	b	Doutrina	2.2.3
09	b	Art. 85 da CF	2.2.3.2
10	d	Art. 85 da CF	2.2.3.2
11	d	Art. 86, § 1º, da CF	2.2.3.1
12	Certo	Art. 86 da CF	2.2.3.1 e 2.2.3.2
13	Certo	Art. 85 da CF	2.2.3.2
14	e	Art. 86, § 2º, da CF	2.2.3.2
15	d	Art. 86 da CF	2.2.3.1
16	d	Art. 78 da CF	2.2.1
17	Certo	Art. 86, § 3º, da CF	2.2.3.1
18	c	Artigos 80 e 81 da CF	2.2.1
19	e	Artigo 91 da CF	2.5
20	Certo	Art. 85 da CF	2.2.3.2
21	Certo	Art. 84, parágrafo único, da CF.	2.2.2

3. PODER JUDICIÁRIO

O Poder Judiciário exerce apenas uma função típica ou principal: julgar aplicando a lei ao caso concreto de modo a resolver os conflitos de interesses.

Mas, o Poder Judiciário também exerce **duas funções atípicas ou secundárias:**

FUNÇÕES ATÍPICAS	a) Executiva/administrativa ✦ *Exemplo: concessão de férias a servidores.* b) Legislativa ✦ *Exemplo: elaboração dos regimentos internos dos tribunais.*

3.1. Organização do Poder Judiciário

Diferentemente da abordagem que utilizamos para tratar dos Poderes Legislativo e Executivo, não estudaremos o Judiciário a partir da divisão entre União, Estados-membros, Distrito Federal e Municípios.

É mais simples entendermos o Judiciário se o tomarmos de forma global.

O art. 92 da CF (com redação dada pela EC 92/2016) dispõe que **são órgãos do Poder Judiciário**: I – o Supremo Tribunal Federal (STF); I-A o Conselho Nacional de Justiça (CNJ); II – o Superior Tribunal de Justiça (ST); II-A – o Tribunal Superior do Trabalho; III – os Tribunais Regionais Federais (TRFs) e Juízes Federais; IV – os Tribunais (TST e TRTs) e Juízes do Trabalho; V – os Tribunais e Juízes Eleitorais (TSE e TREs); VI – os Tribunais e Juízes Militares (STM e TMs); e VII – os Tribunais dos Estados (TJs) e do Distrito Federal e Territórios (TJDFT) e os Juízes dos Estados e do Distrito Federal e Territórios.

O STF, o CNJ e os Tribunais Superiores (STJ, TST, TSE e STM) **têm sede na Capital Federal** (art. 93, § 1º, da CF).[54]

Vale notar que, em regra, os órgãos do Poder Judiciário **exercem jurisdição**, ou seja, podem julgar aplicando a lei ao caso concreto e, com isso, gerar pacificação social (aliás, o STF e os Tribunais Superiores têm jurisdição em todo o território nacional). **A exceção fica por conta do CNJ, que, apesar de integrar o Poder Judiciário, não exerce poder jurisdicional.**[55]

Na sequência, faremos uma abordagem mais detida dos órgãos do Poder Judiciário, com ênfase para aqueles que são detalhados no próprio texto da Constituição.

---

54. A redação do art. 93, § 1º, da CF deixa claro que o STF não é considerado um tribunal superior, pois goza de posição ainda mais destacada que STJ, TST, TSE e STM.
55. Trabalharemos melhor esse tema no item 3.1.2 deste capítulo.

3.1.1. STF

O STF é o **órgão máximo do Poder Judiciário brasileiro** e, nos termos do art. 101, *caput*, da CF, é composto por **11 Ministros**[56] **escolhidos pelo Presidente da República** dentre indivíduos que:

a) sejam brasileiros **natos**;

b) tenham **entre 35 e 70 anos**;

c) tenham **notável saber jurídico**[57]; e

d) tenham **reputação ilibada/idônea**.

A escolha do Presidente ainda precisa ser **aprovada pela maioria absoluta do Senado Federal**, em atividade popularmente conhecida como **sabatina**, ocasião em que os Senadores podem fazer várias perguntas para testar os conhecimentos do indicado pelo chefe do Executivo da União.

Aprovada a escolha, **a nomeação do Ministro também caberá ao Presidente da República** (art. 101, parágrafo único, da CF).

Tema recorrente nas provas para Tribunais e MPU é a **competência do STF**, disposta no art. 102 da CF. Principalmente para as provas da FCC, é interessante conhecer em detalhes a matéria.

Assim, traremos o art. 102 da CF com alguns destaques e comentários que facilitarão o entendimento e a memorização dos pontos mais importantes.

▶ **ART. 102. Compete ao Supremo Tribunal Federal, precipuamente, a guarda da constituição, cabendo-lhe:**
I – processar e julgar, **originariamente:** a) a ação direta de inconstitucionalidade de lei ou ato normativo federal **ou estadual** e a ação declaratória de constitucionalidade de lei ou ato normativo **federal** (apenas); b) nas infrações penais **comuns**, o Presidente da República, o Vice-Presidente, os membros do Congresso Nacional, **seus próprios Ministros** e o Procurador-Geral da República; c) nas infrações penais **comuns e nos crimes de responsabilidade**, os Ministros de Estado e os Comandantes da Marinha, do Exército e da Aeronáutica, **ressalvado o disposto no art. 52, I** (julgamento pelo Senado Federal nos crimes de responsabilidade conexos aos do Presidente da República), os membros dos Tribunais Superiores, os do Tribunal de Contas da União e os chefes de missão diplomática de caráter permanente;

56. **Dica** para decorar o número de Ministros do STF: "S-T-F: **S**omos **T**ime de **F**utebol (time de futebol de campo tem 11 jogadores).

57. A Constituição não exige, de forma expressa, o bacharelado em direito, mas a doutrina sustenta que a formação em direito é imprescindível.

▶ ART. 102. Compete ao Supremo Tribunal Federal, precipuamente, a guarda da constituição, cabendo-lhe:

d) o "habeas-corpus", sendo paciente qualquer das pessoas referidas nas alíneas anteriores; o mandado de segurança e o "habeas-data" contra atos do Presidente da República, **das Mesas da Câmara dos Deputados e do Senado Federal, do Tribunal de Contas da União**, do Procurador-Geral da República e do próprio Supremo Tribunal Federal;

e) o litígio entre Estado estrangeiro ou organismo internacional e a União, o Estado, o Distrito Federal ou o Território;

▶ CUIDADO!

Não inclui os Municípios!

f) as causas e os conflitos entre a União e os Estados, a União e o Distrito Federal, ou entre uns e outros, inclusive as respectivas entidades da administração indireta;

▶ CUIDADO!

Não inclui os Municípios!

g) a extradição solicitada por Estado estrangeiro;

h) (Revogado pela Emenda Constitucional nº 45, de 2004)

i) o *habeas corpus*, quando o coator for Tribunal Superior ou quando o coator ou o paciente for autoridade ou funcionário cujos atos estejam sujeitos diretamente à jurisdição do Supremo Tribunal Federal, ou se trate de crime sujeito à mesma jurisdição em uma única instância;

j) a revisão criminal e a ação rescisória de seus julgados;

l) a reclamação para a preservação de sua competência e garantia da autoridade de suas decisões;

m) a execução de sentença nas causas de sua competência originária, **facultada a delegação de atribuições para a prática de atos processuais**;

n) **a ação em que todos os membros da magistratura sejam direta ou indiretamente interessados**, e aquela em que mais da metade dos membros do tribunal de origem estejam impedidos ou sejam direta ou indiretamente interessados;

o) os conflitos de competência entre o Superior Tribunal de Justiça e quaisquer tribunais, entre Tribunais Superiores, ou entre estes e qualquer outro tribunal **(em resumo: conflitos de competência que envolvam Tribunais Superiores)**;

p) o pedido de medida cautelar das ações diretas de inconstitucionalidade;

q) o mandado de injunção, quando a elaboração da norma regulamentadora for atribuição do Presidente da República, do Congresso Nacional, da Câmara dos Deputados, do Senado Federal, das Mesas de uma dessas Casas Legislativas, do Tribunal de Contas da União, de um dos Tribunais Superiores, ou do próprio Supremo Tribunal Federal;

r) as **ações contra o Conselho Nacional de Justiça e contra o Conselho Nacional do Ministério Público**;

II - julgar, em **recurso ordinário**:

a) o *habeas corpus*, o mandado de segurança, o *habeas data* e o mandado de injunção decididos em única instância pelos Tribunais Superiores, **se denegatória a decisão**;

b) o **crime político**;

▸ ART. 102. Compete ao Supremo Tribunal Federal, precipuamente, a guarda da constituição, cabendo-lhe:

III – julgar, mediante **recurso extraordinário**, as causas decididas em **única ou última** instância, **quando a decisão recorrida**:
a) **contrariar dispositivo desta Constituição**;
b) declarar a **inconstitucionalidade** de tratado ou lei federal;
c) julgar válida lei ou ato de **governo local** contestado em face desta Constituição.
d) **julgar válida lei local contestada em face de lei federal.**

§ 1º A **arguição de descumprimento de preceito fundamental**, decorrente desta Constituição, será apreciada pelo Supremo Tribunal Federal, na forma da lei.

§ 2º As decisões definitivas de mérito, proferidas pelo Supremo Tribunal Federal, nas **ações diretas de inconstitucionalidade e nas ações declaratórias de constitucionalidade** produzirão eficácia contra todos e efeito vinculante, relativamente aos demais órgãos do Poder Judiciário e à Administração Pública direta e indireta, nas esferas federal, estadual e municipal.[58]

§ 3º No recurso extraordinário o recorrente deverá demonstrar a **repercussão geral das questões constitucionais discutidas no caso**, nos termos da lei, a fim de que o Tribunal examine a admissão do recurso, **somente podendo recusá-lo pela manifestação de 2/3 de seus membros.**

▸ CUIDADO!

Exigem-se dos 2/3 dos membros para a **recusa da repercussão geral** e não para o reconhecimento dela.

3.1.1.1. Súmula Vinculante

Consoante art. 103-A da CF, o Supremo Tribunal Federal, **com exclusividade**[59], **tem o poder para,** de ofício ou por provocação, mediante decisão de **2/3** de seus membros, **após reiteradas decisões sobre matéria constitucional, aprovar súmula** que, a partir de sua publicação na imprensa oficial, terá **efeito vinculante** em relação aos demais órgãos do Poder Judiciário e à Administração Pública direta e indireta, nas esferas federal, estadual e municipal, bem como proceder à sua revisão ou cancelamento, na forma estabelecida em lei.

▸ ATENÇÃO PARA AS PEGADINHAS!

Exige-se decisão de **2/3** e não maioria absoluta dos membros do STF. As decisões precisam ser sobre **matéria constitucional**. Ademais, o efeito vinculante surge **a partir da publicação** e não da aprovação da súmula.

A Súmula Vinculante terá por objetivo a validade, a interpretação e a eficácia de normas determinadas, acerca das quais haja controvérsia atual entre órgãos

58. Os §§ 1º e 2º do art. 102 da CF serão explorados no capitulo referente ao controle de constitucionalidade.
59. Como apenas o STF pode editar Súmula Vinculante, é redundante dizer "Súmula Vinculante do STF".

judiciários ou entre esses e a Administração Pública que acarrete **grave insegurança jurídica** e **relevante multiplicação de processos** sobre questão idêntica (art. 103-A da CF).

A **aprovação, a revisão ou o cancelamento da Súmula Vinculante podem ser provocados** pelos legitimados para a propositura da ação direta de inconstitucionalidade (que são os arrolados pelo art. 103 da CF), e também pelo Defensor Público-Geral da União, os Tribunais Superiores, os Tribunais de Justiça de Estados ou do Distrito Federal e Territórios, os Tribunais Regionais Federais, os Tribunais Regionais do Trabalho, os Tribunais Regionais Eleitorais e os Tribunais Militares, nos termos do art. 3º da Lei 11.417/06, que regulamenta o art. 103-A da Constituição Federal.

Para garantir o efeito vinculante da súmula, o art. 103-A, § 3º, da CF aduz que, do ato administrativo ou decisão judicial que **contrariar** a Súmula Vinculante aplicável **ou que indevidamente a aplicar**, caberá **reclamação** ao Supremo Tribunal Federal que, julgando-a procedente, **anulará o ato administrativo ou cassará a decisão judicial reclamada**, e determinará que outra seja proferida com ou sem a aplicação da súmula, conforme o caso.

3.1.2. CNJ

Incluído no texto constitucional pela EC 45/04, o Conselho Nacional de Justiça é um órgão do Poder Judiciário que exerce **função eminentemente administrativa e não jurisdicional.**[60]

Em apertada síntese, pode-se dizer que o CNJ é um **órgão de fiscalização** do Poder Judiciário.

Entretanto, vale ressaltar que, segundo a doutrina e a jurisprudência, **o CNJ é hierarquicamente inferior ao STF**. Assim, **o STF e os seus Ministros não estão sujeitos a fiscalização pelo CNJ.**[61]

Para facilitar a memorização de informações importantes e que sempre são cobradas nos concursos para Tribunais e MPU, preparamos a seguinte tabela:

---

60. "A inserção do Conselho Nacional de Justiça no art. 92, inciso I-A, da Carta Maior foi inadequada, porque suas atribuições são exclusivamente administrativas, e não jurisdicionais, motivo pelo qual não se enquadra no organograma do Poder Judiciário. Melhor seria que fosse disciplinado num parágrafo único do art. 92. Todavia, por motivos de política legislativa, a Emenda Constitucional 45/2004 o listou entre os órgãos jurisdicionais [...]". (BULOS, Uadi Lammêgo. *Curso de direito constitucional*. 2 ed. São Paulo: Saraiva, 2008, p. 1.098).

61. "CNJ. Órgão de natureza exclusivamente administrativa. Atribuições de controle da atividade administrativa, financeira e disciplinar da magistratura. **Competência relativa apenas aos órgãos e juízes situados, hierarquicamente, abaixo do STF. Preeminência deste, como órgão máximo do Poder Judiciário, sobre o Conselho, cujos atos e decisões estão sujeitos a seu controle jurisdicional. Inteligência dos arts. 102, *caput*, I, letra r, e 103-B, § 4º, da CF. O CNJ não tem nenhuma competência sobre o STF e seus ministros, sendo esse o órgão máximo do Poder Judiciário nacional, a que aquele está sujeito.**" (ADI 3.367, julgada em 2005 e relatada pelo Ministro Cezar Peluso) (grifos nossos)

▸ CONSELHO NACIONAL DE JUSTIÇA – CNJ	
1. Natureza jurídica	Órgão integrante do Poder Judiciário que exerce **função eminentemente administrativa e não jurisdicional.**
2. Composição	**15 membros**, sendo: a) 9 do Poder Judiciário; b) 2 do Ministério Público; c) 2 advogados; d) 2 cidadãos. A **Presidência do CNJ cabe ao Presidente do STF**, que é um dos integrantes oriundo do Poder Judiciário.[62]
3. Nomeação dos membros	Pelo **Presidente da República, após aprovação pela maioria absoluta do Senado Federal**, salvo o Presidente e o Vice-Presidente, que não se submetem a essa exigência. **Obs.:** Não efetuadas, no prazo legal, as indicações pelo Presidente da República, a escolha caberá ao Supremo Tribunal Federal.
4. Mandatos dos membros	**2 anos**, admitida **uma** recondução
5. Competência	Controle da **atuação administrativa e financeira** do Poder Judiciário e do cumprimento dos **deveres funcionais** dos juízes
6. Poderes/ prerrogativas especiais	a) apreciar, **de ofício** ou mediante provocação, a legalidade dos atos administrativos praticados por membros ou órgãos do Poder Judiciário, **podendo desconstituí-los**, revê-los ou fixar prazo para que se adotem as providências necessárias ao exato cumprimento da lei; ▸ ATENÇÃO! O STF já definiu que **o CNJ tem competência originária ou não subsidiária**, ou seja, ele não precisa esperar as corregedorias dos Tribunais agirem.[63] b) receber e conhecer das **reclamações** contra membros ou órgãos do Poder Judiciário (para fomentar essa atividade, a União, inclusive no Distrito Federal e nos Territórios, criará **ouvidorias de justiça,** competentes para receber reclamações e denúncias de qualquer interessado contra membros ou órgãos do Poder Judiciário, ou contra seus serviços auxiliares, representando diretamente ao Conselho Nacional de Justiça);

62. "Previsto pela Emenda Constitucional 45/2004 como apêndice do Supremo Tribunal Federal, o Conselho é presidido por Ministro da própria Corte Excelsa, não necessariamente seu Presidente, que apenas votará em caso de empate (voto minerva), ficando excluído da distribuição de processos naquele Tribunal. Isso evidencia que o papel fiscalizatório do Conselho dirige-se, apenas, aos órgãos e juízes situados, hierarquicamente, abaixo do Supremo Tribunal Federal". (BULOS, Uadi Lammêgo. *Curso de direito constitucional*. 2. ed. São Paulo: Saraiva, 2008, p. 1.099).

63. STF. MS 28.003, julgado em 2012 e relatado para o acórdão pelo Ministro Luiz Fux

▸ CONSELHO NACIONAL DE JUSTIÇA – CNJ	
	c) **avocar processos disciplinares em curso** e determinar a remoção ou a disponibilidade e aplicar outras sanções administrativas, assegurada ampla defesa; d) **rever**, de ofício ou mediante provocação, os **processos disciplinares de juízes e membros de tribunais julgados há menos de 1 ano** (portanto, **não pode ser a qualquer tempo**).
7. **Controle externo**	Os atos do CNJ **sujeitam-se** ao controle do Supremo Tribunal Federal (art. 102, I, "r", da CF). ▸ ATENÇÃO! Essa informação é muito cobrada nas provas objetivas.

> ▸ CUIDADO!
> O CNJ, órgão integrante do Poder Judiciário, não pode julgar magistrados por crime de abuso de autoridade, pois sua **competência é administrativa e financeira**.

Complementando as informações destacadas no quadro, ainda é importante salientar que **um Ministro do Superior Tribunal de Justiça exercerá a função de Ministro-Corregedor e ficará excluído da distribuição de processos no Tribunal**, competindo-lhe, além das atribuições que lhe forem conferidas pelo Estatuto da Magistratura, as seguintes: I – receber as reclamações e denúncias, de qualquer interessado, relativas aos magistrados e aos serviços judiciários; II – exercer funções executivas do Conselho, de inspeção e de correição geral; III – requisitar e designar magistrados, delegando-lhes atribuições, e requisitar servidores de juízos ou tribunais, inclusive nos Estados, Distrito Federal e Territórios (art. 103-B, § 5º, da CF).

Por fim, segundo o art. 103-B, § 6º da CF, **oficiarão no CNJ o Procurador-Geral da República e o Presidente do Conselho Federal da Ordem dos Advogados do Brasil**.

3.1.3. STJ

O STJ foi criado em 1988 para ser o tribunal responsável pela uniformização da jurisprudência nacional.

Consoante art. 104 da CF, o STJ é composto por, **no mínimo, 33 Ministros**[64] **escolhidos pelo Presidente da República** dentre indivíduos que:

a) sejam brasileiros natos **ou naturalizados**;

b) tenham **entre 35 e 70 anos**;

---

64. **Dica** para decorar o número de Ministros do STJ: "S-T-J: **S**omos **T**odos **J**esus (33 é a idade que Jesus morreu).

c) tenham **notável saber jurídico**[65]; e

d) tenham **reputação ilibada/idônea.**

A exemplo do que ocorre no STF, a escolha do Presidente ainda precisa ser **aprovada pela maioria absoluta do Senado Federal.**

Aprovada a escolha, **a nomeação do Ministro também caberá ao Presidente da República** (art. 104, parágrafo único, da CF).

> ▸ **ATENÇÃO!**
>
> A CF não fixa o número exato de Ministros para o STJ, pois diz que devem ser – **no mínimo** – 33 Ministros. Aliás, nos TRFs, a regra também é de número mínimo (no mínimo, 7 Ministros).

Vale notar que a escolha dos Ministros é vinculada a determinadas categorias, pois:

a) 1/3 (11 Ministros) deve ser entre **juízes dos TRFs** (indicados em listra tríplice elaborada pelo próprio tribunal);

b) 1/3 (11 Ministros) deve ser entre **Desembargadores dos TJs** (indicados em listra tríplice elaborada pelo próprio tribunal); e

c) 1/3 (11 Ministros), em partes iguais, deve ser entre **membros do MP e da Advocacia**, alternadamente indicados.

Da mesma forma que ocorre no âmbito do STF, as questões envolvendo conhecimento sobre as competências do STJ são recorrentes em provas para Tribunais e MPU. Vale a pena conhecer o rol do art. 105 da CF, prestando atenção aos detalhes em destaque.

▸ **ART. 105. Compete ao Superior Tribunal de Justiça:**	
I -	processar e julgar, originariamente:
a)	nos **crimes comuns**, os Governadores dos Estados e do Distrito Federal, **e, nestes e nos de responsabilidade**, os Desembargadores dos Tribunais de Justiça dos Estados e do Distrito Federal, os membros dos Tribunais de Contas dos Estados e do Distrito Federal, os dos Tribunais Regionais Federais, dos Tribunais Regionais Eleitorais e do Trabalho, os membros dos Conselhos ou Tribunais de Contas dos Municípios e os do Ministério Público da União **que oficiem perante tribunais**;
b)	os mandados de segurança e os *habeas data* contra ato de Ministro de Estado, dos Comandantes da Marinha, do Exército e da Aeronáutica ou do próprio Tribunal;
c)	os *habeas corpus*, quando o coator ou paciente for qualquer das pessoas mencionadas na alínea "a", ou quando o coator for tribunal sujeito à sua jurisdição, Ministro de Estado ou Comandante da Marinha, do Exército ou da Aeronáutica, **ressalvada a competência da Justiça Eleitoral**;

65. A Constituição não exige, de forma expressa, o bacharelado em direito, mas a doutrina sustenta que a formação em direito é imprescindível.

▸ ART. 105. Compete ao Superior Tribunal de Justiça:

d) **os conflitos de competência entre quaisquer tribunais, ressalvado o disposto no art. 102, I, "o"** (os conflitos de competência entre o Superior Tribunal de Justiça e quaisquer tribunais, entre Tribunais Superiores, ou entre estes e qualquer outro tribunal serão de **competência do STF**), bem como entre tribunal e juízes a ele não vinculados e entre juízes vinculados a tribunais diversos;

e) as revisões criminais e as ações rescisórias de seus julgados;

f) a **reclamação** para a preservação de sua competência e garantia da autoridade de suas decisões;

g) os conflitos de atribuições entre autoridades administrativas e judiciárias da União, ou entre autoridades judiciárias de um Estado e administrativas de outro ou do Distrito Federal, ou entre as deste e da União;

h) o mandado de injunção, quando a elaboração da norma regulamentadora for atribuição de órgão, entidade ou autoridade federal, da administração direta ou indireta, excetuados os casos de competência do Supremo Tribunal Federal e dos órgãos da Justiça Militar, da Justiça Eleitoral, da Justiça do Trabalho e da Justiça Federal;

i) **a homologação de sentenças estrangeiras e a concessão de** *exequatur* **às cartas rogatórias**;

> **▸ ATENÇÃO!**
>
> Esse item é muito cobrado nas provas porque, **antes da EC 45/04, esses temas eram de competência do STF!**

j) os conflitos entre entes federativos, ou entre estes e o Comitê Gestor do Imposto sobre Bens e Serviços, relacionados aos tributos previstos nos arts. 156-A e 195,V.

II - julgar, em recurso ordinário:

a) os *habeas corpus* decididos em única ou última instância pelos Tribunais Regionais Federais ou pelos tribunais dos Estados, do Distrito Federal e Territórios, quando a **decisão for denegatória**;

b) os mandados de segurança decididos em única instância pelos Tribunais Regionais Federais ou pelos tribunais dos Estados, do Distrito Federal e Territórios, quando **denegatória a decisão**;

c) as causas em que forem partes Estado estrangeiro ou organismo internacional, de um lado, e, do outro, **Município ou pessoa residente ou domiciliada no País;**

III - julgar, em recurso especial, as causas decididas, em única ou última instância, pelos Tribunais Regionais Federais ou pelos tribunais dos Estados, do Distrito Federal e Territórios, quando a decisão recorrida:

a) **contrariar tratado ou lei federal, ou negar-lhes vigência**;

b) **julgar válido ato de governo local contestado em face de lei federal**;

> **▸ ATENÇÃO!**
>
> Esse inciso teve redação dada pela EC 45/04 e, por essa razão, é muito cobrado em provas objetivas.

c) der a lei federal **interpretação divergente** da que lhe haja atribuído outro tribunal.

Encerrando a disciplina constitucional pertinente, por força da EC 45/04, o art. 105, §1º, da CF determina que **funcionarão junto ao STJ**: I – **a Escola Nacional de Formação e Aperfeiçoamento de Magistrados**, cabendo-lhe, dentre outras funções, regulamentar os cursos oficiais para o ingresso e promoção na carreira; II – **o Conselho da Justiça Federal**, cabendo-lhe exercer, na forma da lei, a **supervisão administrativa e orçamentária da Justiça Federal de primeiro e segundo graus** (que veremos em detalhes no item seguinte), como órgão central do sistema e **com poderes correicionais, cujas decisões terão caráter vinculante**.

No Recurso Especial, conforme inclusão feita pela EC nº 125/2022, o recorrente deverá demonstrar a **relevância** das questões de direito federal **infraconstitucional** discutidas no caso. Para que um recurso não seja reconhecido por falta de relevância, é necessária manifestação de 2/3 dos membros do órgão competente para o julgamento nesse sentido. O art. 105, §3º elenca como casos em que há relevância: ações penais; ações de improbidade administrativa; ações cujo valor da causa ultrapasse 500 salários mínimos; ações que possam gerar inelegibilidade; hipóteses em que o acórdão recorrido contrarie jurisprudência dominante do STJ e outras hipóteses previstas em lei.

3.1.4. TRFs e juízes federais

Os TRFs e os juízes federais são **órgãos da Justiça Federal**.

Consoante art. 110 da CF, cada Estado, bem como o Distrito Federal, constituirá uma **seção judiciária** que terá por sede a respectiva capital, e varas localizadas segundo o estabelecido em lei.

> ▶ **ATENÇÃO!**
>
> Para os **Territórios Federais** há regra especial: a jurisdição e as atribuições cometidas aos juízes federais **caberão aos juízes da justiça local**, na forma da lei.

De acordo com o art. 107 da CF, cada **TRF** é composto por, **no mínimo, 7 juízes**, recrutados, quando possível, na respectiva região e **nomeados pelo Presidente da República** dentre brasileiros natos ou naturalizados com **mais de 30** e **menos de 70 anos**, sendo:

I – **1/5** dentre **advogados com mais de 10 anos** de efetiva atividade profissional e **membros do Ministério Público Federal com mais de 10 anos** de carreira (regra do **quinto constitucional**);

II – **os demais (4/5)**, mediante **promoção de juízes federais com mais de 5 anos** de exercício, por antiguidade e merecimento, alternadamente.

> ▶ **CUIDADO!**
>
> Para confundir o candidato, a FCC costuma afirmar que a nomeação dos juízes cabe ao Presidente do TRF ou do STJ. Não caia nessa pegadinha!

A EC 45/04 trouxe três novas regras quanto ao funcionamento e organização da Justiça Federal. São elas:

a) **a lei disciplinará a remoção ou a permuta de juízes dos Tribunais Federais e determinará sua jurisdição e sede** (art. 106, § 1º, da CF).

b) **os TRFs instalarão justiça itinerante**, com realização de audiência e demais funções da atividade jurisdicional, nos limites territoriais da respectiva jurisdição, servindo-se de equipamentos públicos e comunitários (art. 106, § 2º, da CF).

c) **os TRFs poderão funcionar descentralizadamente**, constituindo Câmaras regionais, a fim de assegurar o pleno acesso do jurisdicionado à justiça em todas as fases do processo.

3.1.5. *TST, TRTs e juízes do trabalho*

O TST, os TRTs e os juízes do trabalho são órgãos da **Justiça do Trabalho.**

Nos termos do art.111-A da CF (com nova redação dada pela EC 92/2016), o TST, **órgão de cúpula da Justiça do Trabalho,** é composto por exatamente **27 Ministros** (exatamente)[66], **escolhidos pelo Presidente da República** dentre indivíduos que:

a) sejam brasileiros natos **ou naturalizados**;

b) tenham **entre 35 e 70 anos.**

c) tenham **notável saber jurídico**; e

d) tenham **reputação ilibada/idônea.**

A exemplo do que ocorre no STF e no STJ, a escolha do Presidente ainda precisa ser **aprovada pela maioria absoluta do Senado Federal.**

Aprovada a escolha, **a nomeação do Ministro também caberá ao Presidente da República** (art. 111-A, parágrafo único, da CF).

> ▶ CUIDADO!
> Para confundir o candidato, a FCC costuma afirmar que a nomeação cabe ao Presidente do próprio TST. Não caia nessa pegadinha!"

A composição do TST deve ainda obedecer às seguintes regras:

I - **1/5** dentre advogados com **mais de 10 anos** de efetiva atividade profissional e membros do Ministério Público do Trabalho com **mais de 10 anos** de efetivo exercício, observado o disposto no art. 94 (**regra do quinto constitucional**);

II - **os demais** dentre juízes dos Tribunais Regionais do Trabalho, oriundos da magistratura da carreira, indicados pelo próprio Tribunal Superior.

66. **Dica** para decorar o número de Ministros do TST: "T-S-T: **T**rinta **S**em **T**rês (trinta sem/menos três é igual a 27).

De acordo com o art. 111-A, § 1º da CF, "a lei disporá sobre a competência do Tribunal Superior do Trabalho", o que, na lição de Uadi Lammêgo Bulos, significa que **"a competência do Tribunal Superior do Trabalho deve ser prevista em lei ordinária, e não em medidas provisórias ou outras modalidades normativas".**[67]

Consoante art. 111-A, § 2º da CF, junto ao TST funcionarão:

> I – a **Escola Nacional de Formação e Aperfeiçoamento de Magistrados do Trabalho**, cabendo-lhe, dentre outras funções, regular os cursos oficiais para ingresso e promoção na carreira;
>
> II – o **Conselho Superior da Justiça do Trabalho**, cabendo-lhe exercer, na forma da lei, a supervisão administrativa, orçamentária, financeira e patrimonial da Justiça do Trabalho de primeiro e segundo graus, como **órgão central do sistema, cujas decisões terão efeito vinculante.**

▸ ATENÇÃO PARA AS PEGADINHAS!

O Conselho Superior da Justiça do Trabalho **não é entidade independente, não é órgão auxiliar do CNJ e também não pertence à Administração Pública**, pois é órgão central do sistema e funciona junto ao TST.

Finalmente, segundo o art. 111-A, § 3º, da CF (incluído pela EC 92/2016), compete ao TST **processar e julgar, originariamente, a reclamação para a preservação de sua competência e garantia da autoridade de suas decisões.**

Já os **TRTs** são compostos por, **no mínimo, 7 juízes**, recrutados, quando possível, na respectiva região, e **nomeados pelo Presidente da República** dentre brasileiros natos ou naturalizados com **mais de 30 e menos de 70 anos**, sendo:

I – **1/5** dentre advogados com **mais de 10 anos** de efetiva atividade profissional e membros do Ministério Público do Trabalho com **mais de 10 anos** de efetivo exercício, observado o disposto no art. 94 (**regra do quinto constitucional**);

II – os demais (**4/5**), mediante promoção de juízes do trabalho por antiguidade e merecimento, alternadamente.

Finalmente, em **primeiro grau**, a Justiça do Trabalho funcionará por meio de **varas do trabalho criadas por lei** (art. 112 da CF).[68] A jurisdição em cada vara do trabalho será exercida por um **juiz do trabalho singular** (art. 116 da CF).

---

67. BULOS, Uadi Lammêgo. *Curso de direito constitucional*. 2. ed. São Paulo: Saraiva, 2008, p. 1.122.
68. Previstas na redação original do art. 112, da CF, as Juntas de Conciliação e Julgamento não mais encontram guarida constitucional, por força da EC 45/04. Segundo nova redação do art. 112 da CF, a lei criará varas da Justiça do Trabalho, podendo, nas comarcas não abrangidas por sua jurisdição, atribuí-la aos juízes de direito, com recurso para o respectivo Tribunal Regional do Trabalho. Portanto, não há mais menção das Juntas de Conciliação e Julgamento na estrutura da Justiça do Trabalho.

> ▶ ATENÇÃO PARA AS PEGADINHAS!
>
> Nas comarcas não abrangidas pela jurisdição de varas trabalhistas, a função jurisdicional relativa à apreciação das questões laborais **poderá ser atribuída aos juízes de direito**, mas, nesse caso, **os recursos subirão para o respectivo Tribunal Regional do Trabalho (e não para o Tribunal de Justiça** a que o juiz de direito que atuou em primeiro grau está vinculando).

Nos termos do art. 113 da CF, **é papel da lei** dispor sobre a constituição, investidura, jurisdição, competência, garantias e condições de exercício dos órgãos da Justiça do Trabalho.

3.1.5.1. *Competência da Justiça do Trabalho*

A **competência da Justiça do Trabalho** sempre gerou muita polêmica e, por essa razão, a disciplina constitucional da matéria acabou sendo profundamente alterada pela EC 45/04.

O amigo leitor já deve estar imaginando que então essa matéria deve cair muito nas provas, principalmente para concursos de TRT! Isso mesmo. Assim, como se tornou costume nessa obra, traremos o art. 114 da CF, que versa sobre a competência da Justiça do Trabalho, com alguns destaques e comentários que facilitarão o entendimento e a memorização.

> **▶ ART. 114. Compete à Justiça do Trabalho processar e julgar:**
>
> I - as **ações oriundas da relação de trabalho, abrangidos** os entes de direito público externo e da **Administração Pública direta e indireta** da União, dos Estados, do Distrito Federal e dos Municípios;
>
> > ▶ ATENÇÃO!
> >
> > No julgamento da ADI 3.395-MC/DF, **o STF suspendeu toda e qualquer interpretação do inciso I do art. 114 da CF (na redação da EC 45/2004) que inserisse, na competência da Justiça do Trabalho, a apreciação de causas instauradas entre o Poder Público e seus servidores, a ele vinculados por típica relação de ordem estatutária ou de caráter jurídico-administrativo.** As contratações temporárias para suprir os serviços públicos estão no âmbito de relação jurídico-administrativa, sendo competente para dirimir os conflitos a Justiça comum e não a Justiça especializada." (Rcl 4.872, Rel. p/ o ac. Min. Menezes Direito, julgamento em 21-8-2008, Plenário, DJE de 7-11-2008.)
>
> II - as ações que envolvam exercício do direito de greve;
>
> > ▶ ATENÇÃO!
> >
> > A **Súmula Vinculante 23** dispõe que "a Justiça do Trabalho é competente para processar e julgar ação possessória ajuizada em decorrência do exercício do direito de greve pelos trabalhadores da iniciativa privada".

▶ ART. 114. Compete à Justiça do Trabalho processar e julgar:
III – as ações sobre representação sindical, entre sindicatos, entre sindicatos e trabalhadores, e entre sindicatos e empregadores;
IV – os mandados de segurança, *habeas corpus* e *habeas data*, quando o ato questionado envolver matéria sujeita à sua jurisdição;
V – os **conflitos de competência entre órgãos com jurisdição trabalhista**, ressalvado o disposto no art. 102, I, "o";
VI – as **ações de indenização por dano moral ou patrimonial**, decorrentes da relação de trabalho; ▶ ATENÇÃO! Atualmente essa matéria está regrada pela **Súmula Vinculante 22**: "A justiça do trabalho é competente para processar e julgar as ações de indenização por danos morais e patrimoniais decorrentes de acidente de trabalho propostas por empregado contra empregador, **inclusive aquelas que ainda não possuíam sentença de mérito em primeiro grau quando da promulgação da emenda constitucional nº 45/04.**" (grifos nossos)
VII – as ações relativas às penalidades administrativas impostas aos empregadores pelos órgãos de fiscalização das relações de trabalho;
VIII – a **execução, de ofício, das contribuições sociais** previstas no art. 195, I, a , e II, e seus acréscimos legais, decorrentes das sentenças que proferir;
▶ ATENÇÃO! **Súmula Vinculante 53:** "A competência da Justiça do Trabalho prevista no art. 114, VIII, da Constituição Federal **alcança a execução de ofício das contribuições previdenciárias relativas ao objeto da condenação constante das sentenças que proferir e acordos por ela homologados**".
IX – **outras controvérsias** decorrentes da relação de trabalho, na forma da lei.

As **negociações** e a **arbitragem** também são dois pontos importantes dentre as novidades da EC 45/04.

De acordo com os §§ 1º e 2º do art. 114 da CF, frustrada a negociação coletiva, as partes poderão eleger árbitros. Não sendo possível a negociação coletiva nem a realização de arbitragem, **é facultada às partes ajuizar dissídio coletivo** de natureza econômica, podendo a Justiça do Trabalho decidir o conflito, respeitadas as disposições mínimas legais de proteção ao trabalho, bem como as convencionadas anteriormente.

Complementando a matéria, segundo o art. 114, § 3º, da CF, no caso de **greve em atividade essencial**, com possibilidade de lesão do interesse público, **o Ministério Público do Trabalho poderá ajuizar dissídio coletivo**, competindo à Justiça do Trabalho decidir o conflito.

3.1.6. TSE, TREs e juízes eleitorais

O TSE, os TREs, os juízes eleitorais e as juntas eleitorais são órgãos da **Justiça Eleitoral.**

O **TSE** é composto por, no mínimo, **7 membros**[69], dos quais **3** são escolhidos mediante eleição, por voto secreto, dentre os Ministros do STF; **2** são escolhidos também por eleição e voto secreto dentre os Ministros do STJ; e **2** por nomeação do Presidente da República, dentre 6 advogados de notável saber jurídico e idoneidade moral, indicados pelo STF (art. 119, *caput*, da CF).

O Presidente e o Vice-Presidente do TSE serão eleitos dentre os membros oriundos do STF, e o **Corregedor Eleitoral** será eleito dentre os Ministros naturais do STJ (art. 119, parágrafo único, da CF).

As **decisões do Tribunal Superior Eleitoral são irrecorríveis, salvo** as que contrariarem a Constituição Federal[70] e as denegatórias de *habeas corpus* ou mandado de segurança (art. 121, § 3º da CF).

Os **TREs** estão instalados nas capitais dos Estados-membros e no Distrito Federal e são compostos por **2** juízes eleitos dentre os Desembargadores do TJ do Estado-membro ou DF; **2** juízes eleitos dentre juízes de direito escolhidos pelo Tribunal de Justiça; **1** juiz do TRF com sede na capital do Estado ou no Distrito Federal, ou, não havendo, de um juiz federal, escolhido, em qualquer caso, pelo TRF respectivo; **2** juízes nomeados pelo Presidente da República dentre 6 advogados de notável saber jurídico e idoneidade moral, indicados pelo Tribunal de Justiça (art. 120, § 1º, da CF).

> ▸ ATENÇÃO!
>
> Note que a composição dos TREs tem disciplina própria, **não seguindo a regra do quinto constitucional.**

O **Presidente e o Vice-Presidente** de cada TRE serão escolhidos dentre os Desembargadores que os compõem (art. 120, § 2º da CF).

Por força do art. 121, § 2º, da CF, os **juízes dos tribunais eleitorais, salvo motivo justificado, servirão por 2 anos, no mínimo,** e nunca por mais de dois biênios consecutivos, sendo os substitutos escolhidos na mesma ocasião e pelo mesmo processo, em número igual para cada categoria.

Ademais, segundo o art. 227, § 4º, da CF, **das decisões dos TREs somente caberá recurso** quando: I – forem proferidas contra disposição expressa desta Constituição ou de lei; II – ocorrer divergência na interpretação de lei entre dois ou mais tribunais eleitorais; III – versarem sobre inelegibilidade ou expedição de diplomas nas

---

69. **Dica** para decorar o número de membros do TSE: "Reorganize as iniciais e chegará a SET (a pronúncia é igual à do número 7).

70. Segundo a Súmula 728 do STF, "é de três dias o prazo para a interposição de recurso extraordinário contra decisão do Tribunal Superior Eleitoral, contado, quando for o caso, a partir da publicação do acórdão, na própria sessão de julgamento, nos termos do art. 12 da Lei 6.055/1974, que não foi revogado pela lei 8950/1994".

eleições federais ou estaduais; IV – anularem diplomas ou decretarem a perda de mandatos eletivos federais ou estaduais; e V – denegarem *habeas corpus*, mandado de segurança, *habeas data* ou mandado de injunção.

Finalmente, os **juízes eleitorais** serão os magistrados de carreira da Justiça Estadual.

Ante o exposto, pode-se notar que **não existe um quadro próprio de juízes eleitorais**. Mas, independentemente dessa constatação, os membros dos tribunais, os juízes de direito e os integrantes das juntas eleitorais, no exercício de suas funções, e no que lhes for aplicável, gozarão de plenas garantias e serão inamovíveis (art. 121, § 1º, da CF).

Encerrando a disciplina constitucional da Justiça Eleitoral, destacamos o art. 121, *caput*, da CF, segundo o qual **Lei Complementar** deverá dispor sobre a organização e competência dos tribunais, dos juízes de direito e das juntas eleitorais.[71]

3.1.7. STM, TMs e juízes militares

O STM, os TMs e os juízes militares são órgãos da **Justiça Militar.**

O STM é composto por **15 Ministros vitalícios**, nomeados pelo Presidente da República, depois de aprovada a indicação pelo Senado Federal, sendo:

a) 3 dentre oficiais-generais da Marinha;

b) 4 dentre oficiais-generais do Exército;

c) 3 dentre oficiais-generais da Aeronáutica.

Esses primeiros 10 Ministros **oriundos das Forças Armadas** devem ser **da ativa** e do **posto mais elevado da carreira** (art. 123, *caput*, da CF).

Também integrarão o STM **5** Ministros **civis**, escolhidos pelo Presidente da República dentre brasileiros natos **ou naturalizados maiores de 35 anos**, sendo:

I – 3 dentre advogados de notório saber jurídico e conduta ilibada, com **mais de 10 anos** de efetiva atividade profissional;

II – 2, por escolha paritária, dentre juízes-auditores e membros do Ministério Público da Justiça Militar (art. 123, parágrafo único, da CF).

A Justiça Militar será **organizada e terá o seu funcionamento definido em lei**[72]. Ademais, sua **competência será para processar e julgar os crimes militares também definidos em lei**[73] (art. 124 da CF).

Por força da EC 45/04, segundo o art. 125, §§ 3º a 5º da CF, **lei estadual poderá criar, mediante proposta do Tribunal de Justiça, a Justiça Militar estadual**, constituída, em **primeiro grau**, pelos juízes de direito e pelos Conselhos de Justiça e, em

71. A Lei Complementar pedida pelo texto constitucional ainda não existe. Atualmente, a matéria se rege pelas Leis 4.737/65 (Código Eleitoral) e 9.504/97 (Lei das Eleições).
72. A Lei 8.457/92 disciplina a organização da Justiça Militar.
73. Atualmente os crimes militares estão disciplinados pelo Código Penal Militar (Decreto-Lei 1.001/69).

segundo grau, pelo próprio Tribunal de Justiça, ou por **Tribunal de Justiça Militar nos Estados em que o efetivo militar seja superior a 20.000 integrantes.**

Caso seja criada, a Justiça Militar estadual terá **competência para processar e julgar** os militares dos Estados, nos crimes militares definidos em lei e as ações judiciais contra atos disciplinares militares, **ressalvada a competência do júri quando a vítima for civil**, cabendo ao tribunal competente decidir sobre a perda do posto e da patente dos oficiais e da graduação das praças.

> ▶ ATENÇÃO!
>
> Nos crimes dolosos contra a vida praticados por militares contra civis, a competência será da Justiça Estadual via **tribunal do júri**!

Os **juízes de direito do juízo militar** terão **competência** para processar e julgar, singularmente, os **crimes militares cometidos contra civis e as ações judiciais contra atos disciplinares militares**, cabendo ao **Conselho de Justiça**, sob a presidência de juiz de direito, processar e julgar **os demais crimes militares.**

3.1.8. TJs e juízes estaduais e do Distrito Federal

Os principais órgãos da Justiças dos Estados-membros e do Distrito Federal são os **Tribunais de Justiça** e os **juízes de direito.**

Os Estados-membros e o Distrito Federal terão, cada um, o seu Tribunal de Justiça.

Por força do art. 94 da CF, **1/5 dos lugares** dos Tribunais dos Estados, e do Distrito Federal e Territórios será composto de **membros do Ministério Público, com mais de 10 anos de carreira, e de advogados de notório saber jurídico e de reputação ilibada, com mais de 10 anos de efetiva atividade profissional**, indicados em **lista sêxtupla** pelos órgãos de representação das respectivas classes. Recebidas as indicações, o tribunal formará **lista tríplice**, enviando-a ao **Poder Executivo**, que, nos **20 dias** subsequentes, escolherá um de seus integrantes para **nomeação.** (regra do quinto constitucional)

A **competência dos Tribunais de Justiça** será definida na **Constituição de cada Estado-membro**, sendo a lei de organização judiciária de iniciativa do Tribunal de Justiça (art. 125, § 1º, da CF).

Entretanto, vale destacar que toda a Justiça dos Estados deverá ser organizada com **observância dos princípios estabelecidos na Constituição Federal.**

A EC 45/04, denominada de **Emenda da Reforma do Poder Judiciário,** estabeleceu novas diretrizes constitucionais para os Tribunais de Justiça com o objetivo de garantir a razoável duração do processo.

Assim, a partir da EC 45/04, restou determinado que o Tribunal de Justiça **poderá funcionar descentralizadamente,** constituindo Câmaras regionais, a fim de assegurar pleno acesso do jurisdicionado à justiça em todas as fases do processo (art. 125, § 6º da CF).

Ademais, cada TJ deverá instalar a **Justiça itinerante**, com a realização de audiências e demais funções da atividade jurisdicional, nos limites territoriais da respectiva jurisdição, servindo-se de equipamentos públicos e comunitários (art. 125, § 7º, da CF)

Também há previsão no sentido de que, **para dirimir conflitos fundiários**, o Tribunal de Justiça proporá a **criação de varas especializadas**, com competência exclusiva para questões agrárias (art. 126, *caput*, da CF).

Por fim, sobre a competência estadual, vale destacar o conteúdo da **Súmula Vinculante 27**: "Compete à Justiça Estadual julgar causas entre consumidor e concessionária de serviço público de telefonia, quando a Anatel não seja litisconsorte passiva necessária, assistente, nem opoente".

> ▸ ATENÇÃO!
>
> Como visto de modo pontual, **a regra do quinto constitucional**, segundo a qual um quinto das vagas dos Tribunais serão ocupadas por membros oriundos do Ministério Público e da Advocacia, **não se aplica a todos os Tribunais. Somente respeitam a regra do quinto constitucional os seguintes Tribunais: TRFs, TJs, TST e TRTs.** Os demais Tribunais seguem disciplina própria.

3.2. Estatuto da Magistratura, princípios e garantias constitucionais

O art. 93 da CF determina que, **Lei complementar, de iniciativa do STF, disporá sobre o Estatuto da Magistratura**. Essa lei complementar ainda não existe, mas atualmente a carreira se rege pela Lei complementar 35/79 (Lei Orgânica da Magistratura Nacional).

O Estatuto da Magistratura seria de suma importância para a carreira, pois poderia estabelecer diretrizes para a estruturação e o fortalecimento da independência de tão importante carreira jurídica, pois, conforme enuncia Carlos S. Fayt, "a magistratura se desempenha no interesse geral e suas garantias têm fundamento no *princípio da soberania do povo e na forma republicana de governo*, de modo que todo avanço sobre a independência do Poder Judiciário importa em um avanço contra a própria Constituição".[74]

Mas, independentemente da criação do seu Estatuto, a Magistratura já conta com uma série de normas constitucionais sobre sua estrutura, princípios regentes e as garantias de seus membros.

3.2.1. *Ingresso na Magistratura*

O ingresso na carreira da Magistratura se dá mediante concurso público de provas e títulos, com a participação da Ordem dos Advogados do Brasil em todas as fases, exigindo-se do bacharel em direito, no mínimo, 3 anos de atividade jurídica e obedecendo-se, nas nomeações, à ordem de classificação (art. 93, I, da CF).

74. *Apud* MORAES, Alexandre de. *Op. Cit.*, p. 508-509.

> ▶ **ATENÇÃO!**
>
> De acordo com o STF, **a comprovação do triênio de atividade jurídica** exigida para o ingresso no cargo de juiz substituto, nos termos do art. 93, I, da CF, **deve ocorrer no momento da inscrição definitiva no concurso público.** (STF. RE 655265/DF, rel. orig. Min. Luiz Fux, red. p/ o acórdão Min. Edson Fachin, 13.4.2016.)

O **cargo inicial da carreira é o de juiz substituto**, podendo haver a **promoção** de entrância para entrância, alternadamente, por antiguidade e merecimento, atendidas as seguintes normas:

a) é obrigatória a promoção do juiz que figure por **3 vezes consecutivas ou 5 alternadas** em lista de merecimento;

> ▶ **ATENÇÃO!**
>
> O examinador costuma misturar esses prazos, por isso, grave: 3 consecutivas ou 5 alternadas!

b) a promoção por merecimento **pressupõe 2 anos de exercício na respectiva entrância e integração do juiz na primeira quinta parte da lista de antiguidade** desta, salvo se não houver com tais requisitos quem aceite o lugar vago;

c) aferição do merecimento conforme o desempenho e pelos critérios objetivos de produtividade e presteza no exercício da jurisdição e pela **frequência e aproveitamento** em cursos oficiais ou reconhecidos de aperfeiçoamento;

> ▶ **ATENÇÃO PARA A PEGADINHA!**
>
> Exigem-se frequência **e** aproveitamento (não frequência ou aproveitamento).

d) na apuração de antiguidade, **o Tribunal somente poderá recusar o juiz mais antigo pelo voto fundamentado de 2/3 de seus membros**, conforme procedimento próprio, e assegurada ampla defesa, repetindo-se a votação até fixar-se a indicação; e

e) não será promovido o juiz que, injustificadamente, **retiver autos em seu poder além do prazo legal**, não podendo devolvê-los ao cartório sem o devido despacho ou decisão (tudo de acordo com o art. 93, II, da CF).

Já o **acesso aos Tribunais de segundo grau** (TJs e TRFs, por exemplo) também será feito por antiguidade e merecimento, alternadamente, **mas apurados na última ou única entrância** (art. 93, III, da CF).

Por força da reforma do Judiciário, buscando-se celeridade e efetividade, exige-se que **todos os julgamentos dos órgãos do Poder Judiciário sejam públicos, e fundamentadas todas as decisões**, sob pena de nulidade, **podendo a lei limitar a presença, em determinados atos, às próprias partes e a seus advogados, ou somente a estes**, em casos nos quais a preservação do direito à intimidade do interessado no sigilo não prejudique o interesse público à informação; e **as decisões administrativas dos tribunais deverão ser motivadas e em sessão pública**, sendo as **disciplinares** tomadas pelo voto da **maioria absoluta** de seus membros.

3.2.2. *Garantias institucionais*

Com o objetivo de assegurar a independência do órgão judicial frente ao Legislativo e ao Executivo, ao Poder Judiciário é garantida autonomia **administrativa e financeira** (art. 99, *caput*, da CF).

A **autonomia administrativa** é representada pelo autogoverno dos Tribunais, que significa a eleição de seus órgãos diretivos. Ademais, ela significa a regulamentação da organização interna, por meio dos regimentos internos dos Tribunais.

Já a **autonomia financeira** autoriza que os Tribunais elaborem suas propostas orçamentárias, desde que dentro dos limites estipulados conjuntamente com os demais Poderes na lei de diretrizes orçamentárias (art. 99, § 1º, da CF).

3.2.3. *Garantias ou prerrogativas funcionais*

São aquelas afetas aos membros do Poder Judiciário e que têm por objetivo fomentar o melhor exercício da função julgadora.

a) **Vitaliciedade:** garante ao magistrado a segurança do cargo, pois depois de adquiri-la, o julgador somente perderá o cargo em razão de uma sentença judicial transitada em julgado. Em primeiro grau de jurisdição é atingida **após 2 anos de efetivo exercício** (portanto, o estágio probatório do magistrado dura 2 anos).

> ▸ ATENÇÃO!
>
> Não confundir vitaliciedade com estabilidade. A vitaliciedade se dá após 2 anos; a estabilidade somente depois de 3 anos. A vitaliciedade atinge apenas agentes políticos (Magistrados, Membros do MP e Membros dos Tribunais de Contas); já a estabilidade é atributo do servidor público (em sentido estrito). A vitaliciedade somente pode ser quebrada por sentença judicial transitada em julgado, enquanto a estabilidade pode ser violada também por processo administrativo disciplinar.

Em decorrência da EC 45/04, que teve por objetivo a Reforma do Poder Judiciário, foi feita a **previsão de cursos oficiais** de preparação, aperfeiçoamento e promoção de magistrados, constituindo **etapa obrigatória do processo de vitaliciamento** a participação em curso oficial ou reconhecido por escola nacional de formação e aperfeiçoamento de magistrados (art. 93, IV, da CF).

b) **Inamovibilidade:** trata-se da **impossibilidade de remoção do magistrado por oportunidade e conveniência do Poder Público**. Somente pode ser **excepcionada por motivo de interesse público**, na forma do art. 93, VIII, CF: o ato de remoção ou de disponibilidade do magistrado, por interesse público, fundar-se-á em decisão por voto da **maioria absoluta** do respectivo tribunal ou do Conselho Nacional de Justiça, assegurada ampla defesa (alteração promovida pela EC 45/04).

Ademais, o ato de remoção ou disponibilidade do magistrado, por interesse público, fundar-se-á em decisão por voto da maioria absoluta do respectivo Tribunal ou do Conselho Nacional de Justiça, assegurada ampla defesa (art. 93, VII e VIII, da CF). Existe, contudo, a possibilidade de remoção a pedido de magistrados de comarca de igual entrância (inciso VIII-A) bem como a permuta de magistrados de comarca de igual entrância, quando for o caso, e dentro do mesmo segmento de justiça (inciso VIII-B), ambas incluídas pela EC 130/2023.

Também por conta da EC 45/04, restou determinado que **o juiz deverá residir na respectiva comarca**, salvo autorização do tribunal.

c) **Irredutibilidade de subsídios:** em regra, o valor que os magistrados recebem não pode ser reduzido. Entretanto, pode haver a redução dos subsídios para adequação ao teto constitucional do serviço público.

d) **Imparcialidade:** é **vedado aos magistrados**: i. exercer, ainda que em disponibilidade, outro cargo ou função, **salvo uma de magistério**; ii. receber, a qualquer título ou pretexto, custas ou participação em processo; iii. dedicar-se à atividade político-partidária; iv. receber, a qualquer título ou pretexto, auxílios ou contribuições de pessoas físicas, entidades públicas ou privadas, **ressalvadas as exceções previstas em lei**; e V. exercer a advocacia no juízo ou tribunal do qual se afastou, **antes de decorridos 3 anos** do afastamento do cargo por aposentadoria ou exoneração (trata-se do período denominado de **quarentena**).

3.3. Organograma do Poder Judiciário

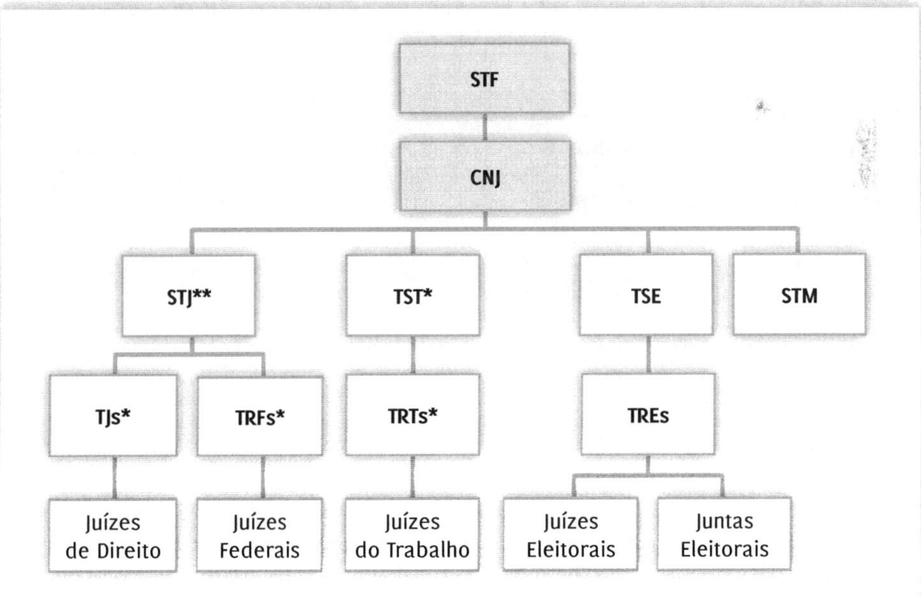

* Se submetem ao quinto constitucional

** Se submete ao "terço" constitucional

4. FUNÇÕES ESSENCIAIS À JUSTIÇA

Segundo José Afonso da Silva, as Funções Essenciais à Justiça são "aquelas atividades profissionais públicas ou privadas, **sem as quais o Poder Judiciário não pode funcionar ou funcionará muito mal**".[75] (grifos nossos)

Assim, **Ministério Público, Defensoria Pública, Advocacia Pública e Advocacia Privada** são as funções imprescindíveis para que se alcance a almejada pacificação social.

4.1. Ministério Público

Nos termos do art. 127, *caput* da CF, o **Ministério Público** é instituição permanente, essencial à função jurisdicional do Estado, incumbindo-lhe a **defesa da ordem jurídica, do regime democrático** e **dos interesses sociais e individuais indisponíveis.**

Ao Ministério Público é assegurada **autonomia funcional e administrativa**, podendo propor ao Poder Legislativo a criação e extinção de seus cargos e serviços auxiliares, provendo-os por concurso público de provas ou de provas e títulos, a política remuneratória e os planos de carreira (art. 127, § 2º, da CF).

O Ministério Público da União tem por **chefe o Procurador-Geral da República**, nomeado pelo Presidente da República dentre integrantes da carreira, maiores de 35 anos, após a aprovação de seu nome pela maioria absoluta dos membros do Senado Federal, para mandato de 2 anos, permitida a recondução, e sua **destituição somente pode se dar** por iniciativa do Presidente da República e deverá ser precedida de autorização da maioria absoluta do Senado Federal (art. 128, §§ 1º e 2º, da CF).

> ▶ **ATENÇÃO!**
>
> A seguir trazemos uma tabela que organiza as **regras constitucionais pertinentes ao Ministério Público.** O amigo leitor deve estudá-la e memorizá-la, pois seu conteúdo é imprescindível para o sucesso nos concursos para o MPU.

▶ MINISTÉRIO PÚBLICO	
1. Incumbências/ missão	a) Defesa da Ordem Jurídica b) Defesa do Regime Democrático c) Defesa dos interesses sociais e individuais indisponíveis
2. Princípios institucionais	a) Unidade b) Indivisibilidade c) Independência Funcional
3. Funções institucionais	a) promover, privativamente, a ação penal pública, na forma da lei; b) zelar pelo efetivo respeito dos Poderes Públicos e dos serviços de relevância pública aos direitos assegurados nesta Constituição, promovendo as medidas necessárias a sua garantia;

75. SILVA, José Afonso da. *Op. Cit.* p. 500.

<table>
<tr><th colspan="2">▸ MINISTÉRIO PÚBLICO</th></tr>
<tr><td>3. Funções institucionais</td><td>c) promover o inquérito civil e a ação civil pública, para a proteção do patrimônio público e social, do meio ambiente e de outros interesses difusos e coletivos;
d) promover a ação de inconstitucionalidade ou representação para fins de intervenção da União e dos Estados, nos casos previstos nesta Constituição;
e) defender judicialmente os direitos e interesses das populações indígenas;
f) expedir notificações nos procedimentos administrativos de sua competência, requisitando informações e documentos para instruí-los, na forma da lei complementar respectiva;
g) exercer o controle externo da atividade policial, na forma da lei complementar mencionada no artigo anterior;
h) requisitar diligências investigatórias e a instauração de inquérito policial, indicados os fundamentos jurídicos de suas manifestações processuais;
i) exercer outras funções que lhe forem conferidas, desde que compatíveis com sua finalidade, sendo-lhe vedada a representação judicial e a consultoria jurídica de entidades públicas.</td></tr>
<tr><td>4. Garantias dos membros</td><td>a) vitaliciedade, após dois anos de exercício, não podendo perder o cargo senão por sentença judicial transitada em julgado;
b) inamovibilidade, salvo por motivo de interesse público, mediante decisão do órgão colegiado competente do Ministério Público, pelo voto da maioria absoluta de seus membros, assegurada ampla defesa;
c) irredutibilidade de subsídio.</td></tr>
<tr><td>5. Vedações aos membros</td><td>a) receber, a qualquer título e sob qualquer pretexto, honorários, percentagens ou custas processuais;
b) exercer a advocacia;
c) participar de sociedade comercial, na forma da lei;
d) exercer, ainda que em disponibilidade, qualquer outra função pública, salvo uma de magistério;
e) exercer atividade político-partidária;
f) receber, a qualquer título ou pretexto, auxílios ou contribuições de pessoas físicas, entidades públicas ou privadas, ressalvadas as exceções previstas em lei;
g) exercer a advocacia no juízo ou tribunal do qual se afastou, antes de decorridos três anos do afastamento do cargo por aposentadoria ou exoneração.

▸ ATENÇÃO!
Segundo entendimento do STF, membro do MP pode exercer cargo ou função pública em órgão externo à organização do MP, desde que tenha ingressado na instituição antes da promulgação da CF/88.</td></tr>
</table>

▶ MINISTÉRIO PÚBLICO	
6. Composição	1. Ministério Público da União a) Ministério Público Federal; b) Ministério Público do Trabalho; c) Ministério Público Militar; d) Ministério Público do Distrito Federal e Territórios; 2. Ministérios Públicos dos Estados
7. Chefia	1. Ministério Público da União – Procurador Geral da República, nomeado pelo Presidente da República dentre integrantes da carreira, maiores de 35 anos, após a aprovação de seu nome pela maioria absoluta dos membros do Senado Federal, para mandato de 2 anos, permitida a recondução. 2. Ministérios Públicos dos Estados e do Distrito Federal e Territórios – Procuradores-Gerais dos Estados e do Distrito Federal e Territórios serão nomeados pelo Chefe do Poder Executivo, a partir de lista tríplice formada por integrantes da carreira, na forma da lei respectiva, mandato de 2 anos, permitida uma recondução.

O Ministério Público deverá elaborar sua **proposta orçamentária** dentro dos limites estabelecidos na lei de diretrizes orçamentárias. Se o Ministério Público **não encaminhar a respectiva proposta** orçamentária dentro do prazo estabelecido na lei de diretrizes orçamentárias, o Poder Executivo **considerará, para fins de consolidação da proposta orçamentária anual, os valores aprovados na lei orçamentária vigente** (art. 127, § 3º, da CF).

Consoante art. 130-A da CF, o **Conselho Nacional do Ministério Público (CNMP)** compõe-se de **14 membros nomeados pelo Presidente da República,** depois de aprovada a escolha pela maioria absoluta do Senado Federal, para um **mandato de 2 anos, admitida uma recondução,** sendo:

I – **o Procurador-Geral da República,** que o preside;

II – **4** membros do Ministério Público da União, assegurada a representação de cada uma de suas carreiras;

III – **3** membros do Ministério Público dos Estados;

IV – **2** juízes, indicados um pelo Supremo Tribunal Federal e outro pelo Superior Tribunal de Justiça;

V – **2** advogados, indicados pelo Conselho Federal da Ordem dos Advogados do Brasil;

VI – **2** cidadãos de notável saber jurídico e reputação ilibada, indicados um pela Câmara dos Deputados e outro pelo Senado Federal.

As **competências do CNMP** são referentes ao controle da atuação administrativa e financeira do Ministério Público e ao cumprimento dos deveres funcionais de seus membros, cabendo-lhe:

I - zelar pela **autonomia funcional e administrativa do Ministério Público**, podendo expedir atos regulamentares, no âmbito de sua competência, ou recomendar providências;

II - zelar pela observância do art. 37 e **apreciar, de ofício ou mediante provocação, a legalidade dos atos administrativos praticados por membros ou órgãos do Ministério Público da União e dos Estados, podendo desconstituí-los**, revê-los ou fixar prazo para que se adotem as providências necessárias ao exato cumprimento da lei, sem prejuízo da competência dos Tribunais de Contas;

III - receber e conhecer das **reclamações** contra membros ou órgãos do Ministério Público da União ou dos Estados, inclusive contra seus serviços auxiliares, sem prejuízo da competência disciplinar e correicional da instituição, podendo avocar processos disciplinares em curso, determinar a remoção ou a disponibilidade e aplicar outras sanções administrativas, assegurada ampla defesa;

IV - **rever**, de ofício ou mediante provocação, os **processos disciplinares** de membros do Ministério Público da União ou dos Estados julgados **há menos de 1 ano;**

► CUIDADO!

Pois os processos não podem ser revistos a qualquer tempo, como o examinador costuma afirmar em algumas questões.

V - elaborar **relatório anual**, propondo as providências que julgar necessárias sobre a situação do Ministério Público no País e as atividades do Conselho, o qual deve integrar a mensagem prevista no art. 84, XI.

4.2. Advocacia Pública

A Advocacia Pública é composta, basicamente pela Advocacia-Geral da União, pelas Procuradorias dos Estados e pelas Procuradorias dos Municípios.

A Advocacia-Geral da União (AGU) é a instituição que, diretamente ou por meio de órgão vinculado, representa a União, judicial e extrajudicialmente, cabendo-lhe, nos termos da lei complementar que dispuser sobre sua organização e funcionamento, as atividades de consultoria e assessoramento jurídico do Poder Executivo (nos exatos termos do art. 131 da CF).

Consoante art. 131, § 1º, da CF, a **Advocacia-Geral da União** tem por chefe o Advogado-Geral da União, nomeado pelo Presidente da República dentre cidadãos **(não necessariamente integrantes da carreira)** maiores de 35 anos, de notável saber jurídico e reputação ilibada.

Vale observar que, na **execução da dívida ativa de natureza tributária**, a representação da União cabe à **Procuradoria-Geral da Fazenda Nacional**, observado o disposto em lei (art. 131, § 3º, da CF).

Já as Procuradorias dos Estados e do Distrito Federal contarão com procuradores organizados em carreira, cujo ingresso dependerá de concurso público de provas e títulos, com a participação da Ordem dos Advogados do Brasil em todas as suas fases, que exercerão a **representação judicial e a consultoria jurídica das respectivas unidades federadas** (art. 132 da CF).

4.3. Advocacia Privada

Segundo o art. 133 da CF, o **advogado é indispensável à administração da Justiça**, sendo inviolável por seus atos e manifestações **no exercício da profissão**, nos limites da lei.

4.4. Defensoria Pública

Muito prestigiada pela Constituição Federal, a **Defensoria Pública foi concebida como uma instituição essencial à função jurisdicional do Estado**, incumbindo-lhe a orientação jurídica e a defesa, em todos os graus, dos necessitados, realizando a missão do Estado de prestar assistência jurídica integral e gratuita aos que comprovarem insuficiência de recursos.

A Defensoria Pública da União e do Distrito Federal e dos Territórios deve ter sua organização determinada por **Lei Complementar** que prescreverá normas gerais para sua organização nos Estados, em cargos de carreira, providos, na classe inicial, mediante concurso público de provas e títulos, assegurada a seus integrantes a garantia da inamovibilidade **(mas não a vitaliciedade)** e vedado o exercício da advocacia fora das atribuições institucionais (art. 134, § 1º, da CF)

> ▸ **ATENÇÃO!**
>
> A **EC 69/12** determinou que **cabe ao próprio Distrito Federal organizar e manter a Defensoria Pública do Distrito Federal.** Antes da EC 69/12, essa competência era da União. Portanto, agora, a **União tem competência apenas para organizar e manter a sua própria Defensoria (Defensoria da União) e a Defensoria Pública dos Territórios.**

Já às **Defensorias Públicas Estaduais** são asseguradas autonomia funcional e administrativa e a iniciativa de suas propostas orçamentárias (art. 134, § 2º, da CF).

5. QUESTÕES DISCURSIVAS

(MPE-SP – Promotor de Justiça - SP/2012) Em relação ao Conselho Nacional de Justiça – CNJ (CF, art. 103-B), responda de maneira fundamentada:

a) O princípio constitucional da Separação de Poderes (CF, art. 2º) e as garantias de independência do Poder Judiciário (CF, arts. 95, 96 e 99), todos como cláusulas pétreas (CF, art. 60, §4º, III), são colidentes com a criação, composição e características do CNJ (CF, art. 103-B)?

b) Como conciliar as citadas previsões constitucionais com o poder normativo primário do CNJ e suas atribuições disciplinares originárias (CF, art. 103-B, §4º)?

RESPOSTA

Incluído no texto constitucional pela EC 45/2004 (art. 103-B da CF), o Conselho Nacional de Justiça (CNJ) é um órgão do Poder Judiciário que exerce função eminentemente administrativa e não jurisdicional. Segundo o *caput* do art. 103-B da CF, compete ao CNJ o controle da atuação administrativa e financeira do Poder Judiciário e do cumprimento dos deveres funcionais dos juízes.

Em apertada síntese, pode-se dizer que o CNJ é um órgão de fiscalização do Poder Judiciário.

Desde sua criação, o CNJ teve a sua constitucionalidade questionada, sob os argumentos de que haveria violação à separação dos Poderes e à independência do Judiciário.

Não há que se falar em violação ao princípio da separação dos Poderes ou Funções do Estado (que tem o *status* de cláusula pétrea por força do art. 60, § 4º, III, da CF), posto que o CNJ pertence ao próprio Judiciário, conforme assinala o art. 109, I-A, da CF. Ademais, o fato de o CNJ não ser composto exclusivamente por membros pertencentes aos demais órgãos do Poder Judiciário (a composição é híbrida, com participação de membros do MP, advogados e de cidadãos) não é motivo suficiente para impedir sua atuação, posto que ele não interfere sobre a função típica do Poder Judiciário: julgar.

Também não se sustenta o argumento de inconstitucionalidade por afronta à independência do Judiciário. O argumento é semelhante ao já exposto: a atuação do CNJ não interfere na função típica do Poder Judiciário que é o exercício da jurisdição. Em outras palavras: o CNJ não se imiscui à tarefa precípua do Judiciário que é a de julgar, aplicando a lei ao caso concreto, com o objetivo de resolver as demandas sociais.

O poder normativo primário (art. 103-B, § 4º, da CF) é da essência do CNJ, não representando qualquer afronta à separação dos Poderes ou à independência do Judiciário, posto que, em seu exercício, nada mais faz do que buscar o cumprimento das normas constitucionais. Tanto é que, acaso o poder normativo desborde dos limites constitucionais, nada impede que as resoluções do CNJ sejam objeto de controle de constitucionalidade, na esteira da jurisprudência do STF.

Argumentação parelha vale em relação às atribuições disciplinares do CNJ: não há violação à separação das Funções do Estado ou à independência do Judiciário, haja vista que a fiscalização da atuação dos juízes é da essência do regime democrático sobre o qual se assenta a Constituição Federal de 1988.

(FGV – VIII Exame Unificado - 2012) Maria alugou um prédio comercial no centro da cidade "P", capital do estado "K", para que o Estado estrangeiro W ali instalasse sua representação consular. Foram estabelecidos aluguéis de R$ 40.000,00 (quarenta mil reais) mensais.

Passados dois anos de vigência do contrato, em razão de dificuldades financeiras no continente onde se localiza o Estado W, o mesmo deixa de pagar aluguéis para Maria, que, inconformada, busca a orientação de um profissional da advocacia para melhor defender seus interesses.

O advogado contratado explica que proporá a ação em Vara Cível do Município "P", cabendo eventual recurso de apelação para o Tribunal de Justiça do Estado K.

Responda, justificadamente, se a orientação do advogado contratado por Maria está na direção correta ao apontar os órgãos jurisdicionais competentes para a matéria em primeiro e em segundo graus de jurisdição.

RESPOSTA

A orientação dada pelo advogado de Maria está equivocada, visto que não está de acordo com o que dispõe o texto constitucional. O art. 109, inciso II, da CF, estabelece que é de competência dos juízes federais o julgamento de causas que envolvam Estado estrangeiro ou organismo internacional e pessoa domiciliada no Brasil. Portanto, a ação pretendida por Maria não deve ser ajuizada na Justiça Estadual, mas sim na Justiça Federal, pois envolve o Estado estrangeiro W. Caso haja recurso interposto no processo em questão, este será analisado e julgado pelo Superior Tribunal de Justiça, e não pelo Tribunal de Justiça do Estado K, e se justifica por se tratar de recurso ordinário constitucional, nos moldes do art. 105, inciso II, alínea "c", da CF.

PADRÃO DE RESPOSTA DA BANCA EXAMINADORA

As orientações fornecidas estão equivocadas, pois ações movidas contra Estado estrangeiro devem ser propostas em primeira instância perante um Juiz Federal, conforme art. 109, II da Constituição; em grau recursal é cabível um recurso ordinário ao Superior Tribunal de Justiça, conforme art. 105, II, "c" da Constituição.

6. QUESTÕES OBJETIVAS COMENTADAS

01. (Cespe – Técnico Judiciário – TJ – RJ/2021) Assinale a opção que apresenta órgão do Poder Judiciário que integra a justiça especializada.

a) Tribunal dos Estados, do Distrito Federal e dos Territórios
b) Tribunal Superior do Trabalho
c) Supremo Tribunal Federal
d) Tribunal Regional Federal
e) Conselho Nacional de Justiça

COMENTÁRIOS

A justiça comum é composta pelos órgãos da Justiça Estadual e Federal, ou seja, abrange Tribunais de Justiça dos Estados, Distrito Federal e Territórios (a); Supremo Tribunal Federal (c); Tribunal Regional Federal (d). O CNJ, por sua vez, não integra a justiça especializada, sendo na verdade um órgão de controle e fiscalização interno do Poder Judiciário. Se tiver dúvidas, lembre que o termo "especializada" diz respeito à matéria, exemplo: Tribunal Eleitoral; Tribunal Regional do Trabalho; Tribunal Militar.

Gabarito: B.

02. (Cespe – Analista Judiciário – Direito – TJ - PA/2020) Caso tribunal de justiça estadual profira decisão em última instância denegando *habeas corpus*, caberá ao interessado interpor recurso

a) especial, a ser julgado pelo STJ.
b) ordinário, a ser julgado pelo STF.
c) ordinário, a ser julgado pelo STJ.
d) extraordinário, a ser julgado pelo STJ.
e) extraordinário, a ser julgado pelo STF.

COMENTÁRIOS

Alternativa "a": O art. 105, III da CF/88, compete ao STJ: "III - julgar, em recurso especial, as causas decididas, em única ou última instância, pelos Tribunais Regionais Federais ou pelos tribunais dos Estados, do Distrito Federal e Territórios, quando a decisão recorrida: a) contrariar tratado ou lei federal, ou negar-lhes vigência; b) julgar válido ato de governo local contestado em face de lei federal; c) der a lei federal interpretação divergente da que lhe haja atribuído outro tribunal.".

Alternativa "b": Nos termos do art. 102, II da CF/88, compete ao STF: "II - julgar, em recurso ordinário: a) o habeas corpus , o mandado de segurança, o habeas data e o mandado de injunção decididos em única instância pelos Tribunais Superiores, se denegatória a decisão; b) o crime político;".

Alternativa "c": Estabelece o art. 105, II, "a" da CF/88 que: "Art. 105. Compete ao **Superior Tribunal de Justiça**: [...] II - julgar, em **recurso ordinário**: a) os **habeas corpus** decididos em única ou **última instância** pelos Tribunais Regionais Federais ou pelos **tribunais dos Estados**, do Distrito Federal e Territórios, quando a decisão for **denegatória**.".

Alternativa "d": Não é possível o julgamento de recurso extraordinário pelo STJ.

Alternativa "e": O art. 102, III da CF/88 estabelece que compete ao STF: "III - julgar, mediante recurso extraordinário, as causas decididas em única ou última instância, quando a decisão recorrida: a) contrariar dispositivo desta Constituição; b) declarar a inconstitucionalidade de tratado ou lei federal; c) julgar válida lei ou ato de governo local contestado em face desta Constituição. d) julgar válida lei local contestada em face de lei federal."

Alternativa correta: "c".

03. **(Cespe – Analista Judiciário – Direito – TJ - PA/2020)** Considerando o entendimento do STF acerca do Conselho Nacional de Justiça (CNJ), julgue os itens a seguir.

I Embora seja órgão do Poder Judiciário, o CNJ não é dotado de função jurisdicional.

II O CNJ deve atuar somente se houver necessariamente o exaurimento da instância administrativa ordinária.

III O CNJ tem competência para apurar violações aos deveres funcionais dos magistrados e servidores do Poder Judiciário.

IV Não é permitido ao CNJ apreciar a constitucionalidade dos atos administrativos, mas somente sua legalidade.

Estão certos apenas os itens

a) I e II.
b) I e IV.
c) III e IV.
d) I, II e III.
e) II, III e IV.

COMENTÁRIOS

Item "I". Correto. O CNJ, segundo entendimento pacífico do STF, não tem função jurisdicional. Nesse sentido: "(...)esta Suprema Corte em distintas ocasiões já afirmou **que o CNJ não é dotado de competência jurisdicional, sendo mero órgão administrativo.** Assim sendo, a Resolução 135, ao classificar o CNJ e o CJF de 'tribunal', (...) simplesmente disse – até porque mais não poderia dizer – que as normas que nela se contêm aplicam-se também aos referidos órgãos." [ADI 4.638 MC-REF, rel. min. Marco Aurélio, voto do min. Ricardo Lewandowski, j. 8-2-2012, P, DJE de 30-10-2014.]

Item "II". Incorreto. Esse exaurimento não é necessário. A esse respeito, ponderou o STF: "**Não há necessidade de exaurimento da instância administrativa ordinária para a atuação do CNJ.** Competência concorrente, e não subsidiária." [MS 28.620, rel. min. Dias Toffoli, j. 23-9-2014, 1ª T, DJE de 8-10-2014.]

Item "III". Incorreto. Nos termos do §4º do art. 103-B da CF/88: " § 4º **Compete ao Conselho o controle** da atuação administrativa e financeira do Poder Judiciário e **do cumprimento dos deveres funcionais dos juízes**, cabendo-lhe, além de outras atribuições que lhe forem conferidas pelo Estatuto da Magistratura: [...]". Logo, não se trata de competência com relação a todos os servidores do Poder Judiciário, mas tão somente dos juízes.

Item "IV". Correto. Trata-se de entendimento pacificado pelo STF, no sentido de que: "O CNJ, embora seja órgão do Poder Judiciário, nos termos do art. 103-B, § 4º, II, da CF, possui, tão somente, atribuições de natureza administrativa e, nesse sentido, **não lhe é permitido apreciar a constitucionalidade dos atos administrativos, mas somente sua legalidade.**" [MS 28.872 AgR, rel. min. Ricardo Lewandowski, j. 24-2-2011, P, DJE de 18-3-2011.]

Alternativa correta: "b". Estão corretos apenas os itens I e IV.

04. **(Instituto AOCP / Analista Judiciário – Área Judiciária / TRT 1ª Região / 2018)** No exercício da atividade de Analista Judiciário, lida-se diariamente com questões acerca da competência, atribuições e características do Poder Judiciário. Nesse sentido, assinale a alternativa correta, de acordo com o que dispõe a Constituição Federal.

a) Compete privativamente ao Supremo Tribunal Federal a alteração do número de membros dos tribunais inferiores.
b) Compete privativamente ao Supremo Tribunal Federal organizar as secretarias e serviços auxiliares dos tribunais inferiores e os dos juízos que lhes forem vinculados, velando pelo exercício da atividade correicional respectiva.
c) Ao Poder Judiciário é assegurada autonomia administrativa e financeira.
d) Aos juízes é vedado exercer outro cargo ou função, salvo se estiver em disponibilidade.
e) São órgãos do Poder Judiciário: o Supremo Tribunal Federal, os Tribunais Regionais do Trabalho e o Ministério Público.

COMENTÁRIOS

Alternativa correta: letra "c": conforme preceitua o art. 99 da CF, ao Poder Judiciário é assegurada autonomia administrativa e financeira.

Alternativa "a": compete privativamente ao Supremo Tribunal Federal, aos Tribunais Superiores e aos Tribunais de Justiça propor ao Poder Legislativo respectivo a alteração do número de membros dos tribunais inferiores, de acordo com o art.96, II, a, da CF.

Alternativa "b": compete privativamente aos tribunais organizar suas secretarias e serviços auxiliares inferiores e os dos juízos que lhes forem vinculados, velando pelo exercício da atividade correicional respectiva, nos termos do art. 96, I, b, da CF.

Alternativa "d": aos juízes é vedado exercer outro cargo ou função, ainda que em disponibilidade, salvo uma de magistério, consoante art. 95, parágrafo único, I, da CF.

Alternativa "e": são órgãos do Poder Judiciário, por exemplo, o Supremo Tribunal Federal e os Tribunais Regionais do Trabalho, mas não o Ministério Público, nos termos do art. 92 da CF.

05. **(FCC / Analista Judiciário – Área Administrativa / TRT 6ª Região / 2018)** Nos estritos termos da Constituição Federal acerca das funções essenciais à Justiça:

a) O Ministério Público da União tem por chefe o Procurador-Geral de Justiça, nomeado pelo Presidente da República dentre integrantes da carreira, após a aprovação de seu nome pela maioria absoluta dos membros do Senado Federal.
b) Dentre as funções institucionais do Ministério Público está a de prestar consultoria e assessoramento jurídico para o Poder Executivo.
c) Os Procuradores-Gerais de Justiça nos Estados e no Distrito Federal e Territórios poderão ser destituídos por deliberação da maioria absoluta do Poder Legislativo, na forma da lei complementar respectiva.
d) O Ministério Público não poderá requisitar diligências investigatórias, nem a instauração de inquérito policial, haja vista se tratar de atividade privativa de delegados de polícia.
e) Aos membros do Ministério Público junto aos Tribunais de Contas não se aplica a vedação constitucional de participar de sociedade comercial.

COMENTÁRIOS

Alternativa correta: letra "c": os Procuradores-Gerais de Justiça nos Estados e no Distrito Federal e Territórios poderão ser destituídos por deliberação da maioria absoluta do Poder Legislativo, na forma da lei complementar respectiva (art. 128, § 4º, da CF).

Alternativa "a": o Ministério Público da União tem por chefe o Procurador-Geral da União, nomeado pelo Presidente da República dentre integrantes da carreira, maiores de trinta e cinco anos, após a aprovação de seu nome pela maioria absoluta dos membros do Senado Federal (art. 128, § 4º, da CF).

Alternativa "b": dentre as funções institucionais da Advocacia-Geral da União está a de prestar consultoria e assessoramento jurídico para o Poder Executivo (art. 131, caput, da CF).

Alternativa "d": o Ministério Público poderá requisitar diligências investigatórias e a instauração de inquérito policial (art. 129, VIII, da CF).

Alternativa "e": aos membros do Ministério Público junto aos Tribunais de Contas se aplica a vedação constitucional de participar de sociedade comercial (art. 130 da CF).

06. **(FCC / Analista Judiciário – Área Judiciária / TRT 24/2017)** De acordo com a Constituição Federal, o Supremo Tribunal Federal poderá, de ofício ou por provocação, mediante decisão de dois terços dos seus membros, após reiteradas decisões sobre matéria constitucional, aprovar súmula que, a partir de sua publicação na imprensa oficial, terá efeito vinculante em relação aos demais órgãos do Poder Judiciário e à Administração pública direta e indireta, nas esferas federal, estadual e municipal. Sem prejuízo do que vier a ser estabelecido em lei, a aprovação

a) de súmula poderá ser provocada por qualquer cidadão, sendo vedado a provocação para revisão ou cancelamento que são atos exclusivos de ofício do Supremo Tribunal Federal.
b) ou revisão de súmula poderá ser provocada por aqueles que podem propor a ação direta de inconstitucionalidade, sendo vedado a provocação para cancelamento que é ato exclusivo de ofício do Supremo Tribunal Federal.
c) ou revisão de súmula poderá ser provocada por qualquer cidadão, sendo vedado a provocação para cancelamento que é ato exclusivo de ofício do Supremo Tribunal Federal.
d) revisão ou cancelamento de súmula poderá ser provocada por aqueles que podem propor a ação direta de inconstitucionalidade.
e) de súmula poderá ser provocada por aqueles que podem propor a ação direta de inconstitucionalidade, sendo vedado a provocação para revisão ou cancelamento que são atos exclusivos de ofício do Supremo Tribunal Federal.

COMENTÁRIOS

Alternativa correta: letra "d": esta é a previsão do art. 103-A, § 2º, da CF: "Sem prejuízo do que vier a ser estabelecido em lei, a aprovação, revisão ou cancelamento de súmula poderá ser provocada por aqueles que podem propor a ação direta de inconstitucionalidade".

Alternativa "a": a aprovação de súmula não pode ser pleiteada por qualquer cidadão, porque não são legítimos para propor ação direta de inconstitucionalidade.

Alternativa "b": é possível haver a provocação para cancelamento de súmula por qualquer dos legitimados para propor ADI.

Alternativa "c": vide alternativa "a".

Alternativa "e": a revisão e o cancelamento não são atos exclusivos de ofício do STFF, podendo ser provocados por aqueles que são legitimados para propor ADI.

07. **(FCC / Analista Judiciário – Área Judiciária / TRT 11 /2017)** Considere as situações abaixo.

I. Samuel é Governador de determinado Estado e deve ser processado por crime comum.
II. Demétrio impetrou mandado de segurança contra ato de Frederico, que é juiz federal.
III. Tadeu é desembargador do Tribunal de Justiça de determinado Estado e deve ser processado por crime de responsabilidade.

A competência para processar e julgar, originariamente, as ações acima apontadas, cabe ao

a) Superior Tribunal de Justiça; ao Tribunal Regional Federal da Região correspondente; e ao Superior Tribunal de Justiça, respectivamente.
b) Supremo Tribunal Federal; ao Tribunal Regional Federal da Região correspondente; e ao Tribunal de Justiça que Tadeu integra, respectivamente.
c) Supremo Tribunal Federal; ao Tribunal Regional Federal da Região correspondente; e ao Supremo Tribunal Federal, respectivamente.

d) Superior Tribunal de Justiça nas três situações.
e) Supremo Tribunal Federal; ao Superior Tribunal de Justiça; e ao Tribunal Regional Federal da Região correspondente, respectivamente.

COMENTÁRIOS

Alternativa correta: letra "a".

Item I: art. 105, inciso I, alínea "a", da CF prevê que Samuel, enquanto Governador de Estado, deve ser processado e julgado pelo **Superior Tribunal de Justiça** em decorrência de crime comum.

Item II: art. 108, inciso I, alínea "c", da CF dispõe que o mandado de segurança impetrado por Demétrio deve ser julgado pelo **Tribunal Regional Federal** visto que visa atacar ato de juiz federal.

Item III: art. 105, inciso I, alínea "a", da CF dispõe que Tadeu deve ser julgado pelo **Superior Tribunal de Justiça** porque o caso em questão se refere a crime de responsabilidade cometido por desembargador do Tribunal de Justiça de determinado Estado (Tadeu).

08. **(FCC / Analista Judiciário – Oficial de Justiça Avaliador / TRT 3/ 2015)** Ao tratar da autonomia do Poder Judiciário, a Constituição Federal estabelece que
a) cabe a cada um dos Tribunais Regionais do Trabalho encaminhar proposta orçamentária ao Poder Executivo, dentro dos limites estipulados pelo Poder Judiciário conjuntamente com os demais Poderes na Lei de Diretrizes Orçamentárias.
b) caso os Tribunais competentes não encaminhem as respectivas propostas orçamentárias dentro do prazo legal, o Poder Executivo considerará, para fins de consolidação da proposta orçamentária anual, os valores aprovados na lei orçamentária vigente, ajustados de acordo com os limites estipulados na Lei de Diretrizes Orçamentárias.
c) cabe ao Supremo Tribunal Federal a iniciativa de proposta de emenda constitucional que vise a ampliar as competências do Conselho Nacional de Justiça.
d) cabe privativamente ao Conselho Nacional de Justiça a iniciativa de projeto de lei complementar dispondo, entre outros assuntos, sobre o ingresso na carreira de magistrado e a promoção de entrância.
e) a proposta de criação de Tribunais Regionais do Trabalho, de alteração do número de seus membros, bem como de criação, extinção de seus cargos e a respectiva remuneração deve ser apresentada ao Poder Legislativo Federal privativamente pelo Supremo Tribunal Federal.

COMENTÁRIOS

Alternativa correta: letra "b": caso os Tribunais competentes não encaminhem as respectivas propostas orçamentárias dentro do prazo legal, o Poder Executivo considerará, para fins de consolidação da proposta orçamentária anual, os valores aprovados na lei orçamentária vigente, ajustados de acordo com os limites estipulados na Lei de Diretrizes Orçamentárias (art. 99, § 3º, da CF).

Alternativa "a": cabe a cada um dos Tribunais Regionais do Trabalho encaminhar proposta orçamentária ao Poder Executivo, dentro dos limites estipulados **conjuntamente com os demais Poderes** na Lei de Diretrizes Orçamentárias (art. 99, § 1º, da CF).

Alternativa "c": o Supremo Tribunal Federal **não é** parte legítima para propor emenda constitucional (art. 60, da CF).

Alternativa "d": cabe ao **Supremo Tribunal Federal** a iniciativa de projeto de lei complementar dispondo, entre outros assuntos, sobre o ingresso na carreira de magistrado e a promoção de entrância (art. 93, I e II, da CF).

Alternativa "e": a proposta de criação de Tribunais Regionais do Trabalho, de alteração do número de seus membros, bem como de criação, extinção de seus cargos e a respectiva remuneração deve ser apresentada ao Poder Legislativo Federal privativamente pelo **Tribunal Superior do Trabalho** (art. 96, II, da CF).

09. **(FCC / Analista Judiciário - Área Judiciária / TRT 16/ 2014)** Sávio, Deputado Estadual do Maranhão, pretende ajuizar habeas data contra ato do Ministro da Economia. A competência para processar e julgar o habeas data que será ajuizado por Sávio será do

a) Supremo Tribunal Federal.
b) Superior Tribunal de Justiça.
c) Tribunal de Justiça do Estado do Maranhão.
d) Tribunal Regional Federal da 1a Região.
e) Tribunal de Justiça de Brasília.

COMENTÁRIOS

Alternativa correta: letra "b" (responde a todas as alternativas): de acordo com o art. 105, I, "b", da CF, compete ao STF processar e julgar, originariamente, os mandados de segurança e os *habeas data* contra ato de Ministro de Estado, dos Comandantes da Marinha, do Exército e da Aeronáutica ou do próprio Tribunal.

10. **(FCC / Analista Judiciário - Área Judiciária / TRT 16/2014)** Xisto, Procurador de Justiça do Estado do Maranhão, é nomeado pelo Presidente da República Conselheiro do Conselho Nacional do Ministério Público, após ter o seu nome aprovado pela maioria absoluta do Senado Federal. Para ser escolhido Corregedor Nacional, Xisto deverá

a) ser eleito, em votação secreta, dentre os membros do Ministério Público que integram o Conselho, vedada a recondução.
b) ser eleito, em votação aberta, dentre os membros do Ministério Público que integram o Conselho, permitida uma recondução.
c) necessariamente ser o conselheiro com mais idade integrante do Conselho, com exceção do Procurador-Geral da República, que preside o Conselho Nacional do Ministério Público.
d) ser eleito, em votação secreta, dentre os membros do Ministério Público que integram o Conselho, permitida uma recondução.
e) ser indicado, obrigatoriamente pelo Procurador- Geral da República, Presidente do Conselho Nacional do Ministério Público, para posteriormente ser nomeado pelo Presidente da República.

COMENTÁRIOS

Alternativa correta: letra "a" (responde a todas as alternativas): esta é a regra disposta no art. 130-A, § 3º, da CF.

11. **(FCC – Analista Judiciário – Área Administrativa - TRT 16/2014)** Analise a seguinte situação hipotética: "Tício, Juiz do Tribunal Regional do Trabalho da 16a Região, é indicado pelo Tribunal Superior do Trabalho para compor este Tribunal Superior e ocupar a vaga do Ministro Fúlvio, aposentado neste ano de 2014". Antes de ser nomeado pelo Presidente da República o nome do Magistrado Tício deverá ser aprovado pela maioria

a) absoluta do Senado Federal.
b) absoluta do Congresso Nacional.
c) simples do Senado Federal.
d) simples do Congresso Nacional.
e) absoluta do Supremo Tribunal Federal.

COMENTÁRIOS

Alternativa correta: letra "a" (responde a todas as alternativas): de acordo com o art. 111-A da CF, O Tribunal Superior do Trabalho compor-se-á de vinte e sete Ministros, escolhidos dentre brasileiros com mais de trinta e cinco e menos de setenta anos, nomeados pelo Presidente da República após aprovação pela maioria absoluta do Senado Federal.

12. **(Cespe / Técnico Administrativo – Área Administrativa / TRT 8/ 2013)** Assinale a opção correta com relação às competências da justiça do trabalho.

a) os juízes dos TRTs, salvo motivo justificado, serão eleitos por dois anos, no mínimo, e nunca por mais de dois biênios consecutivos, sendo os substitutos escolhidos na mesma ocasião e pelo mesmo processo, em número igual para cada categoria.
b) a lei criará varas da justiça do trabalho, podendo, nas comarcas não abrangidas por sua jurisdição, atribuí-las aos juízes de direito da justiça estadual, com recurso para o respectivo tribunal de justiça.
c) o Conselho Superior da Justiça do Trabalho funcionará junto aos TRTs.
d) a Escola Nacional de Formação e Aperfeiçoamento de Magistrados do Trabalho funcionará junto ao CNJ.
e) é competência originária dos TRFs processar e julgar, ressalvada a competência da justiça eleitoral, os juízes da justiça do trabalho, nos crimes de responsabilidade e comuns.

COMENTÁRIOS

Alternativa correta: letra "e": essa é a regra disposta no art. 108, I, "a", da CF.

Alternativa "a": os Tribunais Regionais do Trabalho compõem-se de, no mínimo, sete juízes, recrutados, quando possível, na respectiva região, e **nomeados** pelo Presidente da República dentre brasileiros com mais de trinta e menos de setenta anos (art. 115, *caput*, da CF).

Alternativa "b": nos termos do art. 112 da CF, a lei criará varas da justiça do trabalho, podendo, nas comarcas não abrangidas por sua jurisdição, atribuí-las aos juízes de direito com recurso para o respectivo **Tribunal Regional do Trabalho** (não para o respectivo Tribunal de Justiça).

Alternativa "c": o Conselho Superior da Justiça do Trabalho funcionará junto **ao TST** (não aos TRTs), consoante art. 111, § 2º, II, da CF.

Alternativa "d": a Escola Nacional de Formação e Aperfeiçoamento de Magistrados do Trabalho **também** funcionará junto ao **TST** (não ao CNJ), na linha do que dispõe o art. 111, § 2º, I, da CF.

(Cespe – Analista Judiciário – Área Judiciária – TRT 17/2013) Julgue os itens a seguir, no que se refere ao Poder Judiciário.

13. Compete ao Superior Tribunal de Justiça processar e julgar, originariamente, nos crimes comuns e nos de responsabilidade, os membros dos conselhos ou tribunais de contas dos municípios.

COMENTÁRIOS

Certo. Conforme art. 105, I, "a", da CF.

14. (Adaptada) Os tribunais regionais federais são compostos por pelo menos sete juízes, nomeados pelo presidente da República entre brasileiros com mais de trinta e menos de setenta anos de idade.

COMENTÁRIOS

Certo. Consoante art. 107, *caput*, da CF.

15. Conforme a CF, o Tribunal Superior do Trabalho e as juntas de conciliação e julgamento são órgãos da justiça do trabalho.

COMENTÁRIOS

Errado. Nos termos do art. 111 da CF, são órgãos da Justiça do Trabalho: I - o Tribunal Superior do Trabalho; **II - os Tribunais Regionais do Trabalho; e III - os Juízes do Trabalho.**

16. **(FCC - Analista Judiciário – Administrativa – TRT 9/2013)** No que concerne aos Tribunais e Juízes do Trabalho, é INCORRETO afirmar que

a) as decisões do Conselho Superior da Justiça do Trabalho terão efeito vinculante.

b) a lei criará varas da Justiça do Trabalho, podendo, nas comarcas não abrangidas por sua jurisdição, atribuí-las aos juízes de direito, com recurso para o respectivo Tribunal Regional do Trabalho.

c) os Tribunais Regionais do Trabalho compõem-se de, no mínimo, sete juízes, recrutados, quando possível, na respectiva região e nomeados pelo Presidente do Tribunal Superior do Trabalho.

d) os Tribunais Regionais do Trabalho instalarão a justiça itinerante, com a realização de audiências e demais funções de atividade jurisdicional, nos limites territoriais da respectiva jurisdição, servindo-se de equipamentos públicos e comunitários.

e) em caso de greve em atividade essencial, com possibilidade de lesão do interesse público, o Ministério Público do Trabalho poderá ajuizar dissídio coletivo, competindo à Justiça do Trabalho decidir o conflito.

COMENTÁRIOS

Nota do Autor: muito cuidado com as questões que pedem a alternativa incorreta! Para evitar confusões, no caderno de prova, grife esse pedido no enunciado e anote, logo após as alternativas, que você deve marcar a incorreta.

Alternativa certa: "c": consoante art. 115, *caput*, da CF, os Tribunais Regionais do Trabalho compõem-se de, no mínimo, sete juízes, recrutados, quando possível, na respectiva região e nomeados pelo Presidente **da República** (e não do Tribunal Superior do Trabalho).

Alternativa "a": as decisões do Conselho Superior da Justiça do Trabalho terão efeito vinculante, conforme art. 111, § 2º, II, da CF.

Alternativa "b": a lei criará varas da Justiça do Trabalho, podendo, nas comarcas não abrangidas por sua jurisdição, atribuí-las aos juízes de direito, com recurso para o respectivo Tribunal Regional do Trabalho, tudo de acordo com o art. 112 da CF.

Alternativa "d": os Tribunais Regionais do Trabalho instalarão a justiça itinerante, com a realização de audiências e demais funções de atividade jurisdicional, nos limites territoriais da respectiva jurisdição, servindo-se de equipamentos públicos e comunitários, nos termos do art. 115, § 1º, da CF.

Alternativa "e": em caso de greve em atividade essencial, com possibilidade de lesão do interesse público, o Ministério Público do Trabalho poderá ajuizar dissídio coletivo, competindo à Justiça do Trabalho decidir o conflito, na linha do que dispõe o art. 114, § 3º, da CF.

17. **(FCC - Analista Judiciário – Judiciária – TRT 9/2013)** Considere as seguintes situações hipotéticas: Matias, membro do Tribunal Regional do Trabalho da 9ª Região, praticou crime comum. Fabiolo, Governador do Estado do Paraná, também praticou crime comum. De acordo com a Constituição Federal brasileira, em regra, terá competência para processar e julgar, originariamente, Matias e Fabiolo, o

a) Supremo Tribunal Federal.
b) Superior Tribunal de Justiça.
c) Superior Tribunal de Justiça e o Supremo Tribunal Federal, respectivamente.
d) Supremo Tribunal Federal e o Superior Tribunal de Justiça, respectivamente.
e) Tribunal Regional Federal competente.

COMENTÁRIOS

Alternativa correta: "b" (responde a todas as alternativas): nos termos do art. 105, I, "a", da CF, compete ao Superior Tribunal de Justiça processar e julgar, originariamente, nos crimes comuns, os **Governadores dos Estados** e do Distrito Federal, e, nestes e nos de responsabilidade, os desembargadores dos Tribunais de Justiça dos Estados e do Distrito Federal, os membros dos Tribunais de Contas dos Estados e do Distrito Federal, os dos

Tribunais Regionais Federais, dos Tribunais Regionais Eleitorais e **do Trabalho**, os membros dos Conselhos ou Tribunais de Contas dos Municípios e os do Ministério Público da União que oficiem perante tribunais." Assim, Matias, Membro do Tribunal Regional do Trabalho da 9ª Região e, Fabiolo, Governador do Estado do Paraná, serão julgados pelo STJ.

18. **(FCC - Analista Judiciário – Administrativa – TRT 9/2013)** Considere a situação hipotética: Carlos, Comandante da Marinha do Brasil, praticou crime de responsabilidade. Cumpre salientar que o crime praticado é autônomo, ou seja, não é conexo com infração da mesma natureza praticada pelo Presidente ou Vice-Presidente da República. Nesse caso, Carlos será julgado pelo

a) Superior Tribunal de Justiça.
b) Supremo Tribunal Federal.
c) Tribunal Regional Federal da 2a Região.
d) Congresso Nacional.
e) Senado Federal.

COMENTÁRIOS

Alternativa correta: "b" (responde a todas as alternativas): a questão se resolve com um único dispositivo constitucional. De acordo com o art. 102, I, "c", da CF, compete ao Supremo Tribunal Federal processar e julgar, originariamente, nas infrações penais comuns e nos crimes de responsabilidade, os Ministros de Estado e os **Comandantes da Marinha**, do Exército e da Aeronáutica, **ressalvado o disposto no art. 52, I (se conexas com infrações da mesma natureza praticada pelo Presidente ou Vice-Presidente da República, o julgamento compete privativamente ao Senado Federal)**, os membros dos Tribunais Superiores, os do Tribunal de Contas da União e os chefes de missão diplomática de caráter permanente.

19. **(FCC - Técnico Judiciário – Administrativa – TRT 9/2013)** De acordo com a Constituição Federal, NÃO se inclui na competência dos juízes federais o processamento e julgamento de

a) disputas sobre direitos indígenas.
b) crimes cometidos a bordo de navios ou aeronaves, ressalvada a competência da Justiça Militar.
c) crimes previstos em tratado ou convenção internacional, quando, iniciada a execução no país, o resultado tenha ou devesse ter ocorrido no estrangeiro, ou reciprocamente.
d) conflitos de competência entre juízes federais vinculados ao respectivo Tribunal Regional Federal.
e) causas fundadas em tratado ou contrato da União com Estado estrangeiro ou organismo internacional.

COMENTÁRIOS

Alternativa correta: "d": a competência para julgamento dos conflitos de competência entre juízes federais vinculados ao respectivo Tribunal Regional Federal é do Tribunal Regional Federal, nos termos do art. 108, I, "e", da CF.

Alternativa "a": se inclui na competência dos juízes federais a disputas sobre direitos indígenas (art. 108, XI, da CF)

Alternativa "b": se inclui na competência dos juízes federais o processamento e julgamento de crimes cometidos a bordo de navios ou aeronaves, ressalvada a competência da Justiça Militar (art. 108, IX, da CF).

Alternativa "c": se inclui na competência dos juízes federais o processamento e julgamento de crimes previstos em tratado ou convenção internacional, quando, iniciada a execução no país, o resultado tenha ou devesse ter ocorrido no estrangeiro, ou reciprocamente (art. 108, V, da CF).

Alternativa "e": se inclui na competência dos juízes federais o processamento e julgamento de causas fundadas em tratado ou contrato da União com Estado estrangeiro ou organismo internacional (art. 108, III, da CF).

20. **(FCC - Analista Judiciário – Área Judiciária – TRE-SP/2012)** Suponha que um acórdão proferido por determinado Tribunal Regional Eleitoral tenha declarado a inelegibilidade de certo candidato às eleições. Na ocasião, o Tribunal interpretou a lei aplicável ao caso de modo divergente da interpretação conferida por outros Tribunais Regionais Eleitorais. Contra esse acórdão, o candidato

a) não poderá interpor qualquer recurso.
b) poderá interpor recurso fundado em divergência jurisprudencial, bem como fundado no fato de que o acórdão versou sobre matéria de inelegibilidade.
c) poderá apenas interpor recurso com fundamento em divergência jurisprudencial.
d) poderá apenas interpor recurso fundado em violação de disposição expressa da Constituição da República.
e) poderá apenas interpor recurso fundado em violação de disposição expressa de lei.

COMENTÁRIOS

Alternativa correta: "b" (responde a todas as alternativas). O candidato poderá interpor recurso fundado em divergência jurisprudencial, bem como fundado no fato de que o acórdão versou sobre matéria de inelegibilidade. **Assim autoriza o art. 121, § 4º, da CF:** "Das decisões dos Tribunais Regionais Eleitorais somente caberá recurso quando: I - forem proferidas contra disposição expressa desta Constituição ou de lei; II - ocorrer divergência na interpretação de lei entre dois ou mais tribunais eleitorais; III - versarem sobre inelegibilidade ou expedição de diplomas nas eleições federais ou estaduais; IV - anularem diplomas ou decretarem a perda de mandatos eletivos federais ou estaduais".

21. **(FCC – Analista Judiciário / TRE-CE / 2012)** Considerando que Jaime, Luis, Gustavo, Jorge e João ocupam, respectivamente, os cargos de Presidente da República, Presidente do Supremo Tribunal Federal, Procurador Geral da República, Vice-Presidente do Supremo Tribunal Federal e Presidente da Câmara dos Deputados, o Conselho Nacional de Justiça será presidido por

a) Jaime e, nas suas ausências e impedimentos, por João.
b) Luis e, nas suas ausências e impedimentos, por Jorge.

c) Jorge.
d) Gustavo.
e) Jaime.

COMENTÁRIOS

Alternativa correta: "b" (responde a todas as alternativas). O Conselho Nacional de Justiça será presidido por Luis, que é Presidente do STF e, nas suas ausências e impedimentos, por Jorge, Vice-Presidente do Supremo (art. 103-B, § 1º, da CF).

22. **(FCC / Analista Administrativo / TRE-PR / 2012)** Em relação aos órgãos da Justiça Eleitoral, a Constituição da República prevê que

a) tanto o Tribunal Superior Eleitoral quanto os Tribunais Regionais Eleitorais terão, em sua composição, dois juízes, nomeados pelo Presidente da República, dentre seis advogados de notável saber jurídico e idoneidade moral.
b) Tribunais Regionais Eleitorais, juízes de direito e juntas eleitorais terão sua organização e competência fixadas em lei ordinária, de iniciativa do Supremo Tribunal Federal.
c) o Presidente e o Vice-Presidente dos Tribunais Regionais Eleitorais serão escolhidos pelos membros do Tribunal respectivo, dentre os Desembargadores do Tribunal de Justiça ou juízes de direito que os integram.
d) o Presidente e o Vice-Presidente do Tribunal Superior Eleitoral serão escolhidos, respectivamente, dentre os Ministros do Supremo Tribunal Federal e do Superior Tribunal de Justiça que o integram.
e) os juízes dos Tribunais Eleitorais, salvo motivo justificado, servirão por três anos, no mínimo, e nunca por mais de dois triênios consecutivos, sendo seus substitutos escolhidos na mesma ocasião e pelo mesmo processo.

COMENTÁRIOS

Alternativa correta: "a". De acordo com o disposto no art. 119, II e art. 120, III, ambos da CF, caberá ao Presidente da República nomear dois juízes tanto para o TSE, quanto para os Tribunais Regionais Eleitorais, dentre seis advogados de notável saber jurídico e idoneidade moral. A diferença é que, no primeiro caso, os advogados são indicados pelo STF, ao passo que nos Regionais, são indicados pelo Tribunal de Justiça.

Alternativa "b". A organização e a competência dos tribunais, juízes de direito e juntas eleitorais serão fixadas por **Lei Complementar**.

Alternativa "c". O Presidente e o Vice-Presidente dos Tribunais Regionais Eleitorais serão escolhidos **pelos próprios tribunais entre seus Desembargadores.**

Alternativa "d": O Tribunal Superior Eleitoral **elegerá** seu Presidente e o Vice-Presidente dentre os Ministros do Supremo Tribunal Federal, e o **Corregedor Eleitoral** dentre os Ministros do Superior Tribunal de Justiça.

Alternativa "e". Os juízes dos tribunais eleitorais, salvo motivo justificado, servirão por **2 anos**, no mínimo, e nunca por mais de 2 **biênios** consecutivos, sendo os substitutos escolhidos na mesma ocasião e pelo mesmo processo, em número igual para cada categoria.

23. **(FCC – Analista Judiciário – Área Judiciária / TRE-PR /2012)** A Constituição da República estabelece igualmente para membros do Poder Judiciário e do Ministério Público que

a) os integrantes das carreiras deverão residir na comarca da respectiva lotação, salvo autorização do Tribunal.
b) a vitaliciedade será adquirida após dois anos de exercício da função, dependendo a perda do cargo, inclusive nesse período, de sentença judicial transitada em julgado.
c) o exercício da advocacia no juízo ou Tribunal do qual se afastaram é vedado antes de decorridos três anos do afastamento do cargo por aposentadoria ou exoneração.
d) o exercício de atividade político-partidária é proibido, salvo exceções previstas em lei.
e) o ato de remoção por interesse público será fundado em decisão do órgão colegiado competente, pelo voto de dois terços de seus membros, assegurada ampla defesa.

COMENTÁRIOS

Alternativa correta: "c". A Constituição da República estabelece em seus artigos 95, parágrafo único, V e 128, § 6º, igualmente para membros do Poder Judiciário e do Ministério Público que o exercício da advocacia no juízo ou tribunal do qual se afastaram é vedado antes de decorridos três anos do afastamento do cargo por aposentadoria ou exoneração.

Alternativa "a". Os integrantes da carreira do Ministério Público deverão residir na comarca da respectiva lotação, **salvo autorização do chefe da instituição** (art. 129, § 2º, da CF). O juiz titular também deverá residir na respectiva comarca, **salvo autorização do tribunal** (art. 93, VII, da CF).

Alternativa "b". A vitaliciedade, no caso dos juízes, será adquirida após 2 anos de exercício da função, dependendo a perda do cargo, **nesse período, de deliberação do tribunal a que o juiz estiver vinculado e, nos demais casos, de sentença judicial transitada em julgado** (artigos 95, I, da CF). Já os membros do Ministério Público adquirirão a vitaliciedade, após 2 anos de exercício, não podendo perder o cargo **senão por sentença judicial transitada em julgado.**

Alternativa "d". Segundo artigos 95, parágrafo único, III e 128, § 5º, II, "e", ambos da CF, o exercício de atividade político-partidária é proibido, não **havendo exceções previstas em lei.**

Alternativa "e". O ato de remoção dos membros do Ministério Público, por interesse público, será fundado em decisão do **órgão colegiado competente**, pelo voto da maioria absoluta de seus membros, assegurada ampla defesa (art. 128, § 5º, I, "b", da CF). Já o ato de remoção dos magistrados, por interesse público, será fundado em decisão por voto da maioria absoluta do **respectivo tribunal ou do Conselho Nacional de Justiça**, assegurada ampla defesa (art. 93, VIII, da CF).

24. **(FCC – Analista Administrativo / TRE-TO / 2011)** O Supremo Tribunal Federal

a) compõe-se de nove Ministros, escolhidos dentre cidadãos com mais de trinta e cinco e menos de sessenta e cinco anos de idade, de notável saber jurídico e reputação ilibada.

b) tem competência para processar e julgar originariamente os membros dos Tribunais Superiores nas infrações penais comuns e nos crimes de responsabilidade.
c) é composto por Ministros nomeados pelo Presidente da República, depois de aprovada a escolha pela maioria absoluta do Congresso Nacional.
d) é composto por Ministros nomeados pelo Presidente da República, depois de aprovada a escolha pela maioria relativa do Congresso Nacional.
e) tem competência para processar e julgar originariamente os *habeas corpus*, quando o coator for Ministro de Estado ou Comandante da Marinha, do Exército ou da Aeronáutica.

COMENTÁRIOS

Alternativa correta: "b" (responde a todas as alternativas). O Supremo Tribunal Federal é composto por onze membros, escolhidos dentre cidadãos com mais de 35 e menos de 70 anos de idade, de notável saber jurídico e reputação ilibada. Eles são nomeados pelo Presidente da República, depois de aprovada a escolha pela maioria absoluta do Senado Federal. A competência do tribunal, originária e recursal, está elencada no art. 102 da CF, dentre as quais se inclui, além de outras, a de processar e julgar, originariamente, nas infrações penais comuns e nos crimes de responsabilidade, os Ministros de Estado e os Comandantes da Marinha, do Exército e da Aeronáutica, ressalvado o disposto no art. 52, I, os membros dos Tribunais Superiores, os do Tribunal de Contas da União e os chefes de missão diplomática de caráter permanente.

25. **(FCC – Analista Judiciário / TRT 4 / 2011)** Com exceção do Presidente e do Vice-Presidente, os demais membros do Conselho Nacional de Justiça serão nomeados pelo
a) Presidente da República, após a escolha ser aprovada pela maioria absoluta do Senado Federal.
b) Ministro da Justiça, mediante prévia aprovação da escolha pela maioria simples do Congresso Nacional.
c) Presidente do Supremo Tribunal Federal, após a escolha ser aprovada pela maioria absoluta da Câmara dos Deputados.
d) Presidente da República, mediante prévia aprovação da escolha pela maioria absoluta do Congresso Nacional.
e) Presidente do Supremo Tribunal Federal, após ter a escolha sido aprovada pela maioria simples do Senado Federal.

COMENTÁRIOS

Alternativa correta: "a" (responde a todas as demais alternativas). De acordo com o art. 103-B, §§ 1º e 2º, da CF, o Conselho Nacional de Justiça será presidido pelo Presidente do Supremo Tribunal Federal e, nas suas ausências e impedimentos, pelo Vice-Presidente do Supremo Tribunal Federal. Os **demais membros** do Conselho serão nomeados pelo **Presidente da República**, depois de **aprovada a escolha pela maioria absoluta do Senado Federal.**

26. **(FCC – Analista Judiciário / TRT 24 / 2011)** O Conselho da Justiça Federal funciona

a) junto ao Superior Tribunal de Justiça e lhe cabe exercer, na forma da lei, a supervisão administrativa e orçamentária da Justiça Federal de primeiro e segundo graus, como órgão central do sistema e com poderes correicionais, cujas decisões terão caráter vinculante.
b) junto ao Supremo Tribunal Federal e lhe cabe exercer, na forma da lei, a supervisão administrativa e orçamentária da Justiça Federal de primeiro e segundo graus, como órgão superior do sistema e com poderes correicionais, cujas decisões terão caráter discricionário.
c) em cada Tribunal Regional Federal e lhe cabe exercer, na forma da lei, a supervisão administrativa e orçamentária da Justiça Federal de primeiro e segundo graus, como órgão superior do sistema e com poderes correicionais, cujas decisões terão caráter discricionário.
d) em cada Tribunal Regional do Trabalho e lhe cabe exercer, na forma da lei, a supervisão administrativa e orçamentária da Justiça Federal de primeiro e segundo graus, como órgão central do sistema e com poderes correicionais, cujas decisões terão caráter vinculante.
e) junto ao Tribunal Superior do Trabalho e lhe cabe exercer, na forma da lei, a supervisão administrativa e orçamentária da Justiça Federal de primeiro e segundo graus, como órgão superior do sistema e com poderes correicionais, cujas decisões terão caráter discricionário.

COMENTÁRIOS

Alternativa correta: "a" (responde a todas as demais alternativas). Segundo o art. 105, parágrafo único, II, da CF, o Conselho da Justiça Federal funcionará junto ao Superior Tribunal de Justiça e lhe cabe exercer, na forma da lei, a **supervisão administrativa e orçamentária da Justiça Federal** de primeiro e segundo graus, como órgão central do sistema e com **poderes correicionais**, cujas decisões terão **caráter vinculante**. Trata-se de uma novidade instituída pela EC 45/04, no contexto da Reforma do Poder Judiciário.

27. **(FCC – Técnico Judiciário / TRT 23 / 2011)** A destituição do Procurador-Geral da República, por iniciativa do Presidente da República, deverá ser precedida de autorização

a) da maioria absoluta da Câmara dos Deputados.
b) da maioria absoluta do Senado Federal.
c) do Supremo Tribunal Federal.
d) do Superior Tribunal de Justiça.
e) do Conselho Nacional do Ministério Público.

COMENTÁRIOS

Alternativa correta: "b" (responde a todas as demais alternativas). Consoante art. 128, § 2º, da CF, a destituição do Procurador-Geral da República, por iniciativa do Presidente da República, deverá ser precedida de autorização da **maioria absoluta do Senado Federal.**

28. **(FCC – Técnico Judiciário – TRT 24/ 2011)** O Conselho Nacional do Ministério Público compõe-se de

a) oito membros, nomeados pelo Presidente do Supremo Tribunal Federal.
b) trinta e três membros, nomeados pelo Procurador Geral da República.
c) quinze membros, nomeados pelo Procurador Geral da República.
d) oito membros, nomeados pelo Presidente do Superior Tribunal de Justiça.
e) quatorze membros, nomeados pelo Presidente da República.

COMENTÁRIOS

Alternativa correta: "e" (responde a todas as demais alternativas). De acordo com o art. 130-A da CF, o Conselho Nacional do Ministério Público compõe-se de **quatorze membros nomeados pelo Presidente da República**, depois de aprovada a escolha pela maioria absoluta do Senado Federal, para um mandato de dois anos, admitida uma recondução.

29. **(FCC – Analista Administrativo / TRT 9 / 2010)** Em matéria de funções essenciais à Justiça, analise:

I. Representação da União na execução da dívida ativa de natureza tributária.
II. Representação judicial das respectivas unidades federadas, salvo o Distrito Federal.

As referidas representações cabem, respectivamente,

a) à Advocacia-Geral da União e ao Ministério Público dos Estados.
b) à Procuradoria-Geral da Fazenda Nacional e aos Procuradores dos Estados.
c) ao Ministério Público Federal e aos Procuradores dos Estados.
d) à Procuradoria-Geral da Fazenda Nacional e às Defensorias Públicas dos Estados.
e) às Defensorias Públicas da União e aos Advogados credenciados.

COMENTÁRIOS

Alternativa correta: "b" (responde a todas as demais alternativas). De acordo com o disposto no art. 131, § 3º, da CF, compete à Procuradoria-Geral da Fazenda Nacional representar a União na execução da dívida ativa de natureza tributária, e aos Procuradores dos Estados caberá a representação judicial e consultoria jurídica das respectivas unidades federadas.

30. **(FCC – Analista Judiciário / TRT 9 / 2010)** No que se refere ao procedimento de aprovação de Súmulas por parte do Supremo Tribunal Federal, é correto afirmar que, dentre outras situações,

a) o quorum para a decisão da aprovação da Súmula será de maioria simples dos Ministros presentes.
b) não cabe revisão ou cancelamento da Súmula, após ter sido editada.
c) a aprovação da Súmula só pode ser iniciada por provocação da parte ativa ou passiva.
d) o efeito vinculante da Súmula se limita aos demais órgãos do Poder Judiciário.
e) o efeito vinculante da Súmula se estende também à Administração Pública direta e indireta na esfera municipal.

COMENTÁRIOS

Alternativa correta: "e". De acordo com o art. 103-A da CF, o Supremo Tribunal Federal poderá, de ofício ou por provocação, mediante decisão de dois terços dos seus membros, após reiteradas decisões sobre matéria constitucional, aprovar Súmula que, a partir de sua publicação na imprensa oficial, terá **efeito vinculante** em relação aos demais órgãos do Poder Judiciário e **à Administração Pública direta e indireta, nas esferas federal, estadual e municipal**, bem como proceder à sua revisão ou cancelamento, na forma estabelecida em lei.

Alternativa "a". Conforme art. 103-A da CF, o quórum para a decisão da aprovação da Súmula será de **dois terços de seus membros,** e não da maioria simples dos Ministros presentes.

Alternativa "b". **É plenamente cabível** revisão ou cancelamento da Súmula Vinculante mesmo após sua edição, por força do que dispõe o art. 103-A, da CF.

Alternativa "c". A aprovação da Súmula só pode ser iniciada por provocação **dos legitimados arrolados no art. 103-A, da CF e no art. 3º da Lei 11.417/06**, não havendo nenhuma menção a parte ativa ou passiva.

Alternativa "d". O efeito vinculante da Súmula se dá em relação aos demais órgãos do Poder Judiciário e **à Administração Pública direta e indireta, nas esferas federal, estadual e municipal**, de modo que não se limita aos demais órgãos do Poder Judiciário (art. 103-A da CF).

31. **(FCC – Analista Judiciário / TRT 12 / 2010)** No tocante ao Tribunal Superior do Trabalho,

a) vinte e sete Ministros serão escolhidos dentre juízes dos Tribunais Regionais do Trabalho, oriundos da magistratura da carreira, indicados pelo próprio Tribunal Superior do Trabalho.
b) compor-se-á de vinte e sete Ministros, escolhidos dentre brasileiros com mais de trinta e cinco e menos de sessenta e cinco anos, nomeados pelo Presidente da República, após aprovação pela maioria absoluta da Câmara dos Deputados Federais.
c) dois sextos dos Ministros serão escolhidos entre advogados com mais de quinze anos de efetiva atividade profissional e membros do Ministério Público do Trabalho com mais de quinze anos de efetivo exercício.
d) a lei disporá sobre a sua competência, sendo que funcionará junto ao Tribunal Superior do Trabalho a Escola Nacional de Formação e Aperfeiçoamento de Magistrados do Trabalho, cabendo-lhe, dentre outras funções, regulamentar os cursos oficiais para o ingresso e promoção na carreira.
e) vinte e sete Ministros serão escolhidos dentre juízes dos Tribunais Regionais do Trabalho, oriundos da magistratura da carreira, indicados pelo Supremo Tribunal Federal.

COMENTÁRIOS

Alternativa correta: "d". Nos termos do art. 111-A, § 1º, "I", da CF, a lei disporá sobre a competência do Tribunal Superior do Trabalho, e funcionará, junto a ele a Escola Nacional de Formação e Aperfeiçoamento de Magistrados do Trabalho, cabendo-lhe, dentre outras funções, regulamentar os cursos oficiais para o ingresso e promoção na carreira. O dispositivo tem origem na EC 45/04, que promoveu a reforma do Poder Judiciário.

Alternativa "a". O Tribunal Superior do Trabalho é composto de 27 Ministros, escolhidos dentre **brasileiros com mais de 35 e menos de 70 anos de idade, nomeados pelo Presidente da República após aprovação pela maioria absoluta do Senado Federal**, sendo um quinto dentre advogados com mais de 10 anos de efetiva atividade profissional e por membros do Ministério Público do Trabalho com mais de dez anos de efetivo exercício e os demais dentre juízes dos Tribunais Regionais do Trabalho, oriundos da magistratura da carreira, indicados pelo próprio Tribunal Superior (art. 111-A, "I" e "II", da CF).

Alternativa "b". O Tribunal Superior do Trabalho compor-se-á de 27 Ministros, escolhidos dentre brasileiros com mais de 35 e menos de 70 anos, nomeados pelo Presidente da República, após aprovação pela maioria absoluta **do Senado Federal** (não da Câmara dos Deputados Federais), consoante art. 111-A, da CF.

Alternativa "c". Para o Tribunal Superior do Trabalho, **um quinto** (e não dois sextos) dos Ministros serão escolhidos entre advogados com mais de **10 anos** (não quinze) de efetiva atividade profissional e membros do Ministério Público do Trabalho com mais de **10 anos** (não 15) de efetivo exercício, em respeito ao art. 111-A, "I", da CF.

Alternativa "e". O Tribunal Superior do Trabalho compor-se-á de 27 Ministros escolhidos dentre **brasileiros com mais de 35 e menos de 70 anos, nomeados pelo Presidente da República após aprovação pela maioria absoluta do Senado Federal,** sendo um quinto dentre advogados com mais de dez anos de efetiva atividade profissional e membros do Ministério Público do Trabalho com mais de dez anos de efetivo exercício e os demais dentre juízes dos Tribunais Regionais do Trabalho, oriundos da magistratura da carreira, indicados pelo próprio Tribunal Superior (art. 111-A, "I" e "II", da CF).

7. QUESTÕES OBJETIVAS PARA TREINAR

01. **(FCC – Analista Judiciário – Área Administrativa – TRT 2/2018)** Está afirmado como direito fundamental na Constituição Federal que "ninguém será obrigado a fazer ou deixar de fazer alguma coisa senão em virtude de lei". De modo harmônico com essa norma tem-se que, no direito brasileiro,

a) é necessário haver aprovação específica do Poder Legislativo para que uma questão constitucional discutida em processo judicial seja considerada como de repercussão geral.

b) cabe à lei criar varas da Justiça do Trabalho, podendo, nas comarcas não abrangidas por sua jurisdição, atribuí-la aos juízes de direito, com recurso para o respectivo Tribunal Regional do Trabalho.

c) as súmulas vinculantes, para se aplicarem à Administração pública direta e indireta, devem ser convertidas em lei.

d) as decisões definitivas de mérito, proferidas pelo Supremo Tribunal Federal, nas ações diretas de inconstitucionalidade produzirão eficácia contra todos desde que aprovadas pelo Poder Legislativo.

e) apenas a lei pode exigir prévia autorização administrativa como requisito para o exercício da liberdade de reunião.

02. **(FCC/ Técnico Ministerial – Administrativa / MPE-PE / 2018)** Acerca do que dispõe a Constituição Federal sobre o Ministério Público e seu Conselho Nacional,

a) o Conselho Nacional do Ministério Público compõe-se de quatorze membros nomeados pelo Presidente da República, depois de aprovada a escolha pela maioria absoluta do Senado Federal, para um mandato de dois anos, admitida uma recondução.
b) a destituição do chefe do Ministério Público da União, por iniciativa do Presidente da República, deverá ser precedida de autorização da maioria absoluta dos membros do Congresso Nacional.
c) os Procuradores-Gerais nos Estados e no Distrito Federal e Territórios poderão ser destituídos por deliberação da maioria absoluta do Senado Federal, na forma da lei ordinária respectiva.
d) ao Ministério Público é assegurada autonomia funcional e administrativa, sendo-lhe vedado, contudo, propor a criação e extinção de seus cargos e serviços auxiliares, em razão de ser esta atribuição de competência exclusiva do chefe do Poder Executivo.
e) o Ministério Público da União tem por chefe o Procurador-Geral de Justiça, nomeado pelo Presidente da República dentre integrantes da carreira, maiores de trinta e cinco anos, após a aprovação de seu nome pela maioria absoluta dos membros do Senado Federal, para mandato de dois anos, permitida uma recondução.

(Cespe / Técnico do MPU / MPU / 2018) No que se refere aos cargos de procurador-geral e procurador-geral da República e aos membros do Ministério Público, julgue o item que se segue.

03. O governador de estado nomeia o procurador-geral do Ministério Público do estado com base em lista tríplice composta por integrantes de carreira, sem necessidade de ato de autorização da respectiva assembleia legislativa.

04. **(Cespe / Técnico Judiciário – Área Administrativa – TRT 8/2016)** Com referência à estrutura e ao funcionamento do Poder Judiciário, assinale a opção correta.

a) Os ministros do Supremo Tribunal Federal (STF) são nomeados pelo presidente da República após aprovação do Congresso Nacional.
b) É permitido aos servidores do Poder Judiciário cumprir atos de expediente, sendo-lhes vedado realizar atos administrativos.
c) O Conselho Nacional de Justiça (CNJ) é órgão do Poder Executivo, embora atue como instância correcional do Poder Judiciário.
d) São garantias da magistratura a inamovibilidade, a irredutibilidade de subsídios e a vitaliciedade.
e) O Tribunal de Contas da União é órgão superior do Poder Judiciário.

05. **(FCC / Técnico Judiciário – Área Administrativa / TRT 16/ 2014)** De acordo com a Constituição Federal, haverá um Tribunal Regional Eleitoral na capital de cada Estado e no Distrito Federal, composto de sete membros. Na sua composição,

quatro de seus sete membros serão nomeados mediante eleição pelo voto secreto, sendo

a) dois juízes dentre os desembargadores do Tribunal de Justiça e dois juízes federais, dentre juízes federais, escolhidos pelo Tribunal Regional Federal da respectiva região.
b) três juízes dentre os desembargadores do Tribunal de Justiça e um juiz, dentre juízes de direito, escolhido pelo Tribunal de Justiça.
c) dois juízes dentre os desembargadores do Tribunal de Justiça e dois juízes, dentre juízes de direito, escolhidos pelo Tribunal de Justiça.
d) três juízes dentre os desembargadores do Tribunal de Justiça e um juiz federal, dentre juízes federais, escolhido pelo Tribunal Regional Federal da respectiva região.
e) dois juízes dentre os desembargadores do Tribunal de Justiça, um juiz, dentre juízes de direito escolhido pelo Tribunal de Justiça, e um juiz federal, dentre juízes federais, escolhido pelo Tribunal Regional Federal da respectiva região.

06. **(FCC - Técnico Judiciário – Área Administrativa – TRT 16/2014)** Mário é Juiz do Tribunal de Justiça do Maranhão, ocupando atualmente o cargo de Juiz Titular de determinada Vara Cível da Comarca de São Luís, figurando como o Magistrado mais antigo na Lista de Antiguidade na sua entrância. Aberto concurso de promoção para o cargo de Desembargador do Tribunal de Justiça do Estado do Maranhão pelo critério de antiguidade, o tribunal somente poderá recusar o juiz mais antigo pelo voto

a) fundamentado de no mínimo dois terços de seus membros, conforme procedimento próprio, e assegurada ampla defesa.
b) fundamentado da maioria simples de seus membros, conforme procedimento próprio, e assegurada ampla defesa.
c) de no mínimo dois terços de seus membros, mediante procedimento próprio e com voto secreto.
d) fundamentado de no mínimo metade de seus membros, conforme procedimento próprio, e assegurada ampla defesa.
e) da maioria simples de seus membros, mediante procedimento próprio e com voto secreto.

07. **(FCC - Técnico Judiciário – Área Administrativa – TRT 19/2014)** Isaura Beatriz de las Nieves, juíza do trabalho do primeiro grau há 15 anos, nos termos do estatuto constitucional da magistratura,

a) não pode exercer qualquer outro cargo ou função.
b) deve proferir suas decisões de modo público e fundamentado, não podendo a lei limitar a presença, em determinados atos, às próprias partes e a seus advogados.
c) não será promovida se retiver, injustificadamente, autos em seu poder além do prazo legal, não podendo devolvê-los ao cartório sem o devido despacho ou decisão.

d) não poderá ser promovida por merecimento, em razão de sua antiguidade.
e) pode dedicar-se à atividade político-partidária no âmbito estadual.

08. **(FCC – Analista Judiciário – Área Judiciária - TRT 5/2013)** Um magistrado foi acusado de prática de infração disciplinar, tendo sido punido pelo Tribunal competente com a sanção de disponibilidade. Após dois anos do julgamento do processo disciplinar, o magistrado requereu ao Conselho Nacional de Justiça - CNJ a revisão do julgamento, o que foi rejeitado pelo Conselho. Considerando a Constituição Federal, a decisão do Conselho foi
a) incorreta, uma vez que pode o CNJ rever os processos disciplinares de juízes e membros de tribunais já concluídos há menos de cinco anos.
b) incorreta, uma vez que cabe ao CNJ, com exclusividade, aplicar a sanção administrativa de disponibilidade contra magistrado, motivo pelo qual o pedido de revisão deveria ter sido aceito.
c) correta, uma vez que não pode o CNJ rever os processos disciplinares de juízes e membros de tribunais julgados há mais de um ano.
d) correta, uma vez que apenas o Ministério Público pode suscitar a revisão de processo disciplinar julgado há mais de um ano.
e) correta, uma vez que cabe ao Conselho Nacional de Justiça rever o julgamento do processo disciplinar apenas no caso de imposição da pena de perda do cargo.

09. **(FCC – Analista Judiciário – Administrativa – TRT 1/2013)** De acordo com as competências constitucionalmente atribuídas ao Supremo Tribunal Federal,
a) não lhe cabe julgar recursos interpostos contra acórdãos que versem sobre direito do trabalho.
b) não lhe cabe julgar a inconstitucionalidade de leis municipais em face da Constituição Federal, ainda que incidentalmente no processo.
c) não lhe cabe julgar a reclamação por violação à súmula vinculante que verse sobre direito do trabalhador previsto na Constituição Federal.
d) cabe-lhe julgar os conflitos de competência entre o Superior Tribunal de Justiça e quaisquer tribunais.
e) cabe-lhe julgar o mandado de injunção, quando a elaboração da norma regulamentadora for atribuição do Presidente da Republica, salvo se a ação visar ao exercício de direito trabalhista assegurado na Constituição.

10. **(FCC - Técnico Judiciário – Administrativa – TRT 9/2013)** A Constituição Federal traz a competência do Superior Tribunal de Justiça para o julgamento de Recurso Especial. Nesse sentido, NÃO enseja Recurso Especial a decisão que
a) contrariar tratado.
b) der à lei federal interpretação divergente da que lhe haja atribuído outro Tribunal.
c) julgar válido ato de governo local contestado em face da Constituição Federal.
d) negar vigência à lei federal.
e) julgar válido ato de governo local contestado em face de lei federal.

11. **(FCC – Técnico Judiciário – Administrativa – TRT 1/2013)** Suponha que um indivíduo empossado como juiz no ano de 2010 tenha também assumido um cargo de magistério em instituição pública de ensino. Sem prévia comunicação ao Tribunal ao qual estava vinculado, filiou-se a partido político, vindo a perder o cargo em 2011 por decisão do respectivo Tribunal. No ano seguinte, passou a exercer advocacia junto ao mesmo juízo do qual se afastou. Considerando as normas da Constituição Federal, o indivíduo em questão

a) agiu ilicitamente ao exercer advocacia junto ao mesmo juízo do qual se afastou, antes de decorridos 3 anos do afastamento do cargo.
b) não poderia ter perdido o cargo por decisão do Tribunal ao qual estava vinculado.
c) agiu ilicitamente ao exercer um cargo de magistério em instituição pública de ensino, conjuntamente com o cargo de juiz.
d) somente poderia dedicar-se a atividade político partidária mediante prévia e expressa autorização do respectivo Tribunal.
e) somente poderia dedicar-se a atividade político-partidária após tornar-se vitalício.

12. **(FCC – Analista Judiciário / TRE-CE / 2012)** Tales, Ministro de Estado, e Igor, chefe de missão diplomática de caráter permanente, cometeram, respectivamente, infração penal comum e crime de responsabilidade. Nesses casos serão processados e julgados

a) originariamente pelo Supremo Tribunal Federal.
b) originariamente pelo Superior Tribunal de Justiça.
c) por meio de recurso extraordinário pelo Supremo Tribunal Federal.
d) por meio de recurso especial pelo Superior Tribunal de Justiça.
e) por meio de recurso ordinário pelo Supremo Tribunal Federal.

13. **(FCC – Analista Judiciário / TRE-CE / 2012)** Segundo disposto na Constituição Federal, das decisões dos Tribunais Regionais Eleitorais caberá recurso quando

a) mantiverem mandatos eletivos municipais.
b) mantiverem diplomas de qualquer esfera governamental.
c) mantiverem mandatos eletivos federais.
d) mantiverem mandatos eletivos estaduais.
e) denegarem, dentre outros instrumentos constitucionais, o mandado de injunção.

14. **(FCC – Analista Judiciário / TRE-PR / 2012)** Nos termos da Constituição da República, caberá recurso das decisões dos Tribunais Regionais Eleitorais quando

a) forem proferidas contra disposição expressa da Constituição, sendo irrecorríveis as que se referirem à aplicação de lei.
b) ocorrer divergência na interpretação de lei entre dois ou mais tribunais eleitorais.
c) versarem sobre inelegibilidade ou expedição de diplomas nas eleições federais, estaduais ou municipais.

d) anularem diplomas ou decretarem a perda de mandatos eletivos federais, estaduais ou municipais.
e) denegarem *habeas corpus* ou mandado de segurança, ou concederem *habeas data* ou mandado de injunção.

15. (FCC – Analista Administrativo / TRE-TO / 2011) O Tribunal Superior Eleitoral
a) elegerá obrigatoriamente seu Corregedor-Geral dentre os Ministros do Supremo Tribunal Federal.
b) elegerá obrigatoriamente seu Corregedor-Geral dentre os Advogados de notável saber jurídico e idoneidade moral.
c) compor-se-á, no mínimo, de onze membros, escolhidos, dentre outros, por nomeação do Presidente da República, três juízes dentre seis advogados de notável saber jurídico e idoneidade moral, indicados pelo Supremo Tribunal Federal.
d) compor-se-á, no mínimo, de sete membros, escolhidos, dentre outros, mediante eleição, pelo voto secreto, dois juízes dentre os Ministros do Superior Tribunal de Justiça.
e) compor-se-á, no mínimo, de onze membros, escolhidos, dentre outros, mediante eleição, pelo voto secreto, dois juízes dentre os Ministros do Supremo Tribunal Federal.

16. (Pontua Concursos – Analista Judiciário / TRE-SC / 2011) A competência privativa para processar e julgar os ministros do Tribunal Superior Eleitoral por crimes de responsabilidade é do:
a) Senado Federal.
b) Conselho Nacional de Justiça.
c) Supremo Tribunal Federal.
d) Congresso Nacional.

(Cespe – Analista Administrativo / TRE-ES / 2011) Em relação ao Poder Judiciário, julgue os itens seguintes.

17. São irrecorríveis as decisões do Tribunal Superior Eleitoral, salvo as que contrariarem a CF e as denegatórias de *habeas corpus* ou mandado de segurança.

18. Há um tribunal regional eleitoral na capital de cada estado e no Distrito Federal, composto, entre outros, por nomeação, pelo Presidente da República, de dois juízes entre seis advogados de notável saber jurídico e idoneidade moral, indicados pelo tribunal de justiça respectivo, sendo possível a exigência de dez anos de efetiva atividade jurídica como requisito para o advogado integrar esse tribunal.

19. (FCC – Analista Judiciário / TRT 8 / 2010) Trata-se de competência originária do Supremo Tribunal Federal processar e julgar
a) nos crimes de responsabilidade, os membros do Ministério Público da União que oficiem perante Tribunais.
b) nos crimes comuns, os Governadores dos Estados.

c) o *habeas data* contra atos do Procurador-Geral da República.
d) o mandado de segurança contra ato de Ministro de Estado.
e) o mandado de segurança contra ato do Comandante do Exército.

20. (FCC – Analista Judiciário / TRT 8 / 2010) O Conselho Nacional de Justiça é
a) composto de quinze membros com mandato de dois anos, admitida uma recondução.
b) presidido pelo Presidente do Superior Tribunal de Justiça e, na sua ausência e impedimento, pelo Vice-Presidente do Superior Tribunal de Justiça.
c) obrigado a representar ao Advogado Geral da União no caso de crime contra a Administração Pública ou de abuso de autoridade.
d) obrigado a rever de ofício os processos disciplinares dos membros do Ministério Público.
e) obrigado a elaborar a cada dois anos relatório estatístico sobre processos e sentenças prolatadas, por unidade da Federação, nos diferentes órgãos do Poder Judiciário.

21. (FCC – Analista Judiciário / TRT 9 / 2010) Tendo em vista as atribuições do Superior Tribunal de Justiça, NÃO é de sua competência processar e julgar originariamente, entre outras,
a) as causas e os conflitos entre a União e os Estados, ou entre uns e outros, inclusive as respectivas entidades da administração indireta.
b) os mandados de segurança contra atos dos Ministros de Estado ou do próprio Tribunal.
c) os *habeas corpus*, quando o coator ou paciente for Comandante da Marinha, do Exército ou da Aeronáutica, ressalvada a competência da Justiça Eleitoral.
d) nos crimes comuns e nos de responsabilidade, os membros dos Tribunais Regionais Eleitorais e do Trabalho.
e) os conflitos de jurisdição entre autoridades administrativas e judiciárias da União.

22. (FCC – Analista Administrativo / TRT 22 / 2010) O mandado de segurança contra ato da Mesa da Câmara dos Deputados será processado e julgado
a) em recurso ordinário pelo Superior Tribunal de Justiça.
b) originariamente pelo Superior Tribunal de Justiça.
c) em recurso ordinário pelo Supremo Tribunal Federal.
d) originariamente pelo Supremo Tribunal Federal.
e) pelo Senado Federal.

23. (FCC – Analista Administrativo / TRT 22 / 2010 - adaptada) O Tribunal Superior do Trabalho compor-se-á de vinte e sete Ministros, escolhidos dentre brasileiros com mais de trinta e cinco e menos de setenta anos, nomeados pelo Presidente da República após aprovação
a) da Comissão Nacional de Justiça.
b) do Procurador Geral da República.
c) pela maioria absoluta do Senado Federal.

d) do Presidente do Supremo Tribunal Federal.
e) do Advogado Geral da União.

24. **(FCC – Analista Judiciário / TRE-AM / 2010)** No tocante ao Supremo Tribunal Federal, é correto afirmar que lhe compete processar e julgar, originariamente:

a) as causas decididas em única ou última instância, quando a decisão recorrida julgar válida lei ou ato de governo local contestado em face da Constituição.
b) o *habeas corpus*, o mandado de segurança, o *habeas data* e o mandado de injunção decididos em única instância pelos Tribunais Superiores, se denegatória a decisão.
c) as causas decididas em única ou última instância, quando a decisão recorrida contrariar dispositivo da Constituição Federal.
d) as causas decididas em única ou última instância, quando a decisão recorrida declarar a inconstitucionalidade de tratado ou lei federal.
e) a ação em que todos os membros da magistratura sejam direta ou indiretamente interessados, e aquela em que mais da metade dos membros do tribunal de origem estejam impedidos ou sejam direta ou indiretamente interessados.

25. **(FCC – Analista Administrativo / TRT 9 / 2010)** Considerando o Superior Tribunal de Justiça, é certo que

a) julga, em recurso especial, a extradição solicitada por Estado estrangeiro.
b) compõe-se de, no mínimo, vinte e sete Ministros, que serão nomeados pelo Presidente da República.
c) processa e julga, originariamente, o *habeas data* contra ato do Comandante do Exército.
d) tem a iniciativa da ação declaratória de constitucionalidade.
e) funcionará junto a essa Corte o Conselho Nacional de Justiça.

(Cespe – Analista Administrativo / TRT 21 / 2010) No que concerne ao Poder Judiciário, julgue os itens seguintes.

26. É da competência do Superior Tribunal de Justiça (STJ) julgar, em recurso ordinário, o *habeas corpus* e o mandado de segurança decididos em única instância pelo Tribunal Superior do Trabalho (TST), se denegatória a decisão.

27. **(FCC – Analista Judiciário / TRT 12 / 2010)** Nos termos da Constituição Federal, em caso de greve em atividade essencial, com possibilidade de lesão do interesse público, o Ministério Público do Trabalho poderá ajuizar

a) dissídio coletivo.
b) reclamação trabalhista de rescisão indireta do contrato de trabalho.
c) ação anulatória de contrato de trabalho.
d) ação declaratória de relação jurídica entre empregado e empregador.
e) dissídio individual.

▶ **GABARITO**

Questão	Resposta	Fundamento	Itens deste capítulo em que abordamos o tema da questão
01	b	art. 112	3.1.5
02	a	Art. 130-A, da CF	4.1
03	Certo	Art. 128, § 3º, da CF	4.1
04	d	Art. 95, I, II, e III, da CF	3.2.3
05	c	Art. 120, § 1º, da CF	3.1.6
06	a	Art. 93, II, da CF	3.2.1
07	c	Art. 93, II, da CF	3.2.1
08	c	Art. 103-B, § 4º, V, da CF	3.1.2
09	d	Art. 102, I, "o", da CF	3.1.1
10	c	Art. 105, III, da CF	3.1.3
11	a	Artigos 93 a 95 da CF	3.2
12	a	Art. 102, I, "c", da CF	3.1.1
13	e	Art. 121, § 4º, da CF	3.1.6
14	b	Art. 121, § 4º, da CF	3.1.6
15	d	Art. 119 da CF	3.1.6
16	c	Art. 102, I, "c" da CF	3.1.1
17	Certo	Art. 121, § 3º, da CF	3.1.6
18	Certo	Art. 120 da CF	3.1.6
19	c	Art. 102, I, da CF	3.1.1
20	a	Art. 103-B da CF	3.1.2
21	a	Art. 105, I, da CF	3.1.3
22	d	Art. 102, I, "d", da CF	3.1.1
23	c	Art. 111-A, *caput*, da CF	3.1.5
24	e	Art. 102, I, da CF	3.1.1
25	c	Art. 102 da CF	3.1.1
26	Errado	Art. 102, II, da CF	3.1.1
27	a	Art. 114, § 3º, da CF	3.1.5.1

Capítulo IX

CONTROLE DE CONSTITUCIONALIDADE

1. INTRODUÇÃO E CONCEITO

O controle de constitucionalidade é um dos temas mais temidos pelos candidatos a cargos em Tribunais e MPU. Entretanto, posso assegurar que não há motivo para tanto alarde.

Ao entender o porquê da existência do controle de constitucionalidade, a compreensão sobre seus elementos e regras se tornará bem mais tranquila.

Assim, começaremos respondendo à inquietante pergunta: **o que é e para que serve o controle de constitucionalidade?**

O controle de constitucionalidade consiste na **fiscalização da compatibilidade entre condutas (comissivas ou omissivas) dos Poderes Públicos e a Constituição.**

Trocando em miúdos: o controle de constitucionalidade tem por objetivo **garantir que nenhuma conduta afronte o texto da Constituição.**

Essa **conduta,** na maioria dos casos, é a **criação de um ato normativo**[1]. Portanto, o controle de constitucionalidade tende a verificar se emendas constitucionais, leis complementares, leis ordinárias e medidas provisórias, por exemplo, estão de acordo com a Constituição.

Isso porque, nos termos do que estudamos no primeiro capítulo deste livro, a Constituição é a norma suprema que rege a organização de um Estado Nacional e, por essa razão, nenhuma conduta pode afrontá-la.

A Constituição ocupa o ápice da pirâmide normativa, servindo como paradigma de validade para todas as demais normas do ordenamento jurídico. Em outras palavras: as leis e os atos infralegais são hierarquicamente inferiores à Constituição e, por isso, somente serão válidos se não contrariarem as normas da Constituição. O mesmo ocorre com qualquer conduta: se afrontar a Constituição, será controlada e poderá ser declarada inconstitucional.

Vale destacar que comumente se afirma que a **finalidade do controle de constitucionalidade é assegurar a supremacia da Constituição Formal.** Isso porque o controle de constitucionalidade protege todas as normas da Constituição, independentemente do conteúdo que tenham. Tudo o que formalmente estiver na Constituição poderá ser **paradigma de controle de constitucionalidade.**[2]

2. FORMAS DE INCONSTITUCIONALIDADE

As condutas afrontosas às normas constitucionais, que normalmente são atos normativos, podem apresentar duas formas de inconstitucionalidade: **formal** e **material.**

A inconstitucionalidade **formal** pode ser objetiva ou subjetiva.

Inconstitucionalidade **formal objetiva** é aquela que decorre de vício no procedimento legislativo.

> ✦ *Exemplo: se um projeto de lei complementar, que exige quórum de maioria absoluta, for aprovado com maioria simples, então a lei terá vício de inconstitucionalidade formal objetiva.*

Já a inconstitucionalidade **formal subjetiva** é a que representa afronta às regras de iniciativa ou competência.

> ✦ *Exemplo: um projeto de lei de iniciativa de Deputado Federal visando à criação de cargos na administração federal padecerá de vício de inconstitucionalidade* **formal subjetiva** *(vício de competência ou iniciativa), pois o art.*

1. Mais detalhes no capítulo sobre a Organização dos Poderes, em especial no item sobre o processo legislativo.
2. Para aprofundamento sobre o tema "paradigma de controle de constitucionalidade", faça a leitura do item "Bloco de constitucionalidade e controle de norma interposta", neste mesmo capítulo.

61, § 1º, II, "a", da CF determina que, nesse caso, a iniciativa é privativa do Presidente da República.

Ao seu lugar, a inconstitucionalidade **material** é aquela decorrente de vício que afeta o conteúdo substantivo das normas constitucionais.

✦ *Exemplo: se uma lei civil revogar o direito de herança, ela estará eivada de inconstitucionalidade material, pois a herança é um direito e garantia individual previsto no art. 5º, XXX, da CF.*

3. CLASSIFICAÇÃO DO CONTROLE DE CONSTITUCIONALIDADE

O controle de constitucionalidade pode ser classificado basicamente a partir de dois critérios: quanto ao Poder que o realiza e quanto ao momento.

3.1. Classificação quanto ao Poder que realiza o controle

No Brasil, em regra, o controle de constitucionalidade é realizado pelo **Poder Judiciário,** o que se denomina de **controle jurisdicional.** Excepcionalmente o controle de constitucionalidade é levado a cabo por outros Poderes **(o Executivo ou o Legislativo),** hipóteses em que será classificado como **controle político.**

3.2. Classificação quanto ao momento de controle

No capítulo sobre a organização dos Poderes, em especial no item que versa sobre o processo legislativo, aprendemos que um projeto de lei se torna lei com a sanção presidencial ou com a derrubada do veto. Assim é que, em regra, **o ato normativo já existe mesmo antes de ser promulgado** (por ato que atesta regularidade da inovação ao ordenamento jurídico) e publicado (por ato que insere o texto promulgado na imprensa oficial conferindo-lhe obrigatoriedade).

O momento em que o ato normativo já existe, mas ainda não foi promulgado, é que separa o controle de constitucionalidade prévio ou preventivo do controle de constitucionalidade posterior ou repressivo. Simplificando: **se o ato normativo ainda não foi promulgado o controle será prévio ou preventivo; se já foi promulgado, será posterior ou repressivo.**

3.3. Classificação das principais situações de controle no Brasil

a) Declaração de inconstitucionalidade pelo Poder Judiciário
(jurisdicional-repressivo)

Essa é a situação clássica de controle de constitucionalidade no Brasil. O Judiciário aprecia eventual inconstitucionalidade de lei ou ato normativo no bojo de um caso concreto (controle difuso) ou em abstrato (controle concentrado). Essa matéria será explorada em detalhes em itens posteriores deste capítulo. Trata-se de controle jurisdicional (judiciário realiza) e repressivo (em face de ato já promulgado).

b) Apreciação judicial de mandado de segurança impetrado por parlamentar em face de proposta legislativa *(jurisdicional-preventivo)*

Diante da tramitação de uma proposta legislativa que esteja vulnerando cláusulas pétreas e, por essa razão, violando o direito líquido e certo à participação de um processo legislativo hígido ou devido, o parlamentar pode impetrar um mandado de segurança ao Supremo Tribunal Federal para a realização de controle de constitucionalidade.[3]

O STF já estabeleceu alguns limites para essa situação. São eles: **i.** a legitimidade é exclusiva de parlamentar; **ii.** o parlamentar deve impugnar a proposta enquanto ela estiver tramitando na casa legislativa a que ele pertença; **iii.** a perda da condição de parlamentar gera a extinção do mandado de segurança (MS 27.971-DF, Rel. Min. Celso de Mello); e **iv.** se o projeto legislativo for aprovado pelos parlamentares antes do julgamento do Mandado de Segurança, o processo será extinto.

Vislumbra-se, assim, um controle jurisdicional (realizado pelo Judiciário, apesar de provocado pelo Legislativo) e preventivo (porque se realizada em face de proposta legislativa, ainda distante do momento da promulgação).

> ▶ **ATENÇÃO!**
>
> No bojo do MS 32.033, relatado para o acórdão pelo Ministro Teori Zavascki, **o STF adotou posicionamento contrário à admissibilidade de mandado de segurança impetrado por parlamentar em face de proposta legislativa:** "Não se admite, no sistema brasileiro, o controle jurisdicional de constitucionalidade material de projetos de lei (controle preventivo de normas em curso de formação). (...) Sendo inadmissível o controle preventivo da constitucionalidade material das normas em curso de formação, **não cabe atribuir a parlamentar, a quem a Constituição nega habilitação para provocar o controle abstrato repressivo, a prerrogativa, sob todos os aspectos mais abrangente e mais eficiente, de provocar esse mesmo controle antecipadamente, por via de mandado de segurança. A prematura intervenção do Judiciário em domínio jurídico e político de formação dos atos normativos em curso no Parlamento, além de universalizar um sistema de controle preventivo não admitido pela Constituição, subtrairia dos outros Poderes da República, sem justificação plausível, a prerrogativa constitucional que detém de debater e aperfeiçoar os projetos, inclusive para sanar seus eventuais vícios de inconstitucionalidade.** Quanto mais evidente e grotesca possa ser a inconstitucionalidade material de projetos de leis, menos ainda se deverá duvidar do exercício responsável do papel do Legislativo, de negar-lhe aprovação, e do Executivo, de apor-lhe veto, se for o caso. Partir da suposição contrária significaria menosprezar a seriedade e o senso de responsabilidade desses dois Poderes do Estado. E se, eventualmente, um projeto assim se transformar em lei, sempre haverá a possibilidade de provocar o controle repressivo pelo Judiciário, para negar-lhe validade, retirando-a do ordenamento jurídico." (MS 32.033, rel. p/ o ac. min. Teori Zavascki, julgamento em 20-6-2013, Plenário, DJE de 18-2-2014.)

3. Precedente: STF. MS 20.257, julgado em 1981 e relatado pelo Ministro Décio Miranda.

c) Rejeição de proposta legislativa pelas Comissões de Constituição e Justiça *(político-preventivo)*

No estudo do processo legislativo aprendemos que a fase constitutiva tem início com a etapa da discussão/debate na Comissão de Constituição e Justiça da Câmara dos Deputados ou do Senado Federal. Essa comissão realiza um juízo de constitucionalidade sobre a proposta legislativa. Caso entenda pela inconstitucionalidade, a Comissão elabora um parecer de inconstitucionalidade e encaminha a proposta ao arquivo.

Vale notar que, de acordo com os Regimentos Internos da Câmara dos Deputados e do Senado Federal, se o parecer de inconstitucionalidade não for unânime, caberá recurso de um décimo dos membros da respectiva casa para a retomada da tramitação da proposta legislativa.

Como se pode notar, trata-se de controle de constitucionalidade político (realizado pelo Poder Legislativo) e preventivo (pois se dá antes da fase da promulgação).

d) Sustação, pelo Poder Legislativo, de atos normativos do Presidente da República que exorbitem de delegação legislativa ou de seu poder regulamentar *(político-repressivo)*

Aprendemos que no procedimento para a edição de Lei Delegada, o Presidente da República envia uma mensagem especial (iniciativa solicitadora) ao Presidente do Congresso Nacional pedindo para legislar sobre determinada matéria. Concordando, o Presidente do Congresso Nacional emite uma resolução especificando o conteúdo e os termos do exercício da delegação.

Se ao editar a Lei Delegada, o Presidente da República for além (exorbitar) dos limites estabelecidos pelo Presidente do Congresso Nacional na resolução, o Poder Legislativo pode sustar a Lei Delegada editada emitindo um Decreto Legislativo (nos termos do art. 49, V, da CF)

Situação semelhante é aquela decorrente da edição de decreto regulamentador expedido pelo Presidente da República na hipótese do art. 84, IV, da CF (compete ao Presidente da República sancionar, promulgar e fazer publicar as leis, bem como expedir decretos e regulamentos para sua fiel execução). Caso o Chefe do Executivo Federal extrapole seu poder de regulamentação, o Congresso Nacional pode sustar o ato inconstitucional.

Assim é que ambas as hipóteses dão ensejo a controle de constitucionalidade político (manejado pelo Legislativo) posterior ou repressivo (realizado em face de ato normativo criado e promulgado pelo Presidente da República).

e) Rejeição de medidas provisórias pelo Poder Legislativo (art. 62 da CF) *(político-repressivo)*

De acordo com o que estudamos nos tópicos sobre o processo legislativo, a medida provisória é o ato normativo de vigência não definida que permite o exercício atípico da função legislativa pelo Poder Executivo nos casos de relevância e urgência. As medidas provisórias têm força de lei e devem ser submetidas ao crivo do Congresso Nacional imediatamente após terem sido adotadas pelo Presidente da República.

Se a medida provisória for expressamente rejeitada na Câmara dos Deputados ou no Senado Federal, ela perderá vigência e eficácia no mesmo instante, com a geração de efeitos retroativos/*ex tunc*. Acaso a rejeição da medida provisória ocorra em razão de afronta ao conteúdo constitucional, se estará diante de uma forma de controle de constitucionalidade político (realizado pelo Legislativo) e repressivo (em face de ato normativo já promulgado).

f) Descumprimento, pelo Chefe do Poder Executivo, de lei ou ato normativo inconstitucional *(político-repressivo)*

Apesar de haver dissonância na doutrina, há julgados do STF e do STJ que sinalizam pela possibilidade de o chefe do Executivo deixar de aplicar lei que entenda inconstitucional, podendo ainda determinar a seus subordinados que assim procedam. Destacam-se os seguintes excertos: "Os Poderes Executivo e Legislativo, por sua chefia – e isso mesmo tem sido questionado com o alargamento da legitimação ativa na ação direta de inconstitucionalidade –, podem tão só determinar aos seus órgãos subordinados que deixem de aplicar administrativamente as leis ou atos com força de lei que considerem inconstitucionais" (STF. ADI 221, julgada em 1993 e relatada pelo Ministro Moreira Alves). "O Poder Executivo deve negar execução a ato normativo que lhe pareça inconstitucional" (STJ, REsp 23121, julgado em 1993 e relatado pelo Ministro Humberto Gomes de Barros).

Essa é uma forma de controle político (realizado pelo Executivo) e repressivo (depois de o ato normativo ter sido promulgado e publicado).

g) Veto jurídico do Presidente da República *(político-preventivo)*

Uma das etapas da fase constitutiva do processo legislativo é aquela em que deve ocorrer a sanção ou o veto por ato do Chefe do Poder Executivo. A sanção representa a concordância com a proposta legislativa, que transforma o projeto em lei. Já o veto manifesta a discordância do Presidente da República em relação ao ato normativo proposto.

O veto pode ser político ou jurídico. Político é aquele motivado por contrariedade ao interesse público. Jurídico é o veto que tem por fundamento uma inconstitucionalidade (art. 66, § 1º, da CF).

Assim, caso o Chefe do Executivo proceda a um veto jurídico, ele estará realizando controle de constitucionalidade político (porque manifestado pelo Poder Executivo) e preventivo (haja vista se dar antes da etapa da promulgação).

▶ **ATENÇÃO!**

Cuidado para não se confundir. O veto **jurídico** é forma de controle **político.** Já o veto **político** sequer realiza controle de constitucionalidade!

4. CONTROLE JURISDICIONAL: MODELOS DIFUSO E CONCENTRADO

O Brasil adota dois modelos de controle jurisdicional (realizado por órgãos do Poder Judiciário): **difuso** (realizado por qualquer juízo) e **concentrado** (realizado apenas por um órgão de cúpula, que, em âmbito federal, é o STF). Por essa razão se afirma que o controle jurisdicional de constitucionalidade no Brasil constitui-se em um **sistema misto**.

O **controle difuso** também pode ser denominado de: **concreto** (porque se dá a partir de um caso concreto); **incidental ou *incidenter tantum*** (porque a questão constitucional não constitui o objeto principal da ação, mas sim mero incidente); **via de exceção** (não é o objeto da ação, portanto, excepcional); **processo subjetivo** (envolve direitos subjetivos do caso concreto); **de efeitos *inter partes*** (entre as partes que demandam no caso concreto); **estadunidense** (porque tem origem no direito estadunidense) e **aberto** (posto que qualquer pessoa pode provocá-lo).

Já o **controle concentrado** pode ser denominado de: **abstrato** (analisa a questão constitucional em abstrato); **principal** (a questão constitucional se constitui em objeto e pedido da ação); **via de ação** (se realiza por ações específicas); **processo objetivo** (que tem por finalidade discutir a questão constitucional, independentemente de quaisquer sujeitos ou casos concretos); **de efeitos *erga omnes*** (porque atinge a todos); **austríaco** (haja vista ter origem no sistema austríaco) e **reservado** (porque é provocado por legitimados específicos).

Como qualquer denominação pode aparecer nas provas, o ideal é que o amigo leitor memorize o quadro a seguir:

▸ DENOMINAÇÕES DOS MODELOS DE CONTROLE JURISDICIONAL DE CONSTITUCIONALIDADE NO BRASIL – SISTEMA MISTO	
1. Controle difuso	**2. Controle concentrado**
Concreto	Abstrato
Incidental ou *incidenter tantum*	Principal
Via de exceção	Via de ação
Processo subjetivo	Processo objetivo
De efeitos *inter partes*	De efeitos *erga omnes*
Estadunidense	Austríaco
Aberto	Reservado

Vale notar que, como o Brasil adota um sistema jurisdicional misto ou dúplice, **as duas formas de controle jurisdicional de constitucionalidade podem correr ao mesmo tempo ou em paralelo.** Não é preciso acessar o modelo difuso para somente depois se buscar o concentrado, nem vice-versa. Como já decidiu o STF, "À vista do modelo dúplice de controle de constitucionalidade por nós adotado, a admissibilidade da ação direta não está condicionada à inviabilidade do controle difuso." (ADI 3.205, julgada em 2006 e relatada pelo Ministro Sepúlveda Pertence).

5. CONTROLE DIFUSO

5.1. Conceito, legitimidade, competência, objeto e parâmetro

O controle difuso é aquele que pode ser provocado por **qualquer pessoa**, no bojo de **qualquer ação judicial** e ser apreciado por **qualquer órgão do Poder Judiciário que possua jurisdição.**

> ▸ ATENÇÃO!
>
> O **CNJ** é órgão do Poder Judiciário, mas por não ter poder jurisdicional, **não pode realizar controle difuso.** Por essa razão é errado dizer que todo órgão do Poder Judiciário está apto a realizar controle difuso de constitucionalidade.

Ressalta-se, ainda, que o controle difuso pode até mesmo ser realizado **de ofício**, pois a questão constitucional somente servirá de fundamentação para decisão quanto ao pedido que envolva a resolução de um **caso concreto.**

> ✦ *Exemplo: como apontamos anteriormente, se for editada uma lei que revogue o direito de herança, haverá uma inconstitucionalidade material. Entretanto, mesmo sendo inconstitucional, por ter sido regularmente editada, a lei gozará de presunção de constitucionalidade e terá validade até que o Judiciário declare o contrário. Imagine que, nesse meio de tempo, alguém que, antes da alteração tivesse direito a uma grande herança, se sinta prejudicado porque está diante de um patrimônio que poderia ser seu se o direito de herança não tivesse sido revogado por lei. Esse sujeito, que se sentiu prejudicado no **caso concreto**, ingressará com uma ação judicial pedindo para ter o direito de herança. Entretanto, para que a ação seja julgada procedente, o juiz terá de reconhecer a inconstitucionalidade da lei que revogou o direito de herança. Esse reconhecimento de inconstitucionalidade se materializa pelo controle difuso, pois pode ser realizado por qualquer pessoa, no bojo de qualquer ação judicial e ser apreciado por qualquer juiz.*

Assim, no controle difuso, a pronúncia do Judiciário sobre a inconstitucionalidade não é feita como manifestação sobre o objeto principal da lide (pedido de herança, no exemplo), mas sim sobre **questão prévia**, indispensável ao julgamento do mérito (declaração de inconstitucionalidade da lei que revogou o direito de herança, no exemplo). Em outras palavras: no controle difuso, **a questão constitucional é a causa de pedir**, e não o pedido.

> ▸ ATENÇÃO!
>
> Questão sempre lembrada pela banca Cespe é a que se refere à utilização da ação civil pública no controle difuso. Assim, fique ligado! Segundo o STF, **em regra, a ação civil pública não pode ser usada como instrumento de controle de constitucionalidade,** sob pena de usurpação das atribuições do STF (Ag. 189.601, julgado em 1997 e relatado pelo Ministro Moreira Alves). **Entretanto, é possível a utilização da ação civil pública**

como instrumento de controle incidental de constitucionalidade de leis ou atos do Poder Público, **desde que a questão se qualifique apenas como questão prejudicial, indispensável à resolução da lide principal** (Rcl. 1.733, apreciada no ano 2000 e relatada pelo Ministro Celso de Mello). Nesse sentido, é esclarecedora a RCL 1.733, apreciada no ano 2000 e relatada pelo Ministro Celso de Mello: "O Supremo Tribunal Federal tem reconhecido a legitimidade da utilização da ação civil pública como instrumento idôneo de fiscalização incidental de constitucionalidade, pela via difusa, de quaisquer leis ou atos do Poder Público, mesmo quando contestados em face da Constituição da República, desde que, nesse processo coletivo, a controvérsia constitucional, longe de identificar-se como objeto único da demanda, qualifique-se como simples questão prejudicial, indispensável à resolução do litígio principal".

Como destacamos, o controle difuso pode ser realizado por qualquer juiz. Entretanto, nos termos do art. 97 da CF, somente pelo voto da **maioria absoluta de seus membros** ou **dos membros do respectivo órgão especial** poderão **os tribunais** declarar a inconstitucionalidade de lei ou ato normativo do Poder Público. Trata-se da **cláusula** ou **princípio da reserva de plenário** ou da ***full bench*** (bancada cheia).

Portanto, em primeiro grau, o **juiz pode sozinho** declarar a inconstitucionalidade de lei ou ato normativo do Poder Público. Entretanto, um **Desembargador** ou **Ministro membro de tribunal não pode sozinho** declarar a inconstitucionalidade de lei ou ato normativo, pois incide a regra do art. 97 da CF.

▶ ATENÇÃO PARA A PEGADINHA!

Exige-se o voto da **maioria absoluta** (não simples ou relativa) dos membros do tribunal ou do seu órgão especial para a declaração de **in**constitucionalidade (portanto, se for declaração de **cons**titucionalidade o Desembargador ou Ministro podem fazer sozinhos, não se aplicando o princípio da reserva de plenário).

Vale ainda notar que o princípio da reserva de plenário **não é absoluto.** Nos termos do parágrafo único do art. 949 do CPC, os órgãos fracionários dos Tribunais não submeterão ao plenário ou ao órgão especial a arguição de inconstitucionalidade **quando já houver pronunciamento destes ou do plenário do Supremo Tribunal Federal sobre a questão.**[4]

Trata-se de um **abrandamento da cláusula de reserva de plenário** (art. 97 da CF) que encontra guarida na jurisprudência do STF (RE 190.725, julgado em 1995 e relatado pelo Ministro Ilmar Galvão).

Sobre o art. 97 da CF ainda vale destacarmos o conteúdo da **Súmula Vinculante 10:** "viola a cláusula de reserva de plenário (CF, artigo 97) a decisão de órgão fracionário de tribunal que, embora não declare expressamente a inconstitucionalidade

4. Norma idêntica já constava do parágrafo único do art. 481 do CPC de 1973, incluída no antigo código pela Lei 9.756/98.

de lei ou ato normativo do Poder Público, afasta sua incidência, no todo ou em parte".

> ▸ ATENÇÃO!
>
> A Súmula Vinculante 10 não deve ser aplicada sem critério. Como já decidiu o STF, "a simples ausência de aplicação de uma dada norma jurídica ao caso sob exame não caracteriza, apenas por isso, violação da orientação firmada pelo STF". **Para caracterização da contrariedade à Súmula Vinculante 10, do STF, é necessário que a decisão fundamente-se na incompatibilidade entre a norma legal tomada como base dos argumentos expostos na ação e a Constituição.**" (Rcl 6.944, julgada em 2010 e relatada pela Ministra Cármen Lúcia). Trocando em miúdos: para que haja afronta à Súmula Vinculante 10, não basta que uma determinada norma não tenha sido aplicada pelo órgão fracionário do Tribunal para decidir a questão constitucional. Mais do que isso: é preciso que, na argumentação que leva à decisão, tenha ficado claro que determinada norma não foi aplicada, ou seja, que não incidiu, no todo ou em parte, na solução da questão constitucional que embasa a decisão.

Outra observação importante é que a cláusula de reserva de plenário não se aplica aos casos em que o Tribunal realiza mero juízo de recepção de texto constitucional, ou seja, se ele decide se determinada norma foi ou não recepcionada pela Constituição que está em vigor. Segundo o STF, "EMENTA: (...) 1. A **cláusula de reserva de plenário (*full bench*)** é aplicável somente aos textos normativos erigidos sob a égide **da atual Constituição**. 2. As normas editadas quando da vigência das Constituições anteriores se submetem somente ao juízo de recepção ou não pela atual ordem constitucional, o que pode ser realizado por órgão fracionário dos Tribunais sem que se tenha por violado o art. 97 da CF. (...)" AI 669.872 AgR (DJe 14.02.2013) - Relator Ministro Luiz Fux - Primeira Turma.

A cláusula de reserva de plenário também não se aplica às decisões das Turmas Recursais dos Juizados Especiais, conforme já decidiu o STF (RE 453.744-AgR, voto do Rel. Min. Cezar Peluso, julgamento em 13-6-2006, Primeira Turma, DJ de 25-8-2006).

Quanto ao objeto, qualquer ato normativo pode ter verificada sua compatibilidade com a Constituição, seja ele federal, estadual ou municipal, ou mesmo pré ou pós-constitucional. Até mesmo o ato revogado é passível desse controle.

Por fim, no que se refere ao parâmetro, é perfeitamente possível a fiscalização de ato normativo perante qualquer normal constitucional, ainda que ela já tenha sido revogada, exigindo-se apenas que essa norma fosse vigente ao tempo em que o fato ocorreu.

5.2. Efeitos da decisão

No controle difuso, como a decisão é tomada a partir de um caso concreto (pedido para herdar, no nosso exemplo), **em regra a eficácia da decisão judicial é apenas *inter partes*** (entre as partes envolvidas, no nosso exemplo, quem busca a herança), não *erga omnes* (em relação a todos) e ***ex tunc*** (retroativa).

Assim, a decisão vale apenas para quem ingressou com a ação e participou do processo, com eficácia retroativa para atingir o caso concreto levado à apreciação do Poder Judiciário. Retomando nosso exemplo. Se outra pessoa, em lugar distinto do país, também se sentisse prejudicada por não poder herdar, caberia a ela, por sua conta, ingressar com uma ação judicial pedindo o direito de herança, sendo competência de outro juiz eventual declaração de inconstitucionalidade que fosse útil à consecução do pedido nesse caso concreto semelhante. Em outras palavras: uma declaração de inconstitucionalidade no controle difuso, em regra, não pode ser aproveitada por ninguém que não integrou o processo em que houve a manifestação judicial. **Cada sujeito deve obter a sua declaração de inconstitu-cionalidade.**

Mas é bom destacar que a Constituição estabelece um mecanismo para geração de efeitos ***erga omnes*** a partir de uma decisão proferida em sede de controle difuso. Trata-se da regra do art. 52, X, da CF, segundo o qual o **Senado Federal pode suspender a execução**, no todo ou em parte, de lei declarada inconstitucional por decisão definitiva do Supremo Tribunal Federal.

Portanto, se um caso concreto em que se discute a inconstitucionalidade de lei ou ato normativo chegar ao STF (por meio de inúmeros recursos judiciais), esse tribunal encaminhará a decisão de inconstitucionalidade ao Senado Federal que, se quiser, poderá expedir uma **resolução suspendendo a execução, no todo ou em parte, de lei ou ato normativo declarado inconstitucional pelo Supremo Tribunal Federal.** Uma vez expedida, essa resolução do Senado é **irretratável.**

► ATENÇÃO PARA AS PEGADINHAS!

1. O art. 52, X, da CF é campeão de incidência nas provas objetivas para Tribunais e MPU, por isso, fique ligado! A resolução do **Senado Federal** (e não do Congresso Nacional) suspende **a execução** (e não a eficácia), **no todo ou em parte,** de lei declarada inconstitucional por **decisão definitiva** (e não qualquer decisão) **do Supremo Tribunal Federal** (e não do STJ ou de qualquer outro tribunal).
2. Se o Senado Federal suspender a execução, no todo ou em parte, da lei declarada inconstitucional, os efeitos de seu ato serão apenas ***ex nunc* (não retroativos)!** Fazemos esse destaque porque como já explicado, em regra os efeitos da decisão no controle difuso também são ***ex tunc***, ou seja, retroativos ao momento de edição do ato normativo reconhecido como inconstitucional.

Predomina o entendimento no sentido de que **o Senado Federal não é obrigado a suspender a execução de lei declarada inconstitucional pelo STF, pois se trata de atividade discricionária** desse órgão do Poder Legislativo.

Quanto à extensão da suspensão, o entendimento é no sentido de que o Senado Federal está vinculado ao que decidiu o STF. Assim, se, por exemplo, o STF declarou a inconstitucionalidade apenas de um trecho do ato normativo, o Senado tem que seguir a mesma linha, não podendo suspender a execução total da lei. Por fim, também é assente o pensamento segundo o qual a suspensão da execução pelo Senado Federal pode se dar em relação a lei federal, estadual, distrital ou municipal, pois o controle difuso se realiza em relação a atos normativos emanados de todos os entes da federação.

Além disso, vale ressaltar que **o STF admite a modulação temporal dos efeitos das decisões proferidas em sede de controle difuso de constitucionalidade**, como ocorreu em 2003, no julgamento do RE 197.917, conhecido popularmente como **"Caso Mira Estrela"**, em que **a declaração da inconstitucionalidade foi pronunciada *pro futuro***.

O pronunciamento do STF se deu nos seguintes termos: "Retomado o julgamento de recurso extraordinário interposto contra acórdão do Tribunal de Justiça do Estado de São Paulo que reconhecera a constitucionalidade do parágrafo único do art. 6º da Lei Orgânica do Município de Mira Estrela, de menos de três mil habitantes, que fixara em 11 o número de vereadores da Câmara Municipal, por entender que o número estabelecido não se afastou dos limites constantes da CF, art. 29, IV, a, b e c. Na assentada anterior, **o Min. Maurício Corrêa, relator, proferira voto no sentido de julgar procedente, em parte, o pedido formulado na ação, declarando a inconstitucionalidade do parágrafo único do art. 6º da Lei 226/90 do referido Município, por considerar que o citado preceito constitucional estabelece um critério de proporcionalidade aritmética para o cálculo do número de vereadores, não tendo os municípios autonomia para fixar esse número discricionariamente**, sendo que, na espécie, o Município em questão somente poderia ter 9 vereadores, sob pena de incompatibilidade com a proporção determinada pela CF (v. Informativos 271 e 274). Na presente Sessão, **O Min. Gilmar** Mendes, embora acompanhando o voto do Min. Maurício Corrêa, relator, **proferiu voto-vista no sentido de restringir a declaração da inconstitucionalidade pro futuro, de modo que tal declaração não afete a composição da atual legislatura da Câmara Municipal, cabendo ao legislativo municipal estabelecer nova disciplina sobre a matéria, em tempo hábil para que se regule o próximo pleito eleitoral.** (STF. RE 197.917-SP, julgado em 2003 e relatado pelo Ministro Maurício Corrêa).

Resumindo o caso: O Município de Mira Estrela editou uma lei criando uma nova forma de se calcular o número de vereadores. Essa questão foi levada ao STF em sede de controle difuso por pretensa ofensa às normas constitucionais que disciplinam o número de vereadores que cada Município deve ter. Ao apreciar o Recurso Extraordinário que trazia essa questão constitucional em seus fundamentos, o Ministro Relator Maurício Correia reconheceu a inconstitucionalidade da Lei do Município de Mira Estrela, de modo que a composição da Câmara de Vereadores deveria seguir rigorosamente os preceitos estabelecidos pela CF. Já o Ministro Gilmar Mendes, apesar de acompanhar o Relator quanto ao reconhecimento da inconstitucionalidade da Lei Municipal, decidiu que ela somente deveria gerar efeitos em data futura, ou seja, que os efeitos da declaração de inconstitucionalidade não seriam nem *ex tunc*, nem *ex nunc*, mas *pro futuro*, de modo a atingir apenas as eleições seguintes para a composição da Câmara de Vereadores de Mira Estrela. Essa inovação teve o condão de evitar uma instabilidade na questão política já instaurada no referido Município.

6. CONTROLE CONCENTRADO

O controle concentrado é aquele que pode ser provocado apenas por **pessoas e entes especialmente legitimados** a promoverem **ações igualmente especiais** que, em regra, são apreciadas pelo **STF**.

As ações especiais por meio das quais se realiza o controle concentrado de constitucionalidade são basicamente 5:

1. **ADI por ação** - ação direta de inconstitucionalidade por ação;
2. **ADI por omissão** - ação direta de inconstitucionalidade por omissão;
3. **ADI interventiva** - ação direta de inconstitucionalidade interventiva;
4. **ADC** - ação declaratória de constitucionalidade; e
5. **ADPF** - arguição de descumprimento de preceito fundamental.

A melhor forma de se estudar o controle concentrado de constitucionalidade é a partir da ADI por ação. Isso porque o regramento da ADI por ação acaba sendo aplicado, em grande parte, para as demais ações do controle concentrado.

Assim, **estudaremos a ADI por ação em detalhes** e, na sequência, **abordaremos as demais ações do controle concentrado destacando apenas os pontos em que apresentam diferenças em relação a ADI por ação.**

6.1. ADI por ação - ação direta de inconstitucionalidade por ação

6.1.1. Conceito

É aquela que tem por objetivo declarar a inconstitucionalidade de uma ação praticada, que normalmente é a edição de um ato normativo pelo Poder Público.

Assim, se for editada uma lei que afronta a Constituição, poderá ser manejada uma ADI por ação.

> ▶ ATENÇÃO!
> A **banca FCC** costuma se referir à ADI por ação como **ADI genérica.**

6.1.2. Competência e objeto

Nos termos do art. 102, I, "a", da CF, **compete ao STF**, como guardião **da Constituição**, processar e julgar, originariamente, a ação direta de inconstitucionalidade de **lei ou ato normativo federal ou estadual**.

> ▶ ATENÇÃO!
> A ADI julgada pelo STF **não pode** ter por objeto **lei ou ato normativo municipal.**

Como o art. 102, I, "a", da CF é muito vago, a doutrina enumera os atos que podem ser objeto de ADI. Para facilitar, trazemos um quadro que reúne as lições de Ives Gandra da Silva Martins e Gilmar Ferreira Mendes (*Controle concentrado de constitucionalidade*. 2. ed. São Paulo: Saraiva, 2005, p. 171-175), e de Alexandre de Moraes:

▶ ATOS QUE PODEM SER OBJETO DE ADI PERANTE O STF (SEGUNDO A DOUTRINA)		
I. Normas de Direito Federal	**II. Normas de Direito Estadual**	**III. Outros atos**
1. Disposições da Constituição propriamente ditas, desde que sejam normas secundárias (ou seja, emendas constitucionais)	1. Disposições das Constituições Estaduais	1. Resoluções administrativas dos tribunais (c.f. medida cautelar na ADI 1352-1, julgada em 1995 e relatada pelo Ministro Sepúlveda Pertence);
2. Leis de todas as formas e conteúdos, incluídas todas as leis formais e atos normativos gerais federais, além das medidas provisórias	2. Leis Estaduais de qualquer espécie ou conteúdo	2. Deliberações administrativas de outros órgãos do Poder Judiciário (c.f. ADI 728, relatada pelo Ministro Marco Aurélio), inclusive dos Tribunais Regionais do Trabalho (c.f. ADI 681, julgada em 1992 e relatada pelo Ministro Néri da Silveira), salvo as convenções coletivas de trabalho;
3. Decreto Legislativo que contém a aprovação do Congresso Nacional aos tratados e autoriza o Presidente da República a ratificá-los em nome do Brasil	3. Decreto editado com força de Lei	3. Atos estatais de conteúdo meramente derrogatório, como as resoluções administrativas desde que incidam sobre atos de caráter normativo (c.f. ADI 1716, relatado pelo Ministro Sepúlveda Pertence). (MORAES, Alexandre de. Direito constitucional. 25. ed. São Paulo: Atlas, 2010, p. 739).
4. Decreto do Chefe do Executivo que promulga os tratados e convenções	4. Regimento Interno dos tribunais estaduais	-
5. Decreto Legislativo do Congresso Nacional que suspende a execução de ato do Executivo, em virtude de incompatibilidade com a lei regulamentada (art. 49, V, da CF)	5. Regimento Interno das Assembleias Legislativas	-

▶ ATOS QUE PODEM SER OBJETO DE ADI PERANTE O STF (SEGUNDO A DOUTRINA)		
I. Normas de Direito Federal	**II. Normas de Direito Estadual**	**III. Outros atos**
6. Atos normativos editados por pessoas jurídicas de direito público criadas pela União;	6. Atos normativos expedidos por pessoas jurídicas de direito público estadual	-
7. Os regimentos dos tribunais superiores, se configurado o seu caráter autônomo, não meramente acessório	-	-

A seu turno, a **jurisprudência do STF** traz informações sobre os atos que **podem** e os que **não podem ser objeto de ADI**. Organizamos essas informações no seguinte quadro:

▶ JURISPRUDÊNCIA DO STF	
I. Atos que podem ser objeto de ADI	**II. Atos que <u>não</u> podem ser objeto de ADI**
1. **Decretos autônomos** (ADI 3.664, julgada em 2011 e relatada pelo Ministro Cezar Peluso)	1. **Normas constitucionais originárias** (que foram promulgadas em 5 de outubro de 1988 e, portanto, não são frutos de emendas constitucionais, pois gozam de presunção absoluta de constitucionalidade)
2. **Resoluções administrativas do Conselho Nacional de Justiça que disciplinem determinada matéria de forma geral e abstrata** (ADI 3367, julgada em 2005 e relatada pelo Ministro Cezar Peluso)	2. **Normas anteriores à Constituição** (que se submetem a juízo de recepção constitucional, o que somente pode ser feito no controle difuso ou no controle concentrado exclusivamente por ADPF, conforme veremos mais a frente)
3. **Normas de efeito concreto**, pois, na ADI 4.048, julgada em 2008 e relatada pelo Ministro Gilmar Mendes, o STF entendeu possível o controle de constitucionalidade da Medida Provisória 405/2007, que abriu crédito extraordinário, em favor da Justiça Eleitoral e de diversos órgãos do Poder Executivo	3. **Atos normativos secundários e infralegais**, tais como decretos regulamentares que não inovam originariamente a ordem jurídica
4. **Leis orçamentárias**. Estabelecendo mudança de posicionamento, em 2008 o STF passou a admitir o controle concentrado de leis orçamentárias (ADI 4.048, julgada em 2008 e relatada pelo Ministro Gilmar Mendes)	4. **Leis do Distrito Federal derivadas da sua competência legislativa municipal**, consoante Súmula 642 do STF. Assim, apesar de o Distrito Federal poder usar as competências legislativas dos Estados (art. 32, § 1º, da CF) e dos Municípios, somente as normas criadas por ele no exercício de competência estadual poderão ser objeto de ação direta de inconstitucionalidade

▶ JURISPRUDÊNCIA DO STF	
I. Atos que podem ser objeto de ADI	**II. Atos que não podem ser objeto de ADI**
5. **Resoluções do CNMP** (Cautelar na ADI 3831, julgada em 2006 e relatada pela Ministra Cármen Lúcia)	5. **Súmulas comuns**, pois não têm caráter normativo
6. **Decisão proferida por tribunal de justiça local, nos autos de processo administrativo,** desde que tenha conteúdo normativo, tais como generalidade e abstração, (ADI 3.202, rel. min. Cármen Lúcia, julgamento em 5-2-2014, Plenário, Informativo 734).	6. **Súmulas Vinculantes** (segundo entendimento predominante na doutrina, pois a Súmula Vinculante não tem caráter normativo e, além disso, conta com procedimento próprio para edição, revisão ou cancelamento, c.f. art. 103-A, da CF, que inclusive exige quórum mais qualificado – 2/3 – do que o exigido para o STF declarar um ato normativo inconstitucional – maioria absoluta)
-	7. **Norma de caráter ou efeito concreto já exaurido** (STF. ADI 2.980, julgada em 2009 e relatada pelo Ministro Cezar Peluso).
-	8. **Ato normativo revogado** (ADC 8, julgada em 2004 e relatada pelo Ministro Celso de Mello).

6.1.3. Legitimidade para propositura

De acordo com o art. 103 da CF, podem propor a ação direta de inconstitucionalidade: I – o Presidente da República; II – a Mesa do Senado Federal; III – a Mesa da Câmara dos Deputados; IV – a Mesa de Assembleia Legislativa ou da Câmara Legislativa do Distrito Federal; V – o Governador de Estado ou do Distrito Federal; VI – o Procurador-Geral da República; VII – o Conselho Federal da Ordem dos Advogados do Brasil; VIII – partido político com representação no Congresso Nacional; IX – confederação sindical ou entidade de classe de âmbito nacional.

Vale ressaltar que, segundo a jurisprudência do STF, alguns dos sujeitos, órgãos ou entidades que podem propor ADI são considerados **legitimados especiais**, ou seja, precisam demonstrar o que se chama de **pertinência temática – PT**.

O STF entende que a pertinência temática "se traduz na **relação de congruência** que necessariamente deve existir entre os **objetivos estatutários ou as finalidades institucionais da entidade autora e o conteúdo material da norma questionada** em sede de controle abstrato" (ADI 1.157-MC, julgada em 1994 e relatada pelo Ministro Celso de Mello).

Dentre os legitimados do art. 103 da CF, os que precisam demonstrar pertinência temática são: a) Mesa da Assembleia Legislativa ou da Câmara Legislativa do Distrito Federal; b) Governador do Estado ou do Distrito Federal; c) Confederação sindical; e d) Entidade de classe de âmbito nacional.

Os **demais sujeitos, órgãos ou entidades do art. 103 da CF** são chamados de **legitimados neutros ou universais** e não precisam demonstrar pertinência temática.

No controle concentrado de constitucionalidade, a **petição inicial** nem sempre precisa ser assinada por advogado, ou seja, nem sempre se exige a demonstração da **capacidade postulatória – CP**. A exigência de demonstração da capacidade postulatória atinge apenas: a) partido político com representação no Congresso Nacional; e b) Confederação sindical ou entidade de classe de âmbito nacional. Os demais legitimados têm **capacidade postulatória presumida ou especial**.

▶ LEGITIMADOS PARA A PROPOSITURA DE ADI POR AÇÃO – ART. 103 DA CF		
Legitimado	**Precisa demonstrar pertinência temática**	**Precisa demonstrar capacidade postulatória**
1. Presidente da República	Não	Não
2. Mesa do Senado Federal	Não	Não
3. Mesa da Câmara dos Deputados	Não	Não
4. Mesa de Assembleia Legislativa ou da Câmara Legislativa do Distrito Federal	Sim	Não
5. Governador de Estado ou do Distrito Federal	Sim	Não
6. Procurador-Geral da República	Não	Não
7. Conselho Federal da Ordem dos Advogados do Brasil	Não	Não
8. Partido político com representação no Congresso Nacional	Não	Sim
9. Confederação sindical	Sim	Sim
10. Entidade de classe de âmbito nacional	Sim	Sim

O STF já produziu farta jurisprudência sobre os detalhes que envolvem os inúmeros legitimados do art. 103 da CF. Para os concursos de Tribunais e MPU destacamos os seguintes aspectos:

1. O **partido político** somente será legitimado se tiver representação no Congresso Nacional, o que, segundo o STF, já se satisfaz se a agremiação partidária tiver **1 Deputado Federal ou 1 Senador**. No caso de um partido **político perder sua representação no Congresso Nacional** após ter proposto uma ação direta de inconstitucionalidade, essa **ação não será considerada prejudicada**, pois a aferição de legitimidade deve ser feita apenas no momento da propositura, conforme **jurisprudência do STF** (ADI 2.159, julgada em 2004 e relatada para acórdão pelo Ministro Gilmar Mendes).

2. Figuram como requisitos **qualificativos das entidades de classe de âmbito nacional**, para fins de acesso ao controle abstrato de constitucionalidade: **(i) a delimitação subjetiva da associação**, que deve representar categoria

delimitada ou delimitável de pessoas físicas ou jurídicas, sendo vedada a heterogeneidade de composição (ADI nº 4.230/RJ-AgR, de relatoria do Ministro Dias Toffoli); **(ii) o caráter nacional, configurada com a comprovação da presença de associados em ao menos nove Estados da Federação** (ADI nº 108/DF-QO, Ministro Celso de Mello, DJ de 5/6/92); e **(iii) a vinculação temática entre os objetivos institucionais da postulante e a norma objeto de sindicância** (pertinência temática).

3. As associações que representam fração de categoria profissional não são legitimadas para instaurar controle concentrado de constitucionalidade de norma que extrapole o universo de seus representados. (STF. ADPF 54. AgR/DF. Rel. Min. Luiz Fux. Julgado em 18/05/2016).

4. Quanto às figuras jurídicas denominadas como **"associações de associações"**, decidiu o STF: "O conceito de entidade de classe é dado pelo objetivo institucional classista, pouco importando que a eles diretamente se filiem os membros da respectiva categoria social ou agremiações que os congreguem, com a mesma finalidade, em âmbito territorial mais restrito. É entidade de classe de âmbito nacional – como tal legitimada à propositura da ação direta de inconstitucionalidade (CF, art. 103, IX) – aquela na qual se congregam associações regionais correspondentes a cada unidade da Federação, a fim de perseguirem, em todo o País, o mesmo objetivo institucional de defesa dos interesses de uma determinada classe. Nesse sentido, **altera o Supremo Tribunal sua jurisprudência, de modo a admitir a legitimação das 'associações de associações de classe', de âmbito nacional, para a ação direta de inconstitucionalidade.**" (ADI 3.153-AgR, Rel. Min. Sepúlveda Pertence, julgamento em 12-8-2004, Plenário, DJ de 9-9-2005.)

5. Já as **centrais sindicais,** segundo o STF, **não têm legitimidade ativa** para o ajuizamento de ações no controle concentrado de constitucionalidade. Assim ficou decidiu em relação à CUT – Central Única dos Trabalhadores, no julgamento da ADI 1.442, em 3-11-2004, Rel. . Min. Celso de Mello, Plenário, DJ de 29-4-2005.)

6. De acordo com o STF, **"no âmbito das associações sindicais, apenas estão aptas a deflagrar o controle concentrado de constitucionalidade as entidades de terceiro grau, ou seja, as confederações sindicais organizadas na forma da lei**, excluindo-se, portanto, os sindicatos e as federações, ainda que possuam abrangência nacional" (ADO 9. Relatora: Ministra Ellen Gracie. Julgamento: 21/10/2010).

7. **O rol do artigo 103 da Constituição Federal é exaustivo quanto à legitimação para a propositura da ação direta de inconstitucionalidade.** Os denominados **conselhos, compreendidos no gênero "autarquia" e tidos como a consubstanciar a espécie corporativista não se enquadram na previsão constitucional relativa às entidades de classe de âmbito nacional.** Da Lei Básica Federal

exsurge a legitimação de Conselho único, ou seja, o Federal da Ordem dos Advogados do Brasil. Daí a ilegitimidade "ad causam" do Conselho Federal de Farmácia e de todos os demais que tenham idêntica personalidade jurídica - de direito público (Ação Direta de Inconstitucionalidade nº 641, Relator Ministro Néri da Silveira, vencido, na qual fui designado para redigir o acórdão, publicado no Diário da Justiça de 12 de março de 1999, página 03557, Ementário 01695-02, página 00.223)".

8. Vale observar que tais autoridades, para poderem ser considerados legitimados ativos, devem estar no exercício das atribuições de forma regular. A esse respeito, manifestou o STF que: "O afastamento cautelar de cargo de Governador de Estado, suspendendo o exercício das funções públicas respectivas, implica a ilegitimidade para a propositura de ação direta de inconstitucionalidade, na forma do art. 103, V, da Constituição da República." [ADI 6.728 AgR, rel. min. Edson Fachin, j. 3-5-2021, P, DJE de 14-5-2021.]

6.1.4. Efeitos da decisão

A decisão definitiva de mérito proferida pelo STF em uma ADI produzirá eficácia contra todos (***erga omnes***)[5] e **efeito vinculante** relativamente aos demais órgãos do Poder Judiciário e à Administração Pública direta e indireta, nas esferas federal, estadual e municipal (art. 102, § 2º, da CF).

Ademais, em regra, a decisão também gerará efeitos ***ex tunc***, ou seja, **retroativos** ao momento de edição do ato normativo reconhecido como inconstitucional (assim como ocorre no controle difuso).

Dissemos, em regra, por que **os efeitos da decisão poderão ser manipulados ou modulados**, nos termos do art. 27 da Lei 9.868/99, segundo o qual, ao declarar a inconstitucionalidade de lei ou ato normativo, e tendo em vista **razões de segurança jurídica ou de excepcional interesse social**, poderá o Supremo Tribunal Federal, por **maioria de 2/3** de seus membros, **restringir os efeitos** daquela declaração ou **decidir que ela só tenha eficácia a partir de seu trânsito em julgado ou de outro momento** que venha a ser fixado.

▶ ATENÇÃO!

No direito brasileiro **não se aplica de forma absoluta a teoria da nulidade no controle concentrado**, uma vez que se admite a modulação dos efeitos da decisão, nos termos do art. 27 da Lei 9.868/99. A teoria da nulidade diz que, uma vez declarada a inconstitucionalidade do ato, seus efeitos presentes e passados devem ser eliminados (*ex tunc*).

Entretanto, como o art. 27 da Lei 9.868/99 permite que, ao declarar a inconstitucionalidade de lei ou ato normativo, e tendo em vista razões de segurança jurídica ou de excepcional interesse social, o Supremo Tribunal Federal, por maioria de dois terços de seus

5. Diferentemente do que ocorre no controle difuso, em que a eficácia é *inter partes*.

membros, restrinja os efeitos daquela declaração ou decida que ela só tenha eficácia a partir de seu trânsito em julgado ou de outro momento que venha a ser fixado, não se pode sustentar uma aplicação absoluta da teoria da nulidade no controle concentrado.

Também é importante destacar que, se houver a concessão de **cautelar/liminar, os efeitos gerados, em regra, serão *ex nunc***, podendo ter efeitos ***ex tunc***, em caráter excepcional, se o Supremo Tribunal Federal assim o declarar expressamente, **demonstrando a conveniência da medida** (art. 11, § 1º, da Lei 9.868/99).

Assim, em regra, a concessão de medida cautelar/liminar **torna aplicável a legislação anterior acaso existente**, salvo expressa manifestação em sentido contrário, nos exatos termos do art. 11, § 2º, da Lei 9.868/99 (mais detalhes no próximo item, em que estudaremos o procedimento de julgamento da ADI).

Finalmente, segundo o posicionamento do STF, as decisões proferidas em sede de controle concentrado de constitucionalidade, em regra, **passam a produzir efeitos a partir da publicação, no veículo oficial, da ata de julgamento.** (Rcl 6.999-AgR, rel. min. Teori Zavascki, julgamento em 17-10-2013, Plenário, DJE de 7-11-2013.)

6.1.5. Procedimento para julgamento da ADI por ação e efeitos gerados

O procedimento para julgamento da ADI se dá na seguinte ordem:

a) **Ajuizamento, perante o STF, da petição inicial[6] por algum dos legitimados do art. 103 da CF;[7]**

► ATENÇÃO!

A petição inicial da ação direta de inconstitucionalidade **inepta, não fundamentada e a manifestamente improcedente será liminarmente indeferidas pelo relator, mas cabe agravo** (consoante art. 3º, parágrafo único, e art. 4º, ambos da lei 9.868/99). O STF já decidiu que do **indeferimento da petição inicial não pode ser atacado por reclamação constitucional** (Rcl-AgR 2810, julgada em 2004 e relatada pelo Ministro Marco Aurélio).

b) **Recebimento da petição inicial pelo relator;**

b.i) **Se houver pedido cautelar/liminar** (no caso de urgência), os órgãos ou entidades que produziram o ato objeto da ADI deverão prestar informações

6. "Art. 3º. A petição indicará: I – o dispositivo da lei ou do ato normativo impugnado e os fundamentos jurídicos do pedido em relação a cada uma das impugnações; II – o pedido, com suas especificações. Parágrafo único. A petição inicial, acompanhada de instrumento de procuração, quando subscrita por advogado, será apresentada em duas vias, devendo conter cópias da lei ou do ato normativo impugnado e dos documentos necessários para comprovar a impugnação". (Lei 9.868/99).

7. A petição inicial da ação direta de inconstitucionalidade inepta, não fundamentada e a manifestamente improcedente serão liminarmente indeferidas pelo relator, mas cabe agravo (consoante art. 4º Lei 9.868/99).

em 5 dias[8]; se o relator julgar indispensável, haverá manifestação do Advogado-Geral da União e do Procurador Geral da República no prazo comum de 3 dias; a cautelar será apreciada em plenário pelo voto da maioria absoluta dos membros do STF (desde que presentes 2/3 dos Ministros); e, por fim, a decisão deverá ser publicada no Diário Oficial em 10 dias;[9]

Como visto anteriormente, se houver a concessão de **cautelar/liminar, os efeitos gerados, em regra, serão *ex nunc***, podendo ter efeitos ***ex tunc***, em caráter excepcional, se o Supremo Tribunal Federal assim o declarar expressamente, **demonstrando a conveniência da medida.**

Portanto, em regra, a concessão de medida cautelar/liminar **torna aplicável a legislação anterior acaso existente**, salvo expressa manifestação em sentido contrário, nos exatos termos do art. 11, § 2º, da Lei 9.868/99.

Ademais, conforme entendimento do STF, **não cabe reclamação da decisão que conceder ou negar a cautelar/liminar** proferida em ação direta de inconstitucionalidade. "O indeferimento de liminar em ação direta de inconstitucionalidade, pouco importando o fundamento, não dá margem à apresentação de reclamação" (STF. Rcl-AgR 2810, julgada em 2004 e relatada pelo Ministro Marco Aurélio).

b.ii) Se não houver pedido cautelar/liminar, o relator pedirá informações dos órgãos ou entidades responsáveis pela edição do ato objeto da ADI no prazo de 30 dias (art. 6º da Lei 9.868/99);

c) **Apreciação de pedido para admissão dos *amici curiae*** (amigos da Corte), considerando-se a relevância da matéria e a representatividade dos postulantes, a juízo do relator;

d) **Defesa vinculada pelo Advogado Geral da União**, do ato objeto da ADI, no prazo de 15 dias (art. 103, § 3º, da CF e art. 8º da Lei 9.868/99);

e) **Manifestação do Procurador-Geral da República** em 15 dias (art. 103, § 1º, da CF e art. 8º da Lei 9.868/99);

f) **Possibilidade de dilação probatória** com audiências públicas e perícias, a pedido do relator, em 30 dias (art. 9º, §§ 1º e 2º da Lei 9.868/99);

g) **Distribuição de relatório** com cópias para todos os Ministros do STF e **pedido de dia para julgamento** (art. 9º, *caput*, da Lei 9.868/99);

---

8. Art. 10, § 3º, da Lei 9.868/99: "Em caso de excepcional urgência, o Tribunal poderá deferir a medida cautelar sem a audiência dos órgãos ou das autoridades das quais emanou a lei ou o ato normativo impugnado".

9. **Salvo no período de recesso**, a medida cautelar (também chamada de liminar) na ação direta será concedida por decisão da maioria absoluta dos membros do tribunal, após a audiência dos órgãos ou autoridades dos quais emanou a lei ou ato normativo impugnado, que deverão se pronunciar no prazo de 5 dias, consoante art. 10 da Lei 9.868/99.

h) **Julgamento**, em que se exige: a) quórum para instauração da sessão de 8 Ministros do STF (2/3)[10]; b) quórum para decisão de mérito de 6 Ministros do STF (maioria absoluta); c) quórum para manipulação dos efeitos da decisão de 8 Ministros do STF (2/3).[11]

i) **Proferimento de decisão irrecorrível** (salvo embargos de declaração).[12]

► ATENÇÃO!

O STF já admitiu a **modulação/manipulação dos efeitos da decisão via embargos de declaração.**[13]

6.1.6. Particularidades do processo objetivo de julgamento da ADI por ação

► PARTICULARIDADES DO PROCESSO OBJETIVO DE JULGAMENTO DA ADI POR AÇÃO
a) **Inexistência de prazo recursal em dobro ou diferenciado para contestar** (STF, ADI 2.130, julgada em 2001 e relatada pelo Ministro Celso de Mello).
b) **Inexistência de prazo prescricional ou decadencial** (STF, ADI 1.247, julgada em 1995 e relatada pelo Ministro Celso de Mello).
c) **Inadmissibilidade de assistência jurídica** a qualquer das partes (art. 169, § 2º, do Regimento Interno do STF).
d) **Inadmissibilidade de intervenção de terceiros** (art. 7º, *caput*, da Lei 9.868/99 e art. 169, § 2º, do Regimento Interno do STF). Mas, o relator, considerando a relevância da matéria

10. A decisão sobre a constitucionalidade ou a inconstitucionalidade da lei ou do ato normativo somente será tomada se presentes na sessão pelo menos 8 Ministros (art. 22 da Lei 9.868/99). Vale lembrar que esse mesmo quórum é necessário para a decisão liminar/cautelar (art. 10 da Lei 9.868/99).
11. Efetuado o julgamento, proclamar-se-á a constitucionalidade ou a inconstitucionalidade da disposição ou da norma impugnada se num ou noutro sentido se tiverem manifestado pelo menos 6 Ministros, quer se trate de ação direta de inconstitucionalidade ou de ação declaratória de constitucionalidade (art. 23 da Lei 9.868/99).
12. Conforme argumentação exarada na ADI 2791, julgada perante o STF, como regra geral, as decisões proferidas em sede de ação direta possuem efeitos *ex tunc*, sendo nulo o ato impugnado desde a sua origem, mas, excepcionalmente, poderão ter eficácia *ex nunc* quando, por razões de segurança jurídica ou de relevante interesse social, mostrar-se oportuno que seja fixado outro momento de eficácia, nos termos do art. 27 da Lei 9.868/99. O Min. Gilmar Mendes, relator, conheceu dos embargos de declaração e a eles deu provimento para esclarecer que a declaração de inconstitucionalidade não afeta os casos de benefícios previdenciários, aposentadorias e pensões já assegurados, assim como nas hipóteses em que o serventuário já preencheu todos os requisitos legais para a obtenção desses benefícios até a data da publicação da decisão de declaração de inconstitucionalidade, ocorrida em 23.8.2006. Entendeu que, nas hipóteses em que se reconhecesse que a declaração de inconstitucionalidade com efeitos limitados ou restritos seria uma imposição da própria Constituição, não se atribuiria valor definitivo a uma eventual omissão por parte do Tribunal. Assim, **seria possível, em tese, identificar a omissão no âmbito dos embargos de declaração para os fins de explicitar a necessária limitação de efeitos da decisão de inconstitucionalidade. Afirmou que uma limitação de efeitos decorreria de algum princípio constitucional imanente, sobretudo da ideia de segurança jurídica** (Informativo 499 do STF).
13. Listagem realizada com base nas lições de: LENZA, Pedro. *Op. Cit.*, p. 329.

▸ PARTICULARIDADES DO PROCESSO OBJETIVO DE JULGAMENTO DA ADI POR AÇÃO
e a representatividade dos postulantes, poderá, por despacho irrecorrível, admitir a **manifestação de outros órgãos ou entidades** (art. 7º, § 2º, da Lei 9.868/99), o que abre espaço para a figura do *amicus curiae*, conforme já decidiu o STF na ADI 2238, julgada em 2002 e relatada pelo Ministro Ilmar Galvão. Assim, pode-se dizer que a atuação do *amicus curiae* tem natureza *sui generis*.
e) **Vedação expressa à desistência** da ação proposta (art. 5º, *caput*, da Lei 9.868/99 e art. 169, § 1º, do Regimento Interno do STF).
f) **Irrecorribilidade** da decisão proferida, **salvo embargos de declaração** (art. 26 da Lei 9.868/99). ▸ ATENÇÃO! Lembre-se que cabe agravo para atacar o indeferimento da petição inicial!
g) **Irrescindibilidade** da decisão proferida (não pode ser atacada por ação rescisória), nos termos do art. 26 da Lei 9.868/99.
h) **Não vinculação do STF à tese jurídica ou causa de pedir**, já que no processo objetivo de controle de constitucionalidade o que importa é a apreciação do pedido.
i) **Possibilidade de dilação probatória com perícia ou audiência pública**: nos termos do art. 9º, § 2º, da Lei 9.868/99, em caso de necessidade de esclarecimento de matéria ou circunstância de fato ou de notória insuficiência das informações existentes nos autos, poderá o relator requisitar informações adicionais, designar perito ou comissão de peritos para que emita parecer sobre a questão, ou fixar data para, em audiência pública, ouvir depoimentos de pessoas com experiência e autoridade na matéria.
j) **Independência em relação ao controle difuso:** "À vista do modelo dúplice de controle de constitucionalidade por nós adotado, a admissibilidade da ação direta não está condicionada à inviabilidade do controle difuso". (ADI 3.205, julgada em 2006 e relatada pelo Ministro Sepúlveda Pertence).

▸ ATENÇÃO!

Em regra, a revogação de lei ou ato normativo objeto de ação direta de inconstitucionalidade implica perda de objeto da ação. Este é o posicionamento do STF: "[...] controle concentrado de constitucionalidade reveste-se de um só e único objetivo: o de julgar, em tese, a validade de determinado ato estatal contestado em face do ordenamento constitucional, desde que em regime de plena vigência, pois - conforme já enfatizado pelo Supremo Tribunal Federal (RTJ 95/980 - RTJ 95/993 - RTJ 99/544 - RTJ 145/339) -, o julgamento da arguição de inconstitucionalidade, quando deduzida "*in abstracto*", não deve considerar, para efeito do contraste que lhe é inerente, a existência de paradigma revestido de valor meramente histórico" (ADC 8, julgada em 2004 e relatada pelo Ministro Celso de Mello).

Mas, há **três exceções** (em que não haverá perda de objeto):

a) Demonstração de que houve **fraude processual** consistente em revogação proposital da norma diante da iminente análise de constitucionalidade pelo STF (STF, ADI 3306);

b) Demonstração que o **conteúdo do ato impugnado foi repetido** em outra fonte normativa; (STF, ADI 2418)

c) Se o STF tiver julgado o mérito da ação **sem ter sido comunicado sobre a revogação** do ato normativo (STF, ADI 951).

6.2. ADI por omissão – ação direta de inconstitucionalidade por omissão

6.2.1. Conceito

É aquela que tem por objetivo declarar a inconstitucionalidade de uma omissão do Poder Público.

Assim, diante da **falta de edição de uma norma pedida pela Constituição**, poderá ser manejada uma ADI por omissão.

6.2.2. Competência e objeto

A **competência** é a mesma da ADI por ação, ou seja, pertence ao **STF**.

O que realmente muda é o objeto. Como anotamos, a ADI por omissão deve ser ajuizada diante da falta de edição de uma norma pedida pela Constituição. Mas, no que consiste essa falta?

No primeiro capítulo, estudamos que, no tocante à eficácia e à aplicabilidade, segundo classificação de José Afonso da Silva, as normas constitucionais podem ser: plenas, contidas e limitadas.

Vimos que as **normas de eficácia limitada** são aquelas que possuem aplicabilidade indireta, mediata e reduzida (não direta, não imediata e não integral), pois **exigem norma infraconstitucional para que se materializem na prática**. Elas podem ser de princípio programático ou princípio institutivo organizativo.

As **normas de eficácia limitada de princípio programático** (também referidas apenas como normas programáticas) são aquelas que não regulam diretamente interesses ou direitos nelas consagrados, mas se limitam a traçar alguns preceitos a serem cumpridos pelo Poder Público, como programas das respectivas atividades, pretendendo unicamente a consecução dos fins sociais pelo Estado. Já as **normas de eficácia limitada de princípio institutivo ou organizativo** são aquelas responsáveis pela estruturação do Estado.

> ✦ *Exemplo clássico de norma de eficácia limitada é a do art. 37, VII, da CF: "O direito de greve será exercido nos termos e nos limites definidos em lei específica".*

Note que a Constituição pede a edição de uma lei específica para o exercício do direito de greve. Assim, **diante de uma norma constitucional de eficácia limitada que implique na omissão do Poder Público** (falta de edição da lei referida na CF), **é cabível o ajuizamento de uma ADI por omissão.**

Vale destacar que a omissão inconstitucional pode ser veiculada a partir de uma ADI por omissão, mas também por meio de um mandado de injunção, conforme estudamos no item 5.4 do capítulo II desta obra.

> ▸ PORTANTO, ATENÇÃO!
>
> Se ajuizada ADI por omissão, a falta de edição da norma estará sendo apontada pelo controle concentrado; caso seja impetrado um mandado de injunção, a omissão estará sendo questionada pelo controle difuso.

6.2.3. Legitimidade para propositura

São **os mesmos legitimados da ADI por ação**, consoante art. 12-A da Lei 9.868/99: "Podem propor a ação direta de inconstitucionalidade por omissão os legitimados à propositura da ação direta de inconstitucionalidade [...]".

6.2.4. Efeitos da decisão

Nos termos do art. 12-H, *caput*, da Lei 9.868/99, declarada a inconstitucionalidade por omissão (com observância dos mesmos quóruns da ADI por ação), **será dada ciência ao Poder competente para a adoção das providências necessárias**, ou seja, na maioria dos casos, para a criação da lei pedida pela Constituição.

Entretanto, em caso de **omissão imputável a órgão administrativo**, as **providências deverão ser adotadas no prazo de 30 dias**, ou em prazo razoável a ser estipulado excepcionalmente pelo Tribunal, tendo em vista as circunstâncias específicas do caso e o interesse público envolvido (art. 12-H, § 1º, da Lei 9.868/99).

Havendo **medida cautelar**, ela poderá consistir na **suspensão da aplicação da lei ou do ato normativo questionado, no caso de omissão parcial**, bem como na **suspensão de processos judiciais ou de procedimentos administrativos**, ou ainda em **outra providência** a ser fixada pelo tribunal (art. 12-F, § 1º, da Lei 9.868/99).

> ▸ ATENÇÃO!
>
> Memorize bem que **a ADI por omissão admite cautelar**, pois o examinador costuma fazer essa pergunta achando que o candidato errará por pensar que não faria sentido caber cautelar diante de uma omissão. Não se esqueça de que a cautelar pode ter várias funções, pois o STF tem o poder de fixar **qualquer providência** em seu bojo.

6.2.5. Procedimento para julgamento da ADI por omissão e efeitos gerados

Diferentemente da ADI por ação, na ADI por omissão, a petição indicará **a omissão total ou parcial quanto ao cumprimento de dever constitucional de legislar** ou quanto à adoção de providência de índole administrativa (art. 12-B da Lei 9.868/99).

Também vale destacar que, **no procedimento da ADI por omissão não há manifestação do Advogado-Geral da União**. A razão é óbvia: ainda não há ato normativo a ser defendido (art. 103, § 3º, da CF).

▶ **FIQUE LIGADO!**

Apesar das inúmeras diferenças aqui arroladas, o STF já admitiu a **aplicação do princípio da fungibilidade entre a ADI e a ADI por Omissão**, ou seja, reconheceu o caráter fungível entre as ações (no sentido de que uma pode ser substituída pela outra).[14]

6.3. ADI interventiva – ação direta de inconstitucionalidade interventiva

A ação direta de inconstitucionalidade interventiva, também denominada de **representação de inconstitucionalidade interventiva federal** (art. 36, III, da CF) tem por objeto atos que violam princípios sensíveis (art. 34, VII, da CF), é ajuizada perante o **STF** e tem como legitimado ativo o **Procurador-Geral da República.** Além disso, o decreto de intervenção federal, que especificará a amplitude, o prazo e as condições de execução e que, se couber, nomeará o interventor, **será submetido à apreciação do Congresso Nacional ou da Assembleia Legislativa do Estado, no prazo de 24 horas** (art. 36, § 1º, da CF).

Na lição de Dirley da Cunha Júnior, a ADI interventiva "apresenta-se como uma condição para a União intervir nos Estados e no Distrito Federal quando a finalidade da intervenção for assegurar a observância dos princípios constitucionais sensíveis, violados por algum ato ou alguma omissão dos órgãos e autoridades daquelas unidades federadas".[15]

---

14. A jurisprudência do STF firmou-se no seguinte sentido: "Senhores Ministros, Senhoras Ministras. Estamos diante de um caso deveras interessante. Temos quatro ações diretas de inconstitucionalidade (ADI n.º 1.987/DF, ADI n.º 875/DF, ADI n.º 2.727/DF e ADI n.º 3.243/DF) imbricadas por uma evidente relação de conexão, fenômeno que determina o seu julgamento conjunto, conforme a jurisprudência desta Corte (ADI-MC n.º 150, rel. min. Moreira Alves, DJ 9.3.1990). Por outro lado, é possível observar a intenção dos requerentes de estabelecer uma nítida distinção de pedidos: uns pela declaração da inconstitucionalidade por omissão e outros pela declaração da inconstitucionalidade (por ação). (...) O quadro aqui revelado, portanto, está a demonstrar uma clara imbricação de pedidos e causas de pedir e, dessa forma, a evidenciar a patente fungibilidade que pode existir entre a ação direta de inconstitucionalidade e a ação direta de inconstitucionalidade por omissão. (...) A Lei n.º 9.868/99 possui capítulos específicos para a ação direta de inconstitucionalidade (Capítulo II) e para a ação declaratória de constitucionalidade (Capítulo III). Com a nova Lei n.º 12.063, de 22 de outubro de 2009, a Lei n.º 9.868/99 passa a contar com o capítulo II-A, que estabelece rito procedimental e medidas cautelares específicas para a ação direta de inconstitucionalidade por omissão. A Lei n.º 9.882/99, por seu turno, trata da arguição de descumprimento de preceito fundamental. No Supremo Tribunal Federal, atualmente, todas as ações possuem uma classe específica de autuação: Ação Direta de Inconstitucionalidade (ADI); Ação Declaratória de Constitucionalidade (ADC); Ação Direta de Inconstitucionalidade por Omissão (ADO) e Arguição de Descumprimento de Preceito Fundamental (ADPF). Portanto, ante a aparente confusão inicialmente verificada nos diversos pedidos, como demonstrado, e tendo em vista a patente defasagem da jurisprudência até então adotada pelo Tribunal, temos aqui uma valiosa oportunidade para superarmos o antigo entendimento e reconhecermos o caráter fungível entre as ações." (ADI 875; ADI 1.987; ADI 2.727, voto do rel. min. Gilmar Mendes, julgamento em 24-2-2010, Plenário, DJE de 30-4-2010.)
15. CUNHA JÚNIOR, Dirley da. *Op. Cit.*, p. 428.

► ATENÇÃO!

A ADI interventiva **foge completamente à disciplina das demais ações do controle concentrado**, de modo que a ela não se aplicam as regras cabíveis para a ADI por ação. Remetemos o leitor ao item 8.3 do capítulo VI desta obra para melhor compreensão do tema, pois lá tratamos, em detalhes, do instituto da intervenção.

6.4. ADC – ação declaratória de constitucionalidade

6.4.1. *Conceito*

Quando se fala dessa ação, a primeira pergunta que surge é: se todas as normas se presumem constitucionais, para que serve uma ação que declara a constitucionalidade? Ela não seria desnecessária?

Apesar do nome, a ADC não declara a constitucionalidade da norma, mas sim de uma determinada interpretação sobre ela.

Assim, a ADC é a ação que tem por objetivo **firmar uma interpretação constitucional sobre determinado ato normativo editado pelo Poder Público, colocando fim a uma controvérsia judicial relevante.**

Há também outra visão, adotada por Pedro Lenza, segundo a qual o objetivo da ADC é **transformar uma presunção relativa (*juris tantum*) de constitucionalidade em absoluta** (*jure et de jure*), não mais se admitindo prova em contrário.[16]

► ATENÇÃO!

Em suas provas, a FCC adota o posicionamento de Pedro Lenza!

Um excelente **exemplo de cabimento da ação declaratória de constitucionalidade é o da controvérsia que embasou o ajuizamento da ADC 4, que versa sobre as determinações da Lei 9.494/97 e a concessão de tutela antecipada contra a Fazenda Pública**. Segundo esclareceu o próprio STF, a controvérsia judicial relevante consistia no fato de que: "**Algumas instâncias ordinárias da Justiça Federal têm deferido tutela antecipada contra a Fazenda Pública, argumentando com a inconstitucionalidade de tal norma. Outras instâncias igualmente ordinárias e até uma Superior – o STJ – a têm indeferido, reputando constitucional o dispositivo em questão**. Diante desse quadro, é admissível ação declaratória de constitucionalidade, de que trata a 2ª parte do inciso I do art. 102 da CF, para que o STF dirima a controvérsia sobre a questão prejudicial constitucional. Medida cautelar deferida, em parte, por maioria de votos, para se suspender, ex nunc, e com efeito vinculante, até o julgamento final da ação, a concessão de tutela antecipada contra a Fazenda Pública, que tenha por pressuposto a constitucionalidade ou inconstitucionalidade do art. 1º da Lei 9.494,

16. LENZA, Pedro. *Direito constitucional esquematizado*. 14. ed. São Paulo: Saraiva, 2010, p. 316-317.

de 10-9-1997, sustando-se, igualmente ex nunc, os efeitos futuros das decisões já proferidas, nesse sentido." (ADC 4-MC, Rel. Min. Sydney Sanches, julgamento em 11-2-1998, Plenário, DJ de 21-5-1999.)

Depois de apreciar a cautelar, no mérito o STF proferiu a seguinte decisão: "Em conclusão, **o Tribunal, por maioria, julgou procedente pedido formulado em ação declaratória de constitucionalidade, proposta pelo presidente da República e pelas Mesas do Senado Federal e da Câmara dos Deputados, para declarar a constitucionalidade do art. 1º da Lei 9.494/1997** (...). Entendeu-se, tendo em vista a jurisprudência do STF no sentido da admissibilidade de leis restritivas ao poder geral de cautela do juiz, desde que fundadas no critério da razoabilidade, que a referida norma não viola o princípio do livre acesso ao Judiciário (CF, art. 5º, XXXV). O Ministro Menezes Direito, acompanhando o relator, acrescentou aos seus fundamentos que a tutela antecipada é criação legal, que poderia ter vindo ao mundo jurídico com mais exigências do que veio, ou até mesmo poderia ser revogada pelo legislador ordinário. Asseverou que seria uma contradição afirmar que o instituto criado pela lei oriunda do Poder Legislativo competente não pudesse ser revogada, substituída ou modificada, haja vista que isto estaria na raiz das sociedades democráticas, não sendo admissível trocar as competências distribuídas pela CF. Considerou que o Supremo tem o dever maior de interpretar a Constituição, cabendo-lhe dizer se uma lei votada pelo Parlamento está ou não em conformidade com o Texto Magno, sendo imperativo que, para isso, encontre a viabilidade constitucional de assim proceder. **Concluiu que, no caso, o fato de o Congresso Nacional votar lei, impondo condições para o deferimento da tutela antecipada, instituto processual nascido do processo legislativo, não cria qualquer limitação ao direito do magistrado enquanto manifestação do Poder do Estado, presente que as limitações guardam consonância com o sistema positivo. Frisou que os limites para concessão de antecipação da tutela criados pela lei sob exame não discrepam da disciplina positiva que impõe o duplo grau obrigatório de jurisdição nas sentenças contra a União, os Estados e os Municípios, bem assim as respectivas autarquias e fundações de direito público, alcançando até mesmo os embargos do devedor julgados procedentes, no todo ou em parte, contra a Fazenda Pública, não se podendo dizer que tal regra seja inconstitucional**. Os Ministros Ricardo Lewandowski, Joaquim Barbosa, Ellen Gracie e Gilmar Mendes incorporaram aos seus votos os adendos do Min. Menezes Direito." (ADC 4, Rel. p/ o ac. Min. Celso de Mello, julgamento em 1º-10-2008, Plenário, Informativo 522.)

6.4.2. Competência e objeto

A **competência** será exclusiva do **STF**, exatamente como na ADI por ação (art. 102, I, "a", da CF).

O que realmente muda é o objeto. Isso porque somente **lei ou ato normativo federal** poderão ser objetos de ADC (diferentemente da ADI por ação, cujos objetos podem ser lei ou ato normativo federal, mas também lei ou ato normativo estadual, consoante art. 102, I, "a", da CF).

6.4.3. Legitimidade para propositura

Desde a edição da EC 45/04, o **rol de legitimados** para a propositura de ADI por ação e de ADC é o mesmo: aquele disposto no art. 103 da CF.

6.4.4. Efeitos da decisão

Os efeitos da ADC são muito semelhantes ADI por ação, tanto é que a doutrina e a jurisprudência afirmam que elas são **ações dúplices, ambivalentes ou de sinais trocados.**[17] Entretanto, precisamos destacar uma peculiaridade sobre a cautelar/liminar na ADC.

Se o STF deferir a medida cautelar/liminar na ADC, o efeito gerado será a **determinação para que os juízes suspendam (por até 180 dias) o julgamento dos processos que envolvam a aplicação da lei ou do ato normativo objeto da ação até seu julgamento definitivo** (art. 21 da Lei 9.868/99).

6.4.5. Procedimento para julgamento da ADC e efeitos gerados

Diferentemente do que ocorre na ADI por ação, na petição inicial da ADC deverá ser demonstrada a **controvérsia judicial relevante, a que se pretende pôr termo,** sobre a aplicação de lei ou ato normativo federal.

Ademais, **no procedimento da ADC não há manifestação do Advogado-Geral da União,** pois não há constitucionalidade de ato normativo a ser defendida, uma vez que a ação não busca a declaração de inconstitucionalidade (art. 14 da Lei 9.868/99).

6.5. ADPF – arguição de descumprimento de preceito fundamental

6.5.1. Conceito

É a ação proposta para **evitar ou reparar lesão a preceito fundamental presente na Constituição, resultante de ato do Poder Público** (art. 102, § 1º, da CF c.c. art. 1º da Lei 9.882/99) ou quando for **relevante o fundamento da controvérsia constitucional** sobre lei ou ato normativo federal, estadual ou municipal, incluídos os anteriores à CF.

Vale notar que **preceito fundamental** é um conceito jurídico indeterminado e não há, na doutrina ou no STF, nenhuma posição segura sobre o seu alcance.

---

17. Nos termos do art. 24 da Lei 9.868/99: "Proclamada a constitucionalidade, julgar-se-á improcedente a ação direta ou procedente eventual ação declaratória; e, proclamada a inconstitucionalidade, julgar-se-á procedente a ação direta ou improcedente eventual ação declaratória". Por essa razão o STF considera que: "[...] a ADC consubstancia uma ADI com sinal trocado e, tendo ambas caráter dúplice, seus efeitos são semelhantes". (AgR-QO 1.880, julgada em 2002 e relatada pelo Ministro Maurício Corrêa).

6.5.2. Competência e objeto

A **competência** para julgamento da ADPF é do **STF** (art. 102, § 1º, da CF c.c. art. 1º da Lei 9.882/99).

Como restou claro já no conceito, a ADPF tem por objeto evitar ou reparar lesão a preceito fundamental resultante de ato do Poder Público e dispor sobre controvérsia constitucional que envolva **lei ou ato normativo federal, estadual ou municipal, incluídos os anteriores à CF**.

Assim, **no controle concentrado, a ADPF é a única ação que pode ter por objeto leis ou atos normativos municipais; e leis ou atos normativos municipais, estaduais ou federais anteriores à CF** (o que se denomina de **controle de recepção**), tudo de acordo com o art. 1º da Lei 9.882/99.

> ✦ *Exemplo 1: uma norma municipal que disponha sobre funcionamento e organização de agências bancárias não pode ser objeto de ADI por ação perante o STF (porque é ato normativo municipal), mas pode ser objeto de ADPF.*
>
> ✦ *Exemplo 2: uma norma do Código Penal que é de 1940 não pode ser objeto de ADI por ação perante o STF (porque é anterior à CF), mas pode ser objeto de ADPF (que foi o que ocorreu na ADPF 54, sobre a antecipação terapêutica do parto de fetos anencéfalos, cujos objetos eram os artigos do Código Penal que dispunham sobre o aborto).*

Ainda em relação ao controle de recepção constitucional via ADPF, segundo o STF: **"A revogação da lei ou ato normativo não impede o exame da matéria em sede de ADPF**, porque o que se postula nessa ação é a declaração de ilegitimidade ou de não recepção da norma pela ordem constitucional superveniente"; e **"eventual cogitação sobre a inconstitucionalidade da norma impugnada em face da Constituição anterior, sob cujo império ela foi editada, não constitui óbice ao conhecimento da arguição de descumprimento de preceito fundamental**, uma vez que nessa ação o que se persegue é a verificação da compatibilidade, ou não, da norma pré-constitucional com a ordem constitucional superveniente. (ADPF 33. Relator: Gilmar Mendes. Julgamento: 07/12/2005).

Mas, diante de leis ou atos normativos federais ou estaduais **posteriores à CF, em tese, são cabíveis tanto a ADI por ação quanto a ADPF**. Por sua vez, diante de uma controvérsia judicial relevante sobre lei ou ato normativo federal poderiam ser ajuizadas tanto a ADC quanto a ADPF. Nesses casos, questiona-se: então se pode optar por qualquer delas? Resposta: não. Isso porque, nos termos do art. 4º, § 1º, da Lei 9.882/99, aplica-se à arguição de descumprimento de preceito fundamental o **princípio da subsidiariedade**, o que significa que não será admitida ADPF quando houver qualquer outro meio eficaz de sanar a lesividade. Assim, se for cabível ADI e ADPF, deverá ser ajuizada ADI; e, se forem cabíveis ADC e ADPF de igual modo se deve optar pela ADC.

Retomando-se a análise do objeto, cabe frisar que a ADPF pode ser utilizada para **evitar ou reparar lesão a preceito fundamental resultante de ato do Poder**

Público. Essa hipótese de cabimento pode ensejar uma interpretação muito ampla. Por esse motivo o STF já estabeleceu alguns parâmetros, em regra valendo-se do princípio da subsidiariedade, dentro os quais se destacam o de **admitir alguns atos infralegais como objeto de ADPF** (ADPF 186, julgada em 2012 e relatada pelo Ministro Ricardo Lewandowski)[18], e o **de não entender cabível ADPF em face de sentenças transitadas em julgado** (STF. ADPF 134-AgR-terceiro, Relator Ministro Ricardo Lewandowski, julgamento em 2009).[19]

Contudo, entende o STF que cabe Arguição de Descumprimento de Preceito Fundamental **contra decisão judicial** na qual se tenha adotado interpretação da qual possa resultar lesão a preceito fundamental. STF. Plenário. ADPF 484/AP, Rel. Min. Luiz Fux, julgado em 4/6/2020 (Info 980).

6.5.3. *Legitimidade para propositura*

Por força do disposto no art. 2º da Lei 9.882/99, podem propor ADPF os mesmos legitimados para a ação direta de inconstitucionalidade, ou seja, aqueles do art. 103 da CF.

6.5.4. *Efeitos da decisão*

Em regra, são os mesmos da ADI por ação, mas é bom esclarecer que, em se tratando de **controle de recepção**, o efeito ***ex tunc* da decisão de mérito será limitado**

18. O STF admite ato infralegal como objeto de ADPF. "O Plenário julgou improcedente pedido formulado em arguição de descumprimento de preceito fundamental ajuizada, pelo Partido Democratas - DEM, contra atos da Universidade de Brasília - UnB, do Conselho de Ensino, Pesquisa e Extensão da Universidade de Brasília - Cepe e do Centro de Promoção de Eventos da Universidade de Brasília - Cespe, os quais instituíram sistema de reserva de 20% de vagas no processo de seleção para ingresso de estudantes, com base em critério étnico-racial. Preliminarmente, admitiu-se o cabimento da ação, por inexistir outro meio hábil para sanar a lesividade questionada. **Apontou-se entendimento da Corte no sentido de que a subsidiariedade da via eleita deveria ser confrontada com a existência, ou não, de instrumentos processuais alternativos capazes de oferecer provimento judicial com eficácia ampla, irrestrita e imediata para solucionar o caso. Articulou-se que, diante da natureza infralegal dos atos impugnados, a ação direta de inconstitucionalidade não seria medida idônea para o enfrentamento da controvérsia, tampouco qualquer das ações que comporiam o sistema de jurisdição constitucional abstrata.** (ADPF 186, julgada em 2012 e relatada pelo Ministro Ricardo Lewandowski).
19. Para o STF não cabe arguição de descumprimento de preceito fundamental em face de sentenças transitadas em julgado. Tal posicionamento restou assentado na ADPF 134: ""O presente caso objetiva a desconstituição de decisões judiciais, dentre as quais muitas já transitadas em julgado, que aplicaram índice de reajuste coletivo de trabalho definido pelos Decretos Municipais 7.153/1985, 7.182/1985, 7.183/1985, 7.251/1985, 7.144/1985, 7.809/1988 e 7.853/1988, bem como pela Lei Municipal 6.090/86, todos do Município de Fortaleza/CE. Este instituto de controle concentrado de constitucionalidade não tem como função desconstituir coisa julgada. **A arguição de descumprimento de preceito fundamental é regida pelo princípio da subsidiariedade a significar que a admissibilidade desta ação constitucional pressupõe a inexistência de qualquer outro meio juridicamente apto a sanar, com efetividade real, o estado de lesividade do ato impugnado. A ação tem como objeto normas que não se encontram mais em vigência. A ofensa à Constituição Federal, consubstanciada na vinculação da remuneração ao salário mínimo, não persiste nas normas que estão atualmente em vigência.** Precedentes. A admissão da presente ação afrontaria o princípio da segurança jurídica."

a 5 de outubro de 1988 (data de promulgação e publicação da atual Constituição Federal), pois o STF não pode atingir relações jurídicas firmadas anteriormente à Constituição vigente.

Ademais, o art. 5º, § 3º, da Lei 9.882/99 aduz que a **cautelar/liminar** poderá consistir na determinação de que juízes e tribunais **suspendam o andamento de processo ou os efeitos de decisões judiciais**, ou de **qualquer outra medida** que apresente relação com a matéria objeto da arguição de descumprimento de preceito fundamental, **salvo se decorrentes da coisa julgada**.

6.5.5. Procedimento para julgamento da ADPF e efeitos gerados

Dando continuidade ao tratamento de algumas peculiaridades da cautelar/liminar na ADPF, consoante art. 5º, § 1º, da Lei 9.882/99, em caso de **extrema urgência** ou **perigo de lesão grave** (diferentemente da ADI por ação, que não conta com essa previsão expressa), ou ainda, em **período de recesso**, poderá o relator conceder a cautelar/liminar, ***ad referendum* do Tribunal Pleno.**

Além disso, o relator poderá ouvir os órgãos ou autoridades responsáveis pelo ato questionado, bem como o Advogado-Geral da União ou o Procurador-Geral da República, no **prazo comum de 5 dias** (diferentemente do que ocorre na ADI por ação, em que os órgãos ou entidades que produziram o ato objeto da ADI deverão prestar informações em 5 dias; e, se o relator julgar indispensável, haverá manifestação do Advogado-Geral da União e do Procurador Geral da República no prazo comum de mais 3 dias), tudo de acordo com o art. 5º, § 2º, da Lei 9.882/99.

No mais, aplicam-se as regras de quóruns e efeitos da ADI por ação.

> ▸ ATENÇÃO!
>
> Assim como ocorre entre ADI por ação e ADI por omissão, **o STF reconhece a aplicação do princípio da fungibilidade entre ADI e ADPF.** *In verbis*: "Aplicação do princípio da fungibilidade. (...) É lícito conhecer de ação direta de inconstitucionalidade como arguição de descumprimento de preceito fundamental, **quando coexistentes todos os requisitos de admissibilidade desta, em caso de inadmissibilidade daquela.**" (ADI 4.180-MC-REF, Rel. Min. Cezar Peluso, julgamento em 10-3-2010, Plenário, DJE de 27-8-2010.)

6.6. Controle concentrado em âmbito estadual

Todo o regramento que estudamos até este ponto refere-se ao controle concentrado de constitucionalidade em âmbito federal, que é aquele de competência do STF e que toma como referência ou paradigma a Constituição Federal.

Entretanto, o art. 125, § 2º, da CF também faz previsão do controle concentrado de constitucionalidade em âmbito estadual: "Cabe aos Estados a instituição de representação de inconstitucionalidade de leis ou atos normativos estaduais ou municipais em face da Constituição Estadual, vedada a atribuição da legitimação para agir a um único órgão".

Assim, é possível que **leis ou atos normativos estaduais ou municipais sejam objeto de controle de constitucionalidade tomando-se como referência ou paradigma a Constituição** Estadual.

Nesse caso, o processo objetivo se dará mediante o **ajuizamento de uma representação de inconstitucionalidade perante o Tribunal de Justiça** de cada Estado-membro e do DF. Assim, por exemplo, compete aos Estados a instituição de representação de inconstitucionalidade de leis ou atos normativos estaduais ou municipais em face da Constituição Estadual, mas não é reconhecida expressamente a legitimação para agir aos mesmos órgãos e entidades legitimados a propositura de ação direta de inconstitucionalidade. Cada Estado é livre para estabelecer o seu rol de legitimados.

Trata-se de tema muito pouco explorado em provas para Tribunais e MPU e que, quando cai, restringe-se ao conteúdo do art. 125, § 2º, da CF, portanto é o que basta para a proposta de nossa obra: preparar o leitor para a aprovação!

7. TABELA

▸ SISTEMA MISTO OU DÚPLICE DE CONTROLE JURISDICIONAL DE CONSTITUCIONALIDADE NO BRASIL

Modelos	Ação	Competência	Objeto	Legitimidade para propositura	Regra sobre os efeitos da decisão
1. Controle difuso	Qualquer uma	Qualquer órgão do Judiciário dotado de poder jurisdicional	Caso concreto (controle de constitucionalidade é incidente, exposto na causa de pedir)	Qualquer pessoa física ou jurídica	*inter partes* e *ex tunc*
2. Controle concentrado	2.1. ADI por ação	STF	Lei ou ato normativo federal ou estadual	Art. 103 da CF	**Na cautelar/liminar:** *erga omnes, ex nunc* e vinculante **No mérito:** *erga omnes, ex tunc* e vinculante
	2.2. ADI por omissão	STF	Norma constitucional de eficácia limitada não regulamentada	Art. 103 da CF	**Na cautelar/liminar:** suspensão da aplicação da lei ou do ato normativo questionado, no caso de omissão parcial, bem como na suspensão de processos judiciais ou de procedimentos administrativos, ou ainda em outra providência a ser fixada pelo tribunal **No mérito:** ciência ao Poder competente para adoção das providências necessárias

▶ SISTEMA MISTO OU DÚPLICE DE CONTROLE JURISDICIONAL DE CONSTITUCIONALIDADE NO BRASIL					
Modelos	**Ação**	**Competência**	**Objeto**	**Legitimidade para propositura**	**Regra sobre os efeitos da decisão**
	2.3. ADI interventiva	STF	Atos que violem princípios sensíveis (art. 34, VII, da CF)	Procurador-Geral da República	**Na cautelar/liminar:** suspensão do andamento de processo ou efeitos de decisões judiciais ou administrativas ou de qualquer outra medida **No mérito:** se procedente, Presidente do STF comunica o Presidente da República no prazo improrrogável de 15 dias, para adoção das providências do art. 36, §§ 1º a 3º, da CF
2. Controle concentrado	2.4. ADC	STF	Lei ou ato normativo federal	Art. 103 da CF	**Na cautelar/liminar:** suspensão dos julgamentos por até 180 dias **No mérito:** *erga omnes*, *ex tunc* e vinculante
	2.5. ADPF	STF	Evitar ou reparar lesão a preceito fundamental presente na Constituição, resultante de ato do Poder Público (art. 102, § 1º da CF c.c. art. 1º da Lei 9.882/99) ou quando for relevante o fundamento da controvérsia constitucional sobre lei ou ato normativo federal, estadual ou municipal, incluídos os anteriores à CF	Art. 103 da CF	**Na cautelar/liminar:** determinação de que juízes e tribunais suspendam o andamento de processo ou os efeitos de decisões judiciais, ou de qualquer outra medida que apresente relação com a matéria objeto da arguição de descumprimento de preceito fundamental, salvo se decorrentes da coisa julgada **No mérito:** *erga omnes*, *ex tunc* (limitado a 5 de outubro de 1988) e vinculante

8. TEMAS ESPECIAIS DE CONTROLE DE CONSTITUCIONALIDADE

8.1. Bloco de constitucionalidade e controle de norma interposta

A ideia de bloco de constitucionalidade é de Louis Favoreu, mas foi desenvolvida por inúmeros doutrinadores, com destaque para as lições de Canotilho, que acabaram sendo citadas pelo Ministro Celso de Mello no julgamento da ADI 595.

Pode-se conceituar o bloco de constitucionalidade como um **conjunto de normas materialmente constitucionais**, que servem de paradigma para o controle de constitucionalidade, mas que, **não necessariamente integram formalmente a Constituição**, a exemplo dos tratados internacionais de direitos humanos aprovados de acordo com o regramento do art. 5º, § 3º, da CF.

O bloco de constitucionalidade promove verdadeiro **alargamento do paradigma de constitucionalidade.** Sob essa perspectiva seria possível realizar-se controle de constitucionalidade em face de ato normativo que viole norma pertencente ao bloco de constitucionalidade.

Se, por exemplo, fosse editada uma norma que violasse o conteúdo da Convenção Internacional sobre os Direitos das Pessoas com Deficiência (que foi aprovada no Brasil respeitando-se o rito do art. 5º, § 3º, da CF), seria possível realizar-se controle de constitucionalidade, posto que essa Convenção integra o bloco de constitucionalidade.

Vale notar que nesse bloco **não estão incluídas as normas infraconstitucionais.** Assim, se uma norma ofende uma lei, mas não viola diretamente a Constituição, não é possível a realização do controle de constitucionalidade. Essa lei ofendida, que fica entre a norma objeto de questionamento e a Constituição, recebe o nome de norma interposta. **O STF tem posição firme no sentido de que não se admite controle de constitucionalidade em face de norma interposta**, ou seja, só há controle de constitucionalidade quando ocorrer violação ao bloco de constitucionalidade. Destacamos o seguinte julgado: "Ação direta de inconstitucionalidade. Lei nº 6.004, de 14/04/98, do Estado de Alagoas. Alegada violação aos arts. 150, § 6º; e 155, § 2º, XII, g, da constituição federal. **Ausência de conflito direto com o texto constitucional. Não cabe controle abstrato de constitucionalidade por violação de norma infraconstitucional interposta, sem ocorrência de ofensa direta à Constituição Federal.** Hipótese caracterizada nos autos, em que, para aferir a validade da lei alagoana sob enfoque frente aos dispositivos da Constituição Federal, seria necessário o exame do conteúdo da Lei Complementar nº 24/75 e do Convênio 134/97, inexistindo, no caso, conflito direto com o texto constitucional. Ação direta de inconstitucionalidade não conhecida". (STF. ADI 2122, julgada no ano 2000 e relatada pelo Ministro Ilmar Galvão).

8.2. Recepção constitucional e inconstitucionalidade superveniente

Quando surge uma nova Constituição, todo o ordenamento jurídico sofre repercussão. Isso porque, deve-se verificar se os atos normativos existentes (que foram editados na vigência de Constituição anterior) estão de acordo com o que preceitua a nova Constituição. A ideia é aproveitar-se toda a legislação existente, pois seria um caos se, a cada nova Constituição, fosse necessário criar novos atos normativos para reger a vida em sociedade. Imagine como seria complicado ter que se criar novos códigos penal, civil, processual civil, dentre outros. Desta feita, **o mais razoável é que, quando da edição de uma nova Constituição, as normas então existentes presumam-se de acordo com a Constituição, e assim o é no Brasil.**

Mas, essa presunção de constitucionalidade de atos normativos editados em ordens constitucionais anteriores é apenas relativa, de modo que, **as normas que forem materialmente incompatíveis com a nova ordem constitucional serão revogadas** (nomenclatura utilizada pelo STF) **ou não recepcionadas**. Por outro lado, **as normas materialmente compatíveis serão recebidas e consideradas válidas**, operando-se um fenômeno chamado de **recepção constitucional**.

Como existe uma presunção de constitucionalidade ou de recepção constitucional, a revogação ou não recepção das normas materialmente incompatíveis exige pronunciamento jurisdicional a respeito, ou seja, será do Judiciário o papel de pronunciar a revogação ou não recepção de normas criadas em ordens constitucionais anteriores, o que só é possível mediante provocação em controle de constitucionalidade difuso (por meio de qualquer ação, uma vez que a questão constitucional é mero incidente) ou concentrado (somente via ADPF, única ação do controle abstrato apta a realizar controle de recepção constitucional).

Vale destacar que o controle de recepção pronuncia a revogação do ato normativo por ser incompatível com a nova Constitucional. Essa informação é importante para se entender porque **o STF diz que não existe inconstitucionalidade superveniente**.

De acordo com o Supremo Tribunal Federal, o **vício de inconstitucionalidade, quando existente, é sempre congênito**, ou seja, existe desde o surgimento do ato normativo tendo como paradigma a Constituição então vigente. Assim é que não há que se falar em vício de inconstitucionalidade em face de uma nova Constituição. Se um ato normativo era compatível com uma Constituição anterior, mas se choca com uma Constituição superveniente, então ele deve ser considerado não recepcionado ou revogado. Não se pode dizer que a norma se tornou inconstitucional, pois **não se admite a inconstitucionalidade superveniente** (ADI 2. Julgada em 1997 e relatada pelo Ministro Paulo Brossard).

Pelos mesmos motivos, o STF também rechaça a **constitucionalidade superveniente** (ADI 2.158 e ADI 2.189. Rel. Min. Dias Toffoli, j. 15.09.2010).

Como o vício de inconstitucionalidade é sempre congênito, uma alteração no paradigma constitucional (a partir do surgimento de uma nova constituição ou da edição de uma emenda constitucional) não tem o condão de tornar válido o ato normativo que, quando de sua criação, era inconstitucional. Em outras palavras: o ato normativo não pode se tornar constitucional. **Somente o parâmetro constitucional vigente no momento de criação do ato é que pode ser levado em consideração.** Ao nascer o ato já é constitucional ou inconstitucional, e nenhuma alteração futura no paradigma de constitucionalidade tem relevância.

8.3. Inconstitucionalidade progressiva ou lei ainda constitucional

Apesar de o ordenamento jurídico brasileiro ter como paradigma que o vício de inconstitucionalidade é congênito (nasce junto com o ato normativo), o STF vem admitindo a tese da inconstitucionalidade progressiva, segundo a qual, **devido a circunstâncias de fato, um ato normativo pode ser considerando constitucional, mas em trânsito para a inconstitucionalidade.** Em outras palavras, pode-se dizer que **uma lei ainda é constitucional devido a algumas circunstâncias, mas que, no futuro, será inconstitucional.**

Essa tese foi externada no julgamento do HC 70.514, julgado em 23.03.1994, que tinha como questão incidente a discussão sobre a constitucionalidade do prazo em dobro no processo penal para os defensores públicos. Argumentava-se que a prerrogativa do prazo em dobro prevista na LC 80/94 (Lei Orgânica da Defensoria Pública) seria inconstitucional por violação ao princípio da isonomia, uma vez que o Ministério Público não goza dessa prerrogativa.

Segundo o STF, a norma que prevê o prazo em dobro é constitucional, mas está **em trânsito para a inconstitucionalidade,** uma vez que, essa prerrogativa ainda se justifica e não viola o princípio da igualmente porque a Defensoria Pública é instituição nova no país, ainda em fase de estruturação e organização, mas que, no futuro, quando já estiver em pé de igualdade com o Ministério Público, não precisará mais do prazo em dobro, tornando essa prerrogativa inconstitucional.

8.4. Inconstitucionalidade por arrastamento ou atração e a teoria da divisibilidade da lei

O Supremo Tribunal Federal **admite a inconstitucionalidade por arrastamento ou atração,** que consiste na possibilidade de, em sede de controle concentrado, se declarar a inconstitucionalidade de uma norma objeto de pedido e também de outro ato normativo que não tenha sido objeto do pedido, em virtude de correlação, conexão ou interdependência entre uma e outro. Trata-se de uma mitigação ao princípio da adstrição ou congruência, segundo o qual o julgador só pode apreciar o que consta do pedido.

A inconstitucionalidade por arrastamento ou atração foi reconhecida pelo STF em inúmeros ações, com destaque para a ADI 4.451, rel. min. Ayres Britto, julgamento em 2-9-2010, Plenário, DJE de 24-8-2012.), em que se pronunciou a suspensão de eficácia do inciso II do art. 45 da Lei 9.504/1997 (que estabelece normas para eleições) e, por arrastamento, dos § 4º e § 5º do mesmo artigo, incluídos pela Lei 12.034/2009.

Entendendo o caso: a Lei 12.034/2009 alterou a Lei 9.504/07, que em seu art. 45, inciso II, passou a dispor que, "a partir de 1º de julho do ano da eleição, é vedado às emissoras de rádio e televisão, em sua programação normal e noticiário: [...] usar trucagem, montagem ou outro recurso de áudio ou vídeo que, de qualquer forma, degradem ou ridicularizem candidato, partido ou coligação, ou produzir ou veicular programa com esse efeito".

Ao realizar a sua apreciação, o STF argumentou que: "**Não cabe ao Estado, por qualquer dos seus órgãos, definir previamente o que pode ou o que não pode ser dito por indivíduos e jornalistas.** Dever de omissão que inclui a própria atividade legislativa, pois é vedado à lei dispor sobre o núcleo duro das atividades jornalísticas, assim entendidas as coordenadas de tempo e de conteúdo da manifestação do pensamento, da informação e da criação lato sensu. Vale dizer: não há liberdade de imprensa pela metade ou sob as tenazes da censura prévia, pouco importando o poder estatal de que ela provenha. Isso porque a liberdade de imprensa não é uma bolha normativa ou uma fórmula prescritiva oca. Tem conteúdo, e esse conteúdo é formado pelo rol de liberdades que se lê a partir da cabeça do art. 220 da CF: liberdade de 'manifestação do pensamento', liberdade de 'criação', liberdade de 'expressão', liberdade de 'informação'. Liberdades constitutivas de verdadeiros bens de personalidade, porquanto correspondentes aos seguintes direitos que o art. 5º da nossa Constituição intitula de 'Fundamentais': 'livre manifestação do pensamento' (inciso IV); 'livre (...) expressão da atividade intelectual, artística, científica e de comunicação' (inciso IX); 'acesso a informação' (inciso XIV). (...) **Programas humorísticos, charges e modo caricatural de pôr em circulação ideias, opiniões, frases e quadros espirituosos compõem as atividades de 'imprensa', sinônimo perfeito de 'informação jornalística'** (§ 1º do art. 220). Nessa medida, gozam da plenitude de liberdade que é assegurada pela Constituição à imprensa. (...) **A liberdade de imprensa assim abrangentemente livre não é de sofrer constrições em período eleitoral. Ela é plena em todo o tempo, lugar e circunstâncias. (...) Suspensão de eficácia do inciso II do art. 45 da Lei 9.504/1997 e, por arrastamento, dos § 4º e § 5º do mesmo artigo, incluídos pela Lei 12.034/2009.** Os dispositivos legais não se voltam, propriamente, para aquilo que o TSE vê como imperativo de imparcialidade das emissoras de rádio e televisão. Visa a coibir um estilo peculiar de fazer imprensa: aquele que se utiliza da trucagem, da montagem ou de outros recursos de áudio e vídeo como técnicas de expressão da crítica jornalística, em especial os programas humorísticos".

Analisando-se os § 4º e 5º do art. 45 da Lei 9.504/97 fica claro o motivo que levou o STF a suspender a eficácia desses dispositivos. **O inciso II do art. 45 da Lei 9.504/97 proíbe a trucagem e a montagem, e os §§ 4º e 5º nada mais fazem do que definir trucagem e montagem.** Se essas condutas tiveram suas proibições suspensas, não faz sentido manter os parágrafos que as definiam. **Há correlação, conexão ou interdependência entre os dispositivos legais.**

Vale destacar, por fim, que a doutrina e a jurisprudência nacionais admitem plenamente a **teoria da divisibilidade da lei**, de modo que somente deve ser proferida a inconstitucionalidade daquelas normas viciadas, não devendo se estender o juízo da censura às outras partes da lei, **salvo se elas não puderem subsistir de forma autônoma** (tal como ocorre nas situações de inconstitucionalidade por arrastamento ou atração). Essa é a lição de Gilmar Ferreira Mendes, que também pontua os critérios para a realização da de pronúncia apenas sobre parte do ato normativo: "Faz-se mister, portanto, verificar se estão presentes as **condições objetivas de divisibilidade**. Para isso, impõe-se aferir o **grau de dependência entre os dispositivos**, isto é, examinar se as disposições estão em uma relação de vinculação que impediria sua divisibilidade. Impõe-se verificar, igualmente, **se a norma que irá subsistir após a declaração de nulidade parcial corresponderia à vontade do legislador**. Portanto, devem ser investigadas não só a existência de uma relação de dependência (unilateral ou recíproca), mas também a possibilidade de intervenção no âmbito da vontade do legislador (Jurisdição constitucional: o controle abstrato de normas no Brasil e na Alemanha. 5.ed. São Paulo: Saraiva, 2007, p. 342-343).

8.5. Inconstitucionalidade chapada

Em lições anteriores aprendemos que o princípio da presunção de constitucionalidade traz a seguinte mensagem: todas as normas infraconstitucionais estão de acordo com a Constituição. Até que se prove o contrário, portanto, a presunção de constitucionalidade é relativa (*juris tantum*). Esse princípio ainda tem por missão orientar que o judiciário declare a inconstitucionalidade de uma norma apenas se ela **for evidente, patente ou chapada, ou seja, que não permita uma interpretação conforme a constituição**. Sobre a presunção de constitucionalidade, a lição de Luís Roberto Barroso: "a) não sendo evidente a inconstitucionalidade, havendo dúvida ou a possibilidade de razoavelmente se considerar a norma como válida, deve o órgão competente abster-se da declaração de inconstitucionalidade; b) havendo alguma interpretação possível que permita afirmar-se a compatibilidade da norma com a Constituição, em meio a outras que carreavam para ela um juízo de invalidade, deve o intérprete optar pela interpretação legitimadora, mantendo o preceito em vigor".[20]

O STF já se valeu da expressão "inconstitucionalidade chapada" em inúmeros casos (ADI 2.257, ADI 3.715, ADI 1.923 e ADI 1.802). Já o Ministro Carlos Brito, "no sentido de descrever uma inconstitucionalidade **manifesta**, chegou a caracterizá-la como **"enlouquecida, desvairada"**.[21]

8.6. Interpretação conforme a Constituição e declaração parcial de nulidade ou inconstitucionalidade sem redução de texto

Estudamos nos capítulos iniciais desta obra, que **o princípio da interpretação conforme atua conferindo a um ato normativo polissêmico ou equívoco** (que admite vários sentidos ou significados) **a interpretação que mais se adapte ao que preceitua a Constituição.**

Aplicável ao controle de constitucionalidade, a interpretação conforme a Constituição **permite que se mantenha um texto normativo, conferindo-se a ele um sentido ou interpretação** de acordo com os valores constitucionais.

Caso paradigmático sobre interpretação conforme foi o da ADPF 54, julgada em 2012 e relatada pelo Ministro Marco Aurélio, que teve como tema a antecipação

20. BARROSO, Luís Roberto. *Interpretação e aplicação da Constituição*. 2. ed. São Paulo: Saraiva. 1998, p. 165.
21. LENZA, Pedro. *Direito constitucional esquematizado*. 18. Ed. São Paulo: Saraiva, 2014, p. 366.

terapêutica do parto de anencéfalos. A Ministra Rosa Weber, em seu voto, se referiu expressamente à interpretação conforme: "Expressou que a tese da ausência de vontade do legislador para previsão da anencefalia como causa excludente da ilicitude não seria bom parâmetro hermenêutico para o caso. Evidenciou que, no direito contemporâneo, o processo legislativo seria muito complexo, a dificultar a aferição da vontade real do Legislativo e que seus documentos preparatórios nem sempre se mostrariam fontes seguras. Além disso, registrou que não seria rara a criação da lei de maneira ambígua e atécnica de forma proposital, a fim de que sua aprovação fosse politicamente viável, deixando-se a resolução das dúvidas futuras ao Judiciário. Também considerou que a Constituição determinaria os limites dessa vontade, de modo que a do legislador não poderia lhe ser contrária. Afastou a aplicação do precedente proferido no julgamento do RE 121336/CE (DJU de 26.6.92) à espécie, tendo em conta que não se trataria de vontade inconstitucional com atribuição de conteúdo para salvar o texto, mas de interpretação conforme a Constituição para mantê-lo e impedir que ele se estendesse a outra hipótese, que seria a anencefalia." (Informativo 661 do STF).

Técnica muito semelhante à interpretação conforme é a da **declaração parcial de nulidade ou inconstitucionalidade sem redução de texto**, pois também tem como pressuposto a manutenção do texto normativo. Mas, em vez de conferir uma interpretação conforme a Constituição, a declaração de nulidade sem redução de texto **declara a inconstitucionalidade das interpretações que estariam em desacordo com o paradigma constitucional.**

Nas palavras de Gilmar Ferreira Mendes: "Ainda que se não possa negar a **semelhança dessas categorias** e a proximidade do resultado prático de sua utilização, é certo que, enquanto, na interpretação conforme a Constituição se tem, dogmaticamente, a declaração de que uma lei é constitucional com a interpretação que lhe é conferida pelo órgão judicial, constata-se, na declaração de nulidade sem redução de texto, a expressa exclusão, por inconstitucionalidade, de determinadas hipóteses de aplicação (Anwendungsfälle) do programa normativo sem que se produza alteração expressa do texto legal". (MENDES, Gilmar Ferreira. Jurisdição Constitucional. São Paulo: Saraiva, 1996, p.275).

Ainda que doutrinariamente se possa estabelecer distinções entre a interpretação conforme a Constituição e a declaração parcial de nulidade sem redução do texto, **a jurisprudência do STF vem se firmando no sentido de considerar que os institutos se confundem, gerando as mesmas consequências normativas e práticas.** Para o STF, **tanto na interpretação conforme quanto na declaração parcial há uma declaração de inconstitucionalidade quanto a determinada interpretação.**

Um dos julgamentos que refletiu essa jurisprudência foi o da **ADI 4.274, sobre a "Marcha da Maconha". O STF entendeu pela aplicação de uma interpretação conforme a Constituição e, ainda assim, julgou procedente a ação direta de inconstitucionalidade**, ou seja, proferiu uma declaração de inconstitucionalidade, ainda que sem redução de texto. Vale destacar um trecho desse julgado: **"Cabível o pedido de 'interpretação conforme à Constituição' de preceito legal portador de mais de um**

sentido, dando-se que ao menos um deles é contrário à CF. A utilização do § 3º do art. 33 da Lei 11.343/2006 como fundamento para a proibição judicial de eventos públicos de defesa da legalização ou da descriminalização do uso de entorpecentes ofende o direito fundamental de reunião, expressamente outorgado pelo inciso XVI do art. 5º da Carta Magna. Regular exercício das liberdades constitucionais de manifestação de pensamento e expressão, em sentido lato, além do direito de acesso à informação (...). Nenhuma lei, seja ela civil ou penal, pode blindar-se contra a discussão do seu próprio conteúdo. Nem mesmo a Constituição está a salvo da ampla, livre e aberta discussão dos seus defeitos e das suas virtudes, desde que sejam obedecidas as condicionantes ao direito constitucional de reunião, tal como a prévia comunicação às autoridades competentes. Impossibilidade de restrição ao direito fundamental de reunião que não se contenha nas duas situações excepcionais que a própria Constituição prevê: o estado de defesa e o estado de sítio (...). **Ação direta julgada procedente para dar ao § 2º do art. 33 da Lei 11.343/2006 'interpretação conforme à Constituição' e dele excluir qualquer significado que enseje a proibição de manifestações e debates públicos acerca da descriminalização ou legalização do uso de drogas ou de qualquer substância que leve o ser humano ao entorpecimento episódico, ou então viciado, das suas faculdades psicofísicas.**" (ADI 4.274, Rel. Min. Ayres Britto, julgamento em 23-11-2011, Plenário, DJE de 2-5-2012.) Vide: ADPF 187, Rel. Min. Celso de Mello, julgamento em 15-6-2011).

Sobre os efeitos das decisões em que há manifestação sobre interpretação conforme ou declaração parcial de inconstitucionalidade, o **STF** ainda sedimentou o seguinte: "As decisões consubstanciadoras de declaração de constitucionalidade ou de inconstitucionalidade, inclusive aquelas que importem em interpretação conforme à Constituição e em declaração parcial de inconstitucionalidade sem redução de texto, quando proferidas pelo STF, em sede de fiscalização normativa abstrata, **revestem-se de eficácia contra todos (*erga omnes*) e possuem efeito vinculante em relação a todos os magistrados e tribunais, bem assim em face da administração pública federal, estadual, distrital e municipal**, impondo-se, em consequência, à necessária observância por tais órgãos estatais, que deverão adequar-se, por isso mesmo, em seus pronunciamentos, ao que a Suprema Corte, em manifestação subordinante, houver decidido, seja no âmbito da ação direta de inconstitucionalidade, seja no da ação declaratória de constitucionalidade, a propósito da validade ou da invalidade jurídico-constitucional de determinada lei ou ato normativo." (Rcl 2.143-AgR, Rel. Min. Celso de Mello, julgamento em 12-3-2003, Plenário, DJ de 6-6-2003.)

8.7. Efeito repristinatório

Repristinação é o fenômeno que se dá pela **recuperação da vigência de uma norma que tinha sido revogada, se, por acaso, a lei que a tinha revogado, por qualquer razão, perder a vigência** (porque foi revogada, por exemplo). Simplificando: tomemos três leis "1", "2" e "3". Se "2" revoga "1", mas "3" revoga "2", "1" volta a ter vigência.

No plano legal, esse fenômeno só existe de forma expressa (se a lei que entra em vigor revogando a lei revogadora expressar o restabelecimento da lei inicialmente revogada), de modo que **não há repristinação tácita.**

Mas, no **plano constitucional**, fala-se na existência de um **efeito repristinatório tácito**, em que no controle de constitucionalidade concentrado, **a concessão da medida cautelar ou decisão de mérito torna aplicável a legislação anterior acaso existente, salvo expressa manifestação em sentido contrário** (c.f. art. 11, § 2º, da Lei 9.868/99).

Como destaca Pedro Lenza, "o STF vem utilizando a expressão 'efeito repristinatório' da declaração de inconstitucionalidade (c.f. ADI 2.215-PE, medida cautelar, Rel. Ministro Celso de Mello, Informativo 224 do STF). Isso porque, **se a lei é nula, ela nunca teve eficácia. Se nunca teve eficácia, nunca revogou nenhuma norma. Se nunca revogou nenhuma norma, aquela que teria sido supostamente 'revogada' continua tendo eficácia**" (grifo nosso).[22]

8.8. Fossilização da Constituição

O fenômeno da fossilização da Constituição é aquele que **ocorreria caso a eficácia geral e o efeito vinculante das decisões proferidas pelo STF em sede de controle de constitucionalidade atingissem o Poder Legislativo.** Isso porque, nessa circunstância, o Legislativo estaria impedido de realizar alterações no Texto Constitucional, que se tornaria inerte, imutável e, por isso, antiquado e ineficaz, com valor apenas histórico, tal qual um fóssil.

O sistema jurídico brasileiro é contrário à fossilização do direito, de modo que a eficácia geral e o efeito vinculante de decisão proferida pelo STF em controle abstrato não alcançam o Poder Legislativo, que pode editar nova lei com idêntico teor ao texto anteriormente censurado pela Corte.

De acordo com a jurisprudência dominante do Supremo Tribunal Federal, "a mera instauração do processo de controle normativo abstrato não se reveste, só por si, de efeitos inibitórios das atividades normativas do Poder Legislativo, que não fica impossibilitado, por isso mesmo, de revogar, enquanto pendente a respectiva ação direta, a própria lei objeto de impugnação perante o Supremo Tribunal, podendo, até mesmo, reeditar o diploma anteriormente pronunciado inconstitucional, eis que **não se estende, ao Parlamento, a eficácia vinculante que resulta, naturalmente, da própria declaração de inconstitucionalidade proferida em sede concentrada.**" (ADI 2.903, Rel. Min. Celso de Mello, julgamento em 1º-12-2005, Plenário, DJE de 19-9-2008.)

Perfilhando esse entendimento, em caso análogo, e tendo em conta o disposto no § 2º do art. 102 da CF e no parágrafo único do art. 28 da Lei 9.868/99, **o Plenário negou provimento a agravo regimental em reclamação na qual se**

22. LENZA, Pedro. Direito constitucional esquematizado. 18. Ed. São Paulo: Saraiva, 2014, p. 392.

alegava que a edição da Lei 14.938/2003, do Estado de Minas Gerais, que instituiu taxa de segurança pública, afrontava a decisão do STF na ADI 2424 MC/CE (acórdão pendente de publicação), em que se suspendera a eficácia de artigos da Lei 13.084/2000, do Estado do Ceará, que criara semelhante tributo. Ressaltou-se que **entender de forma contrária afetaria a relação de equilíbrio entre o tribunal constitucional e o legislador, reduzindo o último a papel subordinado perante o poder incontrolável do primeiro, acarretando prejuízo do espaço democrático-representativo da legitimidade política do órgão legislativo**, bem como criando mais um fator de resistência a produzir o **inaceitável fenômeno da chamada fossilização da Constituição.** Rcl 2617 AgR/MG, rel. Min. Cezar Peluso, 23.2.2005. (Rcl-2617)

8.9. Teoria da transcendência dos motivos determinantes

A teoria da transcendência dos motivos determinantes prega que **a *ratio decidendi*** (razões de decidir ou fundamentos determinantes de uma sentença) **também estaria incluída no efeito vinculante gerado pela decisão proferida em sede de controle de constitucionalidade.**

O STF reconheceu a aplicação dessa teoria na apreciação da ADI 3345, julgada em 2005 e relatada pelo Ministro Celso de Mello, **que fez referência ao RE 197.917-SP** A ação versava sobre uma Resolução do TSE que reduzia o número de vereadores em Municípios brasileiros. Vale destacar trecho do voto do Relator: "em relação ao mérito, concluiu-se pela inexistência das apontadas violações aos princípios da reserva de lei, da separação de poderes, da anterioridade da lei eleitoral e da autonomia municipal. Esclareceu-se que a Resolução 21.702/2004 foi editada com o propósito de dar efetividade e concreção ao **julgamento do Pleno no RE 197917/SP (DJU de 27.4.2004), já que nele o STF dera interpretação definitiva à cláusula de proporcionalidade inscrita no inciso IV do art. 29 da CF, conferindo efeito transcendente aos fundamentos determinantes** que deram suporte ao mencionado julgamento".

Entretanto, na apreciação da Rcl 3014, em 2007, o STF deu sinais de que iria inverter sua orientação. Nos termos do Informativo 475 do STF: "o Tribunal retomou julgamento de reclamação ajuizada pelo Município de Indaiatuba contra acórdão do Tribunal Regional do Trabalho da 15ª Região que mantivera a expedição de requisição de pequeno valor em patamar superior ao fixado pela Lei municipal 4.233/2002, por considerá-la inconstitucional ante a ausência de fixação da quantia em número de salários mínimos. Alega-se, na espécie, desrespeito à autoridade da decisão do Supremo na ADI 2868/PI (DJU de 11.12.2004), na qual se teria reconhecido a possibilidade de fixação, pelos estados-membros, de valor referencial inferior ao do art. 87 do ADCT. Na sessão de 13.12.2006, o Min. Carlos Britto, relator, julgou improcedente a reclamação. Asseverou, inicialmente, que, no julgamento da ADI 2868/PI, o Tribunal examinara a constitucionalidade da Lei piauiense 5.250/2002, que fixou, no âmbito da Fazenda Estadual, o quantum da obrigação de pequeno valor. Salientou que o acolhimento da pretensão ora deduzida passaria pelo exame da possibilidade de se atribuir efeitos transcendentes aos motivos determinantes da decisão tomada no controle abstrato de normas. **Considerando o fato de que, no julgamento da Rcl 4219 QO/SP (v. Informativos 441 e 458) — em que retomada a discussão do tema da aplicabilidade da chamada "transcendência dos fundamentos determinantes" —, quatro ministros já teriam votado em sentido contrário à respectiva adoção, votou, preliminarmente, pelo não conhecimento da reclamação.** Rcl 3014/SP, rel. Min. Carlos Britto, 8.8.2007".

Posteriormente, o STF acabou rejeitando a tese da eficácia transcendente ou vinculante dos motivos determinantes no bojo de inúmeras reclamações constitucionais. Vide: Rcl 2.990-AgR, Rel. Min. Sepúlveda Pertence, julgamento em 16-8-2007, Plenário, DJ de 14-9-2007.) No mesmo sentido: Rcl 7.956-AgR, rel. min. Dias Toffoli, julgamento em 19-9-2013, Plenário, DJE de 12-11-2013; Rcl 11.478-AgR, Rel. Min. Marco Aurélio, julgamento em 5-6-2012, Primeira Turma, DJE de 21-6-2012; Rcl 6.204-AgR, Rel. Min. Eros Grau, julgamento em 6-5-2010, Plenário, DJE de 28-5-2010; Rcl 3.014, Rel. Min. Ayres Britto, julgamento em 10-3-2010, Plenário, DJE de 21-5-2010.

► **ATENÇÃO!**

Enquanto não houver um posicionamento mais contundente do STF, dificilmente esse tema será cobrado em provas objetivas para Tribunais e MPU. De toda forma, caso a banca cobre a **posição do STF**, a **opção mais segura é essa última, pela não aplicação da eficácia transcendente dos motivos determinantes.** Entretanto, é bom ficar ligado no modo como se pergunta. Se, por exemplo, o examinador perguntar **se o STF já aplicou a teoria da transcendência dos motivos determinantes,** então a resposta deve ser **sim.**

8.10. Abstrativização ou objetivação do controle difuso

O STF vem apresentando uma tendência de abstrativização ou objetivação do controle difuso, **fenômeno mediante o qual se aplica ao controle concreto algumas características do controle abstrato.**

A tendência de abstrativização ou objetivação tem como ponto principal a eficácia geral das decisões. De acordo com o que estudamos, no controle difuso, como a decisão é tomada a partir de um caso concreto, em regra a eficácia da decisão judicial é apenas *inter partes*. Entretanto, a Constituição traz um mecanismo para a geração de efeitos *erga omnes* no controle em concreto: trata-se da regra do art. 52, X, segundo o qual o Senado Federal pode suspender a execução, no todo ou em parte, de lei declarada inconstitucional por decisão definitiva do STF.

O problema é que, há muitos anos o Senado Federal parece ignorar essa competência constitucional, de modo que, na prática, é como se não existisse a possibilidade de geração de efeitos gerais no controle difuso.

Por essa razão o Ministro Gilmar Mendes vem defendendo a abstrativização do controle difuso, o que o faz apoiado em uma mutação constitucional (mudança no sentido da norma sem a alteração do texto) que poderia ser atribuída ao art. 52, X, da CF. Segundo o Ministro, com o passar do tempo, passou a ser do Supremo Tribunal

Federal a competência para atribuir efeitos *erga omnes* às decisões definitivas em sede de controle difuso, cabendo ao Senado, via resolução, apenas conferir publicidade às decisões do STF.

A abstrativização já foi discutida em muitos processos no STF. Em algumas ações a tese da abstrativização foi vencida (v.g. Caso "Mira Estrela", RE 197.917); em outras acabou sendo adotada (v.g. Caso do "Direito de Greve dos Servidores Públicos", MIs 670, 708 e 712). Mas, o caso que consolidou a jurisprudência do STF pela procedência da tese da abstrativização foi o da progressão de pena em crimes hediondos (Rcl. 4.335).

Desde 2006, no bojo da Reclamação 4.335 o Ministro Gilmar Mendes vinha defendendo a eficácia *erga omnes* de uma decisão proferida em controle difuso, no HC 82.959, que julgava inconstitucional a impossibilidade de progressão de regime para quem praticasse crime hediondo.

Em 2014 , no julgamento da Reclamação 4.335, essa questão restou sedimentada. **Por maioria o STF admitiu a tese da objetivação ou abstrativização do controle difuso**, ainda que não fulcrada especificamente na mutação constitucional do art. 52, X, da CF, defendida pelo Ministro Gilmar Mendes. Não se reconheceu, pois, que o mecanismo de conferência de eficácia *erga omnes* via resolução do Senado Federal tenha deixado de existir, mas sim que, em alguns casos, a decisão do STF em sede de controle difuso poderá gerar efeitos *erga omnes* típicos do controle abstrato ou objetivo de constitucionalidade.. O voto-vista do Ministro Teori Zavascki foi preciso: "embora o artigo 52, inciso X, da Constituição estabeleça que o Senado deve suspender a execução de dispositivo legal ou da íntegra de lei declarada inconstitucional por decisão definitiva do STF, as decisões da Corte, ao longo dos anos, têm-se revestido de **eficácia expansiva**, mesmo quando tomadas em controvérsias de índole individual".

Em resumo: **O STF admitiu a tese da abstrativização ou objetivação do controle difuso para ser utilizada em casos excepcionais, devendo a norma art. 52, X, da CF ser aplicada para a maioria dos casos em que se queira conferir eficácia *erga* omnes às decisões pela via de exceção.**

9. QUESTÕES DISCURSIVAS

(FGV – XIX Exame Unificado - 2016) Durante a tramitação de determinado projeto de lei de iniciativa do Poder Executivo, importantes juristas questionaram a constitucionalidade de diversos dispositivos nele inseridos. Apesar dessa controvérsia doutrinária, o projeto encaminhado ao Congresso Nacional foi aprovado, seguindo-se a sanção, a promulgação e a publicação. Sabendo que a lei seria alvo de ataques perante o Poder Judiciário em sede de controle difuso de constitucionalidade, o Presidente da República resolveu ajuizar, logo no primeiro dia de vigência, uma Ação Declaratória de Constitucionalidade.

Diante da narrativa acima, responda aos itens a seguir.

a) É cabível a propositura da Ação Declaratória de Constitucionalidade (ADC) nesse caso? (Valor: 0,65)

b) Em sede de Ação Declaratória de Constitucionalidade (ADC), é cabível a propositura de medida cautelar perante o Supremo Tribunal Federal? Quais seriam os efeitos da decisão do STF no âmbito dessa medida cautelar? (Valor: 0,60)

Obs.: *o examinando deve fundamentar suas respostas. A mera citação do dispositivo legal não confere pontuação.*

RESPOSTA

a) Não é cabível a propositura de ADC nesse caso, porque é pressuposto de cabimento da ação a existência de controvérsias judiciais resultantes de diversos litígios acerca da norma determinada, de acordo com o disposto no art. 14, inciso III, da Lei 9.868/1999. Uma vez que, no caso em questão, não existe divergência jurisprudencial, apenas controvérsias doutrinárias, não é cabível a ADC. Ademais, a propositura da ação logo no primeiro dia de vigência da norma não oferece tempo suficiente para que haja decisões conflitantes entre tribunais e juízos de primeiro grau.

b) Em sede de Ação Declaratória de Constitucionalidade, é cabível a propositura de medida cautelar perante o Supremo Tribunal Federal, cujos efeitos são decididos por decisão da maioria absoluta de seus membros, de acordo com o art. 21, *caput*, da Lei 9.868/1999. Tal decisão tem efeito vinculante e, portanto, vinculante e *ex nunc*. Por isso, a decisão enseja a suspensão de julgamento de processos que versem sobre a lei, até que haja julgamento definitivo da questão, no prazo de 180 dias.

A medida liminar visa a dirimir os conflitos que poderiam ser suscitados por decisões conflitantes entre juízes monocráticos e tribunais ao redor do país.

PADRÃO DE RESPOSTA DA BANCA EXAMINADORA

a) Não. Não caberia a ADC por falta de comprovação de relevante controvérsia perante juízes e tribunais a respeito da constitucionalidade da lei. A controvérsia existente no âmbito da doutrina não torna possível o ajuizamento da ADC. Com efeito, é de se presumir que, no primeiro dia de vigência da lei, não houve ainda tempo hábil para a formação de relevante controvérsia judicial, isto é, não haveria decisões conflitantes de tribunais e juízos monocráticos espalhados pelo País. É a própria dicção do Art. 14, III, da Lei nº 9.868/99 que estabelece a necessidade de comprovação da relevante controvérsia judicial, não sendo, por conseguinte, o momento exato de se manejar a ADC.

b) Sim. Nos termos do Art. 21, caput, da Lei nº 9868/99, os efeitos da medida cautelar, em sede de ADC, serão decididos pelo Supremo Tribunal Federal, por decisão da maioria absoluta de seus membros. Tais efeitos, de natureza vinculante, serão erga omnes e ex nunc, consistindo na determinação de que juízes e Tribunais suspendam o julgamento dos processos pendentes que envolvam a aplicação da lei ou do ato normativo objeto da ação até seu julgamento definitivo que, de qualquer maneira, há de se verificar no prazo de cento e oitenta dias, nos termos do Art. 21, parágrafo único, da referida lei. Ou seja, a concessão da medida liminar serviria para determinar que juízes e tribunais do país não pudessem afastar a incidência de qualquer dos preceitos da Lei nos casos concretos, evitando, desde logo, decisões conflitantes. Pode o STF, por maioria absoluta de seus membros, conceder a medida cautelar, com efeitos ex tunc

(TJ-DF – JUIZ DE DIREITO – DF/2011) Em tema de controle de constitucionalidade esclareça:

a) Há possibilidade de controle repressivo fora do Poder Judiciário? Em caso positivo justifique a hipótese ou hipóteses?

b) É possível declarar a inconstitucionalidade de Emenda Constitucional por meio de ação declaratória de inconstitucionalidade?

Justifique sua resposta.

RESPOSTA:

a) A Doutrina e a jurisprudência pátrias identificam três hipóteses em que se pode realizar controle repressivo fora do Poder Judiciário, o que também se pode chamar de controle político. São elas: I. Sustação, pelo Poder Legislativo, de atos normativos do Presidente da República que exorbitem de delegação legislativa ou de seu poder regulamentar: o procedimento para a edição de Lei Delegada, o Presidente da República envia uma mensagem especial (iniciativa solicitadora) ao Presidente do Congresso Nacional pedindo para legislar sobre determinada matéria. Concordando, o Presidente do Congresso Nacional emite uma resolução especificando o conteúdo e os termos do exercício da delegação. Se, ao editar a Lei Delegada, o Presidente da República for além (exorbitar) dos limites estabelecidos pelo Presidente do Congresso Nacional na resolução, o Poder Legislativo pode sustar a Lei Delegada editada emitindo um Decreto Legislativo (nos termos do art. 49, V, da CF). Situação semelhante é aquela decorrente da edição de decreto regulamentador expedido pelo Presidente da República na hipótese do art. 84, IV, da CF (compete ao Presidente da República sancionar, promulgar e fazer publicar as leis, bem como expedir decretos e regulamentos para sua fiel execução). Caso o Chefe do Executivo Federal extrapole seu poder de regulamentação, o Congresso Nacional pode sustar o ato inconstitucional. Assim é que ambas as situações dão ensejo a controle de constitucionalidade político (manejado pelo Legislativo) posterior ou repressivo (realizado em face de ato normativo criado e promulgado pelo Presidente da República). II. Rejeição de medidas provisórias pelo Poder Legislativo (art. 62 da CF): a medida provisória é o ato normativo de vigência não definitiva que permite o exercício atípico da função legislativa pelo Poder Executivo nos casos de relevância e urgência. As medidas provisórias têm força de lei e devem ser submetidas ao crivo do Congresso Nacional imediatamente após terem sido adotadas pelo Presidente da República. Se a medida provisória for expressamente rejeitada na Câmara dos Deputados ou no Senado Federal, ela perderá vigência e eficácia no mesmo instante, com a geração de efeitos retroativos/*ex tunc*. Acaso a rejeição da medida provisória ocorra em razão de afronta ao conteúdo constitucional, se estará diante de uma forma de controle de constitucionalidade político (realizado pelo Legislativo) e repressivo (em face de ato normativo já promulgado). III. Descumprimento, pelo Chefe do Poder Executivo, de lei ou ato normativo inconstitucional: apesar de haver dissonância na doutrina, há julgados do STF e do STJ que sinalizam pela possibilidade de o chefe do Executivo deixar de aplicar lei que entenda inconstitucional, podendo ainda determinar a seus subordinados que assim procedam. Essa é uma forma de controle político (realizado pelo Executivo) e repressivo (depois de o ato normativo ter sido promulgado e publicado).

b) Não há dúvidas quanto à admissibilidade de emendas constitucionais como objeto de controle concentrado de constitucionalidade, posto que apenas as normas constitucionais originárias estão blindadas de qualquer análise de validade, gozando de presunção absoluta de constitucionalidade. Devido ao caráter dúplice ou ambivalente da ADI e da ADC, é possível declarar--se a inconstitucionalidade de uma emenda constitucionalidade no bojo de uma ADC.

Isso porque, acaso a Ação Declaratória de Constitucionalidade cujo objeto de análise é uma emenda constitucional, seja julgada improcedente, serão gerados os mesmos efeitos de uma procedência em Ação Direta de Inconstitucionalidade, ou seja, um reconhecimento de inconstitucionalidade com efeito vinculante e, em regra, eficácia *erga omnes* e *ex tunc*. Não por acaso se afirma na doutrina e na jurisprudência do STF que a ADI e a ADC são ações de sinais trocados, pois a procedência de uma equivale à improcedência da outra, e vice-versa.

10. QUESTÕES OBJETIVAS COMENTADAS

01. **(FCC – Analista Judiciário – Área Judiciária – TRF 4/2019)** Em consonância com o sistema de controle de constitucionalidade albergado pelo ordenamento brasileiro, caberá

a) arguição de descumprimento de preceito fundamental, perante o Supremo Tribunal Federal, em face de lei estadual promulgada com teor idêntico ao de outra anteriormente declarada inconstitucional em sede de controle concentrado.
b) reclamação, perante o Supremo Tribunal Federal, em face de lei federal promulgada com teor contrário ao de súmula vinculante vigente.
c) concessão de medida cautelar, em sede de ação direta de inconstitucionalidade, com produção, salvo entendimento contrário do Tribunal, de eficácia retroativa e aplicação da legislação anterior acaso existente.
d) decisão de órgão fracionário de Tribunal que, sem prévia submissão ao respectivo Plenário ou Órgão Especial, afaste a incidência de lei com fundamento em jurisprudência consolidada em súmula do Supremo Tribunal Federal.
e) recurso extraordinário, presumida a existência de repercussão geral, em face de acórdão que tenha reconhecido a constitucionalidade de tratado ou lei federal.

COMENTÁRIOS

Alternativa "a": Como as decisões em sede de controle concentrado não vinculam a atividade legislativa, conforme é possível extrair do parágrafo único do art. 28 da lei 9868/99, a edição de nova lei com teor idêntico ao de outra anteriormente declarada inconstitucional é possível. Essa nova lei, uma vez vigente, poderia ser objeto de novo controle de constitucionalidade. No entanto, o erro da alternativa está em afirmar que seria cabível ADPF no caso, quando, na verdade, não o é, por força da subsidiariedade que rege a ação em questão (art. 4º, §1º, lei 9882/99). No caso, tratando-se de lei estadual, poderia ser questionada por meio de ADI, (Art. 102,I,a, CF/88) o que afastaria o cabimento da ADPF.

Alternativa "b": Nos termos do art. 103-A, §3º da CF/88, a reclamação é cabível contra **ato administrativo ou decisão judicial** que contrariar súmula, não podendo ser oposta a lei. Isso se dá tendo em vista que não pode o Judiciário limitar, com suas súmulas, a atividade típica do Poder Legislativo de legislar.

Alternativa "c": Conforme disposto no art. 11, §1º da lei 9868/99, a medida cautelar será dotada de eficácia contra todos, concedida com efeito *ex nunc* (**não retroativo**), via de regra, salvo se o Tribunal entender que deva conceder-lhe eficácia retroativa. Portanto, a alternativa está incorreta por afirmar que a regra é a concessão da medida com efeito retroativo.

Alternativa "d": De acordo com o parágrafo único do art. 949 do Código de Processo Civil, não é necessária a observância à cláusula da reserva de plenário quando já houver pronunciamento do plenário ou órgão especial do Tribunal ou ainda do plenário do STF sobre a questão.

Alternativa "e": Nos termos do art. 102, III da CF/88, cabe recurso extraordinário contra decisão que contrariar a Constituição, declarar a **inconstitucionalidade** de tratado ou lei federal, julgar válida lei ou ato de governo local contestado em face da Constituição, ou ainda julgar válida lei local contestada em face de lei federal. Ademais, estabelece o §3º do mesmo artigo que o recorrente **deverá demonstrar a repercussão geral** das questões constitucionais discutidas no caso. Portanto, além de não ser cabível contra decisão que declarar a **constitucionalidade** (e não a inconstitucionalidade) de tratado ou lei federal, a alternativa também está incorreta por dizer que se presume a existência de repercussão geral.

Alternativa correta: "d".

02. **(FCC – Analista Judiciário – Oficial de Just. Avaliador Federal – TRT 2/2018)** Certo empregado ajuíza reclamação trabalhista em face do empregador, com vistas a questionar a aplicação, a seu contrato de trabalho, de alterações introduzidas na legislação trabalhista, sob o fundamento de estas serem inconstitucionais. Em primeira instância, a ação é julgada improcedente, por entender o juiz serem constitucionais e aplicáveis ao caso as alterações legislativas questionadas. Já em sede de recurso ordinário interposto pelo reclamante, o órgão fracionário do Tribunal Regional do Trabalho competente para seu julgamento dá-lhe provimento, reconhecendo para tanto a inconstitucionalidade das disposições legais em que se fundava a sentença, sem que houvesse decisão anterior do Órgão Especial ou Pleno do Tribunal respectivo, nem dos Tribunais Superiores na matéria. Nessa hipótese, à luz da Constituição Federal e da jurisprudência do Supremo Tribunal Federal (STF),

a) os órgãos julgadores de primeira e segunda instância exerceram controle de constitucionalidade de normas legais em caráter incidental e difuso, em conformidade com as previsões constitucionais pertinentes.
b) os órgãos julgadores de primeira e segunda instância exerceram controle de constitucionalidade de normas legais em caráter principal e abstrato, em desconformidade com as previsões constitucionais pertinentes, o que enseja o cabimento de recurso extraordinário perante o STF.
c) o órgão julgador de segunda instância ofendeu a cláusula de reserva de Plenário, consoante tese consagrada em sede de repercussão geral pelo STF, cuja contrariedade enseja o cabimento de reclamação perante o próprio STF.
d) o órgão julgador de segunda instância ofendeu a cláusula de reserva de Plenário, consoante entendimento consignado em sede de súmula vinculante pelo STF, cuja contrariedade enseja o cabimento de reclamação perante o próprio STF.

e) o órgão julgador de segunda instância exerceu controle de constitucionalidade de normas legais em caráter principal e abstrato, em usurpação à competência do STF para fazê-lo por meio de ação direta de inconstitucionalidade, o que enseja o cabimento de reclamação perante o próprio STF.

COMENTÁRIOS

Alternativa "d" (responde todas as alternativas): A primeira e a segunda instância realizaram o controle de constitucionalidade difuso, em caráter incidental (questão analisada dentro de um caso concreto). No entanto, o Tribunal Regional do Trabalho estaria sujeito ao que estabelece o art. 97 da CF/88 (cláusula da reserva de plenário): "Somente pelo voto da maioria absoluta de seus membros ou dos membros do respectivo órgão especial poderão os tribunais declarar a inconstitucionalidade de lei ou ato normativo do Poder Público.". Como não foi analisada pelo plenário nem pelo órgão especial, houve ofensa a tal regra, que é também consagrada na súmula vinculante nº 10: "Viola a cláusula de reserva de plenário (CF, artigo 97) a decisão de órgão fracionário de Tribunal que, embora não declare expressamente a inconstitucionalidade de lei ou ato normativo do poder público, afasta sua incidência, no todo ou em parte.". Logo, por força do art. 103-A, §3º, é cabível reclamação constitucional perante o STF.

Alternativa correta: letra "d".

03. **(FGV / Analista Judiciário – Área Judiciária / TJ-AL / 2018)** A Câmara Cível do Tribunal de Justiça do Estado Gama reconheceu, incidentalmente, pela unanimidade dos seus membros, a inconstitucionalidade da Lei Federal X, e deixou de aplicá-la no julgamento do recurso de apelação submetido à sua apreciação. À luz da sistemática constitucional e considerando ter sido esse o primeiro acórdão proferido pelo Poder Judiciário brasileiro reconhecendo a inconstitucionalidade da Lei Federal X, o procedimento adotado pela Câmara está:

a) certo, pois a inconstitucionalidade ainda não tinha sido reconhecida por nenhum órgão do Poder Judiciário;
b) certo, pois a inconstitucionalidade foi reconhecida pela unanimidade dos desembargadores que a integram;
c) errado, pois os órgãos do Tribunal de Justiça somente podem reconhecer a inconstitucionalidade de leis estaduais ou municipais;
d) errado, pois a inconstitucionalidade deve ser reconhecida pela maioria absoluta dos membros do Tribunal ou do respectivo Órgão Especial;
e) errado, pois o processo deveria ter sido suspenso até que o Supremo Tribunal Federal se pronunciasse sobre a inconstitucionalidade.

COMENTÁRIOS

Alternativa correta: letra "d" (responde a todas as alternativas): o procedimento adotado pela Câmara está errado, a inconstitucionalidade deve ser reconhecida pela maioria absoluta dos membros do Tribunal ou do respectivo Órgão Especial, conforme preceitua o art. 97 da CF.

(Cespe/ Analista Judiciário – Área Judiciária / STJ / 2018) À luz da legislação e da jurisprudência dos tribunais superiores, julgue o item que se segue, acerca do Poder Judiciário e do controle de constitucionalidade.

04. Em se tratando de controle difuso de constitucionalidade, a referência do controle pode ser qualquer norma constitucional vigente, não sendo aceita, portanto, como parâmetro norma constitucional já revogada.

COMENTÁRIOS

Item errado. No controle difuso de constitucionalidade, norma constitucional já revogada pode ser parâmetro de controle de constitucionalidade, desde que tal norma estivesse em vigor no momento da criação do ato.

05. **(FGV – Analista Judiciário – Área Judiciária – TRT 12/2017)** Após regular processamento, determinada Turma de Tribunal Regional do Trabalho, ao apreciar o recurso interposto pela parte vencida, não visualizou vício de inconstitucionalidade na norma que embasava o pedido do trabalhador, mantendo, com isso, a condenação imposta pela Vara do Trabalho justamente com base na referida norma. Insatisfeito com o acórdão, o empregador sustentou a existência de equívoco procedimental, já que não observada a regra do art. 97 da Constituição Federal de 1988 e a interpretação que lhe vem sendo dispensada pelo Supremo Tribunal Federal.

À luz da sistemática constitucional, é correto afirmar que o proceder da Turma, no que diz respeito à análise da constitucionalidade da norma, está:

a) correto, pois o controle difuso de constitucionalidade é realizado por qualquer órgão jurisdicional, que pode deixar de aplicar a norma inconstitucional;
b) incorreto, pois o controle difuso de constitucionalidade somente poderia ser realizado pelos juízes singulares, não pela Turma, que realiza o controle concentrado;
c) correto, pois a Turma não reconheceu o vício de inconstitucionalidade da norma, limitando-se a aplicá-la ao caso concreto;
d) incorreto, pois a Turma, em respeito à reserva de plenário, não poderia realizar o controle difuso de constitucionalidade, devendo submeter a matéria ao pleno;
e) correto, desde que o acórdão prolatado pela Turma tenha contado com o voto favorável de dois terços dos respectivos membros.

COMENTÁRIOS

Alternativa correta: letra "c": ao não reconhecer o vício de inconstitucionalidade da norma, o posicionamento da Turma se faz correto, visto ter observado o art. 97 da CF, que veda a declaração de inconstitucionalidade de forma difusa. Deste modo, não houve violação da cláusula de reserva de plenário – a inconstitucionalidade só poderia ser declarada pelo Plenário ou Órgão Especial do Tribunal em questão. Ao aplicar a norma no caso concreto, a Turma a declarou constitucional, atitude em conformidade com a sistemática da CF, portanto. Caso fosse entendida como inconstitucional, a Turma deveria remeter o processo ao Plenário ou a órgão especial. De acordo com o art. 97 da CF: "Somente pelo voto da maioria absoluta de seus membros ou dos membros do respectivo órgão especial poderão os tribunais declarar a inconstitucionalidade de lei ou ato normativo do Poder Público". Ainda, de acordo com a Súmula Vinculante nº 10 do STF: "Viola a cláusula de reserva de plenário (CF, art. 97) a decisão de órgão fracionário de tribunal que, embora não declare expressamente a inconstitucionalidade de lei ou ato normativo do Poder Público, afasta a sua incidência no todo ou em parte".

Alternativa "a": apesar de o controle difuso de constitucionalidade poder ser realizado por qualquer órgão com poder jurisdicional, deve-se aplicar a cláusula de reserva de plenário para que se afaste a incidência de norma considerada inconstitucional.

Alternativa "b": o controle difuso de constitucionalidade pode ser realizado por qualquer órgão com poder jurisdicional.

Alternativa "d": a cláusula de reserva de plenário não impede o reconhecimento da constitucionalidade do ato normativo.

Alternativa "e": a cláusula de reserva de plenário prevê a maioria absoluta, e não dois terços dos membros para votação.

06. **(FCC – Analista Judiciário – Área Judiciária - TRT 3/2015)** A respeito do controle de constitucionalidade no direito brasileiro é correto afirmar que

a) as ações diretas de inconstitucionalidade e declaratória de constitucionalidade, bem como a arguição de descumprimento de preceito fundamental, podem ser propostas contra ato do poder público, ainda que não seja ato normativo.
b) as decisões de mérito proferidas pelo Supremo Tribunal Federal nas ações diretas de inconstitucionalidade e nas ações declaratórias de constitucionalidade produzem eficácia contra todos e efeitos vinculantes aos demais órgãos do Poder Judiciário e à Administração pública Federal, Estadual e Municipal, diferentemente das decisões de mérito proferidas nas arguições de descumprimento de preceito fundamental, que não produzem efeitos vinculantes segundo a legislação que lhes é aplicável.
c) as decisões da Administração pública que violem decisão do Supremo Tribunal Federal proferida nas ações direta de inconstitucionalidade e declaratória de constitucionalidade podem ser impugnadas mediante reclamação constitucional, se preenchidos os demais requisitos legais.
d) as ações diretas de inconstitucionalidade e declaratória de constitucionalidade, bem como a arguição de descumprimento de preceito fundamental podem ser propostas contra lei ou ato normativo federal ou municipal, incluídos os anteriores à Constituição Federal.
e) a arguição de descumprimento de preceito fundamental é cabível ainda que a lesão inconstitucional possa ser afastada por meio de ação direta de inconstitucionalidade ou de ação declaratória de constitucionalidade.

COMENTÁRIOS

Nota do Autor: a reclamação constitucional é um instrumento por meio do qual se busca assegurar a autoridade das decisões proferidas pelo STF.

Alternativa correta: letra "c": as decisões da Administração pública que violem decisão do Supremo Tribunal Federal proferida nas ações direta de inconstitucionalidade e declaratória de constitucionalidade podem ser impugnadas mediante reclamação constitucional, se preenchidos os demais requisitos legais, segundo art. 102, § 2º, da CF.

Alternativa "a": há uma modalidade de **ADPF** que pode ser proposta contra ato do poder público, ainda que não seja ato normativo, cabível para evitar ou reparar lesão a preceito fundamental resultante de **ato** do poder público (art. 1º da Lei 9.882/99).

Alternativa "b": de fato, as decisões de mérito proferidas pelo Supremo Tribunal Federal nas ações diretas de inconstitucionalidade e nas ações declaratórias de constitucionalidade produzem eficácia contra todos e efeitos vinculantes aos demais órgãos do Poder Judiciário e à Administração pública Federal, Estadual e Municipal (art. 102, § 2º, da CF). Igualmente, as decisões de mérito proferidas nas arguições de descumprimento de preceito fundamental **produzem efeitos vinculantes** segundo a legislação que lhes é aplicável, isto é, a Lei 9.882/99. O dispositivo constitucional que trata da ADPF é o art. 102, § 1º.

Alternativa "d": a ADPF, prevista no art. 102, § 1º, da CF, é a única ação a contemplar a hipótese de controle concentrado de constitucionalidade pelo Supremo Tribunal Federal sobre lei ou ato normativo **municipal** em face da Constituição da República (art. 1º, parágrafo único, I, da Lei nº 9.882/1999). Também é a única ação do controle concentrado de constitucionalidade federal (apreciado pelo STF) que pode realizar controle de **recepção constitucional** (direito infraconstitucional anterior à Constituição vigente), nos termos do art. 1º, parágrafo único, I, da Lei nº 9.882/1999.

Alternativa "e": aplica-se à ADPF o **princípio da subsidiariedade**, pois, nos termos do art. 4º, § 1º, da Lei 9.882/99, não será admitida arguição de descumprimento de preceito fundamental quando houver qualquer outro meio eficaz de sanar a lesividade.

07. **(FCC - Analista Judiciário – Área Judiciária – TRT 19/2014)** Uma das Turmas de um Tribunal Regional do Trabalho - TRT, ao julgar recurso interposto em reclamação trabalhista, declarou, incidentalmente, a inconstitucionalidade de artigo de lei federal que seria aplicável à relação trabalhista discutida em juízo. Com isso, manteve integralmente a condenação imposta pela sentença. Considerando que não houve prévia manifestação do plenário ou órgão especial do TRT sobre a questão constitucional, nem decisão do Supremo Tribunal Federal sobre a matéria constitucional, a declaração incidental de inconstitucionalidade foi realizada

a) incorretamente, uma vez que apenas o plenário ou órgão especial do TRT poderia declarar a inconstitucionalidade, pelo voto da maioria absoluta de seus membros.
b) incorretamente, uma vez que apenas o plenário ou órgão especial do TRT poderia declarar a inconstitucionalidade, pelo voto da maioria dos presentes à sessão.
c) incorretamente, uma vez que os Tribunais apenas podem declarar a inconstitucionalidade de lei ou ato normativo ao realizarem o controle concentrado e abstrato de constitucionalidade.
d) corretamente, uma vez que qualquer juiz ou Tribunal pode afastar a aplicação de lei ou ato normativo inconstitucional ao julgar um caso concreto.
e) corretamente, uma vez que apenas os Tribunais, ainda que pelo voto da maioria absoluta dos membros de suas turmas, podem declarar a inconstitucionalidade de lei ou ato normativo ao julgarem um caso concreto.

COMENTÁRIOS

Alternativa correta: letra "a" (responde a todas as alternativas): o caso narrado no enunciado configura-se como de controle difuso (ou incidental) de constitucionalidade, que é aquele que pode ser provocado por qualquer pessoa, no bojo de qualquer ação judicial e ser apreciado por qualquer órgão do Poder Judiciário que possua jurisdição. No controle difuso (ou incidental), a pronúncia do Judiciário sobre a inconstitucionalidade não é feita como manifestação sobre o objeto principal da lide, mas sim sobre questão prévia, indispensável ao julgamento do mérito. Nos termos do art. 97 da CF, **somente pelo voto da maioria absoluta de seus membros ou dos membros do respectivo órgão especial poderão os tribunais declarar a inconstitucionalidade de lei ou ato normativo do Poder Público.** Trata-se do denominado princípio da reserva de plenário. Portanto, em primeiro grau, o juiz pode sozinho declarar a inconstitucionalidade de lei ou ato normativo do Poder Público. Entretanto, um Desembargador ou Ministro membro de tribunal não pode sozinho declarar a inconstitucionalidade de lei ou ato normativo, pois incide a regra do art. 97 da CF. Por todo o exposto é que a declaração incidental de inconstitucionalidade foi realizada **incorretamente**, uma vez que apenas o plenário ou órgão especial do TRT poderia declarar a inconstitucionalidade, pelo voto da maioria absoluta de seus membros.

08. **(FCC – Analista Judiciário – Área Judiciária - TRT 12/2013)** O artigo 33, § 2º, da Lei no 11.343/2006 tipifica como crime as condutas de "induzir, instigar ou auxiliar alguém ao uso indevido de drogas". O Supremo Tribunal Federal (STF) julgou procedente ação direta de inconstitucionalidade, tendo por objeto referido dispositivo legal, para "dele excluir qualquer significado que enseje a proibição de manifestações e debates públicos acerca da descriminalização ou legalização do uso de drogas ou de qualquer substância que leve o ser humano ao entorpecimento episódico, ou então, viciado, das suas faculdades psicofísicas". Nesta hipótese, em relação ao dispositivo legal em questão, o STF procedeu à

a) declaração de inconstitucionalidade, com redução de texto.
b) declaração de constitucionalidade, com redução de texto.
c) interpretação conforme a Constituição, com ampliação do alcance do texto normativo.
d) declaração de inconstitucionalidade, com pronúncia de nulidade.
e) interpretação conforme a Constituição, com redução do alcance do texto normativo.

COMENTÁRIOS

Alternativa correta: letra "e" (responde a todas as alternativas): essa questão foi apreciada pelo STF no bojo da ADI 4.274, que discutiu a famosa "marcha da maconha". *In verbis:* **"Cabível o pedido de 'interpretação conforme à Constituição' de preceito legal portador de mais de um sentido, dando-se que ao menos um deles é contrário à CF.** A utilização do § 3º do art. 33 da Lei 11.343/2006 como fundamento para a proibição judicial de eventos públicos de defesa da legalização ou da descriminalização do uso de entorpecentes ofende o direito fundamental de reunião, expressamente outorgado pelo inciso XVI do art. 5º da Carta Magna. Regular exercício das liberdades constitucionais de manifestação de pensamento e expressão, em sentido lato, além do direito de acesso à informação (...). Nenhuma lei, seja ela civil ou penal, pode blindar-se contra a discussão do seu próprio conteúdo. Nem mesmo a Constituição está a salvo da ampla, livre e aberta discussão dos seus defeitos e das suas virtudes, desde que sejam obedecidas as condicionantes ao direito constitucional de reunião, tal como a prévia comunicação às autoridades competentes. Impossibilidade de restrição ao direito fundamental de reunião que não se contenha nas duas situações excepcionais que a própria Constituição prevê: o estado de defesa e o estado de sítio (...). **Ação direta julgada procedente para dar ao § 2º do art. 33 da Lei 11.343/2006 'interpretação conforme à Constituição' e dele excluir qualquer significado que enseje a proibição de manifestações e debates públicos acerca da descriminalização ou legalização do uso de drogas ou de qualquer substância que leve o ser humano ao entorpecimento episódico, ou então viciado, das suas faculdades psicofísicas.**" (ADI 4.274, Rel. Min. Ayres Britto, julgamento em 23-11-2011, Plenário, DJE de 2-5-2012.)

09. **(FCC – Analista Judiciário – Oficial de Justiça Avaliador - TRT 15/2013)** Em 5 de novembro de 2013, foi submetida à apreciação da Câmara dos Deputados a Proposta de Emenda à Constituição (PEC) no 349, com vistas a alterar o dispositivo constitucional relativo à irretroatividade da lei penal, para que passe a ter a seguinte redação: "a lei penal não retroagirá, salvo para beneficiar o réu ou para punir ato infracional quando o agente atingir a maioridade penal". Conforme consta do relatório de conferência de assinaturas, a PEC foi subscrita de maneira válida por 190 de um total de 513 Deputados Federais. Nesta hipótese, considerada a disciplina constitucional da matéria, a referida PEC

a) possui vício de iniciativa, por versar sobre matéria de iniciativa privativa do Presidente da República.
b) possui vício de iniciativa, por não ter sido subscrita pelo número mínimo de Deputados Federais, exigido pela Constituição, para propositura de PEC.
c) poderá, em tese, ser objeto de mandado de segurança proposto por parlamentar perante o Supremo Tribunal Federal, sob o fundamento de que seu conteúdo tende a abolir garantia constitucional fundamental.
d) deverá ser discutida e votada em cada Casa do Congresso Nacional, em dois turnos, considerando- se aprovada se obtiver, em ambos, no mínimo dois terços dos votos dos respectivos membros.
e) não poderá ser objeto de deliberação, por desrespeitar limite circunstancial imposto pelo constituinte originário ao poder de reforma.

COMENTÁRIOS

Alternativa correta: letra "c": o STF entende que uma proposta legislativa pretensamente inconstitucional pode ser impugnada por meio de mandado de segurança individual manejado por parlamentar sob o argumento de vulneração às cláusulas pétreas e violação ao direito líquido e certo de participação de um processo legislativo hígido (STF. MS 20.257, julgado em 1981 e relatado pelo Ministro Décio Miranda). No caso, a inimputabilidade, disposta no art. 228 da CF (segundo a qual os menores de 18 anos não podem receber penas e, por isso, se submetem à legislação especial que é o Estatuto da Criança e do Adolescente), pode ser considerada como um direito individual análogo protegido como cláusula pétrea por força do art. 60, § 4º, IV, da CF. Assim, como não seria possível sequer a deliberação de proposta de emenda constitucional tendente a abolir o direito individual à inimputabilidade, abre-se espaço para o mandado de segurança.

Alternativas "a" e "b": não há que se falar em vício de iniciativa. A inconstitucionalidade é patente e **material**, pois viola norma de fundo da Constituição Federal.

Alternativa "d": caso a proposta não seja atacada por mandado de segurança, para que seja aprovada, deverá ser discutida e votada em cada Casa do Congresso Nacional, em dois turnos, considerando-se aprovada se obtiver, em ambos, no mínimo **três quintos** (e não dois terços) dos votos dos respectivos membros, conforme art. 60, § 2º, da CF.

Alternativa "e": não há que se falar em desrespeito a limite circunstancial. Como visto, o desrespeito é a **limite material**, no caso, às cláusulas pétreas.

10. **(FCC - Analista Judiciário – Judiciária – TRT 9/2013)** De acordo com a Constituição Federal brasileira, em matéria de controle difuso de constitucionalidade, o Senado Federal poderá editar uma resolução suspendendo a execução, no todo ou em parte, de lei ou ato normativo declarado inconstitucional por decisão definitiva do Supremo Tribunal Federal. Esta resolução senatorial

a) terá efeitos *erga omnes*, porém *ex nunc*, ou seja, a partir da sua publicação.
b) não terá efeitos *erga omnes*, sendo que os efeitos *inter partes* serão *ex nunc*, ou seja, a partir da sua publicação.
c) terá efeitos *erga omnes* e *ex tunc*, ou seja, anteriores a sua publicação.
d) somente terá efeitos *ex tunc* depois de aprovada por maioria absoluta do Senado Federal e um terço do Congresso Nacional.
e) não terá efeitos *erga omnes*, porém os efeitos *inter partes* serão *ex tunc*, ou seja, anteriores a sua publicação.

COMENTÁRIOS

Nota do Autor: esse tema é campeão de incidência. Vale a pena aprendê-lo bem para provas futuras.

Alternativa correta: "a" (responde a todas as alternativas). No controle difuso, como a decisão é tomada a partir de um caso concreto, em regra a eficácia da decisão judicial é apenas inter partes (entre as partes envolvidas), não *erga omnes* (não em relação a todos). Mas a Constituição estabelece um mecanismo para geração de efeitos *erga omnes* a partir de uma decisão proferida em sede de controle difuso. Trata-se da regra do art. 52, X, da CF, segundo o qual o Senado Federal pode suspender a execução, no todo ou em parte, de lei declarada inconstitucional por decisão definitiva do Supremo Tribunal Federal. Assim, se um caso concreto em que se discute a inconstitucionalidade de lei ou ato normativo chegar ao STF (por meio de inúmeros recursos judiciais), esse tribunal encaminhará a decisão de inconstitucionalidade ao Senado Federal que, se quiser, poderá expedir uma resolução suspendendo a execução, no todo ou em parte, de lei ou ato normativo declarado inconstitucional pelo Supremo Tribunal Federal. Se o Senado Federal suspender a execução, no todo ou em parte, da lei declarada inconstitucional, os efeitos de seu ato serão apenas *ex nunc* (não retroativos).

11. **(FCC – Analista Judiciário – Judiciária – TRT 1/2013)** Na hipótese de uma Turma do Tribunal Regional do Trabalho deparar-se com questão ainda não examinada pelo Supremo Tribunal Federal, atinente à constitucionalidade de lei, prejudicial à decisão de um caso concreto submetido a seu julgamento, o órgão julgador, em virtude do quanto dispõe a Constituição da República,

a) estará impedido de pronunciar-se, até que sobrevenha decisão sobre a constitucionalidade da lei proferida pelo Supremo Tribunal Federal, ao qual compete a guarda da Constituição.
b) estará impedido de pronunciar-se, até que sobrevenha decisão sobre a constitucionalidade da lei proferida pelo Tribunal Superior do Trabalho, instância jurisdicional final em matéria trabalhista.
c) poderá afastar a incidência da lei, desde logo, mas não declarar sua inconstitucionalidade expressamente, sem que haja decisão anterior proferida a esse respeito pela maioria absoluta dos membros do Tribunal Regional do Trabalho ou de seu Órgão Especial.
d) não poderá declarar a inconstitucionalidade da lei, tampouco afastar sua incidência, sem que haja decisão anterior proferida a esse respeito pela maioria absoluta dos membros do Tribunal Regional do Trabalho ou de seu Órgão Especial.
e) poderá declarar a inconstitucionalidade da lei, bem como afastar sua incidência, independentemente da existência de decisão anterior proferida a esse respeito por outras instâncias da Justiça do Trabalho ou pelo Supremo Tribunal Federal, por se tratar de decisão a ser tomada em sede de controle difuso de constitucionalidade.

COMENTÁRIOS

Alternativa correta: "d" (responde a todas as alternativas): de acordo com o **art. 97 da CF**, somente pelo voto da maioria absoluta de seus membros ou dos membros do respectivo órgão especial poderão os tribunais declarar a inconstitucionalidade de lei ou ato normativo do Poder Público, o que se denomina de **cláusula de reserva de plenário.** Por sua vez, o art. 481 do CPC dispõe que os órgãos fracionários dos tribunais não submeterão ao plenário, ou ao órgão especial, a arguição de inconstitucionalidade, quando já houver pronunciamento destes ou do plenário do Supremo Tribunal Federal sobre a questão, o que se apresenta como um **abrandamento da cláusula de reserva de plenário.** Assim, na hipótese de uma Turma do Tribunal Regional do Trabalho deparar-se com questão ainda não examinada pelo Supremo Tribunal Federal, atinente à constitucionalidade de lei, prejudicial à decisão de um caso concreto submetido a seu julgamento, o órgão julgador, em virtude do quanto dispõe a Constituição da República, não poderá declarar a inconstitucionalidade da lei, tampouco afastar sua incidência, sem que haja decisão anterior proferida a esse respeito pela maioria absoluta dos membros do Tribunal Regional do Trabalho ou de seu Órgão Especial.

12. **(FCC - Analista Judiciário – Judiciária – TRT 9/2013)** No tocante à Ação Declaratória de Constitucionalidade, considere:

I. Pode ser proposta por Confederação Sindical ou entidade de classe de âmbito nacional.

II. O Procurador-Geral da República e a Mesa da Câmara dos Deputados têm legitimidade ativa para a sua propositura.
III. Tem a finalidade principal de transformar a presunção relativa de constitucionalidade em presunção absoluta, em razão dos seus efeitos vinculantes.
IV. Pode ter como objeto a lei ou ato normativo federal ou estadual que se pretenda declarar constitucional.

Está correto APENAS o que se afirma em

a) I, II e IV.
b) I e III
c) II e III.
d) I, II e III.
e) III e IV.

COMENTÁRIOS

Alternativa correta: "d".

Item "I". Correto. Nos termos do art. 103 da CF, podem propor a ação direta de inconstitucionalidade e a **ação declaratória de constitucionalidade**: I - o Presidente da República; II - a Mesa do Senado Federal; III - a Mesa da Câmara dos Deputados; IV - a Mesa de Assembleia Legislativa ou da Câmara Legislativa do Distrito Federal; V - o Governador de Estado ou do Distrito Federal; VI - o Procurador-Geral da República; VII - o Conselho Federal da Ordem dos Advogados do Brasil; VIII - partido político com representação no Congresso Nacional; e IX - **confederação sindical ou entidade de classe de âmbito nacional.**

Item "II". Correto. O Procurador-Geral da República e a Mesa da Câmara dos Deputados têm legitimidade ativa para propor ação declaratória de constitucionalidade, consoante art. 103 da CF.

Item "III". Correto. Conforme lição de Pedro Lenza, "o objetivo da ADC é transformar uma presunção relativa de constitucionalidade em absoluta (*jure et de jure*), não mais se admitindo prova em contrário. Ou seja, julgada procedente a ADC, tal decisão vinculará os órgãos do Poder Judiciário e a Administração Pública, que não mais poderão declarar a inconstitucionalidade da aludida lei, ou agir em desconformidade com a decisão do STF." (*Direito constitucional esquematizado*. 14. ed. São Paulo: Saraiva, 2010, p. 316-317).

Item "IV". Incorreto. De acordo com o art. 102, I, "a", da CF, a ADC pode ter como objeto a lei ou ato normativo federal **(mas não estadual)** que se pretenda declarar constitucional.

13. **(FCC – TRT 6 – Analista Judiciário/2012)** O Congresso Nacional promulgou, em agosto de 2006, a Lei no 11.340, conhecida por "Lei Maria da Penha", a qual criou mecanismos para proteger a mulher que é vítima de violência doméstica e familiar. Em fevereiro de 2012, o Supremo Tribunal Federal (STF) julgou procedente a Ação Declaratória de Constitucionalidade no 19 (ADC-19) para declarar a constitucionalidade de dispositivos da referida lei, o que trouxe ainda mais força para sua aplicação.

Segundo a Constituição Federal, a decisão proferida na ADC-19 produzirá

a) reconhecida controvérsia judicial sobre o tema, a qual poderá ser utilizada como precedente jurisprudencial não vinculante na defesa da constitucionalidade da "Lei Maria da Penha" nos juízos de primeira instância e nos Tribunais.

b) eficácia contra todos e efeito vinculante, relativamente aos demais órgãos do Poder Judiciário e à Administração Pública direta e indireta, nas esferas federal, estadual e municipal.
c) Súmula Vinculante, a qual, a partir de sua publicação na imprensa oficial, terá aplicação obrigatória para os demais órgãos do Poder Judiciário, do Poder Legislativo e para a Administração Pública direta e indireta, nas esferas federal, estadual e municipal.
d) comprovado prequestionamento, com efeito vinculante em relação aos demais órgãos do Poder Judiciário, do Poder Legislativo e à Administração Pública direta e indireta, nas esferas federal, estadual e municipal.
e) autêntica repercussão geral da questão, a qual avocará para o Supremo Tribunal Federal o julgamento de mérito das demais ações que versam sobre a constitucionalidade da "Lei Maria da Penha".

COMENTÁRIOS

Alternativa correta: "b". Consoante art. 102, § 2º, da CF, as decisões definitivas de mérito, proferidas pelo Supremo Tribunal Federal, nas ações declaratórias de constitucionalidade (caso da ADC-19, por exemplo), produzirão **eficácia contra todos e efeito vinculante, relativamente aos demais órgãos do Poder Judiciário e à Administração Pública direta e indireta, nas esferas federal, estadual e municipal.**

Alternativa "a". A decisão em ação declaratória de constitucionalidade tem como **pressuposto** uma reconhecida controvérsia judicial sobre o tema, a qual poderá ser utilizada como precedente jurisprudencial **vinculante** na defesa da constitucionalidade da "Lei Maria da Penha" nos juízos de primeira instância e nos Tribunais (art. 102, § 2º, da CF).

Alternativa "c". A decisão proferida na ADC-19 **não** produzirá Súmula Vinculante. Isso porque, a Súmula Vinculante tem procedimento próprio para sua aprovação, revisão ou cancelamento (art. 103-A, da CF).

Alternativa "d". A decisão proferida na ADC-19 **não** produzirá comprovado prequestionamento, pois ela simplesmente reafirmará a constitucionalidade de uma lei com base em um histórico de decisões divergentes.

Alternativa "e". Como enuncia o art. 102, § 3º, da CF, no recurso extraordinário, o recorrente deverá demonstrar a repercussão geral das questões constitucionais discutidas no caso, nos termos da lei, a fim de que o tribunal examine a admissão do recurso, somente podendo recusá-lo pela manifestação de 2/3 de seus membros. Portanto, não há nenhuma relação com a ADC.

14. **(FCC - Analista Judiciário - Área Judiciária - TRE-SP/2012)** De acordo com o texto da Constituição da República e com a jurisprudência do Supremo Tribunal Federal, em matéria de controle de constitucionalidade é correto afirmar:
a) Viola a cláusula de reserva de plenário a decisão de órgão fracionário de tribunal que, embora não declare expressamente a inconstitucionalidade de lei ou ato normativo do Poder Público, afasta sua incidência, no todo ou em parte.
b) A cláusula de reserva de plenário não se aplica aos processos de competência da Justiça do Trabalho e da Justiça Eleitoral.

c) Aos magistrados dos juizados especiais é vedado o exercício do controle incidental de constitucionalidade de leis e atos normativos.
d) As decisões definitivas de mérito, proferidas pelo Supremo Tribunal Federal, nas ações diretas de inconstitucionalidade e nas ações declaratórias de constitucionalidade, produzem eficácia contra todos e efeito vinculante, relativamente aos demais órgãos do Poder Judiciário, mas não vinculam a atuação da Administração Pública.
e) Compete ao Supremo Tribunal Federal julgar as ações declaratórias de constitucionalidade de lei ou ato normativo federal ou estadual.

COMENTÁRIOS

Alternativa correta: "a". Nos termos da **Súmula Vinculante 10**, "viola a cláusula de reserva de plenário (cf., artigo 97) a decisão de órgão fracionário de tribunal que, embora não declare expressamente a inconstitucionalidade de lei ou ato normativo do Poder Público, afasta sua incidência, no todo ou em parte".

Alternativa "b". A cláusula de reserva de plenário **também** se aplica aos processos de competência da Justiça do Trabalho e da Justiça Eleitoral.

Alternativa "c". Aos magistrados dos juizados especiais **não** é vedado o exercício do controle incidental de constitucionalidade de leis e atos normativos.

Alternativa "d". As decisões definitivas de mérito, proferidas pelo Supremo Tribunal Federal, nas ações diretas de inconstitucionalidade e nas ações declaratórias de constitucionalidade, produzem eficácia contra todos e efeito vinculante, **relativamente aos demais órgãos do Poder Judiciário e à Administração Pública direta e indireta, nas esferas federal, estadual e municipal** (art. 102, § 2º, da CF).

Alternativa "e". Compete ao Supremo Tribunal Federal julgar as ações declaratórias de constitucionalidade de lei ou ato normativo federal **(mas, não estadual)**, consoante art. 102, I, "a", da CF.

15. **(FCC – Analista Judiciário – Área Judiciária – TRE-SP/2012)** Ao disciplinar o controle de constitucionalidade de leis e atos normativos, a Constituição da República estabelece que
a) o controle de constitucionalidade não pode ser exercido por juízes em estágio probatório.
b) os atos normativos municipais não podem ser objeto de controle abstrato e concentrado de constitucionalidade.
c) as decisões proferidas pela maioria absoluta dos membros dos Tribunais, no exercício do controle incidental de constitucionalidade, produzem efeitos contra todos e vinculantes relativamente aos demais órgãos do Poder Judiciário.
d) a pretensão deduzida em ação direta de inconstitucionalidade de lei ou ato normativo prescreve em vinte anos.
e) todos os legitimados à propositura da ação direta de inconstitucionalidade também o são, observados os demais requisitos, para promoverem a ação declaratória de constitucionalidade.

COMENTÁRIOS

Alternativa correta: "e". Todos os legitimados à propositura da ação direta de inconstitucionalidade também o são, observados os demais requisitos, para promoverem a ação declaratória de constitucionalidade. Assim dispõe o **art. 103, *caput*, da CF**, com redação dada pela EC 45/04.

Alternativa "a". O controle de constitucionalidade **pode** ser exercido por juízes em estágio probatório, pois não há nenhuma restrição constitucional nesse sentido.

Alternativa "b". Os atos normativos municipais **podem** ser objeto de controle abstrato e concentrado de constitucionalidade, o que se dá via **ADPF**, de acordo com o art. 102, § 1º, da CF c.c. art. 1º, parágrafo único, I, da Lei 9.882/99.

Alternativa "c". As decisões proferidas pela maioria absoluta dos membros dos tribunais, no exercício do controle incidental de constitucionalidade, **não** produzem efeitos contra todos e vinculantes relativamente aos demais órgãos do Poder Judiciário.

Alternativa "d". A pretensão deduzida em ação direta de inconstitucionalidade de lei ou ato normativo **é imprescritível,** conforme decidiu o STF na ADI 1.247, julgada em 1995 e relatada pelo Ministro Celso de Mello.

16. **(FCC – Analista Judiciário / TRT 23 / 2011)** O objeto, que engloba a possibilidade do Supremo Tribunal Federal de controlar as deliberações administrativas dos Tribunais Regionais do Trabalho, salvo as convenções coletivas de trabalho, é o da ação

a) de exceção de constitucionalidade difusa.
b) direta de inconstitucionalidade interventiva.
c) direta de inconstitucionalidade por omissão.
d) declaratória de constitucionalidade.
e) direta de inconstitucionalidade genérica.

COMENTÁRIOS

Alternativa correta: "e". A ação direta de inconstitucionalidade genérica pode ter como objeto lei **ou ato normativo federal ou estadual** (art. 102, I, "a", da CF). Assim, em tese, as deliberações se enquadram no **conceito de ato normativo**, podendo ser objeto de ADI.

Alternativa "a". Não existe **ação de exceção de constitucionalidade difusa.**

Alternativa "b". A ação direta de inconstitucionalidade interventiva, na lição de Dirley da Cunha Júnior, "apresenta-se como uma condição para a União intervir nos Estados e no Distrito Federal quando a finalidade da intervenção for assegurar a observância dos princípios constitucionais sensíveis, violados por algum ato ou alguma omissão dos órgãos e autoridades daquelas unidades federadas" (*Curso de direito constitucional*. 6. ed. Salvador: Juspodivm, 2012, p. 428). Portanto, a ADI Interventiva tem objeto distinto das deliberações administrativas do Tribunal Regional do Trabalho.

Alternativa "c". A ação direta de inconstitucionalidade por omissão tem por objetivo sanear o vício da falta de regulamentação de norma constitucional de eficácia limitada, o que também não se adapta às deliberações administrativas do Tribunal Regional do Trabalho.

Alternativa "d". A ação declaratória de constitucionalidade visa firmar uma interpretação a partir de controvérsia judicial relevante, o que, em tese, não poderia se dar em relação a deliberações administrativas de Tribunal.

(Cespe – Analista Processual – MPU/2010) O Estado brasileiro, como estado democrático de direito, apresenta, no seu texto constitucional, os parâmetros para o exercício da soberania popular, a partir de princípios e normas basilares, submetidos a constante controle. Com relação a esse tema, julgue os itens a seguir.

17. No direito brasileiro, em se tratando de controle de constitucionalidade, em regra, aplica-se a teoria da nulidade de forma absoluta no controle concentrado.

COMENTÁRIOS

Item errado. No direito brasileiro, em se tratando de controle de constitucionalidade, **não se aplica de forma absoluta** a teoria da nulidade no controle concentrado, uma vez que se admite a modulação dos efeitos da decisão. A teoria da nulidade diz que, uma vez declarada a inconstitucionalidade do ato, seus efeitos presentes e passados devem ser eliminados (*ex tunc*). Entretanto, nos termos do art. 27 da Lei 9,868/99, ao declarar a inconstitucionalidade de lei ou ato normativo, e tendo em vista razões de segurança jurídica ou de excepcional interesse social, poderá o Supremo Tribunal Federal, por maioria de 2/3 de seus membros, restringir os efeitos daquela declaração ou decidir que ela só tenha eficácia a partir de seu trânsito em julgado ou de outro momento que venha a ser fixado.

18. **(FCC – Analista Judiciário / TRT 9 / 2010)** Sobre o controle de constitucionalidade, NÃO é espécie de controle concentrado a ação classificada como

a) direta de inconstitucionalidade por omissão.
b) direta de inconstitucionalidade genérica.
c) direta de inconstitucionalidade interventiva.
d) direta de constitucionalidade objetiva.
e) declaratória de constitucionalidade.

COMENTÁRIOS

Alternativa correta: "d" (responde a todas as alternativas). A ação direta de inconstitucionalidade genérica é aquela que tem como objeto lei **ou ato normativo federal ou estadual** (art. 102, I, "a", da CF). Já a ação direta de inconstitucionalidade interventiva, na lição de Dirley da Cunha Júnior, "apresenta-se como uma condição para a União intervir nos Estados e no Distrito Federal quando a finalidade da intervenção for assegurar a observância dos princípios constitucionais sensíveis, violados por algum ato ou alguma omissão dos órgãos e autoridades daquelas unidades federadas" (*Curso de direito constitucional*. 6 ed. Salvador: Juspodivm, 2012, p. 428). Ao seu lugar, a ação direta de inconstitucionalidade por omissão tem por objetivo sanear o vício da falta de regulamentação de norma constitucional de eficácia limitada. Por fim, a ação declaratória de constitucionalidade visa firmar uma interpretação a partir de controvérsia judicial relevante. Todas essas são ações do controle concentrado de constitucionalidade. De outra banda, não existe ação direta de constitucionalidade objetiva, conforme versa o enunciado da questão.

19. **(FCC – Analista Administrativo / TRT 8 / 2010)** Quando o Supremo Tribunal Federal apreciar a inconstitucionalidade, em tese, de norma legal ou ato normativo, citará previamente o
a) Conselho Federal da Ordem dos Advogados do Brasil.
b) Advogado-Geral da União.
c) Presidente da Câmara dos Deputados.
d) Presidente do Senado Federal.
e) Presidente da República.

COMENTÁRIOS

Alternativa correta: "b" (responde a todas as alternativas). Nos processos de controle concentrado de constitucionalidade, em regra, há a **defesa vinculada pelo Advogado-Geral da União,** do ato objeto da ADI, no prazo de 15 dias (art. 103, § 3º, da CF e art. 8º da Lei 9.868/99.

20. **(FCC – Analista Administrativo / TRT 9 / 2010)** A ação declaratória de constitucionalidade, junto ao Supremo Tribunal Federal, NÃO poderá ser proposta
a) pela entidade de classe de âmbito nacional.
b) pela Mesa da Câmara Legislativa.
c) pelo Governador do Distrito Federal.
d) pela confederação sindical.
e) pelo Prefeito Municipal.

COMENTÁRIOS

Alternativa correta: "e" (responde a todas as alternativas). Os legitimados para a propositura da ação direta de inconstitucionalidade estão previstos no art. 103 da CF e são os seguintes: o Presidente da República, as Mesas do Senado Federal, da Câmara dos Deputados, de Assembleias Legislativas e da Câmara Legislativa do Distrito Federal, o Governador de Estado ou do Distrito Federal, o Procurador-Geral da República, o Conselho Federal da Ordem dos Advogados do Brasil, partido político com representação no Congresso Nacional, confederação sindical ou entidade de classe de âmbito nacional.

21. **(FCC – Analista Judiciário / TRT 9 / 2010)** A decisão que julgar improcedente o pedido em arguição de descumprimento de preceito fundamental é
a) irrecorrível, não podendo ser objeto de ação rescisória.
b) recorrível por recurso ordinário ao Pleno do Supremo Tribunal Federal, não podendo ser objeto de ação rescisória.
c) recorrível por agravo regimental ao Pleno do Supremo Tribunal Federal, não podendo ser objeto de ação rescisória.
d) recorrível por recurso ordinário ao Pleno do Supremo Tribunal Federal, podendo ser objeto de ação rescisória.
e) recorrível por agravo interno ao Presidente do Supremo Tribunal Federal, que decidirá monocraticamente, podendo ser objeto de ação rescisória.

COMENTÁRIOS

Alternativa correta: "a" (responde a todas as alternativas). A decisão prolatada em sede de arguição de descumprimento de preceito fundamental **é irrecorrível,** ressalvada a interposição de embargos declaratórios (segundo o STF, por aplicação do art. 26 da Lei 9.868/99). Em adição confirma-se que a decisão proferida em sede de ADPF não pode ser objeto de ação rescisória (art. 12 da Lei 9.882/99).

22. (FCC – Analista Judiciário / TRT 12 / 2010) É legitimado ativo para a propositura de arguição de descumprimento de preceito fundamental o

a) Presidente do Superior Tribunal de Justiça.
b) Advogado Geral da União.
c) Conselho Federal da Ordem dos Advogados do Brasil.
d) Conselho Nacional de Justiça.
e) Representante do Ministério Público Estadual.

COMENTÁRIOS

Alternativa correta: "c" (responde a todas as alternativas). De acordo com o art. 2º, I da Lei nº 9.882/99, os legitimados para a ADPF são os mesmos da ADI, portanto, são os dispostos no art. 103 da CF: o Presidente da República, as Mesas do Senado Federal, da Câmara dos Deputados, de Assembleias Legislativas e da Câmara Legislativa do Distrito Federal, o Governador de Estado ou do Distrito Federal, o Procurador-Geral da República, o Conselho Federal da Ordem dos Advogados do Brasil, partido político com representação no Congresso Nacional, confederação sindical ou entidade de classe de âmbito nacional.

11. QUESTÕES OBJETIVAS PARA TREINAR

01. (FCC – Analista Judiciário – Área Judiciária – TRT 6/2018) No que tange à disciplina do controle de constitucionalidade no Direito Brasileiro,

a) eventual inconstitucionalidade do processo legislativo pode ser objeto tanto do controle concentrado quanto do controle difuso de constitucionalidade.
b) é possível o pedido de desistência da ação direta de inconstitucionalidade, segundo entendimento pacífico do Supremo Tribunal Federal.
c) as normas anteriores à Constituição em vigor não podem ser objeto de Arguição de Descumprimento de Preceito Fundamental.
d) não é admissível Ação Direta de Inconstitucionalidade no Supremo Tribunal Federal que tenha por objeto ato normativo editado pelo Distrito Federal no exercício de competência que a Constituição Federal designe aos municípios.
e) para ajuizar ação declaratória de constitucionalidade, o partido político com representação no Congresso Nacional prescinde da representação por advogado.

02. (FGV / Analista Jurídico / TJ-SC / 2018) A Lei federal nº W3/2018 introduziu profundas alterações no regime jurídico dos servidores públicos federais, daí resultando prejuízos para um grupo de cinquenta servidores espalhados pelo território nacional, que teve o seu direito adquirido violado. Ao tomar conhecimento do ocorrido, a associação nacional da categoria ingressou com arguição de descumprimento de preceito fundamental, na qual requeria que fosse reconhecida a inconstitucionalidade parcial da Lei federal W3/2018 e que as perdas de cada um dos servidores fossem recompostas pela União. Em relação ao uso da arguição de descumprimento de preceito fundamental, no caso concreto, ele é:

a) incabível, apenas na parte em que é postulado o reconhecimento da inconstitucionalidade da lei;
b) incabível, por não estar presente a subsidiariedade e por ser direcionada a situações individuais e concretas;
c) cabível, já que foi violado um preceito fundamental, com a correlata afronta à esfera jurídica individual;
d) incabível, pelo fato de a associação nacional não ter legitimidade para ingressar com a arguição;
e) cabível, já que foi violado um preceito fundamental e as lesões assumiram proporção nacional.

03. **(Fundatec / Analista Técnico / DPE-SC / 2018)** Quanto aos efeitos da declaração de inconstitucionalidade, analise as assertivas a seguir:

I. No controle difuso, declarada *incidenter tantum* a inconstitucionalidade da lei ou ato normativo pelo Supremo Tribunal Federal, o efeito é *ex tunc* e só tem aplicação para as partes e no processo em que houve a citada declaração.

II. É possível, excepcionalmente, com base nos princípios da segurança jurídica e da boa-fé, no caso concreto, a declaração de inconstitucionalidade incidental, restringir os efeitos daquela declaração ou decidir que ela só tenha eficácia a partir de seu trânsito em julgado ou de outro momento que venha a ser fixado, desde que razões de ordem pública ou social exijam.

III. Nos termos do artigo 52, inciso X da Constituição da Federal, o Senado poderá editar uma resolução suspendendo a execução, no todo ou em parte, da lei ou ato normativo declarado inconstitucional por decisão definitiva do Supremo Tribunal Federal, que terá efeitos *erga omnes* e *ex tunc*.

Quais estão corretas?

a) Apenas I
b) Apenas II
c) Apenas III
d) Apenas II e III
e) I, II e III

04. **(Consulplan / TRF 2ª Região / Analista Judiciário – Área Judiciária / 2017)** "Um grupo de vinte e cinco senadores apresentou proposta de emenda constitucional, buscando alterar as regras do regime previdenciário dos servidores que se encontram na ativa e, ainda, não preencheram os requisitos para a aposentadoria, de modo a ampliar a idade mínima e o tempo de contribuição. A proposta, que foi apresentada no momento em que a região nordeste do País

era atingida por calamidade de grandes proporções na natureza, foi aprovada pelas duas Casas do Congresso Nacional, em dois turnos de votação, por três quintos dos votos dos respectivos membros, sendo, ao final, promulgada." À luz da sistemática estabelecida pela Constituição da República, é correto afirmar que a Emenda Constitucional que foi promulgada é:

a) Formalmente inconstitucional, em razão do vício de iniciativa.
b) Materialmente inconstitucional, por afronta aos limites materiais de reforma.
c) Formalmente inconstitucional, por afronta aos limites circunstanciais de reforma.
d) Formalmente inconstitucional, por inobservância do número mínimo de votos para aprovação.

05. **(FCC / Analista Judiciário – Área Administrativa / TRT 23/ 2016)** A ideia segundo a qual todos os juízes de qualquer posição hierárquica estão em condições de revisar os atos dos demais órgãos constitucionais, para verificar se estão ajustados ao preceituado pela lei fundamental,

a) trata de violação do princípio da separação de poderes e consequente impossibilidade material de validade de tal decisão assim emitida.
b) expressa a forma de controle difuso de constitucionalidade, aceita em nosso sistema constitucional.
c) corresponde à manifestação de técnica judicial de¬nominada de "jurisprudência dos valores" e apenas é correta em relação ao Supremo Tribunal Federal.
d) está limitada aos juízes dos Tribunais Superiores em julgamento específico de ação constitucional típica.
e) acha-se condicionada às hipóteses em que não houve prévio controle político de constitucionalidade pelo órgão de origem da norma ou ato.

06. **(FCC – Analista Judiciário – Área Administrativa – TRT 23/2016)** A Arguição de Descumprimento de Preceito Fundamental – ADPF, segundo o Supremo Tribunal Federal,

a) é um tipo de ação, ajuizada exclusivamente no STF, que tem por objeto evitar ou reparar lesão a preceito fundamental, resultante de ato do Poder Público.
b) não pode ter natureza equivalente às ações declaratórias de inconstitucionalidade.
c) pode questionar a constitucionalidade de uma norma perante a Constituição Federal, mas tal norma deve ser federal e posterior à Constituição vigente.
d) possui os mesmos legitimados para ajuizá-la que os da ação declaratória de inconstitucionalidade, salvo o Presidente da República.
e) é cabível, por ser autônoma, mesmo quando existir outro tipo de ação que possa ser proposta.

07. **(FCC / Analista Judiciário / Oficial de Justiça Avaliador / TRT 4/ 2015)** Quanto ao controle de constitucionalidade de Lei Municipal em face da Constituição Federal, é correto afirmar que pode ser realizado por via

a) difusa ou concentrada, mediante ação direta de inconstitucionalidade perante o Supremo Tribunal Federal.

b) difusa, não se admitindo o controle concentrado por ação direta de inconstitucionalidade.
c) difusa ou concentrada, esta diretamente perante o Tribunal de Justiça do Estado a que pertença o Município, com recurso ao Supremo Tribunal Federal.
d) concentrada ou difusa, ambas diretamente perante o Supremo Tribunal Federal.
e) concentrada ou difusa, ambas diretamente perante o Tribunal de Justiça do Estado a que pertença o Município, com recurso ao Supremo Tribunal Federal.

08. **(FCC / Analista Judiciário – Área Judiciária – Oficial de Justiça / TRT 16/ 2014)** Sobre a ação declaratória de constitucionalidade considere:

I. a decisão que declara a constitucionalidade da lei ou do ato normativo em ação declaratória é irrecorrível, ressalvada a interposição de embargos declaratórios, não podendo, igualmente, ser objeto de ação rescisória.
II. ajuizada Ação Declaratória de Constitucionalidade não é admissível a desistência.
III. contra a decisão do Relator que indeferir a petição inicial caberá agravo.

Está correto o que se afirma em

a) I e II, apenas.
b) I e III, apenas.
c) II e III, apenas.
d) I, apenas.
e) I, II e III.

09. **(FCC – Analista Judiciário – Judiciária / TRT 1 / 2013)** O artigo 5º, *caput*, da Lei no 12.034/09 criou, para vigorar "a partir das eleições de 2014, inclusive, o voto impresso conferido pelo eleitor". Entre outras regras, estabeleceu em seus parágrafos que, "após a confirmação final do voto pelo eleitor, a urna eletrônica imprimirá um número único de identificação do voto associado à sua própria assinatura digital", a fim de viabilizar a realização de auditoria de urnas eletrônicas, por amostragem, por meio da contagem dos seus votos em papel e comparação com os resultados apresentados pelo respectivo boletim de urna. Em sessão realizada em outubro de 2011, o Supremo Tribunal Federal (STF) concedeu medida cautelar em sede de ação direta de inconstitucionalidade, proposta pelo Procurador-Geral da República, para suspender a eficácia do referido dispositivo legal, na íntegra.

Nesse caso:

I. A questão de mérito posta à deliberação do STF diz respeito à compatibilidade de dispositivos de lei federal com a Constituição da República, em face do direito fundamental ao voto secreto, considerado mecanismo de exercício da soberania popular, matéria protegida inclusive contra proposta de emenda à Constituição que tenda à sua abolição.
II. O Procurador-Geral da República possui legitimidade para a propositura da ação e prescinde da demonstração de pertinência temática para esse fim, a exemplo do que ocorre, entre outros legitimados, com o Presidente da República e os partidos políticos com representação no Congresso Nacional.

III. O quorum exigido para a decisão proferida no caso em tela é o da maioria absoluta dos membros do STF, devendo estar presentes na sessão pelo menos oito Ministros.
IV. A decisão proferida pelo STF, no caso, é dotada de eficácia contra todos e produz efeitos ex nunc.

Está correto o que se afirma em

a) I e II, apenas.
b) I e III, apenas.
c) II e IV, apenas.
d) I, III e IV, apenas.
e) I, II, III e IV.

10. **(FCC – Analista Judiciário – Judiciária / TRT 1 / 2013)** Na hipótese de uma Turma do Tribunal Regional do Trabalho deparar-se com questão ainda não examinada pelo Supremo Tribunal Federal, atinente à constitucionalidade de lei, prejudicial à decisão de um caso concreto submetido a seu julgamento, o órgão julgador, em virtude do quanto dispõe a Constituição da República,

a) estará impedido de pronunciar-se, até que sobrevenha decisão sobre a constitucionalidade da lei proferida pelo Supremo Tribunal Federal, ao qual compete a guarda da Constituição.
b) estará impedido de pronunciar-se, até que sobrevenha decisão sobre a constitucionalidade da lei proferida pelo Tribunal Superior do Trabalho, instância jurisdicional final em matéria trabalhista.
c) poderá afastar a incidência da lei, desde logo, mas não declarar sua inconstitucionalidade expressamente, sem que haja decisão anterior proferida a esse respeito pela maioria absoluta dos membros do Tribunal Regional do Trabalho ou de seu Órgão Especial.
d) não poderá declarar a inconstitucionalidade da lei, tampouco afastar sua incidência, sem que haja decisão anterior proferida a esse respeito pela maioria absoluta dos membros do Tribunal Regional do Trabalho ou de seu Órgão Especial.
e) poderá declarar a inconstitucionalidade da lei, bem como afastar sua incidência, independentemente da existência de decisão anterior proferida a esse respeito por outras instâncias da Justiça do Trabalho ou pelo Supremo Tribunal Federal, por se tratar de decisão a ser tomada em sede de controle difuso de constitucionalidade.

11. **(FCC – Analista Judiciário / TRT 22 / 2010)** No Brasil o controle de constitucionalidade repressivo judiciário é

a) apenas difuso.
b) misto.
c) concentrado dependente de complementação.
d) apenas concentrado.
e) difuso dependente de complementação.

12. (Ferreira de Moura - Analista Judiciário / TRE-SC / 2009) Considere as proposições abaixo no que se refere ao controle de constitucionalidade das normas e, em seguida, aponte a assertiva correta.

I. A Constituição Federal estabelece os mesmos legitimados para propor a Ação Direta de Inconstitucionalidade e a Ação Declaratória de Constitucionalidade, dentre os quais se incluem os partidos políticos.

II. O controle prévio da constitucionalidade é realizado unicamente pelo Poder Legislativo.

III. O Supremo Tribunal Federal sumulou o entendimento de que viola a cláusula de reserva de plenário a decisão de órgão fracionário de Tribunal que, embora não declare expressamente a inconstitucionalidade de lei ou ato normativo do Poder Público, afasta sua incidência, no todo ou em parte.

IV. O controle aberto ou pela via de exceção é realizado pelos juízos ou tribunais, com exceção do Supremo Tribunal Federal que é responsável exclusivamente pelo exercício do controle concentrado.

a) Somente as proposições I, II e IV estão corretas.
b) Somente as proposições I, III e IV estão corretas.
c) Somente a proposição III está correta.
d) Somente a proposição IV está correta.

13. (Ferreira de Moura - Analista Judiciário / TRE-SC / 2009) Analise as assertivas abaixo e assinale a que NÃO corresponda ao controle de constitucionalidade.

a) As emendas constitucionais podem ser objeto de controle abstrato ou direto.
b) As normas infraconstitucionais anteriores à vigência da atual Constituição Federal podem ser objeto de Ação Direta de Inconstitucionalidade ou de Arguição de Descumprimento de Preceito Fundamental.
c) O Supremo Tribunal Federal entende que não se sujeitam ao controle concentrado de constitucionalidade as respostas emitidas pelo Tribunal Superior Eleitoral às consultas que lhe forem endereçadas, porquanto não possuem eficácia vinculativa aos demais órgãos do Poder Judiciário.
d) O Supremo Tribunal Federal se posicionou no sentido de que as normas constitucionais produzidas pelo poder constituinte originário não podem ser objeto de controle concentrado ou difuso.

14. (Cespe - Analista Judiciário / TRE-MA / 2009) Quanto ao sistema constitucional de controle de constitucionalidade de leis ou atos normativos, assinale a opção correta.

a) O STF considera legítima a utilização da ação civil pública como instrumento de fiscalização incidental de constitucionalidade de leis ou atos do Poder Público municipal, pela via difusa, quando a controvérsia constitucional não se apresentar como o único objeto da demanda, mas como questão prejudicial, necessária à resolução do conflito principal.
b) Compete ao STF processar e julgar originariamente a ação direta de inconstitucionalidade tendo por objeto lei ou ato normativo municipal que contrarie

previsões expressas na Constituição Estadual, desde que constituam mera repetição de disposição prevista na CF.

c) O chefe do Poder Executivo não pode deixar de cumprir lei ou ato normativo que entenda flagrantemente inconstitucional, sob pena de afronta à competência e à atuação dos Poderes Legislativo e Judiciário.
d) A ação declaratória de constitucionalidade não admite a concessão de medida cautelar, sob pena de afronta ao princípio da presunção de constitucionalidade das leis e atos normativos.
e) É inadmissível o controle jurisdicional de constitucionalidade de proposição legislativa em trâmite, por ainda não existir lei ou ato normativo passível de controle de constitucionalidade.

15. **(FCC – Execução de Mandados / TRT 7 / 2009)** Na hipótese de o Poder Público se abster do dever de emitir um comando normativo, exigido pela Constituição Federal, é cabível a Ação Direta de inconstitucionalidade

a) obrigacional.
b) por omissão.
c) genérica.
d) interventiva.
e) mandamental.

16. **(FCC – Execução de Mandados / TRT 16 / 2009)** No âmbito do controle de constitucionalidade, pode-se afirmar que:

a) A arguição de descumprimento de preceito fundamental, decorrente da Constituição Federal, será apreciada pelo Supremo Tribunal Federal, pelo Superior Tribunal de Justiça ou pelos Tribunais Federais de Recurso, na forma da Lei.
b) Quando o Supremo Tribunal Federal apreciar a inconstitucionalidade, em tese, de norma legal ou ato normativo, citará, previamente, o Procurador-Geral da República, que defenderá o ato ou texto impugnado.
c) Declarada a inconstitucionalidade por omissão de medida para tornar efetiva norma constitucional, será dada ciência ao Poder competente para a adoção das providências necessárias e, em se tratando de órgão administrativo, para fazê-lo em trinta dias.
d) O Advogado-Geral da União deverá ser previamente ouvido nas ações de inconstitucionalidade e em todos os processos de competência do Supremo Tribunal Federal.
e) Podem propor a ação direta de inconstitucionalidade e a ação declaratória de constitucionalidade, além de outros, o Presidente da Ordem dos Advogados do Brasil e o Controlador-Geral da República.

(Cespe – Execução de Mandados / TRT 17 / 2009) Quanto ao sistema de controle de constitucionalidade brasileiro, julgue os itens a seguir.

17. A concessão da medida cautelar, na ação direta de inconstitucionalidade, torna aplicável a legislação anterior acaso existente, salvo expressa manifestação em sentido contrário.

18. A petição inicial da ação direta de inconstitucionalidade deve indicar o dispositivo da lei ou do ato normativo questionado, os fundamentos jurídicos do pedido e a existência de controvérsia judicial relevante acerca da aplicação da disposição objeto da ação.

19. **(FCC – Execução de Mandados / TRT 23 / 2007)** No que concerne à ação declaratória de constitucionalidade pode-se afirmar que

a) a petição inicial deverá indicar necessariamente a existência de controvérsia judicial relevante sobre a aplicação da disposição objeto da demanda.
b) o Ministro de Estado é um dos legitimados à sua propositura.
c) indeferida a petição inicial pelo Relator caberá recurso de apelação ao Plenário do Supremo Tribunal Federal.
d) após o seu ajuizamento, a desistência pelo autor é permitida, mas está condicionada à concordância do Advogado-Geral da União.
e) o seu procedimento admite intervenção de terceiros.

20. **(FCC – Analista Judiciário / TRT 3 / 2009)** Em relação à ação direta de inconstitucionalidade por omissão de natureza federal, considere:

I. As hipóteses de ajuizamento dessa ação não decorrem de toda e qualquer espécie de omissão do Poder Público, mas sim daquelas omissões relacionadas com as normas constitucionais de eficácia limitada de caráter mandatório, em que a sua plena aplicabilidade está condicionada à ulterior edição dos atos requeridos pela Constituição.

II. Como a omissão diz respeito ao dever de expedir uma lei federal, será apontado como requerido sempre o Congresso Nacional por ser órgão constitucional que permanece omisso quanto a esse dever.

III. Tem cabimento a concessão de medida cautelar nessa espécie de ação mandamental porque presentes os pressupostos legais, como o *fumus boni juris* e o *periculum in mora*.

IV. Não há obrigatoriedade de citação do Advogado-Geral da União - AGU nessa espécie de ação, porém é obrigatória a manifestação do Procurador-Geral da República.

Está correto o que se afirma APENAS em

a) I, II e III.
b) I e III.
c) I e IV.
d) II, III e IV.
e) II e IV.

▶ **GABARITO**

Questão	Resposta	Fundamento	Itens deste capítulo em que abordamos o tema da questão
01	d	Jurisprudência e doutrina	6.1.3
02	b	Art. 102, § 1º, da CF c.c. art. 4º, § 1º, da Lei 9.882/99	6.5
03	b	Jurisprudência	5.2
04	a	Doutrina	2
05	b	Doutrina	5.1
06	a	Art. 102, § 1º, da CF c.c. art. 1º da Lei 9.882/99	6.5.1
07	b	Art. 102, I, a, da CF	5 e 6
08	e	Artigos 3º, 4º, 5º e 26 da Lei 9.868/99	6.1.5 e 6.1.6
09	e	Art. 60, § 4º, da CF; Art. 103 da CF; Lei 9.868/99 e jurisprudência do STF.	6.1.2; 6.1.3; 6.1.4 e 6.1.5.
10	d	Art. 97 da CF	5
11	b	Doutrina	4
12	c	Art. 97 da CF e Súmula Vinculante 10	5
13	b	Art. 1º da Lei 9.882/99	6.5.2
14	a	Jurisprudência do STF	5
15	b	Lei 9.868/99 e doutrina	6.2
16	c	Art. 12-H da Lei 9.868/99	6.2.4
17	Certo	Art. 11, § 2º, da Lei nº 9.868/99.	6.1.4
18	Errado	Art. 3º da Lei nº 9.868/99.	6.1.5 e 6.4.5
19	a	Art. 14 da Lei nº 9.868/99.	6.4.5
20	c	Doutrina e Lei 9.868/99	6.2.2

Capítulo X

Defesa do Estado e das Instituições Democráticas

Sumário • 1. Introdução – 2. Instrumentos para o controle das crises constitucionais: estado de defesa e estado de sítio: 2.1. Estado de Defesa: 2.1.1. Conceito; 2.1.2. Procedimento para decretação, regramento durante a sua vigência e controle político; 2.2. Estado de Sítio: 2.2.1. Conceito; 2.2.2. Procedimento para decretação, regramento durante a sua vigência e controle político; 2.3. Tabela: principais diferenças entre o Estado de Defesa e o Estado de Sítio – 3. Defesa do País: Forças Armadas e Segurança Pública: 3.1. Forças armadas; 3.2. Segurança pública – 4. Questões objetivas comentadas.

1. INTRODUÇÃO

Para abordar o tema da defesa do Estado e das instituições democráticas, a Constituição Federal reservou título próprio, que se subdivide em dois grandes grupos: **1. instrumentos para o controle das crises constitucionais** (Estado de Defesa e Estado de Sítio); e **2. defesa do país** (por meio das Forças Armadas e da Segurança Pública).

2. INSTRUMENTOS PARA O CONTROLE DAS CRISES CONSTITUCIONAIS: ESTADO DE DEFESA E ESTADO DE SÍTIO

O Estado de Defesa e o Estado de Sítio são instrumentos constitucionais que têm como finalidade **restabelecer a normalidade constitucional**. Ambos se informam pelos princípios da **necessidade** e da **temporariedade**.[1]

José Afonso da Silva ensina que, durante o Estado de Defesa ou o Estado de Sítio, a legalidade normal é substituída por uma **legalidade extraordinária,**[2] que implica em um série de restrições a direitos fundamentais, tudo em nome do restabelecimento da normalidade constitucional.

Para os concursos de Tribunais e MPU, o mais importante é conhecer os detalhes, notadamente aqueles que se traduzem em diferenças entre o Estado de Defesa e o Estado de Sítio. Assim, abordaremos cada instituto separadamente e em sua completude.

---

1. SANTOS, Aricê Moacyr Amaral. *O estado de emergência*. São Paulo: Sugestões Literárias, 1981.
2. SILVA, José Afonso da. *Op. Cit.*

2.1. Estado de Defesa

2.1.1. *Conceito*

É o instrumento para o controle das crises constitucionais que tem cabimento para preservar ou prontamente restabelecer, em locais restritos e determinados, a **ordem pública** ou a **paz social** ameaçadas por grande e iminente instabilidade institucional ou atingidas por calamidades de grandes proporções na natureza (art. 136, *caput*, da CF).

Vale ressaltar que essas **hipóteses de cabimento** descritas no conceito são **taxativas**.

2.1.2. *Procedimento para decretação, regramento durante a sua vigência e controle político*

A **iniciativa** para decretação do Estado de Defesa é de titularidade do **Presidente da República**, mas, para tanto, ele deve **ouvir o Conselho da República e o Conselho de Defesa Nacional**. Contudo, vale notar que, as opiniões dos Conselhos da República e de Defesa Nacional não vinculam o Presidente da República.

Decidindo pelo Estado de Defesa, o Presidente da República emitirá **decreto** (art. 84, IX, da CF), que deverá conter: **1. o tempo de duração** (que não será superior a 30 dias, podendo ser prorrogado uma vez, por igual período, se persistirem as razões que justificaram a decretação); **2. as áreas a serem abrangidas**; **3.** nos termos e limites da lei, as medidas coercitivas a vigorarem, tais como: 3.1. eventuais **restrições aos direitos de**: a) reunião, ainda que exercida no seio das associações; b) sigilo de correspondência; c) sigilo de comunicação telegráfica e telefônica; 3.2. **ocupação e uso temporário de bens e serviços públicos**, na hipótese de calamidade pública, respondendo a União pelos danos e custos decorrentes (art. 136, §§ 1º e 2º, da CF).

> ▸ **ATENÇÃO!**
>
> É comum a banca afirmar que o direto de reunião pode ser restringido durante o Estado de Defesa, salvo se exercido no âmbito das associações. Esta assertiva está **errada**, pois o direito de reunião pode ser restringido **ainda que** exercido no seio das associações!

Na vigência do Estado de Defesa: **1.** A **prisão por crime contra o Estado**, determinada pelo executor da medida, será por este comunicada imediatamente ao juiz competente, que a relaxará, se não for legal, facultado ao preso requerer exame de corpo de delito à autoridade policial (a comunicação será acompanhada de declaração, pela autoridade, do estado físico e mental do detido no momento de sua autuação); **2.** A **prisão ou detenção de qualquer pessoa** não poderá ser superior a 10 dias, salvo quando autorizada pelo Poder Judiciário; **3.** É **vedada a incomunicabilidade do preso** (art. 136, § 3º, da CF).

A Constituição Federal determina que o Estado de Defesa se submete ao **controle político** do Congresso Nacional, que se realizará de três formas: **a)** decidindo sobre a decretação ou a prorrogação: **b)** acompanhando e fiscalizando as medidas adotadas; e **c)** verificando, após a cessação, a constitucionalidade e a legalidade das medidas adotadas.

Decretado o estado de defesa ou sua prorrogação, o Presidente da República, dentro de **24 horas**, submeterá o ato com a respectiva justificação ao Congresso Nacional, que decidirá por **maioria absoluta**. Caso o Congresso Nacional esteja em recesso, haverá **convocação extraordinária no prazo de 5 dias**, o que será feito pelo Presidente do Senado Federal (art. 136, §§ 4º e 5º c.c. art. 57, § 6º, I, todos da CF).

O Congresso Nacional apreciará o decreto dentro de **10 dias** contados de seu recebimento, devendo **continuar funcionando** enquanto vigorar o Estado de Defesa. Caso o decreto seja rejeitado, cessará imediatamente o Estado de Defesa (art. 136, § 6º e 7º, da CF).

> ▸ **FIQUE LIGADO!**
> Apesar de implicar uma série de restrições, o Estado de Defesa **não interrompe** as atividades do Congresso Nacional, nem tampouco do Supremo Tribunal Federal.

Além do controle sobre a decretação ou a prorrogação, o Congresso Nacional, por meio de sua Mesa, ouvidos os líderes partidários, designará **comissão composta de 5 de seus membros** para **acompanhar e fiscalizar a execução** das medidas referentes ao Estado de Defesa (art. 140 da CF).

Ademais, logo que cesse o Estado de Defesa, as medidas aplicadas em sua vigência serão relatadas pelo Presidente da República, em **mensagem ao Congresso Nacional**, com especificação e justificação das providências adotadas, com relação nominal dos atingidos e indicação das restrições aplicadas. Aliás, a Constituição Federal é expressa no sentido de que cessação do Estado de Defesa não prejudica eventual responsabilização pelos ilícitos cometidos por seus executores ou agentes (art. 141 da CF).

2.2. Estado de Sítio

2.2.1. *Conceito*

É o instrumento para o controle das crises constitucionais que tem cabimento no caso de **comoção grave de repercussão nacional** ou **ocorrência de fatos que comprovem a ineficácia de medida tomada durante o estado de defesa**; bem como para **declaração de estado de guerra ou resposta a agressão armada estrangeira**. (art. 137, I e II, da CF).

Da mesma forma que no Estado de Defesa, as **hipóteses de cabimento** descritas no conceito de estado de sítio compõem um **rol taxativo**.

2.2.2. Procedimento para decretação, regramento durante a sua vigência e controle político

A exemplo do Estado de Defesa, a iniciativa para decretação do Estado de Sítio é de titularidade do Presidente da República, ouvidos o Conselho da República e o Conselho de Defesa Nacional (mas, cujas opiniões não vinculam o Presidente da República).

Diferentemente do Estado de Defesa, em que o Presidente o decreta ou prorroga e somente depois submete sua decisão ao Congresso Nacional, no Estado de Sítio **o Presidente da República deve solicitar ao Congresso Nacional autorização para decretá-lo,** o que somente poderá se dar nos casos de: **1.** Comoção grave de repercussão nacional ou ocorrência de fatos que comprovem a ineficácia de medida tomada durante o estado de defesa; e **2.** Declaração de estado de guerra ou resposta a agressão armada estrangeira (art. 137 da CF).

Autorizado pelo Congresso Nacional, o Presidente da República emitirá o **decreto** de Estado de Sítio indicando: **1.** sua **duração;** **2.** as **normas** necessárias a sua **execução;** **3.** as **garantias** constitucionais que ficarão **suspensas;** **4.** o **executor** das medidas específicas; **5. áreas** abrangidas (art. 138, *caput*, da CF).

O Estado de Sítio decretado nas hipóteses de comoção grave de repercussão nacional ou ocorrência de fatos que comprovem a ineficácia de medida tomada durante o estado de defesa **não poderá ser decretado por mais de 30 dias, nem prorrogado, de cada vez, por prazo superior.**

> ▸ **PORTANTO, CUIDADO!**
>
> Enquanto o **Estado de Defesa** pode ser decretado por até 30 dias, sendo prorrogável **apenas uma vez por igual período,** nas hipóteses de comoção grave de repercussão nacional ou ocorrência de fatos que comprovem a ineficácia de medida tomada durante o **Estado de Sítio,** a duração também não pode ser superior a 30 dias, mas **podem haver várias e sucessivas prorrogações.**

Já nos casos de declaração de estado de guerra ou resposta a agressão armada estrangeira, o Estado de Sítio poderá ser decretado por **todo o tempo que perdurar a guerra ou a agressão armada.**

> ▸ **NOVAMENTE, CUIDADO!**
>
> Note que, diferentemente do Estado de Defesa, sempre limitado a 30 dias e prorrogável apenas uma vez por igual período, o **Estado de Sítio pode** vigorar por **prazo indeterminado** nos casos de declaração de estado de guerra ou resposta a agressão armada estrangeira.

Se o Estado de Sítio for decretado com fundamento **nas hipóteses de comoção grave de repercussão nacional ou ocorrência de fatos que comprovem a ineficácia de medida tomada durante o estado de defesa, só poderão ser tomadas contra as pessoas as seguintes medidas:** 1. obrigação de permanência em localidade determinada; 2. detenção em edifício não destinado a acusados ou condenados por crimes comuns; 3. restrições relativas à inviolabilidade da correspondência, ao sigilo das comunicações, à prestação de informações e à liberdade de imprensa, radiodifusão e televisão, na forma da lei (não se incluindo nessas restrições a difusão de pronunciamentos de parlamentares efetuados em suas Casas Legislativas, desde que liberada pela respectiva Mesa)[3]; 4. suspensão da liberdade de reunião; 5. busca e apreensão em domicílio; 6. intervenção nas empresas de serviços públicos; e 7. requisição de bens.

Tratando-se de Estado de Sítio **motivado por declaração de estado de guerra ou resposta a agressão armada estrangeira, não há limitação expressa**, podendo haver a suspensão de quaisquer garantias constitucionais, observados todos os requisitos para a decretação da medida.

Sobre a determinação das áreas a serem abrangidas, Uadi Lammêgo Bulos aponta uma diferença em relação ao Estado de Defesa. Segundo destaque do doutrinador, o Estado de Defesa circunscreve-se a localidades determinadas, não podendo ser decretado em todo o território nacional; enquanto que **o Estado de Sítio não se circunscreve a localidades determinadas, pois, caso seja necessário, pode abranger o país inteiro.**[4]

Retomando as semelhanças, a exemplo do Estado de Defesa, a Constituição Federal também determina que o Estado de Sítio se submete ao **controle político** do Congresso Nacional, mas, de modo um pouco diverso. O controle se dá nas das seguintes situações: a) autorizando a decretação ou a prorrogação: b) acompanhando e fiscalizando as medidas adotadas; c) verificando, após a cessação, a constitucionalidade e a legalidade das medidas adotadas.

Como visto, diferentemente do Estado de Defesa, em que o Presidente emite o decreto e posteriormente o submete ao Congresso Nacional, no Estado de Sítio deve haver **prévia manifestação do Legislativo**, ou seja, o Presidente da República depende da autorização do Congresso Nacional para poder decretar ou prorrogar o Estado de Sítio.

Ao solicitar autorização para decretar o Estado de Sítio ou sua prorrogação, o Presidente da República deverá relatar os motivos determinantes do pedido, e **o Congresso Nacional decidirá por maioria absoluta**. Vale notar que a decisão do Congresso Nacional **vincula o Presidente da República** que, se desobedecê-la, incorrerá em **crime de responsabilidade.**

---

3. Conforme pronunciamento do STF, o Estado de Sítio é a "única fase ou momento de vida coletiva que, pela sua excepcional gravidade, a Constituição toma como fato gerador de 'restrições à inviolabilidade da correspondência, ao sigilo das comunicações, à prestação de informações e à liberdade de imprensa, radiodifusão e televisão, na forma da lei'" (ADI 4.451, julgada em 2010 e relatado pelo Ministro Ayres Britto).
4. BULOS, Uadi Lammêgo. *Op. Cit.* p. 1.182.

Caso a solicitação tenha se dado durante o recesso parlamentar, o **Presidente do Senado convocará extraordinariamente** o Congresso Nacional para se reunir dentro de **5 dias**, a fim de apreciar o ato, e **permanecerá em funcionamento** até o término das medidas coercitivas.

> ▶ FIQUE LIGADO!
>
> Seguindo a disciplina do Estado de Defesa, o Estado de Sítio também **não interrompe** as atividades do Congresso Nacional e do Supremo Tribunal Federal.

Também alinhado à normativa constitucional do Estado de Defesa, no Estado de Sítio, o Congresso Nacional, por meio de sua Mesa, ouvidos os líderes partidários, designará **Comissão composta de 5 de seus membros** para **acompanhar e fiscalizar a execução** das medidas referentes ao Estado de Defesa (art. 140 da CF).

Finalizando a disciplina, também em comum com o Estado de Defesa, temos que, logo que cesse o Estado de Sítio, as medidas aplicadas em sua vigência serão relatadas pelo Presidente da República, em **mensagem ao Congresso Nacional**, com especificação e justificação das providências adotadas, com relação nominal dos atingidos e indicação das restrições aplicadas. Como visto anteriormente, a Constituição Federal é expressa no sentido de que cessação do Estado de Sítio não prejudica eventual responsabilização pelos ilícitos cometidos por seus executores ou agentes (art. 141 da CF).

2.3. Tabela: principais diferenças entre o Estado de Defesa e o Estado de Sítio

	▶ PRINCIPAIS DIFERENÇAS ENTRE O ESTADO DE DEFESA E O ESTADO DE SÍTIO	
	I. Estado de defesa	**II. Estado de sítio**
1. Cabimento	Para preservar ou prontamente restabelecer, em locais restritos e determinados, a ordem pública ou a paz social ameaçadas por grande e iminente instabilidade institucional ou atingidas por calamidades de grandes proporções na natureza	a) No caso de comoção grave de repercussão nacional ou ocorrência de fatos que comprovem a ineficácia de medida tomada durante o estado de defesa; b) Para declaração de estado de guerra ou resposta a agressão armada estrangeira
2. Autorização do Congresso Nacional	Não exige	Exige (controle político prévio)
3. Prazo/ duração	30 dias, prorrogáveis uma única vez, por igual período	a) Se decretado no caso de comoção grave de repercussão nacional ou ocorrência de fatos que comprovem a ineficácia de medida tomada durante o estado de defesa, no máximo

	▶ PRINCIPAIS DIFERENÇAS ENTRE O ESTADO DE DEFESA E O ESTADO DE SÍTIO	
	I. Estado de defesa	**II. Estado de sítio**
		30 dias, prorrogáveis indefinidas e sucessivas vezes, mas por no máximo 30 dias a cada vez. b) Se decretado para declaração de estado de guerra ou resposta a agressão armada estrangeira, o Estado de Sítio tem duração indeterminada, pois vigorará enquanto perdurar a guerra ou agressão armada estrangeira.
4. Área de abrangência[5]	Circunscreve-se a localidades determinadas. Não pode ser decretado em todo o território nacional.	Não se circunscreve a localidades determinadas. Se for preciso, abrange o país inteiro.

3. DEFESA DO PAÍS: FORÇAS ARMADAS E SEGURANÇA PÚBLICA

3.1. Forças Armadas

A **Marinha**, o **Exército** e a **Aeronáutica** constituem as Forças Armadas, **instituições nacionais, permanentes e regulares**, organizadas com base na **hierarquia** e na **disciplina**.

Como ensina Uadi Lammêgo Bulos, "dizer que as Forças Armadas consignam instituições nacionais é reconhecer-lhes a **autonomia jurídica que deriva do seu próprio caráter institucional**. Por outro lado, declará-las como instituições permanentes e regulares significa dizer que estão **ligadas à própria manutenção do Estado**; enquanto este existir e durar, as Forças Armadas também perduram" (grifos nossos).[6]

Assim é que, as Forças Armadas destinam-se à **defesa da Pátria**, à **garantia dos poderes constitucionais** e, por iniciativa de qualquer destes, **da lei e da ordem** (art. 142 da CF).

Nos termos do art. 84, XIII, da CF, **o Presidente da República exerce a autoridade de comando supremo das Forças Armadas** e tem competência privativa para nomear os Comandantes da Marinha, do Exército e da Aeronáutica, promover seus oficiais-generais e nomeá-los para os cargos que lhes são privativos.

Consoante art. 142, § 3º, da CF, os membros das Forças Armadas são denominados **militares** que se submetem, além do que for fixado em lei, a algumas disposições constitucionais, com destaque para:

5. BULOS, Uadi Lammêgo. *Op. Cit.* p. 1.182.
6. BULOS, Uadi Lammêgo. *Op. Cit.* p. 1.184.

a) as **patentes**, com prerrogativas, direitos e deveres a elas inerentes, são **conferidas pelo Presidente da República** e asseguradas em plenitude aos oficiais da ativa, da reserva ou reformados, sendo-lhes privativos os títulos e postos militares e, juntamente com os demais membros, o uso dos uniformes das Forças Armadas;

b) ao militar são **proibidas a sindicalização e a greve**;

c) o militar, **enquanto em serviço ativo, não pode estar filiado a partidos políticos**;

d) o **oficial só perderá o posto e a patente se for julgado indigno do oficialato ou com ele incompatível**, por decisão de tribunal militar de caráter permanente, em tempo de paz, ou de tribunal especial, em tempo de guerra;

e) a lei disporá sobre o **ingresso nas Forças Armadas**, os limites de idade, a estabilidade e outras condições de transferência do militar para a inatividade, os direitos, os deveres, a remuneração, as prerrogativas e outras situações especiais dos militares, consideradas as peculiaridades de suas atividades, inclusive aquelas cumpridas por força de compromissos internacionais e de guerra.

▸ **ATENÇÃO!**

A EC 77/2014 alterou os incisos II, III e VIII do § 3º do art. 142 da Constituição Federal, para **estender aos profissionais de saúde das Forças Armadas a possibilidade de cumulação de cargo a que se refere o art. 37, inciso XVI, alínea "c", da CF.**

Ademais, segundo o art. 143 da CF, o **serviço militar é obrigatório** nos termos da leis, mas compete às Forças Armadas, **na forma da lei**, atribuir **serviço alternativo** aos que, **em tempo de paz**, após alistados, **alegarem imperativo de consciência**, entendendo-se como tal o decorrente de **crença religioso e de convicção filosófica ou política**, para se eximirem de atividades de caráter essencialmente militar.

A **lei** referida pelo art. 143 da CF é a de número **8.239/91**, que regulamenta o art. 143, §§ 1º e 2º da Constituição Federal, que dispõem sobre a prestação de Serviço Alternativo ao Serviço Militar Obrigatório.

Nos termos do art. 3º, §§ 2º a 4º da Lei 8.239/91, entende-se por **serviço alternativo** o exercício de atividades de caráter administrativo, assistencial, filantrópico ou mesmo produtivo, em substituição às atividades de caráter essencialmente militar, que será prestado em organizações militares da ativa e em órgãos de formação de reservas das Forças Armadas ou em órgãos subordinados aos Ministérios Civis, mediante convênios entre estes e os Ministérios Militares, desde que haja interesse recíproco e, também, sejam atendidas as aptidões do convocado. O Serviço Alternativo ainda incluirá o treinamento para atuação em áreas atingidas por desastre, em situação de emergência e estado de calamidade, executado de forma integrada com o órgão federal responsável pela implantação das ações de proteção e defesa civil. Ao final da prestação do serviço alternativo, será conferido **Certificado de Prestação Alternativa** ao Serviço Militar Obrigatório, com os **mesmos efeitos jurídicos do Certificado de Reservista**, atribuído a quem prestou o serviço militar obrigatório.

Por fim, destaca-se que **as mulheres e os eclesiásticos** ficam **isentos do serviço militar obrigatório em tempo de paz**, sujeitos, porém a **outros encargos** que a lei lhes atribuir.

3.2. Segurança pública

A segurança pública foi tratada pela Constituição Federal como **um dever do Estado, além de direito e responsabilidade de todos.**

Sua função é a **preservação da ordem pública e da incolumidade das pessoas e do patrimônio** (art. 144, *caput*, da CF).

Para a realização de seu mister, a segurança pública é composta pelos seguintes órgãos: **1. polícia federal; 2. Polícia rodoviária federal; 3. polícia ferroviária federal; 4. Polícias civis; 5. Polícias militares e corpos de bombeiros militares;** e **6. Polícias penais federal, estaduais e distrital.**

A **polícia federal**, organizada e mantida pela União, destina-se a: I - apurar infrações penais contra a ordem política e social ou em detrimento de bens, serviços e interesses da União ou de suas entidades autárquicas e empresas públicas, assim como outras infrações cuja prática tenha repercussão interestadual ou internacional e exija repressão uniforme, segundo se dispuser em lei; II - prevenir e reprimir o tráfico ilícito de entorpecentes e drogas afins, o contrabando e o descaminho, sem prejuízo da ação fazendária e de outros órgãos públicos nas respectivas áreas de competência; III - exercer as funções de polícia marítima, aeroportuária e de fronteiras; e IV - exercer, com exclusividade, as funções de polícia judiciária da União (art. 144, § 1º, da CF).

Já a **polícia rodoviária federal,** também organizada e mantida pela União, destina-se, na forma da lei, ao patrulhamento ostensivo das ferrovias federais.

Por sua vez, as **polícias civis**, dirigidas por delegados de polícia de carreira, incumbem as funções de polícia judiciária e a apuração de infrações penais, exceto as militares, ressalvada, em todos os casos, a competência da União.

A seu turno, às **polícias militares** cabem a polícia ostensiva e a preservação da ordem pública. Aos **corpos de bombeiros militares**, além das atribuições definidas em lei, incumbe a execução de atividades de defesa civil.

Vale notar que as polícias civis, as polícias militares e os corpos de bombeiros militares subordinam-se aos **Governadores dos Estados e do Distrito Federal e Territórios.**

Ainda, segundo o art. 144, § 8º, da CF, os **Municípios** poderão constituir **guardas municipais**, que serão destinadas **à proteção de seus bens, serviços e instalações,** conforme dispuser a lei. A doutrina aponta que as guardas municipais têm natureza de **polícia administrativa.**[7]

Finalizando o tópico, para tornarmos o assunto mais claro, nos valemos da lição de Uadi Lammêgo Bulos, para quem **polícia** é a entidade encarregada de evitar a violação da ordem jurídica, e que pode ser dividida em duas vertentes: **a) polícia administrativa:** destinada a proteger liberdade e propriedade; e **b) polícia de segurança:** que abarca a polícia ostensiva (busca evitar danos e perigos que podem ser causados ao homem) e a polícia judiciária (investiga e apura crimes, fornecendo ao Ministério Público os elementos necessários à repressão das condutas criminosas).[8]

4. QUESTÕES OBJETIVAS COMENTADAS

01. **(Cespe - Analista Judiciário – Área Judiciária– TRE-GO/2015)** No que se refere às normas constitucionais relativas ao Sistema Tributário Nacional, julgue o próximo item.

    De acordo com o princípio constitucional da capacidade contributiva, sempre que possível, os impostos terão caráter pessoal e serão graduados segundo a capacidade econômica do contribuinte.

COMENTÁRIOS

Verdadeiro. O princípio da capacidade contributiva está disposto no art. 145, § 1º, da CF: "sempre que possível, os impostos terão caráter pessoal e serão graduados segundo a capacidade econômica do contribuinte, facultado à administração tributária, especialmente para conferir efetividade a esses objetivos, identificar, respeitados os direitos individuais e nos termos da lei, o patrimônio, os rendimentos e as atividades econômicas do contribuinte".

02. **(FCC - Analista Judiciário – Área Judiciária - TRF 3/2014)** A utilização efetiva ou potencial de serviço público específico e divisível, prestado ou posto à disposição do contribuinte, gera para o ente público, diante da Constituição Federal,

a) a faculdade de inclusão do serviço no rol dos fatos geradores de imposto sobre serviços de qualquer natureza - ISS.
b) um direito público subjetivo de exigência de tarifa ao cidadão.
c) o dever de instituição de contribuição de melhoria sob pena de improbidade administrativa.
d) a possibilidade de instituição de taxa como modalidade de tributo.
e) a imposição de tarifa desde que o serviço seja efetivamente utilizado.

7. FERNANDES, Bernardo Gonçalves. *Curso de direito constitucional*. 4. ed. Salvador: Juspodivm, 2012, p. 1.093.
8. BULOS, Uadi Lammêgo. *Op. Cit.* p. 1.188.

COMENTÁRIOS

Alternativa correta: letra "d" (responde a todas as alternativas): nos termos do art. 145 da CF: " A União, os Estados, o Distrito Federal e os Municípios poderão instituir os seguintes tributos: [...] II - taxas, em razão do exercício do poder de polícia ou pela utilização, efetiva ou potencial, de serviços públicos específicos e divisíveis, prestados ao contribuinte ou postos a sua disposição".

(Cespe / Analista Judiciário – Judiciária / TRT 10/ 2013) Julgue os itens seguintes, a respeito do estado de defesa e do estado de sítio.

03. O estado de sítio é medida mais branda de defesa do Estado e das instituições democráticas e, diferentemente do estado de defesa, não exige autorização prévia do Congresso Nacional para que possa ser decretado pelo presidente da República.

COMENTÁRIOS

Errado. O estado de sítio é medida mais **severa** de defesa do Estado e das instituições democráticas, pois, uma das suas hipóteses de cabimento é justamente a ocorrência de fatos que comprovem a ineficácia da medida tomada durante o estado de defesa (art. 137, I, da CF). Ademais, diferentemente do estado de defesa, o estado de sítio **exige** autorização prévia do Congresso Nacional para que possa ser decretado pelo Presidente da República (art. 137, parágrafo único, da CF).

04. O Congresso Nacional deixará de funcionar enquanto vigorar o estado de defesa.

COMENTÁRIOS

Errado. O art. 60, § 1º determina que a Constituição não poderá ser emendada na vigência de estado de defesa, mas isso **não significa que o Congresso Nacional deixará de funcionar**. Aliás, após ser decretado o estado de defesa, cabe justamente ao Congresso apreciá-lo (art. 136, §§ 4º a 6º, da CF).

05. O estado de defesa e o estado de sítio são medidas excepcionais previstas no texto constitucional e visam à restauração da ordem em momentos de crise.

COMENTÁRIOS

Certo. O estado de defesa e o estado de sítio são medidas excepcionais previstas no texto constitucional e visam à restauração da ordem em momentos de crise, nos termos dos artigos 136 a 139 da CF, compondo o título constitucional da Defesa do Estado e das Instituições Democráticas.

06. (FCC – Analista Judiciário – Exec. Mandados – TRT 11/2012) Face a comoção grave de repercussão nacional, sendo decretado o estado de sítio, Alberto, brasileiro maior e capaz e domiciliado no Estado de Roraima, resolveu se mudar para o

Estado do Rio Grande do Sul, porém ao chegar ao aeroporto, Otávio, agente da Polícia Federal, legalmente e no exercício de atribuições do Poder Público, proibiu a sua locomoção para outro Estado, mantendo-o contra sua vontade no Estado de Roraima. Segundo a Constituição Federal, Alberto, na vigência do estado de sítio

a) poderá viajar desde que impetre habeas corpus ao Superior Tribunal de Justiça, cuja competência é originária.
b) tem direito líquido e certo e, assim, impetrará habeas corpus ao Presidente do Tribunal de Justiça do Estado de Roraima, que permitirá sua viagem.
c) não terá que se sujeitar a ordem da autoridade desde que impetre habeas corpus ao Supremo Tribunal Federal, cuja competência é originária.
d) não terá que se sujeitar a ordem da autoridade desde que impetre habeas corpus ao Juiz do Tribunal Militar, que requisitará informações à Polícia Federal.
e) em regra, terá que se sujeitar a ordem da autoridade e deverá permanecer no Estado de Roraima.

COMENTÁRIOS

Alternativa correta: "e" (responde a todas as alternativas): o estado de sítio é uma medida excepcional que busca a restauração da ordem em momentos de crise. Nesse sentido, admite-se a suspensão de algumas garantias constitucionais, com a designação de executores das medidas específicas sobre as áreas abrangidas pelo decreto do estado de sítio (art. 138 da CF). Ademais, segundo o art. 139 da CF, na vigência do estado de sítio, poderão ser tomadas várias medidas contra as pessoas, dentre as quais se identifica a obrigação de permanência em localidade determinada. Assim, em tese, Otávio tinha legitimidade para impedir a viagem de Alberto, pois absolutamente amparado à Constituição Federal.

CAPÍTULO XI
TRIBUTAÇÃO E ORÇAMENTO

1. ESCLARECIMENTO INICIAL

Alguns concursos para Tribunais e MPU cobram conhecimentos sobre tributação e orçamento mesmo sem arrolarem nos editais as matérias direito tributário e direito orçamentário. Essa situação somente é possível porque a Constituição Federal traz inúmeros dispositivos que versam sobre essas matérias, daí os examinadores as cobram como se fossem tópicos de direito constitucional.

O problema é que o texto constitucional não traz apenas regras básicas sobre tributação e orçamento. Ao contrário: a Constituição aborda temas delicados.

Assim, nesse capítulo, nossa missão será trabalharmos os conceitos, princípios e ideias imprescindíveis para o entendimento dos dispositivos constitucionais relativos a tributação e orçamento, pois esse é o único caminho para se acertar as questões dessas matérias que, como já dissemos, são cobradas como se fossem parte do direito constitucional.

Ante o exposto, nos tópicos seguintes estudaremos alguns elementos doutrinários e, na sequência, arrolaremos normas constitucionais e súmulas que precisam ser apreendidas e memorizadas para o sucesso nas provas.

2. INTRODUÇÃO E CONCEITO

Por meio da **tributação** o Estado realiza uma **invasão no patrimônio dos cidadãos** com o objetivo de financiar suas atividades e garantir o interesse público.

Obtidas as **receitas tributárias**, o Estado terá seus **orçamentos**, que se submetem a uma série de **regras para que sejam utilizados à consecução do bem comum**.

A Constituição Federal é, pois, responsável por disciplinar o poder de tributar e regulamentar a gestão dos orçamentos.

3. SISTEMA TRIBUTÁRIO NACIONAL E O CONCEITO DE TRIBUTO

Segundo o art. 3º do Código Tributário Nacional – CTN, **tributo** é toda prestação pecuniária compulsória, em moeda ou cujo valor nela se possa exprimir, que não constitua sanção de ato ilícito, instituída em lei e cobrada mediante atividade administrativa plenamente vinculada.

Para melhor compreensão, vamos dissecar o conceito legal de tributo:

a) **prestação pecuniária/em moeda ou em cujo valor nela se possa exprimir:** em regra, os tributos só podem ser pagos por meio de pecúnia, ou seja, dinheiro ou cheque, uma vez que eles precisam se tornas receitas tributárias.

b) **compulsória:** o indivíduo não tem opção de se obrigar ou não ao pagamento do tributo. Se ele praticou a conduta descrita na lei como geradora da prestação tributária, pouco importa sua disposição em pactuar com o Estado, pois sua obrigação emerge da lei.

c) **que não constitua sanção a ato ilícito:** a obrigação de pagar um tributo só pode decorrer de uma atividade lícita do agente. Mas, é importante não confundir, pois uma atividade lícita praticada em um contexto de ilicitude, também pode gerar a obrigação de se pagar um tributo. Por exemplo: um criminoso que aufere altos lucros com atividades ilícitos estará obrigado a pagar tributo, recolhendo imposto sobre a renda, por exemplo. Note que auferir lucro/renda é uma atividade lícita, mas que pode ser praticada em um contexto ilícito, sendo, pois tributável. O que não poderia, por exemplo, é o Estado cobrar um tributo porque o indivíduo é traficante de drogas. Traficar drogas é ilícito e a cobrança de tributo não pode servir como punição aos indivíduos que praticam atos ilícitos.

d) **instituída em lei:** os tributos só podem ser exigidos ou aumentados por meio de lei em sentido estrito.

e) **cobrada mediante atividade administrativa plenamente vinculada:** a autoridade administrativa não tem liberdade para apreciar a conveniência e oportunidade de cobrar o tributo, devendo agir de modo vinculado ao que preconiza a lei.

Sobre o sistema tributário nacional, aponta o art. 145, §3º, incluído pela EC nº 132/2023, que deve observar os seguintes princípios:

i. simplicidade;

ii. transparência;

iii. justiça tributária;

iv. cooperação;

v. defesa do meio ambiente.

Ademais, indica o §4º do mesmo artigo que as alterações na legislação tributária buscarão atenuar os efeitos regressivos.

4. ESPÉCIES DE TRIBUTOS

Há muitas correntes quanto ao número e à classificação das espécies tributárias. As mais importantes são as correntes da tripartição, tripartida, tripartite ou tricotômica e da pentapartição, pentapartida, pentapartite, quinquipartida ou quinquipartite.

A corrente da **tripartição, tripartida, tripartite ou tricotômica** se baseia no art. 5º do CTN, segundo o qual "os tributos são **impostos, taxas e contribuições de melhoria**" (grifos nossos), e em uma análise isolada do art. 145 da CF, que enumera apenas esses mesmos tributos.

Já a corrente da **pentapartição, pentapartida, pentapartite, quinquipartida ou quinquipartite** se funda em uma análise mais abrangente do sistema tributário nacional e da Constituição Federal (art. 145 c.c. art. 149 c.c. art. 149-A), considerando como espécies de tributos os **impostos, as taxas, as contribuições de melhoria, os empréstimos compulsórios e as contribuições especiais.** Esse é o posicionamento adotado pelo **STF**.

Conforme ensinamento de Ricardo Alexandre, "é importante destacar que mesmo os adeptos da teoria da tripartição dos tributos entendem que as contribuições especiais e os empréstimos compulsórios são tributos, possuindo natureza jurídica de taxas ou impostos".[1]

Superada essa celeuma sobre a classificação, passemos à análise de cada tributo.

4.1. Imposto

É o tributo que incide sobre a manifestação de riqueza do sujeito, e que, em regra, **não implica em nenhuma contraprestação estatal específica por parte do Estado**. Ele se funda em uma ideia de solidariedade social, pois a partir das receitas obtidas com sua cobrança é que o Estado financia suas atividades básicas de atendimento ao interesse público, tais como saúde, educação, cultura, desporto e etc.[2]

4.1.1. *Impostos da União, dos Estados, do Distrito Federal e dos Municípios*

Nos termos do art. 153, compete à **União** instituir os impostos sobre:

a) **importação de produtos estrangeiro – II;**
b) **exportação, para o exterior, de produtos nacionais ou nacionalizados – IE**;
c) **renda e proventos de qualquer natureza – IR** (que deverá ser informado pelos critérios da generalidade, da universalidade e da progressividade, na forma da lei);
d) **produtos industrializados – IPI** (que deve ser seletivo, em função da essencialidade do produto; não cumulativo, compensando-se o que for devido em cada operação com o montante cobrado na anteriores; não incidente sobre produtos industrializados destinados ao exterior; e ter reduzido seu

1. ALEXANDRE, Ricardo. *Direito tributário esquematizado*. 7. ed. São Paulo: Método, 2013, p. 17.
2. ALEXANDRE, Ricardo. *Op. Cit.* p. 21.

impacto sobre a aquisição de bens de capital pelo contribuinte do imposto, na forma da lei);

e) **operações de crédito, câmbio e seguro, ou relativas a títulos ou valores mobiliários – IOF** (que será o único imposto a poder incidir sobre o ouro definido como ativo financeiro ou instrumento cambial, devido na operação de origem, com alíquota mínima de 1%, assegurada a transferência do montante da arrecadação 30% para o Estado, ou Distrito Federal ou o Território, conforme a origem e 70% para o Município de origem);

f) **propriedade territorial rural – ITR** (i. que deve ser progressivo e ter suas alíquotas fixadas de forma a desestimular a manutenção de propriedades improdutivas; ii. não incidente sobre pequenas glebas rurais, definidas em lei, quando as explore o proprietário que não possua outro imóvel; e iii. deve ser fiscalizado e cobrado pelos Municípios que assim optarem, na forma da lei, desde que não impliquem redução do imposto ou qualquer outra forma de renúncia fiscal);

g) **grandes fortunas – IGF**, nos termos de lei complementar.

h) **produção, extração, comercialização ou importação de bens e serviços prejudiciais à saúde ou ao meio ambiente**, nos termos de lei complementar.

Ainda, de acordo com o art. 154 da CF, a União poderá instituir:

i) **impostos não previstos no art. 153 da CF**, mediante lei complementar, desde que sejam não cumulativos e não tenham fato gerador ou base de cálculo próprios dos discriminados na Constituição;

j) **impostos extraordinários de guerra – IEG**, na iminência ou no caso de guerra externa, compreendidos ou não em sua competência tributária, que deverão ser suprimidos, gradativamente, cessadas as causas de sua criação.

Por sua vez, o art. 155 arrola que, compete **aos Estados e ao Distrito Federal** instituir impostos sobre:

a) **transmissão causa *mortis* e doação, de quaisquer bens ou direitos – ITCMD** (i. que, se for relativo a bens imóveis e respectivos direitos, compete ao Estado da situação do bem, ou ao Distrito Federal, e se for relativo a bens móveis, títulos e créditos, compete ao Estado compete ao Estado onde era domiciliado o de cujus, ou tiver domicílio o doador, ou ao Distrito Federal; ii. terá competência para instituição regulada por lei complementar se o doador tiver domicílio ou residência no exterior, bem como iii. se o de *cujus* possuía bens, era residente ou domiciliado ou teve o seu inventário processado no exterior; iv. terá suas alíquotas máximas fixadas pelo Senado Federal); v. não incidirá sobre as doações destinadas, no âmbito do Poder Executivo da União, a projetos socioambientais destinados a mitigar os efeitos das mudanças climáticas e às instituições federais de ensino; vi. será progressivo em razão do valor do quinhão, do legado ou da doação; e, por fim, vii. não incidirá sobre as transmissões e doações para instituições sem fins lucrativos com finalidade de relevância pública e social.

b) **operações relativas à circulação de mercadorias e sobre prestações de serviços de transporte interestadual e intermunicipal e de comunicação, ainda que as operações e as prestações se iniciem no exterior – ICMS** (i. deve ser não cumulativo, compensando-se o que for devido em cada operação relativa à circulação de mercadorias ou prestação de serviços com o montante cobrado nas anteriores pelo mesmo ou outro Estado ou pelo Distrito Federal; ii. a isenção ou não incidência, salvo determinação em contrário da legislação não implicará crédito para compensação com o montante devido nas operações ou prestações seguintes, mas acarretará a anulação do crédito relativo às operações anteriores; iii. poderá ser seletivo, em função da essencialidade das mercadorias e dos serviços; iv. resolução do Senado Federal, de iniciativa do Presidente da República ou de um terço dos Senadores, aprovada pela maioria absoluta de seus membros, estabelecerá as alíquotas aplicáveis às operações e prestações, interestaduais e de exportação; v - cabe à lei complementar definir seus contribuintes, dispor sobre substituição tributária, disciplinar o regime de compensação do imposto, fixar, para efeito de sua cobrança e definição do estabelecimento responsável, o local das operações relativas à circulação de mercadorias e das prestações de serviços, excluir da incidência do imposto, nas exportações para o exterior, serviços e outros produtos, prever casos de manutenção de crédito, relativamente à remessa para outro Estado e exportação para o exterior, de serviços e de mercadorias, regular a forma como, mediante deliberação dos Estados e do Distrito Federal, isenções, incentivos e benefícios fiscais serão concedidos e revogados, definir os combustíveis e lubrificantes sobre os quais o imposto incidirá uma única vez, qualquer que seja a sua finalidade, e fixar a base de cálculo, de modo que o montante do imposto a integre, também na importação do exterior de bem, mercadoria ou serviço).[3-4]

c) **propriedade de veículos automotores – IPI** (que deve ter alíquotas mínimas fixadas pelo Senado Federal, podendo ainda ter alíquotas diferenciadas em função do tipo, do valor da utilização e do impacto ambiental; incidirá sobre a propriedade de veículos automotores, terrestres, aquáticos e aéreos, excetuados: aeronaves agrícolas e de operador certificado para prestar serviços aéreos a terceiros; embarcações de pessoa jurídica que detenha outorga para prestar serviços de transporte aquaviário ou de pessoa física ou jurídica que pratique pesca; plataformas suscetíveis de se locomoverem na água por meios próprios; e tratores e máquinas agrícolas.).

A seu turno, o art. 156 da CF arrola a competência dos **Municípios** para instituir impostos sobre:

---

3. Súmula Vinculante 32: "O ICMS não incide sobre alienação de salvados de sinistro pelas seguradoras".
4. Súmula Vinculante 48: "Na entrada de mercadoria importada do exterior, é legítima a cobrança do ICMS por ocasião do desembaraço aduaneiro".

a) **propriedade predial e territorial urbana – IPTU** (i. que poderá ser progressivo em razão do valor do imóvel; ii. poderá ter alíquotas diferentes de acordo com a localização e o uso do imóvel; e iii. poderá ter sua base de cálculo atualizada pelo Poder Executivo, conforme critérios estabelecidos em lei municipal).

b) **transmissão "inter vivos", a qualquer título, por ato oneroso, de bens imóveis, por natureza ou acessão física, e de direitos reais sobre imóveis, exceto os de garantia, bem como cessão de direitos a sua aquisição – ITBI** (i. não incide sobre a transmissão de bens ou direitos incorporados ao patrimônio de pessoa jurídica em realização de capital, nem sobre a transmissão de bens ou direitos decorrente de fusão, incorporação, cisão ou extinção de pessoa jurídica, salvo se, nesses casos, a atividade preponderante do adquirente for a compra e venda desses bens ou direitos, locação de bens imóveis ou arrendamento mercantil; e ii. compete ao Município da situação do bem);

c) **serviços de qualquer natureza, não compreendidos no ICMS, definidos em lei complementar – ISS** (cabendo à lei complementar: i. fixar as suas alíquotas máximas e mínimas; ii. excluir da sua incidência exportações de serviços para o exterior; e iii. regular a forma e as condições como isenções, incentivos e benefícios fiscais serão concedidos e revogados).[5]

Há que se destacar a **peculiar disciplina dos Territórios quanto à instituição dos impostos.** Nos termos do art. 147 da CF, competem à União, em Território Federal, os impostos estaduais e, se o Território não for dividido em Municípios, cumulativamente, os impostos municipais. Caso os territórios sejam divididos em Municípios, os impostos municipais caberão ao Distrito Federal.

O art. 156-A, incluído pela EC 132/2023, previu o imposto sobre bens e serviços de competência compartilhada entre Estados, Distrito Federal e Municípios.

Referido imposto será informado pelo princípio da neutralidade e deve:

> i. incidir sobre operações com bens materiais ou imateriais, inclusive direitos, ou com serviços;
>
> ii. incidir sobre a importação desses bens ou serviços por pessoa física ou jurídica, ainda que não seja sujeito passivo habitual do imposto, qualquer que seja a sua finalidade.

O imposto não incidirá sobre exportações e terá legislação única e uniforme em todo o território nacional.

Sua alíquota será fixada por lei específica de cada ente federativo, que será a mesma para todas as operações. O valor cobrado corresponderá ao somatório das alíquotas do Estado e do Município de destino da operação.

---

5. Súmula Vinculante 31: "É inconstitucional a incidência do imposto sobre serviços de qualquer natureza - ISS sobre operações de locação de bens móveis".

O imposto será não cumulativo, compensando-se o montante cobrado sobre todas as operações, excetuadas as consideradas de uso ou consumo pessoal. Ademais, o imposto não será objeto de concessão de incentivos e benefícios financeiros ou fiscais, salvo nas hipóteses previstas na própria CF/88.

Lei complementar deve dispor sobre as regras para a distribuição do produto da arrecadação deste imposto,bem como sobre o regime de compensação e forma e prazo para ressarcimento de créditos acumulados pelo contribuinte.

4.2. Taxa

É o tributo criado em razão do exercício do **poder de polícia** ou pela **utilização,** efetiva ou potencial, de **serviços públicos específicos e divisíveis**, prestados ao contribuinte ou postos a sua disposição (art. 145, II, da CF).

Na lição de Luciano Amaro, "o fato gerador da taxa não é um fato do contribuinte, mas um fato do Estado. O Estado exerce determinada atividade e, por isso, cobra a taxa da pessoa a quem aproveita aquela atividade".[6]

A **taxa de polícia** recebe esse nome porque está ligada ao exercício do poder de polícia do Estado que, em linha gerais, significa a prerrogativa de **fiscalizar**. Eduardo Sabbag arrola alguns exemplos de atividades fiscalizatórias que podem permitir a cobrança de tributo: a) taxa de alvará (ou de financiamento); b) taxa de fiscalização de anúncios; c) taxa de fiscalização dos mercados de títulos e valores mobiliários pela CVM; d) taxa de controle e fiscalização ambiental (TCFA); e e) taxa de fiscalização dos serviços de cartórios extrajudiciais.[7]

Já a **taxa de serviços** se dá em relação a **atividades públicas** divisíveis e específicas. De acordo com o art. 79, I e II do CTN, os serviços públicos são **específicos** quando possam ser destacados em unidades autônomas de intervenção, de unidade, ou de necessidades públicas, e **divisíveis** quando suscetíveis de utilização, separadamente, por parte de cada um dos seus usuários.

Como ensina Ricardo Alexandre, "na prática, o serviço público remunerado por taxa é considerado específico quando o contribuinte sabe por qual serviço está pagando, o que não acontece, por exemplo, com a taxa de serviços diversos, cobrada por alguns municípios. [...] Já a divisibilidade está presente quando é possível ao Estado identificar os usuários do serviço a ser financiado com a taxa. Assim, o serviço de limpeza de logradouros públicos não é divisível, pois seus usuários não são identificados nem identificáveis, uma vez que a limpeza da rua beneficia a coletividade genericamente considerada".[8]

Para fins de prova, tem relevância os seguintes enunciados:

---

6. AMARO, Luciano. *Direito tributário brasileiro*. 14. ed. São Paulo: Saraiva, 2008, p. 31.
7. SABBAG, Eduardo. *Manual de direito tributário*. São Paulo: Saraiva, 2009, p. 370-371.
8. ALEXANDRE, Ricardo. *Op. Cit.* p. 29.

- **Súmula Vinculante 41:** "O serviço de iluminação pública não pode ser remunerado mediante taxa". Esse enunciado decorre da conclusão no sentido de que a iluminação pública não é serviço específico, mas geral.
- **Súmula Vinculante 19:** "A taxa cobrada exclusivamente em razão dos serviços públicos de coleta, remoção e tratamento ou destinação de lixo ou resíduos provenientes de imóveis, não viola o artigo 145, II, da Constituição Federal". Essa súmula identifica que esse serviço é divisível, pois é possível identificar-se os usuários dos imóveis de onde provém o lixo.

Retomando o regramento constitucional, o art. 145, § 2º da CF determina que, as taxas **não poderão ter base de cálculo própria de impostos**. Em outras palavras: a base de cálculo (grandeza/referência usada para se calcular o tributo) de uma taxa não pode ter as mesmas características das de um imposto.

Sobre essa regra constitucional, pondera-se que, a referência para se cobrar um imposto não precisa guardar relação com o que o Estado gasta para a realização de suas atividades. Por exemplo: a cobrança do ITR – imposto sobre a propriedade territorial rural leva em conta o valor da terra nua, que é uma expressão da riqueza do seu proprietário (veja o conceito de imposto, alguns parágrafos acima), mas não tem nenhuma relação com o que o Estado fará com o dinheiro arrecadado com o imposto. Com as taxas é diferente. "Apesar de não ser possível, na maioria dos casos práticos, apurar com exatidão o custo do serviço público prestado a cada contribuinte, de forma a cobrar o mesmo valor a título de taxa, é extremamente necessário que exista uma correlação razoável entre esses valores, [...] pois nunca é demais ressaltar que a taxa é um tributo vinculado a uma atividade estatal anterior e serve de contraprestação a esta, de forma que, se o Estado cobrar um valor acima do que gasta para a consecução da atividade, haverá o enriquecimento sem causa do Estado, o que, por princípio, é algo que deve ser evitado".[9]

Refletindo toda essa digressão, destaca-se a **Súmula 595 do STF:** "É inconstitucional a taxa municipal de conservação de estradas de rodagem cuja base de cálculo seja idêntica a do imposto territorial rural".

Por outro lado, **o STF flexibilizou um pouco a regra do art. 145, § 2º, da CF,** ao editar a **Súmula Vinculante 29:** "É constitucional a adoção no cálculo do valor de taxa de um ou mais elementos da base de cálculo própria de determinado imposto, desde que não haja integral identidade entre uma base e outra.

4.3. Contribuição de melhoria

É o tributo instituído para fazer face ao custo de **obras públicas** de que decorra **valorização imobiliária**, tendo como limite total ou global a despesa realizada e como limite individual o acréscimo de valor que da obra resultar para cada imóvel beneficiado (art. 145, III, da CF c.c. art. 81 do CTN).

9. ALEXANDRE, Ricardo. *Op. Cit.* p. 30-31.

Como destaca Eduardo Sabbag, "evitando enriquecimento ilícito do particular, a contribuição de melhoria respalda-se no fundamento moral de que se deve indenizar o Estado por essa vantagem econômica especial, ainda que não a tenha querido. Assim sendo, toda vez que o poder público realizar uma obra pública que trouxer benefícios, traduzíveis em 'valorização', para os proprietários de bens imóveis, poderá ser instituída a contribuição de melhoria, desde que vinculada à exigência por lei".[10]

4.4. Empréstimo compulsório

É o tributo criado para **atender despesas extraordinárias** decorrentes de calamidade pública, de guerra externa ou sua iminência; bem como para **investimento público de caráter urgente** e de relevante interesse nacional.

Segundo o art. 148 da CF, os empréstimos compulsórios somente poderão ser instituídos pela União mediante **lei complementar**, e a **aplicação dos recursos provenientes** de empréstimo compulsório será **vinculada à despesa que fundamentou sua instituição**.

Como o próprio nome revela, a ideia do **empréstimo** compulsório é que, apesar de ocorrer de modo forçado, o **montante arrecadado** seja posteriormente **restituído**.

4.5. Contribuições especiais

Nos termos do art. 149 da CF, existem três espécies de contribuições especiais: **a) contribuições sociais; b) contribuições de intervenção no domínio econômico (CIDE); e c) contribuições de interesse de categorias profissionais ou econômicas (corporativas).**[11]

Essas contribuições são de **competência exclusiva da União**, ressalva a hipótese do art. 149, § 1º, da CF, que determina: "Os **Estados, o Distrito Federal e os Municípios** instituirão **contribuição**, cobrada de seus servidores, para o **custeio**, em benefício destes, do **regime previdenciário** de que trata o art. 40, cuja alíquota não será inferior à da contribuição dos servidores titulares de cargos efetivos da União".

Continuando a disciplina constitucional sobre o tema, o art. 149, § 2º, da CF determina que: "as contribuições sociais e de intervenção no domínio econômico de que trata o *caput* deste artigo: I - não incidirão sobre as receitas decorrentes de exportação; II - incidirão também sobre a importação de produtos estrangeiros ou serviços; III - poderão ter alíquotas: a) ad valorem, tendo por base o faturamento, a receita bruta ou o valor da operação e, no caso de importação, o valor aduaneiro; b) específica, tendo por base a unidade de medida adotada.

Com a alteração da EC nº 132/2023, foi ampliada a possibilidade de instituição de contribuição pelos Municípios e Distrito Federal. Passa a ser possível para a expansão e melhoria do serviço de iluminação pública (antes só era possível para o custeio), além

10. SABBAG, Eduardo. *Op. Cit.* p. 403.
11. ALEXANDRE, Ricardo. *Op. Cit.* p. 47.

de ser possível para o custeio, expansão e melhoria de sistemas de monitoramento para segurança e preservação de logradouros públicos. (art. 149-A, *caput*).

5. PRINCÍPIOS CONSTITUCIONAIS LIMITADORES DO PODER DE TRIBUTAR

De acordo com o que foi estudado em tópico anterior, por meio da tributação o Estado realiza uma verdadeira invasão no patrimônio dos cidadãos. Assim, para que essa atividade não seja desmedida, a Constituição Federal arrolou alguns princípios que se apresentam como limitadores ao poder de tributar. Estudaremos cada um separadamente.

5.1. Legalidade

Nos termos do art. 150, I, da CF, sem prejuízo de outras garantias asseguradas ao contribuinte, é **vedado** à União, aos Estados, ao Distrito Federal e aos Municípios **exigir ou aumentar tributo sem lei** que o estabeleça.

Sobre o tema, destacam-se algumas **exceções**. Os impostos de importação, exportação, sobre produtos industrializados e sobre operações financeiras podem ter suas alíquotas majoradas por decreto presidencial. A seu turno, contribuição de intervenção no domínio econômico que incide sobre combustíveis pode ter sua alíquota reduzida ou restabelecida por ato do Poder Executivo. Por fim, o ICMS monofásico incidente sobre combustíveis definidos em lei complementar, pode ter sua alíquota definida por ato do Poder Executivo.

5.2. Igualdade ou isonomia

Consoante art. 150, II, da CF, sem prejuízo de outras garantias asseguradas ao contribuinte, é **vedado** à União, aos Estados, ao Distrito Federal e aos Municípios **instituir tratamento desigual entre contribuintes que se encontrem em situação equivalente**, proibida qualquer distinção em razão de ocupação profissional ou função por eles exercida, independentemente da denominação jurídica dos rendimentos, títulos ou direitos.

Ligada a essa ideia está a **capacidade contributiva**, disposta no art. 145, § 1º, da CF: sempre que possível, os impostos terão caráter pessoal e serão graduados segundo a capacidade econômica do contribuinte, facultado à administração tributária, especialmente para conferir efetividade a esses objetivos, identificar, respeitados os direitos individuais e nos termos da lei, o patrimônio, os rendimentos e as atividades econômicas do contribuinte.

5.3. Não surpresa

De acordo com o art. 150, III, da CF, sem prejuízo de outras garantias asseguradas ao contribuinte, **é vedado** à União, aos Estados, ao Distrito Federal e aos Municípios **cobrar tributos**:

a) em relação a **fatos geradores ocorridos antes do início da vigência da lei** que os houver instituído ou aumentado (**Princípio da irretroatividade**);

b) no **mesmo exercício financeiro em que haja sido publicada a lei** que os instituiu ou aumentou (**Princípio da anterioridade financeira/comum**); e

c) **antes de decorridos noventa dias da data em que haja sido publicada a lei** que os instituiu ou aumentou, observado o disposto na alínea "b" (**Princípio da anterioridade nonagesimal ou da noventena**).

A grande dificuldade para as provas não é conhecer esses princípios, mas sim as exceções a eles. Assim, elaboramos a seguinte tabela (que deve ser memorizada):

▶ EXCEÇÕES À ANTERIORIDADE COMUM	▶ EXCEÇÕES À ANTERIORIDADE NONAGESIMAL
II	II
IE	IE
IOF	IOF
IEG	IEG
Empréstimo Compulsório por Calamidade Pública ou Guerra Externa	Empréstimo Compulsório por Calamidade Pública ou Guerra Externa
IPI	-
Contribuição para Financiamento da Seguridade Social	-
-	IR
Restabelecimento de alíquota para a Contribuição de Intervenção no Domínio Econômico sobre Combustíveis	-
Restabelecimento de alíquota para o ICMS sobre Combustíveis	-
-	Fixação da base de cálculo do IPTU
-	Fixação da base de cálculo do IPVA

▶ **ATENÇÃO!**

Nos termos da **Súmula Vinculante 50, "Norma legal que altera o prazo de recolhimento de obrigação tributária não se sujeita ao princípio da anterioridade".**

5.4. Não confisco

Na linha do art. 150, IV, da CF, sem prejuízo de outras garantias asseguradas ao contribuinte, é **vedado** à União, aos Estados, ao Distrito Federal e aos Municípios **utilizar tributo com efeito de confisco.**

Como explica Ricardo Alexandre: "O princípio da vedação ao confisco também poderia ser denominado de **princípio da razoabilidade ou proporcionalidade da carga tributária**. A ideia subjacente é que o legislador, ao se utilizar do poder de tributar que a Constituição lhe confere, deve fazê-lo de forma razoável e moderada, **sem que a tributação tenha por efeito impedir o exercício de atividades lícitas pelo contribuinte, dificultar o suprimento de suas necessidades vitais básicas ou comprometer seu direito a uma existência digna"** (grifos nossos).

> ▶ ATENÇÃO!
>
> Segundo **decisão do STF** no RE 455.017, julgado em 2009 e relatado pela Ministra Cármen Lúcia, **ofende o princípio do não confisco hipótese normativa que estipule multa fiscal de 300%,** ainda que se trate de inadimplemento pelo contribuinte de obrigação tributária.

5.5. Liberdade de tráfego

Consoante art. 150, V, da CF, sem prejuízo de outras garantias asseguradas ao contribuinte, é **vedado** à União, aos Estados, ao Distrito Federal e aos Municípios **estabelecer limitações ao tráfego de pessoas ou bens,** por meio de tributos interestaduais ou intermunicipais, **ressalvada a cobrança de pedágio** pela utilização de vias conservadas pelo Poder Público.

5.6. Respeito às imunidades tributárias

O art. 150, VI, da CF arrola que, sem prejuízo de outras garantias asseguradas ao contribuinte, é **vedado** à União, aos Estados, ao Distrito Federal e aos Municípios **instituir impostos** sobre:

a) **patrimônio, renda ou serviços, uns dos outros** (estendendo-se às autarquias e às fundações instituídas e mantidas pelo Poder Público, no que se refere ao patrimônio, à renda e aos serviços, vinculados a suas finalidades essenciais ou às delas decorrentes; mas não se aplicando ao patrimônio, à renda e aos serviços, relacionados com exploração de atividades econômicas regidas pelas normas aplicáveis a empreendimentos privados, ou em que haja contraprestação ou pagamento de preços ou tarifas pelo usuário, nem exonera o promitente comprador da obrigação de pagar imposto relativamente ao bem imóvel).

> ▶ ATENÇÃO!
>
> O **STF** entende que a imunidade tributária recíproca estendida às autarquias e fundações públicas ***também abrange as empresas públicas e sociedades de economia mista prestadoras de serviços públicos de prestação obrigatória e exclusiva do Estado*** (RE 407.099-RS de 2004, que definiu a imunidade para a ECT, uma empresa pública, e AC 1.550 de 2007 que conferiu imunidade recíproca à CAERD - Companhia de Água e Esgoto de Rondônia, uma sociedade de economia mista).[12]

> A esse respeito, vale lembrar que estabelece o art. 150, §2º que referida vedação é extensiva às autarquias e às fundações instituídas e mantidas pelo poder público e à empresa pública prestadora de serviço postal, no que se refere ao patrimônio, à renda e aos serviços vinculados a suas finalidades essenciais ou às delas decorrentes.

12. ALEXANDRE, Ricardo. *Op. Cit.* p. 156.

b) **entidades religiosas e templos de qualquer culto**, inclusive suas organizações assistenciais e beneficentes (compreendendo somente o patrimônio, a renda e os serviços, relacionados com as finalidades essenciais das entidades nelas mencionadas);

▶ ATENÇÃO!

Deve-se notar **que o constituinte disse menos do que queria quando se referiu somente aos templos**, nesse sentido, o entendimento do **STF**: "A imunidade prevista no Art. 150, VI, b, da CF, deve abranger não somente os prédios destinados ao culto, mas, **também, o patrimônio, a renda e os serviços relacionados com as finalidades essenciais das entidades** nelas mencionadas". RE 325.822-SP, 2004.[13] "De acordo com art. 156, §1º-A, CF/88, incluído pela EC 116/2022, o IPTU não será cobrado dos templos de qualquer culto ainda que seja apenas locatário do bem".

c) **patrimônio, renda ou serviços dos partidos políticos, inclusive suas fundações, das entidades sindicais dos trabalhadores, das instituições de educação e de assistência social, sem fins lucrativos, atendidos os requisitos da lei** (compreendendo somente o patrimônio, a renda e os serviços, relacionados com as finalidades essenciais das entidades nelas mencionadas);

d) **livros, jornais, periódicos e o papel destinado a sua impressão**;

▶ ATENÇÃO!

A **Súmula 657 do STF** aduz que a imunidade prevista no art. 150, VI, d, da CF (livros, jornais, periódicos e o papel destinado a sua impressão), **abrange os filmes e papéis fotográficos necessários à publicação de jornais e periódicos**[14]. Por sua vez, a Súmula Vinculante 57 estabelece que "A imunidade tributária constante do art. 150, VI, d, da CF/88 aplica-se à importação e comercialização, no mercado interno, do livro eletrônico (e-book) e dos suportes exclusivamente utilizados para fixá-los, como leitores de livros eletrônicos (e-readers), ainda que possuam funcionalidades acessórias." A imunidade tributária constante do art. 150, VI, d, da CF/88 aplica-se à importação e comercialização, no mercado interno, do livro eletrônico (e-book) e dos suportes exclusivamente utilizados para fixá-los, como leitores de livros eletrônicos (e-readers), ainda que possuam funcionalidades acessórias.

e) **fonogramas e videofonogramas musicais produzidos no Brasil contendo obras musicais ou literomusicais de autores brasileiros e/ou obras em geral interpretadas por artistas brasileiros bem como os suportes materiais ou arquivos digitais que os contenham, salvo na etapa de replicação industrial de mídias ópticas de leitura a laser.**

---

13. ALEXANDRE, Ricardo. *Op. Cit.* p. 161.
14. **Súmula Vinculante 52**: "Ainda quando alugado a terceiros, permanece imune ao IPTU o imóvel pertencente a qualquer das entidades referidas pelo art. 150, VI, "c", da Constituição Federal, desde que o valor dos aluguéis seja aplicado nas atividades para as quais tais entidades foram constituídas".

> ▶ **ATENÇÃO!**
>
> A imunidade sobre fonogramas e videofonogramas musicais produzidos no Brasil contendo obras musicais ou literomusicais de autores brasileiros e/ou obras em geral interpretadas por artistas brasileiros bem como os suportes materiais ou arquivos digitais que os contenham, salvo na etapa de replicação industrial de mídias ópticas de leitura a laser foi **incluída pela EC 75/2013** e, por ser novidade, tem grande chance de ser cobradas nas próximas provas!

Vale também destacar que, nos termos do art. 150, § 6º, da CF, qualquer subsídio ou isenção, redução de base de cálculo, concessão de crédito presumido, anistia ou remissão, relativos a impostos, taxas ou contribuições, só poderá ser concedido mediante lei específica, federal, estadual ou municipal, que regule exclusivamente as matérias acima enumeradas ou o correspondente tributo ou contribuição, cabendo à lei complementar regular a forma como, mediante deliberação dos Estados e do Distrito Federal, isenções, incentivos e benefícios fiscais serão concedidos e revogados.

Além das imunidades descritas no art. 150, VI, da CF, há outras espalhadas pelo texto constitucional. Pela didática ímpar, nos valemos do arrolamento feito por Ricardo Alexandre:[15]

Previsão constitucional	Objeto/pessoa/operação imunizados	Tributos cuja incidência é impedida
Art. 5º, XXXIV	Obtenção de certidões, exercício do direito de petição	Taxas em geral
Art. 5º, LXXIII	Ação popular, salvo comprovada má-fé	Custas judiciais (consideradas taxas pelo STF)
Art. 5º, LXXVI	Registro Civil de nascimento e certidão de óbito, para os reconhecidamente pobres	Emolumentos (considerados taxas pelo STF)
Art. 5º, LXXVII	*Habeas corpus, habeas data* e, na forma da lei, atos necessários ao exercício da cidadania	Custas judiciais, e emolumentos (considerados taxas pelo STF)
Art. 149, § 2º, I	Receitas decorrentes de exportação	Contribuições sociais e de intervenção no domínio econômico
Art. 153, § 3º, III	Exportação de produtos industrializados	Imposto sobre Produtos Industrializados
Art. 153, § 4º, II	Pequenas glebas rurais, definidas em lei, exploradas por proprietário que não possua outro imóvel	Imposto sobre a propriedade Territorial Rural

15. ALEXANDRE, Ricardo. *Op. Cit.* p. 176.

Previsão constitucional	Objeto/pessoa/operação imunizados	Tributos cuja incidência é impedida
Art. 153, § 5º c.c. ADCT, Art. 74, § 2º	Ouro definido em lei como ativo financeiro ou instrumento cambial	Tributos em geral, salvo Contribuição Provisória sobre a Movimentação ou Transmissão de Valores e de Créditos e Direitos de Natureza Financeira e Imposto sobre Operações Financeiras
Art. 155, § 2º, X	Exportação de mercadorias e serviços; Operações que destinem a outros Estados petróleo, inclusive lubrificantes, combustíveis líquidos e gasosos dele derivados, e energia elétrica; Prestações de serviço de comunicação nas modalidades de radiodifusão sonora e de sons e imagens de recepção livre e gratuita	Imposto sobre a Circulação de Mercadorias e Serviços
Art. 155, § 3º	Operações relativas a energia elétrica, serviços de telecomunicações, derivados do petróleo, combustíveis e minerais do País	Impostos em geral, exceto II, Imposto de Exportação e Imposto sobre a Circulação de Mercadorias e Serviços
Art. 156, § 2º, I	Transmissão de bens ou direitos incorporados ao patrimônio de pessoa jurídica em realização de capital; Transmissão de bens ou direitos decorrentes de fusão, incorporação, cisão ou extinção de pessoa jurídica, salvo se, nesses casos, a atividade preponderante do adquirente for a compra e venda desses bens ou direitos, locação de bens imóveis ou arrendamento mercantil	Imposto sobre Transmissão "inter vivos", a qualquer título, por ato oneroso, de Bens Imóveis, por natureza ou acessão física, e de direitos reais sobre imóveis, exceto os de garantia, bem como cessão de direitos a sua aquisição.
Art. 184, § 5º	Operações de transferência de imóveis desapropriados para fins de reforma agrária	Impostos em geral
Art. 195, II	Rendimentos de aposentadoria e pensão concedidas pelo regime geral de previdência social	Contribuição Previdenciária

Previsão constitucional	Objeto/pessoa/operação imunizados	Tributos cuja incidência é impedida
Art. 195, § 7º	Entidades beneficentes de assistência social que atendam às exigências estabelecidas em lei	Contribuições para financiamento da seguridade social
Art. 226, § 1º	Celebração de Casamento Civil	Taxas em Geral

6. VEDAÇÕES CONSTITUCIONAIS EM RESPEITO AO EQUILÍBRIO DO PACTO FEDERATIVO

De acordo com o art. 151 da CF, é vedado à União:

a) instituir tributo que não seja uniforme em todo o território nacional ou que implique distinção ou preferência em relação a Estado, ao Distrito Federal ou a Município, em detrimento de outro, admitida a concessão de incentivos fiscais destinados a promover o equilíbrio do desenvolvimento socioeconômico entre as diferentes regiões do País;

b) tributar a renda das obrigações da dívida pública dos Estados, do Distrito Federal e dos Municípios, bem como a remuneração e os proventos dos respectivos agentes públicos, em níveis superiores aos que fixar para suas obrigações e para seus agentes; e

c) instituir isenções de tributos da competência dos Estados, do Distrito Federal ou dos Municípios.

Já aos Estados, ao Distrito Federal e aos Municípios é vedado estabelecer diferença tributária entre bens e serviços, de qualquer natureza, em razão de sua procedência ou destino (art. 152 da CF).

7. REPARTIÇÃO DAS RECEITAS TRIBUTÁRIAS

Em regra cada Ente da Federação (União, Estados, Distrito Federal e Municípios) fica com a receita do tributo de sua competência.

Entretanto, a Constituição Federal criou algumas exceções, ou seja, situações em que o Ente Federado competente reparte a receita de seus tributos com os demais.

Vale ressaltar que a repartição sempre ocorre dos Entes Federados "maiores" para os "menores". Assim, a União reparte com os Estados, o Distrito Federal e os Municípios; e os Estados repartem com os Municípios. O Distrito Federal não reparte com ninguém porque não dispõe de Ente menor do que ele (uma vez que ele não pode ser dividido em Municípios, por expressa vedação constitucional – art. 32 da CF). Por fim, os Municípios não repartem com ninguém porque são os "menores" Entes da Federação.[16]

Infelizmente, os dispositivos constitucionais sobre o tema não primam pela didática. Assim, para facilitar, elaboramos uma tabela sobre a repartição das receitas tributárias:

16. ALEXANDRE, Ricardo. *Op. Cit.* p. 641.

▶ REPARTIÇÃO DAS RECEITAS TRIBUTÁRIAS				
Tributo	**União**	**Estados e DF**	**Municípios**	**Regras especiais**
IOF sobre o ouro ativo financeiro ou instrumento cambial	Ente competente	30%	70%	*Não se aplica*
IR (retido na fonte)	Ente competente	100% (se retido na fonte, incidente sobre pagamentos aos seus funcionários)	100% (se retido na fonte, incidente sobre pagamentos aos seus funcionários)	*Não se aplica*
ITR	Ente competente	*Não se aplica*	50% para o Município onde estiver localizado o imóvel (se fiscalizado e cobrado pela União) ou 100% para o Município onde estiver localizado o imóvel (se fiscalizado e cobrado pelo Município)	*Não se aplica*
IPI	Ente competente	10% (proporcionalmente às exportações de produtos industrializados)	25% do que foi repassado aos Estados[17]	*Não se aplica*
CIDE-Combustíveis	Ente competente	29%	25% do que foi repassado aos Estados	*Não se aplica*
Impostos residuais (quando criados)	Ente competente	25%	*Não se aplica*	*Não se aplica*
IR (exceto o retido na fonte) + IPI	Ente competente	21,5% - Fundo de participação dos Estados	22,5% - Fundo de participação dos Municípios + 1% - Fundo de participação dos Municípios, com entrega no primeiro decênio do mês de dezembro de cada ano +	3% para o financiamento dos setores produtivos das regiões norte, nordeste e centro oeste)

17. As parcelas pertencentes às receitas dos Municípios serão creditadas ¾, no mínimo, na proporção do valor adicionado nas operações relativas à circulação de mercadorias e nas prestações de serviços, realizadas em seus territórios; e até ¼, de acordo com o que dispuser lei estadual ou, no caso dos Territórios, lei federal.

▶ REPARTIÇÃO DAS RECEITAS TRIBUTÁRIAS				
Tributo	**União**	**Estados e DF**	**Municípios**	**Regras especiais**
IR (exceto o retido na fonte) + IPI			1% - Fundo de participação dos Municípios, com entrega no primeiro decênio do mês de julho de cada ano	
IPVA	Não se aplica	Ente competente	50% (para o Município de licenciamento do veículo)	*Não se aplica*
ICMS	Não se aplica	Ente competente	25%[18]	*Não se aplica*

Encerrando a disciplina sobre a repartição das receitas tributárias, destacamos que, nos termos do art. 160 da CF, é vedada a retenção ou qualquer restrição à entrega e ao emprego dos recursos atribuídos aos Estados, ao Distrito Federal e aos Municípios, neles compreendidos adicionais e acréscimos relativos a impostos. Mas, tal vedação não impede a União e os Estados de condicionarem a entrega de recursos: a) ao pagamento de seus créditos, inclusive de suas autarquias; b) ao cumprimento da aplicação de verbas para a saúde, consoante art. 198, § 2º, da CF.

8. FINANÇAS PÚBLICAS

8.1. Normas gerais

Como esclarece Uadi Lammêgo Bulos a terminologia **finanças públicas** descrita na Constituição Federal deve ser considerada sob uma concepção especulativa e não jurídica, "pois ela foi empregada com o objetivo de demarcar o conteúdo da despesa, da receita e do crédito público, sem levar em conta qualquer consideração de ordem normativa".[19]

Visando a organização infraconstitucional da matéria, a Constituição atribui à **lei complementar** a missão de dispor sobre: a) finanças públicas; b) dívida pública externa e interna, incluída a das autarquias, fundações e demais entidades controladas pelo Poder Público; c) concessão de garantias pelas entidades públicas; d) emissão e resgate de títulos da dívida pública; e) fiscalização financeira da administração pública direta e indireta; f) operações de câmbio realizadas por órgãos e entidades da União, dos Estados, do Distrito Federal e dos Municípios; e g) compatibilização das funções das

18. As parcelas pertencentes às receitas dos Municípios serão creditadas ¾, no mínimo, na proporção do valor adicionado nas operações relativas à circulação de mercadorias e nas prestações de serviços, realizadas em seus territórios; e até ¼, de acordo com o que dispuser lei estadual ou, no caso dos Territórios, lei federal.
19. BULOS, Uadi Lammêgo. *Op. Cit.* p. 1.225.

instituições oficiais de crédito da União, resguardadas as características e condições operacionais plenas das voltadas ao desenvolvimento regional (art. 163 da CF).

8.2. Banco Central

Criado pela Lei 4.595/64, o Banco Central (do Brasil) tem natureza jurídica de autarquia federal, e sua missão é assegurar a estabilidade do poder de compra da moeda e um sistema financeiro sólido e eficiente.

Por essa razão, o Banco Central ocupa posição de destaque na disciplina constitucional das finanças públicas.

De acordo com o art. 164 da CF, a **competência da União para emitir moeda** (art. 21, VII, da CF) será **exercida exclusivamente pelo Banco Central.**

Sua importância é reforçada pela norma constitucional segundo o qual **as disponibilidades de caixa da União serão depositadas no Banco Central.** Já as disponibilidades de caixa dos Estados, do Distrito Federal, dos Municípios e dos órgãos ou entidades do Poder Público e das empresas por ele controladas, serão depositadas em instituições financeiras oficiais, ressalvados os casos previstos em lei.

Ainda segunda o Texto Constitucional, o Banco Central poderá comprar e vender títulos de emissão do Tesouro Nacional, com o objetivo de **regular a oferta de moeda ou taxa de juros**, mas lhe é **vedado** conceder, direta ou indiretamente, empréstimos ao Tesouro Nacional e a qualquer órgão ou entidade que não seja instituição financeira.

8.3. Orçamentos

Os orçamentos são **programas** por meio dos quais o Estado, a partir de sua previsão de receita, **organiza as despesas a serem realizadas para a consecução do interesse público.**

De acordo com a normativa constitucional, todo orçamento é veiculado por meio de uma lei. Na verdade, o sistema orçamentário brasileiro foi estruturado a partir da correlação entre vários instrumentos legais que disciplinam os orçamentos, todos dispostos no art. 165 da CF. São eles:

a) **plano plurianual;**

b) **diretrizes orçamentárias;**

c) **orçamentos anuais.**

O **plano plurianual** , instituído por lei, estabelecerá, de forma regionalizada, as diretrizes, objetivos e metas da administração pública federal para as despesas de capital e outras delas decorrentes e para as relativas aos programas de duração continuada (art. 165, § 1º, da CF).

Já a lei que disciplinar as diretrizes orçamentárias, ou, simplesmente, **lei de diretrizes orçamentárias,** compreenderá as metas e prioridades da administração pública federal (incluindo as despesas de capital para o exercício financeiro subsequente); orientará a elaboração da lei orçamentária anual; disporá sobre as alterações na legislação tributária; e estabelecerá a política de aplicação das agências financeiras oficiais de fomento.

Por fim a lei que trouxer o orçamento anual, mais conhecida como **lei orçamentária anual**, abrangerá o orçamento fiscal referente aos Poderes da União, seus fundos, órgãos e entidades da administração direta e indireta, inclusive fundações instituídas e mantidas pelo Poder Público; o orçamento de investimento das empresas em que a União, direta ou indiretamente, detenha a maioria do capital social com direito a voto; e o orçamento da seguridade social, abrangendo todas as entidades e órgãos a ela vinculados, da administração direta ou indireta, bem como os fundos e fundações instituídos e mantidos pelo Poder Público.

Perceba, pois, que há uma relação de interdependência: a lei orçamentária anual precisa estar de acordo com a lei de diretrizes orçamentárias que, por sua vez, deve respeito à lei do plano plurianual.

Como medida de fiscalização dos orçamentos, os projetos de lei relativos ao plano plurianual, às diretrizes orçamentárias, ao orçamento anual e aos créditos adicionais serão **apreciados pelas duas Casas do Congresso Nacional, na forma do regimento comum**, cabendo a uma **Comissão mista permanente de Senadores e Deputados**: a) **examinar e emitir parecer sobre os projetos de leis dos orçamentos** e sobre as contas apresentadas anualmente pelo Presidente da República; e b) examinar e emitir parecer sobre os planos e programas nacionais, regionais e setoriais previstos nesta Constituição e exercer o acompanhamento e a fiscalização orçamentária, sem prejuízo da atuação das demais comissões do Congresso Nacional e de suas Casas (art. 166 da CF).

As leis dos orçamentos são de iniciativa do Poder Executivo (art. 165 da CF), **mas poderão receber emendas**, o que se dará por apresentação à Comissão Mista, que emitirá parecer sobre elas, apreciando-as na forma regimental, com deliberação do Plenário das duas Casas do Congresso Nacional.

As emendas ao projeto de lei de orçamento anual, em especial, ou aos projetos que a modifiquem, somente poderão ser aprovadas caso: a) sejam compatíveis com o plano plurianual e com a lei de diretrizes orçamentárias; b) indiquem os recursos necessários, admitidos apenas os provenientes de anulação de despesa, excluídas as que incidam sobre: i. dotações para pessoal e seus encargos; ii. serviço da dívida; iii. transferências tributárias constitucionais para Estados, Municípios e Distrito Federal; ou c) sejam relacionadas com a correção de erros ou omissões ou com os dispositivos do texto do projeto de lei.

A seu turno, **as emendas ao projeto de lei de diretrizes orçamentárias** não poderão ser aprovadas quando incompatíveis com o plano plurianual.

Ressalte-se que a EC nº 100/19 alterou os artigos 165 e 166 da Constituição Federal e tornou obrigatória a execução da programação orçamentária proveniente de emendas de bancada de parlamentares de Estado ou do Distrito Federal. É a chamada emenda do orçamento impositivo.

Em regra, as despesas fixadas no orçamento público são apenas autorizativas, ou seja, não são impositivas para o Poder Executivo. Nesse contexto, muitas vezes o Executivo deixava de atender às emendas parlamentares, o que resultou na promulgação da Emenda nº 86, que criou emendas impositivas.

Contudo, tal imposição era apenas para as emendas individuais, que são aquelas apresentadas individualmente por parlamentares. Com a promulgação da EC nº 100, houve a imposição para que o Poder Executivo execute emendas de bancadas estaduais e do Distrito Federal.

A execução não será obrigatória quando houver impedimento de ordem técnica, conforme art. 66, § 13, da CF.

9. QUESTÕES OBJETIVAS COMENTADAS

01. (FCC – Analista Judiciário – Área Judiciária – TRT 6/2018) À luz da disciplina constitucional das finanças públicas,

a) lei delegada poderá dispor sobre concessão de garantias pelas entidades públicas.
b) a competência da União para emitir moeda será exercida exclusivamente pelo Conselho Monetário Nacional.
c) não é permitida ao Banco Central a compra e venda de títulos de emissão do Tesouro Nacional, com o objetivo de regular a oferta de moeda ou a taxa de juros.
d) medida provisória poderá dispor sobre a concessão de garantias pelas entidades públicas.
e) é vedado ao Banco Central conceder, direta ou indiretamente, empréstimos ao Tesouro Nacional e a qualquer órgão ou entidade que não seja instituição financeira.

COMENTÁRIOS

Alternativa "a": Na verdade, trata-se de matéria reservada à lei complementar, nos termos do art. 163, III da CF/88.

Alternativa "b": É exercida pelo Banco Central, nos termos do art. 164 da CF/88.

Alternativa "c": O Banco Central é, na verdade, autorizado a tanto, pelo art. 164, §2º da CFQ88.

Alternativa "d": Trata-se de matéria reservada à lei complementar pela disposição do art. 163, III da CF/88, que, somada à disposição do art. 62, §1º da CF/88, é vedada à medida provisória.

Alternativa "e": É o que dispõe o art. 164, §1º da CF/88.

Alternativa correta: letra "e".

02. (FCC – Analista Judiciário – Oficial de Just. Avaliador Federal – TRT 6/2018) Sobre as finanças públicas, suas normas gerais e orçamentos, dispõe a Constituição Federal que:

a) leis de iniciativa do Poder Legislativo estabelecerão o plano plurianual, as diretrizes orçamentárias e os orçamentos anuais.
b) o Presidente da República poderá enviar mensagem ao Congresso Nacional para propor modificação nos projetos a que se refere este artigo enquanto não iniciada a votação, na Comissão mista, da parte cuja alteração é proposta.
c) a lei orçamentária anual não conterá dispositivo estranho à previsão da receita e à fixação da despesa, ainda que referentes à autorização para abertura de créditos suplementares e contratação de operações de crédito.

d) cabe à lei ordinária estabelecer normas de gestão financeira e patrimonial da Administração direta e indireta bem como condições para a instituição e funcionamento de fundos.
e) a lei que instituir o plano plurianual estabelecerá as metas e prioridades da Administração pública, incluindo as despesas de capital para o exercício financeiro subsequente, e disporá sobre as alterações na legislação tributária.

COMENTÁRIOS

Alternativa "a": Nos termos do art. 165 da CF/88, tratam-se de **leis de iniciativa do Poder Executivo,** e não Poder Legislativo.

Alternativa "b": Trata-se da previsão do art. 166, §5º da CF/88.

Alternativa "c": O que prevê o art. 165, §8º da CF/88 é que: "A lei orçamentária anual não conterá dispositivo estranho à previsão da receita e à fixação da despesa, não se incluindo na proibição a autorização para abertura de créditos suplementares e contratação de operações de crédito, ainda que por antecipação de receita, nos termos da lei."

Alternativa "d": Cabe à lei complementar e não à lei ordinária, nos termos do art. 165, §9º, II da CF/88.

Alternativa "e": A alternativa usou o texto do art. 165, §2º da CF/88, mas trocou "lei de diretrizes orçamentárias" por "lei que instituir o plano plurianual". Assim, está incorreta, pois, nos termos do art. 165, §1º: "A lei que instituir o plano plurianual estabelecerá, de forma regionalizada, as diretrizes, objetivos e metas da administração pública federal para as despesas de capital e outras delas decorrentes e para as relativas aos programas de duração continuada.".

Alternativa correta: letra "b".

(Cespe - Analista Judiciário – Área Judiciária– TRE-GO/2015) No que se refere às normas constitucionais relativas ao Sistema Tributário Nacional, julgue o próximo item.

03. De acordo com o princípio constitucional da capacidade contributiva, sempre que possível, os impostos terão caráter pessoal e serão graduados segundo a capacidade econômica do contribuinte.

COMENTÁRIOS

Verdadeiro. O princípio da capacidade contributiva está disposto no art. 145, § 1º, da CF: "sempre que possível, os impostos terão caráter pessoal e serão graduados segundo a capacidade econômica do contribuinte, facultado à administração tributária, especialmente para conferir efetividade a esses objetivos, identificar, respeitados os direitos individuais e nos termos da lei, o patrimônio, os rendimentos e as atividades econômicas do contribuinte".

04. **(FCC - Analista Judiciário – Oficial de Just. Avaliador – TRF 3/2014)** Lei que instituísse tributo interestadual incidente sobre passagem aérea, ferroviária ou rodoviária de transporte de passageiro seria

a) constitucional, mas não poderia ser cobrada no mesmo exercício financeiro em que tenha sido publicada a lei que instituiu o tributo.

b) constitucional, mas não poderia atingir as passagens emitidas anteriormente ao fato gerador.
c) inconstitucional, pois é vedado estabelecer limitações ao tráfego de pessoas por meio de tributos interestaduais.
d) inconstitucional, pois já existem pedágios e taxas de embarque em aeroportos.
e) inconstitucional, por violar o princípio da capacidade contributiva.

COMENTÁRIOS

Alternativa correta: letra "c" (responde a todas as alternativas): Consoante art. 150, V, da CF, sem prejuízo de outras garantias asseguradas ao contribuinte, é vedado à União, aos Estados, ao Distrito Federal e aos Municípios estabelecer limitações ao tráfego de pessoas ou bens, por meio de tributos interestaduais ou intermunicipais, ressalvada a cobrança de pedágio pela utilização de vias conservadas pelo Poder Público.

05. **(FCC - Analista Judiciário – Área Judiciária - TRF 3/2014)** A utilização efetiva ou potencial de serviço público específico e divisível, prestado ou posto à disposição do contribuinte, gera para o ente público, diante da Constituição Federal,
a) a faculdade de inclusão do serviço no rol dos fatos geradores de imposto sobre serviços de qualquer natureza - ISS.
b) um direito público subjetivo de exigência de tarifa ao cidadão.
c) o dever de instituição de contribuição de melhoria sob pena de improbidade administrativa.
d) a possibilidade de instituição de taxa como modalidade de tributo.
e) a imposição de tarifa desde que o serviço seja efetivamente utilizado.

COMENTÁRIOS

Alternativa correta: letra "d" (responde a todas as alternativas): nos termos do art. 145 da CF: " A União, os Estados, o Distrito Federal e os Municípios poderão instituir os seguintes tributos: [...] II - taxas, em razão do exercício do poder de polícia ou pela utilização, efetiva ou potencial, de serviços públicos específicos e divisíveis, prestados ao contribuinte ou postos a sua disposição".

06. **(Analista Judiciário – Área Judiciária TRE/ES 2011 – CESPE)** Julgue o seguinte item, relativo ao Sistema Tributário Nacional.
A isenção tributária não se confunde com a imunidade tributária. Entre seus traços distintivos, destaca-se o caráter discricionário do ato de concessão da isenção, praticado por ente federativo competente para a instituição do tributo, que pode incidir em face de todas as espécies tributárias, mediante estrito respeito ao princípio da reserva legal; já a imunidade tributária constitui matéria típica do texto constitucional.

COMENTÁRIOS

Certo. A **isenção tributária** não se confunde com a **imunidade tributária**. Entre seus traços distintivos, destaca-se o caráter discricionário do ato de concessão da isenção, praticado por ente federativo competente para a instituição do tributo, que pode incidir em face de todas as espécies tributárias, mediante estrito respeito ao princípio da reserva legal; já a imunidade tributária constitui matéria típica do texto constitucional. Como ensina Ricardo Alexandre, "a isenção opera no âmbito do exercício da competência, enquanto a imunidade, como visto, opera no âmbito da própria delimitação de competência". (*Direito Tributário Esquematizado*. 2 ed. São Paulo: Método, 2008, p. 156)

07. **(Analista Judiciário – Área Judiciária - TRF 1ª região/ 2006 – FCC)** Analise as assertivas abaixo.

I. Competem à União, em Território Federal, os impostos estaduais e, se o Território não for dividido em Municípios, cumulativamente, os impostos municipais.

II. É permitido aos Estados, ao Distrito Federal e aos Municípios, na forma da lei, estabelecer diferença tributária entre bens e serviços, de qualquer natureza, em razão de sua procedência ou destino.

III. Resolução do Senado Federal, de iniciativa do Presidente da República ou de um terço dos Senadores, aprovada pela maioria absoluta de seus membros, estabelecerá as alíquotas aplicáveis às operações e prestações, interestaduais e de exportação.

IV. Pertencem aos Municípios vinte e cinco por cento do produto da arrecadação do imposto do Estado sobre a propriedade de veículos automotores licenciados em seus territórios.

V. É vedada à União instituir isenções de tributos da competência dos Estados, do Distrito Federal ou dos Municípios.

Estão corretas SOMENTE

a) I, II e IV.
b) I, II e V.
c) I, III e V.
d) II, III e IV.
e) III, IV e V.

COMENTÁRIOS

Alternativa correta: letra "c"

Assertiva "I": correta. Competem à União, em Território Federal, os impostos estaduais e, se o Território não for dividido em Municípios, cumulativamente, os impostos municipais (art. 147 da CF).

Assertiva "II": incorreta. É **vedado** aos Estados, ao Distrito Federal e aos Municípios estabelecer diferença tributária entre bens e serviços, de qualquer natureza, em razão de sua procedência ou destino (art. 152 da CF).

Assertiva "III": correta. Resolução do Senado Federal, de iniciativa do Presidente da República ou de um terço dos Senadores, aprovada pela maioria absoluta de seus membros, estabelecerá as alíquotas aplicáveis às operações e prestações, interestaduais e de exportação (art. 155, § 2º, IV, da CF).

Assertiva "IV": incorreta. Pertencem aos Municípios **cinquenta** por cento do produto da arrecadação do imposto do Estado sobre a propriedade de veículos automotores licenciados em seus territórios (art. 158, III, da CF).

Assertiva "V": correta. É vedada à União instituir isenções de tributos da competência dos Estados, do Distrito Federal ou dos Municípios (art. 151, III, da CF).

Capítulo XII

Ordem Econômica e Financeira

Sumário • 1. Ordem econômica e princípios gerais da atividade econômica – 2. Política urbana – 3. Política agrícola e fundiária e da reforma agrária – 4. Sistema Financeiro Nacional – 5. Questões objetivas comentadas.

1. ORDEM ECONÔMICA E PRINCÍPIOS GERAIS DA ATIVIDADE ECONÔMICA

A ordem econômica no Estado Brasileiro segue as diretrizes traçadas nos princípios fundamentais da Constituição Federal que, logo em seu art. 1º, IV, arrola os **valores sociais do trabalho e da livre iniciativa como fundamentos da República Federativa do Brasil.**

Isso significa que o Estado brasileiro deve ser forjado equilibrando-se os ideais liberais (livre iniciativa) e sociais (valores sociais do trabalho).

Essa é a lógica da ordem econômica nacional: evoluir a partir da livre exploração do capital, mas sempre respeitando os valores sociais do trabalho.

Aliás, o art. 170 da CF vai além, pois afirma que a ordem econômica brasileira, fundada na valorização do trabalho humano e na livre iniciativa, deve ter por fim assegurar a todos existência digna, conforme os ditames da justiça social, observados os seguintes princípios:

a) **soberania nacional;**

b) **propriedade privada;**

c) **função social da propriedade;**

d) **livre concorrência;**[1]

e) **defesa do consumidor;**

f) **defesa do meio ambiente,** inclusive mediante tratamento diferenciado conforme o impacto ambiental dos produtos e serviços e de seus processos de elaboração e prestação;

g) **redução das desigualdades regionais e sociais;**

h) **busca do pleno emprego;**

i) **tratamento favorecido para as empresas de pequeno porte constituídas sob as leis brasileiras e que tenham sua sede e administração no país.**

1. Súmula Vinculante 49: "Ofende o princípio da livre concorrência lei municipal que impede a instalação de estabelecimentos comerciais do mesmo ramo em determinada área".

> ▶ **FIQUE LIGADO!**
>
> O examinador costuma afirmar que terão tratamento favorecido as empresas de pequeno porte constituídas sob as leis brasileiras e que tenham sua sede **ou** administração no país. Errado! Elas precisam ter sede **e** administração no país.

Encerrando os princípios da ordem econômica, o parágrafo único do art. 170 da CF afirma que, é **assegurado a todos o livre exercício de qualquer atividade econômica**, independentemente de autorização de órgãos públicos, salvo nos casos previstos em lei.

Como se vê, a Constituição permite que sejam desempenhadas atividades econômicas lucrativas, mas sempre mantendo-se o respeito aos direitos sociais.

A missão do Estado, como já se analisou nessa obra, é atender ao interesse público. Assim, toda a atividade que desempenha deve ter como único objetivo efetivar direitos dos cidadãos.

Para atingir tal desiderato, o Estado pode prestar serviços públicos diretamente ou indiretamente, sob o regime de concessão ou permissão, sempre por meio de licitação (art. 175 da CF).

Nesse sentido, a exploração de uma atividade econômico por parte do Estado só será valida em situações excepcionais, nos termos do art. 173 da CF, que preceitua: "Ressalvados os casos previstos nesta Constituição, **a exploração direta de atividade econômica pelo Estado só será permitida quando necessária aos imperativos da segurança nacional ou a relevante interesse coletivo**, conforme definidos em lei.

Também **caberá à lei estabelecer o estatuto jurídico da empresa pública, da sociedade de economia mista e de suas subsidiárias que explorem atividade econômica de produção ou comercialização de bens ou de prestação de serviços**, dispondo sobre: a) sua função social e formas de fiscalização pelo Estado e pela sociedade; b) a sujeição ao regime jurídico próprio das empresas privadas, inclusive quanto aos direitos e obrigações civis, comerciais, trabalhistas e tributários; c) licitação e contratação de obras, serviços, compras e alienações, observados os princípios da administração pública; d) a constituição e o funcionamento dos conselhos de administração e fiscal, com a participação de acionistas minoritários; e) os mandatos, a avaliação de desempenho e a responsabilidade dos administradores.

A Constituição ainda determina que **os seguintes pontos deverão ser disciplinados por lei**:

a) relações da empresa pública com o Estado e a sociedade;

b) repressão ao abuso do poder econômico que vise à dominação dos mercados, à eliminação da concorrência e ao aumento arbitrário de lucros;

c) responsabilidade das pessoas jurídicas, sujeitando-as às punições compatíveis com suas naturezas, nos atos praticados contra a ordem econômica e financeira e contra a economia popular (sem prejuízo da responsabilidade individual dos seus dirigentes).

De toda forma, ainda que porventura explore atividade econômica, como **agente normativo e regulador da atividade econômica** que é, o Estado exercerá, na forma da lei, as funções de fiscalização, incentivo e planejamento, entendidas como determinantes para o setor público e indicativas para o setor privado (art. 174 da CF).

Mas, de todo esse tópico, sem dúvida, os dispositivos constitucionais mais lembrados pelos examinadores de direito constitucional são os artigos 176 e 177 da CF, que versam sobre a exploração de recursos.

Conforme o art. 176 da CF, **as jazidas, em lavra ou não, e demais recursos minerais e os potenciais de energia hidráulica constituem propriedade distinta da do solo**, para efeito de exploração ou aproveitamento, e **pertencem à União**, garantida ao concessionário a propriedade do produto da lavra. Assim porque a **pesquisa e a lavra desses recursos somente poderão ser efetuados mediante autorização ou concessão da União**, no interesse nacional, por brasileiros ou empresa constituída sob as leis brasileiras e que tenha sua sede e administração no País, na forma da lei, que estabelecerá as condições específicas quando essas atividades se desenvolverem em faixa de fronteira ou terras indígenas.

Ainda segundo a CF, a **autorização de pesquisa será sempre por prazo determinado**, e as autorizações e concessões não poderão ser cedidas ou transferidas, total ou parcialmente, sem prévia anuência do poder concedente.

> ▸ ATENÇÃO!
>
> Na linha do art. 176, § 4º, da CF, o aproveitamento do potencial de energia renovável de **capacidade reduzida não dependerá de autorização ou concessão!**

Apesar de toda essa disciplina normativa restritiva, **a Constituição assegura a participação ao proprietário do solo nos resultados da lavra, na forma e no valor que dispuser a lei**.

Pensando em questões estratégicas, o art. 177 da CF disciplina que, **constituem monopólio da União** as seguintes atividades:

a) a pesquisa e a lavra das jazidas de petróleo e gás natural e outros hidrocarbonetos fluidos;

b) a refinação do petróleo nacional ou estrangeiro;

c) a importação e exportação dos produtos e derivados básicos resultantes das atividades previstas nos incisos anteriores;

d) o transporte marítimo do petróleo bruto de origem nacional ou de derivados básicos de petróleo produzidos no País, bem assim o transporte, por meio de conduto, de petróleo bruto, seus derivados e gás natural de qualquer origem;

e) a pesquisa, a lavra, o enriquecimento, o reprocessamento, a industrialização e o comércio de minérios e minerais nucleares e seus derivados, com exceção dos radioisótopos cuja produção, comercialização e utilização poderão ser autorizadas sob regime de permissão (conforme as alíneas "b" e "c" do inciso XXIII do caput do art. 21 da CF.

> ▸ CUIDADO!
>
> A despeito de constituírem monopólio, as atividades de **a)** até **d)** poderão ser desempenhadas por empresas estatais ou privadas contratadas com a União, observadas as condições estabelecidas em lei, que ainda deve dispor sobre a garantia do fornecimento dos derivados de petróleo em todo o território nacional, as condições de contratação, e a estrutura e atribuições do órgão regulador do monopólio da União. Assim, apenas a pesquisa, a lavra, o enriquecimento, o reprocessamento, a industrialização e o comércio de minérios e minerais nucleares e seus derivados, com exceção dos radioisótopos cuja produção, comercialização e utilização poderão ser autorizadas sob regime de permissão **somente podem ser desempenhadas diretamente pela pessoa política da União.**

2. POLÍTICA URBANA

A política de desenvolvimento **urbano** é de responsabilidade do **Poder Público Municipal,** conforme diretrizes gerais fixadas em lei (Lei 10.257/01), e tem por **objetivo** ordenar o pleno desenvolvimento das funções sociais da cidade e garantir o bem estar de seus habitantes (art. 182 da CF).

Para melhor organização da política urbana, a Constituição Federal idealizou o **plano diretor**, que é o instrumento básico da política de desenvolvimento e de expansão urbana. **Obrigatório para cidades com mais de 20.000 habitantes**, ele deve ser **aprovado pela Câmara Municipal.**

> ▸ CUIDADO COM AS PEGADINHAS!
>
> O plano diretor só é obrigatório para cidades com **mais de 20.000** habitantes. Portanto, se o examinador disser que a cidade tem (exatamente) 20.000 habitantes, o plano diretor não será obrigatório. Também é importante memorizar o número de 20.000 habitantes, pois muitas vezes a banca troca por 5.000, 10.000, 50.000 ou 100.000, simplesmente para confundir o candidato. Não caia nessa!

Desde a análise dos artigos 5º, XXIII e 170, III, da CF, restou claro que o constituinte tem uma grande preocupação com o atendimento à função social da propriedade.

Considera-se cumprida a **função social da propriedade urbana** quando ela atender às exigências fundamentais de ordenação da cidade expressas no plano diretor (art. 182, § 2º, da CF).

A atenção do constituinte com essa questão é tamanha que, no art. 182, § 4º, da CF, foi criado um regramento para disciplinar as medidas possíveis diante do descumprimento da função social da sociedade urbana.

Segundo o Texto Constitucional, **é facultado ao Poder Público municipal**, mediante lei específica **para área incluída no plano diretor, exigir**, nos termos da lei federal, do proprietário do solo urbano não edificado, subutilizado ou não utilizado, que promova **seu adequado aproveitamento, sob pena, sucessivamente, de:**

I. **Parcelamento ou edificação compulsórios;**

II. **Incidência de imposto sobre a propriedade predial e territorial urbana (IPTU) progressivo no tempo;**

III. **Desapropriação com pagamento mediante títulos da dívida pública** de emissão previamente **aprovada pelo Senado Federal, com prazo de resgate de até 10 anos, em parcelas anuais**, iguais e sucessivas, assegurados o valor real da indenização e os juros legais.

> ▶ ATENÇÃO!
>
> Apesar de ter a certeza que o amigo leitor já imaginou que esse artigo é um campeão de incidência em provas objetivas, é bom frisarmos que a memorização dos detalhes relativos a essa temática é de suma importância. Guarde os detalhes e vamos em frente!

Perceba que essa **desapropriação** realizada a partir do descumprimento da função social e que se realiza com **pagamento mediante títulos da dívida pública é a exceção.** Isso porque, nos termos do art. 182, § 3º, da CF, **em regra** as desapropriações de imóveis urbanos devem ser feitas **com prévia e justa indenização em dinheiro.**

Encerrando a disciplina sobre a política urbana, trazemos o tema da **usucapião,** que, em apertada síntese, é o instituto jurídico que permite a aquisição da propriedade por meio da posse prolongada, desde que não seja propriedade do Estado, pois os imóveis públicos não podem ser adquiridos por usucapião (art. 183, § 3º, da CF).

O art. 183 da CF traz o que se denomina de **usucapião especial urbana ou constitucional.** Segundo o referido dispositivo da Constituição Federal, **adquirirá o domínio/propriedade** (se tornará dono/proprietário), aquele que **possuir** como sua:

a) **área urbana;**
b) **de até 250 metros quadrados;**
c) **por 5 anos;**
d) **ininterruptamente;**
e) **sem oposição;**
f) **utilizando-a para sua moradia ou de sua família;**
g) **desde que não seja proprietário de outro imóvel urbano ou rural.**

Perceba que esses requisitos são indispensáveis e cumulativos, ou seja, ausente apenas um, não se opera a usucapião do art. 183 da CF.

Também é importante ressaltar que **a pessoa só tem direito a realizar esse tipo de usucapião uma vez na vida** (art. 183, § 1º, da CF).

Caso se aperfeiçoe a usucapião, o **título de domínio e a concessão de uso serão conferidos ao homem ou à mulher, ou a ambos,** independentemente do estado civil.

3. POLÍTICA AGRÍCOLA E FUNDIÁRIA E DA REFORMA AGRÁRIA

Como ensina Uadi Lammêgo Bulos, os artigos 184 a 191 da CF trazem um conjunto de preceitos constitucionais que possibilitam a intervenção do Poder Público visando, em última análise, dar cumprimento à função social da propriedade rural. O fator preponderante é a **produtividade**. Se a terra é produtiva, então atende à função social, se não, deve ser desapropriada para fins de reforma agrária.[2]

Detalhando essa lógica, o art. 186 da CF preceitua que, a **função social é cumprida** quando a propriedade rural atende, simultaneamente, segundo critérios e graus de exigência estabelecidos em lei, aos seguintes requisitos:

I - **aproveitamento racional e adequado;**

II - **utilização adequada dos recursos naturais disponíveis e preservação do meio ambiente;**

III - **observância das disposições que regulam as relações de trabalho;**

IV - **exploração que favoreça o bem-estar dos proprietários e dos trabalhadores.**

Por outro lado, na linha do art. 184 da CF, compete à União **desapropriar por interesse social, para fins de reforma agrária**, o imóvel rural que não esteja cumprindo sua função social, mediante **prévia e justa indenização em títulos da dívida agrária**, com cláusula de preservação do valor real, **resgatáveis no prazo de até 20 anos, a partir do 2º ano de sua emissão**, e cuja utilização será definida em lei.

> ▸ **ATENÇÃO!**
>
> Cuidado para não confundir com a desapropriação por descumprimento de função social da **propriedade urbana**, que se dá com pagamento em títulos da dívida **pública** com prazo de resgate de **10 anos**, em **parcelas anuais e sucessivas.**

Há, no entanto, regra especial para as **benfeitorias** (melhorias realizadas nos imóveis) **úteis** (para melhorar o uso) **e necessárias** (para conservar o bem), **que deverão ser indenizadas em dinheiro**.

A desapropriação deve se dar por meio de **ação promovida pela União**, que deve ser **precedida de um decreto** que declare o imóvel como de interesse social para fins de reforma agrária. O procedimento a ser seguida na ação deverá ser de contraditório especial e rito sumário, conforme lei complementar.

Para materializar **as desapropriações**, a Constituição determina que o orçamento deverá fixar anualmente o volume total de títulos da dívida agrária e o montante de recursos para atender ao programa de reforma agrária. Ademais, **são isentas de impostos** federais, estaduais e municipais as operações de transferência de imóveis desapropriados para fins de reforma agrária.

Ademais, os beneficiários da distribuição de imóveis rurais pela reforma agrária receberão **títulos de domínio ou de concessão de uso, inegociáveis pelo prazo de 10 anos**, que serão conferidos ao homem ou à mulher, ou a ambos, independentemente do estado civil, nos termos e condições previstos em lei.

2. BULOS, Uadi Lammêgo. *Op. Cit.* p. 1.623.

Finalizando o tratamento constitucional da função social da propriedade rural, apontamos o art. 185 da CF, segundo o qual, são **insuscetíveis de reforma agrária: a) a pequena e média propriedade rural**, assim definida em lei, desde que seu proprietário não possua outra; e b) a propriedade produtiva, que terá tratamento especial garantido por lei responsável por fixar normas para o cumprimento dos requisitos relativos à sua função social.

Mas, além da função social, a **política agrícola também representou uma preocupação do constituinte.**

Segundo o art. 187 da CF, a **política agrícola será planejada e executada na forma da lei**, com a **participação efetiva do setor de produção**, envolvendo produtores e trabalhadores rurais, bem como dos setores de comercialização, de armazenamento e de transportes (incluindo-se as atividades agroindustriais, agropecuárias, pesqueiras e florestais), levando em conta, especialmente: I - os instrumentos creditícios e fiscais; II - os preços compatíveis com os custos de produção e a garantia de comercialização; III - o incentivo à pesquisa e à tecnologia; IV - a assistência técnica e extensão rural; V - o seguro agrícola; VI - o cooperativismo; VII - a eletrificação rural e irrigação; e VIII - a habitação para o trabalhador rural.

Assim como existe uma usucapião especial urbana, o texto constitucional também prevê uma **usucapião especial rural.**

De acordo com o art. 191 da CF, **adquirirá o domínio/propriedade** (se tornará dono/proprietário), aquele que **possuir** como sua:

a) **área de terra em zona rural;**
b) **não superior a 50 hectares;**
c) **por 5 anos;**
d) **ininterruptamente;**
e) **sem oposição;**
f) **tornando-a produtiva por seu trabalho ou de sua família;**
g) **tendo nela sua moradia;**
h) **desde que não seja proprietário de outro imóvel rural ou urbano.**

▶ ATENÇÃO!

Não confunda a usucapião especial rural com a usucapião especial urbana, pois apesar de compartilharem a maioria de seus elementos configuradores, entre elas há uma diferença fundamental. Enquanto na usucapião especial urbana a área não pode ser superior a **250 metros quadrados,** na usucapião especial rural a área não pode ser superior a **50 hectares!**

4. SISTEMA FINANCEIRO NACIONAL

O capítulo IV, do Título VII da Constituição Federal, intitulado como "do sistema financeiro nacional" foi praticamente esvaziado pela EC 40/2003.

Essa parte do Texto Constitucional agora se reduz ao *caput* do art. 192 da CF, cujo conhecimento é o que basta para a resolução de provas para Tribunais e MPU. Por isso, trazemos a sua transcrição com destaques para os pontos mais importantes: "O sistema financeiro nacional, **estruturado de forma a promover o desenvolvimento equilibrado do País e a servir aos interesses da coletividade**, em todas as partes que o compõem, **abrangendo as cooperativas de crédito**, será regulado por **leis complementares** que disporão, inclusive, sobre a **participação do capital estrangeiro** nas instituições que o integram".

5. QUESTÕES OBJETIVAS COMENTADAS

01. **(Vunesp – Procurador Municipal – Pref. Presidente Prudente – SP/2022)** Zileide é proprietária de um terreno urbano de 250 m e tem a posse de outro imóvel constituído de um terreno, com uma casa de 90 m², também em área urbana, onde ela reside com sua família. O primeiro está subutilizado, e, há cinco anos, ela está residindo no segundo, ininterruptamente e sem oposição. Nessa hipótese, segundo o disposto na Constituição Federal, é correto afirmar que

a) o Município, com base em lei, poderá exigir o adequado aproveitamento do terreno de Zileide, sob pena de sanções, como parcelamento ou edificação compulsórios, e Zileide não tem o direito de adquirir o domínio do imóvel residencial pelo usucapião especial urbano.

b) Zileide poderá adquirir a propriedade do imóvel onde reside por meio de usucapião especial urbano, mas ficará sujeita a sanções por parte do poder público municipal se não promover o adequado aproveitamento do primeiro imóvel.

c) o Município não poderá fazer qualquer exigência quanto ao uso ou aproveitamento do terreno de Zileide, em razão do tamanho do imóvel, e ela precisa comprovar a residência no segundo imóvel por mais 5 anos para obter o seu domínio pelo usucapião especial urbano.

d) no tocante ao terreno, o Município poderá implementar o IPTU progressivo no tempo, como primeira sanção, para exigir o adequado aproveitamento do imóvel, e Zileide poderá obter o domínio de seu imóvel residencial por meio do usucapião especial urbano.

e) o terreno de Zileide está protegido contra eventual desapropriação do poder público, em razão do seu tamanho e por estar em área urbana, e Zileide não poderá obter o domínio do seu imóvel residencial pelo usucapião especial urbano em razão de já possuir outro imóvel.

COMENTÁRIOS

Alternativa "a" (responde todas as alternativas): O art. 182, §4º, prevê que: "**É facultado ao Poder Público municipal**, mediante lei específica para área incluída no plano diretor, **exigir**, nos termos da lei federal, **do proprietário do solo urbano não edificado, subutilizado ou não utilizado, que promova seu adequado aproveitamento,** sob pena, sucessivamente, de: I - parcelamento ou edificação compulsórios;". Ainda, prevê o art. 183 da CF/88 que: "Aquele que possuir como sua área urbana de **até duzentos e**

cinquenta metros quadrados, por cinco anos, ininterruptamente e sem oposição, utilizando-a para sua moradia ou de sua família, adquirir-lhe-á o domínio, desde que não seja proprietário de outro imóvel urbano ou rural.", chamado usucapião especial.

Alternativa correta: letra "a".

02. **(FCC – Analista Judiciário – Área Judiciária – TRF 4/2019 – Adaptada)** À luz da disciplina constitucional do processo de elaboração de leis orçamentárias,

a) as emendas ao projeto de lei do orçamento anual serão apresentadas e apreciadas perante a Comissão mista permanente de Deputados e Senadores responsável por exercer o acompanhamento e a fiscalização da execução orçamentária.
b) o projeto de lei de diretrizes orçamentárias será acompanhado de demonstrativo regionalizado do efeito, sobre as receitas e despesas, decorrente de isenções, anistias, remissões, subsídios e benefícios de natureza financeira, tributária e creditícia.
c) o Presidente da República poderá propor modificação nos projetos de lei relativos ao plano plurianual, às diretrizes orçamentárias e ao orçamento anual, desde que não iniciada a votação do projeto respectivo, na Comissão mista parlamentar permanente.
d) as emendas individuais ao projeto de lei orçamentária serão aprovadas no limite de 2% da receita corrente líquida do exercício anterior ao do encaminhamento do projeto, observado que metade deste percentual será destinada a ações de desenvolvimento e manutenção do ensino.
e) os recursos que, em decorrência de veto ao projeto de lei orçamentária anual, ficarem sem despesas correspondentes poderão ser utilizados, conforme o caso, mediante créditos especiais ou suplementares, com prévia e específica autorização legislativa.

COMENTÁRIOS

Alternativa "a": O que estabelece o art. 166, §2º da CF/88, na verdade, é que as emendas serão **apresentadas** na Comissão mista, que sobre elas emitirá parecer, e **apreciadas,** na forma regimental, pelo Plenário das duas Casas do Congresso Nacional.

Alternativa "b": Essa disposição, na verdade, diz respeito ao projeto de **lei orçamentária** e não ao projeto de lei de **diretrizes orçamentárias,** ao qual não se aplica essa exigência prevista no art. 165, §6º da CF/88.

Alternativa "c": Na verdade, estabelece o §5º do art. 166 da CF/88, que o Presidente da República **poderá enviar mensagem ao Congresso Nacional para propor** modificação nos projetos de lei relativos ao plano plurianual, às diretrizes orçamentárias e ao orçamento anual, enquanto não iniciada a **votação,** na Comissão mista, **da parte cuja alteração é proposta.**

Alternativa "d": Embora o início da alternativa esteja conforme o art. 166, §9º da CF/88, o texto constitucional estabelece que a metade do percentual em questão será destinada a **ações e serviços públicos de saúde.**

Alternativa "e": Trata-se da disposição do art. 166, §8º da CF/88.

Alternativa correta: "e".

03. **(IESES – Analista Judiciário – Área Judiciária – TRE – MA/2015)** A ordem econômica está fundada na valorização do trabalho humano e na livre iniciativa. Pode-se dizer ainda, com base na Constituição da República:

a) A defesa do meio ambiente, inclusive com tratamento diferenciado conforme o impacto ambiental dos produtos e serviços, constitui princípio que orienta a atividade econômica.

b) A pesquisa, lavra, refinação, importação, exportação e transporte de petróleo e seus derivados constituem monopólio da União, que deverá executar diretamente tais atividades.

c) A exploração direta de atividade econômica pelo Estado será permitida em casos de interesse financeiro que justifique a concessão de privilégios fiscais não extensivos ao mercado.

d) São livres os investimentos de capital estrangeiro no país, bem como a remessa de lucros ao exterior.

COMENTÁRIOS

Alternativa correta: letra "a": nos termos do art. 170 da CF, a **ordem econômica,** fundada na valorização do trabalho humano e na livre iniciativa, tem por fim assegurar a todos existência digna, conforme os ditames da justiça social, observados os seguintes **princípios:** I - soberania nacional; II - propriedade privada; III - função social da propriedade; IV - livre concorrência; V - defesa do consumidor; VI - **defesa do meio ambiente, inclusive mediante tratamento diferenciado conforme o impacto ambiental dos produtos e serviços e de seus processos de elaboração e prestação;** VII - redução das desigualdades regionais e sociais; VIII - busca do pleno emprego; IX - tratamento favorecido para as empresas de pequeno porte constituídas sob as leis brasileiras e que tenham sua sede e administração no País.

Alternativa "b": de fato, a pesquisa, lavra, refinação, importação, exportação e transporte de petróleo e seus derivados constituem monopólio da União. No entanto, por dicção do §1º do art. 177 da CF, a União poderá contratar com empresas estatais ou privadas a realização dessas atividades.

Alternativa "c": ressalvados os casos previstos na Constituição, a exploração direta de atividade econômica pelo Estado só será permitida quando **necessária aos imperativos da segurança nacional** ou a **relevante interesse coletivo,** conforme definidos em lei (art. 173 da CF).

Alternativa "d": a **lei disciplinará, com base no interesse nacional,** os investimentos de capital estrangeiro, incentivará os reinvestimentos e **regulará** a remessa de lucros.

04. **(Analista Judiciário – Área Judiciária TRE/AC 2010 – FCC)** Em relação à política agrícola e fundiária e da reforma agrária, analise:

I. A pequena e média propriedade rural, assim definida em lei, ainda que seu proprietário não possua outra, também é suscetível de desapropriação para fins de reforma agrária.

II. O decreto que declarar o imóvel como de interesse social, para fins de reforma agrária, autoriza a União a propor a ação de desapropriação.

III. O título de domínio e a concessão de uso aos beneficiários da distribuição de imóveis rurais pela reforma agrária, serão conferidos ao homem ou à mulher, ou a ambos, independentemente do estado civil, nos termos e condições previstos em lei.

Está correto o que se afirma APENAS em

a) II e III.
b) I e III.
c) III.
d) II.
e) I.

COMENTÁRIOS

Alternativa correta: letra "a".

Item "I". Consoante, art. 185, da CF: "São **insuscetíveis de desapropriação para fins de reforma agrária**: I - a pequena e média propriedade rural, assim definida em lei, desde que seu proprietário não possua outra".

Item "II". O decreto que declarar o imóvel como de interesse social, para fins de reforma agrária, autoriza a União a propor a ação de desapropriação, nos termos do art. 184, § 2º, da CF.

Item "III": O título de domínio e a concessão de uso aos beneficiários da distribuição de imóveis rurais pela reforma agrária serão conferidos ao homem ou à mulher, ou a ambos, independentemente do estado civil, nos termos e condições previstos em lei, tudo de acordo com o art. 189, parágrafo único, da CF.

05. **(Analista Judiciário - Área Judiciária TRE/AL 2010 - FCC)** No tocante à Política Agrícola e Fundiária e à Reforma Agrária é INCORRETO afirmar que:

a) A política agrícola será planejada e executada levando em conta apenas os instrumentos creditícios e fiscais, os preços compatíveis com os custos de produção e a garantia de comercialização.
b) São insuscetíveis de desapropriação para fins de reforma agrária a pequena e média propriedade rural, assim definida em lei, desde que seu proprietário não possua outra e a propriedade produtiva.
c) A função social é cumprida quando a propriedade rural atende, simultaneamente, segundo critérios e graus de exigência estabelecidos em lei, os requisitos, além de outros previstos na Constituição Federal, de aproveitamento racional e adequado.
d) A função social é cumprida quando a propriedade rural atende, simultaneamente, segundo critérios e graus de exigência estabelecidos em lei, os requisitos, além de outros previstos na Constituição Federal, de utilização adequada dos recursos naturais disponíveis e preservação do meio ambiente.
e) A política agrícola será planejada e executada na forma da lei, com a participação efetiva do setor de produção, envolvendo produtores e trabalhadores rurais, bem como dos setores de comercialização, de armazenamento e de transportes.

COMENTÁRIOS

Alternativa correta: letra "a": a política agrícola será planejada e executada levando em conta os instrumentos creditícios e fiscais, os preços compatíveis com os custos de produção e a garantia de comercialização, **o incentivo à pesquisa e à tecnologia, a assistência técnica e extensão rural, o seguro agrícola, o cooperativismo, a eletrificação rural e irrigação, e a habitação para o trabalhador rural (art. 187, da CF).**

Alternativa "b": são insuscetíveis de desapropriação para fins de reforma agrária a pequena e média propriedade rural, assim definida em lei, desde que seu proprietário não possua outra e a propriedade produtiva (art. 185, I, da CF).

Alternativa "c": a função social é cumprida quando a propriedade rural atende, simultaneamente, segundo critérios e graus de exigência estabelecidos em lei, os requisitos, além de outros previstos na Constituição Federal, de aproveitamento racional e adequado, nos termos do art. 186, da CF.

Alternativa "d": a função social é cumprida quando a propriedade rural atende, simultaneamente, segundo critérios e graus de exigência estabelecidos em lei, os requisitos, além de outros previstos na Constituição Federal, de utilização adequada dos recursos naturais disponíveis e preservação do meio ambiente, nos termos do art. 186, da CF.

Alternativa "e": A política agrícola será planejada e executada na forma da lei, com a participação efetiva do setor de produção, envolvendo produtores e trabalhadores rurais, bem como dos setores de comercialização, de armazenamento e de transportes, consoante art. 187, *caput*, da CF.

06. **(FCC - Analista Processual - MPU/2007)** Considere as seguintes atividades de natureza econômica:

I. A pesquisa e a lavra das jazidas de petróleo e gás natural e outros hidrocarbonetos fluidos.

II. A refinação do petróleo nacional ou estrangeiro.

III. O transporte marítimo do petróleo bruto de origem nacional ou de derivados básicos de petróleo produzidos no País.

IV. O reprocessamento, a industrialização e o comércio de minérios e minerais nucleares e seus derivados, com exceção dos radioisótopos.

Observadas as condições estabelecidas em lei, a União poderá contratar com empresas estatais ou privadas a realização das atividades previstas SOMENTE em

a) I, II e III.
b) I, II e IV.
c) II, III e IV.
d) II e IV.
e) I e III.

COMENTÁRIOS

Alternativa correta: letra "a"

Alternativa "I": a União poderá contratar com empresas estatais ou privadas a realização das atividades previstas em pesquisa e a lavra das jazidas de petróleo e gás natural e outros hidrocarbonetos fluidos (art. 177, § 1º, da CF).

Alternativa "II": a União poderá contratar com empresas estatais ou privadas a realização das atividades previstas em refinação do petróleo nacional ou estrangeiro (art. 177, § 1º, da CF).

Alternativa "III": a União poderá contratar com empresas estatais ou privadas a realização das atividades previstas em transporte marítimo do petróleo bruto de origem nacional ou de derivados básicos de petróleo produzidos no País (art. 177, § 1º, da CF).

Alternativa "IV": a União **não** poderá contratar com empresas estatais ou privadas a realização das atividades previstas em reprocessamento, a industrialização e o comércio de minérios e minerais nucleares e seus derivados, com exceção dos radioisótopos, pois esta hipótese (art. 177, V, da CF) não está contemplada pelo art. 177, § 1º, da CF.

CAPÍTULO XIII

ORDEM SOCIAL

Sumário • 1. Introdução - 2. Seguridade social - 3. Educação - 4. Cultura - 5. Desporto - 6. Ciência, tecnologia e inovação - 7. Comunicação social - 8. Meio ambiente - 9. Família - 10. Criança, adolescente e jovem - 11. Idoso - 12. Índio - 13. Questões objetivas comentadas.

1. INTRODUÇÃO

O título VIII da Constituição Federal, intitulado "da ordem social" traz a disciplina de um sem número de direitos. A impressão que se tem é que o constituinte colocou nesse título tudo o que não poderia ser encaixado em outro. Abrange-se **seguridade social (saúde, previdência e assistência), educação, cultura, desporto, ciência e tecnologia, comunicação social, meio ambiente, família, criança, adolescente, jovem, idoso e índio.**

Nessa linha, Uadi Lammêgo Bulos explica que: "A técnica utilizada pelo constituinte foi a de colocar dentro do rótulo genérico 'da ordem social' várias matérias que, a rigor, não deveriam vir prescritas sob tal designação, porque nada têm de sociais. Misturaram assuntos que, rigorosamente, não se encaixam, nem se entrosam por completo".[1]

2. SEGURIDADE SOCIAL

Consoante art. 194 da CF, a seguridade social compreende um **conjunto integrado de ações de iniciativa dos Poderes Públicos e da sociedade**, destinadas a assegurar os direitos relativos à **saúde**, à **previdência** e à **assistência social**.

Assim porque a seguridade social será **financiada** por toda a sociedade, de forma direta e indireta, nos termos da lei, mediante recursos provenientes dos orçamentos da União, dos Estados, do Distrito Federal e dos Municípios, e de algumas contribuições sociais.

A seguridade social deverá ser organizada pelo Poder Público, com base nos seguintes **objetivos**:

a) **universalidade da cobertura e do atendimento**;
b) **uniformidade e equivalência** dos benefícios e serviços às populações urbanas e rurais;
c) **seletividade e distributividade** na prestação dos benefícios e serviços;
d) **irredutibilidade** do valor dos benefícios;
e) **equidade** na forma de participação no custeio;

1. BULOS, Uadi Lammêgo. *Op. Cit.* p. 1.325.

f) **diversidade** da base de financiamento, identificando-se, em rubricas contábeis específicas para cada área, as receitas e as despesas vinculadas a ações de saúde, previdência e assistência social, preservado o caráter contributivo da previdência social;
g) **caráter democrático e descentralizado** da administração, mediante gestão quadripartite, com participação dos trabalhadores, dos empregadores, dos aposentados e do Governo nos órgãos colegiados.

Estabelecidas as linhas gerais sobre seguridade, é hora de estudarmos os 3 elementos que a compõem: **saúde**, **previdência** e **assistência.**

A **saúde** é direito de todos e dever do Estado, e deve ser garantida mediante políticas sociais e econômicas que visem à **redução do risco de doença e de outros agravos** e ao **acesso universal e igualitário às ações e serviços** para sua **promoção, proteção e recuperação.**

Ademais, as ações e serviços públicos de saúde integram uma rede regionalizada e hierarquizada e constituem um **sistema único de saúde (SUS)**, que deve ser organizado de acordo com as seguintes diretrizes: **a) descentralização** (com direção única em cada governo); **b) atendimento integral** (com prioridade para as atividades preventivas, sem prejuízo dos serviços assistenciais); **c) participação da comunidade.**

A seu turno, a **previdência social** será organizada sob a forma de regime geral, de **caráter contributivo e filiação obrigatória**, observados critérios que preservem o equilíbrio financeiro e atuarial, atendendo, nos termos da lei a: **a)** cobertura dos eventos de **incapacidade temporária ou permanente para o trabalho** e **idade avançada**; **b)** proteção à **maternidade**, especialmente à gestante; **c)** proteção ao trabalhador em situação de **desemprego involuntário**; **d) salário-família** e **auxílio-reclusão** para os dependentes dos segurados de baixa renda; e **e) pensão por morte do segurado**, homem ou mulher, ao cônjuge ou companheiro e dependentes.

A **aposentadoria** será assegurada no regime geral de previdência social, obedecidas as seguintes condições:

a) **65 anos de idade, se homem, e 62 anos de idade, se mulher, observado o tempo mínimo de contribuição;** (reduzidos em 5 anos, para o professor que comprove tempo de efetivo exercício das funções de magistério na educação infantil e no ensino fundamental e médio fixado em lei complementar);
b) **60 anos de idade, se homem, e 55 anos de contribuição, se mulher para os trabalhadores rurais e para os que exerçam suas atividades em regime de economia familiar, nestes incluídos o produtor rural, o garimpeiro e o pescador artesanal.**

Por fim, encerrando o tríade da seguridade social, há a **assistência social**, que será prestada **a quem dela necessitar, independentemente de contribuição** à seguridade social, e cujos objetivos são: **a)** a proteção à **família**, à **maternidade**, à **infância**, à **adolescência** e à **velhice**; **b)** o amparo às **crianças e adolescentes carentes**; **c)** a promoção da **integração ao mercado de trabalho**; **d)** a habilitação e reabilitação das **pessoas portadoras de deficiência** e a promoção de sua integração à vida comunitária; e **e)** a garantia de um **salário mínimo de benefício mensal** à pessoa portadora de deficiência e ao idoso que comprovem não possuir meios de prover à própria manutenção ou de tê-la provida por sua família, conforme dispuser a lei; e f) a redução da vulnerabilidade socioeconômica de famílias em situação de pobreza ou de extrema pobreza.

> ▸ FIQUE LIGADO!
> A principal diferença entre a previdência e a assistência é a **contribuição**, que é exigida apenas na previdência.

3. EDUCAÇÃO

Na linha do art. 205 da CF, a educação é um **direito de todos e dever do Estado e da família**, e será promovida e incentivada com a colaboração da sociedade, visando ao pleno desenvolvimento da pessoa, seu preparo para o exercício da cidadania e sua qualificação para o trabalho.

Quanto ao **ensino**, a Constituição Federal arrola alguns **princípios** norteadores. São eles:

- **a)** igualdade de condições para o acesso e permanência na escola;
- **b)** liberdade de aprender, ensinar, pesquisar e divulgar o pensamento, a arte e o saber;
- **c)** pluralismo de ideias e de concepções pedagógicas, e coexistência de instituições públicas e privadas de ensino;
- **d)** gratuidade do ensino público em estabelecimentos oficiais;
- **e)** valorização dos profissionais da educação escolar, garantidos, na forma da lei, planos de carreira, com ingresso exclusivamente por concurso público de provas e títulos, aos das redes públicas;
- **f)** gestão democrática do ensino público, na forma da lei;
- **g)** garantia de padrão de qualidade; e
- **h)** piso salarial profissional nacional para os profissionais da educação escolar pública, nos termos de lei federal.

Seguindo-se com a disciplina constitucional, de acordo com os artigos 208 a 214 da CF, o dever do Estado com a educação será efetivado mediante a garantia de:

- **I.** **educação básica** (da educação infantil ao ensino médio): obrigatória e gratuita dos **4 aos 17 anos de idade** (assegurada inclusive sua oferta gratuita para todos os que a ela não tiveram acesso na idade própria)
- **II.** **educação infantil** em creche e pré-escola, às crianças de **até 5 anos de idade** (com atuação prioritária dos Municípios);
- **III.** **ensino fundamental** para infantes **entre 6 e 14 anos de idade** (com atuação prioritária dos Estados e do Distrito Federal);
- **IV.** **ensino médio** para adolescentes **entre 15 e 17 anos de idade**, com sua **progressiva universalização gratuita** (com atuação prioritária dos Estados e do Distrito Federal);

V. **ensino superior** (que não é obrigatório e nem tem a garantia de ser gratuito);[2]
VI. **atendimento educacional especializado aos portadores de deficiência** (preferencialmente na rede regular de ensino);
VII. acesso aos **níveis mais elevados do ensino, da pesquisa e da criação artística** (segundo a capacidade de cada um);
VIII. oferta de **ensino noturno regular**, adequado às condições do educando;
IX. atendimento ao educando, em todas as etapas da educação básica, por meio de **programas suplementares de material didático escolar, transporte, alimentação e assistência à saúde.**

Por fim, ainda que seja lugar comum, não é demais destacar que o acesso ao ensino obrigatório é **direito público subjetivo**, cujos não oferecimento ou oferta irregular importam responsabilidade da autoridade competente.

4. CULTURA

É missão do Estado garantir a todos o pleno exercício dos direitos culturais e o **acesso às fontes da cultura nacional**, apoiando e incentivando a **valorização e a difusão das manifestações culturais.**

Por conta da história de colonização do Brasil, o art. 215 da CF exige que o Estado proteja as **manifestações das culturas populares, indígenas e afro-brasileiras, e de outros grupos participantes do processo civilizatório nacional.** Também há previsão no sentido de que, lei fixará as **datas comemorativas** de alta significação para os diferentes segmentos étnicos nacionais.

Ademais, constituem **patrimônio cultural brasileiro os bens de natureza material e imaterial, tomados individualmente ou em conjunto,** portadores de referência à identidade, à ação, à memória dos diferentes grupos formadores da sociedade brasileira, nos quais se incluem: a) as formas de expressão; b) os modos de criar, fazer e viver; c) as criações científicas, artísticas e tecnológicas; d) as obras, objetos, documentos, edificações e demais espaços destinados às manifestações artístico-culturais; e e) os conjuntos urbanos e sítios de valor histórico, paisagístico, artístico, arqueológico, paleontológico, ecológico e científico.

5. DESPORTO

De acordo com o art. 217 da CF, o Estado tem o dever de fomentar **práticas desportivas formais e não formais como direito de cada um.** Nessa missão, devem ser observados os seguintes **preceitos**:

a) autonomia das entidades desportivas dirigentes e associações, quanto a sua organização e funcionamento;
b) destinação de recursos públicos para a promoção prioritária do desporto educacional e, em casos específicos, para a do desporto de alto rendimento;

2. Súmula Vinculante 12: "A cobrança de taxa de matrícula nas universidades públicas viola o disposto no art. 206, IV, da Constituição Federal".

c) tratamento diferenciado para o desporto profissional e o não profissional; e
d) proteção e incentivo às manifestações desportivas de criação nacional.

Um ponto de grande destaque é a previsão constitucional da **justiça desportiva.** Nos termos do art. 217, §§ 1º e 2º, da CF, **o Poder Judiciário só admitirá ações relativas à disciplina e às competições desportivas após esgotarem-se as instâncias da justiça desportiva**, regulada em lei. Como contraponto, a justiça desportiva terá o prazo máximo de 60 dias, contados da instauração do processo, para proferir decisão final.

Como esclarece Pedro Lenza, "A Constituição estabeleceu verdadeira **condição de procedibilidade** para apreciação jurisdicional das questões relativas à disciplina e às competições desportivas. [...] Trata-se da instauração da denominada instância administrativa de curso forçado. [...] **De modo geral, o constituinte originário estabeleceu expressa exceção ao princípio da inafastabilidade (art. 5º, XXXV)**, não podendo o Judiciário apreciar qualquer questão relacionada à disciplina e às competições desportivas antes de se instaurar o processo administrativo ou, uma vez iniciado o julgamento administrativo, durante os 60 primeiros dias contados de sua instauração" (grifos nossos).

6. CIÊNCIA, TECNOLOGIA E INOVAÇÃO

Assim como se dá com educação, cultura e deporto, o Estado tem o dever de promover e incentivar o **desenvolvimento científico, a pesquisa, a capacitação científica e tecnológica e a inovação.** (art. 218 da CF).

A **pesquisa científica básica** receberá tratamento prioritário do Estado, tendo em vista o bem público e o progresso da ciência, tecnologia e inovação.

Já a **pesquisa tecnológica** será voltada preponderantemente para a solução dos problemas brasileiros e para o desenvolvimento do sistema produtivo nacional e regional.

Para tanto, o Estado apoiará a **formação de recursos humanos** nas áreas de ciência, pesquisa, tecnologia e inovação, inclusive por meio do apoio às atividades de extensão tecnológica, e concederá aos que delas se ocupem meios e condições especiais de trabalho.

7. COMUNICAÇÃO SOCIAL

Pilares do Estado Democrático de direito, a manifestação do pensamento, a criação, a expressão e a informação, sob qualquer forma, processo ou veículo **não sofrerão qualquer restrição**, sempre observado, é claro, o disposto na Constituição, pois nenhum direito é absoluto, havendo a necessidade de respeito e não invasão a outras garantias constitucionais.

De toda forma, o art. 220 da CF preceitua que **nenhuma lei poderá contar dispositivo que possa representar embaraço à plena liberdade de informação jornalística** em qualquer veículo de comunicação social, observadas as normas do art. 5º da CF, que estabelecem várias diretrizes sobre o tema.

Ademais, **é vedada toda e qualquer censura** de natureza política, ideológica e artística.

Regra interessante e muito lembrada em provas objetivas é a que consta do art. 222 da CF, segundo o qual, a **propriedade de empresa jornalística e de radiodifusão** sonora e de sons e imagens é privativa de brasileiros natos ou naturalizados há mais de 10 anos, ou de pessoas jurídicas constituídas sob as leis brasileiras e que **tenham sede no País**. Além disso, em qualquer caso, **pelo menos 70% do capital total e do capital votante** das empresas jornalísticas e de radiodifusão sonora e de sons e imagens deverá pertencer, direta ou indiretamente, a brasileiros natos ou naturalizados há mais de 10 anos, que exercerão obrigatoriamente a gestão das atividades e estabelecerão o conteúdo da programação.

De modo mais abrangente, o art. 222, § 3º, da CF, preceitua que a **responsabilidade editorial e as atividades de seleção e direção da programação veiculada** são privativas de brasileiros natos ou naturalizados há mais de 10 anos, em **qualquer meio de comunicação social**.

8. MEIO AMBIENTE

O art. 225 da CF, que versa sobre o meio ambiente, estabelece uma série de princípios e diretrizes para a preservação dos recursos ambientais. Por sua importância destacada tanto para o conhecimento da disciplina constitucional, quanto para as provas de Tribunais e MPU, traremos a transcrição dos principais trechos do dispositivo juntamente com alguns destaques:

Todos têm direito ao **meio ambiente ecologicamente equilibrado, bem de uso comum do povo** e essencial à sadia qualidade de vida, **impondo-se ao Poder Público e à coletividade** o dever de defendê-lo e preservá-lo para as **presentes e futuras gerações**.

Nesse sentido, devem ser definidos, em todas as unidades da Federação, **espaços territoriais e seus componentes a serem especialmente protegidos**, sendo a alteração e a supressão permitidas somente através de lei, vedada qualquer utilização que comprometa a integridade dos atributos que justifiquem sua proteção.

Para a instalação de obra ou atividade potencialmente causadora de significativa degradação do meio ambiente, será exigido o **estudo prévio de impacto ambiental**, a que **se dará** publicidade.

Como resultado de tanto cuidado com a conservação, o Texto Constitucional prevê que, as **condutas e atividades consideradas lesivas** ao meio ambiente **sujeitarão os infratores, pessoas físicas ou jurídicas, a sanções penais e administrativas, independentemente da obrigação de reparar os danos causados.**

> ▶ **ATENÇÃO!**
>
> Perceba que a reparação do dano causado não impede ou excluir a punição dos infratores em outros âmbitos do direito, como o penal, por exemplo.

Prosseguindo com a disciplina constitucional do meio ambiente, destacamos o § 4º do art. 225, muito lembrado em provas! Segundo o dispositivo constitucional, são elementos do **patrimônio nacional**, cuja utilização deverá ser feita na forma da lei, dentro de condições que assegurem a preservação do meio ambiente, inclusive quanto ao uso dos recursos naturais:

a) a **Floresta Amazônica brasileira;**

b) a **Mata Atlântica;**

c) a **Serra do Mar;**

d) o **Pantanal Mato-Grossense; e**

e) a **Zona Costeira.**

Outra norma muito lembrada nos concursos é a do art. 225, § 6º, da CF, segundo a qual **as usinas que operem com reator nuclear deverão ter sua localização definida em lei federal**, sem o que não poderão ser instaladas.

9. FAMÍLIA

A Constituição Federal de 1988 realizou o que se costuma chamar de **constitucionalização da família**.

A família foi alçada a **base da sociedade, gozando de especial proteção do Estado** (art. 226 da CF).

Sobre o **casamento**, a partir do qual se constitui uma família formal, a Constituição:

a) reforça-o como um **instituto de direito civil**;

b) impõe sua **celebração gratuita**; e

c) reconhece que **ao casamento religioso podem ser emprestados efeitos civis**, nos termos da legislação em vigor;

d) disciplina que o casamento civil **pode ser dissolvido pelo divórcio** (não fazendo mais menção ao instituto da separação, conforme EC 66/2010).

A Constituição também deu um grande passo ao reconhecer a **união estável entre o homem e a mulher como entidade familiar**, devendo a lei facilitar sua conversão em casamento (art. 226, § 3º, da CF). Trata-se do que se conhece por **família informal.**

> ▸ **ATENÇÃO!**
>
> Apesar de a Constituição expressamente dizer que a união estável é entre o homem e a mulher, **o STF já reconheceu a validade da união estável homoafetiva**, o que o fez com base no art. 1º, III, da CF (fundamento da dignidade da pessoa humana) e art. 3º, IV, da CF (vedação à discriminação em razão do sexo), conforme ADI 4277, ADPF 132 e RE 477.554-AgR.

Continuando o seu discurso de pluralidade, a Constituição Federal, em seu art. 226, § 4º, também reconheceu como entidade familiar a **comunidade formada por**

qualquer dos pais e seus descendentes, reconhecida pela doutrina como **família monoparental**.[3]

Reconhecendo a igualdade entre sexos ou gêneros, o Texto Constitucional dispôs que os **direitos e deveres referentes à sociedade conjugal devem ser exercidos igualmente pelo homem e pela mulher**.

Pensando na racionalização para a formação das famílias, o constituinte determinou o **planejamento familiar**, fundado nos princípios da dignidade da pessoa humana e da paternidade responsável, **é livre decisão do casal**, competindo ao Estado propiciar recursos educacionais e científicos para o exercício desse direito, vedada qualquer forma coercitiva por parte de instituições oficiais ou privadas.

Com o objetivo de enfrentar o problema da violência doméstica, a Constituição de 1988 fez previsão no sentido de que o Estado deverá assegurar assistência à família na pessoa de cada um dos que a integram, **criando mecanismos para coibir a violência no âmbito das relações familiares**.

10. CRIANÇA, ADOLESCENTE E JOVEM

Nos termos do art. 227 da CF, é **dever da família, da sociedade e do Estado** assegurar à **criança**, ao **adolescente** e ao **jovem**, com **absoluta prioridade**, o direito à vida, à saúde, à alimentação, à educação, ao lazer, à profissionalização, à cultura, à dignidade, ao respeito, à liberdade e à convivência familiar e comunitária, além de colocá-los a salvo de toda forma de negligência, discriminação, exploração, violência, crueldade e opressão.

> ▸ **ATENÇÃO!**
>
> O **jovem** foi incluído no texto constitucional como uma categoria merecedora de absoluta prioridade pela **EC 65/2010**. Portanto, fique atento, pois há grande chance dessa informação ser cobrada nas provas.

A Constituição Federal também trouxe previsão para a **criação de programas de prevenção e atendimento especializado para as pessoas portadoras de deficiência física, sensorial ou mental**, bem como de **integração social do adolescente e do jovem portador de deficiência**, mediante o treinamento para o trabalho e a convivência, e a facilitação do acesso aos bens e serviços coletivos, com a **eliminação de obstáculos arquitetônicos e de todas as formas de discriminação** (art. 227, § 1º, II, da CF).

Pensando na preservação da infância, mas também na profissionalização, a Constituição impõe as seguintes normas de proteção especial:

a) **idade mínima de 16 anos para admissão ao trabalho, salvo na condição de aprendiz, a partir dos 14 anos;**

---

3. ROSSATO, Luciano Alves; LÉPORE, Paulo Eduardo; CUNHA, Rogério Sanches. *Estatuto da criança e do adolescente comentado*. 5. ed. São Paulo: RT, 2013.

b) **garantia de direitos previdenciários e trabalhistas;**

c) **garantia de acesso do trabalhador adolescente e jovem à escola.**[4]

Importante mencionar que tal dispositivo constitucional, já amplamente disciplinado infraconsititucionalmente, foi objeto de nova legislação: a lei 14.344/2022. Essa lei teve por objeto criar mecanismos para a prevenção e o enfrentamento da violência doméstica e familiar contra a criança e o adolescente.

11. IDOSO

Consoante art. 230 da CF, a família, a sociedade e o Estado têm o **dever de amparar as pessoas idosas,** assegurando sua participação na comunidade, defendendo sua dignidade e bem-estar e garantindo-lhes o direito à vida. Aliás, é **dever dos filhos ajudar e amparar os pais na velhice, carência ou enfermidade.**

Ainda segundo a Constituição Federal, os programas de amparo aos idosos serão **executados preferencialmente em seus lares.**

Por fim, com o objetivo de assegurar a digna mobilidade, o Texto Constitucional prevê que, **aos maiores de 65 anos é garantida a gratuidade dos transportes coletivos urbanos.**

12. ÍNDIO

A proteção conferida ao índio pela Constituição Federal reflete o **princípio da proteção da identidade**[5], que impõe respeito ao modo de ser e à cultura de seu povo.

À luz do art. 231 da CF, são reconhecidos aos índios sua **organização social, costumes, línguas, crenças e tradições, e os direitos originários sobre as terras que tradicionalmente ocupam, competindo à União demarcá-las,** proteger e fazer respeitar todos os seus bens. Vale destacar que, essas terras são **inalienáveis e indisponíveis,** e os direitos sobre elas, imprescritíveis.

Como medida de amparo e autonomia, o art. 232 da CF prevê que, **os índios, suas comunidades e organizações são partes legítimas para ingressar em juízo em defesa de seus direitos e interesses,** intervindo o Ministério Público em todos os atos do processo.

13. QUESTÕES OBJETIVAS COMENTADAS

01. **(FEPESE – Procurador Municipal – Pref. Florianópolis – SC/2022)** Com fundamento no texto constitucional, bem como na sua interpretação doutrinária e jurisprudencial, analise as afirmativas abaixo sobre a Educação e o Desporto.

4. Para mais informações sobre os direitos trabalhistas de crianças, adolescentes e jovens, recomendamos a seguinte obra: ROSSATO, Luciano Alves; LÉPORE, Paulo Eduardo. *Direitos trabalhistas de crianças, adolescentes e jovens*. São Paulo: RT, 2012.
5. FERNANDES, Bernardo Gonçalves. *Op. Cit.* p. 1.284.

1. O desporto encontra-se previsto em sentido restritivo pelo texto de 1988, devendo o Estado fomentar somente as práticas desportivas formais, não englobando a ideia de recreação, lazer e divertimento como forma de promoção social.
2. É dever do Estado com a educação a garantia de educação básica obrigatória e gratuita dos 3 aos 18 anos de idade, assegurada a sua oferta para todos os que a ela não tiveram acesso na idade própria.
3. A destinação de recursos públicos para a promoção do desporto deverá ser empregada de forma prioritária no desporto educacional.
4. O ensino é livre à iniciativa privada independentemente de autorização e avaliação de qualidade pelo Poder Público.

Assinale a alternativa que indica todas as afirmativas corretas.

a) É correta apenas a afirmativa 3.
b) São corretas apenas as afirmativas 1 e 2.
c) São corretas apenas as afirmativas 2 e 3.
d) São corretas apenas as afirmativas 2 e 4.
e) São corretas apenas as afirmativas 1, 2 e 3.

COMENTÁRIOS

Afirmativa 1. Incorreta: Na verdade, o art. 217 fala expressamente que é dever do Estado fomentar práticas desportivas formais **e não-formais**, enquanto o § 3º do mesmo artigo prevê que o Poder Público incentivará o lazer, como forma de promoção social.

Afirmativa 2. Incorreta: O art. 208 da CF/88 estabelece como dever do Estado a garantia de: "educação básica obrigatória e gratuita **dos 4 (quatro) aos 17 (dezessete) anos de idade,** assegurada inclusive sua oferta gratuita para todos os que a ela não tiveram acesso na idade própria;".

Afirmativa 3. Correta: O art. 217, II prevê que: "II - a destinação de recursos públicos para a **promoção prioritária do desporto educacional** e, em casos específicos, para a do desporto de alto rendimento;". Logo, está correta.

Afirmativa 4. Incorreta: Na verdade, o art. 209 da CF/88 prevê que deve atender às condições de cumprimento das normas gerais da educação nacional e autorização e avaliação de qualidade pelo Poder Público.

Alternativa correta: letra "a".

02. (FCC – Técnico Judiciário – Área Judiciária – TRT 15/2018) O Direito universal à saúde deve ser garantido pelo Estado mediante políticas sociais e econômicas que visem à redução do risco de doença e de outros agravos, com base, dentre outros, na previsão constitucional segundo a qual

a) as instituições privadas poderão participar de forma complementar do Sistema Único de Saúde, segundo diretrizes próprias, tendo preferência as entidades filantrópicas e as sem fins lucrativos.
b) o financiamento do Sistema Único de Saúde será efetivado integralmente com recursos do orçamento da seguridade social da União, responsável em assegurar o acesso universal e igualitário.

c) as ações e serviços públicos de saúde integram uma rede regionalizada e hierarquizada e constituem um sistema único, organizado com vistas ao atendimento integral, excluídos os serviços assistenciais.
d) é vedado às instituições privadas com fins lucrativos participarem do Sistema Único de Saúde.
e) são de relevância pública as ações e serviços de saúde, devendo sua execução ser feita diretamente pelo Poder Público ou por meio de terceiros e, também, por pessoa física ou jurídica de direito privado.

COMENTÁRIOS

Alternativa "a": Nos termos do art. 199, §1º da CF/88, as instituições privadas poderão participar de forma complementar do Sistema Único de Saúde, seguindo as diretrizes deste, e não suas próprias diretrizes. O restante da alternativa estaria correto, sendo seu único erro dizer que seria conforme suas próprias diretrizes.

Alternativa "b": O art. 198, §1º da CF/88 estabelece que o SUS será financiado com recursos do orçamento da seguridade social, da União, dos Estados, do Distrito Federal e dos Municípios, além de outras fontes. Logo, a alternativa está incorreta, pois embora o orçamento da seguridade social da União o componha, não é por meio dele que será efetivado integralmente.

Alternativa "c": As diretrizes segundo as quais se dá a organização do SUS estão previstas no art. 198 da CF/88, quais sejam: I - descentralização, com direção única em cada esfera de governo; II - atendimento integral, com prioridade para as atividades preventivas, sem prejuízo dos serviços assistenciais; III - participação da comunidade. Logo, não estão excluídos os serviços assistenciais.

Alternativa "d": Como já citado na alternativa "a", as entidades filantrópicas e sem fins lucrativos têm preferência, o que não significa que são vedadas às instituições com fins lucrativos.

Alternativa "e": Trata-se da previsão do art. 197, *caput* da CF/88.

Alternativa correta: letra "e".

03. **(FCC / Analista Judiciário – Área Judiciária / TRT 6ª Região / 2018)** Em conformidade com a disciplina constitucional atinente à Ordem Social,
a) é indevida a diferenciação de alíquotas ou bases de cálculo diferenciadas para as contribuições sociais para a seguridade social dos empregadores, em razão do porte das empresas ou de sua atividade econômica.
b) compete ao Poder Público, nos termos da lei, organizar a seguridade social, com base no caráter democrático e descentralizado da Administração, mediante gestão tripartite, com participação dos trabalhadores, dos empregadores e do Governo nos órgãos colegiados.
c) a assistência à saúde é livre à iniciativa privada sendo, contudo, vedada a destinação de recursos públicos para auxílios ou subvenções às instituições privadas sem fins lucrativos.
d) é vedada a filiação ao regime geral de previdência social, na qualidade de segurado facultativo, de pessoa participante de regime próprio de previdência.
e) a lei disporá sobre as condições e os requisitos que facilitem a remoção de órgãos, tecidos e substâncias humanas para fins de transplante, pesquisa e

tratamento, bem como a coleta, processamento e transfusão de sangue e seus derivados, somente admitida a comercialização após a aprovação de junta médica autorizada pelo Poder Público.

COMENTÁRIOS

Alternativa correta: letra "d": é vedada a filiação ao regime geral de previdência social, na qualidade de segurado facultativo, de pessoa participante de regime próprio de previdência (art. 201, § 5º, da CF).

Alternativa "a": é possível a diferenciação de alíquotas ou bases de cálculo diferenciadas para as contribuições sociais para a seguridade social dos empregadores, em razão do porte da empresa ou da condição estrutural do mercado de trabalho, sendo também autorizada a adoção de bases de cálculos diferenciadas sobre as contribuições sociais do empregador, da empresa e da entidade a ela equiparada incidente em razão da receita ou faturamento ou lucro (art. 195, §9º, CF com redação dada pela EC nº 103/19).

Alternativa "b": compete ao Poder Público, nos termos da lei, organizar a seguridade social, com base no caráter democrático e descentralizado da Administração, mediante gestão quadripartite, com participação dos trabalhadores, dos empregadores, dos aposentados e do Governo nos órgãos colegiados (art. 194, VII, da CF).

Alternativa "c": a assistência à saúde é livre à iniciativa privada sendo, contudo, vedada a destinação de recursos públicos para auxílios ou subvenções às instituições privadas com fins lucrativos (art. 199, § 2º, da CF).

Alternativa "e": a lei disporá sobre as condições e os requisitos que facilitem a remoção de órgãos, tecidos e substâncias humanas para fins de transplante, pesquisa e tratamento, bem como a coleta, processamento e transfusão de sangue e seus derivados, sendo vedado todo tipo de comercialização (art. 199, § 4º, da CF).

04. **(Cespe / Analista Judiciário – Área Judiciária – Oficial de Justiça Avaliador / TRT 8/2016)** Acerca das finanças públicas, da ordem econômica e financeira, da reforma agrária, do sistema financeiro nacional e da ordem social, assinale a opção correta de acordo com a CF.

A) O sistema financeiro nacional regula-se por leis complementares, salvo no que se refere à participação de capital estrangeiro nas instituições financeiras, que será regulada por tratados internacionais.

B) É direito fundamental da pessoa humana o direito ao meio ambiente ecologicamente equilibrado, cabendo ao Estado e à coletividade a garantia desse direito.

C) O texto constitucional atribui ao Congresso Nacional a competência para fiscalizar a emissão de moeda no país, exclusivamente pelo Banco Central, nos termos de lei complementar.

D) O concessionário dependerá de autorização ou concessão do proprietário do solo para a exploração de jazidas e demais recursos minerais, cabendo ao proprietário participação nos resultados da lavra.

E) A alienação ou a concessão de terras públicas com área superior a dois mil e quinhentos hectares para fins de reforma agrária dependerá de prévia aprovação do Congresso Nacional.

COMENTÁRIOS

Alternativa correta: letra "b": nos termos do art. 225 da CF, todos têm direito ao meio ambiente ecologicamente equilibrado, bem de uso comum do povo e essencial à sadia qualidade de vida, **impondo-se ao Poder Público e à coletividade o dever de defendê-lo e preservá-lo para as presentes e futuras gerações.** Segundo lições de Romeu Thomé, "A sua fundamentalidade, embora ainda discutível em outros lugares, não padece de dúvidas no Brasil. O fato de não compor o título próprio dos 'Direitos e Garantias Fundamentais', englobante dos artigos 5º ao 17, não lhe retira substância nem formalidade, uma vez que o catálogo sob aquele título não é exauriente das situações objetivas e subjetivas relacionadas a posições jusfundamentais. [...] Tampouco há divergência no âmbito da jurisprudência brasileira. O Supremo Tribunal Federal tem afirmado que o direito ao meio ambiente ecologicamente equilibrado ' constitui uma prerrogativa jurídica de titularidade coletiva' e um 'direito de terceira geração', fundado no princípio da solidariedade. No entender do Tribunal, esse direito 'constitui um momento importante no processo de desenvolvimento, expansão e reconhecimento dos direitos humanos, caracterizados, enquanto valores fundamentais indisponíveis, pela nota de uma essencial inexaurabilidade'. [...] O direito a um meio ambiente equilibrado está intimamente ligado ao direito fundamental à vida e à proteção da dignidade da vida humana, garantindo, sobretudo, condições adequadas de qualidade de vida. Segundo recente decisão do Superior Tribunal de Justiça, por se tratar de um direito fundamental, inerente à vida, a qualidade do meio ambiente é essencial e deve, inclusive, ser protegido pelo manto da imprescritibilidade." (*Manual de direito ambiental*. 6. Ed. Salvador: Juspodivm, 2016, p. 62-63).

Alternativa "a": nos termos do art. 192 da CF, o sistema financeiro nacional, estruturado de forma a promover o desenvolvimento equilibrado do País e a servir aos interesses da coletividade, em todas as partes que o compõem, abrangendo as cooperativas de crédito, **será regulado por leis complementares** que disporão, **inclusive, sobre a participação do capital estrangeiro nas instituições que o integram.**

Alternativa "c": segundo disposto no art. 164 da CF, a competência da União para emitir moeda será exercida exclusivamente pelo banco central.

Alternativa "d": as jazidas, em lavra ou não, e demais recursos minerais e os potenciais de energia hidráulica constituem **propriedade distinta da do solo, para efeito de exploração ou aproveitamento, e pertencem à União, garantida ao concessionário a propriedade do produto da lavra** (art. 176 da CF).

Alternativa "e": a alienação ou a concessão de terras públicas com área superior a dois mil e quinhentos hectares, **exceto para fins de reforma agrária,** dependerá de prévia aprovação do Congresso Nacional. Nos termos do art. 188, §1º e §2º, da CF, a alienação ou a concessão, a qualquer título, de terras públicas com área superior a dois mil e quinhentos hectares a pessoa física ou jurídica, ainda que por interposta pessoa, dependerá de prévia aprovação do Congresso Nacional. Excetuam-se do disposto no parágrafo anterior as alienações ou as concessões de terras públicas para fins de reforma agrária.

05. **(FCC / Analista Judiciário – Exec. Mandados / TRT 1/2013)** Ao disciplinar o financiamento da seguridade social, a Constituição da República estabelece que

a) as contribuições sociais do empregador e da empresa incidentes sobre a folha de salários e demais rendimentos pagos ou creditados, a qualquer título, à pessoa física que lhe preste serviço, mesmo sem vínculo empregatício, poderão ter alíquotas ou bases de cálculo diferenciadas, em razão da atividade econômica, da utilização intensiva de mão de obra, do porte da empresa ou da condição estrutural do mercado de trabalho.

b) a pessoa jurídica em débito com o sistema da seguridade social não poderá contratar com o Poder Público, mas dele poderá receber incentivos fiscais ou creditícios, com vistas à sua recuperação financeira, nas hipóteses previstas em lei.

c) a lei definirá os setores de atividade econômica para os quais as contribuições sociais sobre a receita de concursos de prognósticos e as do importador de bens ou serviços do exterior serão não cumulativas.

d) as contribuições sociais destinadas ao financiamento da seguridade social só poderão ser exigidas no exercício financeiro seguinte àquele em que haja sido publicada a lei que as instituiu ou aumentou, desde que decorridos noventa dias da data da publicação da lei.

e) a lei definirá os critérios de transferência de recursos para o Sistema Único de Saúde e ações de assistência social da União para os Estados, o Distrito Federal e os Municípios, e dos Estados para os Municípios, dispensada a respectiva contrapartida de recursos.

COMENTÁRIOS

Alternativa correta: "a": ao disciplinar o financiamento da seguridade social, em seu art. 195, a Constituição da República estabelece que as contribuições sociais do empregador e da empresa incidentes sobre a folha de salários e demais rendimentos pagos ou creditados, a qualquer título, à pessoa física que lhe preste serviço, mesmo sem vínculo empregatício, poderão ter alíquotas ou bases de cálculo diferenciadas, em razão da atividade econômica, da utilização intensiva de mão de obra, do porte da empresa ou da condição estrutural do mercado de trabalho.

Alternativa "b": de acordo com o art. 195, § 3º, da CF, a pessoa jurídica em débito com o sistema da seguridade social não poderá contratar com o Poder Público, **nem** dele poderá receber incentivos fiscais ou creditícios. **Alternativa "c":** consoante art. 195, § 12º, da CF, a lei definirá os setores de atividade econômica para os quais as contribuições sociais **sobre a receita ou faturamento** (e não sobre a receita de concursos de prognósticos) e as do importador de bens ou serviços do exterior, **ou de quem a lei a ele equiparar** serão não cumulativas.

Alternativa "d": de acordo com o art. 195, § 6º, da CF, as contribuições sociais destinadas ao financiamento da seguridade social só poderão ser exigidas **depois de decorridos noventa dias da data da publicação da lei que as houver instituído ou modificado, não se lhes aplicando** a anterioridade do exercício financeiro disposta no art. 150, III, "b", da CF.

Alternativa "e": na linha do art. 195, § 10, da CF, a lei definirá os critérios de transferência de recursos para o Sistema Único de Saúde e ações de assistência social da União para os Estados, o Distrito Federal e os Municípios, e dos Estados para os Municípios, **observada** (e não dispensada) a respectiva contrapartida de recursos.

Bibliografia

ALENCAR, Rosmar Rodrigues; TÁVORA, Nestor. *Curso de direito processual penal*. 7 ed. Salvador: Juspodivm, 2012.

BORTOLETO, Leandro. *Direito administrativo*. Salvador: Juspodivm, 2012.

BULOS, Uadi Lammêgo. *Constituição Federal anotada*. 8. ed. São Paulo: Saraiva, 2008.

_________. *Curso de direito constitucional*. 2. ed. São Paulo: Saraiva, 2008.

CANOTILHO, José Joaquim Gomes. *Direito constitucional e teoria da Constituição*. 7. ed. Coimbra: Almedina, 2003.

CARVALHO FILHO, José dos Santos. *Manual de direito administrativo*. 23. ed. Rio de Janeiro: Lumen juris, 2010.

CORREIA, Henrique. *Direito do trabalho*. 4. ed. Salvador: Juspodivm, 2013.

CUNHA, Rogério Sanches. *Código penal para concursos*. 5. ed. Salvador: Juspodivm, 2012.

CUNHA JÚNIOR, Dirley da. *Curso de direito constitucional*. 6. ed. Salvador: Juspodivm, 2012.

DELGADO, Maurício Godinho. *Curso de direito do trabalho*. 11. ed. São Paulo: LTR, 2012.

DIDIER JÚNIOR, Fredie. *Curso de direito processual civil*. 11 ed. Salvador: Juspodivm, 2009.

GAGLIANO, Pablo Stolze; PAMPLONA FILHO, Rodolfo. *Novo curso de direito civil. Parte geral*. 12. ed. São Paulo: Saraiva, 2010.

LENZA, Pedro. *Direito constitucional esquematizado*. 16. ed. São Paulo: Saraiva, 2012.

MARINELA, Fernanda. *Direito administrativo*. 7. ed. Rio de Janeiro: Impetus, 2013.

MEIRELLES, Hely Lopes. *Mandado de segurança*. 22. ed. São Paulo: Malheiros, 2000.

MORAES, Alexandre de. *Direito Constitucional*. 25. ed. São Paulo: Atlas, 2010.

NOVELINO, Marcelo. *Manual de direito constitucional*. 8. ed. São Paulo: Método, 2013.

ROSSATO, Luciano Alves; LÉPORE, Paulo Eduardo; CUNHA, Rogério Sanches. *Estatuto da criança e do adolescente comentado*. 5 ed. São Paulo: RT, 2013.

SILVA, José Afonso da. *Curso de direito constitucional positivo*. 6. ed. São Paulo: Malheiros, 1990.

EDITORA
*Jus*PODIVM
www.editorajuspodivm.com.br

Impresso por:

Docuprint
CNPJ 01.036.332/0001-99

JUS3090